HISTOIRE
UNIVERSELLE

PUBLIÉE

par une société de professeurs et de savants

SOUS LA DIRECTION

DE M. V. DURUY

HISTOIRE

DE LA

LITTÉRATURE ROMAINE

A LA MÊME LIBRAIRIE

Histoire de la Littérature grecque, par M. Alexis Pierron. 7ᵉ édition, 1 volume in-12. . . . . 4 fr.

Homère : *Iliade*. Texte grec, revu et corrigé d'après les documents authentiques de la recension d'Aristarque, accompagné d'un commentaire critique et explicatif, précédé d'une introduction et suivi des prolégomènes de Villoison, des prolégomènes et des préfaces de Wolf, de dissertations sur diverses questions homériques, etc., par M. Alexis Pierron, à l'usage des professeurs. 2 vol. grand in-8, brochés . . . . 16 fr.

Ouvrage couronné par l'Association pour l'encouragement des études grecques.

— *Odyssée*. Texte grec revu et corrigé d'après les diorthoses Alexandrines, accompagné d'un commentaire critique et explicatif, précédé d'une introduction et suivi de la *Batrachomyomachie*, des *hymnes homériques*, etc., par M. A. Pierron. 2 vol. gr. in-8, br. 16 fr.

Homère : *Iliade*. Texte grec. Nouvelle édition classique à l'usage des élèves, publiée avec une notice, des sommaires et des notes en français, par M. Alexis Pierron. 1 volume petit in-16 cart. 3 fr. 50

COULOMMIERS. — TYP. A. MOUSSIN.

HISTOIRE

DE LA

LITTÉRATURE
ROMAINE

PAR

ALEXIS PIERRON

SEPTIÈME ÉDITION

PARIS
LIBRAIRIE HACHETTE ET Cie
79, BOULEVARD SAINT-GERMAIN, 79

1876

PRÉFACE.

(1852.)

La littérature romaine est née de la littérature grecque. On peut même affirmer hardiment que, sans la littérature grecque, il n'y aurait point eu de littérature romaine. Nous en avons pour preuve cinq siècles entiers, les cinq premiers siècles de Rome, au travers desquels il est impossible de rien apercevoir qui mérite le titre d'œuvre littéraire, ni de relever un nom, un seul nom de poëte ou de prosateur. L'éloquence elle-même, en dépit des institutions qui semblaient la provoquer à grandir, reste dans les langes, jusqu'au jour où les hommes d'État romains commencent à lire Eschine et Démosthène.

C'est vers le milieu du troisième siècle avant notre ère que Rome se mit aux leçons des Grecs. Il ne lui fallut que quelques années, je ne dis pas pour atteindre à la perfection, mais pour faire grand honneur à ses maîtres. Livius Andronicus et Névius achevaient à peine son initiation aux mystères de la pensée, que déjà elle comptait parmi ses gloires un Plaute, un Ennius, un Caton. La poésie latine, après Ennius et Plaute, et jusqu'au grand siècle, n'est trop souvent qu'un écho bien affaibli de la poésie grecque : ce sont pourtant de beaux noms encore que ceux des comiques Cécilius et Térence, des tragiques Pacuvius et Attius, du satirique Lucilius. Caton, le grand historien, n'eut, avant César et Salluste, que des successeurs indignes de lui. Caton, le grand orateur, fut suivi d'orateurs dignes de lui et dignes de Rome : la chaîne qui unit Caton à Cicéron passe par Scipion Émilien, par les Gracques, par Crassus, par Antoine, par Hortensius. Le génie romain touche à son apogée avec Cicéron. Cicéron, à lui seul, est presque toute une bibliothèque de chefs-d'œuvre ; et la génération de Cicéron nous fournit d'admirables historiens, César, Salluste; un poëte égal aux plus grands, Lucrèce; enfin deux écrivains d'un vrai talent chacun dans son genre, le poëte Catulle et le biographe Cornélius Népos. La génération suivante n'a guère qu'un prosateur; mais ce prosateur est Tite Live. En revanche, les poëtes abondent : Virgile, Horace, Properce, Tibulle, Ovide. Je ne cite que les plus fameux.

A la mort d'Auguste, finit ce qu'on nomme improprement le siècle d'Auguste, ce qui est pour moitié le siècle de César, ou plutôt le siècle de Cicéron; je veux dire l'âge d'or des lettres latines. La décadence se faisait déjà pressentir dans Ovide même. Phèdre le fabuliste en marque nettement le premier degré; les Sénèque la précipitent. Avec Lucain et Perse, avec Pétrone et Pline l'Ancien, nous sommes loin déjà de Tite Live et de Salluste, d'Horace et de Virgile. C'est pourtant un grand siècle encore, que celui qui suivit le siècle d'Auguste. Ces hommes, diversement célèbres, ne sont pas les seuls dont la Rome des empereurs ait à s'enorgueillir. Il y eut, au temps des Flaviens, des poëtes d'infiniment d'esprit, Martial, Stace et d'autres; un poëte de génie, le terrible Juvénal; deux prosateurs d'un talent très-distingué, Quintilien et Pline le Jeune; deux prosateurs du premier ordre, l'écrivain de génie à qui nous devons le *Dialogue des Orateurs*, et surtout Tacite, le Juvénal de l'histoire, Tacite, le plus saisissant, le plus dramatique, sinon le plus complet des historiens.

Après l'âge d'argent, il n'y a pas même un âge d'airain. Depuis le règne d'Adrien jusqu'à la dernière moitié du quatrième siècle, c'est à peine si l'on peut dire qu'il existe une littérature romaine. Des orateurs comme Fronton, des philosophes comme Apulée, ou même des poëtes comme Némésien et Calpurnius, ne sont pas pour prouver précisément le contraire. Vers le temps de Julien, il y eut une sorte de renaissance, mais bien éphémère. Il fut donné, du moins, à la littérature romaine de finir d'une manière presque digne d'elle. Ammien Marcellin, Symmaque, Macrobe même, ont laissé des œuvres qui ne sont pas méprisables, et il a revécu quelque chose de l'antique poésie dans les vers de Claudien et de Rutilius.

La littérature de Rome païenne expire avec Rutilius, au temps même où brillait dans son plus vif éclat la littérature de Rome chrétienne. Depuis les premières représentations de Livius Andronicus jusqu'au voyage raconté par Rutilius dans son *Itinéraire*, il n'y a pas sept siècles entiers. La littérature grecque avait duré quinze siècles. Non-seulement la littérature grecque a duré plus longtemps que la littérature romaine, mais elle a été plus féconde : je veux dire qu'en un temps donné, elle a produit plus de belles œuvres, et légué à la postérité plus de grandes renommées. Comparez, par exemple, le catalogue des auteurs du siècle de Périclès avec le catalogue des auteurs du siècle d'Auguste, même en comprenant dans le siècle d'Auguste la génération de Cicéron, de César et de Lucrèce. Comparez encore, si vous voulez, le siècle de Philippe et d'Alexandre au siècle qui s'ouvre à la mort d'Auguste. Nous avons donc à fournir ici une course moins longue et moins accidentée que celle où nous nous sommes engagés autrefois parmi les monuments du génie de la Grèce. Ayant moins de choses à dire, je puis les dire avec plus de détail. Ce sera là la seule différence qui distinguera le livre que je publie aujourd'hui, de celui que j'ai publié il y a deux ans, et dont celui-ci est comme la continuation naturelle et le corollaire. C'est le même plan, c'est la même méthode, c'est le même esprit. Ici comme là, et plus encore peut-être, je ne me suis proposé qu'un but d'utilité pratique. Ici comme là, j'ai dépouillé, autant qu'il était en moi, toute prétention littéraire et toute pédanterie. Mes livres s'adressent ou à ceux qui savent peu, ou à ceux qui ont oublié et qui voudraient rapprendre. Est-ce donc à dire qu'en les écrivant, je n'aie pas eu mon ambition, et même une ambition qui n'a rien de très-vulgaire? J'ai voulu faire aimer ce que j'aimais ; j'ai voulu communiquer à d'autres une part de mes émotions, et, si j'ose ainsi parler, une part de mon âme. Quelques-uns ne manqueront pas de trouver ridicule un tel langage, quand il s'agit, de quoi ? de classiques, et de classiques anciens ! Mais il y a longtemps que je ne suis plus homme à m'effaroucher pour si peu. Que m'importent les sarcasmes de quelques dédaigneux, si le simple lecteur m'est sympathique ? Je ne lui demande pas de m'admirer, mais d'admirer avec moi : mon triomphe, ce serait qu'il sentît, comme il me semble que je le sens, pourquoi les classiques anciens ont mérité d'être des classiques, c'est-à-dire, selon la force du mot, des auteurs qu'on étudie dans les classes, et qui servent à former l'esprit et le goût de la jeunesse. Qui sait si tels ou tels ne commenceront pas à croire, grâce à moi, qu'on n'a pas tout à fait tort d'entretenir les jeunes gens de Platon et d'Homère, de Sophocle et de Démosthène, de Tite Live et d'Horace, de Virgile et de Cicéron. *Multi utinam !* mais qu'un seul abdique ses préjugés, et ce me sera déjà une belle récompense d'un si long et si pénible labeur.

Quelques critiques, plus que bienveillants d'ailleurs, auraient voulu savoir de moi quelle est la meilleure traduction française de chaque ouvrage. Ce qu'ils demandent ne pourrait se faire qu'avec un certain détail, et entraînerait, par conséquent, les mêmes inconvénients que la multiplicité des mentions bibliographiques. Car je ne suppose pas qu'on me demande de dire, autrement qu'après une discussion sérieuse, pourquoi telle traduction vaut mieux que telle autre. Je ne suis qu'un simple mortel, et je n'ai pas le don des oracles. J'ajoute que ces dissertations seraient tout aussi bien placées dans un chapitre de l'histoire des lettres françaises que dans celle des lettres grecques ou des lettres latines. Je n'ai donc pas esquivé une obligation incombant spécialement à ma personne. Il me semble, du reste, que j'aurais quelque plaisir à écrire le catalogue raisonné de nos traductions de l'antiquité classique. Je n'éprouverais aucune sorte d'embarras à caractériser celles que je connais, surtout les miennes, et à en dire tout le bien et tout le mal que j'en pense. Je crois, en général, que les traductions des auteurs anciens, surtout celles des poëtes, ne sont pas bonnes, et que les meilleures ne valent pas grand'chose. Les plus modestes sont les plus utiles, par conséquent les meilleures. Les monuments de l'antiquité ont leurs détours, leurs difficultés, leurs ténèbres. Les traductions sont des guides plus ou moins fidèles, qui dirigent les pas du visiteur, qui l'empêchent de s'égarer. Mais ne les prenons que pour des guides. La meilleure traduction d'Homère ou de Virgile, c'est très-peu Virgile ou Homère. Si exacte qu'on la suppose, il y manquera toujours la plus grande part de ce qui fait qu'Homère est Homère, que Virgile est Virgile. Ne jugeons pas les anciens sur des traductions, surtout les poëtes, surtout les poëtes grecs. Ce n'est pas la première fois que j'ai l'occasion de dire à ce sujet ma pensée : je l'ai exprimée jadis en tête d'une traduction qui ne passe pas pour mauvaise. Que si j'ai beaucoup cité, c'est-à-dire beaucoup traduit, dans mes deux livres sur la littérature classique, on remarquera, je l'espère, que j'ai toujours eu grand soin d'indiquer la place exacte de chaque passage transcrit en français : c'est déclarer assez quel rôle j'assigne à ces traductions ; c'est inviter le lecteur à les prendre pour ce qu'elles sont en effet, et à s'en fier uniquement aux originaux.

Ces notations sont les seules, ou à peu près, que j'aie crues indispensables. On me rendra toutefois cette justice, que je ne raconte pas l'histoire des lettres anciennes comme si je l'avais inventée. Il y a infiniment de choses, dans ces livres, outre la partie de pure érudition, qui ne sont pas de moi. Dès qu'une idée en vaut la peine, je dis quel est l'écrivain, ancien ou moderne, qui me l'a fournie ; je fais plus encore : je donne, autant que je le puis, textuellement ses paroles. J'y gagne doublement, et le lecteur aussi : inutile d'expliquer pourquoi. Je voudrais n'avoir jamais eu qu'à résumer, qu'à commenter, qu'à compiler, qu'à transcrire. Je serais un peu plus sûr de mes jugements, et j'offrirais mes travaux au public avec quelque confiance. Malheureusement c'est moi, et ce n'est que moi, qu'on entend presque sans cesse. Que de questions où il m'a fallu avoir un avis personnel ! Que d'hommes il m'a fallu juger, qui n'avaient pas été, selon moi, bien jugés, ou même qui n'avaient jamais été jugés ! Que d'œuvres à examiner ! que d'opinions de toutes sortes à débattre ! Je me suis aperçu trop souvent que j'avais entrepris une rude tâche. Je ne parle pas de ce qui n'est qu'érudition. Il y a des siècles que le premier venu, grâce aux Giraldi, aux Vossius, aux Fabricius, à vingt autres, n'a qu'à se baisser pour recueillir tout ce qu'on sait d'essentiel sur les auteurs grecs ou latins, sur les titres et la nature de leurs écrits. Le peu qu'on a ajouté à ce que disent ces savants hommes n'est pas difficile à trouver : cela traîne, si je puis dire, partout. Je fais cette remarque pour ceux qui auraient été d'avis que je fisse connaître, à chaque détail, la source et les autorités. Ces choses, je le répète, sont une sorte de domaine commun, et appartiennent de temps immémorial à tout le monde. A supposer d'ailleurs qu'il me prît fantaisie de satisfaire les amateurs de notes, et de transporter au bas de mes pages l'appareil prétendu critique que d'autres ont transporté au bas des leurs sans qu'il leur en ait infiniment coûté, sait-on ce qui arriverait? il y a telle de mes pages qui en ferait deux, ou plus peut-être. Mes livres ne seraient donc plus ce qu'ils sont : ce n'est pas dans cette collection historique qu'ils auraient leur place; ce n'est pas au public des simples lecteurs qu'ils s'adresseraient; et la majesté de leur développement exigerait, j'imagine, et plus de volumes et des volumes d'un format plus ample.

Je manquerais à ce que je me dois à moi-même, si je ne remerciais, en finissant, mon très-cher ami et collègue V. Duruy, de m'avoir associé, pour mon humble part, à sa grande et utile idée. Mes livres ont l'honneur insigne d'être les compléments des siens : puissent-ils seulement faire à peu près passable figure à la suite de cette *Histoire grecque* et de cette *Histoire romaine*, qui sont de si bons et de si beaux livres!

N. B. (1876) La septième édition de cet ouvrage, comme les précédentes, a été revue et corrigée avec le plus grand soin par l'auteur lui-même.

HISTOIRE

DE LA

LITTÉRATURE ROMAINE.

CHAPITRE PREMIER.

LANGUE DES ROMAINS.

Caractères généraux de la langue latine. — Mots composés. — Déclinaisons, conjugaisons. — Qualités particulières de la langue latine. — Origines de la langue latine. — Longue enfance de la langue latine.

Caractères généraux de la langue latine.

La langue latine, telle que nous la connaissons par les monuments de la littérature classique, est manifestement la légitime sœur de cette belle langue grecque dont nous avons essayé ailleurs d'énumérer les qualités et d'esquisser la physionomie. Non-seulement une foule de mots latins sont des mots grecs, mais il y a, entre les deux langues, parfaite analogie de syntaxe, de constructions, de dérivation, de désinences. Les ingénieuses remarques d'Otfried Müller sur l'organisme vivant des mots dans les idiomes des anciens peuples, et sur la beauté extérieure de la phrase antique, ne sont guère moins vraies du latin qu'elles le sont du grec ; et, bien que le grec l'emporte sur le latin par la richesse, par la variété, par l'élégance et la grâce, on peut dire que les Romains aussi avaient, pour traduire la pensée, pour la mettre en relief, pour l'exprimer dans toute son énergie, un des plus admirables instruments dont se soient jamais servis les hommes.

La plupart des ressources que la langue grecque prodiguait aux écrivains, on les trouvait dans la langue latine, mais en suffisance seulement, opulentes et non surabondantes. Quelques simples observations feront comprendre cette différence de degré entre deux choses d'ailleurs si prodigieusement semblables. La langue grecque, comme une plante vivace et féconde, avait été cultivée, à la fois ou successivement, sur des sols de nature très-diverse, mais toujours avec succès, par des populations diverses d'esprit d'institutions et de mœurs. De là des dialectes nombreux ayant chacun ses vertus propres, et dont plusieurs se maintinrent jusqu'au bout dans le domaine littéraire qu'ils avaient d'abord conquis par des chefs-d'œuvre. L'épopée ne chantait pas dans le même dialecte que la poésie lyrique; la poésie lyrique nuançait elle-même son idiome d'après le ton où elle voulait se monter, et suivant le mode musical qui devait régler ses différentes parties. Le dialecte attique évinça, il est vrai, tous les dialectes qui avaient eu des prosateurs, et devint la langue commune de la prose; mais sa victoire sur l'ionien fut tardive et contestée, et le beau dialecte d'Hérodote et d'Hippocrate reparut plus d'une fois encore, et dans des livres considérables, longtemps après que Thucydide et Platon eurent désappris à l'histoire et à la philosophie une langue qu'elles avaient si bien parlée. Le latin, au contraire, n'avait point de dialectes. Il est bien question de je ne sais quelle langue rustique, qui différait du latin qu'on parlait à Rome; mais cette langue est pour nous comme si elle n'avait jamais été : elle a péri tout entière avec ceux qui la parlaient; elle n'a jamais servi qu'à de vulgaires usages, et la Muse ne l'a pas connue. Le latin n'était que l'idiome d'une ville et de ses faubourgs; mais cette ville était née pour commander aux nations, et un petit canton du Latium finit par embrasser le monde. Rome imposa aux peuples vaincus ses lois, son administration et sa langue. C'est par la conquête que le latin devint la langue commune de l'Italie, des Gaules, de l'Afrique, de l'Espagne. Certes, il y avait des différences, et peut-être d'assez considérables, entre le latin de Mutine, de Lugdunum ou de Corduba et le latin de Rome; mais le latin de Rome fut et demeura toujours la règle suprême. Les écrivains nés hors de Rome venaient se former à Rome; ou du moins ils travaillaient de tous leurs efforts à se rapprocher des modèles, à dissimuler, si je puis ainsi dire, leur provenance, à se défaire de tous les provincialismes. Quelques-uns, et des mieux doués, n'y parvenaient pas complétement, même après un séjour prolongé dans la grande ville. Les lecteurs délicats reconnaissaient les provinciaux à leur diction. En veut-on un exemple? Tite Live, cet admirable prosateur, était de Patavium, autrement dit Padoue : on pourrait hardiment défier tous les critiques de noter la moindre nuance de provincialisme dans son style; et pourtant nous savons que des contemporains, et qui s'y connaissaient, lui reprochèrent sa *patavinité*.

Mots composés.

Les Grecs formaient avec une facilité merveilleuse les mots composés. Les radicaux se soudaient sans résistance les uns aux autres, pour fournir sans cesse par ces alliances des produits nouveaux. Un seul radical, à l'aide des prépositions et des terminaisons diverses, pouvait revêtir successivement toute sorte de figures et engendrer un nombre incalculable de mots. Les mots latins étaient d'une nature infiniment plus réfractaire. Leurs radicaux avaient besoin de s'user, pour ainsi dire, les uns contre les autres, de se briser, de se contracter, avant de s'unir; et, dans le tout composé, on ne distinguait pas toujours à la vue les parties composantes. Les écrivains qui essayèrent à plusieurs reprises de transporter dans la langue de Rome tous les procédés de composition en usage chez les Grecs, n'échouèrent guère moins que ceux qui firent, au seizième siècle, la même tentative sur notre idiome. Les mots qu'ils forgeaient n'obtinrent point droit de cité, et les grammairiens seuls notent ces mots en passant, à titre de curiosités bizarres. Les lois qui réglaient l'emploi des affixes et des suffixes n'avaient ni la même simplicité ni la même universalité dans le latin que dans le grec : l'usage interdisait une foule de combinaisons que semblait autoriser l'analogie, et ses capricieux hasards jetaient mille perturbations dans l'économie générale de la nomenclature.

Déclinaisons, conjugaisons.

Il suffit de jeter un regard sur le tableau des déclinaisons du substantif et de l'adjectif, en grec et en latin, pour voir de quel côté est l'avantage. L'absence de l'article, dans le latin, est une cause perpétuelle d'obscurités et d'amphibologies. Elle privait d'ailleurs l'écrivain des ressources les plus précieuses. Il est très-difficile d'employer substantivement l'adjectif ou le participe latin; et l'on peut affirmer qu'il est impossible, malgré certains exemples, ou plutôt à raison même de ces exemples, d'employer substantivement en latin les infinitifs du verbe, et de créer aucun de ces termes expressifs qu'on rencontre à chaque pas dans la phrase grecque, et qui ne font pas même défaut à la langue française, tels que *le boire*, *le manger*, *le dormir*, etc. L'absence du nombre duel en latin n'a pas d'aussi graves conséquences. Les Grecs ne faisaient pas de ce nombre un très-grand usage; mais enfin ils s'en servaient à l'occasion, et c'était là, pour le tissu du discours, comme un fil de plus qui en augmentait la variété et l'éclat.

Quant au verbe latin, il ne saurait soutenir aucune comparaison avec le verbe grec. Non-seulement le verbe grec possède tout ce que possède le verbe latin, et sous une forme plus complète et plus régulière, mais il a en propre une foule de richesses : ainsi la voix moyenne, qui exprime l'action réfléchie; ainsi les aoristes divers des trois voix, qui donnent, à tous les modes, la première nuance du passé; ainsi le mode de l'optatif dans les trois voix, et presque à tous les temps; ainsi plusieurs impératifs distincts; ainsi encore je ne sais combien d'infinitifs et de participes, dont les gérondifs latins, les supins et tout l'appareil des temps composés sont bien loin de fournir l'équivalent.

Je n'épuise pas, tant s'en faut, ces considérations. Mais j'en ai dit assez pour le dessein que je me propose. On conçoit donc sans peine que les écrivains romains, surtout les philosophes, ne soient dépités souvent des imperfections de la langue nationale, et que Lucrèce, par exemple, l'ait taxée d'indigence. Qu'ils auraient célébré, au contraire, son opulence et ses vertus, s'ils avaient eu en regard, non point le divin idiome de Platon, de Sophocle et d'Homère, mais nos jargons modernes, si incomplets et si barbares, si péniblement élevés à la dignité littéraire, et qui semblent toujours prêts à retomber dans cette confusion et dans ce néant dont les tirèrent jadis quelques immortels génies! Ce qui manquait à la langue écrite ou parlée, ils pouvaient presque toujours se le procurer sans beaucoup d'efforts, surtout s'il ne s'agissait que d'appellations nouvelles. La langue grecque était là, disposée à toutes les complaisances, et le terme nécessaire était bientôt trouvé. Il suffisait simplement qu'on le transcrivit en lettres latines, qu'on lui fît revêtir les couleurs de l'idiome adoptif : « Tout mot nouveau et né d'hier fera fortune, dit Horace, pourvu qu'il tombe d'une source grecque et qu'on l'ait dérivé avec précaution. » Les tours de la phrase grecque se naturalisaient moins aisément dans le latin : que de conquêtes pourtant ont faites en ce genre non pas seulement Ennius, Plaute et Térence, mais Lucrèce, mais Catulle, mais Cicéron, mais tous les écrivains qui avaient à cœur d'ajouter quelque chose à l'héritage un peu indigent légué par les anciens âges !

Qualités particulières de la langue latine.

Il y avait plus d'un point toutefois par où la langue latine se relevait fièrement et pouvait soutenir la comparaison avec un réel avantage. Elle savait dire autant de choses eù moins de mots. Elle l'emporte par la concision et l'énergie. Thucydide, dans la littérature grecque, est une exception. Depuis Caton jusqu'à Tacite, la qualité dominante, chez les écrivains de Rome, c'est une aptitude admirable à serrer et à concentrer la pensée. Le préteur, sur son tribunal, rédigeait ses arrêts avec un laconisme expressif qui eût fait envie à Lycurgue. Les textes de lois romaines sont des modèles admirables de style mâle et sévère. Mais c'est surtout dans les monuments épigraphiques que la langue latine se montre avec un caractère particulier de force et de grandeur. Les Romains seuls ont su écrire en prose sur le marbre. Leurs inscriptions sont dans une façon grandiose et magistrale qui révèle la main du peuple-roi. Les Grecs excellaient dans l'épigramme, c'est-à-dire dans l'inscription versifiée; mais eux aussi, comme ces modernes dont se moque Joseph de Maistre, ils condamnaient souvent la pierre à bavarder, quand ils lui faisaient dire autre chose que des vers. Un simple édile de Rome en aurait remontré, en fait de style lapidaire, à Thucydide lui-même. Je ne parle pas de nos langues, ni de ces choses plates et vulgaires qu'il nous plaît de nommer des inscriptions. Une dédicace, une épitaphe, l'expression d'un fait historique, une énumération de titres ou de dignités, il n'en fallait pas davantage à un Romain homme de goût pour déployer aux yeux les plus rares qualités du prosateur. La nature des mots, leur choix exquis, leur harmonieuse disposition, l'élégance des tours, tout enfin, dans l'inscription latine, jusqu'aux ellipses consacrées, jusqu'aux archaïsmes mêmes, servait à relever la pensée, à la faire rayonner d'une vive splendeur. De la pierre où on l'avait fixée, elle s'élançait, comme dit Joseph de Maistre, dans la mémoire de tous les hommes.

« La Muse a donné aux Grecs de parler en arrondissant la bouche. » S'il était permis de traduire ainsi littéralement la fameuse expression d'Horace, et si nous ne savions que le poëte pensait à l'éloquence de Démosthène, et non point seulement à la plénitude de la période oratoire des Grecs et à la sonorité de leur débit, nous serions en droit de dire qu'Horace s'est trompé, et que c'est aux Romains surtout que devrait s'appliquer un tel éloge. La langue latine, bien plus encore que la grecque, mérite le nom de langue oratoire. C'est même là une des causes qui ont fait échouer tant de Romains dans des genres littéraires où il s'agissait d'autre chose que de mots retentissants et d'amples périodes. Les mots latins semblent se ranger d'eux-mêmes pour former ce circuit, comme disaient les Romains, qui enveloppe à la fois et la pensée principale et ses corollaires. Quant à la sonorité, rien ne manquait pour qu'elle fût complète. Si l'oreille n'était pas toujours charmée par la variété des tons, du moins n'avait-elle rien à désirer pour leur puissance et leur volume. Je doute qu'il soit possible d'imaginer quelque chose de plus noble et de plus majestueux qu'un Romain parlant bien sa langue devant des Romains assemblés. Sénèque conseille à son ami Lucilius de parler lentement et posément; il reproche aux Grecs leur loquacité et la volubilité de leur débit, et il proclame comme les qualités essentielles d'une élocution vraiment romaine la circonspection, la gravité, et cette dignité de tenue qui commande l'estime et le respect. C'est par son caractère éminent de noblesse et de majesté que la langue latine était digne de la fortune que lui firent les armes de Rome. C'est par là aussi qu'elle a été digne de devenir la langue de l'Église, et d'étendre son empire au delà de ces Garamantes et de ces Indiens vainement promis au joug romain par le poëte, et jusque sur des peuples que Rome n'avait point connus.

Origines de la langue latine.

Parmi les mots latins dont l'étymologie grecque est incontestable, il y en a, et c'est le plus grand nombre, qui ne sont entrés que fort tard dans la langue, et qui ne doivent pas compter parmi ses éléments originels. Dès que les Romains commencèrent à se trouver en contact avec les populations helléniques de l'Italie méridionale, ils subirent, bon gré mal gré, l'ascendant d'une civilisation supérieure. Des besoins nouveaux, de nouvelles idées les forcèrent à de continuels emprunts; et les importations littéraires, philosophiques et grammaticales ne cessèrent plus un instant, durant les longs siècles qui s'écoulèrent jusqu'à la disparition du peuple romain. Mais, à côté de ces mots plus ou moins raffinés, et qui supposent une culture intellectuelle tout autrement parfaite que celle des Romains des premiers âges, il y a une foule d'autres mots, non moins grecs au fond, qui durent exister de toute antiquité dans l'idiome des habitants du Latium. Les termes qui expriment les relations de famille, les usages les plus simples de l'agriculture, de la guerre ou du commerce, ne sont pas de ceux qui s'introduisent à un certain jour, ou que les nations se résignent à échanger contre d'autres, même plus caractéristiques ou plus élégants. Il serait un peu plus qu'étrange que les noms de *père*, de *mère* et de *fils*[1] ne fussent devenus ce qu'ils sont dans la langue latine que plusieurs siècles après Romulus. A qui fera-t-on croire que les Romains aient eu besoin d'apprendre des Grecs d'Italie ou de Grèce à désigner la charrue, le labourage, une terre en culture, un rat, une pomme, un pourceau[2], etc.; à se servir de telle ou telle préposition, de presque tous les noms de nombre, des pronoms personnels et possessifs, et de tous ces signes de la pensée dont aucun idiome ne fut jamais dépourvu? C'est donc un fait acquis à l'histoire, et indépendamment de toutes les traditions recueillies par les écrivains antiques, que le Latium reçut, à une époque dont la date ne saurait être fixée, des populations congénères de celles qui occupaient la Grèce; et il n'est guère douteux que ces immigrations helléniques ne se soient plus d'une fois répétées. Par conséquent la race la plus admirablement douée, la race intelligente entre toutes, a eu aussi le privilége de fournir les principaux rudiments de ce qui devait être un jour le peuple romain. La langue que parlaient les Latins primitifs semble avoir eu la plus étroite parenté avec les dialectes archaïques du grec, particulièrement avec le dialecte éolien, parenté dont les traces manifestes subsistent encore dans certaines formes et dans certaines terminaisons des mots de la langue latine.

Mais ces populations helléniques, ou du moins sorties de la même race que les Hellènes, ne possédaient pas seules le Latium entier. Elles avaient dans leur voisinage des nations puissantes, telles que les Sabins, les Osques, les Étrusques, qui n'avaient rien de commun avec la Grèce, ou, si l'on veut, dont les idiomes avaient perdu, avec le

---

[1]. Père : gr. πατήρ, lat. *pater;* mère : gr. μήτηρ ou μάτηρ, lat. *mater;* fils : gr. υἱός, lat. *filius* (la lettre *f* du latin représente l'aspiration du grec).
[2]. Charrue : gr. ἄροτρον, lat. *aratrum;* labourer : gr. ἀρόω, lat. *aro;* champ : ἀγρὸς, ἀγροῦ, lat. *ager, agri*. Ces exemples suffisent.

temps, tout ce qu'ils avaient apporté peut-être de la grande source commune. La langue grecque, tout en conservant ses caractères fondamentaux, dut s'altérer promptement dans un pays si mêlé, et où se remuaient à la fois toutes les civilisations et toutes les barbaries. Ce serait une bien vaine entreprise que de chercher à déterminer pour combien de parties entrèrent, dans la fusion d'où sortit le latin, tels et tels éléments autres que l'élément hellénique. Ce qui est certain, c'est que les Sabins durent contribuer pour la plus forte part, puisqu'ils se confondirent en un seul peuple avec les Romains, et dès le jour presque de la fondation de Rome. Les Osques aussi durent fournir beaucoup, car les inscriptions osques s'expliquent à peu près, à l'aide des analogies qu'on aperçoit entre les mots osques et certains mots latins. On sait d'ailleurs que les Romains faisaient représenter à Rome des jeux scéniques osques, et dans la langue osque, et que cet usage se maintint pendant des siècles. Il fallait bien que les spectateurs y comprissent quelque chose, pour y trouver un suffisant plaisir. Quant aux Étrusques, surtout quant aux peuples d'origine germanique ou celtique, avec lesquels les Romains eurent aussi affaire, tout ce qu'on peut dire, c'est qu'ils durent n'être pas sans influence sur leurs voisins. On sait, il est vrai, que tel mot latin, le mot *histrio* par exemple, est d'origine étrusque ; mais la langue étrusque, malgré son alphabet grec, diffère absolument et du grec et du latin, puisque nul n'a pu jusqu'à présent déchiffrer une seule ligne de ce que les Étrusques nous ont laissé. Au reste, il nous suffit que les Étrusques aient été les initiateurs religieux des Romains, et qu'ils leur aient enseigné quelques-uns de leurs arts, pour que nous soyons en droit d'affirmer qu'ils leur ont transmis une portion de leur vocabulaire, encore que les termes latins semblent n'avoir point leurs analogues dans ce qu'on a retrouvé déjà des monuments épigraphiques de cette mystérieuse nation.

Longue enfance de la langue latine.

La langue grecque proprement dite, pure de tout alliage et de toutes scories, parlée par un peuple uniquement passionné pour le beau, nous apparaît, dès le dixième siècle avant notre ère, brillante de toutes les perfections poétiques, et dans un éclat qu'elle-même ne put jamais éclipser, alors même que chantaient Eschyle et Pindare. Le grec du Latium, au contraire, alla se corrompant sans cesse et se faisant de jour en jour plus grossier et plus barbare. Quand Rome eut une existence assurée, une civilisation nouvelle commença de poindre au sein de ce ténébreux chaos. Mais quel progrès lent et pénible ! et comme le peuple romain semble peu fait, durant ces longs siècles, pour d'autres triomphes que ceux des armes ! Quelle rusticité dans les mœurs ! quelle indigence littéraire ! Cependant la langue latine se débrouilla peu à peu. Elle avait déjà une physionomie moins barbare au temps de Pyrrhus, quand elle et la langue grecque se trouvèrent pour la première fois en présence. Malgré des traits de famille manifestes, elles eurent grand'peine à se reconnaître. La Grèce s'empressa de revendiquer pour ses fils ces Romains que la fortune des armes faisait ses maîtres ; et Rome, malgré sa morgue, fut réduite à la fin à confesser que cette prétention était fondée. Elle fit plus encore. Elle travailla, avec une persévérante énergie, à détruire en elle-même tout ce qui rappelait trop manifestement ses rudesses antiques. Il resta toujours, comme dit Horace, des traces de rusticité : l'esprit des Romains n'acquit jamais cette aptitude universelle qui caractérisait l'esprit des Grecs ; et l'idiome latin n'atteignit point à cette perfection où il aspirait, et qu'avaient réalisée d'une façon diverse trois ou quatre des dialectes de la langue incomparable. Mais du moins, grâce à la victoire des vaincus sur les vainqueurs, Rome eut une langue digne de ce nom, et la littérature latine prit cette place qu'elle n'a pas encore perdue, la première au-dessous du trône majestueux d'où règne sur le monde la littérature qui compte parmi ses œuvres l'*Iliade*, l'*Odyssée*, l'*Orestie*, l'*Œdipe-Roi*, les *Muses* d'Hérodote, le *Banquet* de Platon.

CHAPITRE II.

LES CINQ PREMIERS SIÈCLES.

Illusion de quelques contemporains d'Auguste. — *Chant des frères Arvales.* — *Chants saliens.* — Lois royales; lois des Douze Tables. — Inscription funéraire de Scipion Barbatus. — Prédictions de Marcius. — Éloquence militaire. — Éloquence politique. — Histoire. — Chants fescennins. — Satires triomphales. — Les prétendues épopées primitives de Rome. — Théâtre. — Conclusion.

Illusion de quelques contemporains d'Auguste.

Il y avait, au siècle d'Auguste, certains dédaigneux qui prenaient en pitié les travaux littéraires de leurs contemporains, et qui n'estimaient pas qu'Horace ou Virgile, que Tibulle ou Properce, méritassent un seul regard. A les entendre, les vieux auteurs, au contraire, n'avaient produit que chefs-d'œuvre. Leur admiration rétrospective ne s'en tenait pas à célébrer les vertus plus ou moins réelles des écrivains fameux d'autrefois. Tout ce qui subsistait encore des premiers monuments de la langue, chants religieux, textes de lois, traités de paix entre Rome et les peuples voisins, annales historiques rédigées par les pontifes, recueils de prédictions, en un mot tous les débris de ce qui n'avait pas même été une littérature, voilà ce qu'ils prisaient au-dessus de toutes choses, ce qu'ils vantaient sans réserve. C'était là le beau, le merveilleux, le sublime. Que venait-on leur parler de ces écrivains vulgaires, qui rêvaient d'Homère, de Thucydide et de Pindare, et qui croyaient que Rome pouvait encore ajouter aux trésors de son génie? Les Muses n'avaient-elles pas chanté jadis sur le mont Albain?

Il faut dire que jamais fantaisie archéologique ne fut moins justifiée que celle dont se moque Horace dans l'*Épître à Auguste*. Nos amateurs de vieilleries ont déterré souvent, dans le fatras littéraire du Moyen Age, autre chose de mauvaises rimes ou de la prose barbare; et ces trouvailles heureuses sont suffisantes pour tenir en haleine un enthousiasme qui n'est pas d'ailleurs très-difficile à satisfaire. Mais Rome n'avait rien eu, durant les cinq premiers siècles, qui ressemblât ni à nos fabliaux, ni à nos chroniques, ni surtout, quoi qu'on en ait dit, à nos épopées chevaleresques. On va voir que l'imagination faisait, peu s'en faut, tous les frais des merveilles découvertes par quelques-uns dans les déserts incultes et stériles du vieux monde romain.

Chant des frères Arvales.

Le *Chant des frères Arvales* était sans doute de ceux qui avaient surtout don de leur plaire. Horace n'en dit rien, mais on est en droit de le croire. C'est le plus ancien ; il est du temps de Romulus, ou, si l'on veut, il est contemporain des premières institutions religieuses de Rome. Les frères Arvales étaient un collége de douze prêtres dont on attribuait la fondation à Romulus. Chaque année, au retour du printemps, ces prêtres faisaient une procession à travers la campagne, pour obtenir des dieux une récolte abondante. C'est de là que vient le nom des frères Arvales : *arvum*, en latin, signifie la terre labourée. Ils menaient devant eux une truie pleine, et ils chantaient une prière dont les paroles n'ont pas dû subir beaucoup d'altérations depuis le jour où pour la première fois elles furent prononcées. Cette prière se compose de cinq phrases distinctes, chacune répétée trois fois, et d'un mot exclamatif cinq fois répété, qui forme la conclusion. La première phrase n'a rien d'obscur; elle signifie : « Lares, soyez-nous en aide ! » L'exclamation de la fin signifie : « Triomphe ! » Toute la partie intermédiaire, sauf un mot ici ou là, est absolument inintelligible. On a pourtant essayé de traduire en entier le *Chant des frères Arvales*. Mais rien de plus divers que les résultats obtenus par Lanzi, par Hermann et par d'autres. Les érudits sont aussi peu d'accord sur la manière de mesurer ces vers que sur la manière de les entendre. La seule chose probable, c'est que la prière, dont l'objet se devine aisément, est en vers, et en vers saturniens, mais d'inégale longueur, et où l'on ne distingue d'autre signe prosodique

que la fréquence de l'iambe et du trochée. Au reste, le seul caractère poétique du *Chant des frères Arvales*, c'est la triple répétition de chaque phrase ou de chaque vers, et la répétition quintuple de l'exclamation finale.

Il n'est pas trop téméraire d'affirmer que les Romains du temps d'Horace n'étaient pas en état plus que nous d'interpréter ces litanies, ni de les scander, ni par conséquent d'y apercevoir aucun mérite, poétique ou autre, sinon celui qu'il leur plaisait d'y supposer. Nous savons, par d'assurés témoignages, que nul homme d'alors ne comprenait la moindre phrase des *Chants saliens*, postérieurs par la date au *Chant des frères Arvales*, ou du moins datant du même siècle.

Chants saliens.

Les Saliens étaient des prêtres du dieu Mars, institués, dit-on, par le roi Numa, et à qui était confiée la garde des anciles ou boucliers sacrés : « Ils doivent leur nom, dit Plutarque dans la *Vie de Numa*, à ces sauts qu'ils font lorsqu'au mois de mars ils portent en procession les boucliers sacrés dans les rues de Rome, vêtus d'une tunique de pourpre, de larges baudriers d'airain, un casque d'airain sur la tête, et faisant retentir les boucliers en les frappant du plat de leurs courtes épées. » Nous ne possédons que quelques fragments de l'hymne ou des hymnes qu'ils chantaient durant la cérémonie. Non-seulement il est impossible de déterminer quel était l'objet de ces prières, mais il n'y a pas un seul mot, dans tout ce qu'en citent Varron et d'autres auteurs, dont il soit permis d'affirmer qu'il signifie réellement telle ou telle chose. Quant à la manière de couper et de scander les vers, Cicéron, Varron, Horace n'en savaient pas plus que nous : ils sentaient bien, comme nous, un certain rhythme sous ces paroles ; mais en quoi ce rhythme consistait, c'est ce qu'ils ignoraient, et ce qu'ils ne se sont pas hasardés à dire.

Voilà ce que furent les poésies religieuses des Romains des premiers temps, et il est douteux que celles qui ne nous sont point parvenues fussent beaucoup plus dignes de compter parmi les œuvres de la Muse. Si les Latins n'avaient jamais connu les Grecs, nous n'aurions pas le *Chant séculaire*.

Lois royales; lois des Douze Tables.

Il y avait peut-être, dans le *Droit papirien*, c'est-à-dire dans le recueil des lois royales compilé par un certain Papirius, contemporain de Tarquin le Superbe, des choses qui se recommandaient par le mérite de la pensée ou de l'expression. On a quelque raison de le conjecturer, puisqu'on sait combien de tout temps les Romains excellèrent dans l'art de rédiger les formules de commandement. Mais c'est à peine s'il reste quelques mots du recueil de Papirius. On doit croire d'ailleurs que le texte de ces lois antiques n'était pas beaucoup plus intelligible, pour les Romains du siècle d'Auguste, que le *Chant des frères Arvales* ou les *Chants saliens*. Polybe nous dit que ce n'est pas sans bien chercher qu'il a fini par trouver un Romain capable de lui expliquer le sens des premiers traités de commerce entre Rome et Carthage. Or, ces traités sont postérieurs à l'époque des rois, c'est-à-dire postérieurs au livre du jurisconsulte Papirius; et le latin qu'on parlait du temps de Polybe différait beaucoup moins de la langue primitive que le latin qu'on parlait au siècle d'Auguste. Là encore les amateurs d'anciennes merveilles n'admiraient guère que pour admirer.

Je n'en dirai pas autant de l'enthousiasme dont était l'objet l'œuvre des décemvirs. Le latin des *Douze Tables* est du latin intelligible; et l'on trouve déjà, dans ce qui reste de ces lois fameuses, quelques-unes de ces qualités de style qui étaient les qualités mêmes du caractère romain, la gravité, le laconisme, l'énergie. La définition de la loi est toute pratique et n'a rien d'abstrait : « Ce que le peuple aura ordonné en dernier lieu, que ce soit la loi. » L'égalité de tous les citoyens devant la loi n'est pas moins catégoriquement définie : « Qu'on ne prétende point de priviléges. » Mais c'est surtout dans les dispositions relatives à la propriété, que les expressions sont d'une netteté et d'une vigueur vraiment admirables. Contre le détenteur étranger, le droit restait toujours ouvert; la loi disait : « Contre l'ennemi, éternelle revendication. » On ne saurait donc dénier à ces tables qui défendaient de pécher, comme dit Horace, certains mérites littéraires, et d'un ordre assez élevé : quelque grands toutefois qu'on suppose ces mérites, les œuvres législatives des siècles suivants en avaient de plus grands encore. Les *Douze Tables* n'étaient que des essais informes et grossiers, au prix de ces plébiscites et de ces sénatus-consultes qui furent promulgués durant les époques florissantes de la langue. C'est au temps des guerres Puniques, c'est-à-dire quand les plus rétifs eux-mêmes commençaient à se laisser entraîner par la passion des choses littéraires, que la loi commença à parler dans toute sa majesté cette langue impérative qui est peut-être la plus belle gloire de Rome. Il n'y a rien, dans tout le code des décemvirs, qui se puisse comparer aux quatre mots qui suivent les considérants du décret rendu contre les philosophes et les rhéteurs, en l'an 161 avant notre ère : *uti Romæ ne essent.* Je cite les mots eux-mêmes. La traduction française « qu'ils ne fussent point à Rome, » ou telle autre qu'on voudra, n'en saurait reproduire ni la plénitude, ni la mâle beauté, ni la foudroyante énergie.

Inscription funéraire de Scipion Barbatus.

Horace ne dit pas que les anciennes inscriptions, gravées sur des monuments publics ou sur des tombeaux, fussent au nombre de ces choses qu'admiraient si vivement les amis exclusifs du temps passé. Mais ces panégyriques des héros d'autrefois, ces annales parlantes de tant de grandeurs et de triomphes, flattaient beaucoup trop la vanité nationale pour qu'on ne cherchât pas à y trouver et les qualités littéraires qui y étaient, et surtout celles qui n'y étaient pas. Nul doute d'ailleurs que les Romains n'aient réussi, presque dès le premier jour, dans ce genre borné et sévère. Mais nous en sommes réduits, pour ce qui concerne les quatre premiers siècles de Rome, à de simples conjectures. La plus ancienne de toutes les inscriptions latines connues est de la première moitié du troisième siècle avant notre ère. C'est celle du tombeau de Scipion Barbatus. Cette inscription est belle, mais non pas de cette beauté qu'y ont voulu voir ceux qui l'appellent une *nénie*, un poëme funèbre. Elle est claire, concise, bien tournée ; élégante, si ce terme plaît mieux ; elle a du trait, du caractère, mais rien, ou à peu près rien, qui sente ni le poëme ni la poésie. Ceux qui prétendent qu'elle est en vers n'ont pas encore pu dire comment il fallait s'y prendre pour mesurer ces vers. Les seuls mots où l'on pourrait reconnaître quelque intention poétique sont ceux qui terminent l'énumération des honneurs dont ce Scipion avait été revêtu : *apud vos*. Cette expression, *chez vous*, est certainement remarquable à une telle place ; et l'idée de s'adresser ainsi aux Romains pour les intéresser au souvenir de Barbatus, dénote dans le rédacteur de l'inscription une tournure d'esprit qui n'avait rien de vulgaire. En somme, cette liste de noms propres, de qualités morales, de titres politiques et de victoires n'appartient que pour une très-faible part au domaine des choses littéraires. Ajoutons que cette prétendue nénie est fort courte, et qu'indépendamment de toute autre considération, il faut plus que de la bonne volonté pour élever à la dignité de poëme funèbre cinq lignes gravées sur un tombeau.

Prédictions de Marcius.

Les deux prédictions attribuées au devin Marcius sont tout ce qui subsiste aujourd'hui de ces volumes surannés où quelques-uns, suivant Horace, trouvaient toutes les perfections poétiques. Les noms mêmes des antiques devins ont péri pour la plupart avec leurs œuvres. Il est présumable que plusieurs de ces hommes n'ont pas été dénués de tout talent ; il est possible que certaines pièces des recueils divinatoires témoignassent d'une véritable inspiration ; mais ce qui ne pouvait manquer d'abonder, dans de pareils livres, c'était l'étrange, c'était surtout l'obscur, et même l'inintelligible.

On ne sait pas en quel temps vivait précisément le devin Marcius. On sait seulement qu'il avait vécu avant la deuxième guerre Punique. A propos d'une de ses prédictions, retrouvée après la bataille de Cannes, Tite Live se borne à dire : « Ce devin Marcius avait été illustre. » On peut admettre, à la rigueur, que Marcius était un poëte distingué ; quant à le démontrer, ce serait entreprise assez peu facile. La prédiction qu'a rapportée Macrobe, en vertu de laquelle on institua les jeux Apollinaires, et qu'on autorisait du nom de Marcius, fut rédigée dans le sénat, selon toute apparence, longtemps après la mort du devin, et par la main d'un homme qui s'inquiétait beaucoup plus de l'utilité politique de cet acte que de beau style et de poésie. Sauf deux ou trois mots un peu au-dessus du ton habituel de la prose, toute la soi-disant prédiction ressemble infiniment ou à un décret législatif ou à un règlement d'administration publique. On ne sent pas même dans la phrase cette cadence, ce nombre caché, qui est à peu près tout ce qu'il nous est donné de saisir aujourd'hui du mètre saturnien des premiers temps. Si ce sont là des vers, Dieu seul le peut savoir. En tout cas, ce n'est pas de la poésie; ou, si l'on veut, c'est de la poésie digne d'une époque où nul encore, pour parler comme Ennius, n'avait franchi les rochers des Muses.

L'autre prédiction est plus belle, mais non pas plus authentique. Si elle était authentique, Marcius serait le plus étonnant prophète qu'il y ait eu au monde. Il annonce d'avance le désastre de Cannes, non pas vaguement comme un malheur à craindre, comme une chose que ceci ou cela peut conjurer, mais clairement, sans ambages, et avec les indications géographiques les plus précises. On ne retrouva la prédiction qu'après l'événement. C'était un peu tard pour réparer tant de pertes; mais c'était assez tôt pour faire valoir d'autres prédictions du devin Marcius, dont on se proposait de tirer utile parti. L'auteur ou le rédacteur de la pièce avait du moins une sorte de verve, et il savait où puiser pour donner à son style plus de richesse et d'éclat. Tite Live, qui rapporte cette prédiction, l'a donnée, comme il le dit lui-même, à peu près dans ses termes textuels : « Romain, fils de Troie, évite le fleuve Canna. Garde que les étrangers ne te forcent à engager la bataille dans le champ de Diomède. Mais tu ne m'en croiras point, jusqu'à ce que tu aies rempli de ton sang les campagnes; jusqu'à ce que des milliers des tiens soient tués, et que le fleuve les emporte dans la vaste mer, loin de la terre féconde en moissons; jusqu'à ce que ta chair soit la pâture des poissons, des oiseaux, des bêtes féroces qui habitent la terre. Car c'est ainsi que m'a parlé Jupiter. » Ce n'est plus là cette poésie des devins et des faunes que méprisait Ennius. Je sens, à travers les mots latins, comme un premier souffle de la Grèce. Ce *champ de Diomède* n'est pas une expression qu'un Romain eût trouvée de lui-même ; et il ne faut pas avoir beaucoup lu Homère pour être en état de reconnaître, dans la prédiction, les images et les épithètes qu'a fournies le chantre d'Ulysse et d'Achille.

Ainsi, avec les chants attribués au devin Marcius, nous voilà déjà hors des siècles où Rome, abandonnée à son génie, n'avait souci que d'assurer son existence en réduisant peu à peu sous son joug les peuples qui devaient l'aider plus tard à faire la conquête du monde. Est-ce à dire qu'il n'y ait rien eu, dans ces longs siècles, que ce que nous font deviner les tristes reliques du vieil idiome latin ? Est-ce à dire qu'aucune espèce de littérature n'aurait pu sortir des essais tentés durant cette immense période ? Rome n'a-t-elle pas eu des orateurs avant Caton et les Gracques ? N'a-t-elle pas eu des historiens avant Fabius Pictor ? N'y a-t-il aucun genre de poésie où les Romains aient réussi sans avoir besoin de maîtres ? Ce sont là des questions que le lecteur se pose sans doute, et que nous devons chercher à résoudre.

Éloquence militaire.

Non, l'éloquence n'est pas née avec Caton ou avec les Gracques. Elle est vieille à Rome, non pas comme Rome même, mais comme la république. Le talent de la parole, dans un pays libre, est le premier et le plus nécessaire de tous les talents. Il y aurait quelque impertinence à prétendre que tant d'hommes fameux dans l'histoire, que tous ces consuls, ces généraux, ces triomphateurs, avaient eu besoin d'autre chose que de leur caractère, de leurs passions, de leur patriotisme, pour s'élever quelquefois jusqu'à la véritable éloquence. Un homme de cœur, commandant à des Romains, et ayant l'ennemi en face, ne pouvait ni rester muet, ni faire entendre de vulgaires paroles. Il est assez vraisemblable que, si nous possédions le recueil des harangues militaires de Camille, ou de tel autre héros des vieux âges, nous lirions là des choses aussi belles pour le moins, aussi grandes et aussi frappantes que celles que ces personnages fameux débitent dans les livres, grâce au génie des historiens. Mais l'éloquence militaire n'a rien à voir avec les perfectionnements de la langue et de la littérature. Tout peuple guerrier la possède, ou peut la posséder, et dans toute sa plénitude. Elle est de ces choses qui sont ou ne sont pas, qui n'admettent guère le plus et le moins, et où un barbare, Hermann ou Gallawg, n'est pas moins propre à exceller que Sylla, que Pompée, que César même. Quelques mots sortis de l'âme, quelques accents énergiques, un grand air de visage, un geste animé qui traduise ce que la langue est souvent impuissante à rendre : que faut-il de plus pour entraîner les esprits et pour allumer les courages ? et qu'est-il besoin de l'étude des lettres pour sentir impérieusement ce qu'exige le devoir dans de pressantes conjonctures, et pour pousser, au nom de tous, le cri qui part spontanément de tous les cœurs ?

Éloquence politique.

Cicéron revendique avec raison le titre d'hommes éloquents pour quelques-uns des fondateurs de la liberté de Rome. Il est impossible en effet que les grandes révolutions qui ont rempli presque toute l'existence du peuple romain depuis l'expulsion des rois jusqu'au temps de Pyrrhus, n'aient pas eu leur plus actif agent dans l'éloquence, c'est-à-dire dans la parole exprimant avec énergie les besoins, les intérêts, les passions ou du peuple entier ou d'une caste privilégiée. Mais cette éloquence politique n'était pas beaucoup moins bornée que l'éloquence militaire même. Les orateurs songeaient encore plus à l'action qu'à la parole. Au bout de leurs discours, il y avait la bataille ; non pas ces mêlées sanglantes comme nous en avons trop vu, mais ces grandes résolutions par lesquelles un parti constatait sa puissance et son audace, et qui aboutissaient presque toujours, après une lutte de décrets, d'interprétations législatives, jamais de bras armés, à la victoire plus ou moins durable du plus fort et du plus habile. Peut-on même appeler discours ces actes où la voix n'entrait que pour la moindre part, où l'art n'entrait pour rien, et où l'orateur n'était, si j'ose m'exprimer ainsi, que l'instrument de la nécessité ? Solon ou Pisistrate, s'adressant à des hommes nourris de la lecture des poëtes, et qui savaient par cœur les vers d'Homère, avaient besoin de déployer toutes les ressources d'un art consommé, et de charmer l'oreille non moins que de convaincre l'esprit. Leurs discours devaient avoir et une ampleur suffisante pour embrasser les plus vastes questions, et cette grâce des tours, cette fraîcheur des images, ce choix heureux des termes, cette harmonie enfin de l'ensemble et des parties, sans quoi nul n'aurait pu se flatter, dans la place du Pnyx, de commander un seul instant le silence à de spirituels et dédaigneux auditeurs. Les Romains du Forum, les Pères même du sénat n'avaient pas besoin qu'on fît tant de frais pour leur plaire. Il fallut Caton, il fallut les Gracques, d'autres encore, pour les rendre difficiles. Un mot énergique, une plaisanterie suffisamment assaisonnée, un commentaire littéral et rigoureux de la loi, voilà tout ce qu'exigeait le goût un peu grossier des vieux Romains. Je sais que Ménénius Agrippa se servit un jour, ou passe pour s'être servi, d'une forme de discours qui suppose tout à la fois et chez l'orateur une certaine culture littéraire, et chez les auditeurs une certaine finesse d'esprit. Mais qui voudrait soutenir que Ménénius conta réellement, sur le mont Sacré, l'apologue des membres et de l'estomac? La bonne nouvelle qu'il apportait aux plébéiens n'avait pas même besoin de ce commentaire. Au reste, Ménénius eut peu d'imitateurs, si tant est qu'il ait laissé un exemple oratoire digne d'imitation. Voyez ce qu'était encore l'éloquence politique au temps même de Pyrrhus. Plusieurs hommes, en ce temps-là, ont été éloquents, et entre tous Appius Claudius l'Aveugle. Le discours qu'Appius prononça dans le sénat à propos du traité proposé par Pyrrhus ne fut autre chose qu'une vive explosion de patriotisme et de colère. Ce n'est pas dans Plutarque qu'il faut aller chercher même le simple sens de ses paroles. Plutarque le fait parler beaucoup trop bien, c'est-à-dire fort mal, et en homme qui possède à fond son histoire grecque et sa géographie de la Grèce. Le véritable Appius s'inquiétait assez peu, j'imagine, et de la supériorité des Macédoniens sur les Chaoniens et les Molosses, et de la grandeur relative de ces doryphores d'Alexandre devenus des rois puissants, et des antécédents de ce Pyrrhus dont il s'agissait d'arrêter l'invasion présente. Grâce à deux vers d'Ennius et à d'autres témoignages, nous savons ce qui fut dit dans cette solennelle journée. Tout le discours du vieil aveugle dut se résumer en quelques mots : « Vous étiez sages autrefois, et vous voilà devenus des insensés! Point d'accord tant que l'ennemi est sur nos terres. Que Pyrrhus sorte de l'Italie ; et l'on verra ensuite à traiter avec lui. » Croit-on qu'Appius ait eu besoin d'expliquer longuement sa pensée, d'en déduire selon les règles tous les motifs et tous les considérants? Le discours que lui prête Plutarque est bien court; mais le discours qu'il a réellement prononcé fut peut-être plus bref encore. Les paroles d'Appius ne furent que la hache qui trancha la question pendante. La rhétorique, même la moins sophistiquée, n'avait ici nulle affaire. C'est le cas, ou jamais, de répéter qu'une seule parole, un seul signe, d'un homme qui par sa vertu a mérité la confiance publique, a plus d'effet qu'une accumulation de longues périodes. Ce qui était vrai de l'éloquence de Phocion, ne l'est pas moins de celle qu'on ne saurait contester au vieux et indomptable Appius.

Rome connaissait donc l'éloquence avant d'avoir entendu prononcer les noms d'Eschine et de Démosthène. Mais elle n'eut des orateurs qu'après s'être initiée aux arts de la Grèce. C'est quand tout cédait, bon gré mal gré, à l'ascendant de la nation vaincue, que les rostres du Forum commencèrent à rivaliser avec la tribune du Pnyx, et que les tribunaux eux-mêmes retentirent d'accents solennels, et dignes d'avoir des échos dans la postérité. Caton définissait l'orateur, un homme de bien habile dans l'art de la parole. Appius l'Aveugle n'était donc pas un orateur, si l'on songe à tout ce qu'emporte le mot *habile*, de science profonde, de ressources toujours prêtes, de qualités littéraires; si l'on songe surtout à ce que fut Caton, un des orateurs les plus complets que Rome ait jamais eus, le plus grand peut-être des orateurs romains avant le grand Cicéron.

Histoire.

Il y avait des livres d'histoire à Rome dès les temps les plus reculés, mais qui n'avaient rien de commun ni avec Thucydide, ni surtout avec les *Muses* d'Hérodote. Le grand pontife inscrivait sur un tableau blanc tous les événements publics dignes de quelque mention. Ce tableau était exposé dans la maison du grand pontife, et tous en pouvaient prendre connaissance. Chaque année on faisait des recueils de ce qui y avait été inscrit, et ces recueils étaient soigneusement conservés. Les auteurs désignent ces monuments sous les noms divers de *Grandes Annales*, de *Livres des Pontifes*, de *Commentaires des Pontifes*, etc. De pareils ouvrages n'étaient et ne pouvaient être que des matériaux pour servir à l'histoire. Les pontifes n'avaient nul besoin d'être des écrivains : il leur suffisait, comme dit Cicéron, de n'être point menteurs. Encore Caton leur reprochait-il d'avoir trop souvent rempli leurs livres de faits insignifiants et omis les grandes choses. Ajoutez qu'on n'avait guère, au temps des premiers historiens latins, que ceux de ces livres qui étaient postérieurs à la prise de Rome par les Gaulois : presque tous les autres avaient péri dans l'incendie de la ville.

Chants fescennins.

Il y avait aussi quelque chose qu'on pouvait à la rigueur prendre pour de la poésie, et qui était né spontanément sur le sol du Latium, et des mœurs mêmes des premiers Romains : « Les laboureurs d'autrefois, dit Horace[1], ces hommes robustes et heureux à peu de frais, quand ils avaient serré leurs blés, délassaient par des fêtes leur corps et aussi leur âme, que soutenait dans les épreuves l'espoir du résultat. Avec les compagnons de leurs travaux, leurs enfants, leur fidèle épouse, ils offraient un porc à la Terre, à Sylvain du lait, des fleurs et du vin au Génie qui nous avertit de la

---

1. *Épitres*, II, 1, vers 139 et suivants.

brièveté de notre existence. La licence fescennine[1], née dans ces fêtes, répandit en vers dialogués ses sarcasmes rustiques; et cet usage se perpétua d'année en année. Ce ne fut d'abord qu'un aimable et gai passe-temps; mais bientôt le badinage devint cruel, se tourna en une vraie fureur, et assaillit, menaçant, impuni, les plus honorables maisons. Ceux qu'avait atteints la dent cruelle éclatèrent en plaintes; ceux qu'elle respectait encore s'émurent du danger commun. Enfin une loi fut portée[2] qui défendait, sous peine de châtiment, d'attaquer personne par des chants diffamatoires. On changea de manière de peur du bâton : on dut se borner à bien dire et à plaire. » Ainsi les Romains avaient des poëtes satiriques bien des années avant Lucilius, avant Névius même. Le témoignage d'Horace n'est point suspect. Nul homme n'eut jamais moins que lui la superstition des choses du temps passé. Il est douteux pourtant qu'aucun de ces poëtes ait véritablement excellé dans l'art de bien dire et de plaire. Ils ont pu ne pas manquer d'esprit; mais cet esprit ne se distinguait pas infiniment, je crois, ni par la finesse, ni par le bon goût. Les Romains, même dans les siècles les plus cultivés, n'étaient pas fort difficiles en fait de plaisanteries. Des bouffonneries et des jeux de mots en vers saturniens, c'est-à-dire en vers qui étaient à peine des vers, voilà tout ce qu'étaient les chants fescennins, jusqu'au moment où parurent de vrais poëtes, ceux qui firent passer la satire sous le joug de la Muse, qui lui donnèrent une forme régulière, une allure moins désordonnée, la beauté poétique enfin, toutes les qualités sans lesquelles la satire n'est guère qu'un délit, où la littérature n'a rien à voir. Je reconnais qu'il y avait, dans le caractère romain, une aptitude naturelle à la poésie sarcastique; mais je n'hésite point à affirmer que la Grèce est entrée pour la plus large part dans les éléments dont se compose le génie des grands satiriques latins. Quintilien dit que les Romains ont eu la satire en propre. Il est vrai que la satire, chez les Grecs, n'avait

---

1. Le mot *fescennin* venait, selon les uns, de Fescennia, ville d'Étrurie, et, selon d'autres, du mot latin *fascinum*, qui signifie *maléfice*.
2. Cette loi était dans les *Douze Tables*.

pas la même forme que chez les Romains ; il est vrai encore que le mot *satire* est un mot tout latin, et qui n'a rien de commun ni avec les satyres chèvre-pieds, ni avec les drames satyriques ; mais compte-t-on pour rien ceux qu'Horace lui-même nommait les modèles de Lucilius : Eupolis, Cratinus, Aristophane, sans parler des philosophes Ménippe et Timon ?

Satires triomphales.

Aux poésies fescennines se rattachent des satires d'un autre genre, dont les soldats eurent seuls le privilége. Quand le triomphateur montait au Capitole, ses anciens compagnons d'armes, qui suivaient le char, avaient soin de lui rappeler qu'il n'était pas un dieu. Ils lui disaient crûment les plus dures vérités, et les vers injurieux qu'ils vociféraient à ses oreilles devaient y résonner assez désagréablement quelquefois. Nous pouvons juger de ce qu'étaient ces compositions poétiques de soudards sans respect humain ni vergogne, d'après des échantillons qui appartiennent pourtant aux siècles les plus polis de Rome. Voici le plus décent et le plus flatteur des vers d'une chanson en l'honneur de Jules César triomphant ; et encore je ne lui conserve pas toute sa couleur ni toute sa séve : « Gens de la ville, gardez bien vos femmes ; nous avons amené le galant chauve. »

Les prétendues épopées primitives de Rome.

On a fait beaucoup de bruit, dans notre siècle, de la découverte d'épopées latines, dont l'histoire des premiers siècles de Rome ne serait que la traduction un peu dépoétisée. Il ne m'est pas permis de passer sous silence un fait littéraire qui serait si considérable si l'on pouvait alléguer de vraies preuves à l'appui. Mais ces épopées n'ont jamais existé que dans l'imagination de Niebuhr et de ses sectateurs. Ils disent : « Tous les peuples ont eu des chants en l'honneur des rois, des héros, des grandes familles ; donc Rome a eu de pareils chants. La plupart des événements qui remplissent les premiers siècles de l'histoire romaine sont marqués de caractères fabuleux ; donc la critique n'y saurait voir que des légendes poétiques, produit du travail successif d'une longue suite d'aèdes et de rhapsodes, analogues à ceux qui ont illustré, dans la Grèce, les exploits des vainqueurs de Troie ou des conquérants de la Toison d'or. » — Oui, certes, les premiers historiens qui ont écrit les annales de Rome n'ont compilé trop souvent que de fabuleuses légendes, faute de documents authentiques. Mais ces légendes n'avaient rien de commun avec l'*Iliade* et l'*Odyssée*. C'était peut-être une matière à chants épiques; mais elle n'a pas eu d'Homère. La sagace et profonde critique de Niebuhr a beau torturer le sens de quelques mots épars çà et là dans Tite Live ou ailleurs, elle ne fera jamais que Rome ait ressemblé à la Grèce. Les légendes romaines n'étaient que des traditions verbales. La vanité nationale les embellissait d'âge en âge, et les historiens eux-mêmes y ont ajouté à l'envi ces ornements sous lesquels il nous est si difficile de retrouver la vérité. S'il fallait à tout prix que Rome eût eu des aèdes et des rhapsodes, je descendrais pour les trouver jusqu'à Névius, jusqu'à Ennius. Je saluerais du nom de conteurs épiques les historiens qui ont écrit depuis Fabius Pictor jusqu'au siècle d'Auguste, non pas tous sans doute, mais la plupart d'entre eux. La tradition fournissait la matière à ces conteurs, comme elle l'avait fournie aux aèdes et aux rhapsodes; et ils l'ont traitée selon le génie de la nation, c'est-à-dire en vile prose, et avec la prétention de se faire croire. Tite Live enfin serait l'Homère qui aurait donné à ces éléments encore confus, incohérents et disparates, l'ordre, la beauté, la vie, toute la vérité enfin que comporte même l'invraisemblable.

Théâtre.

Les critiques d'une certaine école se lamentent éloquemment de ce que les chefs-d'œuvre de notre théâtre ne sont que des chefs-d'œuvre. Ils les voudraient plus nationaux, comme ils disent, et moins analogues à ceux du théâtre antique. Ils regrettent que le dix-septième siècle se soit mis à l'école des Grecs et des Romains, au lieu de reprendre les errements littéraires du Moyen Age, inconsidérément désertés par les écrivains de la prétendue Renaissance. Les mystères, les soties, et le reste, seraient devenus la vraie tragédie et la vraie comédie, et notre théâtre serait un véritable théâtre français. Je lis dans plusieurs livres des doléances du même genre à propos de l'obstination des poëtes dramatiques de Rome à imiter ou plutôt à traduire les poëtes dramatiques de la Grèce ; mais je ne vois pas qu'on y montre où étaient, avant Livius Andronicus, les germes de la tragédie et de la comédie romaines. Rome n'eut jamais de théâtre que celui dont la dotèrent les Grecs. Ce que quelques-uns nomment si improprement le théâtre primitif des Romains n'était point un théâtre, et d'ailleurs n'était pas romain, puisque les Romains l'avaient reçu des Osques et des Étrusques.

Les habitants de la ville osque d'Atella, dans la Campanie, excellaient à monter des parades burlesques, où tout se passait, peu s'en faut, comme sur nos tréteaux de la foire. Quelques lazzis grossiers, force grimaces, force contorsions, force soufflets, force coups de pied ou de bâton, faisaient tous les frais de ces farces atellanes ; même le principal personnage ressemblait presque au polichinelle des Italiens modernes. Les bouffons atellans couraient çà et là par l'Italie, et les Romains ne les voyaient pas sans plaisir. Mais ce ne fut que fort tard, et quand la comédie grecque eut initié les Romains à de plus délicates jouissances, que des poëtes aventureux imaginèrent de s'emparer des personnages atellans, de les faire dialoguer sur le théâtre, et de donner, sous le titre d'atellanes, de véritables comédies. En réalité, les atellanes de Dossénus, de Novius, de Pomponius, ne différaient des pièces de Plaute ou de Térence que par le cadre dramatique, ou plutôt par les noms et le costume des personnages.

En l'an 364 avant notre ère, une épidémie désolait Rome. Nul remède humain, nul recours aux dieux n'avaient pu conjurer le fléau. On alla demander conseil aux Étrusques. Ceux-ci engagèrent les Romains à instituer des jeux scéniques, et leur envoyèrent des baladins. Ces histres ou histrions, comme les nommaient les Étrusques, ces ludions, comme les nommèrent d'abord les Romains, dansaient au son de la flûte ; mais nul chant, nulle pantomime. Leur adresse toutefois plut aux Romains. Les jeunes gens se mirent à les imiter : ils ajoutèrent même à ces danses des chants sarcastiques, dans le genre des improvisations fescennines ; ou, pour mieux dire, l'antique chant fescennin se combina avec les danses venues d'Étrurie. Plus tard, le mètre saturnien admit au partage de son antique domaine les mètres divers fournis par la Grèce ; il leur céda même plus d'une fois la place entière. Le chant où se suivaient ainsi des vers de mesure différente reçut le nom de *sature* ou mélange, dont on fit ensuite le mot *satire*. Mais les satures n'étaient pas plus du drame que les simples chants fescennins. Elles ne furent que de la satire jusqu'au jour où un poëte dramatique, sans doute un auteur d'atellanes, leur donna un cadre régulier, des personnages, une action. Ces comédies nouvelles étaient des pièces fort courtes, et on les jouait à la suite des atellanes. De là les noms d'*exode* et même d'*exode d'atellane*, qui prévalurent sur le nom de sature, réservé à ce qui était proprement la satire.

Une anecdote caractéristique, rapportée par Polybe, fera connaître, mieux que tout ce que je pourrais dire, et la grossièreté naturelle des Romains, et leur peu de goût pour les plaisirs de l'esprit. Le préteur Anicius avait annoncé une *lutte* de chanteurs : la foule s'empressa pour y assister. Les chanteurs entrent en scène, et ils chantent. Grand désappointement parmi les spectateurs. On murmure, on fait tapage ; on crie que le préteur a trompé le public. Les chanteurs finissent par comprendre. Alors les voilà qui se joignent et se poussent, qui se saisissent corps à corps, se quittent, se reprennent de nouveau, criant, gesticulant, et tirant de leurs instruments des sons à écorcher les oreilles. Les barbares qui étaient venus pour voir une *lutte* ont ce qu'ils attendaient ; et les murmures se changent en applaudissements sans fin.

Conclusion.

Nous avons examiné avec détail, et, autant que je pense, sans rien omettre, tout ce qu'on pourrait nommer les produits spontanés de l'esprit romain. Il serait difficile d'imaginer rien qui diffère plus de ce que nous avons trouvé sur le sol fécond de la Grèce. Avant que les royautés antiques eussent disparu, la Grèce d'Asie et celle d'Europe avaient une littérature depuis longtemps florissante; d'innombrables aèdes avaient chanté toutes leurs gloires; Homère et Hésiode les avaient dotées d'impérissables chefs-d'œuvre. Rome, à la chute des Tarquins, n'avait pas même encore une langue; je veux dire que la langue qu'elle parlait alors n'était encore qu'un jargon informe, un pêle-mêle d'éléments sans affinité, une chose sans nom, sans caractère, et où apparaissaient à peine les premiers germes de ce qui fut le latin. Les trois siècles qui suivirent façonnèrent la langue, ou plutôt la créèrent; mais ce fut là le suprême effort des énergies littéraires du peuple romain laissé à lui-même. Quand les premiers rayons du génie grec commencèrent à percer les ténèbres de la barbarie latine, Rome en était littéralement au même point que trois cents ans plus tôt, et elle n'avait pas fait un seul pas depuis le temps des *Douze Tables*, ou même depuis le temps des rois. Nulle poésie, ni épique, ni lyrique, ni dramatique; rien même qui mérite le nom de poésie, si ce n'est peut-être quelques chants grossiers de paysans ou de soldats, non pas même des chants guerriers ou des hymnes pieux, mais des satires, c'est-à-dire, de toutes les choses poétiques celle qui est le moins poésie. Ce peuple belliqueux n'avait pas même ce qui ne manque point aux nations les plus barbares, ces péans, ces bardits, que le soldat germain comme le soldat grec chantait en marchant au combat. L'éloquence politique en était à ses premiers vagissements. L'éloquence judiciaire n'était pas. L'éloquence militaire seule n'attendait rien de l'avenir. La matière historique abondait en vain: nul historien n'avait paru encore. La langue du moins existait; une langue rude, énergique, pleine d'audace et de franchise; une langue de conquérants, de politiques, de législateurs; une langue qui n'avait encore excellé qu'à exprimer les besoins de la vie pratique, les commandements de la loi, ou les fantaisies despotiques d'un peuple qui voulait être obéi

Mais cette langue était assez bien née pour reconnaître ce qui lui manquait, et pour devenir, par l'éducation, ce qu'elle n'aurait jamais été sans doute par elle-même : la langue d'une littérature.

On est tenté quelquefois de citer le nom de Sparte, quand on parle des institutions, des mœurs et du caractère des Romains. Mais ce serait faire grand tort aux enfants de Lycurgue, que de leur attribuer les goûts grossiers et l'inaptitude littéraire des enfants de Romulus. Les Spartiates aimaient passionnément la musique et la poésie. Ils ne souffraient, j'en conviens, que des chants d'une certaine valeur morale, et où la poésie et la musique fussent autre chose qu'un jeu de l'esprit et des sons agréables. La patrie adoptive de Tyrtée eut des poëtes : n'eût-elle fait qu'inspirer Alman, on ne serait pas en droit de dire qu'elle fut dénuée du génie littéraire. La religion elle-même, chez les Romains, ne devint poétique qu'après le long travail de transformation qui la réduisit presque à n'être plus que la religion des Grecs, sauf quelques mythes purement latins, et sauf les noms latins des divinités proprement helléniques. La religion grecque avait produit spontanément trois sortes d'épopée ; elle produisit aussi le dithyrambe, et par le dithyrambe la poésie dramatique : c'est par elle que furent et Orphée, et Homère, et Hésiode, et Arion, et Eschyle, et tant d'autres. La religion romaine, au bout de cinq siècles, avait produit le *Chant des frères Arvales* et les *Chants saliens!*

CHAPITRE III.

COMMENCEMENTS DE LA POÉSIE LATINE.

Travaux de Livius Andronicus. — Œuvres dramatiques de Livius Andronicus. — *Odyssée* latine. — Description du théâtre de Rome. — Névius. — Versification de Névius. — Œuvres dramatiques de Névius. — Poëme sur la première guerre Punique. — Jugement sur Névius.

Travaux de Livius Andronicus.

C'est par la poésie dramatique que commença la littérature latine, et c'est un Grec de Tarente qui mérita le premier, à Rome, le nom de poëte. Ce Grec avait été réduit par la guerre à l'état d'esclave. Livius Salinator, son maître, l'affranchit à cause de ses talents, et en fit un Livius, selon l'usage romain. On ne sait ni l'année de la naissance de Livius Andronicus ni celle de sa mort, mais on sait à quelle époque il commença à écrire. Cicéron dit que ce fut un an avant qu'Ennius naquît. Aulu-Gelle fait un calcul qui donne à peu près la même date. Il met les débuts dramatiques de Livius Andronicus à plus de cent soixante ans de la mort de Sophocle, et à cinquante-deux ans environ de celle de Ménandre. La date est donc antérieure, mais de fort peu, à l'an 240 avant notre ère.

Thespis, pour transformer le dithyrambe et créer la tragédie, avait eu besoin d'une force inventrice dont put aisément se passer Livius Andronicus quand il dota Rome d'un théâtre. Il ne fallait au Tarentin qu'une instruction suffisante et une certaine facilité poétique. Les pièces qu'il joua devant les Romains, tragédies ou comédies, n'étaient point écloses de son cerveau. C'étaient des ouvrages empruntés ux poëtes de la Grèce, non pas même arrangés ou transformés, mais simplement traduits. Le plus difficile de l'entreprise de Livius Andronicus, ce fut sans aucun doute la création d'un troupe; et Dieu sait ce qu'il dépensa de soins, d'activité et de talent pour former à son gré ses histrions, et pour en faire les émules des artistes qui interprétaient aux Grecs de l'Italie méridionale les chefs-d'œuvre du génie d'Athènes. Il paraît que le poëte appela d'abord à son aide les jeunes gens de famille qui se divertissaient à jouer la sature. Mais ceux-ci ne purent ou ne voulurent pas se plier aux exigences d'une scène régulière, et retournèrent bien vite à leurs improvisations et à leurs danses. Livius dut chercher alors ses collaborateurs parmi les affranchis et les esclaves; parmi ceux, bien entendu, qui avaient quelque culture littéraire, surtout parmi les Grecs d'Italie ou de Grèce, qui abondaient à Rome. On s'explique donc comment le métier d'histrion fut entaché, aux yeux des Romains, du caractère d'œuvre servile, et comment ce métier encourut l'indignité de ceux qui l'exerçaient. Tout histrion fut mis par la loi au ban de la cité et de l'armée. Il n'y eut d'exception que pour les acteurs d'atellanes et d'exodes. Ces comédies étaient nées de la sature; les citoyens, qui avaient longtemps joué des scènes improvisées, ne dédaignaient pas de figurer dans ces drames comiques, qui n'étaient que la sature réduite à un cadre plus régulier.

Quoi qu'il en soit, Livius Andronicus parvint à avoir des histrions assez dignes de lui, et il fit avec eux, durant de longues années, les délices du peuple de Rome. Il n'y avait guère de grandes fêtes sans qu'il fût invité par les édiles à jouer quelqu'un de ses ouvrages. Tite Live, à qui nous devons presque tout ce qu'on sait de Livius Andronicus, nous apprend que le poëte histrion, à force de chanter sur le théâtre, s'était fatigué la voix, et qu'il demanda et obtint la permission de placer, devant le joueur de flûte, un jeune esclave qui chantât pour lui. Libre de tout souci du côté du chant, il joua désormais, selon Tite-Live, avec plus de vigueur et d'expression le cantique ; c'est-à-dire probablement qu'il accompagnait de ses gestes et de sa danse les chants du jeune esclave et les accords du musicien. Mais le cantique, ou la partie lyrique de chaque pièce, n'en était et n'en pouvait être que la moindre portion. Dans la comédie latine il n'y avait pas de chœur, et le cantique se bornait à quelques tirades çà et là. La tragédie latine n'avait guère conservé, de toutes les richesses lyriques de la poésie d'Athènes, que le moins lyrique des éléments, le mètre anapeste : les chœurs proprement dits y étaient nuls, ou réduits tout au moins à des proportions singulièrement exiguës. L'innovation de Livius fit fortune : le cantique fut partagé dorénavant entre l'histrion et le chanteur. Quant au dialogue, il demeura, de toute nécessité, le domaine propre des histrions.

Œuvres dramatiques de Livius Andronicus.

On connaît les titres de plusieurs des pièces de Livius Andronicus; mais ce qui reste de ces pièces, tragédies ou comédies, est infiniment peu de chose. Les titres ne nous apprennent pas même à quelles sources Livius Andronicus avait puisé, ni s'il avait copié de bons modèles. Il y a bien un *Ajax* et une *Hélène;* mais qui pourrait dire si Livius avait réellement traduit la tragédie de Sophocle et celle d'Euripide? Rien n'empêche de le croire; mais le vers unique que nous avons de l'*Ajax* latin, et le vers unique que nous avons de l'*Hélène* latine, ne sont pas suffisants pour nous permettre de l'affirmer. Il est probable seulement que Livius Andronicus dut choisir de préférence des sujets intéressants et dramatiques; et les titres d'*Egisthe*, d'*Hermione*, de *Térée* prouvent qu'il avait mis en scène quelques-unes des plus saisissantes catastrophes illustrées jadis par la tragédie. Il n'y a guère que deux ou trois des pièces du catalogue qui aient pu être des comédies. C'était certainement une comédie, celle qui était intitulée le *Poignard*, et dont Festus nous a conservé ce vers : « Sont-ce des puces ou des punaises, ou des poux? réponds-moi. »

Parmi les vers attribués à Livius Andronicus, il y en a quatre qui méritent une mention particulière. Le métricien Térentianus Maurus, parlant du vers *miure*, c'est-à-dire du vers héroïque terminé par un ïambe, cite quatre vers qu'il donne comme extraits de l'*Ino* de Livius Andronicus, et dont deux, le premier et le troisième, sont des hexamètres complets, et les deux autres des hexamètres miures. Ces vers sont fort beaux, et si beaux même que Virgile en a transcrit un en entier. La langue n'a rien d'archaïque ; et, sauf peut-être un grand mot composé, ils ressemblent beaucoup plus aux vers du siècle d'Auguste qu'à ceux même du temps d'Ennius. Malgré l'autorité de Térentianus Maurus, je n'hésiterais point à reconnaître que Livius Andronicus n'a pu les écrire, à supposer même qu'Ennius ne se fût pas vanté d'avoir fait le premier en latin des *vers longs*. Toutefois on me saura gré, je crois, de les traduire : « Allons, enferme ton pied dans le cothurne de pourpre ; que la ceinture rappelle sur ta poitrine les plis fugitifs de ta robe ; allons, que le carquois plein de flèches retentisse sur ton dos : dirige sur la piste, jusqu'au gîte de la bête, les chiens au subtil odorat. » On présume que ces vers sont non pas de Livius, mais d'un certain Lévius, poëte plus récent, peut-être contemporain de Térence.

Les fragments authentiques des pièces de Livius Andronicus, sans être dénués de toute valeur poétique, n'ont rien de commun, ni pour le style, ni surtout pour le mètre, avec les vers que je viens de traduire. Ils sont tous d'ailleurs d'une extrême brièveté. Cicéron dit que les pièces de Livius Andronicus ne méritaient pas d'être lues plus d'une fois. Je dois dire qu'à juger d'après les fragments mêmes, Livius Andronicus savait pourtant exprimer sa pensée avec vigueur et netteté, quelquefois avec élégance. Il dit, dans l'*Achille :* « Si j'imite les méchants, toi, pour le méfait, tu me donneras un salaire. » Il dit, dans le *Cheval de Troie :* « Le bon sens vient tard aux Phrygiens. » Ces fragments sont beaucoup moins illisibles que ne le prétendent certains critiques. Il y a des mots qui ne sont pas restés dans la langue, mais beaucoup moins qu'on ne croirait ; et presque partout c'est déjà le latin des auteurs classiques. Quant au mètre des vers, il serait impossible de dire en quoi il consiste. Ce sont des vers saturniens ; mais ces vers ne se scandent guère mieux que ceux des prêtres Saliens ou ceux des frères Arvales. Livius passe toutefois pour avoir le premier réduit le vieux mètre des faunes à une forme régulière. Le vers saturnien, d'après Térentianus Maurus, se compose d'une partie ïambique et d'une partie trochaïque. La partie ïambique, trois ïambes suivis d'une syllabe longue, est proprement le vers anacréontique, celui des odes du recueil attribué à Anacréon. Trois trochées ajoutés au vers ïambique dimètre catalectique, voilà le vers saturnien régulier. Mais on n'en trouve guère, dans Livius, qui répondent exactement à cette formule. Si Livius a réellement promulgué la loi, il s'est donné, dans l'application de cette loi, des licences infinies, et qui en étaient la complète abrogation.

Odyssée latine.

Livius Andronicus avait essayé aussi de faire connaître aux Romains la grande poésie d'Homère, et il avait traduit l'*Odyssée*. Le vers saturnien, tel que Livius le pratiquait, était éminemment propre à rendre le mouvement libre et dégagé de l'hexamètre grec, sinon la grâce et l'éclat poétique d'un style et d'une langue incomparables. Il suffit de rapprocher de l'original le peu que nous possédons des vers de Livius, pour se convaincre que le poëte latin avait fait de très-grands efforts afin d'être fidèle et de retracer au vif la physionomie du grand poëte. Livius rend même quelquefois avec un rare bonheur certaines expressions grecques, ou certaines épithètes naïves, dont plus tard la langue latine, devenue trop savante et trop dédaigneuse, aurait été en peine de trouver les équivalents. Cicéron parle quelque part de l'*Odyssée* de Livius Andronicus, et il en parle avec un sentiment qui est loin de ressembler au mépris. Il la compare à ces vieilles statues de dieux et de héros, que les Grecs attribuaient à Dédale, et qui, tout en laissant à désirer pour la vérité et la vie, ne manquaient pourtant ni de caractère ni de majesté. J'oserais presque dire, à la simple inspection des débris mutilés de cette *Odyssée*, qu'elle serait, à tout prendre, si nous la possédions encore, une des plus exactes et même une des plus poétiques traductions de l'intraduisible épopée antique. J'en déplore donc vivement la perte, et bien plus vivement que celle d'une foule d'œuvres originales. Je voudrais qu'au moins ceux qui ont pu la lire eussent eu la bonne idée d'en transcrire quelque long passage, et non pas seulement un mot d'ici, un demi-vers de là, jamais à la fois plus d'un ou deux vers. Je ne compte pas comme authentiques quelques hexamètres assez bien tournés qui se trouvent parmi les vers de l'*Odyssée* de Livius Andronicus. Ce sont probablement les restes d'une autre *Odyssée* latine postérieure à la sienne, et l'ouvrage, selon quelques critiques, de son quasi-homonyme Lévius.

Description du théâtre de Rome.

J'ai donné ailleurs la description du théâtre d'Athènes, et en général de tous les théâtres grecs. Il convient de dire quelques mots du théâtre de Rome, tel qu'il était du temps de Plaute, tel qu'il avait été établi sans doute dès le temps de Livius Andronicus, et tel qu'il demeura durant plusieurs siècles. Ce théâtre ne fut construit en pierres que fort tard, et par les libéralités du grand Pompée. Jusque-là on se contenta d'un simple édifice en charpente. D'ailleurs, il ne paraît pas que Pompée lui-même ait fait autre chose que changer le bois en une matière plus durable. La forme resta ce qu'elle avait été depuis les premières représentations dramatiques. La scène et ses accessoires différaient peu de ce que nous avons signalé dans le théâtre grec : il n'y avait guère que le rideau de plus et la thymèle de moins. Les Romains avaient supprimé le chœur : la thymèle était donc superflue. Le rideau, au contraire, était fort utile, sinon indispensable, pour marquer les entr'actes. On l'abaissait au-dessous du niveau de la scène pendant la représentation, et on le remontait quand les acteurs laissaient la scène vide. L'orchestre conservait son nom d'orchestre, c'est-à-dire de place de la danse ; mais ce n'était en réalité qu'un parterre. C'est dans ce parterre qu'étaient les places d'honneur, celles où s'asseyaient les membres du sénat. Les magistrats en charge avaient des loges réservées à l'avant-scène, au-dessus des entrées latérales de l'orchestre. Les chevaliers occupaient les gradins inférieurs de l'amphithéâtre. Les autres spectateurs s'échelonnaient sur les autres degrés, selon leur rang. Les places étaient numérotées, et chacun prenait celle que lui désignait sa tessère, c'est-à-dire le dé ou le jeton numéroté qu'il avait reçu avant la représentation. Le théâtre était découvert ; mais on imagina de tendre au-dessus des spectateurs une toile qui se manœuvrait à l'aide de cordages, et avec laquelle on les garantissait à volonté ou des ardeurs du soleil ou des intempéries soudaines. Je n'ai pas besoin de dire que les représentations se donnaient en plein jour. Elles faisaient partie des fêtes publiques, et tous y étaient conviés, hommes, femmes, enfants ; non pas toute la ville à la fois, sans doute, mais, à chaque fois, une portion très-considérable du peuple. Les édiles présidaient aux représentations. C'étaient eux qui entretenaient et administraient la troupe des acteurs, et qui recevaient ou rejetaient les pièces ; c'étaient eux qui payaient les poëtes, les histrions, et tous les artistes divers, musiciens, machinistes, décorateurs, qui travaillaient pour le théâtre. Ils instituaient même quelquefois de véritables concours, analogues à ceux de la Grèce, et c'est à une lutte de ce genre que Plaute semble se préparer, dans le prologue de l'*Amphitryon*. En un mot, Rome provoquait par d'énergiques moyens l'éclosion des talents dramatiques. Si elle n'eut ni un Eschyle ni un Aristophane, elle eut autre chose du moins que les devins et les faunes. La poésie comique surtout compta plus d'un nom glorieux, depuis Névius jusqu'à Térence.

Névius.

Cnéius Névius, le premier en date après Livius Andronicus, fut un poëte plus complet que le Grec de Tarente, un écrivain plus original, un auteur tout romain et par les sentiments et par la tournure des idées. Aussi ne perdit-il jamais sa vieille réputation. Les Romains du grand siècle l'estimaient classique aux mêmes titres que Plaute et Térence : « Névius n'est pas dans nos mains, dit Horace ; bien mieux, nous le savons par cœur, comme s'il était d'hier. » Il faut remarquer ici que la vanité nationale était particulièrement intéressée dans la gloire du poëte qui avait chanté Régulus, et qui avait été plus qu'un copiste intelligent des œuvres du théâtre d'Athènes.

Névius était citoyen romain ; mais l'opinion la plus accréditée le fait naître ailleurs qu'à Rome. Aulu-Gelle, transcrivant l'inscription funéraire que Névius s'était faite à lui-même, dit que cette épitaphe est toute pleine d'un orgueil campanien. On a conclu de ces mots que Névius était né dans la Campanie. Un allemand nommé Klussmann, qui a écrit sur Névius un volume entier, entreprend de démontrer que le passage d'Aulu-Gelle n'autorise pas la conséquence qu'on en tire; que Névius ne peut point être né dans la Campanie; qu'il était né à Rome, selon toute vraisemblance; et les arguments de ce critique semblent en général assez plausibles. Peu nous importe, au reste, que Névius ait ouvert les yeux entre le Liris et le Silare, ou au pied du Capitole. Il nous suffit que nul ne fut plus complétement Romain que Névius. Avant la fin de la première guerre Punique, Névius était déjà homme fait, puisque lui-même racontait, suivant Varron, qu'il avait porté les armes contre les Carthaginois, dans cette guerre dont il écrivit l'histoire en vers. C'est quelques années après la paix, et environ le temps où florissait Livius Andronicus, que Névius mit sa première pièce au théâtre. Ses tragédies, ses comédies et ses autres poëmes lui eurent bientôt fait une grande réputation. Dévoué au parti populaire, adversaire passionné de tout ce qui sentait l'aristocratie, sa verve sarcastique n'épargnait personne, et les prologues de ses comédies semblent avoir été quelquefois de virulentes satires. Les Métellus et les Scipions furent particulièrement en butte à ses attaques. Voici ce qu'il ne craignait pas de publier, en plein théâtre, sur le premier Africain, sur le futur vainqueur de Zama : « Oui, celui qui s'est signalé souvent par des exploits glorieux, celui dont les hauts faits sont aujourd'hui dans un vivant éclat, celui qui commande aux nations, eh bien ! son père l'a emmené de chez une amie, sans autre habit qu'un manteau. » Quant aux Métellus, le poëte leur décochait des traits plus sensibles encore. Il leur reprochait leur incapacité; il ne reconnaissait en eux que des parvenus; il les proclamait un des fléaux de la patrie. C'est là ce qu'on voit encore aujourd'hui dans ce vers tant cité, qui signifie tout à la fois : « C'est le destin qui fait, à Rome, les Métellus consuls; » ou bien : « Les Métellus deviennent consuls, pour la perte de

Rome. » Nous ne savons pas comment le jeune émule de Fabius Maximus supporta les irrévérencieuses médisances de Névius; mais nous savons quelles colères s'allumèrent dans l'âme des Métellus, et comment Névius paya sa franchise, ou, si l'on veut, sa malicieuse audace. Au vers satirique répondit un vers comminatoire : « Les Métellus châtieront le poëte Névius[1]; » et la vengeance ne se fit pas longtemps attendre. Névius fut livré aux tribunaux, et condamné à une prison fort dure, en vertu de la loi des Douze Tables sur les chants diffamatoires. Plaute nous le représente tristement assis, le menton appuyé sur sa main, et avec deux gardes qui ne le quittent pas un instant, c'est-à-dire, comme le prouve fort bien Klussmann, les deux pieds retenus par des chaînes. Névius recouvra la liberté ; mais il ne tarda pas à blesser de nouveau les Métellus ou d'autres personnages non moins puissants. Il finit par se faire exiler de Rome, vers l'an 205. Il se retira à Utique. C'est là, dit-on, qu'il mourut, deux ans après son départ de Rome. Voici la fière épitaphe[2] rapportée par Aulu-Gelle : « S'il était permis aux immortels de pleurer des mortels, les Camènes[3] pleureraient Névius le poëte. Oui, depuis qu'il est enfermé dans le trésor de l'Orcus, on ne sait plus à Rome parler la langue latine. »

Versification de Névius.

Ce qui frappe au premier coup d'œil, dans les fragments des œuvres dramatiques de Névius, c'est l'apparition de vers véritables, de vers qui se sentent et se mesurent, et particulièrement celle des mètres ïambiques. Névius a introduit dans la tragédie et dans la comédie le vers dramatique par excellence, le mètre né pour l'action, comme le caractérise si bien Horace. La plupart des vers ïambiques

---

[1]. C'est le vers que Térentianus Maurus cite comme le type du vers saturnien :

Dabunt malum Metelli Nævio poetæ.

[2]. Elle est en vers saturniens réguliers, sauf les permutations analogues à celles qu'admettaient les vers ïambiques.

[3]. C'est le vieux nom latin des Muses.

de Névius sont trimètres ou sénaires; et ces vers ont chez lui une sévérité métrique qu'ils n'ont pas toujours conservée chez les poëtes latins dont Névius fut le devancier. Il est probable que Névius se conforma rigoureusement à l'exemple des Grecs, et que le dialogue, dans ses pièces, était en vers ïambiques, sauf les scènes passionnées où d'autres mètres plus vifs servaient mieux son dessein. Il ne s'interdisait pas, à l'occasion, l'emploi du vers trochaïque, si bien fait pour exprimer l'indignation et la colère. Quant à la partie lyrique, et à tout ce que les Latins désignaient par le mot *cantique*, Névius ne s'était pas fait défaut des ressources qui abondaient sous sa main. On constate aisément chez lui la présence de vers qui diffèrent et de l'ïambique sénaire, et du tétramètre trochaïque écourté : il y a des vers ïambiques et des vers trochaïques de longueurs variables; il y a des mètres choriambiques, des mètres anapestiques, et presque tout l'appareil de la savante versification des poëtes de la Grèce.

Œuvres dramatiques de Névius.

On ne trouve pas beaucoup à citer, parmi les fragments des tragédies de Névius, sinon peut-être un mot ici ou là, comme ceux que nous avons aperçus dans les fragments des tragédies de Livius Andronicus. Ainsi ce passage de la pièce intitulée *Hector* : « Je suis joyeux d'être loué par toi, mon père, par un homme loué de tous. » Mais ce n'est pas comme traducteur ou imitateur d'Euripide et d'Eschyle, que Névius avait acquis le renom de grand poëte. C'est son génie comique que prisaient plutôt les Romains. On ne faisait pas de difficulté pour le mettre sur la même ligne que Plaute. Térence le nomme, avec Plaute et Ennius, comme un des auteurs dont il se fait gloire d'imiter les exemples. Livius Andronicus s'était borné à transporter des comédies grecques sur son théâtre, sans y rien changer, ou sans y changer que fort peu : ses personnages parlaient latin, mais c'étaient des Grecs; on était en Grèce; c'étaient des mœurs grecques, des habits grecs; c'était la *comédie à manteau*, comme disaient les Romains. Névius se borna, en général, à suivre ces errements; mais il sut aussi s'ouvrir une voie plus originale. Il composa des pièces latines de mœurs comme de langue, et il créa la comédie romaine, ou, selon l'expression consacrée, la *comédie à toge*, celle dont les personnages étaient des Romains et dont l'action se passait à Rome. Sans doute tout n'était pas invention dans ces pièces. Le cadre dramatique venait encore d'Athènes; mais ce n'était plus Athènes qui le remplissait. Le plus libre génie pouvait, dans un tel champ, se déployer à l'aise. Je ne doute pas que Névius ne s'y soit livré à tout son essor. Névius dut exceller dans la peinture des vices et des ridicules contemporains; et la satire personnelle plus ou moins directe était un moyen de succès dont nul plus que lui ne fut jamais en état de se servir. Mais nous en sommes réduits, même sur ce point, à de simples conjectures. C'est à peine si nous connaissons les titres de deux ou trois de ses comédies à toge. Les fragments des comédies à manteau sont nombreux, et souvent fort remarquables par le mérite de la pensée ou par celui de l'expression. Ainsi ce vers, où Névius résume tous les manéges d'une courtisane : « A l'un un signe de tête, à l'autre un clin d'œil, à un autre son amour, à un autre la main. » Ainsi ce passage, qui provoqua sans doute des applaudissements : « Pour moi, j'ai toujours prisé davantage, j'ai toujours cru meilleure cent fois la liberté que l'argent. » Ainsi encore ce dialogue si vif et si bien coupé : « Holà ! est-ce victoire ? — Victoire ! — Bravo ! et comment ? — Je vais te dire. »

Poëme sur la première guerre Punique.

J'ai parlé, à propos de Stasinus, du poëme intitulé *Chants cypriens*, qui était, pour ainsi dire, une sorte de préface ou de prologue ajouté après coup à l'*Iliade*. Il existait une ancienne traduction latine de cette épopée, et quelques-uns l'attribuaient à Névius. Mais cette traduction était en vers héroïques, circonstance qui suffit à prouver que Névius n'en était point l'auteur. On croit avec raison que c'était l'ouvrage de quelque contemporain d'Ennius, ou même de quelque poëte plus récent encore, de ce Lévius, par exemple, dont le nom est si souvent confondu, chez les anciens, avec ceux de Névius ou de Livius Andronicus. D'ailleurs, il ne reste rien, ou à peu près, de l'*Iliade cyprienne*, selon le titre que portait en latin l'épopée de Stasinus.

Mais Névius avait fait mieux que transcrire dans sa langue les vers du poëte cyprien. Il avait composé un grand poëme tout romain, dont la première guerre Punique était le sujet. Ce poëme était écrit en vers saturniens; non pas seulement dans ce mètre mal déterminé qu'on cherche en vain à saisir chez Livius Andronicus, mais en vers d'une facture régulière et savante, et conformes, en général, à celui dont Térentianus Maurus a rédigé depuis la sévère formule. Le poëme était continu d'un bout à l'autre, sans aucune division en chants ou en livres; mais un grammairien nommé Lampadion le divisa plus tard en sept parties. Ce poëme était autre chose qu'une chronique versifiée. Sans doute Névius n'avait pas pu se permettre de transformer ou d'altérer, au gré de son imagination, des faits tout récents, et dont tant d'autres avaient été comme lui les témoins et les acteurs. Mais il ne s'était pas fait faute d'ajouter aux éléments que lui fournissaient ses souvenirs, d'interpréter les événements, de remonter à leurs causes présumées, de deviner les détails, de les inventer même; d'orner enfin, d'embellir, de faire œuvre de poëte. Nous ignorons jusqu'à quel point il avait réussi dans la peinture des caractères. Il n'est pas téméraire pourtant d'affirmer que Névius ne s'était pas contenté de dire sèchement ce qu'avaient été ses héros. Nul doute qu'il ne les ait élevés à une sorte d'idéal, et que son patriotisme n'ait grandi leurs figures. Croit-on que Régulus se présenterait à nous avec cette majesté calme et sublime, si Névius ne l'avait pas chanté, et si les historiens avaient raconté ses dernières actions sans être sous le charme de cette parole inspirée? Quoi qu'il en soit, Névius possédait à un haut degré quelques-unes des plus précieuses qualités épiques. C'est lui qui a imaginé de mettre en présence Énée et Didon, et de rattacher aux traditions de l'antiquité héroïque l'implacable rivalité de Rome et de Carthage. Le préambule de son poëme a fourni la matière de la plupart de ces inventions épiques dont nous sommes accoutumés de rapporter toute la gloire à Virgile. Après avoir expliqué à sa façon les causes de la terrible guerre, Névius abordait le récit historique, et décrivait l'état respectif des deux peuples aux premiers moments de la lutte. Le dénombrement des auxiliaires qui s'apprêtaient à soutenir les deux partis devait rappeler, jusqu'à un certain point, celui du deuxième chant de l'*Iliade*. Et ce n'est pas le seul endroit où Névius eût mis à contribution la poésie d'Homère. On voit, dans les fragments de son ouvrage, les restes d'une description de tempête où plus d'un mot prouve que Névius s'était souvenu du huitième chant de l'*Odyssée*. Quand il s'agissait de peindre des choses dont ni l'*Odyssée* ni l'*Iliade* n'offraient le modèle, Névius n'était pas toujours indigne des vrais maîtres. Voici comment il caractérise l'agitation de Carthage après une défaite : « Les Carthaginois tremblent de tous leurs membres; partout une crainte profonde étreint et bouleverse les cœurs ; ce ne sont plus que funérailles de soldats tués ; ce ne sont plus que convois de morts ; l'ivresse de la fête a disparu. » Le poëte animait et diversifiait heureusement un récit où la vérité nue aurait eu déjà, à elle seule, presque toute la grandeur et tout l'intérêt de l'épopée. Les contes qu'il avait entendu faire sous la tente devaient aussi être entrés pour une certaine part dans le tissu du poëme. Il est probable que, si nous le possédions en entier, nous y lirions de merveilleuses légendes militaires. Nous y trouverions peut-être en original la fameuse histoire du serpent de Bagrada.

Le poëme de Névius était donc une narration héroïque, une épopée, sauf le mètre épique traditionnel, et, dans toute la force du terme, une épopée nationale. C'est ce poëme, bien plus encore que ses comédies, que tous les Romains savaient par cœur. Nul ouvrage n'était plus propre à faire des Romains; et il n'est pas étonnant qu'on l'ait maintenu si longtemps dans les écoles, pour servir à l'éducation de l'enfance. Les juges les plus compétents ne le trouvaient pas indigne de cette haute fortune. Horace, il est vrai, semble ne reconnaître à ce poëme d'autre mérite que son antiquité; mais Cicéron le proclame beau, sinon d'une beauté pure et parfaite, au moins d'une beauté qu'on ne laisse pas d'admirer encore. C'est aux œuvres de la sculpture grecque que Cicéron compare aussi l'œuvre de Névius. Ce n'est pas encore Phidias ni Polyclète, mais ce n'est plus Dédale; c'est déjà Myron. Ennius lui-même n'osa pas entreprendre sur les domaines conquis par son devancier. Arrivé au récit de la première guerre Punique, il se borna à un sommaire rapide, et il s'excusa comme il suit : « D'autres ont écrit cela en vers. » — « Oui, certes, dit Cicéron dans le *Brutus*, et ils ont écrit fort bien, sinon avec toute ton élégance. Et tu dois être de cet avis, toi qui as tant emprunté à Névius, si tu avoues tes emprunts, et, si tu les nies, qui lui as tant dérobé. »

Jugement sur Névius.

Le style de Névius manque d'art, non pas seulement de cet art qu'enseignent les rhéteurs et qui ne mérite que le nom d'artifice, mais de celui qui consiste à limiter la pensée dans ses vrais termes, à la revêtir de toutes ses couleurs, à la mettre dans le jour le plus favorable, enfin à satisfaire les exigences d'un goût délicat et d'un esprit éclairé. La verve naturelle du poëte s'épanche un peu au hasard. Ici c'est un mot heureux, là une image frappante, là un tour de phrase original; nulle part un tableau complet, ou même une esquisse satisfaisante. Ce ne sont, pour ainsi dire, que des ébauches; mais on sent que la main qui les a tracées ne manquait ni de fermeté ni de hardiesse. Il ne faut d'ailleurs demander à Névius que les qualités qui étaient propres au caractère romain. On chercherait vainement, dans ce qui reste de ses poésies, rien qui ressemble à l'atticisme, ou qui puisse se nommer de la grâce. Mais on y trouverait suffisamment de quoi justifier l'expression de cet ancien qui a dit : « Névius bouillonne. » Volcatius Sédigitus le disait de Névius poëte comique : on le peut dire aussi, je crois, et du satirique, et du tragique même, et surtout du chantre de Régulus. C'était un poëte plein de fougue, ce n'était pas un artiste; c'était un génie fécond, ce n'était pas un homme capable de créer un vrai chef-d'œuvre, une de ces œuvres comme la Grèce en avait tant produit et comme Rome devait en produire, qui sont le beau avec tout son charme et dans toute sa splendeur.

L'épitaphe de Névius, sous une forme un peu insolente, exprime admirablement les titres qu'avait le poète à figurer parmi les classiques latins, et à servir de texte aux études du jeune âge. Sa langue était le pur latin de Rome, sans mélange ni de provincialismes, ni d'hellénismes, ni d'aucun élément étranger, et tel qu'on le parlait dans le siècle où, selon le mot de Cicéron, on parlait vraiment latin. Cicéron, pour définir ce qu'il entend par diction urbaine, latin de source, idiome national, nomme Plaute et Névius; et les fragments mêmes des ouvrages de Névius déposent de la légitimité de l'orgueil du poète, comme une ruine antique révèle encore quelques-uns des caractères du primitif monument.

CHAPITRE IV.

LA PROSE LATINE AVANT CATON.

Influence des Grecs sur les premiers prosateurs latins. — Fabius Pictor. — Deux oraisons funèbres. — Cornélius Céthégus. — Le premier Africain. — Le père des Gracques. — Autres orateurs politiques.

Influence des Grecs sur les premiers prosateurs latins.

L'influence de la Grèce sur les premiers développements de la prose latine n'est pas clairement manifeste. Cicéron semble dire que les histoires écrites par Fabius Pictor, et même par des auteurs plus récents, ne différaient des anciennes annales ni pour le ton, ni pour le style, ni pour la méthode. De tels historiens ont donc pu très-bien se passer de connaître Hérodote ou Thucydide. Ce qu'on sait de certain sur les orateurs qui ont vécu après Appius l'Aveugle et avant Caton, ne prouve pas sans réplique qu'ils lussent Eschine et Démosthène. Quant aux jurisconsultes, les traditions nationales leur suffisaient, et les Grecs n'eurent jamais que peu de chose à leur apprendre. Je ne parle pas des philosophes. Il n'y avait point de philosophes à Rome en ce temps-là ; et c'est à peine si le siècle suivant essaya de s'initier aux savantes spéculations de la Grèce. Pour trouver des philosophes romains, des philosophes qui aient écrit, il faut descendre jusqu'à Lucrèce et Cicéron.

Je renonce volontiers à établir une filiation directe entre les prosateurs grecs et les premiers prosateurs latins. Mais ce qu'on ne pourrait contester, c'est que les premiers prosateurs latins ont vécu dans des conditions différentes de celles où avaient vécu les contemporains d'Appius ; c'est que leur siècle n'était pas dénué de culture littéraire ; c'est qu'ils ont participé plus ou moins aux fruits de cette culture. N'eussent-ils fait qu'assister aux représentations dramatiques de Livius Andronicus ou de Névius, on pourrait dire encore que la Grèce n'a pas été sur eux sans influence, même à leur insu. Mais ce n'est pas seulement par le théâtre que les Romains se façonnaient à l'amour des choses de l'esprit, qu'ils adoucissaient leur rusticité, qu'ils devenaient plus complétement des hommes. La ville était pleine de Grecs ; les enfants épelaient, avec des maîtres venus de la Grèce, les chefs-d'œuvre du génie grec ; les adolescents, les hommes faits eux-mêmes, ou assistaient aux leçons d'autres maîtres, ou vivaient avec des hommes versés dans les sciences et dans la littérature. L'ancienne éducation ne donnait et ne pouvait donner que des soldats, des jurisconsultes et des politiques : l'éducation nouvelle donnait de plus des écrivains. C'est en ce sens au moins que les premiers prosateurs latins sont eux-mêmes des fils de la Grèce. Sans la culture grecque, ils auraient pu écrire d'un style tel que le leur, je le crois ; mais, sans la culture grecque, ils n'auraient pas même songé à écrire. Je veux dire que l'idée de rédiger par écrit un corps d'histoire, ou même un simple discours, et de s'adresser à la postérité aussi bien qu'aux contemporains, l'idée enfin de s'illustrer par l'esprit, ne leur a pu venir que de l'éducation nouvelle. J'en ai pour preuve cinq siècles entiers, ces siècles où nous n'avons rien pu trouver qu'on puisse nommer ni un livre ni un poëme.

Fabius Pictor.

L'historien Fabius Pictor était contemporain de Névius. Il servit dans la seconde guerre Punique, et il en écrivit l'histoire. Polybe ne faisait pas un très-grand cas de son ouvrage. Fabius Pictor manquait d'exactitude et de critique. Son style, que Cicéron compare à celui de Phérécyde, d'Hellanicus, d'Acusilaüs, est d'une simplicité absolument nue, et qui rappelle assez la manière des logographes grecs, sauf pourtant cette vivacité et cette grâce qui ne leur faisaient pas défaut, et que ne connaît point Fabius. J'en juge, au reste, d'après de bien faibles échantillons. Les fragments du livre de Fabius sont très-peu de chose. Le plus remarquable est celui qui concerne les obligations auxquelles était soumis le flamine de Jupiter. Je transcrirai ce passage, pour donner une idée du ton de l'historien et de son peu d'art. On verra que, si Fabius, comme le prétend Polybe, ne savait pas toujours bien s'enquérir sur les événements, il y a pourtant des choses qu'il avait, ce semble, consciencieusement étudiées : « C'est un crime au flamine de Jupiter de monter à cheval, et aussi de voir une classe équipée hors de l'enceinte des murs, c'est-à-dire l'armée en armes. Voilà pourquoi on a rarement nommé consul le flamine de Jupiter, quand les consuls étaient chargés de commander les armées. Il n'est pas permis au flamine de Jupiter de jamais jurer; l'anneau qu'il porte doit être creux et à jour. On ne peut emporter de la flaminie, c'est-à-dire de la maison du flamine de Jupiter, d'autre feu que le feu sacré. Si un homme lié entre dans sa maison, il faut qu'on le délie, qu'on monte par la cour intérieure les liens sur le toit, et qu'on les jette dans la rue. Il n'a aucun nœud sur lui, ni à son bonnet, ni à sa ceinture, ni nulle part ailleurs. Si un homme qu'on va battre de verges tombe à ses pieds en suppliant, on ne peut ce jour-là le frapper sans sacrilége. Il n'y a qu'un homme libre qui puisse couper les cheveux du flamine. Le flamine, d'après l'usage, ne touche ni ne nomme jamais une chèvre, de la chair crue, du lierre, des fèves; il ne taillera pas les provins de vigne qui montent trop haut; les pieds du lit où il couche doivent être enduits d'une légère couche de boue; il n'en découche jamais trois nuits de suite, et personne autre que lui n'a le droit d'y coucher. Il ne faut pas qu'il y ait, près du bois de son lit, un coffre avec des gâteaux sacrés. On couvre de terre, au pied d'un arbre fruitier, les rognures des ongles et des cheveux du flamine. Tous les jours pour le flamine c'est fête. Il ne lui est pas permis d'être en plein air sans bonnet; quant à rester nu-tête sous son toit, c'est tout récemment que les pontifes ont décidé qu'il le pouvait. » Assurément, il n'y a rien de commun entre ceci et les récits d'Hérodote ou les admirables tableaux de Thucydide. Aulu-Gelle, qui nous a conservé ce curieux morceau, ne le cite que de mémoire. S'il l'a altéré çà et là, ces altérations sont probablement fort légères, et n'ont dû atteindre sensiblement ni la physionomie de ce style sans art, ni même le caractère archaïque de cette diction toute naïve.

Fabius Pictor n'est pas le seul Romain de son temps qui ait écrit l'histoire, mais il est le seul qui l'ait écrite en latin. Deux de ses contemporains, L. Cincius Alimentus et Caïus Acilius, rédigèrent en grec les livres qu'on cite sous leur nom. Ce fait en dit assez, j'imagine, sur la grécomanie (qu'on me passe ce mot) qui possédait alors les Romains. Il me semble voir nos écrivains d'autrefois sacrifiant à la langue savante l'idiome vulgaire, et, jusque dans le seizième siècle, de Thou racontant les Valois en termes de Tacite et de Cicéron.

Deux oraisons funèbres.

L'usage de prononcer l'éloge des morts date, à Rome, de la plus haute antiquité; mais c'est seulement vers la fin du troisième siècle avant notre ère que quelques-uns consignèrent par écrit les discours qu'ils avaient prononcés en l'honneur de leurs proches ou de leurs amis. Ces oraisons funèbres, dès le temps de Caton, étaient en grand nombre, et la véracité n'était pas ce qu'on y prisait le plus. Les panégyristes d'alors, comme ceux de tous les siècles, songeaient infiniment plus aux satisfactions de la vanité des familles qu'aux intérêts sérieux de l'histoire. Ils ne se gênaient pas même, dit-on, pour inventer de faux consulats et de faux triomphes, afin de grandir aux yeux le défunt ou sa race. Il ne reste, de toute cette littérature funéraire, que le souvenir du discours de Q. Cécilius Métellus en l'honneur de son père, et celui du discours de Q. Fabius Maximus en l'honneur de son fils.

Pline l'Ancien s'exprime quelque part comme il suit : « Q. Métellus, dans l'oraison funèbre de son père L. Métellus, qui avait été pontife, deux fois consul, dictateur, maître de la cavalerie, quindécemvir pour la distribution des terres; qui le premier avait conduit des éléphants en triomphe, durant la première guerre Punique, écrit en propres termes que les dix choses les plus grandes et les meilleures, à la recherche de quoi les sages usent leur vie, son héros les eut au degré suprême. Il avait voulu, en effet, être un grand guerrier, un excellent orateur, le plus brave des généraux ; les plus mémorables exploits s'étaient accomplis sous ses auspices ; il avait été comblé d'honneurs ; il ne le cédait en sagesse à personne ; il passait pour un sénateur consommé ; il avait fait une fortune considérable par d'honnêtes moyens ; il avait laissé de nombreux enfants ; ses concitoyens l'avaient tenu dans la plus haute estime : tous ces biens, lui seul les avait eus en partage, et nul autre depuis la fondation de Rome [1]. » Certes, le vainqueur de Panorme était digne d'être célébré à l'égal des plus grands citoyens de Rome, et le fils d'un tel père pouvait rappeler avec orgueil son génie, sa sagesse et son bonheur ; mais qui pourrait dire que Q. Métellus ne s'était pas un peu trop livré aux tentations naturelles du genre épitaphe, l'exagération et l'emphase ?

Le discours de Fabius Maximus n'avait pas ces défauts, et

---

[1]. Pline, *Histoire naturelle*, livre VII, chapitre XII.

ne pouvait guère les avoir. Le Temporiseur était, avant tout, un homme sensé, grave et sévère. Le fils qu'il avait perdu était assez avancé en âge pour qu'on pût louer en lui mieux que d'heureuses espérances ; mais le père fut éloquent, rien qu'à laisser parler sa douleur, et à exprimer quelques nobles idées morales. Cicéron fait dire à Caton, dans un de ses dialogues : « Je connais de cet homme beaucoup de choses très-belles ; mais ce qui est surtout admirable, c'est son courage à la mort de son fils Marcus, d'un fils illustre et déjà consulaire. L'éloge qu'il prononça est dans toutes les mains : en le lisant, quel philosophe ne méprisons-nous pas[1] ? » C'est au Forum, devant le peuple assemblé, que Fabius paya ce tribut aux vertus de son fils. Le jugement de Plutarque sur l'éloquence de Fabius prouve que Cicéron a pu prêter à Caton, sans trop d'hyperbole, les paroles que j'ai transcrites tout à l'heure : « Il s'appliqua à l'éloquence, mais à un genre d'éloquence qui répondit à toute sa vie, à son caractère. Ces ornements, cet éclat léger et frivole qui n'a de mérite qu'aux yeux de la foule, étaient bannis de ses discours. On n'y trouvait que le bon sens qui lui était naturel, que l'abondance et la profondeur des pensées ; ce qui faisait comparer ses discours aux harangues de Thucydide[2]. » Je ne conclurai pas, du rapprochement indiqué par Plutarque, que Fabius fût un émule volontaire des Grecs, et, comme dirait Cicéron, un thucydidien ; mais, pour qu'on lui fît l'honneur de le comparer à l'incomparable, il fallait bien qu'il y eût en lui une ombre au moins des qualités du sublime modèle.

Cornélius Céthégus.

Cicéron, dans le *Brutus*, cite quelques vers du poëme des *Annales*, sur un orateur contemporain de Fabius, qui semble avoir été doué, lui aussi, de qualités éminentes. Cicéron admet pleinement et la compétence d'Ennius pour le juger et la sincérité du jugement qu'Ennius en porte, et

---

1. Cicéron, *de la Vieillesse*, chapitre IV.
2. Plutarque, au commencement de la *Vie de Fabius*.

que voici : « On donne pour collègue à Tuditanus, Marcus Cornélius Céthégus, l'orateur à la douce éloquence, le fils de Marcus.... Ses concitoyens jadis, ses contemporains, ceux qui vivaient alors, le nommaient la fleur choisie du peuple et la moelle de la persuasion. » Cicéron a négligé de nous apprendre si Céthégus avait écrit. Seulement, il fait dire à Caton, dans le dialogue *de la Vieillesse*, que Céthégus, même vieux, s'exerçait encore de toutes ses forces à l'éloquence.

Le premier Africain.

Il est permis de croire que P. Scipion, le premier Africain, n'était pas seulement un grand général et un homme éloquent, et qu'il n'avait pas dédaigné d'écrire. Tite Live du moins ne doutait pas de l'authenticité d'un discours contre le tribun Névius, attribué à Scipion. Aulu-Gelle dit que quelques-uns la contestaient ; mais il y avait une partie de ce discours où ils ne refusaient pas de reconnaître les paroles mêmes par lesquelles Scipion avait réellement conclu son apologie : « Je me rappelle, Romains, que c'est aujourd'hui le jour où j'ai vaincu, dans une grande bataille, le Carthaginois Annibal, le plus terrible ennemi de votre puissance, et où je vous ai procuré une paix et une victoire inespérées. Ne soyons donc point ingrats envers les dieux. Mon avis, c'est que nous laissions là ce vaurien, et que nous allions d'ici, sur l'heure même, offrir des actions de grâces à Jupiter très-bon, très-grand. » Tite Live a développé et embelli l'original ; mais les admirables périodes qu'il prête à Scipion ne sont guère que du beau style. C'est Scipion affaibli, délayé, presque noyé. Dans la citation d'Aulu-Gelle, au contraire, c'est Scipion tout vivant, avec la conscience de son génie, avec ses passions aristocratiques et sa morgue hautaine.

Le père des Gracques.

Ce Tibérius Sempronius Gracchus, qui fut deux fois consul et une fois censeur ; cet adversaire de l'aristocratie, que Scipion lui-même choisit pour gendre ; cet homme dont tous admiraient les vertus et honoraient le caractère, fut un orateur distingué en même temps qu'un politique du premier ordre. Il avait écrit des discours ; il en avait même écrit un en grec. Cicéron, qui fait partout le plus complet éloge de l'homme d'État, varie, d'un ouvrage à l'autre, sur le compte de l'orateur. Dans le *Brutus*, il lui accorde l'éloquence ; ailleurs, il dit que Gracchus fut un homme sage, grave, mais non point éloquent. La contradiction n'est peut-être qu'apparente. Cicéron pouvait appeler Gracchus un homme éloquent, par comparaison avec les anciens orateurs, tels qu'Appius ou même Scipion ; mais, dès qu'il s'agissait d'une éloquence complète, dès qu'il s'agissait des plus grands orateurs de Rome, Cicéron a pu, sans trop d'injustice, leur réserver le titre d'éloquents, et le refuser à Gracchus. Or, c'est précisément le cas, dans le passage où Cicéron semble retirer son éloge. C'est aux Gracques mêmes qu'il compare leur père ; c'est à Antoine et à Crassus, deux orateurs non moins éloquents et non moins fameux que les Gracques. Au reste, nous ne possédons pas un seul morceau authentique des discours du premier Gracchus.

Autres orateurs politiques.

Cicéron dit qu'un des contemporains de Gracchus, L. Papirius de Frégelles, avait laissé la réputation d'homme très-disert, et qu'on avait de lui un discours. C'était une harangue que Papirius avait prononcée dans le sénat, pour les Frégellans et pour les colonies latines. C. Térentius Varro, fameux par sa défaite dans la lutte contre Annibal, avait peut-être plus d'outrecuidance et de faconde que d'éloquence. Mais Tite Live parle avec grande estime des talents oratoires de P. Licinius Crassus, qui fut consul en l'an 206 avant notre ère. Sextus Ælius Pétus, surnommé Catus, ou l'Avisé, le plus savant des jurisconsultes du siècle, avait aussi, selon le mot de Cicéron, des ressources de parole ; c'est-à-dire qu'il savait, au besoin, ou répondre à 'attaque, ou attaquer avec avantage. P. Cornélius Scipion, le fils du premier Africain, n'était pas non plus un homme dénué d'habileté dans ces luttes de l'esprit ; mais sa mauvaise santé ne lui permit pas de donner tout l'essor à ses facultés. Cicéron dit qu'il aurait pu se placer parmi les plus éloquents, à en juger par quelques petits discours, les seuls qu'il eût rédigés, et par une histoire (j'en ignore le sujet) écrite en grec, et dans un style des plus agréables. Les autres orateurs de la même période ne sont connus que par leurs noms.

CHAPITRE V.

CATON; ENNIUS.

Raison du rapprochement de Caton et d'Ennius. — Vie de Caton. — Discours de Caton. — Éloquence de Caton. — Caton et les Grecs. — Ouvrages de Caton à l'usage de son fils. — Caton historien; les *Origines*. — Caton agronome; son *Agriculture*. — Vie d'Ennius. — Jugements des anciens sur Ennius. — Tragédies d'Ennius. — Comédies d'Ennius. — *Satires* d'Ennius. — Les *Annales*. — Autres ouvrages d'Ennius. — Conclusion.

Raison du rapprochement de Caton et d'Ennius.

Ce n'est point par fantaisie que je rapproche ici ces deux noms, ni à cause du hasard des dates, qui a fait naître Caton et Ennius à si peu d'années l'un de l'autre. Ce n'est pas même parce qu'Ennius fut le protégé de Caton, et qu'il entra sous les auspices de Caton dans la famille romaine. Ces deux hommes résument tout leur siècle ; ces deux types divers se complètent l'un l'autre, et sont comme les deux faces du génie romain. Caton, orateur, moraliste, historien, agronome, n'est pas seulement le plus célèbre des prosateurs de cette époque : c'est la prose même, si j'ose ainsi dire; c'est Rome essayant enfin toutes ses forces dans les choses qui sont à la fois et les intérêts positifs de la vie et des spéculations de l'esprit. Ennius n'est pas toute la poésie de son temps, mais il en est le poëte par excellence. Ennius, l'auteur des *Annales*, l'inventeur de la vraie satire, le poëte hardi et novateur, l'interprète des Grecs, c'est Rome sérieusement, courageusement occupée à la conquête du vaste monde de l'art et des idées, découvert naguère par Livius Andronicus, et où Névius avait déjà si fièrement planté l'étendard. Même source d'inspiration et chez le poëte et chez le prosateur, mêmes qualités, mêmes défauts. La foi aux destinées de la ville éternelle, le culte passionné des traditions antiques, l'amour du bien et même du beau, mais sous leur forme la plus simple; surtout la haine du vice raffiné, l'horreur du mensonge et de l'hypocrisie : voilà la muse sévère qui les anime l'un comme l'autre, et qui donne à leurs accents tant de puissance et de grandeur, ce je ne sais quoi de mâle et de fier, cette vigueur et cette énergie presque incomparables. Platon disait à Xénocrate : « Sacrifie aux Grâces ! » Il l'aurait dit bien plus encore, j'imagine, à Caton et à Ennius. Ennius et Caton n'ont que les qualités romaines. Le beau, je le répète, ne leur est pas inconnu ; mais ils n'ont jamais envisagé la beauté suprême, c'est-à-dire la grâce unie à la beauté.

Vie de Caton.

Caton était un Italien de Tusculum. Il naquit en l'an 234 avant notre ère, puisqu'à l'époque de la bataille du Trasimène il avait dix-sept ans, selon son propre témoignage. Les Porcius, ses ancêtres, n'avaient jamais brigué les honneurs et les dignités ; mais Caton repoussait la qualification d'homme nouveau, au nom des services et des vertus de sa famille. C'étaient des laboureurs et des éleveurs de bétail, mais c'étaient aussi, à l'occasion, des hommes de bon conseil et des soldats intrépides. Caton, dès son enfance, fut digne d'eux. On ne l'appela même Caton, c'est-à-dire l'Adroit ou l'Avisé, qu'à raison de l'esprit et du bon sens dont il faisait preuve : il se nommait d'abord Marcus Porcius Priscus. A dix-sept ans, il servait déjà avec distinction dans l'armée, durant la grande lutte contre Annibal. Né avec une complexion saine et robuste, le travail des champs, une vie frugale, les rudes épreuves de la guerre, lui donnèrent une trempe plus solide encore, et presque indestructible. Il était roux, et il avait les yeux pers, le visage dur, le regard perçant et farouche. L'éducation qu'il avait reçue dans la maison paternelle était fort simple ; mais il profita de toutes les occasions qu'il trouva de s'instruire. Ainsi, à Tarente, où il était entré avec Fabius Maximus, on l'avait logé chez un philosophe pythagoricien nommé Néarque : il désira d'entendre son hôte exposer quelques points de doctrine morale. Il fut pendant très-longtemps sans daigner s'appliquer aux lettres grecques ; mais il s'y mit à la fin, et il prit goût particulièrement à Thucydide et à Démosthène. Pourtant il s'en défendit toujours, même dans son extrême vieillesse, et quand ce goût était devenu une passion véritable.

Les honneurs vinrent le trouver aux champs, où il avait repris ses occupations ordinaires, labourant avec ses esclaves, mangeant et buvant avec eux, plaidant devant les tribunaux, à Tusculum ou ailleurs, pour ses clients et ses amis. Valérius Flaccus, son voisin de campagne, frappé de ses talents et de son caractère, lui offrit son crédit, qui était considérable, et l'emmena à Rome briguer les charges. Grâce à Valérius Flaccus, Caton obtint d'abord le tribunat militaire, puis la questure. Plus tard, sa réputation ayant grandi, il put devenir le collègue de Valérius même dans les premières dignités de la république. La censure de Caton est fameuse ; et quelques-uns des actes de sa vie politique ou militaire sont comptés parmi les faits les plus importants de l'histoire de Rome. Ainsi, pour n'en citer qu'un seul, c'est lui qui détermina les sénateurs à entreprendre la troisième guerre Punique. Il avait été envoyé en Afrique pour régler les contestations des Carthaginois et des Numides. Il trouva Carthage florissante, peuplée, regorgeant de richesses, pourvue de toutes sortes d'armes et de provisions de guerre, et formant déjà d'ambitieux projets. A son retour, il dénonça cette prospérité à la haine des Romains ; et, à force de répéter qu'il fallait détruire Carthage, il finit par amener presque tout le monde à son sentiment. Il était déjà mort quand Carthage fut détruite, mais il avait vu partir l'expédition.

La vie de Caton fut un long combat. L'aristocratie romaine n'eut jamais d'adversaire plus terrible, plus persévérant, plus implacable. Le premier Africain en avait déjà su quelque chose ; et bien d'autres après lui sentirent les étreintes de cette probité farouche et rigide, qui ne tolérait ni une négligence, ni une faiblesse, et qui ne voyait pas tout à fait en beau la nature humaine. A quatre-vingts ans passés, Caton n'avait rien perdu de cette fougue contre ses ennemis : l'année même de sa mort, à quatre-vingt-cinq ans[1], il accusait encore, devant le peuple, Servius Sulpicius Galba. Souvent accusé lui-même, il fut toujours absous; mais bien peu eurent à s'applaudir de l'avoir vu se porter leur adversaire ou leur accusateur.

Voici le portrait que Tite Live fait de cet homme extraordinaire : « Il ne lui manqua pas un des talents qui servent à la conduite des affaires, soit privées, soit publiques. Il s'entendait également et aux choses de la ville et à celles des champs. On s'élève aux honneurs suprêmes tantôt par la science du droit, tantôt par l'éloquence, tantôt par la gloire militaire : le génie de Caton se prêtait également à tout, et si bien, qu'on l'eût dit né uniquement pour ce qu'il jugeait à propos de faire. A la guerre, il signala dans une foule de combats son activité et sa bravoure. Parvenu aux grandes charges, il se montra général consommé. Dans la paix, fallait-il répondre sur le droit, c'était le plus habile des jurisconsultes ; fallait-il plaider une cause, c'était le plus éloquent des orateurs. Et on ne peut pas dire que sa langue n'a été puissante que tandis qu'il vivait, et qu'il n'existe aucun monument de son éloquence ; non ! son éloquence vit et fleurit encore, consacrée qu'elle est dans des écrits de tout genre. Il a composé un grand nombre de discours, et pour lui-même, et pour d'autres, et contre d'autres. Car il fatigua ses ennemis non-seulement en se portant accusateur, mais en prêtant sa parole à leurs adversaires. D'innombrables haines le harcelèrent, et il les harcela à son tour ; et il ne serait pas aisé

---

[1]. Quelques-uns font vivre Caton quatre-vingt-dix ans. J'ai suivi l'opinion de Cicéron, qui est la mieux établie et la plus généralement admise.

de dire si ce sont les nobles qui l'ont frappé davantage, ou si c'est lui qui a davantage tourmenté les nobles. C'était un homme d'un esprit rude, sans doute, d'une langue acerbe et trop peu retenue ; mais son âme était invincible aux passions et sa vertu rigide ; il méprisait le crédit, les richesses. Économe, infatigable, intrépide, il avait comme un corps et une âme de fer ; et la vieillesse même, qui détruit tout, ne brisa pas Caton[1]. »

Discours de Caton.

Nous avons les titres de quatre-vingt-neuf discours de Caton ; et il reste, de presque tous ces discours, des fragments plus ou moins considérables. Il y a aussi des fragments de certains discours dont les titres ne sont pas connus. Ce n'est pas exagérer que de porter à cent cinquante au moins le nombre des discours que Caton avait écrits. Quelques-uns ont dû être de simples plaidoyers judiciaires : ainsi le *Discours sur les biens de Dulcia* ; mais on peut dire que presque tous sont des discours politiques : harangues prononcées devant le peuple ou au sénat, accusations contre des prévaricateurs, apologies personnelles, etc. Un examen détaillé des fragments oratoires de Caton serait ici chose impossible. Nous nous contenterons de noter çà et là et de transcrire les traits les plus caractéristiques, ceux qui peuvent le mieux mettre dans son jour la vive physionomie de cette éloquence.

Un des hommes qui furent le plus en butte aux attaques de Caton, c'est le consul Q. Minucius Thermus. Thermus, après une double campagne en 198 et 194, contre les Ligures et d'autres peuplades de la Gaule Cisalpine, demandait le triomphe. Caton parla contre Thermus dans le sénat, avec une extrême énergie : il lui reprochait d'avoir fait frapper de coups dix hommes libres, dix magistrats provinciaux ; d'avoir considérablement enflé le succès de ses armes, et d'avoir raconté des batailles qui ne s'étaient jamais données. Nous possédons encore une page admirable du discours in-

---

1. Tite Live, livre XXXIX, chapitre xl.

titulé *des faux Combats*. Il s'agit du traitement affreux que Thermus avait fait subir aux magistrats liguriens :

« Il dit que les décemvirs n'avaient pas fait tout ce qu'il fallait pour ses provisions de bouche ; il les fit dépouiller de leurs vêtements et battre à coups de fouet : des Bruttiens frappèrent les décemvirs ; de nombreux témoins ont vu la chose. Qui peut souffrir un tel affront, un tel commandement, une telle servitude ? Jamais roi n'osa rien de semblable : vous, Romains, approuvez-vous qu'on en use ainsi avec des gens de bien et nés de bonne race ? Où sont les droits de l'alliance ? où est la foi de nos aïeux ? Quoi ! injures signalées, coups, étrivières, meurtrissures, violences, douleurs, tortures, et, avec cela, l'infamie et l'outrage, en présence de leurs concitoyens et de témoins sans nombre ! voilà jusqu'où tu as poussé tes déportements ! Mais quel deuil, quels gémissements, que de larmes, que de pleurs accompagnèrent ce supplice ! Les esclaves ne souffrent que très-impatiemment les injures. Quels sentiments ces hommes, nés de bonne race, distingués par leur vertu, ont-ils éprouvés, pensez-vous, quels sentiments éprouveront-ils tant qu'ils vivront ? »

Aulu-Gelle, qui nous a conservé ce morceau, remarque que Cicéron seul, entre tous les orateurs latins, a su parler avec cette véhémence, et que Caïus Gracchus lui-même est resté, en ce point, bien au-dessous de Caton. Le rhéteur latin dit encore que Caton a devancé son siècle, et essayé déjà ce que Cicéron devait un jour parfaire. En effet, le récit du supplice de Gavius, dans les *Verrines*, n'est qu'une magnifique amplification de celui du supplice des décemvirs ; ou, si l'on veut, Caton a esquissé l'ébauche et Cicéron a peint le tableau.

Voici un passage d'un ton fort différent, conservé aussi par Aulu-Gelle, et tiré d'un autre discours : « Jamais il ne se tait, celui qui tient la maladie de parler, comme tient un hydropique celle de boire et de dormir. Que si vous ne vous assemblez pas autour de lui quand il vous fait appeler, il est si pressé de discourir qu'il payera des gens pour l'écouter. Vous l'entendez, vous ne l'écoutez pas : c'est comme un charlatan dont on entend les paroles, mais à qui personne ne se confie pour se guérir. » Il y a une foule d'autres fragments où l'on retrouve, comme ici, ce spirituel et caustique railleur que fait si bien connaître Plutarque. Mais il ne s'agit pas pour nous d'une collection de bons mots. Je choisirai donc un morceau tout à la fois sérieux et vif, et où l'esprit n'est que l'assaisonnement d'une raison forte et profonde :

« J'ordonnai qu'on apportât le registre où était écrit mon discours. On apporte les tablettes relatives à mon affaire avec Marcus Cornélius; on lit les services de mes ancêtres; puis on en vient aux services que j'ai rendus moi-même à la république. Après ces deux passages, il y avait écrit, dans le discours : « Jamais je n'ai dépensé dans des brigues ni « mon argent ni celui des alliés. » Mais non ! n'écris point, m'écriai-je ; ils ne veulent pas entendre cela. Il lut ensuite : « Ai-jamais établi, dans les villes de vos alliés, des gou- « verneurs capables de leur ravir leurs biens, [leurs femmes,] « leurs enfants? » — Efface cela encore ; ils ne veulent pas l'entendre. Continue de lire. « Jamais je n'ai par- « tagé, entre mes quelques amis, ni les prises faites sur « l'ennemi, ni le butin, ni l'argent du butin, pour dépouiller « ceux qui en avaient fait la conquête. » — Efface encore cela ; il n'y a rien dont ils veuillent moins qu'on parle ; inutile à dire. Poursuis. « Jamais je n'ai accordé des relais « publics à mes amis, afin qu'ils tirassent de gros bénéfices « en communiquant leur privilége. » — Dépêche-toi d'effacer cela encore, et au plus vite. — « Jamais je n'ai distribué, « entre mes appariteurs et mes amis, des sommes d'argent, « sous prétexte du vin qui leur revenait pour leur table ; et « je ne les ai pas enrichis au détriment du public. » — Ah ! pour ceci, efface-le jusqu'au bois. Vois, je te prie, où en est réduite la république, puisque les services que je lui ai rendus, et qui me valaient de la reconnaissance, aujourd'hui je n'ose plus les rappeler, de peur d'exciter l'envie ! Nous en sommes venus à ce point, qu'il est permis de mal faire impunément, mais non pas impunément de bien faire. »

C'est dans un discours intitulé *de ses Dépenses*, que Caton s'exprimait ainsi, et ce discours était une des apologies qu'il fut réduit à prononcer après son consulat et sa préture. Avant la découverte faite par l'illustre Angelo Maï sur les manuscrits palimpsestes, on ne connaissait ni le titre du discours ni le fragment. Cette perle admirable se trouve dans le fatras souvent ridicule qu'on appelle la *Correspondance de Fronton et de Marc-Aurèle*. Fronton a eu au moins une bonne idée en sa vie, ça été celle de transcrire la page de Caton. Il envoie ce morceau à son élève comme un exemple de la figure nommée paralipse, autrement dit prétérition ou prétermission, par laquelle on parle précisément des choses qu'on a l'air de passer sous silence. Fronton déclare que nul orateur, ni grec ni romain, de ceux qu'il a lus, et combien n'en devait-il pas avoir lu! ne s'est servi avec plus d'élégance que Caton de cette vive et saisissante figure. Je dis plus encore. On chercherait inutilement dans Cicéron, dans Eschine ou dans Démosthène, rien qui rappelle, même de loin, le dialogue de Caton, toute cette scène dramatique, si bien conduite et si passionnée.

Éloquence de Caton.

Tite Live semble dire que ses contemporains lisaient et admiraient Caton. Il n'est pas douteux que Tite Live ne le lût en effet, et qu'il ne ressentît cette admiration qu'il peint de si belles couleurs. Mais je n'affirmerais pas que tout le monde, au siècle d'Auguste, partageât le goût du grand historien. J'ai peur que Caton n'ait été enveloppé, par le plus grand nombre, dans cette proscription générale dont les dédaigneux d'alors frappaient les anciens auteurs. Il y a des preuves à l'appui de cette conjecture. On aimait trop les belles phrases, pour se plaire à une simplicité si nue. Si l'admiration eût été partout, Tite Live ne serait pas seul à nous dire : « L'éloquence de Caton vit et fleurit encore. » Le silence profond des autres écrivains du temps est bien significatif. La génération même qui avait précédé leur avait donné l'exemple de ce dédain et de cet oubli. Cicéron dit en propres termes, dans le *Brutus* : « Caton est complètement ignoré. » Il s'en étonne, il demande pourquoi on ne lit pas le vieil orateur romain, tandis que l'on se passionne pour certains orateurs attiques, qui n'ont guère d'autres qualités que la simplicité de leur style. Caton méritait bien, selon lui, le même honneur que Lysias ou Hypéride; et il le démontre avec cette verve éloquente qu'il a portée le premier dans la controverse littéraire : « Sa façon de dire est un peu antique, et il y a chez lui des expressions un peu rudes. C'était ainsi qu'on parlait alors. Change cela, chose qu'en son temps il n'a pu faire; ajoute du nombre à la phrase, afin que le style soit mieux enchaîné; mets les mots eux-mêmes en meilleur ordre; formes-en comme une charpente régulière, ce que n'ont pas même fait toujours les anciens Grecs : tu ne préféreras plus personne à Caton. »

Dans les siècles qui suivirent, quand les écrivains cherchaient à rendre à la langue énervée quelque chose de son ancienne énergie, Caton devint, entre tous les orateurs d'autrefois, un des objets d'étude les plus recommandés; à peu près comme tels de nos vieux auteurs oubliés trop longtemps, et dont tous ont aujourd'hui le nom à la bouche. Il y a plus d'un témoignage, outre celui de Fronton, qui ne laisse aucun doute sur cette renaissance de l'antiquité latine. Les vieux poëtes n'avaient pas tous subi l'injure de l'oubli; mais tous, ou presque tous, reparurent au jour, et revécurent plus ou moins longtemps dans l'estime des lettrés, sinon dans les sympathies populaires. Les prosateurs antérieurs à Cicéron et à Salluste, qui n'étaient que des noms pour le vulgaire des lecteurs, rentrèrent en partage de cette gloire que de plus heureux et de plus grands leur avaient ravie. Caton eut enfin les admirateurs que lui souhaitait Cicéron; mais ni Caton, hélas! ni les autres, ne pouvaient rouvrir les sources taries du génie romain. Et pourtant qui eût mérité mieux que Caton d'opérer ce miracle? Mais l'archaïsme des écrivains de la décadence n'est que de l'archaïsme, c'est-à-dire de la rhétorique à l'envers : imiter le vieux, c'est toujours imiter ; et l'imitation est la mort du style et de l'éloquence. La forte et rude beauté du style de

Caton, cette langue sans fard et sans apprêt, cette éloquence qui ne devait rien à l'artifice, et qui n'était que le mouvement passionné du sentiment et de la pensée, il y avait quelque courage à en tenter la conquête, et échouer dans l'entreprise était honorable encore. Rome impériale n'eut point de Catons. Je ne parle que de l'écrivain et de l'orateur : c'est là seulement ce qu'on espérait voir renaître. Pour écrire et pour parler comme Caton, il fallait être Caton. Plutarque, qui a peint au vif la figure du laboureur de Tusculum, du soldat, de l'homme d'État, du grand capitaine et du grand citoyen, résume en quelques mots heureux les caractères de l'orateur : « L'éloquence de Caton était à la fois agréable et forte, douce et véhémente, plaisante et austère, sentencieuse et propre à la lutte. C'est ainsi que Socrate, suivant Platon, paraissait extérieurement grossier, satirique et outrageux dans la conversation, tandis qu'au dedans il était rempli de raison et de gravité, de discours capables d'arracher des larmes à ses auditeurs et de bouleverser leurs âmes. » Ce rapprochement de Caton avec Socrate est vrai, sinon de tout point, au moins dans une certaine mesure. Caton est un Socrate, mais un Socrate romain ; c'est-à-dire un homme d'action, un homme qui ne rêve jamais, et qui se préoccupe principalement, presque uniquement, du positif et de l'utile.

Caton et les Grecs.

Cet orateur, qui lisait Thucydide et Démosthène, et qui avait étudié dans sa jeunesse la philosophie de Pythagore, peut passer jusqu'à un certain point pour un disciple de la Grèce. Mais il ne dut rien aux Grecs qui enseignaient, dans Rome, la science de Corax et de Gorgias. Il n'eut jamais pour ces maîtres que haine et mépris. Il se moque quelque part du tribun Cœlius, qui se faisait payer un morceau de pain son silence ou son bavardage : on devine assez ce qu'il pouvait penser des sophistes grecs, lui l'impitoyable persécuteur, comme dit Aulu-Gelle, de la sotte et vide loquacité. Les restes mêmes de ses écrits témoignent de ses sentiments et à leur égard, et à l'égard de la race grecque tout entière. En

161, les philosophes et les rhéteurs, c'est-à-dire les pédagogues grecs, furent bannis de Rome par un décret du sénat. Caton avait parlé contre eux. C'est lui peut-être qui avait le premier sonné l'alarme au nom des vieilles mœurs; c'est lui peut-être qui a dicté le décret fameux, si foudroyant et si laconique.

Rome ne fut pas longtemps débarrassée du fléau, si tant est qu'elle le fut un seul instant. La Grèce fournissait Rome de gymnastes, d'artistes de toute sorte, de médecins, de cuisiniers. Il ne fut pas malaisé aux sophistes de se cacher sous d'autres noms. Si Plaute dit vrai, la cuisine était un séjour qui ne devait pas leur déplaire. Socrate se serait écrié, en les y voyant : « Ils sont rentrés dans leur première patrie ! » Ils ne tardèrent pas à en sortir, et à empoisonner impunément la jeunesse et de leur rhétorique, et de leur sophistique, et de leurs mœurs.

Caton ne fut pas moins impuissant à conjurer l'invasion du scepticisme religieux. En l'an 155 avant notre ère, les Athéniens députèrent à Rome, pour y régler leurs affaires d'État, trois philosophes, les plus renommés de ce temps. En attendant qu'on les admît au sénat ou devant le peuple, et tandis qu'on délibérait sur leurs demandes, les députés athéniens donnèrent des leçons publiques, qui attirèrent grande foule. Critolaüs et Diogène, l'un péripatéticien, l'autre stoïcien, professaient de nobles doctrines : ils eurent un succès d'estime. S'ils réunirent beaucoup d'auditeurs, ils comptèrent peu de disciples. Carnéade, le troisième, qui était de la nouvelle Académie, fit fureur. C'était le scepticisme même. Le fond de la philosophie de Carnéade, c'était le principe de Protagoras, que l'homme est la mesure de toutes choses. Pour lui, Dieu n'était qu'une hypothèse ; la certitude, qu'une probabilité qui changeait avec le point de vue. Caton, au rapport de Servius et d'autres auteurs, commençait tous ses discours par une invocation aux dieux, et d'ordinaire à Jupiter très-bon, très-grand. La Providence ne lui semblait pas une simple hypothèse, ni le bien et le mal des postulats de fantaisie. Il exprima énergiquement son indignation contre un enseignement si pernicieux. Il pressa le sénat de s'occuper au plus vite des affaires d'Athènes, et de renvoyer chez eux Carnéade et les deux autres beaux diseurs. Carnéade quitta Rome; mais l'esprit de Carnéade y resta. Il y était même déjà avant d'y venir, mais il y était sous une autre forme. Le livre d'Évhémère, traduit en latin par Ennius, c'était la négation du surnaturel, par conséquent de la religion. Ennius n'y avait peut-être point pris garde, ni Caton lui-même. Carnéade complétait Évhémère. Clitomaque, un autre sceptique, se chargea de compléter Carnéade. Le scepticisme, dont les semences tombaient sur la société romaine, y germa d'une façon toute conforme à la nature du sol. Ce qu'il produisit, ce ne furent pas des dissertations savantes, des discussions pour et contre, des arguties et des subtilités. Rome n'était point la Grèce. Rome n'eut point de philosophes sceptiques; mais elle eut des citoyens qui ne croyaient plus ni au bien ni au mal; qui faisaient risée de toutes les idées saintes, et qui vivaient abrutis dans leurs cupidités et leurs convoitises, assurés contre les suites, pourvu qu'il y eût satisfaction présente. C'était leur bien, c'était donc le bien; et, après la mort, tout était dit.

Ouvrages de Caton à l'usage de son fils.

Caton avait un fils dont l'éducation fut une des grandes affaires de sa vie : « Dès que l'enfant eut atteint l'âge de raison, dit Plutarque, Caton s'occupa de l'instruire lui-même dans les lettres, quoiqu'il eût un esclave nommé Chilon qui était habile grammairien, et qui enseignait plusieurs enfants. Il ne voulait pas, ce sont ses propres paroles, qu'un esclave réprimandât son fils ou lui tirât les oreilles, pour avoir été trop lent à apprendre, ni que son fils dût à un tel personnage un aussi grand bien que celui de l'éducation. Il fut donc lui-même le maître de grammaire de son fils, son maître de jurisprudence et son maître d'exercices. Il lui enseigna non-seulement à lancer le javelot, à combattre tout armé, à monter à cheval, mais encore à s'exercer au pugilat, à supporter le froid et le chaud, à traverser à la nage un courant impétueux et rapide. Il lui avait transcrit de sa propre main, dit-il, des traits d'histoire, et en gros caractère, afin qu'il se pénétrât, dès la maison même, de l'exemple des anciens Romains. » Le jeune homme répondit aux espérances de son père, et il ne lui manqua qu'une vie plus longue pour s'élever au premier rang parmi les hommes de sa génération, à côté de ce Scipion Émilien dont il avait épousé la sœur, fille de Paul Émile. Mais il mourut dans la fleur de l'âge, et avant d'avoir pu parvenir aux plus hautes dignités. Caton, justement fier de l'œuvre qu'il avait si bien conduite, travailla à la parfaire encore, même quand le jeune Marcus était déjà un homme distingué par ses talents et ses vertus. Il écrivit donc à son intention des ouvrages de diverse sorte, et comme des manuels, des guides pratiques, qui devaient lui servir à se diriger dans la vie. Il y en a dont nous ne connaissons que les titres : ainsi le traité intitulé *de l'Orateur* et plusieurs autres; mais il y en a un dont il reste quelques fragments remarquables : c'est le traité de morale que les anciens citent ordinairement sous un titre intraduisible, *Carmen de moribus*, et qui est peut-être la même chose que le *Discours à son fils*, ou les *Préceptes à son fils*, ou encore les *Lettres à son fils*. Voici une des pensées qu'en a extraites Aulu-Gelle : « La vie humaine est à peu près comme le fer. Servez-vous du fer, il s'use; ne vous en servez pas, pourtant la rouille le détruit. Nous voyons de même les hommes s'user par le travail. Si l'on demeure oisif, l'inertie et l'engourdissement font plus de mal que l'excès du travail même. » C'est là Caton, homme de bon sens et homme d'esprit. Mais voici un autre passage, cité par Pline l'Ancien, où Caton est plus Caton encore; je veux dire qu'il s'y montre avec son caractère de vieux Romain, et avec la vivacité passionnée de son antipathie pour les Grecs : « Je parlerai de ces Grecs en leur lieu, Marcus mon fils; je dirai ce que j'ai pu tirer d'Athènes, et je prouverai qu'il est bon de jeter un coup d'œil sur les lettres grecques, non de les apprendre à fond. La race grecque est très-vicieuse et indocile; et, crois ceci parole d'oracle, toutes les fois que cette nation donnera ses lettres, elle gâtera tout; davantage encore, si elle envoie ici ses médecins. Ils ont juré entre eux de tuer tous les barbares avec leur médecine. Et ils se font payer pour cette besogne, afin de leur inspirer confiance et de les détruire impunément. Nous aussi ils nous appellent sans cesse des barbares, et ils nous souillent de ce nom plus salement qu'ils ne font les autres Opiques. Je t'ai interdit les médecins. » On pourrait prendre ceci pour une simple boutade d'humeur; mais Caton avait sa médecine à lui, ses recettes, sa pharmacopée, et c'est lui-même qui soignait les malades de sa maison. Plutarque observe, avec sa malicieuse bonhomie, que Caton ne fut pas toujours très-heureux dans ses cures, et qu'il vit mourir sa femme et son fils. Plutarque dit seulement que ses remèdes ne leur ont pas prolongé la vie; je n'affirme pas non plus qu'ils l'aient abrégée. N'importe, Caton croyait à l'efficacité de son empirisme; il avait même rédigé, à l'usage de son cher Marcus, une sorte de traité de médecine, tout un codex, toute une thérapeutique; et c'est de cet ouvrage que Plutarque a tiré les curieux détails qu'il donne sur le régime où Caton mettait ses malades. Ainsi ce n'est pas seulement à titre de Grecs que Caton détestait les médecins grecs : il y avait, à son insu ou non, quelque chose de ce sentiment qu'on se porte quelquefois, dit-on, de confrère à confrère, et qui ressemble assez, pour l'implacable férocité, à une haine fraternelle.

Caton historien ; les Origines.

La perte des écrits dont je viens de parler n'est peut-être pas fort regrettable; mais celle des ouvrages historiques de Caton ne saurait être trop vivement déplorée. Caton avait écrit une relation très-intéressante de cette expédition d'Espagne où il avait déployé avec tant d'éclat ses talents militaires. Il s'était livré, dans sa vieillesse, à des recherches approfondies sur les premiers temps de Rome; il avait fouillé les annales des grandes villes de l'Italie; il avait consigné le résultat de ses travaux dans un ouvrage considérable, intitulé *Origines* et divisé en sept livres. A côté des origines proprement dites, Caton avait placé le récit des événements, et, entraîné par le sujet, il avait fini par écrire une véritable histoire romaine, depuis les temps les plus reculés jusqu'au delà des deux premières guerres Puniques, et presque jusqu'à la troisième. Nul doute qu'il n'y eût fondu en entier, et sans beaucoup de changements, sa relation de la guerre d'Espagne. Il racontait longuement et en détail les événements dont il avait été le témoin ou l'acteur; il rapportait même textuellement la plupart des harangues qu'il avait prononcées. C'est dans les *Origines* qu'on lisait ce discours *pour les Rhodiens*, qu'Aulu-Gelle défend contre les critiques outrées de Tullius Tiron, et dont il nous a conservé d'assez nombreux fragments. Caton historien était toujours Caton. Son ouvrage ne ressemblait à aucun autre. Ce que Caton faisait paraître, c'était surtout Rome et la majesté du peuple romain. Les hommes ne figuraient la plupart du temps qu'anonymes, et avec leur simple titre. C'était le consul, le dictateur, le chef de la cavalerie; c'était la république personnifiée, et non point Marcellus, ni Fabius, ni Scipion, ni Caton même. L'historien avait suivi cette méthode particulièrement dans le récit des guerres Puniques et des faits contemporains. Il y dérogeait probablement toutes les fois que la clarté l'exigeait : nous savons aussi qu'il nommait, qu'il faisait mieux que nommer, les personnes, quand il y avait à louer un trait de véritable héroïsme. Il ne tint pas à lui que la renommée de Quintus Céditius n'égalât celle de Léonidas. Céditius, tribun des soldats, à la tête de quatre cents hommes, s'était dévoué à une mort qui paraissait certaine, et il avait sauvé ainsi une armée en Sicile, durant la première guerre Punique. Aulu-Gelle analyse et cite l'admirable récit de Caton. Il y a des traits sublimes. Ainsi les paroles du tribun au consul, avant le départ : « Je donne ma vie à toi et à la république. » Ainsi ces simples mots de l'historien : « Le tribun et les quatre cents partent pour mourir. » Caton, après avoir conté comment tous avaient péri sauf le tribun, qui survécut à ses blessures, terminait par ces réflexions sages et sensées : « La gloire d'une belle action dépend beaucoup de l'endroit où elle se passe. Le Lacédémonien Léonidas est loué, qui fit chose semblable aux Thermopyles. La Grèce entière, fière de ses vertus, a immortalisé le souvenir de ce dévouement glorieux, par des monuments, des figures, des statues, des éloges, des histoires; par tous les moyens enfin dont elle pouvait témoigner sa reconnaissance. Mais le tribun des soldats n'eut en partage qu'une faible gloire : pourtant il n'avait pas moins fait, et il avait sauvé la république. »

Caton agronome; son Agriculture.

Le seul des ouvrages de Caton qui soit parvenu jusqu'à nous, c'est son traité d'agriculture, intitulé *de la Chose rustique*. C'est un écrit précieux à bien des égards, et où l'on trouve mieux encore que des préceptes sur le labour, les semailles et la récolte. Les historiens et les économistes y ont puisé de vives lumières pour éclairer certaines questions difficiles et obscures. Nous allons y chercher Caton lui-même; et nous noterons plus d'un trait qui servira à compléter le caractère de l'homme et de l'écrivain.

Disons d'abord que ce livre n'est pas un livre dans la stricte acception du terme. Les cent soixante-deux chapitres ou paragraphes en tête desquels est écrit le titre ont tous rapport, de près ou de loin, à la culture des champs et à l'économie rurale; mais ils se suivent au hasard, peu s'en faut, sans transition aucune, sans aucun lien visible. Ainsi, après le chapitre sur les terrains qui conviennent à la plantation des saussaies, vient le chapitre où il s'agit des instruments de labour. Ainsi le chapitre sur l'hygiène des bœufs précède immédiatement le chapitre sur la fabrication de la piquette. Ainsi les trois derniers chapitres sont : 160, *Charme contre les luxations;* 161, *Manière de cultiver les asperges;* 162, *Salage des jambons; fricandeaux de Pouzzoles.* Les phrases qui composent chacun des paragraphes ou chapitres ne sont pas jetées avec beaucoup plus d'art; ou plutôt l'auteur n'a pas pris d'autre soin que de rapprocher les unes des autres les prescriptions relatives à un même objet. Il est évident que Caton s'est borné à consigner par écrit chacune de ses recettes à mesure que l'occasion s'en présentait, et sans aucun plan conçu à l'avance. Cependant les cinq ou six premiers chapitres semblent à leur place. Ce sont des préceptes d'un ordre plus élevé, et comme les généralités de l'ouvrage : achat et disposition du domaine, devoirs du chef de famille, travaux à exécuter, etc. Ce sont probablement les chapitres que Caton a écrits les derniers, et ce sont certainement les seuls qu'il ait écrits exprès pour la place qu'ils occupent. Je me trompe, il y a encore le préambule ; mais c'est une préface et non un chapitre, et on ne l'énumère pas dans le chiffre des cent soixante-deux paragraphes. Cette préface, que je vais transcrire, est un éloge de l'agriculture, comparée aux autres moyens de faire fortune :

« Le négoce serait un métier meilleur que beaucoup d'autres pour s'enrichir, s'il n'était pas si chanceux; de même encore l'usure, si elle n'était pas si criminelle. En effet, nos ancêtres ont décidé, et établi dans leurs lois, que le voleur payerait une amende du double, l'usurier du quadruple. On peut juger par là combien l'usurier était, selon eux, un citoyen plus dangereux que le voleur. Et, quand ils louaient un homme de bien, ils lui donnaient cette louange : bon laboureur, bon métayer. Celui qu'on louait ainsi était loué, pensaient-ils, autant qu'on peut l'être. Je regarde, quant à moi, le négociant comme un homme actif et passionné pour le gain, mais, ainsi que je l'ai dit, exposé au danger et au malheur. C'est des laboureurs que naissent les hommes les plus robustes, les soldats les plus braves; c'est l'agriculture qui donne les bénéfices les plus honorables, les plus assurés, les moins exposés à l'envie : ceux qui sont occupés à ces travaux ne sont jamais des mal-pensants. Maintenant je reviens à mon sujet. »

Voilà le bon sens romain et le bon sens de Caton. Voici la rudesse romaine, et surtout la rudesse de Caton, dans les dernières lignes du chapitre sur les devoirs du chef de famille: « Si les prix sont suffisants, qu'il vende ce qu'il a de reste en huile, en vin, en froment. Qu'il vende les bœufs en retour d'âge, les veaux et les agneaux sevrés, la laine, les peaux, les vieilles charrettes, les vieilles ferrailles, l'esclave vieux ou malade; qu'il vende en un mot tout ce qui ne peut servir. Il faut que le chef de famille soit grand vendeur, non grand acheteur. » Le païen Plutarque, qui avait des entrailles, fait à ce sujet des remarques admirables, et qui ne sont pas précisément à l'honneur de Caton. La bonté, comme il dit, s'étend beaucoup plus loin que la justice. La justice ne nous oblige qu'à l'égard des hommes ; mais nos sentiments d'affection rejaillissent jusque sur les animaux mêmes. Plutarque oppose, aux préceptes impitoyables de Caton, les exemples bien différents consignés dans l'histoire de la Grèce : les Athéniens prenant soin des mules qui avaient travaillé à la construction du temple de Minerve; Cimon élevant un tombeau aux cavales avec lesquelles il avait été vainqueur aux jeux Olympiques; Xanthippe témoignant de la même manière sa reconnaissance pour le chien qui l'avait suivi à la nage quand il se transporta à Salamine, et qui était mort en arrivant. La conclusion de Plutarque est digne de sa belle âme : « Pour moi, je ne voudrais pas vendre même mon bœuf laboureur, parce qu'il aurait vieilli; à plus forte raison n'aurais-je pas le cœur d'exiler un vieux serviteur de la maison où il a vécu longtemps et qui est comme sa patrie; de l'arracher à son genre de vie accoutumé, pour quelque monnaie que me vaudrait la vente d'un homme aussi peu utile à celui qui l'aurait acheté qu'à moi qui l'aurais vendu. »

Le Caton qu'on vient de voir n'est guère aimable. Je veux croire qu'il s'est fait, dans son livre, un peu plus féroce qu'il ne l'était en réalité; mais il ne serait pas aisé de le transformer en maître tendre. Au reste, à supposer qu'il pratiquât rigoureusement sa maxime, *Point de bouches inutiles*, les esclaves maladifs y gagnaient d'échapper à ses remèdes; et ce n'était pas tout à fait rien. Il est vrai que sa médecine pouvait quelquefois n'être pas plus mauvaise qu'une autre : j'estime pourtant que le plus sûr était de n'en point essayer.

Un dernier trait que je noterai, et que ses prétentions hippocratiques me remettent en mémoire, c'est que Caton croyait à l'efficacité de certaines paroles magiques, de certaines formules bizarres, pour guérir les maux corporels, et qu'il employait parfois les charmes, concurremment avec des moyens réellement thérapeutiques et opératoires. Écoutons-le, dans le cent-soixantième chapitre, déduisant sa recette pour les luxations : « Prenez un roseau vert, de quatre ou cinq pieds de long ; coupez-le par le milieu, et que deux hommes le tiennent sur vos cuisses. Commencez à chanter : *In alio s. f. motas væta, daries dardaries astataries dissunapiter;* et continuez jusqu'à ce que les deux morceaux soient réunis. Agitez un fer au-dessus. Quand les deux parties se seront réunies et se toucheront, saisissez-les, coupez-les en tous sens. Faites-en une ligature sur le membre luxé ou cassé, et il se guérira. Cependant chantez tous les jours, sur la luxation : *In alio s. f.;* ou bien de la manière suivante : *huat hanat huat ista pista sista, domiabo damnaustra;* ou bien encore : *huat haut haut ista sis tar sis ordannabon dumnaustra.* »

Caton avait donc ses défauts, et même des défauts très-graves ; il a payé son large tribut aux erreurs et aux faiblesses de la nature humaine. Superstition, infatuation de soi, dureté de cœur, ce sont là, certes, des imperfections déplorables. Mais Caton les a rachetées, et par combien de qualités ! Il y a une expression qu'il aimait à prononcer, et qu'il appliquait à tout ce qui exige le développement d'une volonté et d'une force intelligente : c'est celle d'*homme de bien*, ou, suivant toute valeur réelle des mots latins, d'homme heureusement doué, et dirigeant sa vie conformément aux règles du bien. Il définissait le bon orateur : un homme de bien, habile dans l'art de la parole. Il définissait le bon laboureur : un homme de bien, dont les instruments de labour reluisent. Il a été, entre tous, cet homme heureusement doué et cherchant le bien. C'est un des plus grands hommes qui aient jamais paru ; c'est la figure la plus originale peut-être de l'histoire romaine. Qu'importent quelques taches sur cette figure, ou quelques plis disgracieux ? Il y a des taches dans le soleil, et la perfection n'est pas de ce monde.

Vie d'Ennius.

La vie d'Ennius forme avec celle de Caton un véritable contraste. Ennius ne fut jamais ni un homme d'action ni un homme de parti. Il aima et admira, dans Rome, tout ce qui était digne d'admiration et d'amour, sans acception de classes ou de personnes. J'ai dit que Caton avait fait de lui un citoyen romain. Caton avait trouvé Ennius en Sardaigne simple soldat de l'armée, et il l'avait emmené à Rome. Ennius, le protégé de Caton, n'épousa pas les passions de Caton contre le parti aristocratique. Il ne songea point à contester la gloire du vainqueur de Zama; il se lia même, avec Scipion et les siens, d'une étroite et vive amitié, et son enthousiasme pour le grand capitaine ne fut ni muet ni timide. Ennius avait composé un poëme considérable en l'honneur du premier Africain; et c'est Ennius qui avait mis cette épitaphe sur son tombeau : « Ici est enfermé un homme que nul, ni citoyen ni ennemi, n'a pu payer dignement de ses exploits. » C'est encore Ennius qui le faisait parler, dans une autre inscription, avec cette mâle et fière assurance : « Depuis les lieux où le soleil se lève par-dessus les marais Méotides, il n'est personne qui puisse égaler ses exploits aux miens. S'il est permis à quelque homme de monter dans les régions qu'habitent les dieux, c'est pour moi seul qu'est ouverte la vaste porte du ciel[1]. » Aussi les Scipions reconnaissants voulurent-ils qu'Ennius partageât leur sépulture; et l'image du poëte s'éleva, dans le monument funéraire, à côté de celle du glorieux triomphateur. Ennius fut et demeura jusqu'au bout un homme de lettres et un artiste; et, si Caton avait espéré en lui un autre Névius, le Romain nouveau fut loin de répondre à cette espérance. Mais c'était pour Caton une satisfaction, ce semble, bien suffisante, d'avoir doté Rome d'un grand poëte.

Quintus Ennius était de race grecque, comme Livius Andronicus. Il nous apprend lui-même le nom de sa patrie, en même temps qu'il nous dit son admission dans la cité romaine : « Je suis Romain, moi qui fus auparavant Rudien. » Rudies était une ville de Calabre. Ennius y était né en l'an 240, et il avait déjà trente-cinq ans lorsqu'il rencontra Caton. Il passa à Rome tout le reste de sa vie, jusqu'en

---

[1]. Ces vers en l'honneur de Scipion, ainsi que l'épitaphe d'Ennius pour lui-même, sont des distiques élégiaques, un hexamètre suivi d'un pentamètre.

l'an 170, où il mourut. Il jouit, de son vivant même, d'une réputation immense et incontestée. Il ne chercha guère la fortune, et il s'affligea médiocrement de ne la point rencontrer. Sa foi en lui-même et en son génie lui était un préservatif assuré contre toutes les misères. Aussi bien ne fut-il pas le plus modeste des hommes. Il croyait avoir en lui l'âme d'Homère; et ce n'était pas là seulement un rêve pythagoricien, c'était une conviction raisonnée, et où il se confirmait sans cesse en comparant sa poésie à celle du chantre d'Achille et d'Ulysse. Il se proclame naïvement un grand poëte; il nie presque l'existence de ses deux devanciers, ou du moins il relègue dans une sorte de néant les œuvres de Livius et de Névius : « Nul encore avant moi [1], s'écrie-t-il, n'avait franchi les rochers des Muses; nul n'était curieux du style. » Quand il mourut, il n'avait rien perdu de cette confiance, et l'épitaphe qu'il s'était faite à lui même montre combien il comptait sur la postérité : « Voyez, citoyens, le portrait du vieillard Ennius. C'est lui qui a célébré les hauts faits de vos pères. Que personne ne m'honore avec des larmes, ou ne pousse des lamentations à mes funérailles. Pourquoi? je vole tout vivant de bouche en bouche parmi les hommes. » Ennius, malgré les travers qu'on est en droit de lui reprocher, était pourtant un homme de noble caractère. Cicéron, qui relève si vivement son injustice à l'égard de Névius, décerne ailleurs un magnifique éloge à ses vertus : « Ennius, au terme de sa vie, à l'âge de soixante et dix ans, supportait deux choses que l'on regarde comme bien lourdes, la vieillesse et la pauvreté; on eût dit même qu'il en était heureux. »

Jugements des anciens sur Ennius.

Ennius a été jugé assez diversement par les anciens; mais les critiques ne compensent pas, à beaucoup près, les louanges : « C'est Ennius qui le premier, dit Lucrèce, a rapporté

---

[1]. *Ante hunc* : c'est un hellénisme. Il faut bien se garder de croire qu'Ennius parle d'un autre que lui-même. Rien de plus commun, chez les poëtes grecs, que les expressions *cet homme-ci*, *celui-ci*, pour désigner la première personne. On trouve même le neutre *ceci*, dans le même sens.

du riant Hélicon une couronne dont le feuillage ne se flétrira pas. « Cicéron donne à chaque instant des preuves parlantes de son admiration pour le vieux poëte. C'est par centaines que se comptent les vers d'Ennius qu'il a semés à travers sa prose ; et c'est à Cicéron surtout que nous devons de pouvoir, jusqu'à un certain point, contrôler par nous-mêmes les jugements des anciens sur Ennius. Au siècle d'Auguste, quand la littérature était partagée en deux camps ennemis, et que certains exclusifs ne reconnaissaient pour beau que ce qui était vieux, on conçoit aisément que d'autres aient exagéré dans l'autre sens, et qu'ils se soient fait comme un point d'honneur de nier le génie d'écrivains trop vantés. Virgile lui-même semble avoir épousé les passions d'Horace et des autres adversaires de la vieille littérature. Comme on lui reprochait d'emprunter à Ennius certaines expressions, des demi-vers, même des vers entiers : « Je ramasse, répondit-il, l'or que contient le fumier d'Ennius. » Quant à Horace, il décoche contre Ennius quelques traits piquants de cette bienveillance qu'il portait à tout ce qui n'était pas nouveau, et il tourne en ridicule ses prétentions exagérées : « Ennius, le sage, le brave, le second Homère, comme disent les critiques, a l'air de s'inquiéter médiocrement où aboutiront ses promesses et ses rêves pythagoriciens. » Ovide ne reproche à Ennius que de manquer d'art ; mais il reconnaît tous ses titres au nom d'homme de génie. Ennius, malgré les attaques de ses détracteurs, et en dépit du fol enthousiasme de ses apologistes, demeura jusqu'au bout en possession de sa place parmi les poëtes classiques, et au premier rang dans l'estime des Romains, à côté mais non pas au-dessous de Virgile même. Au temps des Antonins, Ennius, avait encore ses rhapsodes : on lisait ses *Annales* en public sur les théâtres ; et Aulu-Gelle raconte avoir assisté en personne à une représentation de ce genre, que donnait, sur le théâtre de Pouzzoles, un ennianiste fameux. Quintilien compare Ennius à un bois sacré où s'élèvent de grands chênes, vénérables par leur vieillesse, et qu'on adore par l'effet d'un sentiment religieux, bien plus qu'on ne les admire pour leur beauté. Le prudent rhéteur recommande même l'adoration ainsi entendue, de peur probablement de se faire malvenir des admirateurs, qui croyaient apercevoir, dans les œuvres du poëte, autre chose encore que des reliques vénérables de la civilisation des vieux siècles.

Tragédies d'Ennius.

Ennius avait traduit ou arrangé, pour le théâtre latin, plus de vingt tragédies, empruntées la plupart à Euripide : ainsi *Andromaque, Médée, Hécube, Alcméon*, etc. Il reste une quinzaine de fragments de la *Médée*. Aucun de ces fragments n'est bien considérable; mais leur ensemble est assez précieux, puisqu'il nous permet de nous faire une idée juste du système suivi par Ennius dans ses travaux dramatiques. Il n'y a pas un des fragments de sa *Médée* qui ne corresponde exactement à quelque passage de la *Médée* d'Euripide, et qui n'en soit une imitation directe et manifeste, sinon une traduction littérale. Absence complète d'invention et d'originalité, voilà sans contredit quel devait être le plus saillant caractère de tragédies ainsi copiées. Il ne fallait, pour réussir dans des entreprises du genre de celle d'Ennius, qu'une connaissance suffisante de la langue grecque et une certaine habileté d'écrivain. On ne peut pas refuser à Ennius l'honneur d'avoir su faire passer en latin la plupart des mérites du style de son modèle. Ses vers n'ont certes ni toute la fluidité ni toute la grâce de ceux d'Euripide; mais ils en ont souvent toute la couleur et tout l'éclat. Ennius corrige même avec bonheur certaines imperfections qu'Euripide n'avait pas jugé à propos de faire disparaître. Dans les premiers vers de la tragédie, le poëte grec nous montre le navire Argo volant sur les ondes, puis après les arbres tombant sous la hache, pour devenir le navire Argo. Ennius s'est bien gardé de mettre, comme on dit, la charrue devant les bœufs. Sa *Médée* commençait ainsi : « Plût aux dieux que, dans la forêt du Pélion, le tronc du sapin, coupé par la hache, n'eût point été abattu sur la terre! plût aux dieux qu'il n'eût point fourni les matériaux du navire qui porte aujourd'hui le nom d'Argo, etc. » Encore tout n'est-il pas bénéfice, dans l'opération d'Ennius; car, si son navire Argo ne navigue plus avant d'être, il a perdu les ailes qui l'emportaient sur les ondes; même on ne voit plus, dans les vers du poëte latin, ces rameurs vigoureux dont les bras se déploient dans les vers d'Euripide. L'*Hécube* d'Ennius n'était, comme sa *Médée*, qu'une traduction plus ou moins exacte. Aulu-Gelle le dit positivement. A défaut de ce témoignage, la comparaison des vers qui restent de l'*Hécube* latine avec ceux de l'*Hécube* originale ne laisserait aucun doute sur ce point. Il est probable qu'Ennius ne s'était pas donné beaucoup plus de peine pour inventer ses autres tragédies. Nous retrouvons, dans les lamentations de son Andromaque, la substance entière de la belle élégie d'Euripide; et le peu que nous possédons des *Euménides* du poëte latin n'est qu'une transcription presque littérale des vers d'Eschyle.

Ennius ne fut donc guère qu'un simple écrivain tragique. Mais il possédait réellement quelques-unes des qualités nécessaires. Ses vers ne manquent surtout ni d'éclat ni d'énergie. La diction n'a presque rien d'archaïque; et, sauf quelques allitérations recherchées et quelques composés un peu lourds, c'est presque la poésie des siècles classiques. Le vers ïambique trimètre y domine, et ce vers n'est ni plus mal tourné que chez les poëtes postérieurs, ni construit d'après des règles moins sévères. Je dois dire qu'il y a, dans les fragments tragiques, des vers d'autre espèce que l'ïambique trimètre, et dont il n'est pas toujours aisé de deviner la mesure. On sent un rhythme, une cadence poétique; mais tout ce qu'on peut dire, bien souvent, c'est que ce n'est pas là de la prose. Il n'y a point à s'étonner si le génie dramatique d'Eschyle ou d'Euripide valut à Ennius de magnifiques triomphes. Du moins celui qui donnait aux Romains les chefs-d'œuvre de la muse grecque était mieux qu'un copiste vulgaire: Euripide et Eschyle parlaient, grâce à lui, sur la scène latine, un langage à peu près digne d'eux. Aussi les beaux vers d'Ennius ne cessèrent-ils jamais de soulever des applaudissements au théâtre, tant que la tragédie y fut soufferte par la multitude, et la renommée tragique du vieux poëte ne périt pas après la disparition même de la tragédie.

Comédies d'Ennius.

On sait que les comédies de Térence ne sont pas purement et simplement traduites des originaux de Ménandre ou autres. Le poëte latin réduisait deux pièces grecques en une ; ou plutôt il allongeait et compliquait la pièce traduite ou imitée, en y introduisant des scènes et des caractères empruntés à quelque autre comédie. Ses ennemis lui reprochaient de gâter ainsi ses modèles. A ce reproche Térence répond qu'il en use, avec les Grecs, comme ses devanciers ; et, parmi les poëtes comiques dont il se glorifie de suivre les exemples, il nomme Ennius à côté de Névius et de Plaute. Ce témoignage semble prouver que les travaux d'Ennius, comme écrivain comique, étaient loin d'être méprisables, et qu'il avait fait plus d'efforts pour réussir dans la comédie que dans la tragédie même. Mais Ennius ne fut jamais compté par les Romains au nombre des comiques célèbres. Volcatius Sédigitus, dans ses vers sur les poëtes comiques de Rome, ne parle d'Ennius que par manière d'acquit. Il le nomme le dixième et dernier, et, suivant sa propre expression, par respect pour l'antiquité. Il serait téméraire de vouloir dire ce qui manquait à l'esprit d'Ennius pour que ses copies des chefs-d'œuvre comiques fussent elles-mêmes reçues comme des chefs-d'œuvre. J'affirmerai pourtant que ce qui lui faisait défaut, ce n'était pas seulement cette grâce dont fut doué Térence, mais bien aussi la verve comique et l'entrain de Plaute et de Névius. Il y a, malgré tout, tel passage des comédies d'Ennius qui n'est pas sans valeur, et où se montrent quelques-unes des qualités de style qu'exige surtout le genre comique. Ainsi l'agréable tableau, cité par Isidore de Séville, où l'on voit une coquette doublant et triplant le nombre des manéges que faisait à la fois la coquette de Névius.

Satires d'Ennius.

Quelques Romains attribuaient à Ennius l'invention de la satire. Nous avons vu que la satire existait, à Rome, bien longtemps avant qu'Ennius vînt de Rudies. Mais Ennius lui donna un caractère particulier, une forme savante et mieux déterminée. Il mérite donc, jusqu'à un certain point, ce renom d'inventeur qu'en un sens on doit lui dénier. La satire d'Ennius était proprement la *sature*, le pot-pourri poétique, le plat composé de mets divers dont j'ai parlé ailleurs. Le poëte se servait tantôt du mètre saturnien, tantôt des mètres ïambiques. A la suite d'un morceau écrit en vers sénaires, il y en avait un écrit en vers d'une autre espèce, que suivait à son tour un morceau différent ; et ainsi jusqu'au bout de chaque poëme. Mais l'hexamètre ni le pentamètre n'y figuraient jamais. Un certain Diomède, grammairien, semble dire que la satire d'Ennius différait, par le fond, de la satire de Lucilius, d'Horace et de Perse. Nous avons, peu s'en faut, la preuve du contraire, dans ce qui reste des satires d'Ennius. Admettons qu'Ennius se soit interdit absolument toute médisance, toute diffamation, toute désignation de personnes : un fait incontestable, c'est qu'il attaquait, et avec une grande énergie, les ridicules et les vices. Voyez, par exemple, la façon dont il peint le parasite se préparant à sa besogne, puis s'élançant comme un loup sur la proie, et l'amphitryon du festin le regardant faire, non sans quelques regrets pour ses bons plats. Ennius avait si bien la prétention d'instruire ou de corriger les hommes, qu'il se faisait dire par un interlocuteur, au troisième livre de ses *Satires* : « Salut, poëte Ennius, toi qui lances aux mortels tes vers enflammés jusque dans la moelle de leurs os. » Toute l'innovation de Lucilius, ce fut l'appropriation du vers héroïque à la satire, et surtout cet audacieux mépris des convenances sociales que nul poëte satirique n'affecta jamais à un plus haut degré que lui.

Les Annales.

Il ne tenait qu'à Ennius d'employer le vers héroïque à la satire ou à tout autre objet. Non-seulement il a importé à Rome ce rhythme admirable, mais il s'y est exercé avec un grand succès, et c'est par là surtout qu'il a bien mérité des lettres latines. Peut-être aurait-il cru abaisser la dignité du vers d'Homère et d'Hésiode, en l'appliquant à l'expression de pensées et de sentiments terre à terre. Il le réserva pour la grande épopée, comme il avait réservé le mètre élégiaque pour l'inscription funéraire. Quand je dis qu'Ennius a excellé à manier le vers de l'épopée, je ne dis pas qu'il faille comparer la versification d'Ennius à celle de Virgile, ni surtout à celle dont on trouve les règles dans nos traités de prosodie latine. Ennius a transporté en latin l'hexamètre grec avec toutes ses libertés, ou, si l'on veut, avec toutes ses licences. Mais la langue latine n'était pas la langue grecque. Les mots latins ne s'allongent ni ne s'accourcissent à volonté, et le poëte est quelquefois fort empêché à manœuvrer ces lourdes masses. Aussi les vers d'Ennius manquent-ils trop souvent de tournure, d'élégance et d'harmonie. Le temps seul pouvait faire connaître les restrictions à apporter au système grec, pour faire rendre à la langue latine tout ce qu'elle pouvait donner à l'hexamètre de légèreté et de grâce. Mais à côté de ces vers ou trop chargés de spondées, ou pleins de mauvaises consonnances, d'allitérations puériles, ou terminés par des mots trop longs ou trop courts, ou défectueux selon les règles de quantité fixées plus tard, il y en a d'autres, et en très-grand nombre, où nul ne saurait rien reprendre, et qui valent les plus beaux vers des poëtes classiques, et dont quelques-uns ne font pas trop mauvaise figure dans le tissu poétique où les ont mêlés Lucrèce et Virgile même.

L'épopée d'Ennius, œuvre de son âge mûr et de sa vieillesse, était intitulée *Annales*. C'étaient, en effet, les annales du peuple Romain depuis la fondation de Rome jusqu'à la fin de la deuxième guerre Punique, et même au delà. Cette épopée historique avait dix-huit livres, et elle paraît avoir été d'une immense étendue. Ennius, fidèle à son titre, suivait exactement l'ordre chronologique, et rapportait chaque fait ou chaque légende au lieu et place qu'assignait la tradition. Il avait la prétention d'être narrateur véridique sans cesser pourtant d'être Homère. Non, certes, il n'était pas Homère, celui qui prenait ainsi son épopée toute faite des mains du temps; celui qui se dispensait de la nécessité d'imaginer un plan, et de monter, comme on dit, une machine; celui qui se bornait à embellir et à illustrer de ses vers des récits plus ou moins authentiques. Le poëme d'Ennius ne pouvait valoir que par les détails, par la beauté des peintures, par les qualités de la narration et du style. Disons tout d'abord qu'Ennius anime partout sa matière d'un souffle de vie et d'enthousiasme. Il reste, de cette grande œuvre, des fragments suffisamment nombreux et suffisamment considérables pour autoriser un tel éloge. Ennius a le ton épique; il n'est jamais au-dessous de son sujet; il sait caractériser ses héros ; il sait les faire agir, il sait surtout les faire parler. J'ai cité ailleurs les paroles qu'il met dans la bouche du vieil aveugle Appius. Voici celles qu'il prête à Pyrrhus, répondant à l'envoyé romain qui venait pour traiter de la rançon des captifs : « Je ne demande pas d'or pour moi; ne me donnez pas de rançon. Il ne s'agit pas de maquignonner la guerre, mais de la faire. C'est par le fer, non par l'or, qu'il nous faut, vous et moi, décider de la vie, décider qui de vous ou de moi la maîtresse souveraine veut faire régner. Essayons en braves ce que porte le sort. Et en même temps reçois cette assurance : tous ceux dont la fortune de la guerre a épargné le courage, je suis résolu aussi d'épargner leur liberté. Je vous les donne, emmenez-les; et ce don a l'assentiment des puissants dieux. »

C'était un noble cœur, l'homme qui savait ainsi rendre justice à un ennemi; c'était un poëte, et un grand poëte, celui qui tenait, par la bouche de l'héroïque aventurier, ce simple et sublime langage. C'était un grand poëte encore, celui qui disait de Fabius Maximus : « Un seul homme, en temporisant, a rétabli nos affaires. Il ne sacrifiait pas le salut public à de vaines rumeurs : aussi la gloire du héros resplendit-elle après lui chaque jour davantage. » Virgile a transcrit presque littéralement le premier des trois vers d'Ennius. J'ose affirmer qu'il s'est fait tort en n'empruntant pas le second, bien plus beau, bien plus élevé, surtout bien plus caractéristique. Était-il possible de donner une idée plus vive que ne l'a fait Ennius, de l'invincible obstination du vieux général, et de cette foi profonde que Fabius avait en lui-même?

Il y a un portrait remarquable, où Ennius semble avoir

voulu tracer l'idéal du Romain tel qu'il se le figurait ; et c'est sa propre image qu'il a peinte dans ces vers, s'il en faut croire le témoignage du grammairien Élius Stilon. On me saura gré de citer en entier cet admirable passage : « Ayant ainsi parlé, il appelle un homme avec qui bien souvent il s'était plu à partager sa table quand il était fatigué des travaux de la journée, et à causer amicalement des grandes affaires qui se débattaient et dans le vaste Forum et dans le majestueux sénat. Devant cet homme, il n'hésitait pas à traiter tout sujet, grand, petit ou badin, mêlant la malice à la bonté, comme il lui plaisait, et sans redouter l'indiscrétion. Avec lui, il goûtait de vives joies et dans le tête-à-tête et en présence d'autrui. C'est que, dans cet esprit, jamais ne germa la pensée d'une action mauvaise : cet homme était léger, mais non méchant ; il était instruit, fidèle, doux, éloquent, satisfait de sa fortune, heureux, plein de sens, parlant bien et à propos, d'humeur commode, point verbeux ; sachant beaucoup de choses antiques, de ces choses que le temps a ensevelies dans l'oubli ; sachant à la fois et les vieilles mœurs et les mœurs nouvelles ; habile à débrouiller toutes les lois anciennes, celle des dieux comme celles des hommes ; enfin capable ou de beaucoup dire ou de bien se taire. Voilà celui que Servilius, au milieu des combats, aborde par ces mots. » Aulu-Gelle a bien raison de s'extasier sur la beauté simple et non affectée de ce morceau, et d'en priser l'excellence morale non moins que la naïve et forte couleur. Plusieurs des vers de l'original laissent à désirer, pour le tour et l'harmonie, à ceux qui se souviennent de la poésie de Virgile ; quelques mots du vieux poëte nous font un effet un peu étrange, et la phrase n'est pas toujours délimitée avec une précision suffisante. Mais qui pourrait dénier à l'homme qu'on vient d'entendre quelques-unes des plus rares qualités du génie épique ?

Ennius décrit les combats avec une vivacité et une énergie qui rappellent l'*Iliade*. On sent que le poëte est autre chose qu'un lettré vulgaire, et que lui aussi il a tenu les armes à la main et a vu le sang couler dans la mêlée. Virgile lui-même n'a rien qui l'emporte sur cette page que je vais transcrire, et à laquelle il a pris çà et là quelques traits : « Le cavalier s'avance; le creux sabot du cheval ébranle et fait résonner la terre. Des deux parts une clameur s'élève et monte au ciel. Ils se heurtent de front, comme se heurtent les vents lorsque le souffle pluvieux de l'auster, et l'aquilon soufflant d'un autre bout, soulèvent à l'envi les flots dans la mer immense. De tous côtés, comme la pluie, les traits fondent sur le tribun. Sa parme en est percée; le nombril du bouclier tinte sous les coups des javelots; son casque d'airain retentit sans cesse. Du reste, nul ne parvient, malgré tant d'efforts réunis, à mettre avec le fer son corps en pièces. Toujours il brise, il arrache les piques qui l'assaillent toujours; la sueur inonde son corps : pas un instant de relâche; nul moyen de respirer, en butte aux atteintes du fer qui vole. Les Istriens attaquaient, lançant vigoureusement leurs traits. Beaucoup tombent morts, et sous le fer et sous les pierres, et roulent d'une chute rapide ou dans l'intérieur des murs ou au dehors. » Il me serait facile de citer des descriptions d'un autre genre, et qui ne sont ni moins heureuses ni moins vivement tracées. Ainsi le tableau de la décadence morale des Romains : « La sagesse est chassée du milieu des hommes, etc.; » ainsi cet autre tableau, que Névius a peut-être inspiré, mais qui laisse bien loin dans l'ombre l'esquisse pourtant frappante de Névius : « L'horrible terre d'Afrique s'agite avec un tumulte terrible; inquiète, elle se consume partout de mille soucis; dans tous les lieux apparaît la grande figure de la Tristesse; les Carthaginois tendent vers le ciel leurs yeux, leurs mains fatiguées; ils courent çà et là en désordre; tout est sens dessus dessous. »

Ennius imite fréquemment Homère, surtout dans les comparaisons; et il y a telle de ces comparaisons imitées d'Homère, qui semble avoir piqué d'émulation le grand Virgile, et que Virgile n'a pas complètement effacée. Je trouve, par exemple, qu'après avoir lu les vers où Virgile représente Turnus comme un cheval fougueux qui vient de briser ses liens et s'élance d'une course rapide, on peut lire encore les vers d'Ennius conservés par Macrobe, et y admirer même certains détails qui ne sont pas dans Virgile et que n'a pas fournis Homère.

Autres ouvrages d'Ennius.

Ennius, outre sa grande épopée, avait composé plusieurs autres poëmes, tous assez considérables, mais dont nous ne pouvons parler aussi pertinemment que des *Annales*. Un de ces poëmes était intitulé *Scipion*, et était écrit en vers trochaïques. Le peu qui reste de cet ouvrage n'est pas de nature à nous faire deviner en quoi il consistait. Nul doute pourtant que ce ne fût un panégyrique du premier Africain ; mais ce panégyrique pouvait être ou une sorte de discours ou une épopée. Le poëme intitulé *Phagétiques*, autrement dit la *Gastronomie*, n'était qu'une traduction ou une imitation de l'ouvrage du Sicilien Archestrate. Rien de plus sec et de plus technique que les vers qui en restent. C'est une énumération des poissons les plus précieux pour la table, et où le poëte disparaît complétement derrière le nomenclateur. A peine reconnaît-on Ennius au choix de quelque mot, de quelque épithète : ainsi quand il nomme le scare, pour son excellence, *quasi-cervelle de Jupiter*. Ajoutez que nulle part les hexamètres d'Ennius ne sont ni plus raboteux ni plus lourdement traînants. Le dernier poëme qui exige une mention était une sorte d'exposition de la doctrine pythagoricienne, tirée, à ce qu'il paraît, des poésies d'Épicharme, et qu'Ennius avait même intitulée *Épicharme*, pour faire honneur au poëte dorien. L'*Épicharme* était écrit, comme le *Scipion*, en vers trochaïques. Varron en cite quelques-uns, qui prouvent que le poëme était plutôt un traité didactique qu'une œuvre inspirée, et qu'il rivalisait, peu s'en faut, de sécheresse avec les *Phagétiques*. On va juger si j'exagère : « C'est celui-là que j'appelle Jupiter, que les Grecs nomment l'air, et qui est le vent et les nuages, puis la pluie, et après la pluie le froid, qui devient vent ensuite, et air derechef. » Il est inutile, je pense, d'aller jusqu'au bout du morceau.

Nous sommes en droit aussi de compter Ennius parmi les plus anciens prosateurs latins. Il avait traduit du grec l'ouvrage où le sceptique Évhémère essayait d'expliquer la mythologie par l'histoire, et de réduire Saturne, Jupiter et les autres dieux aux proportions de simples mortels ayant vécu, étant morts, et qui n'étaient devenus dieux qu'en vertu d'un caprice des hommes ou reconnaissants ou superstitieux. Lactance cite d'assez longs passages de cette traduction d'Ennius. Le style en est d'une simplicité parfaitement nue, et analogue à celui des prosateurs contemporains d'Ennius; mais le transcripteur, ou d'autres avant lui, en ont rajeuni la diction, et c'est à peine si l'on y aperçoit aucun reste des vieilles formes de la langue latine, ni aucun de ces mots archaïques que nous rencontrons çà et là jusque dans les plus beaux vers du poëte.

Conclusion.

Quelques Allemands de nos jours, curieux et patients investigateurs du passé, et qui ont pâli à colliger, à compiler, à commenter les vénérables débris de l'antiquité latine, font bon marché de ce que nous appelons les siècles classiques, et n'hésitent pas à reporter jusqu'au temps de la deuxième guerre Punique l'âge d'or de la littérature romaine. A les entendre, Névius est le poëte romain par excellence. Ennius, selon eux, a trop sacrifié aux divinités de la Grèce, et il marque un des premiers degrés de cette décadence qui ne s'arrêtera plus. Ils lui font grâce pourtant, à raison de cet esprit tout romain dont le souffle anime les *Annales*; et, s'ils ne l'égalent point à Homère, ils le proclament bien supérieur à Virgile. Nos Français n'ont garde de donner dans ces extravagances. Ils savent vaguement qu'il y a eu un poëte du nom d'Ennius; mais ils le tiennent pour bien et dûment jugé par le mot de Virgile et les sarcasmes d'Horace. L'examen impartial des reliques de la poésie d'Ennius ne justifie ni l'enthousiasme de la science d'outre-Rhin, ni les dédains de notre ignorance. Ce Grec de Calabre a été un artiste éminent en fait de style latin, et sa pensée se revêtait sans effort de vives et heureuses images. Il était poëte, souvent même grand poëte; mais il lui a manqué ce génie créateur qui fait seul les vrais chefs-d'œuvre.

CHAPITRE VI.

PLAUTE.

Vie de Plaute. — Authenticité des comédies de Plaute. — Jugement des anciens sur Plaute. — Poésie de Plaute. — Immoralité de Plaute. — Reproches littéraires. — Catalogue des comédies de Plaute. — Originalité dramatique de Plaute. — Prologues des comédies de Plaute.

Vie de Plaute.

Les mésaventures de Névius, d'abord emprisonné, puis exilé, pour avoir médit de quelques hommes puissants, prouvent que l'aristocratie romaine n'avait pas un vif désir de voir naître des Eupolis, des Cratinus et des Aristophanes. Les poëtes comiques se le tinrent pour dit, et le théâtre latin ignora désormais la politique contemporaine, faits et personnages, ou du moins ne hasarda plus que d'obscures et timides allusions. Réduire la comédie aux tableaux de mœurs, à la peinture des vices et des ridicules, ce n'est pas l'anéantir. On l'avait bien vu à Athènes; on le vit aussi à Rome. Névius à peine mort, Rome avait déjà un autre comique, le plus grand des comiques latins, un poëte plus parfait et plus original peut-être que Névius même. On a nommé Plaute, cet homme de tant de verve, cet écrivain d'un si bon style, l'heureux auteur de tant de comédies justement fameuses.

Marcus Accius Plautus naquit à Sarsine, village de l'Ombrie, en l'an 227 selon les uns, ou, selon quelques autres, en l'an 224 avant notre ère. Il est impossible d'établir la date d'une manière fixe et absolue. Plaute vint à Rome de très-bonne heure. On va jusqu'à prétendre qu'il avait fait représenter sa première pièce dès l'âge de dix-sept ans, et même que cette pièce était les *Ménechmes,* une des plus jolies du recueil de ses œuvres, à coup sûr une des plus gaies. Ainsi les débuts du poëte, et plusieurs sans doute de ses triomphes, seraient antérieurs et au départ de Névius et à l'arrivée d'Ennius. Plaute pourrait donc compter, à la rigueur, pour un des devanciers du protégé de Caton, encore qu'Ennius fût l'aîné de Plaute d'un assez grand nombre d'années.

Plaute fit, dit-on, une fortune considérable avec ses ouvrages ; mais il la dissipa en profusions, pour augmenter la magnificence des spectacles où figuraient ses comédies, et des entreprises de commerce mal conduites, ou peu favorisées du hasard, le réduisirent au plus complet dénûment. Il lui fallut, pour pouvoir vivre, non-seulement recourir aux travaux manuels, mais à ceux-là même qui étaient la plus dure part des tâches serviles : ainsi on le vit tourner une roue dans un moulin. Heureusement pour lui, son talent survécut à ces désastres. Les comédies qu'il avait écrites durant son esclavage plus ou moins volontaire, lui rendirent bientôt quelque aisance ; de nouveaux succès accrurent sa réputation, et réparèrent presque tous les maux que Plaute n'avait dus qu'à sa vanité ou à son imprévoyance.

Plaute mourut en 184. Cette date est parfaitement sûre. Il n'avait donc que quarante ans à sa mort, ou tout au plus quarante-trois. Cicéron, dans le dialogue *de la Vieillesse*, semble pourtant donner à entendre que Plaute parvint à un assez grand âge ; mais l'indication est d'un tel vague qu'on n'en peut rien conclure, sinon que la date de la naissance du poëte devrait être reculée plus haut que même l'an 227. La date de ses débuts n'aurait donc plus rien d'extraordinaire. Plaute, vers le milieu de la deuxième guerre Punique, aurait été déjà homme fait, et les *Ménechmes* ne seraient plus l'ouvrage d'un enfant à peine né. Au reste, il nous importe assez peu que Plaute ait vécu quelques années de plus ou de moins ; qu'il soit mort dans toute la force de l'âge, ou qu'il ait été un jour compté parmi les vieillards.

Authenticité des comédies de Plaute.

J'ai entendu faire à des hommes fort lettrés, dit Aulu-Gelle, une réflexion fort juste : c'est que, pour résoudre les doutes qui se sont élevés sur l'authenticité de certaines pièces de Plaute, il ne faut point s'en rapporter aux catalogues d'Élius, de Sédigitus, de Claudius, d'Aurélius, d'Attius, de

Manilius, mais interroger Plaute lui-même, et consulter les caractères de son esprit et de son style. C'est la règle de critique dont Varron s'est précisément servi à ce sujet. En effet, outre ces vingt et une comédies qu'on nomme *varroniennes*, et que Varron a distinguées et mises à part comme étant certainement de Plaute, et du consentement de tout le monde, il y en a d'autres qu'il signale pour le tour des expressions et des plaisanteries, et qui lui semblent offrir de frappantes analogies avec la manière de Plaute. Aussi les juge-t-il dignes de lui être attribuées, bien qu'elles fussent mises sous d'autres noms. Telle est, par exemple, celle que nous lisions ces jours passés, intitulée la *Béotienne*. Cette pièce n'est pas dans la liste des vingt et une, et on l'attribue d'ordinaire à Aquilius. Mais Varron n'hésite point à la revendiquer pour Plaute; et quiconque a fait de Plaute une lecture un peu habituelle partagera cette conviction, ne connût-il de la pièce que ces seuls vers, qui me sont restés dans la mémoire, et que je vais transcrire; car ils sont vraiment *plautinissimes*, pour parler à la façon de l'auteur même. C'est un parasite affamé qui parle :

« Que les dieux confondent celui qui inventa les heures,
« et qui le premier établit ici un cadran solaire ! A quoi
« bon me couper ainsi le jour en morceaux, dont j'enrage ?
« Dans mon enfance, le ventre était un cadran bien meilleur
« et bien plus juste que ceux-là : jamais il ne manquait
« de m'avertir de manger ; et jamais il n'avait tort, sinon
« dans le cas de disette. Mais aujourd'hui, lors même qu'il y
« a de quoi, il reste vide, à moins que le soleil ne donne son
« aveu. Aussi bien la ville est-elle toute garnie de cadrans,
« et partout on ne voit que des gens qui se traînent mourant
« d'inanition. »

« Notre ami Favorinus exprima une opinion analogue, un jour que je lisais la *Nervolaire* de Plaute, pièce rangée parmi les douteuses. En entendant ce vers : Femmes de rebut,
« courtisanes éclopées, misérables épileuses, sales coqui-
« nes, » il fut charmé de ces vieilles et comiques expressions, qui marquent si bien les vices et les travers des prostituées ; et ce seul vers, selon lui, suffisait pour prouver que

la pièce était de Plaute. Moi-même, en lisant naguère le *Détroit*, une des comédies contestées, je ne pus m'empêcher de la reconnaître pour un des ouvrages de Plaute, et même un des plus authentiques. En voici deux vers, que j'ai transcrits dans mes recherches sur l'oracle cornu : « C'est tout
« juste comme l'oracle cornu des grands Jeux. Si je ne le fais
« pas, je suis mort; si je le fais, je suis battu. »

« Marcus Varron, dans son premier livre *des Comédies de Plaute*, cite ce passage d'Attius : « Ni les *Jumeaux*,
« ni les *Lions*, ni la *Bague*, ni la *Vieille* ne sont de Plaute;
« et pas davantage le *Double viol*, ni la *Béotienne*, ni le
« *Campagnard* non plus, ni les *Associés de mort*. Ces co-
« médies sont d'Aquilius. » On voit, dans le même livre de Varron, qu'il y eut aussi un poëte comique du nom de Plautius, et que le mot *Plauti*, écrit sur les titres de ses pièces, les fit prendre pour des ouvrages de Plaute.... Il y a cent trente comédies environ qui courent sous le nom de Plaute. Mais le savant L. Élius pense que vingt-cinq seulement sont de lui. Il est très-probable que beaucoup des pièces dont l'authenticité est douteuse, et qui portent le nom de Plaute, sont de quelques poëtes plus anciens, mais que Plaute les a revues et retouchées. Voilà comment elles rappellent la manière de Plaute. Quant au *Satyrion*, à l'*Insolvable*, et une troisième dont le nom m'échappe, Plaute les composa au moulin, si l'on en croit Varron et d'autres témoignages[1]. »

Il ne reste, de toutes les comédies contestées, que des fragments plus ou moins courts et insignifiants. Mais nous possédons presque toutes celles qu'on nommait varroniennes. Il n'en manque qu'une seule, celle qui était intitulée *Vidularia*. Encore paraît-elle avoir existé dans un manuscrit jusqu'à l'époque de la Renaissance. Les vingt pièces imprimées ne sont pas toutes dans un état complet d'intégrité. Nous n'avons pas la fin de l'*Aululaire* ni le prologue des *Bacchis*; il manque des scènes entières dans le *Marchand* et dans d'autres pièces. Les copistes eux-mêmes,

---

1. Aulu-Gelle, *Nuits attiques*, livre III, chapitre III.

par excès de pudeur ou pour toute autre raison, ont fait çà et là des retranchements dont la trace est manifeste, dans les dernières scènes de *Casine:* par exemple. J'ajoute que certains vers cités par des auteurs anciens comme appartenant à telle ou telle pièce de Plaute, ne se trouvent plus dans les mêmes pièces telles que nous les possédons. En revanche, on remarque des vers, des scènes entières quelquefois, d'une autre main que celle de Plaute, et qui ont été interpolés on ne sait quand ni par qui. Je ne parle pas des suppléments comme ceux d'Urcéus Codrus ou de Philippe Paréus, innocentes fantaisies d'érudits qui voulaient simplement que l'œil du lecteur ne fût nulle part affligé par l'aspect des lacunes. Malgré les défectuosités de toute sorte qu'on aperçoit dans le texte de Plaute, et dont beaucoup trop sont inguérissables, le recueil de ces vingt comédies est un des plus précieux trésors littéraires que nous ait transmis l'antiquité.

Jugements des anciens sur Plaute.

On n'a pas toujours parlé avec cette estime des œuvres du poëte ombrien, et le nom de Plaute est un des plus contestés de l'ancienne littérature. Plaute, qui avait foi en lui-même, et qui savait se comparer aux comiques de son temps, laissa, dit-on, cette épitaphe écrite de sa main : « Depuis que Plaute a été frappé de mort, la Comédie se désole, la scène est déserte; puis les Ris, les Jeux, tous les dieux de la plaisanterie et de la poésie au libre mètre, se sont mis ensemble à verser des larmes. » Volcatius Sédigitus, dans ce catalogue versifié où il classe les comiques latins par ordre de mérite, en a placé un, mais un seul, avant Plaute. Après Cécilius, Plaute, selon lui, l'emporte sans conteste sur tous les autres. Le grammairien Élius Stilon, contemporain de Sédigitus, disait que, si les Muses voulaient parler latin, elles parleraient la langue de Plaute. Varron se range complétement à cet avis; et Cicéron proclame Plaute, avec Névius, le plus latin de tous les poëtes. Horace, l'impitoyable détracteur du passé, traite Plaute avec un mépris souverain, et qui ne répond guère à l'idée qu'on se fait vulgairement du bon ton d'Horace et de la sagesse de ses jugements. Je m'explique qu'il refuse aux admirateurs passionnés de Plaute le droit de faire de Plaute un Épicharme, ou qu'il reproche au poëte latin de mal soutenir le caractère d'un jeune homme amoureux, d'un père avare, d'un astucieux prostitueur. Mais j'ose dire qu'Horace se fait tort à lui-même quand il écrit, dans l'*Art poétique* : « Nos aïeux d'il y a longtemps ont admiré les vers et les plaisanteries de Plaute. Excès d'indulgence, à mon sens, pour ne pas dire sottise ; si toutefois vous et moi nous savons distinguer un bon mot d'un mot grossier, et marquer du doigt et de l'oreille la juste cadence des sons. » Quintilien n'a pas voulu se permettre d'avoir une opinion particulière sur Plaute. Il se contente de rappeler, d'après Varron, le mot d'Élius ; et il englobe Plaute, avec tous les autres comiques latins, dans le sévère jugement qu'il porte sur la comédie latine.

Poésie de Plaute.

La Harpe, qui a traité Plaute à peu près comme il avait traité Aristophane, est pourtant forcé de convenir de son talent d'écrivain. Il n'y a pas d'auteur en effet, parmi ceux dont nous possédons les œuvres, qui fasse mieux comprendre les vrais caractères de la langue latine. Plaute parle latin ; c'est-à-dire que les termes, chez lui, sont pris dans leur acception la plus nette et la plus simple, et qu'ils se placent, comme d'eux-mêmes, là où les appellent la convenance et l'analogie. Nulle trace d'affectation, de sophistication, de fausse élégance. Souvent l'écrivain joue sur les mots ou sur les syllabes ; mais toujours l'intention comique saute aux yeux de prime abord, et corrige pour l'auditeur ces apparentes déviations. Souvent Plaute fait dire des mots grecs à ses personnages ; mais ces mots ne sont autre chose que des projectiles, si je puis m'exprimer ainsi, destinés à faire éclater le rire, et qui ne font pas plus partie de la diction de Plaute que le jargon des deux Suisses ou le patois de Pierrot ne font partie de la diction de Molière. Plaute crée en foule les diminutifs et les mots composés, mais toujours, à moins de raisons spéciales, d'après des lois visibles pour tous, et conformément au génie propre de la langue. Ces composés et ces diminutifs ne se retrouvent guère chez les écrivains des siècles suivants; mais c'est que Plaute les avait inventés pour des situations trop particulières, et que la plupart n'ont jamais pu entrer dans le domaine commun. La diction de Plaute n'a d'archaïque que l'apparence. Si nous avions les œuvres des poëtes comiques du siècle d'Auguste, nous verrions, je n'en doute point, que la plupart des locutions qui nous étonnent n'avaient pas cessé d'être en usage, et que Plaute ne différait d'eux que par d'insignifiants détails. Le peuple de Rome n'eut jamais besoin de commentaires pour entendre et goûter Plaute. Plaute fut le seul comique latin dont les ouvrages se maintinrent au théâtre, même quand le théâtre ne connaissait plus, peu s'en faut, que les danses et les pantomimes. Longtemps après Auguste, on jouait encore les pièces de Plaute à Rome et dans les villes d'Italie. On a trouvé à Pompéies une tessère, ou jeton de spectacle, portant, avec l'indication de la place, le titre d'une comédie de Plaute, *Casine*, qu'on représenta peut-être la veille du jour où la ville périt.

Plaute n'est pas étranger, comme Névius, à cette grâce que d'ailleurs si peu de Romains ont connue. Il y a en lui quelque chose qui rappelle l'atticisme d'Aristophane ou d'Alexis, sinon celui de Ménandre. Je veux dire que la malice et la gaieté revêtent souvent dans ses vers les formes les plus délicates et les plus heureuses. C'est là ce qui justifie, jusqu'à un certain point, le mot de l'enthousiaste Élius. Quant aux qualités romaines, la force, la plénitude, la concision, Plaute n'a rien à envier, quand il lui plaît, ni à Névius ni à personne. Plaute n'a pas moins excellé dans l'expression des grandes idées et des nobles sentiments que dans ces quolibets ou ces bouffonneries qui sont ses triomphes ordinaires. Par là encore il est de la famille d'Aristophane. Mais ce n'est point Aristophane, tant s'en faut, que Plaute versificateur avait pris pour modèle. La versification de Plaute semble un vrai désordre. Les comiques latins n'ont jamais eu de très-grands scrupules au sujet de la forme des vers. Quintilien leur reproche, et il fait ce reproche à Térence même, de s'être affranchis des règles du mètre iambique. Il y a bien çà et là, dans Plaute, des vers, des tirades entières, qu'on peut prendre pour des vers trimètres; les prologues de ses comédies sont même d'une facture assez régulière. Quant au dialogue, Plaute se permet toutes les libertés imaginables. Les vers sont tantôt plus longs tantôt plus courts; l'ïambe lui-même est quelquefois absent; on sent bien qu'il y a un nombre, une sorte de cadence, que ce sont des vers, et le plus souvent des vers ïambiques; mais comment ces vers se scandent, et quel est leur nom, c'est ce que nul métricien n'a longtemps pu dire. Montaigne s'égaye quelque part aux dépens des érudits qui avaient la prétention de remettre sur leurs pieds les vers de Plaute, et qui usaient dans ce labeur sans fruit une vie qu'ils eussent pu mieux employer et pour eux et pour les autres. Montaigne n'avait pourtant pas absolument raison. Le problème métrique qu'il regarde comme insoluble, on l'a repris de nos jours, et en partie résolu. Quelques-uns croient même en avoir la solution complète.

Immoralité de Plaute.

Je suis bien loin de m'aveugler sur quelques-uns des défauts qu'on a reprochés à Plaute. Le plus grave sans contredit, et le moins pardonnable, c'est l'impudeur avec laquelle Plaute étale aux yeux les plus immondes tableaux; c'est sa fidélité trop scrupuleuse à rendre tous les traits des modèles qui ont posé devant lui; c'est ce cynisme de sentiments et d'expressions où il semble se complaire en compagnie de ses prostitueurs et de ses prostituées, de ses fanfarons et de ses parasites, de ses fils débauchés et de ses esclaves fripons. Aristophane avait la prétention de rappeler ses concitoyens aux mœurs et aux vertus du vieux temps; et il ne trouvait rien de mieux, pour faire passer ses leçons morales, que de les assaisonner d'obscénités et de bouffonneries. On sait comment les Athéniens profitèrent de l'enseignement. Le poëte des priapées leur alla au cœur, mais le moraliste ne les entama pas; et Aristophane put se dire à lui-même qu'il avait merveilleusement travaillé à empirer la corruption des mœurs publiques et privées. Il eut du moins un semblant d'excuse dans son rôle de politique et d'homme de parti. Mais c'est gratuitement que Plaute est immoral. Qui l'obligeait, par exemple, à emprunter l'*Asinaire* au poëte Diphile; à nous montrer un père et son fils, dignes l'un de l'autre, contractant ensemble un pacte infâme, et achetant pour leur usage commun une malheureuse que leur livre sa propre mère? qui l'obligeait à souiller des sujets à peu près chastes, comme il fait dans telle scène de *Casine*, où Chalin communique aux spectateurs des réflexions d'une nature plus qu'étrange? Il est évident que Plaute n'a qu'un but, le succès dramatique, et qu'il tient uniquement à servir ses juges selon leur goût. C'est la multitude qui décide; c'est son grossier instinct qu'il flatte, et il parle pour elle bien plus souvent que pour les chevaliers et les sénateurs. Il est tout le premier à s'amuser de ce qui divertit la canaille. Il est peuple avant tout; il ne vaut ni pis ni mieux que ceux qu'il fait rire. C'est un artiste, et ce n'est qu'un artiste. Pourvu que ses personnages soient vivants; pourvu qu'on les écoute avec plaisir; pourvu que le théâtre frémisse de temps en temps d'un agréable murmure, et qu'au mot final, *Applaudissez!* toutes les mains et toutes les voix retentissent, il ne lui en faut pas davantage, il croit que rien ne manque à son œuvre. Erreur, ô poëte! tu n'y as mis que ton esprit : il y manque une âme. Il y manque ce qui fait les vrais chefs-d'œuvre, cette passion du beau et du bien, cette horreur du mal et du laid, ces effusions de bienveillance humaine, cette aspiration à l'idéal enfin, sans laquelle on peut être un grand artiste et un homme de talent, mais qui fait seule les hommes de génie. L'art véritable a un autre but que lui-même. Une priapée n'est jamais qu'une priapée : exciter à la débauche, ce n'est plus faire œuvre de poëte, mais de prostitueur; c'est se dégrader tout à la fois et de la morale sociale, et du goût littéraire, et de l'esprit même.

Reproches littéraires.

Je n'hésite pas à condamner, dans le comique de Plaute, tous les effets de rire obtenus aux dépens de l'honnête, toutes les plaisanteries obscènes, toutes les indécences, toutes les gravelures. Quant aux plaisanteries qui ne sont que plaisantes, si elles ne sont pas toutes d'un goût parfait et d'un atticisme irréprochable, elles ne sont jamais ni glace ni ennui. La Harpe remarque que Plaute abuse des jeux de mots et des calembours. Il en cite quelques-uns, puis il s'écrie : « Tous ces jeux de mots sont du ton d'Arlequin, et non pas de celui de Molière. » Il est bien vrai que Plaute se complaît un peu trop à ces exercices frivoles ; mais qu'on se garde de juger de l'esprit de Plaute d'après ce que sont, en français, les jeux de mots cités par la Harpe. On ne traduit pas un jeu de mots. Un calembour n'est supportable que dans la langue où il est né. Si l'on traduisait Molière en latin, et dans le latin le meilleur, croyez-vous qu'aucune combinaison de termes pût donner, je ne dis pas l'équivalent, mais la moindre idée de la boutade d'Alceste, *La peste de ta chute*, etc.? et le calembour de Molière n'en est pas plus mauvais. La Harpe veut bien convenir, au reste, que les meilleures plaisanteries de l'*Amphitryon* français ne sont que des emprunts, et que Plaute a fourni notamment tout ce qui roule sur les deux *moi*.

L'impitoyable critique reproche bien plus durement au poëte l'uniformité de ses sujets : « C'est toujours une jeune courtisane, un vieillard ou une vieille femme qui la vend, un jeune homme qui l'achète, et qui se sert d'un valet fourbe pour tirer de l'argent de son père. Joignez-y un parasite, espèce de complaisant du plus bas étage, et dont le métier, à Athènes comme à Rome, était d'être prêt à tout faire pour le patron qui lui donnait à manger ; de plus un soldat fanfaron, dont la jactance extravagante et burlesque a servi de modèle aux *capitans*, aux *matamores* de notre vieille comédie, qui ne reparaissent plus aujourd'hui, même sur nos tréteaux : voilà les caractères qui se présentent sans cesse dans les comédies de Plaute. » Je conviens qu'il n'y a pas une variété infinie dans la disposition des éléments dramatiques chez Plaute, comme chez tous les comiques anciens. Mais la Harpe aurait dû dire que plusieurs des pièces de Plaute ne rentraient par aucun point dans sa formule, et signaler au moins les exceptions. Je demande si cette formule donne la moindre idée de l'*Amphitryon*, des *Captifs* ou des *Ménechmes?* Il fallait aussi, pour être juste, chercher à quoi tenait un défaut que je suis le premier à reconnaître ; si c'est aux poëtes eux-mêmes qu'en revient la responsabilité, et jusqu'à quel point on est en droit d'accuser Plaute. Remarquez en effet que la Harpe, qui n'a que des éloges pour Térence, est bien forcé d'avouer que Térence pèche par cet endroit comme son devancier. Il essaye, mais bien vainement, de démontrer que Térence a fait son tout possible pour effacer ou du moins pour pallier le défaut. Térence n'y a pas même songé. Ses pièces, quoi qu'en dise le critique, se ressemblent l'une à l'autre, et autant pour le moins que se ressemblent entre elles les comédies de Plaute. Il suffit, pour expliquer ces ressemblances, pour justifier les comiques latins, et comme eux Ménandre et ses émules, de songer qu'il leur était impossible de peindre autre chose que la partie la plus extérieure de la vie sociale. A Athènes, le gynécée était muré, si je puis ainsi dire ; la famille romaine était un sanctuaire plus sacré encore, et dont nul profane n'eût osé pénétrer les mystères. La matière comique était donc très-bornée. Quoiqu'on vécût alors sur la place publique beaucoup plus qu'aujourd'hui, les aventures de la rue et les conversations en plein air n'étaient, après tout, qu'un chétif domaine, au prix du monde sans limites que les mœurs modernes ont ouvert aux entreprises des poëtes, et où Molière a conquis ce vaste et immortel empire.

Si l'on cherche, dans les comédies de Plaute, cette suite raisonnable, cette parfaite vraisemblance, qui est l'idéal, dit-on, de l'art dramatique, je suis forcé de convenir qu'on perdra plus d'une fois sa peine. Les personnages de Plaute oublient assez souvent ce qu'ils sont ; ou plutôt ils se rappellent trop ce qu'ils sont en réalité. L'acteur, ou plutôt l'auteur, perce sous le masque du personnage ; et tel monologue est un discours à l'adresse directe des spectateurs, une véritable parabase, sauf la politique. Évidemment Plaute s'est souvenu des libertés de l'ancienne Comédie. Il en use aussi dans un intérêt tout personnel : il sait combien son public est inattentif et grossier; il craint des méprises; il craint que l'économie du drame ne soit pas suffisamment visible; il craint qu'on ne se souvienne plus de tout ce qui précède, et qu'on ait oublié les leçons du prologue. Chaque parabase est ou un commentaire du passé, ou une préparation de l'avenir. Je constate une pratique de Plaute, sans la condamner ni l'absoudre. Je dis seulement qu'avant de prononcer l'indignité du poëte, les critiques feront bien de convenir sur ce qu'ils entendent par vraisemblance; de nous expliquer la différence précise entre la vérité dramatique et la vérité vraie; de marquer le point où finit l'art légitime, et de dresser les colonnes d'Hercule que la fantaisie ne doit jamais franchir.

Quant aux aparté qui se prolongent, chez Plaute, au delà de ce qui est chez nous la juste mesure, il me suffit que le poëte en ait tiré les plus heureux effets de comique, pour que je les lui pardonne de bon cœur. En stricte vraisemblance, tout aparté est faux, comme tout monologue : un peu plus un peu moins ne fait rien à l'affaire. Il n'y a que les fous qui parlent tout haut leur pensée. Mais je dois faire observer que ces personnages qui, chez Plaute, sont censés ne se pas voir, et qui font, chacun de leur côté, des discours qu'ils sont censés ne pas entendre, ce n'est pas dans un salon que Plaute les fait paraître : c'est dans une vaste place, où mille choses peuvent distraire le passant et l'empêcher de voir et de reconnaître des gens qui sont de sa connaissance; c'est sur une scène immense, et dont nos théâtres, même les plus vastes, ne sauraient donner la moindre idée.

Il me sera bien plus facile encore de dire pourquoi les actes des pièces de Plaute ne sont pas toujours très-bien coupés, et d'où vient que les cinq actes de chacune d'elles ne sont pas de dimensions proportionnées. Plaute n'a probablement jamais su ce que c'est qu'un acte, et il ne s'en est pas plus inquiété que les Grecs ses modèles. C'est plus tard que quelque pédant compta quel était le nombre le plus ordinaire des repos ou des coupures dans la plupart des œuvres dramatiques, et s'aperçut qu'il y en avait cinq, plutôt que quatre ou moins, plutôt que six ou davantage. Une telle découverte valait son pesant d'or. Le grammairien qui la fit dut se trouver bien heureux d'avoir la toise exacte des compositions dramatiques; et la docilité des poëtes à recevoir ses prescriptions dut lui être un agréable loyer de ses travaux. Mais qu'il se fût applaudi de tout cœur, s'il eût pu prévoir qu'un homme comme Horace donnerait un jour la formule de sa règle, et l'imposerait pour longtemps au monde!

Catalogue des comédies de Plaute.

Je vais donner la liste alphabétique des vingt comédies de Plaute, d'après les titres latins, en indiquant sommairement le sujet de chacune et les diverses particularités qui peuvent mériter d'être notées.

Amphitruo. Un lecteur français n'a pas besoin qu'on lui dise ce que c'est que l'*Amphitryon*. La pièce de Plaute est celle de Molière. Molière l'a seulement adaptée au goût de son temps, et en a compliqué l'intrigue par l'introduction du personnage de Cléanthis, femme de Sosie. Il est probable que Plaute avait emprunté cette comédie aux Doriens, poëtes, comme on sait, très-médiocrement respectueux pour la majesté divine, et qui s'égayaient sur les aventures du dieu très-bon et très-grand avec aussi peu de vergogne que s'il s'agissait de Vulcain ou de tout autre dieu quasi-ridicule. C'est cette comédie, sans nul doute, qui faisait dire aux enthousiastes que Plaute courait sur les traces d'Épicharme.

2. *Asinaria.* J'ai dit plus haut le sujet de cette comédie, et le nom du poëte à qui Plaute l'a empruntée. Au lieu de Diphile, nommé dans le prologue, quelques-uns lisent Démophile. Ce Démophile est complétement inconnu. Le titre de la pièce vient de ce que la somme donnée par le vieux débauché est le prix de la vente d'un troupeau d'ânes. Molière a pris çà et là quelques traits heureux dans l'*Asinaire*.

3. *Aulularia*, c'est-à-dire la pièce à la marmite. C'est l'original de l'*Avare* de Molière. Il n'y a pas de comparaison possible entre le chef-d'œuvre du poëte français et la comédie du poëte latin; ce qui n'empêche pas l'*Aululaire* d'être une

pièce fort remarquable, pleine de verve et d'entrain, et qui ne méritait pas les dédains dont l'accable M. de La Harpe. Je dois relever ici, dans l'intérêt des jeunes gens, deux petites erreurs du critique infaillible. La première est grosse comme une montagne. La Harpe a pris le supplément d'Urcéus Codrus pour un péché de Plaute, qui n'en peut mais. La seconde prouve que ce grand aristarque lisait quelquefois les auteurs français avec la même attention que les auteurs latins, surtout que les grecs. Plaute n'est pour lui qu'un vil farceur parce que l'avare Euclion, s'imaginant qu'on le vole, dit plaisamment, après avoir examiné les deux mains d'un esclave : « Montre la troisième. » L'Harpagon de Molière, selon la Harpe, après avoir vu une main, dit : *L'autre*; et, après avoir vu la seconde, il dit encore : *L'autre*. Le critique s'extasie à ce sujet, et il remarque que la passion a pu faire oublier au vieillard qu'il a déjà vu les deux mains. Il n'y a qu'un malheur, c'est qu'Harpagon ne dit ni une fois ni deux fois : *L'autre*. Il dit à La Flèche : *Montre-moi tes mains*; et, quand La Flèche les lui a montrées, il dit : *Les autres*. La Flèche étonné répond : *Les autres?* Le vieillard n'en a pas le démenti; et, comme il veut absolument les voir, La Flèche lui dit : *Les voilà*. Certes, il y a de la charge dans le mot de Plaute; mais il y en a bien davantage encore dans le commentaire qu'en a fait Molière, sinon dans la scène rêvée par La Harpe.

4. *Bacchides*, les *Bacchis*. Les Bacchis sont deux sœurs jumelles qui font le métier de courtisanes. L'une a un amant; l'autre est aimée de l'ami de cet amant. L'amant de la première ne sait pas qu'il y a deux Bacchis. Il se croit trahi par son ami et par sa maîtresse. Quiproquos, incidents, intrigue enfin; mais tout finit par s'éclaircir, et un esclave rusé tire les jeunes gens des embarras où les réduit la parcimonie de leurs pères.

5. *Captivi*, les *Captifs*. C'est un père qui retrouve ses deux fils, dont l'un avait été enlevé en bas âge, et dont l'autre avait été fait prisonnier dans un combat. Il n'y a, dans cette comédie, ni courtisanes, ni amours, ni valets fripons, ni pères imbéciles. Un parasite anime de ses bons mots la fable,

plus touchante que gaie, et qui n'est guère d'un bout à l'autre qu'un irréprochable tableau de vertus et de dévouement.

6. *Casina, Casine*. La Harpe vante avec raison la gaieté de cette comédie; mais cette gaieté est achetée, selon moi, un peu cher. Le sujet est d'une moralité aussi peu scrupuleuse que le sujet même de l'*Asinaire*. Casine est une jeune fille dont un père et son fils sont amoureux, et que le vieillard veut faire épouser à un de ses métayers, à condition que celui-ci cédera temporairement ses droits au barbon. Mais Chalin, un adroit valet, tout dévoué au jeune amant de Casine, en fait voir de toutes les couleurs et au vieux libertin et au rustre son complice.

7. *Cistellaria*, c'est-à-dire la pièce à la corbeille. Cette corbeille contient des jouets d'enfant, qui servent à faire reconnaître l'origine de Silénie, l'héroïne de la pièce. Silénie est tombée aux mains d'une vieille courtisane, qui veut la forcer à faire son honnête métier. Elle résiste invinciblement, et elle est récompensée de sa vertu par l'amour d'un jeune homme de bonne famille, et par l'heureux événement qui lui rend un père et une mère et lui permet d'épouser son amant.

8. *Curculio*. Curculio, c'est-à-dire Charançon, est un parasite. Ses bons mots, ses tours d'escroc et de faussaire, la sottise du prostitueur Cappadox, surtout ses yeux verts et son énorme bedaine, les vanteries du capitaine Thérapontigone Platagidore, enfin les manœuvres d'une courtisane peu scrupuleuse, voilà toute la comédie.

9. *Epidicus*. Cette comédie est la plus fortement intriguée de toutes les pièces du théâtre ancien. Épidicus est un esclave dévoué au fils de son maître, et qui joue au bonhomme de père toute sorte de tours qui n'ont pas nui à Scapin, tant s'en faut, pour le rendre plus consommé en adresse et en rouerie.

10. *Menæchmi*. C'est l'original des *Ménechmes* de Regnard, et un original que la copie, malgré tout son mérite, est loin d'avoir éclipsé. Ce n'est plus ici la différence de l'*Avare* à l'*Aululaire*. La Harpe cite bien quelques traits où Regnard

a en effet surpassé son modèle; mais on en pourrait citer davantage encore où le poëte français a eu le dessous.

11. *Mercator*, c'est-à-dire le *Marchand*, pièce imitée de Philémon. Il s'agit encore de la rivalité du père et de son fils, et de la déconvenue du vieillard amoureux. Mais le poëte a traité plus décemment le sujet qu'ailleurs. Il s'est contenté d'être intéressant, dramatique, comique, et ses personnages ne tombent ni dans l'impudeur ni dans la bouffonnerie.

12. *Miles gloriosus*, c'est-à-dire le *Soldat fanfaron*. Pyrgopolynice, le héros de la pièce, est un bravache et un fat. Grâce à sa fatuité, il se laisse tromper le mieux du monde, et il donne tête baissée dans tous les panneaux que lui tendent ses ennemis coalisés, savoir : une jeune fille qu'il a enlevée, et qui en aime un autre; l'amant de la jeune fille; surtout Palestrion, l'esclave du jeune homme, un fourbe consommé, un second tome d'Épidicus ou de Chalin.

13. *Mostellaria*, c'est-à-dire la pièce au revenant. Le *Retour imprévu*, de Regnard, est une imitation de cette comédie. Regnard n'a pas pu tout prendre dans l'original, et il a pallié en plus d'un endroit la licence du poëte latin. Encore son ouvrage ne laisse-t-il pas de toucher plus d'une fois aux extrêmes limites où s'arrête la bienséance.

14. *Persa*, c'est-à-dire le *Perse*. Le titre de la pièce vient de ce qu'un des personnages se déguise en Perse dans le cours de l'action. Le sujet n'est autre chose qu'un combat de fourberie entre un esclave et un prostitueur, et où le prostitueur finit par être vaincu.

15. *Pœnulus*, c'est-à-dire le *Carthaginois*. Ici encore il s'agit d'un prostitueur dupé. Deux jeunes filles, qu'il détient comme esclaves, finissent par être reconnues pour deux Carthaginoises de condition libre. C'est le vieillard Hannon, leur père, qui est le *Pœnulus*, littéralement, le petit Carthaginois. Ce diminutif, comme celui de *Græculus*, est un terme de mépris. Plaute semble avoir voulu condescendre, au moins en ce point, aux passions des Romains contre les ennemis qu'ils venaient d'abattre et qu'ils redoutaient tou-

jours. Du reste, nulle allusion politique. Il est vrai que la pièce n'est qu'une imitation de Ménandre ; mais Plaute ne redoutait ni les confusions de lieux ni les anachronismes. C'est dans le *Carthaginois* que se trouve ce fameux passage en langue punique sur lequel ont pâli tant d'orientalistes, et qui a enfin livré, ce semble, tous ses secrets aux persévérantes interrogations de nos contemporains.

16. *Pseudolus*, c'est-à-dire le *Trompeur*. C'est comme une répétition du *Perse*. On y voit une nouvelle guerre de ruses et de friponneries entre un esclave et un prostitueur. Pseudolus l'emporte sur Ballion ; et le prix du vainqueur est une jeune esclave, que Pseudolus a entrepris de conquérir pour Calidore son maître. Cette comédie, au rapport de Cicéron, était une de celles qui plaisaient le plus à l'auteur. Ce n'est pourtant pas le chef-d'œuvre de Plaute. Il n'y a que le rôle du prostitueur qui soit vraiment remarquable. Ballion resta, chez les Romains, le type de l'espèce. Roscius excellait dans ce rôle, du moins au jugement de Cicéron.

17. *Rudens*, c'est-à-dire le *Câble*. Cette pièce est aussi touchante que les *Captifs*, aussi pure, aussi morale, mais bien plus vive et mieux conduite. Il n'y en a pas où Plaute se soit plus complétement dégagé de ses défauts habituels, et où il se soit élevé à une plus grande hauteur de sentiment et de poésie. C'est encore un prostitueur puni, mais il est puni par les dieux. La jeune fille qu'il ne veut pas céder au Cyrénéen qui l'aime, et qu'il se dispose à aller mettre aux enchères sur les marchés de Sicile, revient à Cyrène, grâce à la tempête qui brise le navire. Elle retrouve son père dans un vieillard athénien, et le prostitueur, ruiné par son naufrage, perd ses droits sur son ancienne esclave. L'original du *Câble* était une comédie de Diphile.

18. *Stichus*. Il s'agit, dans cette pièce, de deux jeunes femmes, de deux sœurs, dont les époux sont absents, et que leur père veut forcer au divorce. Elles résistent à toutes ses instances, et elles demeurent fidèles à leurs premiers attachements. Les maris reviennent après avoir fait fortune, et ils reprennent chacun leur femme. La comédie, qui n'est pas toujours très-gaie, s'anime beaucoup trop vers la fin,

quand on permet à Stichus l'esclave de fêter le retour de son maître.

19. *Trinumus*, c'est-à-dire les *Trois Écus*, le *Trésor*, pièce traduite ou imitée de Philémon. Un jeune homme dissipe la fortune de son père absent, et vend la maison paternelle. Un trésor est caché dans cette maison. Un ami du père, qui connaît la cachette, se rend acquéreur de la maison afin de sauver le trésor, qu'il destine à servir de dot a la fille de son ami. Retour du vieillard absent; le dissipateur est pardonné, et il promet de se mieux conduire désormais.

20. *Truculentus*, c'est-à-dire le *Brutal*. Ce brutal est un esclave qui rudoie un peu trop son monde, et qui est surtout impitoyable aux courtisanes, dont il redoute les entreprises sur la bourse de son maître. Suivant Cicéron, le *Brutal* était une des deux pièces dont Plaute était le plus satisfait. Il est vrai que plusieurs caractères sont tracés de main de maître. Stratophane, le militaire fanfaron, est excellent; la courtisane Phronésie est la ruse et la cupidité mêmes; mais Géta, l'esclave brutal, ne me paraît pas fort plaisant. Ajoutez que le sujet de la comédie n'est rien moins qu'irréprochable. Je ne comprends pas très-bien qu'un poëte honnête homme se soit applaudi de mettre en scène un père prêtant son enfant nouveau-né à une prostituée, pour aider celle-ci à escroquer un de ses amants.

Originalité dramatique de Plaute.

Les vingt comédies dont je viens de donner le catalogue sont toutes sans exception des comédies à manteau, des comédies dont les personnages sont grecs, dont les événements se passent en Grèce. Douze ont leur scène à Athènes. même; et les villes de Thèbes, de Calydon, de Sicyone, d'Épidaure, d'Éphèse, de Cyrène, où Plaute a mis la scène des autres, sont ou des villes de la Grèce proprement dite, ou des villes fondées et habitées par des Grecs. Plaute nous apprend, dans quelques-uns de ses prologues, la source où il a puisé plusieurs de ses pièces. Si nous avions tous les prologues qu'il avait écrits, nous saurions probablement l'origine de plus d'une autre. Il n'est pas téméraire d'affirmer que les vingt comédies de Plaute sont toutes des emprunts faits à la poésie grecque. Plaute va, dans certains cas, jusqu'à se donner pour un simple translateur. Il dit dans le prologue de l'*Asinaire :* « Diphile l'a écrite ; Marcus (c'est-à-dire Plaute) l'a traduite en langue barbare. » Il dit dans le prologue du *Trésor :* « Philémon l'a écrite ; Plaute l'a traduite en langue barbare. » Dans le prologue du *Marchand* la formule est différente, mais l'intention est la même. Langue latine ou langue barbare, c'est tout un : les Romains, qui sentaient leur infériorité littéraire, se résignaient à se servir eux-mêmes des expressions que les Grecs de ce temps avaient sans cesse à la bouche. Quelque positive que soit la déclaration du poëte, je n'affirmerais pourtant pas qu'il dît vrai quand il se donne pour un pur copiste de Philémon ou de Diphile. Il suffit de comparer les pièces de Plaute avec celles de Térence pour se convaincre que Plaute a dû faire subir à ses originaux des modifications profondes, souvent même de complètes transformations. Autant Térence est fidèle à l'esprit grec, et prend à tâche de n'être Romain que par la langue, autant Plaute redoute peu de changer ses Grecs en Romains, de porter Rome avec lui dans la Grèce, et jusques dans Athènes. Le sel de Plaute n'est pas du sel attique ; ce sel a la saveur romaine au plus haut point ; il l'a même beaucoup trop prononcée. Mais l'originalité du poëte n'est pas uniquement dans ses bons mots et dans ses bouffonneries. Charles Labitte a bien raison de dire que Plaute a pris aux Grecs bien moins que lui-même il ne croit, ou qu'il ne veut le faire croire à ceux qui ne jurent que par les Grecs, et qui ne tiennent pour bon que ce qui vient de Grèce. Il m'est doux de laisser parler ici un ami regretté, ce spirituel et judicieux critique, ravi, hélas ! si prématurément aux belles-lettres, et peut-être à la gloire :

« Des jeunes fous, dit Labitte, et des vieux libertins, des pères dupés et des courtisanes insatiables, assurément il y en a partout ; et ceux du Latium pouvaient très-bien n'être guère différents de ceux de l'Attique. Qu'on voie donc, pour peu qu'on y tienne, un emprunt fait à la Grèce dans cette suite de types favoris qui avaient le privilége de toujours provoquer l'hilarité romaine : que l'infâme prostitueur, avec ses habits chamarrés et son gros ventre, soit bafoué par les amoureux qui l'escroquent; que la broche du moindre cuisinier suffise à faire fuir ce soldat fanfaron qui se vantait tout à l'heure de tuer des éléphants d'un revers de main; que le vorace parasite quitte la cuisine pour relire, de l'œil qui lui reste, ses vieux cahiers de bons mots (*Pers.*, 389), et se faire ensuite payer ses lazzis par quelque franche lippée; qu'un esclave, bel esprit effronté, invente, pour filouter son maître, toute une stratégie savante, toutes les combinaisons d'un fripon retors et madré; enfin que ce cortége d'êtres ignobles ou burlesques passe tour à tour devant nous, j'accorderai qu'ils viennent d'Athènes, eux et leur race, quoiqu'il fût facile de revendiquer en leur faveur le droit de cité, et de leur accorder au moins la naturalisation.

« Cependant je me trompe fort, ou voici, tout à côté, d'autres personnages qui n'ont jamais quitté l'enceinte des sept collines. Ce banquier voleur, qui paye ses créanciers à coups de poing (*Curcul.*, 385), il sort évidemment de la rue des Vieilles-Échoppes, il va trafiquer d'usure au Forum; cette épouse fidèle mais revêche, honnête mais bavarde, n'est-ce pas la matrone des anciens temps? Quel est cet insolent qui se pavane? un affranchi d'hier, un plébéien parvenu, un client (*Poenul.*, 659), qui le prend sur le haut ton parce qu'il vend son témoignage, parce que l'habitude du parjure lui permet de ne pas déshonorer par le négoce sa prétendue dignité de citoyen. Nous sommes à l'audience du préteur : quittons-la pour glisser un œil furtif dans la rue des Toscans. Entrevoyez-vous, par l'impluvium, cette jeune courtisane dont une esclave lisse les cheveux huilés? Elle lit, je crois, des tablettes de cire que vient de lui remettre un fils de famille : c'est un traité par lequel on l'achète pour un an; traité qui pourra bien donner lieu à des procès (*Asinar.*, 740), et dont le magistrat, soyez-en sûrs, examinera sérieusement les clauses. Ici, le Romain se montre à découvert; son esprit formaliste fait de l'amour un contrat, et il donne au vice un caractère légal et juridique.... Décidément nous sommes à Rome : il suffit d'ouvrir le théâtre de Plaute pour n'en plus douter. A chaque pas, des anachronismes intelligents, de spirituelles inadvertances, y trahissent l'intention vraie de l'auteur. Ici, par exemple, on vous dit que le roi Créon règne céans ; mais voilà, quelques vers après, qu'il est question des triumvirs. Là, vous voyez les murs d'Athènes ; prenez patience, on ne tardera pas à vous envoyer chez les édiles. Dans une autre pièce, vous croyez être à Épidaure, et, quelques scènes plus loin, il sera question du Capitole [1]. »

Il faut remarquer toutefois que certaines pièces de Plaute, tels que les *Captifs*, ou le *Câble*, ou encore les *Ménechmes*, semblent assez conformes à ce qu'ont dû être leurs originaux grecs, et que la personnalité du poëte latin n'y perce qu'à de rares intervalles. Mais on pourrait justifier par mille exemples les assertions de Charles Labitte. Écoutez Charançon à son entrée en scène ; et dites si c'est Ménandre ou Philémon qui le fait parler, et si nous sommes ailleurs que dans la ville éternelle : « Faites-moi place, amis ou inconnus ; laissez-moi accomplir ici ma mission. Fuyez tous, allez-vous-en, retirez-vous du passage ; sinon j'en renverse, dans ma course, d'un coup de tête, de coude ou de poitrail, ou de genou. Je suis chargé d'une affaire pressante : nul délai, nul retard. Quiconque me barre le chemin, si riche ou si puissant qu'il soit, général ou prince, édile, préteur ou magistrat, il est à bas, je l'étale à plat dans la rue. Gare à ces Grecs avec leurs manteaux, qui marchent la tête couverte, chargés de livres et de paquets, et qui baguenaudent en discourant de fadaises : ils vous heurtent, vous coudoient, et lâchent à chaque pas quelque sentence ; vous les voyez buvant sans cesse au cabaret ; ont-ils filouté quelque argent, ils boivent chaud, la tête couverte ; puis, ils s'en vont tout mélancoliques et entre deux vins : que je les rencontre, et chacun d'eux aura de mon pied au derrière. Quant à ces esclaves de bouffons, qui jouent à la balle dans la rue, je les

---

1. Ch. Labitte, *Études littéraires*, t. I, pages 152 et suivantes.

étendrai tous sur le sol. Que tous ces gens-là restent chez eux, s'ils tiennent à éviter malheur [1]. » Non-seulement nous ne sommes point à Épidaure, mais Charançon nous met sous les yeux un des traits les plus singuliers de la physionomie de Rome au temps où Plaute écrivait. Voilà bien les Grecs qui y pullulaient alors, ces philosophes et ces rhéteurs, ces intrigants de toute sorte, ces bavards spirituels, plus distingués par leur science que par leurs vertus. Voilà bien ceux qui m'expliquent pourquoi, en latin, *vivre à la grecque* signifie faire la débauche ; et je comprends parfaitement, grâce à Charançon, la haine que portaient à de tels pédagogues tous les Romains nourris dans les rudes et saines traditions du vieux temps.

Plaute introduit, dans la même comédie, un personnage qui joue le rôle de chef de chœur, et qui porte le titre de *chorage*. Ce chorage, après quelques réflexions sur les bons tours qu'il vient de voir faire, s'amuse à nous énumérer les endroits où l'on trouve, à coup sûr, telle ou telle espèce de gens : des menteurs, des ambitieux, des vieilles courtisanes, des médisants, des usuriers, des maris libertins, etc. C'est la topographie de Rome, et non pas, certes, la moins curieuse qu'on ait jamais tracée. On se rappelle d'ailleurs le passage de la *Béotienne* qui nous a été conservée par Aulu-Gelle. Cette plaisante diatribe sur l'établissement des premiers cadrans solaires marque une date dans l'histoire de Rome, et n'a rien de commun avec la Grèce de Ménandre.

Je ne prétends pas que les pièces de Plaute, pour être à moitié romaines, ou aux trois quarts peut-être, en vaillent mieux en soi, et qu'elles fussent des œuvres à mettre en parallèle avec leurs prototypes. Je doute fort pourtant que Plaute n'ait jamais fait que déformer ses modèles. Il y a tel caractère, celui de l'avare Euclion par exemple, qui lui doit probablement ses traits les plus heureux. Et plus les originaux prêtaient à la charge, plus ils ont pu gagner entre ses mains. Les meilleures bouffonneries que débitent ses valets rusés, ses parasites, ses soldats fanfarons, c'est lui qui les a

---

1. Plaute, *Curculio*, vers 199 et suivants.

tirées de sa veine inépuisable. Il y a, dans quelques-unes, je ne sais quelle senteur qui ne permet guère de se méprendre sur la provenance. Quand on fait croire à Stratophane qu'il est père, et que son fils, à peine né, demandait des armes : « C'est bien mon sang, s'écrie-t-il; je le reconnais à cette marque. Ce sera tout mon portrait. Est-il déjà grand ? Provoque-t-il les légions au combat [1]? » Voilà du Plaute tout pur, et de la plaisanterie assez plaisante. Plaute a excellé à peindre les femmes. Croit-on qu'il les ait toujours trouvées, chez ses poètes grecs, ou aussi scélérates ou aussi charmantes? Je ne sais pas ce qu'était Alcmène dans la comédie d'Épicharme ou de l'auteur quelconque dont Plaute a imité l'*Amphitryon*; mais l'Alcmène latine a une noblesse à la fois fière et douce où Rome et Plaute ont bien quelque chose à revendiquer. C'est la matrone romaine tempérée par l'amour ; c'est un mélange gracieux de vertus et de sentiments tendres, dont Molière lui-même est bien loin de nous avoir donné l'équivalent. Voyez la scène où Amphitryon soupçonne sa fidélité, et dites si cette Alcmène n'est pas une fille des Fabius ou des Scipions, une vraie sœur de Cornélie :

« ALCMÈNE. Je le jure par l'empire du roi suprême, et par Junon, par cette mère de famille que je dois respecter et craindre par-dessus tout : nul mortel, hormis toi, n'a touché mon corps de son corps, nul ne m'a jamais souillée. AMPHITRYON. Puisses-tu dire vrai ! ALCM. Je dis la vérité ; mais à quoi bon, si tu ne veux pas croire ? AMPH. Tu es femme, tu jures hardiment. ALCM. Celle qui n'a point failli est en droit d'être hardie et de parler avec confiance et orgueil. AMPH. Tu n'en manques pas. ALCM. Comme il sied à une femme de bien. AMPH. Oui, tu l'es en paroles ! ALCM. Si je suis dotée, ce n'est point, selon moi, de ce qu'on nomme ma dot : mes richesses, c'est la chasteté, la pudeur, la retenue, la crainte des dieux ; c'est mon amour pour mes parents ; c'est de bien vivre avec tous les miens, de t'être soumise, d'être bienfaisante aux bons et serviable aux gens de cœur. »

---

[1]. Plaute, *Truculentus*, vers 493, 494.

Il est vrai que Sosie, dans tout le cours de la scène, et même sur ceci, fait des réflexions burlesques et assez mal sonnantes; mais on conviendra aussi que Plaute sait parler, quand il lui plaît, un autre langage que celui de la farce, et qu'il ne fait pas grimacer toutes les figures.

Térence, dans le prologue des *Adelphes*, attribue à Plaute une des pièces contestées depuis par Attius et par Varron, les *Associés de mort*. Il nous apprend que, dans la pièce originale, qui était de Diphile, on voyait un jeune homme enlevant une courtisane des mains d'un prostitueur, et que Plaute avait fait sa comédie sans se servir aucunement de ce prostitueur, ni de cette courtisane, ni de ce jeune homme. Ceci montre assez avec quelle liberté Plaute traitait ses modèles, et combien il lui en coûtait peu pour suppléer par d'autres inventions les choses qu'il eût pu se borner à transporter dans ses domaines. Quoi qu'il en soit de l'authenticité des *Associés de mort*, on peut dire que, si ce n'est pas Plaute qui a écrit cette comédie, il a dû en user d'ordinaire, avec les poëtes qu'il imitait, comme en avait usé, avec Diphile, cet Aquilius pour qui la revendiquent Attius et Varron.

Prologues des comédies de Plaute.

Les prologues des pièces de Plaute ne sont pas la portion la moins originale des œuvres du poëte. Chaque prologue est une sorte d'introduction, destinée à exposer le sujet, à mettre le spectateur au fait de toutes les circonstances qu'il a besoin de connaître, et à solliciter son attention, sa justice et son indulgence. Je ne saurais dire tout ce que Plaute y déploie, en général, de verve bouffonne, d'adresse et d'esprit. Il connaît son public à fond; il n'ignore rien surtout de ce qui peut captiver la partie bruyante de son auditoire. Dès les premiers mots, l'attention est saisie, une gaieté bienveillante circule dans tous les bancs, et la moitié du succès est déjà conquise. Il faudrait citer ici le prologue de l'*Amphitryon*, pour preuve de ce que j'avance. C'est un morceau achevé en son genre, et que Boileau lui-même n'hésitait pas à mettre au-dessus du dialogue de Mercure et de la Nuit, qui sert de prologue à l'*Amphitryon* de Molière. Le prologue du *Carthaginois* n'est guère moins spirituel : il y a des détails infiniment curieux sur le personnel des spectateurs qui remplissent le théâtre. Mais la longueur de ces prologues ne me permet pas de les transcrire. D'ailleurs, il suffit d'un prologue de quelques vers pour donner une idée de la manière habituelle du poëte. Voici celui du *Brutal*, par exemple : « Plaute vous demande une très-petite place dans votre grande et belle ville, pour y transporter Athènes, et sans architectes. Eh bien ! voulez-vous, oui ou non, la lui accorder ? — Ils consentent. Je suis bien sûr de l'obtenir à l'instant. Mais si je vous demandais de votre bien privé ? — Ils refusent. En vérité, vous êtes fidèles aux manières du temps passé ; car vous avez la langue leste pour dire non ! Mais venons au sujet qui m'amène ici. Voilà donc Athènes sur ce théâtre ; et elle y sera tant que va durer la représentation de notre comédie. » Le reste du prologue est simplement l'exposition du sujet.

Tous ces prologues ne sont pas sur le ton badin. Le long prologue du *Câble* est même d'une poésie fort élevée. Arcturus, qui y parle en personne, et qui vient de soulever la tempête pour punir deux vieux scélérats, ne pouvait pas parler comme un personnage vulgaire, ni même comme le Mercure de l'*Amphitryon*, ce complaisant serviteur de Jupiter en bonne fortune. Aussi trace-t-il un admirable tableau des soins que les dieux se donnent pour le bon gouvernement du monde. Je n'affirmerais pas que ce beau prologue appartienne en propre au poëte, ce que nul ne saurait contester ni du prologue de l'*Amphitryon*, ni de celui du *Carthaginois*, ni de tant d'autres. Il y en a un autre encore dont Plaute semble n'avoir été que l'élégant et spirituel arrangeur, et où l'on reconnaît le génie de Philémon et sa profonde philosophie. C'est celui du *Trésor*. Tout ce qui précède l'exposition du sujet vient probablement du poëte qui a fourni la pièce :

« LE LUXE. Suis-moi, ma fille, et fais ton devoir. L'INDIGENCE. Je te suis ; mais où allons-nous ? je l'ignore. LE LUXE. Ici ; voilà la maison : entres-y à l'instant. (*Aux spectateurs*) Je vais vous mettre sur la voie, de peur de méprise ; mais promettez-moi d'écouter. Daignez faire attention, et je vous dirai qui je suis, et quelle est celle qui vient d'entrer là. D'abord, Plaute me nomme le Luxe, et celle qu'il m'a donnée pour fille est l'Indigence. Maintenant il s'agit de savoir pourquoi elle est entrée ici par son ordre. Ouvrez bien vos oreilles, je vous prie. Il y a, dans cette maison, un jeune homme qui, grâce à mon aide, a dissipé son patrimoine.... »

Plaute fait dire quelque part à un de ses personnages : « Quand le poëte a pris en main ses tablettes, il cherche ce qui n'existe nulle part dans le monde, et pourtant il le trouve; et ce qui n'est que mensonge, il lui donne l'air de la vérité[1]. » Pseudolus ne le dit qu'à propos des bons tours qu'il prépare ; mais cette définition de la poésie prouve du moins que Plaute avait une vive conscience de ce merveilleux pouvoir qu'il possédait en lui-même. J'accorderai sans peine que les dons créateurs ont pu être départis plus abondants et plus complets à d'autres poëtes comiques. Mais si nous avions Ménandre ou Diphile, Épicharme ou Philémon, nous verrions, je n'en doute pas, que Plaute était de leur famille, et qu'il n'a pas manqué de génie.

CHAPITRE VII.

CÉCILIUS.

Importance littéraire de Cécilius. — Vie de Cécilius. — Un chapitre d'Aulu-Gelle. — Conjectures sur le talent de Cécilius.

Importance littéraire de Cécilius.

Cécilius est le lien qui rattache Plaute à Térence. Il fut le contemporain du premier, et il vécut assez pour assister aux débuts du second, pour lui aplanir même l'accès de la

---

[1]. Plaute, *Pseudolus*, vers 413 et suivants.

carrière. Mais ce n'est pas seulement par la date que Cécilius tient aux deux grands comiques. On sait quelque chose de ses œuvres, et ce qu'on en sait prouve qu'il avait été, tout à la fois, et le continuateur de Plaute et le précurseur de Térence. Cécilius ne reculait pas devant la bouffonnerie, et il était loin de mépriser les applaudissements populaires ; mais il y avait aussi, dans ses comédies, la part des sénateurs et des chevaliers ; il y avait les scènes de comique sérieux, les études morales, les belles maximes. Aussi comparait-on Cécilius tantôt à son successeur, tantôt à son devancier. Et quelques-uns n'hésitaient pas à le préférer à l'un comme à l'autre. Volcatius Sédigitus le nomme le premier dans sa liste : « Je donne la palme, dit-il au comique Cécilius Statius. » Volcatius n'était pas seul de son avis. Quintilien fait allusion aux éloges dont les anciens Romains avaient comblé Cécilius. Cicéron, qui n'aimait pas le style de ce poëte, ne laissait pas néanmoins de le regarder comme le plus parfait des comiques.

Vie de Cécilius.

Cécilius était né dans la Gaule Cisalpine. On croit qu'il avait été d'abord esclave. Il devait être à Rome, selon toute probabilité, dès les premières années du deuxième siècle avant notre ère ; et il y mourut en l'an 166 ou 165, dans un assez grand âge. On lui attribuait plus de quarante comédies. Térence nous apprend que les premières pièces de Cécilius avaient été assez mal accueillies du public, mais que le poëte, par sa persévérance, avait fini par triompher de tous les obstacles. Donat, le biographe de Térence, nous fait connaître un trait fort honorable de la vieillesse de Cécilius. Térence venait d'écrire l'*Andrienne* ; c'était sa première comédie. Les édiles, à qui il la présenta, le traitèrent comme un débutant : ils lui dirent de soumettre son œuvre au jugement de Cécilius, de revenir avec l'approbation du vieux maître, et qu'on verrait alors. Cécilius était à table, au moment où le jeune homme, ému et tremblant, entra chez son juge et lui fit sa requête. Il montra à Térence un petit siége, et il se mit en devoir d'écouter la lecture. A peine a-t-il entendu la première scène, il se répand en éloges, il presse Térence de souper avec lui. Après le repas, on achève la lecture de la pièce. L'admiration de Cécilius ne s'en tint pas à des louanges stériles. L'*Andrienne* arriva sans encombre au théâtre, grâce au patronage du vieillard, homme non moins bienveillant que juge éclairé. On peut se faire, je crois, une haute idée du caractère de Cécilius. Les vieux écrivains n'aiment guère plus leurs héritiers que les vieux avares. La simple justice elle-même n'est pas vertu fort commune, ni chez eux ni ailleurs : je ne dis rien de la bienveillance.

Un chapitre d'Aulu-Gelle.

Voici une étude détaillée sur Cécilius, et qui a, entre autres mérites, celui d'avoir été faite autrement que les essais informes à quoi nous condamnent trop souvent et la déplorable mutilation de tant d'œuvres antiques et la pénurie des renseignements épars chez les critiques et les historiens. Aulu-Gelle avait sous les yeux le théâtre complet de Cécilius, et non pas seulement comme nous quelques débris de comédies. Il pouvait remonter jusqu'à ces sources, taries aujourd'hui, où le poëte latin avait puisé, et Ménandre était pour lui autre chose qu'un souvenir. On me saura donc gré de transcrire en entier, malgré certaines crudités, ce long morceau, un des meilleurs chapitres, à coup sûr un des plus intéressants, du précieux livre d'Aulu-Gelle [1]. Ce sera, tout à la fois, et un heureux supplément à mon insuffisance sur le sujet qui nous occupe, et un complément non moins heureux à l'article que j'ai consacré ailleurs aux poëtes de la Comédie nouvelle :

« Nous lisons de temps en temps les comédies de nos anciens poëtes, imitées, pour la plupart, de Ménandre, de Posidippe, d'Apollodore, d'Alexis et de quelques autres comiques grecs. Tandis que nous sommes occupés à les lire, ces comédies, bien loin de nous déplaire, nous paraissent si agréables, le style nous en semble si fin et si gracieux, que

---

1. *Nuits attiques*, livre II, chapitre XXIII.

nous sommes tentés de croire qu'il n'est pas possible de mieux faire. Mais les rapprochons-nous des pièces grecques dont elles sont tirées, établissons-nous une comparaison attentive et détaillée entre le modèle et l'imitation, aussitôt tout ce qui nous plaisait dans celle-ci nous paraît froid et languissant; le latin pâlit à l'instant, et s'efface devant le grec, dont il est bien loin d'atteindre la piquante gaieté et la brillante élégance. J'en ai fait dernièrement une expérience frappante. Je lisais, avec plusieurs personnes, la *Boucle de cheveux* de Cécilius. Nous trouvions assurément beaucoup de plaisir à cette lecture. L'envie nous prit de lire la *Boucle de cheveux* de Ménandre, d'où Cécilius a pris sa comédie. A peine avions-nous commencé, grands dieux! que l'imitation nous sembla froide et pesante! et combien Cécilius nous parut dégénéré de Ménandre! Certes, il n'y avait pas moins de différence, pour le prix, entre les armes de Diomède et celles de Glaucus. Nous arrivâmes ensuite, dans notre lecture, à cette scène où un vieux mari peste contre une épouse riche et laide, qui vient de le forcer à vendre une jeune esclave fort entendue au service et d'agréable figure, qu'elle soupçonnait de complaisance pour le vieillard. Je ne dirai rien sur l'extrême infériorité de la copie. J'ai fait extraire les vers des deux poëtes, et je laisse aux lecteurs à juger. Voici ceux de Ménandre :

« L'épouse à la dot s'apprête à dormir sur les deux
« oreilles, satisfaite de son grand et magnifique exploit. Elle
« en est venue à ses fins; elle a chassé de la maison celle
« qui l'offusquait; grâce à quoi les regards seront tous pour
« le visage de Créobyle. On la connaît de reste, l'épouse
« qui me tient sous son joug, et la face dont l'a douée la
« nature : une figure d'âne parmi les singes! Mais à quoi
« bon ces plaintes? Je veux me taire; je veux oublier cette
« nuit qui a causé tous mes maux. Ah! pourquoi faut-il que
« j'aie épousé Créobyle et ses dix talents? une femme haute
« d'une coudée! et d'une fierté, d'une impertinence intolé-
« rables! Oui, par Jupiter Olympien et par Minerve! ma
« patience est à bout. Renvoyer cette jeune fille, qui servait
« plus vite que la parole! Qui me rendra ce que j'ai perdu? »

« Voici maintenant les vers de Cécilius :

« *Un vieillard.* On est, en vérité, bien malheureux quand
« on ne peut cacher son chagrin.— *Le mari.* Eh! le puis-je,
« avec une femme de cette figure et de cette humeur? Que
« je me taise, on n'en verra ni plus ni moins. Hormis la
« dot, tout chez elle est au rebours de ce qu'on peut souhai-
« ter. Bon exemple pour les gens sages! Libre en appa-
« rence, je suis prisonnier de l'ennemi, pour ainsi dire, et
« esclave, quand la ville et la citadelle n'ont pas reçu d'at-
« teinte. Tout ce qui me plaît, mon tyran me l'enlève : est-ce
« pour mon bien, dis-moi? Je ne soupire qu'après sa mort;
« jusque-là, je vis comme un mort au milieu des vivants.
« Elle a prétendu que j'avais un commerce secret avec ma
« servante; elle a crié à la trahison : à force de pleurs,
« de prières, d'instances, de reproches, elle m'a tant étourdi
« les oreilles, que j'ai fini par vendre la jeune fille. Mainte-
« nant, sans doute, elle jase à ce sujet avec ses amies et ses
« parentes : Quelle est celle d'entre vous, dit-elle, qui, dans
« la fleur de sa jeunesse, eût obtenu de son mari ce que je
« viens d'obtenir du mien, toute vieille que je suis, et l'eût
« fait renoncer à sa concubine? Les langues vont avoir beau
« jeu aujourd'hui. Que de propos sur mon compte! J'enrage
« de douleur. »

« Outre qu'il n'y a aucune comparaison entre les deux pièces pour l'agrément du style et des pensées, ce qui me frappe surtout, c'est que Cécilius n'a essayé, ni bien ni mal, de reproduire certains traits comiques, pleins de goût et d' vérité, que lui fournissait Ménandre. Il néglige ces beautés comme si elles étaient sans valeur, et il les remplace par des bouffonneries. C'est ainsi qu'il a laissé de côté, je ne sais pourquoi, un passage de Ménandre où la nature, telle qu'elle se présente dans la vie ordinaire, est décrite avec beaucoup de naïveté et de charme. Ce même vieux mari, conversant avec un autre vieillard son voisin, maudit en ces termes l'arrogance de sa riche épouse :

« J'ai pris pour femme une lamie avec une dot : ne te
« l'ai-je pas dit? Non? eh bien, la maison, les domaines,
« tout lui appartenait : il a fallu acheter tout cela à charge

LITT. ROM. 8

« de l'épouser. Par Apollon ! cette femme est le fléau des
« fléaux. Elle est insupportable à tout le monde, non à moi
« seul; à son fils, plus encore à sa fille. — Tu te plains
« d'un mal sans remède. — Je ne le sais que trop. »

« Cécilius, au lieu de suivre son modèle, a mieux aimé faire rire, au moyen d'une bouffonnerie qui ne convient ni à la situation ni au personnage :

« *Le vieillard*. Mais dis-moi, ta femme est donc bien dé-
« plaisante? — *Le mari*. Elle? quelle question? — Et en
« quoi? — Ah ! ne m'en parle pas ! Dès que je rentre à la
« maison, à peine suis-je assis, elle s'empresse de me donner
« un baiser, et m'empoisonne de son haleine fétide. — C'est
« un baiser à bonne intention. Elle veut te faire dégorger le
« vin que tu as bu hors de chez toi. »

« On peut encore rapprocher une autre scène, dans les deux pièces, où la préférence ne sera guère douteuse. Voici à peu près le sens du passage. La fille d'un homme pauvre a été déshonorée dans une fête nocturne; le père n'en a rien su, et on ne soupçonne pas sa grossesse. Les mois se passent, elle va déposer son fruit. Un esclave honnête et fidèle, qui ignore que sa jeune maîtresse est sur le point d'accoucher, et qui n'a aucune idée de sa honte, s'arrête devant la porte de la maison, et il entend les gémissements et les cris de la jeune fille en travail. Il est pris tour à tour de crainte, de colère, de soupçon, de compassion, de douleur. Tous ces sentiments, tous ces mouvements de l'âme, sont exprimés dans la comédie grecque avec une force et une vérité admirables. Le même endroit, chez Cécilius, est traité froidement et manque de noblesse et de grâce. Ensuite l'esclave s'informe, et il découvre le mystère; et voici les paroles que lui prête alors Ménandre :

« O trois fois infortuné celui qui, étant pauvre, se marie
« et a des enfants ! Combien cet homme est insensé ! car il
« n'a point d'amis sur le secours desquels il puisse comp-
« ter; et, si un accident fâcheux vient troubler son exis-
« tence, il ne peut couvrir sa honte avec de l'or. Sa vie est
« exposée à tous les regards, nue, isolée, battue de tous les
« vents. Il a beau faire effort; tous les chagrins, tous les

« maux ont pour lui une part, mais non jamais les biens.
« Un seul homme ici m'occupe; mais l'exemple s'adresse à
« tous. »

« Examinons si la pureté et le naturel de ce morceau se retrouvent dans la copie. Voici les vers de Cécilius. Ce sont des lambeaux de Ménandre cousus avec quelques mots d'une emphase tragique :

« Oui, c'est un homme infortuné, le pauvre qui, dans son
« indigence, élève des enfants. On voit en tout temps où en
« sont ses affaires et sa vie; mais l'homme opulent n'a pas de
« peine à faire disparaître un déshonneur sous l'éclat de sa
« richesse. »

« Sans doute, comme je l'ai dit plus haut, quand je lis séparément ces vers de Cécilius, ils ne me semblent dénués ni d'agrément ni d'esprit; mais, quand je les compare à ceux du poëte grec, je trouve que Cécilius aurait bien fait de ne pas imiter un modèle qu'il était incapable d'égaler. »

Conjectures sur le talent de Cécilius.

L'examen des fragments de Cécilius n'ajouterait pas beaucoup aux lumières que nous fournit Aulu-Gelle. Ils sont assez nombreux pourtant, et quelques-uns assez considérables. Ainsi le spirituel morceau conservé par Cicéron, où un jeune homme amoureux se plaint d'avoir un père trop bon et trop facile, qu'on ne peut ni tromper ni voler, et qui donne libéralement ce qu'on aurait tant de plaisir à lui soustraire; ainsi encore un autre morceau, cité également par Cicéron, sur la toute-puissance de l'amour. Je remarquerai seulement que Cécilius avait traité le sujet d'*Amphitryon*, et, sans nul doute, d'après le même modèle que Plaute.

Il nous reste à expliquer comment Cécilius est resté si longtemps, aux yeux des Romains, le comique par excellence, en dépit des défauts que de bons juges signalaient dans ses œuvres. C'est le peuple qui avait fait la réputation de Cécilius, et non pas les connaisseurs délicats, ceux qui lisaient Ménandre, ceux qui étaient en chasse de grâce et d'atticisme. Le style de Cécilius laissait beaucoup à désirer sous plus d'un rapport. Cicéron donne même à Cécilius l'épithète de *mauvais écrivain* : il est vrai que c'est par comparaison à Térence, un des plus parfaits qu'il y ait eu, et au-dessous duquel on peut être placé fort bas, tout en ne laissant pas de se distinguer par des qualités estimables. Mais Cécilius faisait rire les spectateurs. Il était plein de verve, de mouvement et d'entrain. Il savait trop bien que l'atticisme pur n'était pas de mise devant les grossiers fils de Romulus, pour s'acharner à poursuivre un idéal hors de ses atteintes. Il se bornait donc à servir les Romains selon leur goût. Ces bouffonneries que lui reproche Aulu-Gelle, ces plaisanteries au gros sel dont il assaisonnait çà et là les inventions de Ménandre, étaient précisément un de ses titres principaux aux sympathies et à l'admiration de la multitude. L'autre défaut signalé par Aulu-Gelle, cet amour des sentences morales et cette sorte de tragique emphase, qui le choquent avec raison, c'était calcul chez Cécilius, bien plus que manquement involontaire aux règles du genre comique. Les Romains n'avaient guère moins de passion pour les belles maximes et les grands mots que pour les mauvaises plaisanteries. Horace nous apprend que les amateurs de l'ancienne littérature faisaient cas surtout de la gravité de Cécilius, et qu'ils l'opposaient à l'art de Térence. Horace ne nous dit pas en quoi consistait, selon eux, cette gravité : je crois que le dernier morceau transcrit par Aulu-Gelle suffit pour faire comprendre le sens d'une expression fort obscure, sinon en soi, du moins appliquée à un poëte comique, et à un poëte tel que Cécilius. Acron, le commentateur d'Horace, dit que Cécilius mettait dans ses vers des mots hauts et retentissants. C'est là, si je ne me trompe, la confirmation des remarques d'Aulu-Gelle.

CHAPITRE VIII

TÉRENCE.

Comparaison de Térence avec ses devanciers. — Système dramatique de Térence. — Vie de Térence. — Les prétendus collaborateurs de Térence. — Comédies de Térence. — Caractère de la poésie de Térence. — Enthousiasme des Français pour Térence.

Comparaison de Térence avec ses devanciers.

Térence n'a guère eu, chez les modernes, surtout chez les Français, que des admirateurs. Il en a même eu de très-enthousiastes et de très-éloquents. C'était justice. Nul moins que moi n'est d'humeur à protester contre leurs éloges. Mais nous devons tenir compte, dans cette histoire, de certains faits qu'on peut sans danger passer ailleurs sous silence; et le lecteur est en droit d'exiger de nous quelques mots de réponse aux questions que soulèvent ces faits. Voici donc un problème à résoudre. Pourquoi le Romain Volcatius Sédigitus, dans sa liste versifiée, ne place-t-il Térence qu'au sixième rang parmi les comiques latins? Pourquoi lui préfère-t-il Cécilius, Plaute, Névius, Licinius, Attilius? Quelques-uns s'irritent du jugement de Volcatius comme d'un scandale. Spangenberg dévouerait volontiers le critique latin aux dieux infernaux. C'est chose par trop commode de nier, comme on le fait d'ordinaire, sa compétence ou sa justice : il vaut mieux, je crois, tâcher de déterminer les motifs d'une sentence si étrange à nos yeux. Volcatius n'était pas le premier venu : il avait fait, sur les poëtes comiques, des travaux considérables; il avait assisté aux représentations des pièces de Térence, ordonnées par Térence lui-même ; il ne manquait ni d'érudition, ni de lumières, ni de goût ; et rien ne montre qu'il eût la moindre raison de n'être point impartial envers Térence.

Le vers de Volcatius n'est que la formule, selon moi, du jugement porté sur Térence par le public du temps. Volcatius préférait, comme le plus grand nombre, la comédie romaine qui avait quelque chose de romain. Cécilius, par le caractère romain de ses bons mots et de ses sentences, devait lui plaire; il devait même lui plaire entre tous, s'il est vrai que Cécilius, suivant le mot de Varron, revendique la palme pour l'argument, c'est-à-dire s'il a excellé à bien choisir ses sujets, à bien disposer tous les éléments dramatiques, à les enchaîner fortement, à tout entraîner enfin dans une action vive, rapide, soutenue, intéressante. Plaute réparait amplement, par la verve, par le mouvement, par les qualités du dialogue et de la diction, ce qui manquait d'art et de proportion à la plupart de ses pièces. Quant à Névius, il avait inventé la comédie à toge, la comédie romaine, et il ne le cédait à nul au monde ni pour la verve et l'entrain, ni pour l'esprit. *Névius bouillonne;* c'est le mot même de Volcatius. Térence, au contraire, ne bouillonne jamais. Sa chaleur est un peu tiède; sa muse est essentiellement tempérée; son esprit est plus fin et plus agréable que vif et saisissant. Ce n'est pas lui qui mettra ses personnages dans ces situations fortes et hardies, où les caractères se dessinent avec tout leur relief, et où le ridicule et le comique jaillissent, si j'ose dire, de toutes parts. Térence raconte la nature humaine; il la raconte fidèlement. C'est le visage réel de l'homme qu'il montre, comme dit un critique : oui, certes; mais il le montre, ce visage, bien plus qu'il ne l'illumine. Je n'ignore point qu'Afranius, un contemporain aussi de Térence, ou du moins un poëte du même siècle, disait dans ses vers : « Tu ne compareras personne à Térence. » Mais Afranius avait, comme Térence, plus de raison que de verve, plus d'élégance et de grâce que de mouvement et d'entrain. Les lettrés étaient, pour la plupart, de l'avis d'Afranius; mais le sentiment de Volcatius prévalut, dans toute l'antiquité, chez ceux qui faisaient cas surtout des qualités dramatiques. Les comédies de Térence ont été écrites pour le théâtre; mais on dirait que le poëte a songé, en les écrivant, bien plus encore à ses lecteurs qu'à ses spectateurs.

Système dramatique de Térence.

Ces comédies sont toutes des copies plus ou moins libres

d'originaux grecs. Il y en a six, dont quatre ont été imitées de Ménandre et les deux autres d'Apollodore. Térence lui-même nous apprend comment il s'y prenait avec ses modèles; et j'ai déjà signalé ailleurs son procédé. Voici les propres paroles que nous lisons dans le prologue de l'*Andrienne* : « Ménandre a fait l'*Andrienne* et la *Périnthienne*. Qui connaît l'une ou l'autre les connaît toutes deux. Les sujets ne sont pas fort différents ; toutefois elles diffèrent pour les développements et pour le style. L'auteur a emprunté à la *Périnthienne* tout ce qui s'adaptait bien à son *Andrienne*, et il en a usé comme de sa chose, il l'avoue. » Térence dit, dans le prologue de l'*Eunuque*, que non-seulement il s'est servi de l'*Eunuque* de Ménandre mais qu'une autre pièce du même poëte, intitulée le *Flatteur*, lui a fourni les deux personnages du parasite et du soldat fanfaron. Il dit, dans le prologue des *Adelphes*, qu'il a mis à contribution une comédie de Diphile, les *Associés de mort*, et qu'il y a pris le passage dont Plaute n'avait pas voulu : ici, il combinait ensemble deux poëtes différents, Diphile et Ménandre. Il est probable que les trois autres pièces ont été composées à peu près de la même manière. Térence aura allongé et compliqué chacune des comédies qui lui servaient de patron, en y introduisant ou quelque épisode, comme dans les *Adelphes*, ou des personnages nouveaux, comme dans l'*Eunuque*; et ces personnages ou ces épisodes, il n'aura pas même songé à les inventer : il les aura transportés tout faits de quelque autre pièce grecque dans la sienne. C'était plutôt excès de modestie ou de scrupule que défaut de génie, absence d'originalité dramatique. Térence n'aura pas voulu, sans doute, que certains délicats lui pussent reprocher d'altérer la vraie physionomie des œuvres du génie grec, et d'en détruire la pureté par un mélange adultère. C'était bien assez pour lui d'entendre ses détracteurs crier sur tous les tons qu'il gâtait la comédie grecque en ajoutant Ménandre à Ménandre.

Schœll et d'autres d'après lui disent que l'*Eunuque* semble être une œuvre originale, sauf les deux personnages empruntés à Diphile. S'ils s'étaient donné la peine de lire seulement le prologue de Térence, ou même la didascalie qui est sous le titre, ils ne feraient pas de Térence, en dépit de Térence même, autre chose que l'arrangeur et l'écrivain de sa comédie. Il y a, dans la didascalie : GRÆCA MENANDRU, c'est-à-dire *pièce grecque de Ménandre*. Il y a, dans le prologue : « C'est l'*Eunuque* de Ménandre que nous allons représenter. » Térence n'a jamais été, n'a jamais voulu être que l'imitateur intelligent et dévoué des anciens maîtres. Mais nulle part dans ses copies on ne sent le copiste : rien de roide ni de maladroit, rien de heurté ni de faible ; nulle disparate, nul tâtonnement, nulle retouche. Il n'y a pas de compositions originales qui appartiennent plus à leurs auteurs que ces comédies d'emprunt n'appartiennent à Térence. Oui, Térence a inventé à son tour ces sujets et ces personnages ; oui, ces sentiments ont passé par son âme ; oui, il a pensé ces pensées. Que m'importe d'où viennent et ces pensées et ces sentiments, s'ils sont devenus une part de lui-même, s'il les a animés à son tour, si j'y reconnais quelque chose de son souffle et de sa vie ? Térence est le plus grand des artistes qui aient jamais entrepris de penser et de peindre d'après autrui. Ménandre, le grand inventeur dramatique et le grand observateur, n'eût point hésité à le saluer du nom de grand poëte : il eût reconnu en lui un fils ou un frère.

Vie de Térence.

Térence, le plus grec de tous les poëtes romains, c'est-à-dire le plus plein de charme, de naturel et de grâce, n'était ni un Romain ni un Grec, mais un barbare dans toute la force du terme : il était de race punique, et né à Carthage. Des pirates l'enlevèrent dans son enfance ; il fut vendu à Rome, et il devint esclave du sénateur Térentius Lucanus. Son maître le fit élever et instruire avec un soin extrême, et lui donna la liberté. Celui qui s'était appelé d'abord simplement l'Africain (*Afer*), devint donc un Romain, sous le nom de Publius Térentius. C'est en l'an 166 avant notre ère, à l'âge de vingt et quelques années, qu'il présenta l'*Andrienne* aux édiles, et que Cécilius lui rendit les bons offices dont j'ai parlé ailleurs. Il fut bientôt célèbre, et ses travaux lui procurèrent une honnête aisance. Après avoir donné successivement six comédies, il voulut voir la Grèce, et il partit de Rome en l'an 159 ou 158. Il ne fit en Grèce qu'un séjour de quelques mois. Il revenait en Italie et rapportait plusieurs ouvrages sur lesquels il fondait de légitimes espérances. Mais le poëte et ses comédies périrent dans une tempête. Quelques-uns content que le bagage seul de Térence fut englouti; que Térence n'était point sur le navire; qu'il était encore en Grèce, et qu'en arrivant à Patras, il apprit la perte de ses trésors littéraires. Son chagrin fut si vif, qu'il tomba malade : il était frappé au cœur. Il traîna quelque temps, et il mourut à Stymphale ou Leucade, en Arcadie. A sa mort, il n'avait que trente-cinq ans. Il laissait une fille : cette fille, grâce à la petite fortune qu'elle avait héritée de son père, put s'établir honorablement, et un chevalier romain la prit pour femme. Pourtant Scipion et Lélius, qui avaient été liés d'une étroite amitié avec Térence, durent être pour l'orpheline d'utiles et dévoués protecteurs. Le biographe Donat nous apprend que Térence était de taille médiocre, de complexion frêle et délicate, et qu'il avait le teint basané.

Les prétendus collaborateurs de Térence.

Les ennemis de Térence faisaient courir le bruit que certains nobles personnages, avec qui il vivait familièrement, l'aidaient dans la composition de ses comédies, et que leur esprit était pour beaucoup dans ses succès. Térence répond qu'une telle imputation n'a rien de flétrissant; il se fait gloire d'avoir su plaire à ceux qui plaisent au peuple tout entier; à ceux qui ont rendu tant de services à leur pays dans la paix, dans la guerre, toujours et en toute occasion. Ces réticences calculées du prologue des *Adelphes* donnaient beau jeu aux médisances. Aussi a-t-on brodé vingt histoires, plus ou moins invraisemblables, à propos des prétendus collaborateurs. Telle scène était pour sûr de la main de Lélius; telle autre était de celle de Scipion. Donat a recueilli ces commérages. Un certain Santra, dont il cite l'opinion, fait observer très-judicieusement que Lélius et Scipion étaient bien jeunes, à l'époque où l'on dit qu'ils prêtaient leur talent à Térence, et que, si Térence avait eu besoin de collaborateurs, c'est à des hommes faits qu'il se serait adressé, non à des adolescents. Mais supposons que les dates conviennent ; supposons que Lélius et Scipion aient été en âge d'aider efficacement Térence : qu'ont-ils fait pour lui ? c'est ce que Diderot va nous dire :

« Si nous imaginons qu'il dut à Lélius et à Scipion quelque chose de plus que ces conseils qu'un auteur peut recevoir d'un homme du monde, sur un tour de phrase inélégant, une expression peu noble, un vers peu nombreux, une scène trop longue, c'est l'effet de cette pauvreté basse et jalouse qui cherche à se dérober à elle-même sa petitesse et son indigence, en distribuant à plusieurs la richesse d'un seul. L'idée d'une multitude d'hommes de notre petite stature nous importune moins que l'idée d'un colosse.

« J'aimerais mieux regarder Lélius, tout grand personnage qu'on le dit, comme un fat qui enviait à Térence une partie de son mérite, que de le croire auteur d'une scène de l'*Andrienne* ou de l'*Eunuque*. Qu'un soir la femme de Lélius, lassée d'attendre son mari, et curieuse de savoir ce qui le retenait dans sa bibliothèque, se soit levée sur la pointe du pied, et l'ait surpris écrivant une scène de comédie ; que, pour s'excuser d'un travail prolongé si avant dans la nuit, Lélius ait dit à sa femme qu'il ne s'était jamais senti tant de verve, et que les vers qu'il venait de faire étaient les plus beaux qu'il eût faits de sa vie : n'en déplaise à Montaigne, c'est un conte ridicule, dont quelques exemples récents pourraient nous désabuser, sans la pente naturelle qui nous porte à croire tout ce qui tend à rabattre du mérite d'un homme en le partageant.

« L'auteur des *Essais* a beau dire que, « si la perfection
« du bien parler pouvait accorder quelque gloire sortable à
« un grand personnage, certainement Scipion et Lélius
« n'eussent pas résigné l'honneur de leurs comédies, et
« toutes les mignardises et délices du langage latin, à un
« serf africain ; » je lui répondrai, sur son ton, que le talent de s'immortaliser par les lettres n'est une qualité mésavenante à quelque rang que ce soit ; que la guirlande d'Apol-

lon s'enlace sans honte sur le même front avec celle de Mars ; qu'il est beau de savoir amuser et instruire, pendant la paix, ceux dont on a vaincu l'ennemi et fait le salut pendant la guerre ; que je rabattrais un peu de la vénération que je porte à ces premiers hommes de la république, si je leur supposais une stupide indifférence pour la gloire littéraire ; qu'ils n'ont point eu cette indifférence, et que, si je me trompe, on me ferait déplaisir de me *déloger* de mon erreur...

« Laissons donc à Térence tout l'honneur de ses comédies, et à ses illustres amis tout celui de leurs actions héroïques [1]. »

Comédies de Térence.

La fable de l'*Andrienne* est assez simple, et peut se résumer en quelques mots. Un jeune Athénien, nommé Pamphile, a séduit une jeune fille qui passait pour la sœur d'une courtisane, et qui était venue avec elle d'Andros à Athènes. Il promet à sa maîtresse de l'épouser, quoiqu'il soit déjà fiancé à une autre. Simon, père de Pamphile, découvre l'amour de son fils : pour mettre ses sentiments à l'épreuve, il simule les apprêts du mariage convenu. Pamphile, sur les conseils de Davus, feint à son tour une complète obéissance aux vœux de son père. Mais Chrémès, père de la fiancée, rompt le mariage, dès qu'il reconnaît que Pamphile n'aime point sa fille. Un incident inespéré apprend à Chrémès que Glycère, la maîtresse de Pamphile, la prétendue Andrienne, est son autre fille, qu'il croyait à jamais perdue, et qui avait été enlevée en bas âge. Tout s'arrange. Pamphile épouse Glycère ; Philumène, la sœur de Glycère, devient la femme de Charin, qui l'aime et qui en est aimé.

L'*Andrienne* fut représentée aux Jeux Mégalésiens, c'est-à-dire durant les fêtes en l'honneur de Cybèle ; les édiles curules étaient M. Fulvius et Acilius Glabrion. La didascalie de la pièce nous apprend aussi qu'un certain Flaccus, fils de Claudius, en avait fait la musique, et que deux acteurs célèbres avaient travaillé au succès, L. Ambivius Turpion et L. Attilius de Préneste.

---

1. Diderot, *Réflexions sur Térence*, OEuvres, t. III, page 35 et suivantes

L'*Héautontimoruménos*, la deuxième pièce en date, fut jouée à trois reprises différentes, et d'abord aux Jeux Mégalésiens de l'année 162 avant notre ère, par les soins des édiles curules L. Cornélius Lentulus et L. Valérius Flaccus. La didascalie nomme encore le musicien Flaccus et l'acteur Turpion ; mais le nom de L. Attilius n'y est pas. Voici quel est le sujet de l'*Héautontimoruménos*, dont le titre, transcrit littéralement de Ménandre, signifie en grec, *l'homme qui se punit lui-même.*

Le vieillard Ménédème a séparé son fils Clinias d'une jeune fille qu'il aimait, et Clinias est allé s'enrôler en Asie au service du Grand Roi. Ménédème regrette bientôt sa sévérité : il se désespère de l'absence de son fils, et, retiré dans sa maison des champs, il se condamne aux plus rudes travaux. Clinias revient à Athènes, et va se loger chez Clitiphon un de ses amis. Il y mène sa maîtresse Antiphile. Clitiphon a lui-même une maîtresse, et il ne veut pas que Chrémès son père en sache rien. Les deux amis conviennent que la Bacchis de Clitiphon passera pour la maîtresse de Clinias, et qu'Antiphile passera pour l'esclave de Bacchis. On découvre qu'Antiphile est la fille de Chrémès, et Clinias l'épouse.

Le *Phormion*, qui suivit de près l'*Héautontimoruménos*, fut représenté aux Jeux Romains, fête annuelle instituée par Romulus. Turpion et Attilius y jouèrent, et Flaccus y tint les flûtes. Les édiles curules étaient L. Postumius Albinus et L. Cornélius Mérula.

L'intrigue du *Phormion* a fourni à Molière le fonds qu'il a si bien exploité dans les *Fourberies de Scapin*. Phormion, qui donne son nom à la pièce latine, est un parasite qui s'entend avec un esclave fripon pour duper deux vieillards crédules, et qui leur escroque de l'argent pour servir les amours de leurs fils. Quant au reste de la fable, Molière s'est conformé aux données de Térence. La comédie du poëte latin est gaie et assez vivement conduite ; mais Scapin, dès ses premiers tours, fait naître un fou rire que Phormion, à ses plus heureux moments, n'excita jamais, j'en suis sûr, ni à Rome, ni auparavant à Athènes.

L'*Eunuque* fut joué la même année que le *Phormion*, sous les mêmes édiles, par les mêmes acteurs et le même musicien, mais aux fêtes de Cybèle. Cette pièce fut reprise encore une fois depuis ; et Donat nous apprend qu'elle valut à son auteur huit mille sesterces, deux mille francs environ de notre monnaie, la plus forte somme qu'on eût jamais payée jusque-là à aucun poëte dramatique. Le *Muet* de Brueys et Palaprat est une imitation de l'*Eunuque* de Térence. Il s'agit, dans la comédie latine, d'un jeune homme qui s'introduit, sous un déguisement d'eunuque, dans la maison d'une courtisane, où loge une jeune fille dont il s'est épris en la voyant dans la rue. La jeune fille, qui passait pour la sœur de la courtisane, est reconnue pour une Athénienne de bonne maison, et elle épouse son amant. Le stratagème de Chéréa n'est que le nœud de la pièce. Ce qui la remplit véritablement, c'est l'amour de Phédria, frère du faux eunuque, pour la courtisane ; ce sont leurs démêlés avec le bravache Thrason ; c'est Gnathon le spirituel parasite, qui finit par mettre tout le monde d'accord, et qui fait accepter à Phédria un compromis en vertu duquel Thrason ne sera pas complétement forclos de la maison de Thaïs.

Térence raconte, dans le prologue de l'*Eunuque*, qu'un de ses rivaux en poésie, un de ses plus acharnés détracteurs, avait trouvé moyen d'assister aux répétitions de la pièce. Au bout de quelques scènes, voilà cet homme qui crie : Au voleur ! qui déclare reconnaître le *Flatteur* de Névius et une vieille comédie de Plaute ; que Térence y a pillé son parasite et son fanfaron. Térence répond qu'il n'a jamais su que le *Flatteur* de Ménandre eût été mis sur le théâtre de Rome ; que son plagiat est involontaire ; que c'est Ménandre uniquement qu'il a imité ; qu'il ne doit rien ni à Plaute ni à Névius. W. Schlegel a l'air de s'étonner que l'idée de plagiat ne s'étendît pas, pour Térence, au delà de la littérature latine, et qu'il ne songeât à se justifier d'autre chose que d'avoir profité d'une traduction déjà faite. Mais un poëte qui se donne lui-même comme un simple interprète des Grecs, un auteur qui dit en propres termes à ses spectateurs : « Nous allons vous donner telle pièce de Ménandre, » marque assez visiblement, j'imagine, quelle est la mesure de ses prétentions, et combien peu il aspire au renom d'original et d'inventeur.

L'*Hécyre*, c'est-à-dire la *Belle-mère*, est une sorte de drame bourgeois, comme nous dirions, ou, selon l'expression de W. Schlegel, un véritable tableau de famille. Mais l'intérêt de cette comédie n'est pas très-vif; l'action en est froide et languissante, et Térence eût probablement pu mieux choisir dans le théâtre d'Apollodore. Ce n'est pas que ses qualités habituelles lui fassent défaut; mais il fallait un autre génie que le sien pour animer toutes ces figures, et peut-être un autre système dramatique pour tirer du sujet autre chose que ce que Térence nous a donné.

Pamphile s'est marié pour obéir à son père. Il n'aime pas sa femme, et il le lui fait sentir; mais Philumène ne songe qu'à se faire aimer de lui, et elle supporte avec douceur et résignation toutes ses duretés. Pamphile quitte pendant quelque temps Athènes pour un voyage d'affaires. Il apprend à son retour que Philumène, qui ne pouvait s'accorder avec sa belle-mère, s'est retirée dans la maison paternelle, et qu'elle vient d'accoucher. La manière dont il a traité sa femme durant les premiers mois du mariage ne lui permet pas de croire que l'enfant soit le sien : il se décide donc à ne point revoir une épouse indigne de lui. Ses parents et ceux de Philumène ne comprennent rien à sa conduite. Les deux pères s'imaginent que tout le mal vient de Bacchis, une courtisane que Pamphile aimait autrefois, mais qu'il avait abandonnée ayant commencé à sentir une véritable affection pour Philumène. La mère de Philumène reconnaît au doigt de Bacchis un anneau qui avait appartenu à sa fille. C'est Pamphile qui a donné cet anneau à Bacchis, et Pamphile l'a pris à une jeune fille à laquelle il a fait violence dans le désordre d'une fête nocturne. Ainsi Pamphile est le père de l'enfant, et Philumène n'est pas indigne de la tendresse de son époux.

L'*Hécyre*, à son apparition, n'eut aucun succès. Le peuple quitta bruyamment le théâtre dès les premières scènes, pour aller voir des lutteurs et un danseur de corde. Nouvelle représentation quelque temps après, nouveau désastre. Le premier acte réussit assez bien; mais l'annonce d'un combat de gladiateurs vida incontinent tous les gradins, et mit les acteurs en déroute. Voilà ce que nous apprend Térence dans son prologue. Il demande humblement aux Romains un peu de silence et d'attention, pour que la pièce aille enfin jusqu'au bout, et que la troisième tentative soit plus heureuse que les deux autres. Il paraît que Térence n'eut pas trop à se plaindre cette dernière fois. C'était en l'an 159, aux Jeux Romains, que l'*Hécyre* avait d'abord été mise au théâtre : Sextus Julius César et Cnéius Cornélius Dolabella étaient édiles curules. Le second essai de représentation eut lieu en 158, aux jeux funèbres en l'honneur de Paul Émile. C'est l'année suivante que la pièce fut enfin jouée, sous les édiles Q. Fulvius et L. Marcius. On a le nom du musicien, qui est toujours Flaccus, mais on n'a pas ceux des acteurs.

Les *Adelphes*, c'est-à-dire les *Frères*, furent menés à bien durant les fêtes en l'honneur de Paul Émile, à peu de distance sans doute du jour où l'*Hécyre* échouait pour la seconde fois. Les édiles curules étaient Q. Fabius Maximus et P. Cornélius Scipion, le père adoptif du deuxième Africain. La didascalie nomme deux acteurs, L. Attilius de Préneste et Minucius Protimus. Elle nomme aussi Flaccus le musicien, qui tint, ce jour-là, des flûtes phéniciennes.

C'est dans les *Adelphes* que Molière a pris la donnée de l'*École des maris*. Mais, comme le dit La Harpe, « Térence n'a fait qu'opposer un excès à un autre excès : si l'un des vieillards refuse tout à son fils, l'autre permet tout au sien. Ce sont deux excès également blâmables; et, qu'Eschine commette des violences et fasse des dettes pour son compte ou pour celui de son frère, sa conduite n'en est pas moins répréhensible. Il en résulte seulement que le vieillard trompé fait rire, en s'applaudissant d'une éducation qui, dans le fait, n'a pas mieux réussi que l'autre; au lieu que Molière, au comique de la méprise, a joint l'utilité de la leçon. Chez lui, le tuteur de Léonore est dans la juste mesure, et ne permet à sa pupille que ce qui est conforme à la décence. Il est récompensé par le succès, comme le tuteur tyran est puni par les disgrâces qu'il s'attire. Tout est dans l'ordre, et le plan est parfait. » Les défauts qu'on est en droit de reprocher à la comédie de Térence, surtout par comparaison avec l'œuvre d'un maître tel que Molière, n'empêchent pas les *Adelphes* d'être une pièce fort remarquable, et, avec l'*Andrienne*, la meilleure du poëte latin pour la conduite et l'intérêt, surtout pour la convenance et l'exquise perfection du dialogue. Varron, qui avait les *Adelphes* de Ménandre sous les yeux, n'hésitait pas à préférer l'exposition de la comédie de Térence à celle de la comédie originale. Il n'y avait probablement, dans une telle préférence, aucun amour-propre de Romain. Cette première scène est assez belle pour justifier l'enthousiasme de Varron. Cependant, au long monologue de Micion je préfère pour ma part la scène suivante, celle où les deux frères sont en présence, et où le contraste de leurs caractères se dessine avec tant de netteté. J'en vais transcrire quelque chose, pour donner une idée de la manière de Térence, sinon de son esprit et de son style :

« Déméa. Ah! te voilà bien à propos : je suis en quête de toi. Micion. Pourquoi cet air soucieux? Dém. Belle question! pourquoi j'ai l'air soucieux? et c'est le père adoptif de mon fils Eschine qui me l'adresse! Mic. (*à part*) Ne l'avais-je pas dit? (*haut*) Qu'a-t-il donc fait? Dém. Ce qu'il a fait? un drôle qui n'a honte de rien, qui ne craint personne, qui se met au-dessus de toutes les lois! Je ne parle même pas du passé; mais il vient d'en faire de belles! Mic. De quoi s'agit-il? Dém. Il a enfoncé une porte; il est entré de force dans une maison étrangère; il a battu et laissé pour morts le maître de la maison et tous ses gens; il a enlevé une femme qu'il aimait. Tout le monde crie que c'est une indignité. Que de personnes à mon arrivée, Micion, m'ont dit ces nouvelles! On ne parle que de lui dans toute la ville. Enfin, s'il lui faut un exemple, n'a-t-il pas devant les yeux son frère, tout entier au soin de son avoir, et vivant à la campagne avec économie et sobriété? Mais lui! fait-il rien de semblable? Et ce que je lui reproche, Micion, je te le reproche à toi. C'est toi qui le laisses se gâter. Mic. Il n'est rien au monde de plus injuste qu'un homme sans expérience, qui ne trouve de bon que ce que lui-même il fait. Dém. Qu'est-ce à dire? Mic. C'est-à-dire, Déméa, qu'ici ton jugement est en défaut. Ce n'est pas un crime, si tu m'en crois, qu'un jeune homme soit léger, etc.[1] »

Caractère de la poésie de Térence.

Diderot a écrit sur Térence des pages admirables, aussi pleines de raison qu'étincelantes d'esprit. On a déjà vu sa réponse à ceux qui parlent des collaborateurs de Térence. Voici le passage où il explique les mérites littéraires du charmant poëte latin : « Térence ne fait point éclater le rire. On n'entendra point un de ses pères s'écrier, d'un ton plaisamment douloureux : *Qu'allait-il faire dans cette galère?* Il n'en introduira point un autre dans la chambre de son fils harassé de fatigue, endormi et ronflant sur un grabat ; il n'interrompra point la plainte de ce père par le discours de l'enfant qui, les yeux toujours fermés et les mains placées comme s'il tenait les rênes de deux coursiers, les excite du fouet et de la voix, et rêve qu'il les conduit encore. C'est la verve propre à Molière et à Aristophane qui leur inspire ces situations. Térence n'est pas possédé de ce démon-là. Il porte dans son sein une muse plus tranquille et plus douce. C'est sans doute un don précieux que celui qui lui manque; c'est le vrai caractère que la nature a gravé sur le front de ceux qu'elle a *signés* poëtes, sculpteurs, peintres et musiciens. Mais ce caractère est de tous les temps, de tous les pays, de tous les âges et de tous les états. La verve a une marche qui lui est propre : elle dédaigne les sentiers connus. Le goût, timide et circonspect, tourne sans cesse les yeux autour de lui; il veut plaire à tous; il est le fruit des siècles et des travaux successifs des hommes.... Mais rien n'est plus rare qu'un homme doué d'un tact si exquis, d'une imagination si réglée, d'une organisation si sensible et si délicate, d'un jugement si fin et si juste, appréciateur si sévère des caractères, des pensées et des expressions, qu'il ait reçu

---

1. Térence, *Adelphes*, vers 82 et suivants.

la leçon du goût et des siècles dans toute sa pureté, et qu'il ne s'en écarte jamais : tel me semble Térence. Je le compare à quelques-unes de ces précieuses statues qui nous restent des Grecs, une Vénus de Médicis, un Antinoüs. Elles ont peu de passions, peu de caractère, presque point de mouvement; mais on y remarque tant de pureté, tant d'élégance et de vérité, qu'on n'est jamais las de les considérer. Ce sont des beautés si déliées, si cachées, si secrètes, qu'on ne les saisit toutes qu'avec le temps; c'est moins la chose que l'impression et le sentiment qu'on en rapporte : il faut y revenir, et l'on y revient sans cesse. L'œuvre de la verve, au contraire, se connaît tout entier tout d'un coup, ou point du tout. Heureux le mortel qui sait réunir dans ses productions ces deux grandes qualités, la verve et le goût! Où est-il? qu'il vienne déposer son ouvrage au pied du gladiateur et du Laocoon, *artis imitatoriæ opera stupenda!* Jeunes poëtes, feuilletez alternativement Molière et Térence.... Surtout, si vous avez des amants à peindre, descendez en vous-mêmes ou lisez l'esclave africain. Écoutez Phédria, dans l'*Eunuque*, et vous serez dégoûtés de toutes ces galanteries misérables qui défigurent la plupart de nos pièces : « .... Elle est donc « bien belle!... Ah! si elle est belle! Quand on l'a vue, on « ne saurait plus regarder les autres.... Elle m'a chassé, « elle me rappelle; retournerai-je?... Non! vînt-elle m'en « supplier à genoux. » C'est ainsi que sent et parle un amant. On dit que Térence avait composé cent trente comédies que nous avons perdues : c'est un fait qui ne peut être cru que par celui qui n'en a pas lu une seule de celles qui nous restent[1]. »

Je n'ai pas besoin de dire que ce n'est point dans une traduction française qu'il faut étudier Térence. La transcription, même faite par une main habile, suffit pour faire évaporer presque tout cet atticisme, tout ce charme de bon goût, toutes ces qualités tempérées et délicates, que les Latins résumaient dans un mot que nous avons bien changé et corrompu en le leur empruntant : la *médiocrité*. Varron cé-

---

[1]. Diderot, *Réflexions sur Térence;* OEuvres, t. III, pages 38 et suivantes.

lébrait la médiocrité de Térence, c'est-à-dire sa juste et parfaite mesure entre la sécheresse et la plénitude surabondante. Il y a pourtant quelques-unes des vertus du poëte que le plus faible copiste peut faire passablement sentir : ainsi l'urbanité de son enjouement, ainsi la décence de ses tableaux, même quand il peint des caractères ou des actions qui n'ont rien de bien recommandable. On verra au premier coup d'œil quel est le bon ton de Térence, rien qu'à lire le monologue où Gnathon expose les principes de sa philosophie de parasite et les avantages solides de son honnête métier. Ce n'est pas la jovialité bouffonne de Charançon ou de Ronge-Pain ; c'est de l'esprit agréable, et assaisonné à la dose juste où le goût le plus sévère n'oserait s'offenser : « Dieux immortels ! qu'un homme l'emporte sur un autre homme ! quelle différence d'un homme d'esprit à un sot ! Voici, au reste, ce qui m'a fait faire cette réflexion. J'ai rencontré aujourd'hui, en arrivant, un individu d'ici comme moi, et de ma condition ; homme de bonnes manières, et qui avait, comme moi, dévoré son patrimoine. Je le vois tout malpropre, dégoûtant, efflanqué, dépenaillé, décrépit. — Que signifie, lui dis-je, cet accoutrement ? — Que j'ai perdu ce que je possédais. Hélas ! où en suis-je réduit ? connaissances, amis, tout le monde m'abandonne. — Alors je le méprisai en songeant à moi. Quoi ! lui dis-je, homme sans courage, t'es-tu donc arrangé de façon à n'avoir plus en toi désormais nulle ressource ? As-tu perdu ta raison en même temps que ton bien ? Me vois-tu, moi, moi simplement ton égal ? vois-tu ce bon air, ce teint fleuri, cette mise, cet embonpoint ? J'ai tout et je n'ai rien : n'ayant rien, rien pourtant ne me manque. — Mais il y a un malheur, c'est que je ne sais ni faire le plaisant, ni supporter les coups. — Quoi ! t'imagines-tu que c'est ainsi qu'on s'y prend ? tu te trompes du tout au tout ! Jadis on gagnait sa vie à ce métier ; oui, dans l'autre siècle ; mais nous avons aujourd'hui une pipée d'autre genre, et de plus c'est moi l'inventeur de cette méthode nouvelle. Il y a une espèce de gens qui ont la prétention d'être les premiers en tout, et qui ne le sont pas : c'est à eux que je m'attache ; je ne leur fournis point à rire à mes dépens, mais je ris avec eux de compagnie, en m'extasiant sur leur esprit. Quoi qu'ils disent, j'applaudis ; disent-ils ensuite le contraire, j'applaudis encore. On dit non ? je dis non; on dit oui ? je dis oui. En un mot, j'ai pris sur moi d'approuver toujours. Voilà le bon métier aujourd'hui, et sans comparaison [1]. »

La Harpe vante avec justice, dans Térence, la clarté, le naturel, la précision, l'élégance du dialogue, l'observation des bienséances théâtrales, le ton de ce que le célèbre critique appelle la conversation des honnêtes gens. Mais n'est-ce pas aller un peu loin, que de dire, comme il fait, que la morale de Térence est saine et instructive ? Cela est vrai en général de Térence, comme de Plaute même, comme de presque tous les poëtes dramatiques. Mais le diable n'y perd rien. Quand Molière lui-même s'y met, nous en voyons de belles; et Térence n'a de chaste bien souvent que l'apparence. Il n'est jamais brutal ni grossier ; mais il n'en est peut-être que pire. Cette corruption raffinée que Térence étale dans quelques-uns de ses tableaux n'est guère moins répréhensible que les saletés de Plaute. Je demande qu'on me dise la saine et instructive morale qui sort de l'*Eunuque*. Je demande si Chéréa, s'applaudissant d'avoir violé une jeune fille, est d'un bon exemple; je demande si le capitaine Thrason fait des réflexions instructives, à l'aspect de l'eunuque prétendu qu'on mène chez Thaïs; je demande quelle est la morale qui peut sanctionner des marchés comme ceux que concluent d'abord Thaïs et Phédria, et, dans l'accord final, Phédria, Thaïs et Thrason. J'adresserais ces questions à Térence même. Tout ce qu'il pourrait répondre, c'est qu'il a voulu faire une comédie, et qu'il n'est pas professeur de morale. Ce qu'il faut dire, et ce qui est incontestable, c'est que Térence est un écrivain parfait, un écrivain qui a doté la langue latine de toutes les grâces, et qui n'a pas beaucoup d'égaux ni chez les anciens ni chez les modernes. Térence est la clarté, la pureté, la délicatesse, la simplicité mêmes : c'est le plus grec des poëtes latins. Je répète à dessein l'ex-

---

[1]. Térence, *Eunuque*, vers 231 et suivants.

pression. Il n'y a pas, selon moi, de plus complet éloge. Que Térence n'a-t-il pris aux Grecs leur versification savante! pourquoi ses vers ne sont-ils trop souvent qu'une prose cadencée? pourquoi est-il resté si fidèle aux vieux errements de Cécilius et de Plaute? Rien ne lui était moins difficile que de se tenir dans les bornes fixes du trimètre : il l'a bien prouvé par ses prologues, par tous les passages où il juge à propos de faire des vers véritables. Son style n'aurait rien perdu, tant s'en faut, à cette réforme. Ses comédies auraient encore plus de charme. Quintilien le dit, et Quintilien a raison.

Donat cite quatre vers d'un poëme de Cicéron, aujourd'hui perdu, où sont assez bien indiqués la plupart des mérites littéraires de Térence, le choix exquis des termes, le bon ton, la finesse agréable et la douceur. Mais Donat cite d'autres vers, attribués à Jules César, où Térence est mieux apprécié encore; car César dit non-seulement en quoi Térence excelle, mais en quoi ses œuvres laissent à désirer : « Toi aussi on te met parmi les plus grands, ô demi-Ménandre! et tu en es digne pour la pureté de ton style. Et plût au ciel qu'à la douceur de tes écrits fût jointe la force comique! Tes qualités balanceraient alors la gloire des Grecs, et on ne te reprocherait plus ton infériorité en ce point. Il n'y a que cela qui te manque, Térence, et j'en éprouve peine et chagrin. »

Enthousiasme des Français pour Térence.

Térence est peut-être de tous les auteurs latins, sans en excepter Virgile même, celui que les Français ont le plus aimé, celui qu'ils ont le plus comblé de leurs louanges. Il y a longtemps que Montaigne a révélé le secret de cette prédilection. Térence, selon lui, sent son gentilhomme. On a vu que Montaigne n'en voulait pas démordre, et qu'en disant Térence, il entendait Lélius et Scipion. Aussi ne se gêne-t-il pas pour taxer de *bestise et stupidité barbaresque* ceux qui avaient le mauvais goût de préférer Plaute à Térence. Le dix-septième siècle fut complétement, sur ce point, de l'avis de Montaigne. La brutalité et les bouffonneries de Plaute devaient naturellement déplaire, dans un temps où la forme était tout, et où on estimait les hommes à raison de la politesse des manières, bien plus que d'après la mesure de leur réelle valeur. Térence le gentilhomme était mieux l'affaire d'un tel monde. Il n'est pas jusqu'aux solitaires de Port-Royal qui ne se soient laissé séduire, eux si durs en général et pour le théâtre et pour les poëtes dramatiques. Bien des années avant Mme Dacier, Port-Royal imprimait la traduction de plusieurs comédies de Térence, *rendues très-honnestes*, disait le traducteur, *en y changeant fort peu de choses*. Rollin, un des derniers échos des doctrines littéraires de l'école janséniste, n'a pour Térence que tendresse et admiration Ce dangereux abandon de sentiments, cette aimable enveloppe donnée aux vices ne blessaient personne. C'est que le goût avec ses susceptibilités, comme dit très-bien Charles Labitte, dominait sur tout le reste, et s'accommodait à merveille de l'aménité de Térence, de ses vers enchanteurs, de sa réserve agréablement tempérée. Il semble, et c'est encore une remarque de notre ami, que chacun crût retrouver dans Térence ce sel divin que Ménandre, selon un ancien, avait tiré de la mer où naquit Vénus. Je n'ai pas besoin de rappeler l'opinion de Boileau, celle de Racine, celle de Mme de Sévigné, celle de tant d'autres. Mais je veux transcrire le passage où Bossuet, dans sa *Lettre* à Innocent XI sur les études du Dauphin, parle de Térence en termes si bien sentis, et avec une vivacité d'admiration que Diderot seul a depuis retrouvée : « On ne peut dire combien il s'est diverti agréablement et utilement dans Térence, et combien de vives images de la vie humaine lui ont passé devant les yeux en le lisant. Il a vu les trompeuses amorces de la volupté et des femmes; les aveugles emportements d'une jeunesse que la flatterie et les intrigues d'un valet ont engagée dans un pas difficile et glissant; qui ne sait que devenir, que l'amour tourmente, qui ne sort de peine que par une sorte de miracle, et qui ne trouve le repos qu'en retournant au devoir. Là, le prince remarquait les mœurs et le caractère de chaque âge et de chaque passion exprimé, par cet admirable ouvrier, avec tous les traits convenables à chaque personnage, avec des sentiments naturels, et enfin avec cette grâce et cette bienséance que demandent ces sortes d'ouvrages. Nous ne pardonnions pourtant rien à ce poëte si divertissant, et nous reprenions les endroits où il a écrit trop licencieusement. Mais en même temps nous nous étonnions que plusieurs de nos auteurs eussent écrit pour le théâtre avec beaucoup moins de retenue, et condamnions une façon d'écrire si déshonnête, comme pernicieuse aux bonnes mœurs. »

CHAPITRE IX.

POËTES COMIQUES CONTEMPORAINS DE TÉRENCE.

Fécondité dramatique du siècle de Térence. — Licinius ; Attilius ; Turpilius. — Trabéa. — Luscius. — Dossénus, etc. — Afranius. — Atta ; Titinius, etc. — Jugement sur la comédie latine.

Fécondité dramatique du siècle de Térence.

Le siècle où vivait Térence fut l'âge d'or du théâtre de Rome. Je veux dire seulement que le théâtre, chez les Romains, n'a jamais compté, à aucune époque, des poëtes plus fameux ni en plus grand nombre. C'est en ce temps-là que la tragédie fut réellement florissante ; c'est en ce temps-là que la comédie à toge rivalisa de succès avec la comédie à manteau, que l'atellane s'éleva à la dignité littéraire, que l'exode naquit de la sature. Le vrai génie a fait défaut, je le crains, à tous ces poëtes dramatiques, mais non pas le talent ; et plusieurs, à peine connus de nom aujourd'hui, étaient estimés jadis comme de grands écrivains, et partageaient la fortune de Névius, d'Ennius, de Plaute, de Cécilius, de Térence. Nous parlerons plus bas des deux tragiques Pacuvius et Attius. Nous allons consacrer quelques mots aux poëtes qui passaient pour avoir excellé dans la comédie.

Licinius; Attilius; Turpilius.

Il y en a deux, Licinius et Attilius, que Volcatius Sédigitus proclamait supérieurs à Térence. Ce témoignage est à peu près tout ce qui reste pour établir leur mérite et leur existence même. Turpilius, que le critique nomme après Térence, est un peu moins inconnu. On sait qu'il était l'ami du poëte africain, et qu'il mourut dans un âge très-avancé, vers l'an 100 avant notre ère. On a d'assez nombreux fragments de ses comédies. Presque tous les titres de ses pièces sont des mots grecs transcrits en lettres latines: il ne faut donc pas beaucoup forcer les conjectures pour avancer que l'auteur de l'*Épiclère*, du *Démiurge*, du *Thrasyléon*, etc., n'avait fait que des comédies à manteau, et que toute son originalité se bornait à de simples détails d'agencement, comme celle de Térence, ou à quelques traits sentencieux du genre de ceux de Cécilius. Je doute que Turpilius fût homme à oublier, comme fait souvent Plaute, que ce sont des Grecs qui parlent, ou qu'il sacrifiât autant que Cécilius au goût de la multitude. Je ne trouve pas dans ses vers une seule trace de bouffonnerie. J'y trouve, en revanche, telle pensée qui sent son Romain faisant de la morale : « Certes, plus on sait se contenter de peu, plus on mène une vie fortunée. Comme disent ces philosophes, tout peut être assez. » Le style de Turpilius, autant qu'il est permis d'en juger, ne manquait ni de grâce ni d'élégance, et ses personnages devisaient avec une vivacité et un naturel qui rappellent l'*Andrienne* et le *Phormion*. Voyez ce fragment de l'*Épiclère:* « Maître, où courez-vous, je vous prie, avant le jour, si brusquement, et avec un seul serviteur? — Stéphanion, je ne puis tenir chez moi. — Et pourquoi donc? — Les soucis, à leur ordinaire, emmènent loin de moi le sommeil, et me poussent dehors la nuit, quand tout fait silence. »

Trabéa.

Trabéa est nommé le huitième dans la liste de Volcatius Sédigitus. Il serait plus que difficile de dire ce qui avait valu à ce poëte l'honneur de figurer parmi les comiques célèbres. Un passage de Trabéa, cité dans les *Tusculanes*, nous permet de reconnaître que l'écrivain du moins avait de la verve et du style : « L'entremetteuse, charmée par l'argent, guettera le signal de ma volonté, de mon désir. En arrivant, je pousserai du doigt la porte ; les battants s'ouvriront. A mon apparition soudaine, Chrysis s'élancera d'un bond ; etc. » Le jeune homme, transporté hors de lui par l'espérance, s'écrie en finissant : « Mes bonheurs dépasseront le bonheur même. »

Luscius.

Le neuvième des poëtes comiques énumérés par Volcatius Sédigitus est ce vieux poëte malveillant qui eut si longtemps maille à partir avec Térence, Luscius de Lanuvium. Nous ne sommes guère accoutumés à nous représenter comme un homme de talent celui que Térence a si fort vilipendé dans ses prologues. Cependant Volcatius dit lui-même qu'il n'y a aucune raison de refuser un rang à Luscius parmi les comiques les plus distingués, et il lui donne la préférence sur Ennius. Dans le prologue de l'*Andrienne*, Térence se borne à se défendre contre les accusations passionnées de Luscius; mais, dans le prologue de l'*Eunuque*, il prend à son tour l'offensive : « C'est cet homme qui, traducteur exact et mauvais écrivain, a fait de méchantes pièces latines avec de bonnes comédies grecques ; c'est lui encore qui nous a gâté naguère le *Fantôme* de Ménandre ; c'est lui qui, dans le *Trésor*, a fait plaider le défendeur dont on conteste les droits sur la somme, avant que le demandeur expose comment cet or lui appartient à lui-même, et comment il est arrivé dans le tombeau de son père. » Dans le prologue de l'*Héautontimoruménos*, Térence n'est guère moins agressif. Dans celui des *Adelphes*, il ne désigne pas Luscius; dans celui de l'*Hécyre*, il ne songe qu'aux spectateurs, dont il redoute les huées ; mais le prologue du *Phormion* est presque tout entier à l'adresse de Luscius, et contient encore la critique d'une de ses comédies : « Depuis que le vieux poëte désespère de faire renoncer notre poëte à ses travaux, et de le réduire à se croiser les bras, il a pris le parti de le dégoûter d'écrire à force de le décrier. Il va répétant que tout ce que Térence a donné jusqu'ici au théâtre est pauvre de style et faible de diction. C'est qu'aussi jamais Térence n'a fait scène dans le goût de celle où un petit bonhomme, perdant le sens commun, se figure voir une biche lancée et une meute à ses trousses, et la bête pleurant, priant qu'on vienne à son aide. Que si notre ennemi se mettait dans la tête que sa pièce a réussi à la représentation bien moins par son fait que grâce au talent des acteurs, il rabattrait quelque peu de son intrépidité à attaquer comme il fait aujourd'hui. »

Je ne doute pas qu'il n'y eût infiniment à reprendre dans les œuvres de Luscius ; mais la haine est plus qu'ingénieuse, et l'on peut tenir hardiment que Luscius n'a pas été jugé par Térence.

Dossénus.

La liste de Volcatius est loin d'être complète, et plusieurs des poëtes qu'il ne nomme pas sont bien autrement fameux que Luscius ou Trabéa. Mais Volcatius écrivait vers le temps où florissait Térence, et c'est probablement quelques années plus tard que ces poëtes ont conquis leur renommée.

J'ai dit ailleurs à peu près tout ce qu'on sait des atellanes et des exodes. Les fragments qui restent de ces pièces ne peuvent donner aucune idée de leur caractère, et n'offrent même aucun intérêt, sinon aux yeux des grammairiens et des archéologues. Nous rappellerons, seulement pour mémoire, les noms des poëtes qui s'étaient surtout distingués comme auteurs d'atellanes ou d'exodes : Quintus Novius, Lucius Pomponius, Fabius Dossénus. Je dois dire toutefois qu'Horace juge très-sévèrement ce dernier : « Voyez Dossénus. Comme il abuse de ses dévorants parasites ! comme il arpente lourdement la scène de son brodequin mal lacé ! C'est qu'il ne voit que des écus à embourser : peu lui importe que sa pièce tombe ou se tienne ferme sur les talons[1]. »

---

[1]. Horace, *Épîtres*, livre II, épitre i, vers 173 et suivants.

Afranius.

On se rappelle que Névius avait essayé de créer une comédie vraiment romaine. Les successeurs de Névius n'imitèrent pas les exemples qu'il avait donnés. Il était plus facile de traduire ou d'arranger des comédies grecques que d'en composer d'originales. D'ailleurs, Plaute nous apprend que le public préférait à tout le reste les tableaux empruntés à la Grèce, les mœurs grecques, les costumes grecs. Pour plaire au souverain juge, il fallait mettre la scène non pas même en Grèce, mais en Attique, mais à Athènes ; et Plaute va jusqu'à s'excuser quelque part de ce que son sujet, grec pourtant, n'*atticise* pas, mais seulement *sicilise*. Plus tard, quelques-uns purent reprendre avec succès l'entreprise de Névius. Lucius Afranius passa, durant des siècles, pour le Ménandre de Rome. Il est probable que les comédies à toge écrites par Afranius n'avaient de réellement original que le cadre, le nom des personnages, le costume des acteurs. C'étaient des pièces grecques refondues, et adaptées aux mœurs romaines. La vive admiration d'Afranius pour Térence semble prouver que ce qu'il estimait surtout, dans la poésie dramatique, c'était la grâce et le naturel du dialogue et la perfection du style. On peut douter qu'Afranius se permît, dans ses comédies romaines, des plaisanteries vraiment romaines, de ces bouffonneries comme Plaute en lâchait sans cesse, et qui donnent aux comédies grecques du poëte de Sarsine cette forte senteur de terroir romain. Afranius, comme Térence, était particulièrement du goût des lettrés : néanmoins la multitude accueillait favorablement ses œuvres. Les fragments des comédies d'Afranius, sans nous renseigner en rien sur le caractère des compositions du poëte, nous apprennent du moins qu'il méritait sa réputation comme écrivain élégant, comme émule de Térence. Ces fragments sont nombreux, mais tous extrêmement courts, par conséquent d'un médiocre intérêt pour nous. Il y a pourtant tel mot heureux qui vaut la peine qu'on s'y arrête. Ainsi cette définition de la sagesse, qu'Afranius mettait dans la bouche de la Sagesse elle-même :

« Je suis fille de l'Expérience et du Souvenir. » Ainsi cette piquante réflexion sur le prix de la beauté : « La jeune fille est belle. C'est la moitié d'une dot, disent ceux qui en mariage ne s'inquiètent pas de dots. »

Quintilien nomme Afranius sur la même ligne que Plaute et Térence. Il reconnaît qu'Afranius a excellé dans la comédie à toge. Mais les paroles que Quintilien ajoute à cette louange donnent une bien triste idée et de la personne du poëte, et des goûts de ceux qui souffraient, qui peut-être encourageaient ses déportements : « Et plût au ciel qu'il n'eût point souillé ses pièces d'amours infâmes, confessant ainsi ses propres mœurs ! »

Atta ; Titinius, etc.

Quinctius Atta, qui n'est guère connu d'ailleurs, avait aussi eu de grands succès dans la comédie à toge. On ne l'égalait pas à Afranius, mais on admirait pourtant ses ouvrages. Il avait encore, au siècle d'Auguste, des amateurs passionnés. Horace était loin d'en être. Qui ne connaît ces vers, dont la signification du mot sabin Atta, *boiteux*, rend l'intention plus malicieuse qu'elle ne le semble au premier coup d'œil ? « Que je mette en doute si la pièce d'Atta marche droit ou non à travers les fleurs et le safran : Quelle effronterie ! vont s'écrier presque tous les vieux. Quoi ! dénigrer ce que jouèrent et le grave Ésopus et le docte Roscius ! A leur sens, il n'y a de bon que ce qui leur a plu. Peut-être aussi rougiraient-ils de se rendre à l'avis des jeunes, et de consentir à oublier, dans leur vieillesse, ce qu'ils ont appris n'ayant pas barbe au menton [1]. » Nous ne pouvons pas dire jusqu'à quel point les comédies d'Atta étaient dignes ou de l'estime de ceux qui les applaudissaient ou des mépris que leur prodigue Horace. Le témoignage du satirique n'est pas suffisant pour nous faire mettre en doute les qualités dont Atta fut doué peut-être. Les préventions d'Horace contre les anciens poëtes latins nous donnent le droit de suspecter son jugement de quelques excès de sévérité ; mais rien ne prouve que cette fois la sentence n'ait point porté juste.

---

[1]. Horace, *Épîtres*, livre II, épître I, vers 79 et suivants.

Titinius n'a point été critiqué par Horace, et il reste d'assez nombreux fragments de ses comédies. Cependant nous ne sommes guère plus avancés à son sujet. Il y aurait même quelque témérité à affirmer que Titinius fut un homme de talent. Les fragments de ses comédies sont tous fort courts, et en général d'une parfaite insignifiance. Je remarquerai seulement que Titinius semble s'être plu à mettre en scène des personnages empruntés aux classes populaires : paysans, foulons, joueuses de flûte, etc. Ses comédies, quelles que fussent sans doute leurs imperfections littéraires, devaient offrir des tableaux intéressants et animés, comme celles d'Atta ou d'Afranius. C'est la vie même des Romains qu'elles étaient censées reproduire : pour peu que l'image fût fidèle, ceux qui la contemplaient durent trouver dans ce spectacle profit et plaisir.

Jugement sur la comédie latine.

La destruction des ouvrages de ces poëtes comiques n'est peut-être pas une très-grande perte pour la littérature. Mais qui peut dire tout ce que les historiens y puiseraient de renseignements sur une foule d'usages plus ou moins mal connus, et combien leurs récits gagneraient à s'éclairer du commentaire vivant d'Afranius, ou même de Titinius et d'Atta? W. Schlegel, après avoir dit ce qu'aurait pu être une comédie vraiment romaine, ajoute un peu sévèrement, et même avec quelque légèreté : « Mais les écrivains anciens parlent de la *comœdia togata* avec trop d'indifférence, pour qu'on puisse supposer qu'elle méritât, sous aucun rapport, d'attirer l'attention. » La renommée d'Afranius proteste assez haut, je crois, contre l'assertion du savant critique. Horace lui-même ne dit-il pas que plusieurs ont conquis une juste gloire en s'éloignant des traces dramatiques des Grecs, et en faisant des tragédies et des comédies romaines, W. Schlegel s'appuie du jugement général de Quintilien sur la comédie latine : « C'est dans la comédie surtout que nous boitons. » Je ne conteste pas la justice de la condamnation portée par le rhéteur latin ; je dis seulement que cette condamnation a besoin d'être expliquée. Nous avons besoin de nous souvenir que Térence n'est qu'un traducteur ; que Plaute n'a d'original que son esprit ; qu'Afranius lui-même n'était pas aussi romain qu'il aurait pu l'être. La comédie latine pâlissait donc singulièrement, dès qu'on cessait de l'envisager en elle-même. Aulu-Gelle nous a retracé au vif l'impression de ses lectures comparatives. Au point de vue de ceux qui pouvaient lire Ménandre et Épicharme, Plaute et Cécilius n'étaient que des écoliers bégayants. Nul doute que Quintilien ne fût fondé à dire, en parlant de la comédie : « Nous en possédons à peine une ombre légère. » Mais cette ombre légère, c'est tout ce qui nous reste de ce qui fut une admirable réalité ; et l'on voit resplendir encore au travers quelques rayons de la beauté antique. Ceux qui les ont saisis et fixés dans leurs œuvres ont pu n'être pas doués du génie qui crée ; mais rien n'empêche de saluer en eux des artistes habiles, de grands écrivains, des hommes pleins d'esprit, des poëtes dignes de nos respects.

La comédie ne reparaîtra plus dans cette histoire. Les mimes, dont il sera question à propos de Labérius et de Syrus, mériteraient peut être le nom de comédies ; mais nous leur conserverons celui sous lequel ils sont connus. Dès le temps de César, il n'est plus question ni de comédie à manteau, ni même de comédie à toge. Si quelques poëtes essayèrent, jusque sous l'Empire, de marcher sur les traces de Plaute ou d'Afranius, ils échouèrent dans l'entreprise. Non-seulement leurs œuvres ont péri, mais la postérité n'a pas même daigné nous dire qui ils étaient, et pourquoi elle ne tenait pas compte de leur existence.

CHAPITRE X.

SATIRE; LUCILIUS.

La satire depuis Ennius. — Vie de Lucilius. — Ouvrages de Lucilius. — Horace et Lucilius. — Fragments des *Satires* de Lucilius. — Jugement sur Lucilius.

La satire depuis Ennius.

La satire, on s'en souvient, avait été, durant des siècles, toute la poésie romaine. Ennius l'éleva à la dignité littéraire. J'ai dit quel caractère Ennius avait imprimé à la satire, et de quelles formes il l'avait revêtue. Il semble qu'après Ennius, la satire ne pouvait manquer d'être très-florissante : les poëtes étaient nombreux, et nul autre genre n'était plus conforme aux aptitudes particulières du génie romain. C'est à peine pourtant s'il est question de la satire pendant les cinquante ans qui suivirent la mort d'Ennius. Pacuvius seul s'y essaya, dit-on, et avec un médiocre succès : son talent était fait pour d'autres triomphes. Un phénomène analogue se produisit après la mort de Lucilius. Entre la mort de Lucilius et les débuts d'Horace, il n'y a pas moins de cinquante ans entiers; et l'on chercherait inutilement un nom de satirique durant toute cette période. Horace nous dit que Varron de l'Atax avait tenté fortune sur les traces de Lucilius, et qu'il avait travaillé en vain. Les satires de l'autre Varron, ces *Ménippées* si fameuses, n'avaient presque rien de commun avec les poëmes de Lucilius ou ceux d'Horace : les Latins n'ont jamais compté parmi les satiriques le savant et vénérable ami Cicéron; et il y aurait abus de mots à l'y mettre, en dépit de la diversité des choses. Quoi qu'il en soit, les intermédiaires sont comme s'ils n'avaient jamais été, et l'héritage nous apparaît immédiat et direct, d'Ennius à Lucilius, de Lucilius à Horace. Il est probable que Pacuvius, neveu et disciple d'Ennius, avait tenu à honneur de rester scrupuleusement fidèle aux exemples d'un maître et d'un oncle ; qu'il n'avait rien innové, ni au fond, ni dans la forme, et que Lucilius ne lui dut rien, ou ne lui dut que peu de chose. La satire, telle qu'Ennius l'avait imaginée, pourrait se définir un discours de morale, en vers de ton et de mesures variables. Telle elle fut sans doute aux mains de Pacuvius, telle nous la retrouvons chez Lucilius. Mais Lucilius ne s'est astreint ni à la versification de ses devanciers, ni à la réserve timide de leurs personnalités, ni à la décence un peu gourmée de leur style. Lucilius a créé une espèce, sinon inventé le genre : la satire de Lucilius n'est plus celle d'Ennius en même temps qu'elle l'est encore ; je veux dire qu'on y sent la tradition ancienne, mais modifiée, mais transformée par de hardies innovations.

Vie de Lucilius.

Caïus Lucilius naquit à Suessa Aurunca, petite ville du nouveau Latium, en l'an 148 avant notre ère. Sa famille appartenait à l'ordre équestre. On dit qu'elle était riche et puissante, et alliée de près de celle d'où sortit le grand Pompée. Dès l'âge de quatorze ans, Lucilius faisait une campagne militaire, puisqu'il était au siége de Numance, parmi les chevaliers qui avaient suivi Scipion Émilien. Scipion lui témoigna alors et depuis une affection singulière. Il est vrai que Lucilius ne put pas jouir bien longtemps des charmes et des avantages d'une si noble amitié. Mais Lélius survécut à Scipion, et fut jusqu'au bout, pour Lucilius, un protecteur dévoué, un conseiller, un guide. C'est Lélius qui soutint Lucilius à ses débuts, et qui l'aida à triompher des haines que lui valait sa franchise. Lucilius eut pour amis presque tous les hommes de quelque renom. Un de ceux qui durent avoir le plus d'influence sur la tournure de son caractère et de ses idées, ce fut l'austère et savant Rutilius Rufus, grand jurisconsulte, homme excellent, nourri de saine littérature et de doctrines stoïciennes. Il n'y avait pas de juge dont Lucilius redoutât davantage les arrêts sur ses écrits.

On croit que Lucilius augmenta sa fortune dans la ferme des impôts, et qu'il fut publicain en Asie. Ses biens, héréditaires ou acquis, étaient très-considérables, domaines, troupeaux, esclaves. Sa maison, à Rome, était celle qui avait été bâtie autrefois pour Antiochus Épiphane, otage des Romains. En l'an 103, Lucilius vivait à Naples, ou plutôt il y mourait. On soupçonne que des souffrances corporelles l'avaient décidé à se transporter sous un ciel plus doux. Après cette époque, il n'est plus question de Lucilius. Je dois dire que quelques-uns prétendent tirer, des paroles mêmes du poëte, la preuve qu'il a vécu douze années de plus qu'on ne l'admet d'ordinaire, et qu'il est mort non pas à quarante-six ans, mais à cinquante-huit ans. D'autres vont plus loin encore. Horace donne à Lucilius la qualification de *vieillard* (*senex*) : ils en concluent que Lucilius a vécu plus de cinquante-huit ans ; que probablement il est né plus tôt qu'on ne le dit, et qu'au siége de Numance il devait avoir plus de quatorze ans. Ce n'est pas ici le lieu de discuter ces opinions, plus ou moins vraisemblables et plausibles.

Ouvrages de Lucilius.

L'œuvre capitale de Lucilius, c'était le recueil de ses satires. Ce recueil dépassait de beaucoup, en étendue, ceux des satiriques anciens les plus féconds. Il n'avait pas moins de trente livres. A supposer que quelques-uns de ces livres ne se composassent que d'un petit nombre de morceaux, et que telle satire formât à elle seule un livre entier, c'est encore cent satires et plus que Lucilius avait écrites. Nous savons, par des témoignages certains, que les vers ne lui coûtaient guère, et qu'il ne se piquait pas de faire difficilement des vers faciles. Les fragments de ses satires sont très-nombreux, il y en a même d'assez longs ; on sait même, en général, de quel livre du recueil chacun d'eux est tiré. On est pourtant réduit à des conjectures, quant à l'économie générale du recueil. Il paraît seulement qu'il y avait un ordre de matières. Les fragments du premier livre, par exemple, semblent annoncer que ce livre était consacré à des satires religieuses. Il ne s'agit, dans les fragments du neuvième livre, que de controverses littéraires ou grammaticales. Mais il nous suffit de remarquer que la juxtaposition des poëmes n'était ni l'effet d'un pur caprice, ni celui du hasard chronologique de la composition.

Lucilius s'était essayé dans d'autres genres encore, notamment dans la poésie lyrique. Mais qu'était-ce que ces hymnes et ces épodes qu'on lui attribue ? il ne serait pas aisé de le dire. Nous n'en possédons rien ; et il faut bien que ces poëmes n'aient rien eu de bien remarquable, puisque Lucilius n'a jamais été compté au nombre des lyriques latins. Quelques-uns veulent que les fragments ïambiques qui figurent parmi les vers de Lucilius soient des débris de comédies. Cette opinion n'est pas insoutenable, encore que ces ïambes aient bien pu être tirés de certaines satires, de celles où le poëte s'était borné à suivre les exemples d'Ennius. On a enfin quelque raison de croire que Lucilius avait écrit un ouvrage historique sur la vie de Scipion Émilien.

Lucilius est le premier Romain de condition noble qui ait consacré sa vie au métier de poëte et d'homme de lettres. La littérature proprement dite n'avait connu jusqu'alors que des affranchis, des plébéiens ou des étrangers : avec Lucilius, elle recevait, comme s'exprime un critique, ses titres de noblesse. Cette circonstance ajoute un intérêt de plus au nom de Lucilius. Il est assez curieux de voir quelle sorte de conquêtes a tentées, dans les domaines de l'art, un homme né en haut lieu, riche, estimé, influent, appuyé sur des amitiés illustres.

Horace et Lucilius.

Voici le premier jugement porté par Horace sur le satirique son devancier : « Eupolis, Cratinus et Aristophane, et tous les autres poëtes de l'ancienne Comédie, rencontraient-ils quelque caractère digne d'être dessiné, un méchant, un voleur, un impudique, un coupe-jarret ou tout autre vaurien, ils ne se gênaient pas pour le signaler à tous. C'est là aussi tout le fait de Lucilius, leur imitateur, sauf le changement du vers et de la cadence. Lucilius est plaisant, malin, versificateur peu scrupuleux, car c'était là son défaut : souvent, en une heure, et au pied levé, il dictait deux cents vers, pensant faire un bel exploit. Il roulait des eaux bour-

beuses, mais où il y avait du bon à prendre. Bavard d'ailleurs, peu soucieux du travail d'écrire ; j'entends de bien écrire ; car, d'écrire beaucoup, je n'en tiens nul compte [1]. »
Il paraît que plusieurs s'étaient scandalisés du peu de respect avec lequel Horace avait parlé des vers de Lucilius. Horace sentit le besoin de justifier ses attaques, ou au moins de les expliquer ; et il fit une satire tout exprès dans ce dessein [2]. Ce n'est pas, certes, un panégyrique de Lucilius ; mais les détails où entre le critique jettent de vives lumières sur plus d'un point qu'il nous importe de connaître. Je transcrirai donc les principaux traits de la diatribe d'Horace :

« Oui, j'ai dit que les vers de Lucilius couraient d'un pied mal cadencé. Qui est assez aveuglément fauteur de Lucilius, pour ne pas convenir de cela ? Mais comme ce poëte a jeté sur Rome le sel à pleines mains, j'ai fait son éloge dans le même écrit. Je lui accorde un point, mais non pas tous les autres ; car alors il me faudrait admirer comme de beaux poëmes les mimes de Labérius. Donc, ce n'est point assez de faire épanouir le rire sur les lèvres de l'auditeur ; non pourtant que la chose n'ait aussi son mérite : il est besoin de brièveté, pour que la pensée coure, pour qu'elle ne s'entortille pas dans des mots qui surchargent l'oreille fatiguée ; il est besoin d'un style quelquefois sévère, souvent badin. Que l'écrivain se montre tour à tour orateur et poëte, de temps en temps homme du monde, ménageant les ressources de son esprit, sachant à propos en affaiblir l'éclat. Presque toujours la plaisanterie tranche les grandes questions avec plus de vigueur que la véhémence et avec plus d'efficacité. C'était là précisément le caractère des poëtes de l'ancienne Comédie ; et c'est par là qu'ils doivent être nos modèles.

« Mais Lucilius a fait une grande chose, en mêlant des mots grecs aux mots latins. — O savants arriérés ! croyez-vous donc chose difficile et merveilleuse ce qui a réussi au

---

[1]. Horace, Satires, livre I, satire iv, vers 1 et suivants.
[2]. C'est la dixième et dernière du premier livre.

Rhodien Pitholéon ? — Mais un style où se marient les deux langues a plus de douceur, comme serait le vin de Chios mêlé au vin de Falerne. — Quoi ! dans des vers ? je vous le demande à vous-même ; ou bien quand vous avez à soutenir en justice la cause pénible de l'accusé Pétilius ? Ainsi donc, lorsque Pédius Publicola et Corvinus plaident avec le plus de chaleur, vous aimeriez mieux qu'oubliant et la patrie et Latinus notre père, ils entremêlassent les mots héréditaires de mots empruntés au dehors, comme font les Canusiens bilingues ?...

« La satire, essayée et manquée par Varron de l'Atax et par quelques autres, voilà le genre où je pouvais le mieux réussir. Mais l'inventeur reste au-dessus de moi ; et je n'oserais arracher la couronne glorieusement fixée sur sa tête. Mais j'ai dit que c'était un fleuve un peu trouble, roulant quelquefois dans ses eaux moins de limon que de paillettes précieuses. Allons, dites-moi, votre délicatesse ne blâme-t-elle rien dans le grand Homère ? Ce bon Lucilius ne change-t-il rien chez le tragique Attius ? Ne se moque-t-il pas des vers informes d'Ennius ; et, quand il parle de lui-même, n'est-ce pas comme d'un homme supérieur à ceux qu'il critique ? Qui nous empêche, nous aussi, quand nous lisons les écrits de Lucilius, d'examiner si c'est à la nature du poëte ou à celle des sujets qu'il faut s'en prendre de ces vers mal tournés et sans harmonie, comme en ferait un homme satisfait d'avoir rempli la mesure des six pieds, et qui tiendrait à fabriquer ses deux cents hexamètres avant dîner et autant après ?...

« Lucilius, je le veux bien, était homme d'esprit, et d'un esprit aimable ; il est plus châtié que ce poëte sans art qui essaya le premier un genre qu'ignoraient les Grecs ; il l'est plus que toute la foule de nos vieux poëtes. Mais si le destin l'eût fait vivre dans notre siècle, il retrancherait beaucoup à ses œuvres ; il couperait tout ce qui traîne hors de la perfection ; il ne ferait pas ses vers sans se gratter souvent la tête et sans se ronger les ongles au vif. »

Si Horace s'en était tenu à ces termes, il faudrait presque l'accuser de haine et d'envie contre un poëte mort depuis longtemps, mais dont la vivante renommée l'importunait et était un obstacle à son ambition littéraire. Satire et Lucilius, pour les Romains c'était tout un : il était difficile, j'en conviens, à un satirique et à un homme qui sentait son génie, de ne pas s'impatienter au nom de Lucilius, et de porter sur les œuvres de Lucilius un jugement équitable. Horace pourtant a eu le courage de le faire une fois. Dans son dialogue avec Trébatius, il parle dignement de son devancier. La haute idée qu'il donne du caractère de Lucilius, et la modestie de bon goût avec laquelle il proclame la supériorité du vieux poëte, compensent, et au delà, ce qu'il y a peut-être de malveillant et d'exagéré dans les critiques que j'ai rappelées : « Mon plaisir, c'est d'enfermer les mots dans la mesure du vers, à la façon de Lucilius, qui valait mieux que toi et moi. Lucilius jadis confiait ses secrets à ses livres comme à des amis fidèles : dans la mauvaise fortune, c'est toujours là qu'il cherchait ses confidents, et dans la bonne de même. Aussi la vie du vieillard s'y étale-t-elle tout entière, comme dessinée sur un tableau votif.... Quoi donc ! lorsque Lucilius le premier osa composer des poëmes satiriques, et arracher le masque brillant sous lequel l'hypocrite voilait dans le monde son visage hideux, est-ce que Lélius, et le héros qui gagna son surnom par la ruine de Carthage, furent offensés des traits de son génie ? Plaignirent-ils Métellus blessé, ou Lupus flagellé de vers sanglants ? Or, Lucilius attaqua indistinctement et les grands et les hommes de la classe populaire : il n'eut d'égards que pour la vertu et pour les amis de la vertu. Ce n'est pas tout. Quand, loin du vulgaire et de la scène du monde, la vertu de Scipion et la douce sagesse de Lélius s'étaient réfugiées à la campagne, on voyait ces deux hommes, mettant de côté toute morgue, jouer et s'amuser avec lui comme des enfants, en attendant que le plat de légumes fût cuit. Si chétif que je sois, et bien qu'inférieur à Lucilius par la fortune et par l'esprit, toutefois l'envie ne pourra jamais contester que j'aie vécu avec des grands ; et sa dent se brisera sur le marbre, si elle essaye de m'entamer [1]. » On a dit spirituellement qu'Horace

---

1. Horace, *Satires*, livre I, satire I, vers 29 et suivants.

traitait Lucilius comme Boileau traite ses devanciers du seizième siècle. Je ne sache pas que Boileau ait jamais fait de Regnier même un éloge aussi vif et aussi bien senti. Disons pourtant que Boileau ne critique jamais Regnier avec cette amertume qu'Horace a par deux fois répandue sur Lucilius.

Le dernier jugement d'Horace est le vrai. C'est celui auquel se sont tenus les Romains; c'est celui que confirme encore aujourd'hui l'examen des débris de la poésie de Lucilius. Quintilien a marqué, avec beaucoup de fermeté et de modération, la voie juste à suivre pour aboutir à une appréciation équitable : « Lucilius, dit-il, a le premier acquis dans la satire une gloire éclatante. Encore maintenant il a des amateurs si passionnés, qu'ils n'hésitent pas à le préférer non-seulement aux autres satiriques, mais à tous les poëtes. Pour moi, je partage aussi peu leur avis que celui d'Horace, qui prétend que Lucilius est un courant bourbeux, où l'on trouve de quoi prendre. Car il y a en lui des connaissances merveilleuses, et ce franc parler qui donne à ses vers du mordant et beaucoup de sel [1]. »

Fragments des satires de Lucilius.

Lucilius est un Romain du vieux temps, un admirateur des anciennes vertus et des anciennes mœurs. L'enthousiasme du bien, voilà la source ordinaire de ses inspirations. Il s'élève à l'éloquence, non pas seulement quand il flétrit le mal, mais encore, mais surtout quand il trace aux hommes le tableau de leurs devoirs ; quand il les rappelle à la dignité de leur nature ; quand il célèbre l'antique simplicité des premiers siècles de Rome. Jamais le stoïcisme lui-même n'a parlé un plus beau langage que ne fait Lucilius dans ce morceau sur la vertu : « La vertu, Albinus, c'est de pouvoir apprécier à leur véritable valeur les choses qui nous entourent et au sein desquelles nous vivons. La vertu, pour l'homme, c'est de savoir ce que chaque chose est en elle-même. La vertu, pour l'homme, c'est de discerner ce qui

---

[1] Quintilien, *Institution oratoire*, livre X, chapitre I.

est droit, utile, ce qui est honnête, quel est le bien, quel est aussi le mal, ce qui est inutile, honteux, déshonnête; la vertu, c'est de connaître la borne et la mesure du besoin d'acquérir; la vertu, c'est de pouvoir peser les richesses à leur prix; la vertu, c'est d'accorder ce qui est réellement dû aux honneurs; c'est d'être l'adversaire public et l'ennemi privé des hommes méchants et des mauvaises mœurs; d'être le défenseur, au contraire, de ce qui est bon, hommes ou mœurs; de glorifier les gens de bien, de leur être tout dévoué, de vivre leur ami; enfin, c'est de mettre au premier rang dans notre cœur les avantages de la patrie, au second ceux de nos parents, au troisième et dernier les nôtres. » Certes, la poésie de Lucilius pouvait avoir de grands défauts; mais de tels vers en rachèteraient presque d'impardonnables. Je ne suis pas surpris que Lucilius n'ait jamais perdu ses admirateurs, s'il s'exprimait souvent avec cette majesté et cette énergie. Les grandes vérités n'ont pas toujours eu, à Rome, des interprètes ausi élevés et aussi dignes. Au temps de Lucilius, c'était chose à peu près nouvelle. Scipion et Lélius nourris, comme Lucilius, aux nobles doctrines, auraient parlé ainsi peut-être : le vieux Caton lui-même n'eût pas trouvé ces pensées. Caton savait s'indigner, et nous en avons vu quelque chose; mais il ne sortait guère de la région des intérêts pratiques et des affaires de la vie. Ce que Caton eût trouvé, ce qu'il eût peint, ainsi que Lucilius, des plus vives couleurs, ce sont des tableaux du genre de celui où Lucilius décrit l'abjection des mœurs politiques de ses contemporains : « Maintenant, du matin à la nuit, qu'il soit fête ou non, tout le jour en un mot et tous les jours, peuple et patriciens se démènent tous dans le Forum, et ils n'en bougent. Tous sont appliqués à une seule et même étude, à un art unique : c'est d'abuser par de feintes paroles, de lutter par la ruse, de rivaliser de flatterie, d'afficher des airs d'hommes de bien, de tendre des piéges, comme si tous étaient les ennemis de tous. » Voici du Caton encore; c'est quand Lucilius oppose les souvenirs de l'antique frugalité aux profusions scandaleuses des festins de son temps : « Oseille! que de louanges sont dues à celui qui te connaît encore ! C'est à ce sujet que Lélius, ce sage, avait coutume de pousser les hauts cris, et d'apostropher à leur tour chacun de nos goinfres : « O Publius Gallonius ! « s'écriait-il ; ô gouffre ! tu es un être bien misérable ! De « ta vie tu n'as soupé une fois en honnête homme, quoique « tu manges tout ton bien pour une squille ou pour un « gros esturgeon. » Le goinfre Gallonius demeura le type de son espèce, grâce aux vers du poëte, comme le joueur Galet de Regnier, comme le fripon Rolet de Boileau, comme toutes les figures un peu caractérisées qui ont eu le malheur d'attirer sur elles l'attention du génie. Caton eût stigmatisé avec énergie les prodigalités de Gallonius ; mais je ne sais si ses principes sur l'économie et l'épargne lui eussent permis de bien railler le vieux ladre dont se moque ailleurs Lucilius : « Il n'a ni bête de somme, ni esclave, ni compagnon aucun ; il porte avec lui sa bourse et tout ce qu'il a d'argent ; avec sa bourse il dîne, dort, se baigne : toute la sollicitude du personnage est dans sa bourse ; à sa bourse est enchaînée son existence entière. » Je ne sais pas non plus si Caton eût approuvé l'énergique et admirable comparaison par laquelle Lucilius cherchait à montrer le ridicule de certaines superstitions populaires : « Les lamies terrestres qu'ont imaginées les Faunes et les Numa Pompilius, voilà ce qui le fait trembler, ce qui est tout à ses yeux. Comme les petits enfants croient que toutes les statues de bronze vivent et sont des hommes, ainsi ces gens-là prennent toutes les chimères pour les réalités, et mettent une âme dans des simulacres de bronze. Galerie de peintres, rien de vrai, chimère partout! » Caton eût condamné, à coup sûr, la liberté avec laquelle Lucilius parlait des dieux. Je n'en dirai pas autant du passage où Lucilius nous montre Scévola raillant Titus Albutius, un de ces grécomanes qui étaient particulièrement odieux à Caton. Nul doute que Caton n'eût applaudi à ce salut ironique, mêlé de grec et de latin, et qu'Albutius ne pardonna jamais à Mutius Scévola : « Tu as mieux aimé, Albutius, te faire appeler Grec que de rester Romain et Sabin, concitoyen de Pontius, de Titius, d'Annius, de ces centurions, de ces hommes illustres, les premiers de tous et nos porte-étendards. Au gré donc de tes préférences, moi préteur de Rome dans Athènes, c'est en grec que je te salue quand tu m'abordes. Χαῖρε, dis-je, Titus ! Les licteurs et tous mes cavaliers, et les gens de ma suite : Χαῖρε, Titus ! De là vient qu'Albutius est l'ennemi public de Mutius et son ennemi privé. » Il faut convenir que, si Lucilius avait toujours placé les mots grecs dans ses vers latins avec le même bonheur, nous serions bien forcés, en dépit des anathèmes d'Horace, de dire, nous aussi, que ce n'était pas là petite chose.

Charles Labitte a tiré des fragments de Lucilius, habilement rapprochés, ingénieusement commentés, toute l'histoire du poëte, et une histoire instructive et divertissante. C'est à ces pages si vives et si pleines que je renvoie les lecteurs curieux de connaître les querelles de Lucilius, ses opinions particulières sur certains sujets, ses divertissements, ses voyages, ses amours, tout ce qu'on sait, tout ce qu'on devine, tout ce qu'il est permis ou d'affirmer ou de conjecturer sur ses écrits et sa personne. Il nous suffisait de transcrire les morceaux les plus caractéristiques. Nous avons fourni, je crois, notre tâche. Pourtant je ferais tort à Lucilius, si je ne mettais pas ici l'épitaphe qu'il fit pour un de ses serviteurs : « Un esclave qui ne fut point infidèle à son maître, qui jamais ne fit de mal à personne, le soutien de Lucilius, Métrophanès est enfermé ici. » Martial cite le second vers du distique, et ce n'est pas pour le donner comme modèle. Il se moque de la facture de ce pentamètre ; et en effet, les syllabes en sont un peu rudes et cahotantes. Lucilius, sans doute, selon le mot de Charles Labitte, a su quelquefois mettre plus de mélodie dans ses vers, mais il n'y a jamais mis plus de sensibilité. Je n'ai pas besoin de remarquer que le distique élégiaque sur Métrophanès ne faisait point partie du recueil des satires.

Les satires de Lucilius étaient écrites, pour la plupart, en vers hexamètres. L'application du mètre héroïque à un genre si familier fut un trait d'audace ; mais cette audace fut heureuse. L'exemple de Lucilius prouva qu'en latin même, l'instrument dont Ennius n'avait tiré que des sons éclatants pouvait prendre tous les tons, et se prêter, comme en grec, aux mouvements les plus opposés de la pensée. Je ne dis pas que Lucilius ait toujours excellé à faire concorder ensemble et les caprices de son humeur et l'harmonie de ses vers ; je dis seulement que sa poésie fait pressentir, dans le lointain, celle d'Horace, comme la poésie d'Ennius annonce à l'avance celle de Lucrèce et même celle de Virgile.

Il serait téméraire peut-être d'affirmer que chacune des satires de Lucilius fût écrite d'un bout à l'autre dans un rhythme uniforme, que jamais le poëte ne se fût autorisé des vieilles libertés de la sature. Mais ce que les fragments des derniers livres du recueil démontrent avec la dernière évidence, c'est que Lucilius n'avait pas composé toutes ses satires en vers héroïques. Je trouve même, dans les fragments du vingt-septième livre, des vers de formes assez rares, des vers trochaïques trimètres catalectiques, des vers ïambiques tétramètres complets. Dans un autre livre, il y a des vers ïambiques sénaires. Il est possible que les satires en vers ïambiques ou trochaïques, ou même, si l'on veut, les satires trochaïco-ïambiques, aient été les premiers essais du poëte, quand Lucilius suivait encore les traces littéraires de ses deux devanciers ; mais il n'est pas impossible non plus que, même après avoir innové, même après avoir reconnu les admirables propriétés du vers héroïque, Lucilius soit revenu de temps en temps aux anciens usages, ne fût-ce que pour ne pas laisser périmer les droits de l'ïambe et du trochée à l'estime des lecteurs romains.

Jugement sur Lucilius.

Il faut bien le dire, tout n'est pas or dans ce que les anciens ont puisé à ce courant bourbeux dont parle Horace. Il y a même encore un peu de bourbe, jusque sur les paillettes les plus riches. Lucilius, qui raillait sans pitié les défauts du style d'autrui, n'est pas toujours exempt des négligences ou des affectations sur quoi il aimait à égayer sa verve. Ses allitérations, pour être moins puériles que d'autres, n'en sont pas moins des allitérations ; ses diminutifs, pour être moins prétentieux qu'ils n'eussent pu l'être, n'en sont pas moins des diminutifs. Lucilius ne place pas toujours les mots là où ils serviraient le mieux à bien éclairer la pensée ; ses tours de phrase sont souvent obscurs et forcés. Le salut même de Scévola est une phrase mal construite, sinon grammaticalement, du moins aux yeux d'un goût délicat et sévère. Quant à la marqueterie grecque de certains passages, c'est trop souvent un pur jeu de fantaisie, que rien n'excuse, et il y a tel vers bilingue de Lucilius que je n'hésite point à qualifier de production détestable. L'esprit du poëte manque beaucoup trop de cette grâce et de cet enjouement faute de quoi la satire, même passionnée, même éloquente, devient promptement fatigue et ennui. Enfin, Lucilius versificateur a un peu trop mérité les reproches que lui font Horace et Martial : ses hexamètres n'ont pas même l'harmonie de ceux d'Ennius, et l'on dirait quelquefois que Lucilius s'est précisément donné pour tâche de mettre l'oreille au supplice.

Malgré tout, c'est une perte singulièrement regrettable que celle des satires de Lucilius, ne fût-ce que dans l'intérêt des études historiques. Peut-on douter qu'il ne sortît, de l'examen du recueil, un piquant tableau des mœurs romaines et de la société à la fin du deuxième siècle avant notre ère ? un tableau plus vrai, plus complet surtout, que ceux qu'ont essayé d'imaginer les historiens ? Mais ce ne sont pas seulement des renseignements historiques qu'on y pourrait puiser : j'en ai la preuve dans les fragments mêmes, où la littérature trouve déjà tant à louer, où nous avons tant pris, où nous pourrions glaner encore.

Charles Labitte résume très-heureusement, en quelques lignes, et les mérites et les défauts littéraires de Lucilius. Cette page, à la fois solide et ingénieuse, terminera agréablement notre chapitre : « Je conviens, dit-il, que Lucile a bien des vices de détail. On peut lui reprocher, avec l'auteur de la *Rhétorique à Hérennius*, certaines transpositions prétentieuses de mots, et aussi l'emploi affecté des diminutifs, le désordre inculte du langage, sa diffusion négligée. La pureté lumineuse de la diction, l'art dans le choix des termes, l'aménité du rhythme, la simplicité ornée, ce que

Pétrone a si bien défini d'un mot, *Horatii curiosa felicitas,* toutes les qualités enfin des époques calmes et consommées lui manquent. Il n'échappe pas au goût peu sûr de son moment. La langue, il la prend de toute main ; et on dirait volontiers de lui, à la façon de Montaigne : *Si le latin n'y suffit, que le grec y aille, et l'osque en plus, sans compter l'étrusque.* La langue latine, qui ne s'était encore montrée dans sa fleur de politesse que pour Térence, semble continuer, dans l'œuvre de Lucile, son travail intérieur d'épuration : non-seulement on a l'or, on a en sus et pêle-mêle les scories. En revanche, si Lucile, comme Regnier, est de ceux qui ne savent point employer des heures *à regratter un mot douteux au jugement,* il a deux qualités qui suffisent à constituer un grand écrivain, je veux dire l'inspiration et la verve. On passe volontiers à sa muse ce ton de libre conversation, ces détails anecdotiques, ces comparaisons familières, ces tours proverbiaux, ces façons de dire populaires ; car je ne sais quelle empreinte vigoureuse, je ne sais quelle saveur forte et saine suffisent pour donner à ces fragments un caractère tout à part. La vieille souche romaine se montre là, rugueuse, verte, pleine de séve. Il y a, chez Lucile, d'incontestables allures de génie. »

CHAPITRE XI.

TRAGÉDIE ; PACUVIUS ET ATTIUS.

Du peu de goût des Romains pour la tragédie. — Pacuvius. — Tragédies de Pacuvius. — Style de Pacuvius. — Attius. — Le *Brutus.* — Autres tragédies d'Attius. — Autres ouvrages d'Attius. — Décadence de la tragédie.

Du peu de goût des Romains pour la tragédie.

Nous n'avons pu dire, jusqu'à présent, que fort peu de chose de la tragédie latine. Trois poëtes seulement, Livius

Andronicus, Névius et Ennius, ont tenté la fortune dramatique sur les traces d'Eschyle, de Sophocle et d'Euripide, durant ces cent années qui donnèrent à Rome tant de comiques distingués, entre autres Plaute et Térence. Il n'est peut-être pas fort difficile de se rendre compte de cette différence entre les destinées de la tragédie et celle de la comédie.

Une figure grotesque ou un bon mot ne sont pas choses qu'on ait besoin de voir ou d'entendre deux fois pour s'en faire idée, et pour éprouver quelque plaisir si le mot est risible ou le personnage ridicule. Tous les rangs du théâtre romain, depuis l'orchestre jusqu'aux dernières galeries, depuis les sénateurs et les chevaliers jusqu'au petit peuple et aux esclaves, saisissaient de prime abord les intentions vraiment comiques. On pouvait très-bien se passer d'être savant, ou de faire aucun effort d'intelligence et de mémoire, pour rire à l'aspect des tourments du vieux Euclion; pour goûter les bouffonneries de Charançon, de Sosie ou de Chalin; pour se pâmer d'aise aux fanfaronnades de Pyrgopolynice, de Stratophane ou de Thérapontigone Platagidore. Pour que je pleure sur les infortunes d'Œdipe, il faut que je sache qu'il y a eu un Œdipe, et que je connaisse au moins les principaux traits de sa légende. Les légendes héroïques et mythologiques qui berçaient les petits enfants de la Grèce, et que le plus humble citoyen d'Athènes étudiait dans les écoles en apprenant les vers des vieux poëtes, étaient lettres closes, ou peu s'en faut, au vulgaire des spectateurs romains. Ce n'est qu'au bout d'assez longues années, quand leur éducation poétique se fut faite suffisamment, qu'ils purent trouver plaisir au noble spectacle de la lutte des antiques héros contre le malheur et la fatalité. Si quelques esprits d'élite, si quelques hommes nourris aux études grecques, n'avaient excité et soutenu le courage des premiers tragiques romains, il est douteux que ces poëtes eussent essayé d'initier leurs grossiers contemporains aux délicates jouissances de la terreur et de la piété dramatiques. En tout cas, ce n'est point à Rome qu'un poëte comique eût été en droit de dire, comme faisait Antiphane à Athènes, que la tragédie a, sur la comédie, ce précieux avantage, que le titre suffit déjà pour commander l'attention, et que, nommer seulement Œdipe, c'est réveiller mille souvenirs dans les âmes, son père, sa mère, ses enfants, ses forfaits, ses malheurs. Sans doute les poëtes romains auraient pu se mettre dans des conditions analogues à celles où s'étaient trouvés les poëtes grecs : ils n'avaient qu'à prendre pour sujets de tragédies quelques-unes des légendes nationales. Nommer seulement Lucrèce, ou Virginie, ou Régulus, n'est-ce pas rappeler de poignants et héroïques souvenirs, et qui n'étaient pas moins populaires à Rome que ne l'étaient en Grèce ceux de la famille de Tantale ou de la famille des Labdacides ? Mais nul n'osa, jusqu'à Attius, déserter à ce point les errements de la Grèce. C'est la tragédie grecque que Livius avait traduite en vers saturniens; c'est la tragédie grecque que Névius avait revêtue de formes plus savantes et plus dignes d'elle; c'est la tragédie grecque qu'Ennius avait interprétée, et avec les scrupules d'un traducteur, bien plus qu'en émule ou même en libre imitateur d'Euripide et des autres tragiques d'Athènes.

Non seulement le peuple de Rome eut besoin d'une longue éducation pour arriver à comprendre et à supporter la tragédie, mais il ne fit jamais que la supporter; et l'on peut dire que les succès des poëtes tragiques latins, même leurs plus grands succès, ne furent que des succès d'estime, si l'on songe aux ovations bruyantes et universelles qui accueillaient les œuvres de certains poëtes comiques. Il n'y eut, même aux temps les plus florissants de la civilisation romaine, qu'un nombre fort limité d'hommes suffisamment lettrés pour se passionner en présence des tableaux de la tragédie, et pour savourer dignement ces vifs plaisirs qui transportaient les Grecs. Un grand obstacle, un obstacle invincible s'opposa toujours à l'achèvement de l'éducation dramatique des Romains. Je veux parler des combats du cirque. Les Romains voyaient, dans le cirque, des bêtes sauvages s'entre-déchirer, des hommes lutter contre des lions ou des tigres, des hommes égorger d'autres hommes. Il y avait là des hurlements, des gémissements, du sang coulant à flots, des râlements d'agonie, des membres pantelants, des morts véritables. La vue des douleurs morales devait sembler un peu fade à ceux qui venaient de s'enivrer du spectacle des tortures physiques ; et qu'était-ce que des victimes dramatiques simulant la mort sous un faux poignard ou sous un semblant d'épée, au prix de ces autres victimes qui tombaient réellement, percées par le glaive, déchirées par des dents, par des ongles impitoyables ? Ajoutez que Rome devenait comme la sentine de l'univers, et que le véritable peuple urbain était peu à peu remplacé par une tourbe immonde, qui n'avait de romain que le nom ; et vous comprendrez quels goûts portaient au théâtre presque tous ceux qui n'étaient ni sénateurs ni chevaliers. Térence nous en a dit déjà quelque chose ; mais rien ne saurait nous édifier mieux, à ce sujet, que les paroles d'Horace. Voici où en était le théâtre au siècle d'Auguste, durant la plus florissante période de la littérature latine : « Un autre ennui, qui souvent aussi effraye et rebute le poëte, c'est l'ignorance et l'ineptie du grand nombre, car là, comme partout, le mérite et les titres sont en minorité ; c'est la brutale fureur de cette canaille qui montre le poing aux chevaliers en cas de dissentiment, et qui demande, au beau milieu de la pièce, un ours ou des lutteurs : spectacle plus conforme à ses goûts ! Mais les chevaliers eux-mêmes sacrifient aujourd'hui le plaisir de l'oreille à la vague curiosité des yeux, à des satisfactions stériles. La toile reste baissée[1] pendant quatre heures ou plus encore, pour un défilé d'escadrons de cavalerie ou de bataillons de fantassins ; puis on voit des rois déchus du trône, traînés en triomphe les mains attachées derrière le dos ; puis s'allonge une procession de chars de guerre, de fourgons, de litières, de navires ; des images de villes en ivoire, symboles de nos conquêtes ; Corinthe captive qu'on porte solennellement. Si Démocrite était encore de ce monde, qu'il rirait, soit qu'un animal étrange en qui sont confondus les traits distinctifs de la panthère et

---

1. On se rappelle que la toile descendait dans une coulisse, au lieu de monter comme chez nous.

du chameau, soit qu'un éléphant blanc fixât les regards du vulgaire ! Certes, il observerait le peuple avec plus d'attention que le spectacle même. Oui, le peuple, bien plus que le comédien, lui donnerait la comédie. Il se dirait à lui-même : Voilà des auteurs qui content leurs histoires à un âne sourd ! En effet, quelles voix pourraient dominer le bruit dont retentissent nos théâtres ? Vous croiriez entendre mugir la forêt du Gargan ou la mer de Toscane. C'est un fracas effroyable, à l'apparition des raretés, des richesses exotiques dont l'acteur étale sur lui la merveille. Dès qu'il entre en scène, les battements de mains commencent. A-t-il déjà dit quelque chose ? — Non, rien encore. — Qu'est-ce donc qu'on admire ? — 'Sa robe où brille la couleur violette des teintures de Tarente [1]. »

Quand le public en est là, il n'y a plus ni tragédie ni comédie possibles. Les poëtes d'un vrai talent ne s'obstinent point à vouloir charmer la brute qui n'a pas d'oreilles pour les entendre, et ils portent ailleurs qu'au théâtre leur ambition et leur activité. Au milieu du deuxième siècle avant notre ère, les chevaliers et les sénateurs étaient vivement passionnés pour les choses de l'esprit. La foule, sans partager complétement tous leurs goûts, s'y associait dans une certaine mesure : elle ne refusait ni son attention, ni son estime, ni même ses applaudissements, aux œuvres sérieuses qu'elle voyait l'objet de leur amour. L'enthousiasme intelligent des connaisseurs gagnait, par une heureuse contagion, les plus illettrés eux-mêmes. Il y avait quelquefois mécompte pour le poëte, et Térence lui-même l'a éprouvé ; mais en général tout effort généreux atteignait le but, tout talent un peu distingué recevait sa récompense. On peut dire enfin que Pacuvius et Attius ont écrit durant la période la plus favorable à la poésie dramatique ; et peut-être le siècle où ils vécurent était-il le seul qui fût en état de comprendre tout leur mérite, et de payer en applaudissements le loyer de ces nobles plaisirs que lui prodiguaient les deux poëtes.

1. Horace, *Épîtres*, livre II, épître I, vers 182 et suivants.

Pacuvius.

Marcus Pacuvius était de Brindes. On ignore la date de sa naissance; mais on sait qu'il était neveu d'Ennius, qu'il mourut à Tarente en l'an 130 avant Jésus-Christ, et qu'à sa mort il était plus qu'octogénaire. Aulu-Gelle nous a conservé l'épitaphe, en vers iambiques trimètres, que Pacuvius s'était faite à lui-même. Elle n'a rien de l'orgueil campanien qu'on reprochait à celle de Névius, ni du ton solennel de l'épitaphe du poëte des *Annales*. Aulu-Gelle en loue à juste titre la modestie, la simplicité, la convenance, et cette élégante gravité qui caractérisait, selon lui, le talent de Pacuvius : « Jeune homme qui passes, si pressé que tu sois, approche, ce marbre t'appelle ; regarde, et lis. Ici sont enfermés les os du poëte Marcus Pacuvius. Voilà ce que je voulais te faire savoir. Adieu. » Les hommes les plus illustres de ce grand siècle s'étaient fait une gloire d'encourager les travaux de Pacuvius ; et Lélius, dans un des dialogues de Cicéron, nomme Pacuvius son ami et son hôte.

Nous avons les titres d'une vingtaine de pièces attribuées à Pacuvius, et dont deux ou trois seulement ont pu n'être pas des tragédies. Les fragments de quelques-unes de ces pièces sont assez nombreux et assez importants pour nous permettre de hasarder quelques conjectures, non pas seulement sur les qualités poétiques du style de Pacuvius, mais sur la nature particulière de son talent, sur son système dramatique même. Si nous en étions réduits aux témoignages des anciens, nous n'aurions rien à dire, sinon que Pacuvius fut un poëte distingué. Varron vantait l'abondance de son style. Cicéron, qui aime à citer les vers de Pacuvius, se borne en général à des formules de louanges un peu vagues. Horace ne juge point Pacuvius ; ou plutôt il donne à entendre que l'opinion courante, qui faisait de Pacuvius et d'Attius deux hommes de génie, n'a pas son agrément ; et cette opinion même, qu'il ne prend point la peine de discuter, il l'exprime d'une façon si obscure, qu'on a peine à comprendre ce que ses contemporains admiraient précisément dans Pacuvius : « Toutes les fois que nous mettons en question qui l'emporte de Pacuvius ou d'Attius, le premier prend pour lui le renom de docte vieillard, l'autre celui de vieillard profond[1]. » Si j'étais Œdipe, je parviendrais peut-être à déchiffrer l'énigme, et à expliquer ce que signifie, appliquée à un poëte, la qualification de docte vieillard. Le commentaire de Quintilien est loin d'éclaircir la question : « On attribue à Attius plus de force ; mais ceux qui ont de la prétention au savoir veulent que Pacuvius ait l'air plus docte. » Quant à ce que Quintilien dit en commun des deux poètes, qu'ils sont remarquables par la gravité des pensées, par le poids des expressions, par l'importance des personnages, et qu'il n'a pas tenu à eux, mais à leur temps, si leurs ouvrages laissent à désirer pour la perfection et l'éclat, ce sont choses bien vagues, bien peu caractéristiques encore. L'examen des fragments de la poésie de Pacuvius en éclaircira, je l'espère, quelques-unes ; mais je ne promets nullement de retrouver le docte vieillard.

Tragédies de Pacuvius.

La plus célèbre de toutes les tragédies de Pacuvius était intitulée *Dulorestès*. Ce titre singulier, qui signifie *Oreste esclave*, n'était pas de son invention. Ennius s'en était déjà servi pour désigner une de ses pièces, qui n'était autre chose probablement qu'une traduction ou une imitation de l'*Iphigénie en Tauride*. Le *Dulorestès* de Pacuvius était une œuvre plus originale. Euripide avait fourni beaucoup au poëte, mais Eschyle aussi. Pacuvius avait ajouté du sien à ces éléments dramatiques, et le plan général de l'œuvre lui appartenait en propre. Oreste, dans la trilogie d'Eschyle, répète plusieurs fois que sa mère l'a traité comme un esclave, et même qu'il a été vendu, lui fils d'un homme libre. Le sujet du *Dulorestès*, c'étaient les infortunes du fils d'Agamemnon chassé de la maison paternelle, ses longues courses errantes, son retour à Argos, sa vengeance sur les meurtriers de son père. J'en juge ainsi d'après les vers mêmes de Pacuvius. Dans plus d'un passage, il s'agit d'événements qui

---

1. Horace, *Épîtres*, II, 1, vers 55, 56.

n'ont rien de commun avec l'aventure de Tauride. Ici, c'est une description du départ de la flotte après la prise de Troie; plus loin, le souvenir du naufrage au promontoire de Caphirée; ailleurs, une plainte sur le funeste sort d'Agamemnon : « Si Priam était là, Priam même aurait pitié de lui. » Je dois dire qu'un autre vers, cité comme appartenant au *Dulorestès*, semble se rapporter à une généreuse dispute d'Oreste et de Pylade devant Thoas : « Je suis Oreste. — Non, c'est moi, dis-je, qui suis Oreste. » Mais nous ne savons pas si Pacuvius n'avait point trouvé quelque moyen ou de transporter à Argos la scène du dévouement, ou de la rattacher au sujet principal. Au reste, Pacuvius avait traité cette belle scène d'une façon digne des plus grands maîtres; et il l'avait tirée tout entière de son génie, surtout de son âme. Cicéron nous a conservé le souvenir de la vive impression que causait l'héroïsme des deux amis, dans le passage auquel j'ai déjà fait allusion : « Quelles acclamations, dit Lélius[1], retentirent naguère au théâtre, à la nouvelle pièce de Pacuvius, mon hôte et mon ami, lorsque, le roi ignorant lequel des deux était Oreste, Pylade soutenait que c'était lui, afin de mourir pour son ami, tandis qu'Oreste persistait à dire qu'il était Oreste, comme il l'était en effet ! »

La partie lyrique, ou, selon l'expression latine, le cantique, avait, dans les tragédies de Pacuvius, une importance assez considérable. Les plus longs fragments sont ceux qui en ont été empruntés. Quelques-uns n'ont pu être prononcés que dans des chœurs plus ou moins analogues à ceux de la tragédie grecque, encore que les mètres de ces fragments n'aient rien de bien lyrique. Ce n'est pas, certes, un personnage engagé au vif de l'action, c'est bien plutôt quelque chorage, qui s'amusait à cette description de la tortue : « Quadrupède au marcher lent, animal agreste, bas de taille, rude au toucher, à la tête courte, au cou de serpent, etc. » C'est encore un chorage qui expliquait aux spectateurs, avec cette vive abondance d'expressions, le mouvement perpétuel des choses : « Vois, autour et au-dessus de nous, ce

[1]. Au chapitre VII du dialogue *de l'Amitié*.

qui contient la terre dans un embrassement. Les nôtres le nomment ciel; les Grecs l'appellent éther.... Eh bien, c'est lui qui anime, forme, nourrit, accroît et crée tout, qui ensevelit et reçoit tout en lui-même; c'est lui aussi qui est le père de tout : c'est de là que naissent de nouveau les êtres qui avaient déjà vécu, et c'est là aussi qu'ils s'anéantissent. » Enfin, un fragment attribué par les uns à une *Hermione*, par d'autres au *Dulorestès*, rappelle visiblement les habitudes du chœur antique, dissertant à sa manière sur les grands problèmes de la vie à propos des infortunes dont le tableau est sous ses yeux. Seulement le ton de Pacuvius a je ne sais quoi de pédantesque, qui ne se ressent pas beaucoup de la grâce des modèles; ce qui ne veut pas dire que ces vers soient dénués d'autres qualités poétiques : « Des philosophes prétendent que la Fortune est insensée, aveugle et stupide. Selon eux, elle est mobile à la façon d'une boule de pierre, parce que la Fortune, comme une pierre, aboutit où la pousse le sort. Ils la représentent aveugle, parce qu'elle ne voit aucunement où elle se dirige. Ils disent qu'elle est insensée, parce qu'elle est farouche, incertaine, inconstante; qu'elle est stupide, parce qu'elle est incapable de distinguer le mérite d'avec le démérite. Mais il y a d'autres philosophes qui nient, au contraire, que personne soit malheureux par le fait de la Fortune, et qui tiennent que tout est régi par le hasard; opinion plus vraisemblable, et que l'expérience nous enseigne par des preuves. Ainsi Oreste, que voilà, était roi tout à l'heure, et tout à l'heure il est devenu mendiant. C'est par un naufrage que l'événement s'est produit; ce n'est donc pas un coup de la Fortune. »

Tout ce que j'entends conclure de ce qui précède, c'est que Pacuvius n'avait pas été uniquement un transcripteur tragique, et que ses œuvres lui appartenaient autrement encore que par la langue et le style. Pacuvius a emprunté tous ses sujets aux Grecs, mais il les a traités librement et à sa manière. Le *Dulorestès* n'était pas une traduction. Il est permis de conjecturer que ses autres tragédies, *Amphion*, *Antiope*, le *Jugement des armes*, etc., dont les prototypes n'existent plus, étaient pour la plupart, comme le *Dulorestès*, des tableaux non pas servilement copiés, mais imaginés d'après d'autres tableaux, et ayant leur caractère propre, leur vie, leur sentiment, comme sont notre *Phèdre* ou notre *Iphigénie*. Je le dis pour l'analogie du procédé, et non pas dans l'intention de faire de Pacuvius un Racine.

Style de Pacuvius.

Ce qui me paraît distinguer le style de Pacuvius, c'est non-seulement cette gravité dont parlent Aulu-Gelle et Quintilien, mais une sorte d'énergie pittoresque qui éclate çà et là dans l'expression. J'ai quelque raison de croire que le poëte s'inspirait plus souvent d'Eschyle que d'Euripide ou de Sophocle même. Il y a tel de ses fragments qu'on a pu rapprocher, sans trop de contraste, d'un des plus beaux passages du *Prométhée enchaîné*. C'est la description de la tempête qui avait assailli la flotte au retour d'Ilion : « Lorsque, joyeux, ils contemplaient les jeux bondissants des poissons et ne pouvaient se rassasier de ce spectacle, alors, vers l'instant du coucher du soleil, la mer se hérisse, les ténèbres s'épaississent, la noire nuit et de noirs nuages éteignent toute lumière; la flamme étincelle entre les nues; le ciel tremble au bruit du tonnerre ; soudain la grêle et la pluie se précipitent à larges torrents; de toutes parts les vents s'élancent, d'impitoyables tourbillons s'élèvent; la mer bouillonne, soulevée dans ses profondeurs. » Mais je ne dois pas dissimuler que Pacuvius a ses défauts, et même des défauts notables, sans parler de ce je ne sais quoi de roide et d'empesé dont on a pu déjà se faire une idée. Il n'y a pas d'auteur latin plus souvent cité pour ses archaïsmes; et les mots composés que les grammairiens ont signalés dans ses ouvrages sont en général un peu forcés et étranges. Quelques critiques soupçonnent que Pacuvius devait son renom de docte à cet amour des mots antiques, et à ses efforts plus ou moins heureux pour façonner la langue latine à toutes les allures de la langue grecque. Il est possible que ce soit là l'explication vraie de l'énigmatique épithète : pourtant, si j'étais forcé de dire quelque chose à ce sujet, j'aimerais mieux chercher le docte vieillard dans le poëte qui se complaisait aux nobles contemplations, aux dissertations morales, aux graves sentences.

Attius.

Il me semble que Quintilien fait tort à Attius en ne le séparant de Pacuvius sur aucun point, sinon peut-être à propos de l'air plus ou moins docte, et en lui attribuant exactement et les mêmes qualités et les mêmes imperfections. Disons tout d'abord qu'il n'y a rien, dans les vers d'Attius, ou presque rien d'archaïque, et que c'est à peine si l'on pourrait citer çà et là quelque mot dont la forme ou la composition soit insolite ou bizarre. Sa langue et son style sont parfaitement conformes aux plus purs modèles de l'époque classique ; et ils le sont à tel point, que plusieurs critiques, même encore aujourd'hui, mettent sur le compte d'Attius des vers qui sont l'ouvrage de Cicéron même. Attius a toutes les qualités de Pacuvius, et il en a d'autres qui lui sont propres : ainsi l'élégance soutenue, la noblesse, un ton vraiment tragique, une versification variée, correcte et savante, en un mot toutes les qualités non-seulement d'un vrai poëte, mais d'un écrivain et d'un artiste éminent. Attius a créé la *tragédie prétexte*, c'est-à-dire la tragédie où tout était romain, le sujet et les personnages comme les sentiments et la langue. Horace lui-même, qui se moque visiblement des admirateurs d'Attius et de leur vieillard profond, n'a pu s'empêcher d'écrire ailleurs : « Et ils n'ont pas gagné peu de gloire, les poëtes qui ont osé abandonner les traces des Grecs, et mettre en scène des faits domestiques, soit dans la tragédie prétexte, soit dans la comédie à toge[1]. » La louange, en ce qui concerne la tragédie nationale, est à l'adresse d'Attius même, et, je dis plus, ne saurait s'appliquer à un autre qu'Attius.

Attius, à ses débuts, était loin encore du degré de perfection où il devait atteindre. Pacuvius avait pu reprocher à son style des défauts très-graves, et le forcer lui-même d'en convenir : « Pacuvius, dit Aulu-Gelle[2], affaibli par son

---

[1]. Horace, *Art poétique*, vers 286 et suivants.
[2]. *Nuits attiques*, livre XIII, chapitre II

grand âge et par une maladie chronique, s'était retiré de Rome à Tarente. Attius, beaucoup plus jeune, passant par Tarente pour se rendre en Asie, alla voir Pacuvius, qui l'invita poliment, le retint chez lui plusieurs jours, et lui fit lire sa tragédie d'*Atrée*. Pacuvius en trouva, dit-on, les vers nobles et sonores, mais un peu durs et âpres : « Tu as rai-
« son, dit Attius. Ce qui est fait est fait ; mais j'espère écrire
« mieux à l'avenir. Il en est, selon le proverbe, des talents
« comme des fruits : ceux qui naissent durs et âpres de-
« viennent tendres et doux ; mais ceux qui commencent, au
« contraire, par être tendres, mous et succulents, ne mûris-
« sent pas, ils pourrissent. J'ai donc dû laisser au temps et à
« l'âge de quoi mûrir dans mon talent. »

Lucius Attius, ou Accius, ou encore Actius, comme quelques-uns l'écrivent, était fils d'un affranchi. Il était né à Rome, entre les années 170 et 160 avant notre ère. On ignore la date précise ; mais on sait, d'après son propre témoignage, qu'il avait trente ans quand Pacuvius en avait quatre-vingts. C'est à l'âge de trente ans qu'il fit représenter sa première tragédie ; et, comme Pacuvius, il prolongea sa vie jusqu'à un âge très-avancé. C'était un homme d'un caractère élevé, et qui savait faire respecter en lui ces droits du talent, que les grands et les politiques ne sont pas toujours disposés à reconnaître. Valère Maxime conte qu'Attius ne se levait jamais quand Julius César entrait dans le collége des poëtes. Ce Julius César se piquait de poésie, et c'est à titre de poëte qu'il figurait dans la réunion. Attius n'oubliait pas ce qu'il devait au puissant personnage ; mais il se comparait au poëte, et il maintenait la distance des rangs : « Aussi, dit Valère Maxime, ne le taxa-t-on point d'insolence, parce qu'il s'agissait là de titres littéraires, non point de titres de noblesse. » Il est probable que Julius lui-même ne s'offensait pas de la fierté d'Attius, ou du moins qu'il n'en laissait rien paraître. Attius eut pour amis quelques personnages considérables du temps, entre autres le consul Décimus Brutus. L'amitié de Brutus lui fut particulièrement heureuse, s'il est vrai, comme on le conjecture, que c'est par le conseil de Brutus qu'il mit sur la scène le vengeur de Lucrèce, et qu'il donna aux Romains la première tragédie romaine.

Le Brutus.

Il n'est pas difficile de deviner de quels éléments dramatiques pouvait se composer une tragédie intitulée *Brutus*. La mort de Lucrèce et l'expulsion des Tarquins, voilà la donnée historique. Un tyran soupçonneux et cruel, le fils du tyran, digne d'un tel père, Brutus, Lucrèce et l'époux de Lucrèce, voilà les personnages principaux que fournissait la tradition. Nous ne savons pas comment Attius avait traité ce dramatique sujet ; nous savons seulement qu'il ne s'était pas borné à mettre en action le récit des historiens, et qu'il avait vivifié sa pièce par de poétiques inventions, ou, si on l'aime mieux, qu'il s'était souvenu, en traitant son sujet romain, de quelques scènes fameuses des anciens maîtres. Ainsi il montrait quelque part Tarquin, troublé d'un songe, appelant les devins autour de lui, et les devins, sur son ordre, interprétant le songe. Tarquin s'exprimait comme il suit : « J'avais commencé, durant la nuit, à livrer mon corps au repos, à délasser par le sommeil mes membres fatigués. J'aperçois en songe un berger, qui dirige vers moi un troupeau de moutons d'une grande beauté. Je choisis dans le troupeau deux béliers du même sang, et j'immole le plus beau des deux. Puis son frère s'élance sur moi, me heurte de ses cornes, me renverse du coup. Me voilà étendu à terre sur le dos, et grièvement blessé. Là, j'aperçois dans le ciel un saisissant et merveilleux prodige : c'était le soleil qui changeait de route, et dont l'orbe rayonnant et enflammé s'avançait vers la droite. » Les devins, après avoir médité sur ce récit, répondaient à Tarquin : « O roi, les habitudes des hommes dans la vie, leurs pensées, leurs soucis, les spectacles qui les frappent, les actions ou les réflexions qui les occupent durant la veille, se reproduisent en nous pendant notre sommeil. Il n'y a rien là dont on ait à s'émouvoir ; mais ce n'est pas sans raison que ces images, en de telles conjonctures, s'offrent à l'improviste. Prends donc garde que celui que tu crois stupide à l'égal d'une bête ne porte une âme d'élite, une âme fortifiée de sagesse, et qu'il ne te chasse du trône. Car le phénomène dont tu as été témoin au ciel présage dans le peuple une révolution très-prochaine. Puisse l'événement être heureux pour le peuple ! Mais l'astre majestueux a pris sa course de gauche à droite ; l'augure en est certain : la chose publique de Rome atteindra au faîte de la gloire. »

J'ai transcrit ces deux passages en entier, non pas précisément à cause de leur valeur poétique, mais parce qu'ils sont tout ce qui reste du *Brutus*, et même tout ce qui reste des tragédies prétextes. Quant aux caractères, nul doute qu'Attius ne les ait tracés de main de maître, surtout celui de Brutus, et qu'il ne les ait créés conformes à l'histoire et parlant le langage de la grande poésie.

Autres tragédies d'Attius.

Attius avait écrit plus de cinquante tragédies. On ignore combien, dans le nombre, il y en avait de purement romaines. Il n'y en a que deux, outre le *Brutus*, dont les titres soient sans réplique, le *Décius* et le *Marcellus*; mais ces deux tragédies prétextes ne sont pas autrement connues. Les autres tragédies étaient, comme celles de Pacuvius, des imitations plus ou moins libres de pièces grecques, ou des sujets grecs traités d'une façon plus ou moins originale. Les *Trachiniennes*, empruntées à Sophocle, les *Phéniciennes*, empruntées à Euripide, étaient presque des versions. Quelques-uns regardent comme une citation d'Attius le célèbre passage des *Tusculanes* où nous lisons les plaintes d'Hercule mourant ; long et magnifique morceau, qui serait digne à la fois et du beau talent d'Attius, si Attius avait écrit ces vers, et du génie de Sophocle, qui en a fourni l'original. Le traducteur a développé, il est vrai, mais sans l'affaiblir, cette lamentation sublime. Mais ces beaux vers sont de Cicéron et non pas d'Attius. Cicéron ne les a-t-il pas revendiqués pour lui-même, clairement et formellement, dans sa réponse à un des interlocuteurs du dialogue, qui s'étonnait de ne les point reconnaître ? Cicéron déclare que son habitude est de citer les poëtes de Rome, mais qu'à défaut de poëtes romains, il traduit des passages de poëtes grecs, pour orner et égayer les discussions philosophiques. On ne peut donc rien conclure, relativement à la manière d'Attius, d'après les vers imités des *Trachiniennes ;* mais les fragments des *Phéniciennes* d'Attius sont tout à fait conformes, et pour la pensée et pour l'expression, aux passages analogues de la pièce imitée.

Attius, comme son devancier, avait une prédilection particulière pour Eschyle. Ce n'est pas seulement par conjecture qu'il est permis de l'affirmer, c'est sur des preuves encore parlantes. Eschyle est celui des tragiques grecs dont Attius avait le plus mis à contribution le théâtre; et non-seulement Eschyle avait fourni au poëte latin un grand nombre de tragédies, mais c'étaient les tragédies qu'Attius avait composées d'après Eschyle qu'admiraient le plus les Romains, et c'est dans ce qui reste de ces tragédies qu'Attius se montre à nous avec ses qualités les plus solides et les plus brillantes. Écoutez l'Achille de la pièce des *Myrmidons*, et dites si jamais poëte, si Homère lui-même a fait parler plus vivement le héros, ni plus conformément à son caractère : « Tu prétends que c'est obstination, Antilochus; obstination, soit : je veux être obstiné. Qu'on m'appelle obstiné, pourvu que j'en fasse à ma tête ; je m'y résous sans peine : peu m'importe le nom d'obstiné! Ma conduite est d'un homme de cœur ; l'obstination est le partage des sots; tu me reproches sans raison un défaut, et tu me fais tort d'une vertu. » Attius avait fait un *Prométhée délivré*. La peinture des tourments de Prométhée, qu'on lit dans les *Tusculanes* à côté des plaines d'Hercule, est-elle une citation de la tragédie d'Attius ou un exercice de Cicéron luttant contre la poésie d'Eschyle? W. Schlegel et bien d'autres n'hésitent pas à faire honneur de ces beaux vers à Attius, et non point à Cicéron. Ce qui est certain, c'est que le grammairien Nonius a cité quelque part, sous le nom d'Attius même, un des vers que prononce en latin Prométhée. W. Schlegel, qui traite si légèrement la tragédie latine, et qui n'a pas même daigné en étudier les reliques, ne peut s'empêcher d'admirer ce qu'il appelle le monologue de Prométhée, et de le proclamer digne d'Eschyle. La tragédie d'Attius était, comme je l'ai dit, un *Prométhée délivré*, et non pas une imitation du *Prométhée* que nous possédons. Les menaces de Mercure sont accomplies; le chien ailé de Jupiter, comme parle Eschyle, est en possession de sa victime. Les Titans sont là; Prométhée leur conte ses douleurs. C'est donc une tirade, du moins à ce qu'il me semble; ce n'est point un monologue : « Race des Titans, alliée de notre sang, engendrée par le Ciel, voyez comme je suis lié et enchaîné à ces âpres rochers. Quand la mer se soulève retentissante, les nochers timides, effrayés par la nuit, amarrent leur navire au rivage. Ainsi m'a cloué Jupiter fils de Saturne; et la volonté de Jupiter a mis en œuvre la main de Vulcain. C'est Vulcain qui d'un art cruel a enfoncé ces coins et brisé mes membres. Infortuné que je suis, son adresse m'a transpercé de part en part, et me voilà habitant de ce rocher des Furies. Tous les trois jours, instant funeste! le satellite de Jupiter s'élance d'un vol effrayant, me déchire de ses ongles crochus, dévore impitoyablement les lambeaux de ma chair. Puis, gorgé, repu à souhait de mon foie succulent, il pousse un grand cri, et, s'envolant dans les airs, il lèche mon sang de sa queue empennée. Mais quand mon foie dévoré s'est renouvelé et a repris son volume, alors l'oiseau avide revient à sa hideuse pâture. Ainsi je nourris ce gardien de mon déplorable tourment, ce bourreau qui me fait subir, tout vivant que je suis, l'horreur d'une perpétuelle angoisse. Car, comme vous voyez, serré par les chaînes de Jupiter, je ne puis repousser de ma poitrine l'oiseau cruel. Ainsi je ne dispose plus de moi; je suis sous l'empire d'un fléau que je redoute; et, pour trouver un terme à mes maux, je verrais la mort avec plaisir. Mais la volonté de Jupiter repousse la mort loin de moi. Depuis longtemps, depuis des siècles, s'accumulent sur moi ces maux affreux, les douleurs de ce supplice rivé à mon corps; et de mon corps tombent, distillant sous les ardeurs du soleil, des gouttes qui sans cesse arrosent les rochers du Caucase. » Je voudrais pouvoir affirmer que Nonius ne s'est point trompé; mais, en présence de l'étonnement des amis de Cicéron, qui ne reconnaissent pas plus ces vers imités d'Eschyle qu'ils n'ont reconnu la scène empruntée aux *Trachiniennes*, il faut en revenir, ce semble, à la déclaration de Cicéron sur ses tentatives dans les domaines de la poésie grecque. Remarquez d'ailleurs que Cicéron appelle en témoignage, avant la citation, Eschyle et non point Attius. Remarquez aussi que Cicéron a bien pu emprunter textuellement un vers d'Attius ; ce qui suffit pour expliquer comment, à propos du mot *adulat*, Nonius a nommé Attius et non point Cicéron.

Les fragments du *Philoctète* n'ont pas beaucoup d'étendue ni une très-grande beauté ; mais on y sent aussi quelque chose du souffle enthousiaste, surtout de la pittoresque énergie, des tours vifs et passionnés de la poésie d'Eschyle. Ainsi dans ce tableau des misères du héros abandonné : « Il est là, étendu sur le rocher humide ; et le rocher, qui retentit de ses lamentations, de ses plaintes, de ses gémissements, de ses mugissements, n'a pour échos que des cris de douleur ! ». Ainsi dans ces paroles que prononçait Philoctète lui-même : « Ah! qui me précipitera dans les flots amers, du sommet élevé du promontoire ? Tout à l'heure me voilà anéanti : mon âme succombe à la violence de ma blessure, aux brûlantes douleurs de ma plaie! » Ainsi dans ces vers où Philoctète caractérise la rudesse du climat de Lemnos : « L'aquilon au sifflement affreux y entasse les neiges glacées. » Ainsi, en un mot, dans tout ce qui nous reste de la tragédie.

Ce serait une vaine entreprise de chercher à déterminer jusqu'à quel point Attius avait pu quelquefois faire œuvre d'inventeur dramatique en traitant à son tour certains sujets. Celui qui avait fait le *Brutus* était bien en état d'imaginer des combinaisons nouvelles pour faire une *Hécube*, une *Médée*, une *Alceste* même. Et je crois qu'il n'y a pas manqué, ne fût-ce que pour ne pas ressembler de trop près à ceux qui avaient mis les mêmes sujets sur la scène en se bornant à transcrire Euripide. Mais nous n'avons pas eu d'autre prétention que de retrouver un poëte et un grand poëte, et de montrer, par quelques exemples, que nous avons perdu bien plus qu'on ne pense à la destruction des œuvres d'Attius. Si j'avais à justifier par de nouvelles citations ce que j'ai dit de la parenté du poëte avec Eschyle, je traduirais ce passage de la tragédie intitulée les *Argonautes*, où Attius a peint une tempête avec des couleurs plus vives peut-être, plus saisissantes, à coup sûr plus savamment disposées, que celles que nous avons admirées à si juste titre dans un des tableaux de Pacuvius. Virgile, au premier livre des *Géorgiques*, s'est souvenu d'Attius et de Pacuvius même ; ou du moins il n'a pas dédaigné de leur emprunter certaines expressions, certains traits heureux, pour en orner cette description d'un orage d'été qui est peut-être le chef-d'œuvre de la poésie latine.

Autres ouvrages d'Attius.

Je ne sais pas si Attius avait écrit des comédies ; mais ses tragédies n'étaient pas les seuls ouvrages qu'il eût composés. On cite, sous son nom, un poëme en vers héroïques, intitulé *Annales*, dont Macrobe a même conservé un fragment. Quel était le sujet des *Annales* ? Le nom semble l'indiquer : c'était une épopée sur l'histoire de Rome ; mais le fragment indique aussi que, parmi les faits historiques célébrés par Attius, figuraient des explications qui n'avaient rien de commun ni avec l'épopée, ni presque avec la poésie. Il s'agit, dans ces six vers, de l'origine des Saturnales, qui ne sont, selon Attius, qu'une imitation des fêtes célébrées en Grèce sous le nom de Cronies. Les vers sont assez mal faits, c'est tout ce qu'on en peut dire. Attius semble n'avoir pas été fort habile à manier le rhythme d'Homère, tandis qu'il excellait et aux vers ïambiques, sénaires ou autres, et à ces mètres anapestiques dont ses fragments offrent encore des échantillons si notables.

Attius n'était pas seulement un poëte très-distingué, c'était encore un prosateur de mérite, un critique, même un savant. Ses trois ouvrages intitulés *Didascalica*, *Pragmatica* et *Parerga* étaient des recueils de dissertations sur divers points d'histoire littéraire, d'antiquités, de grammaire même. Ainsi Attius avait essayé à sa façon de démontrer qu'Hésiode était antérieur à Homère. Ainsi il avait donné l'explication d'une foule d'anciens mots et d'anciens usages, et il avait préconisé, par ses préceptes et par ses exemples, un système d'orthographe analogue à celui des Grecs d'avant Simonide, qui doublaient la voyelle partout où la syllabe était longue. Mais je dois dire que quelques-uns attribuent ces trois ouvrages à un autre Attius, ou Accius, ou encore Axius, grammairien, ou même à l'un des deux grammairiens du nom d'Atéius, et qu'ils ne veulent pas même qu'Attius le poëte tragique soit Attius le poëte des *Annales*. Le lecteur pensera, sur ce sujet, ce qui lui plaira. Pour moi, j'aurais regret à dépouiller Attius de sa petite gloire d'érudit. Je me suis abstenu de chercher ce qu'Horace a prétendu dire, en nommant Attius un vieillard profond, ou en le faisant nommer ainsi par ses admirateurs : le vieillard profond, c'est peut-être le savant linguiste et le consciencieux archéologue des *Didascalica*, des *Pragmatica* et des *Parerga*. Le poëte de *Brutus*, des *Myrmidons*, de *Prométhée* est un grand poëte, mais ce n'est pas un vieillard profond.

Décadence de la tragédie.

Attius mourut, selon toute vraisemblance, dans les premières années du siècle qui s'ouvre par le second tribunat de Saturninus. Rome allait devenir une arène sanglante, où des ambitieux de toute taille se disputeraient avec fureur les lambeaux du pouvoir, et où des hommes de génie, un Marius, un Sylla, déploieraient une férocité digne des lions et des tigres. Les affreuses tragédies du Forum, les exterminations sans fin ni trêve, les vengeances cruelles et sauvages d'un parti sur l'autre, les proscriptions répondant aux proscriptions, voilà les spectacles de Rome, depuis le commencement des guerres civiles jusqu'à l'abdication de Sylla. Ce n'est pas dans un pareil temps qu'il pouvait se trouver des poëtes pour recueillir l'héritage de Pacuvius et d'Attius. Les promenades des Bardiéens, ou les affiches du favori de la Fortune, faisaient quelque tort à l'intérêt des fictions dramatiques ; et le cirque lui-même ne devait pas offrir des plaisirs bien vifs à des hommes que brûlaient des passions de cannibales. La Muse tragique se tut dans cette tempête ; et jamais depuis elle ne recouvra la voix. C'est en vain que quelques esprits d'élite essayèrent plus tard de lui rappeler ses anciens triomphes. Asinius Pollion, Varius, Ovide, ne purent la tirer de sa torpeur. Les tragédies que ces poëtes composèrent ne furent guère que des exercices de lettrés, dont les lettrés seuls tinrent compte. Le peuple ne les connut pas ; ou, si elles parurent au théâtre, le peuple ne les écouta pas, et demanda ses ours et ses lutteurs. Après le siècle d'Auguste, il n'y a plus de tragédie, du moins qui mérite ce nom. Sénèque lui-même n'est pas pour me démentir.

CHAPITRE XII.

MIMES ET PANTOMIMES.

Labérius et Syrus. — Mimes. — Labérius et Jules César. — Jugement sur Labérius. — *Sentences* de Publius Syrus. — Immoralité des Mimes. — Pantomimes.

Labérius et Syrus.

Pour en finir, ou à peu près, avec l'histoire de la poésie dramatique et du théâtre, nous franchissons un espace de quelques années, et nous nous transportons au temps où César, maître absolu dans Rome, donnait au monde ce repos d'un instant que suivirent de si longs orages. En ce temps-là vivaient deux poëtes renommés, doués tous les deux du talent comique, et dont les ouvrages soulevaient, au théâtre, de vifs et unanimes applaudissements. Le premier était un chevalier romain déjà vieux, homme du parti aristocratique, et qui, dans la guerre civile, s'était signalé parmi les plus décidés adversaires de César. Il se nommait Décimus Labérius. L'autre était un affranchi, qui avait dû sa liberté à l'estime du patron de son maître pour les choses de l'esprit. Il était fort jeune encore ; mais ses premiers essais lui avaient fait une réputation presque égale à celle du vieux chevalier. Cet ancien esclave se nommait Publius Syrus, c'est-à-dire Publius le Syrien, à cause de la nation dont il était originaire. Les comédies que composaient Syrus et Labérius n'étaient ni des pièces imitées du grec, ni des pièces semblables à celles d'Afranius, ni même des atellanes ou des exodes : c'étaient des *mimes*; c'est toujours sous ce nom qu'elles sont citées chez les auteurs anciens.

Mimes.

Il n'est pas aisé de dire en quoi consistaient les mimes latins, et ce qui les distinguait précisément des autres sortes de comédies. Nous avons dit ailleurs ce qu'on sait des mimes grecs. Les scènes dialoguées que Sophron nommait ainsi étaient écrites en prose; elles n'étaient faites que pour la lecture ou la récitation; elles n'avaient ni nœud dramatique ni unité; elles se suivaient les unes les autres, sans préparation, sans lien nécessaire. C'était purement et simplement la nature prise sur le fait, reproduite sans apprêt et sans prétention; c'était la vie des classes populaires, leurs sentiments, leur langage; c'étaient les aventures de la rue et de la place publique : rencontres, conversations, querelles; gens qui se heurtent et s'injurient; commères bavardes s'égayant aux dépens du prochain. C'était à peu près ce qu'on voit dans les *Syracusaines*. Le mot *mime* est un mot grec, et ce mot signifie proprement *imitation*. Les mimes latins, pour être dignes de leur titre, devaient présenter quelque analogie avec ceux dont nous parlent les Grecs. C'étaient probablement des scènes du même genre que celles de Sophron; mais ces scènes formaient dans chaque mime un ensemble : chaque mime était une petite pièce ayant son commencement, son milieu et sa fin; une pièce non-seulement susceptible d'être représentée, mais toujours faite pour l'être, par conséquent soumise à la loi de l'unité dramatique. Les mimes latins étaient d'ailleurs écrits en vers, comme la comédie; et les vers qui nous restent des mimes de Labérius, de Syrus et d'autres, sont ou des vers iambiques sénaires ou des vers trochaïques. La facture en est d'une sévérité beaucoup plus grande que celle des vers de Plaute ou de Térence. Ils sont comparables, peu s'en faut, aux vers de la comédie grecque, même à ceux d'Aristophane, pour la conformité du moins aux types réguliers de la prosodie.

Si donc il est permis de conjecturer quelque chose sur des ouvrages qui n'existent plus, les mimes latins étaient de petites comédies fort courtes, où figuraient, comme dans les comédies à toge, des personnages romains. C'était, si l'on veut, Névius ou Afranius, mais réduits à des proportions plus exiguës et n'ayant point à s'inquiéter de la règle latine des cinq actes. Le mime prenait, selon l'occurrence, les tons les plus divers. Celui de la farce y dominait, vu la nature de la plupart des personnages; mais il avait, lui aussi, ses Chrémès ou ses Micion; lui aussi il élevait de temps en temps la voix. Les sentences qu'on a pu extraire des mimes de Syrus en sont une preuve sans réplique.

Labérius et Jules César.

Il paraît que Labérius, dans son opposition politique à Jules César, n'avait pas toujours gardé une parfaite mesure. Peut-être s'était-il borné à des paroles plus ou moins piquantes; peut-être avait-il écrit quelque satire outrageuse à l'adresse du rival de Pompée; peut-être même lui avait-il décoché quelques traits en plein théâtre sous le couvert des personnages qu'il faisait parler. Toujours est-il que César croyait avoir une revanche à prendre sur le poëte. César, homme d'esprit s'il en fut, n'eut pas de peine à imaginer une vengeance terrible, et qui pourtant n'était rien moins que sanguinaire. Voici le fait, tel que le raconte Macrobe [1] :

« César invita Labérius, chevalier romain, homme d'une âpre liberté de parole, à monter sur le théâtre moyennant la somme de cinq cent mille sesterces, et à jouer lui-même les mimes qu'il composait. Or, la puissance commande non-seulement quand elle invite, mais alors même qu'elle prie. Aussi Labérius, dans un prologue, témoigne-t-il par les

---

[1]. *Saturnales*, livre II, chapitre VII.

vers suivants de la contrainte que César lui avait fait subir :

« Où m'a précipité, à la fin presque de mon existence, cette
« nécessité funeste dont beaucoup ont voulu, dont si peu ont
« su éviter l'impétueux assaut? Moi, que nulle ambition,
« que jamais nulle largesse, qu'aucune crainte, aucune vio-
« lence, aucune autorité, n'avaient pu, dans ma jeunesse,
« écarter de ce qu'exigeait mon rang, voilà comment, dans
« ma vieillesse, m'en fait déchoir sans effort la parole douce
« et flatteuse sortie de l'âme clémente d'un homme illustre.
« En effet, celui à qui les dieux n'ont pu rien refuser, qui
« pourrait souffrir que moi, simple mortel, je lui fisse un
« refus? Donc, après soixante ans d'une vie sans reproche,
« sorti de mon foyer chevalier romain, je reviendrai chez
« moi comédien. Ah! j'ai vécu trop d'un jour. O Fortune,
« également déréglée et dans le bien et dans le mal, si ton
« caprice était de te servir de mon talent littéraire pour bri-
« ser le faîte d'une honorable réputation, pourquoi ne m'as-
« tu pas courbé sous ta main quand j'étais flexible? pourquoi
« ne m'as-tu pas fait ta victime quand mes membres étaient
« pleins de séve et de vie, quand je pouvais satisfaire et le
« peuple et un tel homme? Mais aujourd'hui, où me jettes-
« tu? Qu'apporté-je sur la scène? est-ce la beauté du visage
« ou la dignité du corps? est-ce l'énergie de l'âme ou le son
« d'une agréable voix? Comme le lierre serpentant épuise
« les forces des arbres, ainsi la vieillesse m'énerve par l'é-
« treinte des années. Semblable à un tombeau, je ne garde
« de moi qu'un nom. »

« Dans la pièce même, Labérius se vengeait à sa façon, et il lançait des traits à l'abri du costume d'esclave syrien qu'il avait revêtu. L'esclave, battu de verges, courait se cacher en s'écriant : « Désormais, Romains, la liberté n'est plus! » Et il ajoutait peu après : « Nécessairement il craint beau-
« coup de gens, celui que beaucoup de gens craignent. » A ces mots, tous les assistants portèrent les yeux sur César, et se complurent à voir l'impuissance où il était de repousser le coup. »

Macrobe nous apprend aussi que Labérius, en ce jour-là,

avait à lutter contre Publius Syrus. C'est même pour mettre aux prises les deux émules, pièce contre pièce et homme contre homme, que César avait imaginé de faire monter le chevalier Labérius sur le théâtre. Syrus, en sa qualité d'affranchi, n'avait rien à perdre dans la lutte, et c'est lui qui l'avait provoquée. Après avoir obtenu de grands succès avec ses mimes dans les villes d'Italie, il était venu à Rome, durant les jeux donnés par César, pour défier à un concours tous les poëtes du temps. César, par ressentiment contre Labérius selon Macrobe, proclama Syrus vainqueur; mais il ne laissa pas de donner à Labérius les cinq cent mille sesterces. Il lui fit présent, en outre, d'un anneau d'or, pour témoigner qu'il lui rendait son rang de chevalier. Mais Labérius dut se contenter d'être devenu un peu plus riche, et d'avoir fait rire peut-être aux dépens de César, et même aux dépens de Syrus, dont il avait voulu sans doute rappeler l'humble origine en prenant lui-même le rôle d'un esclave syrien. Le préjugé le retrancha désormais de son ordre. Au théâtre, quand il voulut aller s'asseoir parmi les chevaliers, tous se serrèrent, et lui firent comprendre qu'il n'y avait plus de place pour lui parmi eux.

Jugement sur Labérius.

Le *Prologue* de Labérius est l'œuvre d'un poëte qui ne manque ni de verve ni d'imagination. Les expressions vives et les tours heureux y abondent; il y a aussi quelque chose çà et là qu'on pourrait nommer de l'éloquence. Si les mimes eux-mêmes étaient écrits dans ce style, c'étaient sans nul doute des productions d'un ordre distingué, sinon de beaux poëmes comme le prétendaient, au dire d'Horace, les admirateurs de Labérius. Horace, il est vrai, proteste contre un jugement beaucoup trop favorable : il ne dit pas que Labérius fût un poëte dénué de talent. Peut-être le donne-t-il à entendre; mais nous sommes en droit de protester à notre tour, et preuves en main, contre les préventions d'Horace. Le *Prologue*, et les fragments mêmes, malgré leur brièveté, témoignent contre le critique, et prouvent un vrai poëte, un versificateur habile, un remarquable écrivain. Mais je distingue. Dans Labérius, il y a l'artiste et il y a l'homme. L'artiste, dans le *Prologue*, se plaint élégamment, éloquemment, j'en conviens ; mais je ne me sens guère attendri sur l'homme, et je ne suis nullement tenté de le plaindre. Labérius, en montant sur le théâtre, a fait acte de lâcheté ; une lâcheté plus grande encore, ç'a été de combler César, dans le *Prologue*, d'épithètes splendides, et de l'attaquer plus ou moins vivement dans la pièce. Et celui qui consentait à recevoir, en monnaie sonnante, le prix de ce qu'il regardait comme son déshonneur, est loin d'être le plus estimable des hommes.

Sentences de Publius Syrus.

Les *Sentences* de Publius Syrus sont célèbres, et elles méritent leur réputation. Quelques-unes, comme le remarque W. Schlegel, s'élèvent au-dessus du ton de la comédie, même sérieuse, et paraissent de véritables maximes stoïques. Syrus n'avait pourtant écrit que des mimes, et ses mimes étaient pleins d'ordures et de bouffonneries. C'est à travers les quolibets et les gravelures qu'ont été ramassées ces admirables sentences. Il y en a plus de mille, toutes monostiques sauf une ou deux, et rangées alphabétiquement en deux séries, l'une des vers ïambiques sénaires, l'autre des vers trochaïques. C'est la première lettre de chaque vers qui détermine la place de chaque sentence. Tous les sujets sont donc confondus. Ce n'est pas là peut-être un des moindres agréments du recueil, du moins à mes yeux : on lit sans effort ; la variété soutient l'attention et fournit sans cesse de nouveaux plaisirs. Il ne faudrait pas vingt vers de suite sur un seul thème pour nous donner des nausées. Le meilleur ordre, dans une collection de ce genre, c'est un ordre tout matériel, c'est-à-dire ce qui ressemble le plus au désordre. Pour donner une idée du mérite de Syrus, et pour faire comprendre le charme singulier de ce pêle-mêle réglé par l'alphabet, je transcrirai toutes les sentences comprises en latin sous la lettre T, dans la série ïambique. J'ai choisi cette lettre, parce que c'est la moins remplie du recueil.

On ne court aucun danger à se taire.
Qui ne sait pas parler ne sait pas non plus se taire.
Au sot le silence tient lieu de sagesse.
Ce que possède l'avare lui manque autant que ce qu'il n'a pas.
L'homme doit apprendre aussi longtemps qu'il ignore.
Qu'il est à craindre, celui qui craint la pauvreté!
Le peureux se donne le nom de prudent, l'avare celui d'économe.
O la douce peine, quand c'est la justice qui réprime la joie!
Lorsque tes champs ont soif, n'arrose pas ceux d'autrui.
L'indigence est honteuse qui naît de l'orgueil.
Une perte est honteuse qui provient de la négligence.
Tous sont protégés, dès qu'un seul est défendu.
Le bien le plus sûr, c'est de ne rien craindre que Dieu.

Sénèque faisait la plus grande estime du talent de Syrus; et l'on comprend qu'un auteur où il y avait tant à prendre ait été particulièrement cher au philosophe. Non-seulement Sénèque cite ou commente les pensées de Syrus, mais il aime à vanter le poëte, à le surfaire même : il va jusqu'à l'appeler sublime ; à l'occasion, il est vrai, des belles sentences. Nous pouvons du moins reconnaître avec Sénèque que beaucoup de ces sentences auraient mérité d'être dites, au théâtre, non par des bateleurs pieds nus mais par des tragédiens en cothurne. Les sentences monostiques des comiques grecs, celles même de Ménandre et de Philémon, ne l'emportent pas sur les sentences de Syrus. Syrus a la vivacité du tour, l'éclat de l'expression, la netteté de la pensée : Ménandre et Philémon l'ont comme lui ; mais ils n'ont pas toujours cette concision nerveuse qui donne tant de prix aux maximes. Syrus est, de tous les poëtes, celui qui a le mieux pressé la sentence, comme dirait Montaigne, au pied nombreux de la poésie.

On ne nomme guère, avec Labérius et Syrus, qu'un seul poëte qui se soit rendu célèbre comme auteur de mimes. C'est Cnéius Matius, que nous retrouverons ailleurs, et dont les mimiambes, ou mimes en vers ïambiques, ne sont connus que par quelques citations extrêmement courtes. Tout ce que nous dirons de Matius poëte, c'est qu'il maniait le mètre ïambique avec grâce et dextérité, et qu'Aulu-Gelle cite quelques-uns de ses vers, pour faire admirer certains mots nouveaux et heureux que la langue devait à cet ingénieux écrivain.

Immoralité des mimes.

Le mime, dès le temps de Labérius, était déjà de la poésie d'assez bas étage, et qui n'était pas faite uniquement pour charmer les esprits délicats. Quant à Syrus, nous savons par Sénèque combien il tenait à satisfaire les goûts de la canaille, et quel étrange contraste devaient faire, dans ses pièces, les personnages aux belles maximes et les personnages aux ignobles quolibets et aux actions viles. J'aime à croire qu'un homme du caractère de Matius se respectait lui-même, et qu'il respectait les yeux et les oreilles de ses auditeurs. Mais Ovide nous donne une assez triste idée des pièces qu'on faisait encore de son temps sous le titre de mimes : « Enfin, dit-il, parmi tant d'hommes qui écrivent, je n'en vois pas un que sa muse ait perdu, moi seul excepté. Que n'ai-je donc écrit des mimes aux obscènes plaisanteries, où ne se montrent que de criminelles amours? Là, toujours c'est un adultère bien vêtu qui entre en scène ; c'est une épouse rusée qui trompe son benêt de mari. Ce spectacle est pour tout le monde, vierges nubiles, matrones, hommes faits, enfants ; et la plupart des sénateurs y assistent. Et ce n'est pas assez que les oreilles soient souillées de paroles infâmes ; les yeux s'accoutument à souffrir bien des choses honteuses. Lorsque l'amant a trompé le mari par quelque nouveau stratagème, on applaudit, et la palme est décernée avec des acclamations bruyantes. Plus l'œuvre est dangereuse, plus elle rapporte d'argent au poëte. Le préteur achète à grand prix ces crimes odieux. Examine, Auguste, les dépenses de tes jeux : tu y liras bien des infamies de ce genre, achetées pour toi à beaux deniers[1]. » Ovide rappelle à Auguste que non-seulement il a autorisé les représentations, mais qu'il y a assisté, et que le spectacle n'a nullement effarouché sa vertu. C'est ainsi que le grand réformateur, l'homme qui aspirait à passer pour le restaurateur des mœurs publiques

---

[1]. Ovide, *Tristes*, livre II, vers 495 et suivants.

et privées, se démentait publiquement lui-même, et travaillait, autant et plus que bien d'autres, à développer tous les ferments de cette corruption qui devait gangrener et dissoudre la société romaine.

Pantomimes.

D'innombrables spectateurs s'étageaient sur les gradins du théâtre de Pompée. J'ai rappelé ailleurs, d'après Horace, ce qu'était le peuple au théâtre. Qu'on juge des efforts inouïs à quoi étaient condamnés les acteurs, pour que l'immense auditoire ne perdît pas trop des choses qu'ils débitaient, et pour que les vers du poëte parvinssent, plus ou moins distincts, à toutes les oreilles sinon à tous les esprits. J'imagine que les sentences morales n'allaient pas très-loin, et ne dépassaient pas beaucoup la première précinction, c'est-à-dire les bancs des chevaliers. Je doute que les mots pour rire pussent monter jusqu'aux derniers degrés de l'amphithéâtre, si peu qu'il y eût de houle dans cette Charybde, si peu qu'y frémît la tempête. Mais les acteurs avaient autre chose que la parole ou le chant, pour faire comprendre leur pensée : ils avaient les poses et les gestes; et c'est par la mimique incontestablement que les mimes avaient surtout mérité leur nom. Les mimes-comédies étaient mimés plus encore que joués; et les mimes-comédiens mimaient leurs rôles plus encore qu'ils ne les déclamaient. Une pièce de Syrus était une pantomime, plus les paroles; et Syrus le mime était un pantomime disant aussi des vers.

On s'aperçut bientôt qu'il n'était pas besoin de se donner tant de peine, et qu'il y avait profit à supprimer complétement les paroles et à ne s'adresser qu'aux yeux : profit pour le poëte, cela va de soi; profit pour les acteurs, débarrassés du plus rude de leur tâche; profit pour les spectateurs assis dans les hauts; profit pour ceux du bas et de l'orchestre même. La musique restait, et tout ou à peu près tout ce qui était essentiel au mime. Les sénateurs et les chevaliers se consolaient de l'absence des paroles, en suivant sur le livret l'explication des mouvements de la scène, comme font chez nous les amateurs de ballets. Les livrets de pantomimes étaient rédigés d'ordinaire en grec, et n'étaient par conséquent qu'à l'usage du beau monde. Il est vrai que la canaille ne s'en souciait guère, pourvu que l'acteur eût des poses expressives et des gestes à son goût.

Le domaine de la pantomime devint, avec le temps, bien autrement étendu que ne l'avait été celui du mime. Le mime n'était que de la farce versifiée et mimée. La pantomime fut de la farce surtout, mais elle fut aussi de la comédie sérieuse, de la tragédie même. On traduisait par la pantomime tout le théâtre des Grecs. Le drame satyrique, jusque-là inconnu des Romains, put dorénavant figurer avec succès sur la scène devenue muette, et y montrer ses chèvrepieds cornus et son Silène à la panse rebondie, à la face joyeuse. Horace nous fait voir un pantomime dansant le rôle d'un satyre, celui d'un cyclope : allusion évidente à quelque représentation mimique qui répondait au *Cyclope* d'Euripide. La pantomime eut ses tragédiens et ses comédiens. Plusieurs furent célèbres. Les noms mêmes de Roscius et d'Ésopus pâlissent, chez les auteurs anciens, auprès de ceux de Pylade ou de Bathylle. Pylade excellait dans la pantomime sérieuse, Bathylle dans la pantomime gaie.

La pantomime est encore de l'art, et de l'art dramatique. Cet art fut assez longtemps florissant à Rome ; mais il eut à son tour sa décadence. Il n'est plus question, dans les bas siècles, ni de Bathylles, ni de Pylades, ni de cyclopes, ni de satyres, ni de comédies mimées, ni de tragédies en gestes. Ce qu'on voit sur la scène, ce sont des femmes nues, des danses ithyphalliques, des priapées, des infamies sans nom, des spectacles du genre de ceux que donnait, jusqu'en plein christianisme, celle qui devait être un jour l'impératrice Théodora.

CHAPITRE XIII.

L'HISTOIRE DEPUIS CATON JUSQU'A CÉSAR.

Caractère des historiens de cette époque. — L. Calpurnius Piso Frugi. — C. Fannius; C. Sempronius Tuditanus, etc. — P. Sempronius Asellio. — Autobiographies. — Historiens contemporains de Sylla.

Caractère des historiens de cette époque.

Caton avait élevé l'histoire à une hauteur où elle ne se soutint pas après lui. Le livre des *Origines* fut, dans la vieille littérature latine, une éclatante et unique exception. Quelques-uns des nombreux historiens qui ont écrit en latin durant la longue période qui s'étend depuis Caton jusqu'à César semblent n'avoir pas été sans quelque mérite ; il y en a même qu'on prisait ou pour leur style ou pour l'étendue et l'exactitude de leurs recherches ; mais pas un d'eux n'avait laissé un de ces monuments à toujours, comme parle Thucydide, qui sont seuls dignes du beau nom d'histoire. C'est ainsi qu'en ont jugé les anciens eux-mêmes. La plupart n'ont été que des annalistes, fidèles ou non, des collecteurs de matériaux historiques, peu soucieux de l'art et du style. La littérature ne saurait avoir un bien vif regret à la perte de tous ces ouvrages. Il est douteux que les plus estimés fussent beaucoup au-dessus du médiocre ; et peut-être ne trouverions-nous pas infiniment à admirer, même dans les livres où quelques hommes célèbres avaient consigné les événements de leur propre vie. Un chapitre sur les historiens qui ont suivi Caton et précédé César, si nous possédions leurs œuvres, aurait chance d'être instructif, sinon bien attrayant : ce n'est pas à moi de dire ce qu'il va être, quand j'en suis réduit à une liste de noms propres, à quelques maigres renseignements épars çà et là dans les auteurs, à quelques lambeaux misérables.

L. Calpurnius Piso Frugi.

Je ne mentionne que pour mémoire les noms de L. Scribonius Libo et d'Aulus Postumius. On ne connaît pas même les titres des ouvrages de ces deux historiens. L. Calpurnius Piso Frugi est un peu moins inconnu. On rapporte qu'il avait écrit des *Annales*, c'est-à-dire une histoire romaine, en sept livres. Son style était d'une sécheresse extrême. Cependant Aulu-Gelle cite un passage de cet auteur qui n'est que simple, et qui est même, selon la remarque du transcripteur, d'une simplicité assez aimable. Il est vrai que ce n'est guère de l'histoire, encore qu'on trouve dans Hérodote plus d'un trait analogue, et que ce soit de ces choses dont Plutarque aime à égayer ses récits : « Le même Romulus, dit-on, ayant été invité à un repas, n'y but pas beaucoup, parce que le lendemain il avait une affaire à traiter. On lui dit : Romulus, si tout le monde faisait comme toi, le vin serait à vil prix. — Non, répondit Romulus : il serait cher, si chacun buvait autant qu'il veut ; car j'ai bu autant que je voulais. »

C. Fannius; C. Sempronius Tuditanus, etc.

C. Fannius et C. Sempronius Tuditanus avaient écrit l'un et l'autre des *Annales*, c'est-à-dire des histoires romaines, comme Piso Frugi. Ces deux ouvrages conservèrent quelque réputation jusqu'au temps de César même. Marcus Brutus ne croyait pas perdre son temps en occupant ses loisirs à faire un abrégé des récits de Fannius. Il ne reste absolument rien de ces deux annalistes. On sait seulement qu'ils n'avaient pas plus songé que leur devancier Pison à porter l'éloquence dans l'histoire. L. Cœlius Antipater l'essaya, dit-on, et avec assez de succès; mais on estimait ses *Annales* bien moins pour les qualités littéraires qu'il y avait déployées, que pour l'abondance des documents qu'il y avait rassemblés, et pour l'esprit judicieux avec lequel il avait choisi parmi les traditions courantes. Cœlius Antipater est un des vieux historiens auxquels Tite Live fut le plus redevable.

P. Sempronius Asellio.

Un tribun militaire qui avait servi sous Scipion Émilien dans la guerre de Numance, P. Sempronius Asellio, rédigea une relation de cette guerre fameuse. Aulu-Gelle nous a conservé quelques lignes de son écrit. Elles sont assez caractéristiques. Elles prouvent qu'Asellio avait voulu faire autre chose que ceux qui se bornaient à imiter la manière et le style des pontifes, et qu'il savait en quoi doit consister l'histoire. On ne dit pas qu'il eût fait un chef-d'œuvre; mais l'historien qu'on va entendre n'a pas pu laisser un livre absolument dépourvu de mérite: « Voici la différence qu'il y a entre ceux qui se sont proposé de donner des annales et ceux qui ont fait effort pour écrire l'histoire du peuple romain. C'est que les annales se bornent à rapporter les faits dans l'ordre des années, de même qu'on les consigne dans un journal, ou, pour me servir du mot des Grecs, dans une éphéméride. Quant à moi, je ne pense pas que ce soit assez d'énumérer les événements: il faut aussi en faire connaître les causes, en expliquer l'esprit. — Des annales n'ont aucune efficacité, ni pour animer les citoyens à mieux défendre la république, ni pour leur inspirer plus d'horreur pour les mauvaises actions. Or, noter simplement sous quel consul telle guerre a commencé, et comment elle a abouti, et qui est entré en triomphe à Rome, et quels événements ont signalé cette guerre, mais passer sous silence les décrets rendus dans le sénat pendant ce temps, les lois ou les plébiscites qui ont été portés, la politique qui a tout dirigé, c'est faire des contes pour les enfants, ce n'est pas écrire des histoires. »

Autobiographies.

Deux Romains distingués, M. Émilius Scaurus et P. Rutilius Rufus, avaient écrit l'histoire de leur propre vie; et leurs livres avaient encore des lecteurs au siècle des Antonins. Tacite, dans le préambule de la *Vie d'Agricola*, rappelle l'exemple qu'ils ont donné; il dit aussi qu'on ne les taxa point de vanité pour avoir parlé d'eux-mêmes, et qu'on ne mit jamais leur sincérité en doute. Mais Tacite ne dit pas que Rutilius et Scaurus fussent ni l'un ni l'autre de grands écrivains. Je ne crois point que Sylla en fût un non plus ; ou plutôt je suis persuadé qu'il se piquait assez peu de passer pour tel, et que ses *Mémoires* n'étaient pas un chef-d'œuvre littéraire. Mais le caractère étrange du sanglant dictateur, les grands événements qui avaient rempli cette vie de soldat et de politique, les préjugés de l'homme, ses mœurs bizarres, tout ce qui a fait de Sylla un des problèmes historiques les plus complexes et les plus obscurs, il n'en fallait pas tant pour faire d'une telle autobiographie un ouvrage très-curieux, très-original, très-instructif même. Sans les révélations de Sylla, nous ne connaîtrions pas Sylla. Plutarque en savait quelque chose : aussi a-t-il largement puisé à la bonne source. Sa *Vie de Sylla* peut nous consoler, jusqu'à un certain point, de la perte du livre d'où il l'a principalement tirée. Elle est bien intéressante et bien habilement composée ; pourtant j'aimerais mieux encore lire les *Mémoires* de Sylla, même arrangés ou gâtés par son affranchi Cornélius Épicadius.

Historiens contemporains de Sylla.

Les *Mémoires* de Sylla devaient avoir au plus haut degré cet intérêt humain qu'on cherche avant tout dans les mémoires des hommes fameux. Ceux de Q. Lutatius Catulus, le vainqueur des Cimbres, n'étaient pas précisément une autobiographie. Cicéron dit que l'ouvrage de Catulus était écrit avec une grâce digne de Xénophon. C'était le récit des opérations stratégiques de la guerre dans laquelle Catulus avait conquis sa renommée. L. Cornélius Sisenna écrivit l'histoire des guerres civiles de Marius et de Sylla, et son ouvrage eut assez de succès pour que Salluste ne crût point déroger à sa dignité d'en écrire la continuation. Salluste, dans sa grande histoire, avait pris les événements au point même où les avait laissés Sisenna. Q. Claudius Quadrigarius et Q. Valérius d'Antium ne se bornèrent pas, comme Sisenna, à traiter un point particulier de l'histoire romaine. Leurs livres, intitulés *Annales*, étaient des histoires plus ou moins complètes. Il reste d'assez longs fragments de celui de Quadrigarius, entre autres le récit du combat où T. Manlius Torquatus gagna son surnom. Autant qu'il est permis de juger d'un auteur d'après quelques pages, Quadrigarius, sans être un narrateur bien habile ni un écrivain consommé, ne manquait ni de goût ni d'une certaine élégance. Son style avait, comme le dit Aulu-Gelle, cette pureté, ce naturel, ce je ne sais quoi d'agréable qui tient à la simplicité d'une langue un peu rude et naïve. La lettre des consuls romains au roi Pyrrhus, telle que Quadrigarius l'a rédigée, mérite le même éloge que les récits de l'historien. On y sent déjà quelque chose de cet art de faire parler les hommes, où devaient plus tard exceller les Salluste et les Tite Live : « Les consuls romains au roi Pyrrhus, salut. Toujours animés du même courage pour tirer vengeance de tes injures, nous ne songeons qu'à te traiter en ennemi, et nous mettons tout ce que nous avons de zèle à te faire la guerre. Mais, pour donner au monde l'exemple de la loyauté, nous sommes résolus à préserver ta vie : nous voulons pouvoir te vaincre les armes à la main. Nicias, un homme de ta maison, est venu vers nous, nous proposer de te faire périr en secret moyennant un salaire. Nous avons refusé de l'entendre; nous lui avons ôté l'espoir de rien tirer de nous; en même temps nous avons cru à propos de t'avertir, afin que, si l'on attentait à ta vie, les peuples ne pussent croire que nous avons préparé le crime, et que nous combattons nos ennemis dans l'ombre, par la trahison soldée et par l'assassinat; moyens qui ne sont point à notre usage. Tiens-toi sur tes gardes, ou crains de périr. » Ce qu'on cite de Valérius d'Antium est infiniment peu de chose; et encore les transcripteurs n'ont-ils pas reproduit les paroles textuelles de l'historien. Nous nous dispenserons donc de chercher, dans de pareilles reliques, ce qui pouvait caractériser son style et sa manière. Je remarquerai seulement qu'on ne sépare guère le nom de Valérius d'Antium de celui de Quadrigarius, et que les qualités et les défauts de l'un semblent avoir été, à peu de chose près, les défauts et les qualités de l'autre.

Il ne nous reste plus qu'à rappeler quelques noms assez obscurs : C. Licinius Macer, dont les *Annales* ont été plus d'une fois mises à profit par Tite Live ; L. Otacilius Pilitus, qui avait raconté les exploits de Pompée; Q. Élius Tubéro, auteur de plusieurs ouvrages historiques; Vennonius, Munatius Rufus, Q. Dellius. Ces derniers, et tous ceux que je pourrais énumérer encore, ne sont même pour nous que des noms.

On voit si j'avais raison de craindre que ce chapitre ne fût qu'ennuyeux. Nous allons trouver, je l'espère, une matière un peu moins ingrate. L'éloquence, après Caton, ne déchut pas comme l'histoire, et plus d'un Romain, avant Cicéron, se montra digne du titre d'orateur.

CHAPITRE XIV.

L'ÉLOQUENCE APRÈS CATON; LES GRACQUES.

Le *Brutus* de Cicéron. — L'éloquence judiciaire après Caton. — Genre démonstratif. — Servius Sulpicius Galba. — Lélius et Scipion Émilien. — Discours de Lélius. — Discours de Scipion. — Lépidus Porcina. — Carbon. — Institutions favorables au développement de l'éloquence. — Les Gracques. — Éloquence des Gracques. — Discours de Tibérius. — Discours de Caïus.

Le Brutus de Cicéron.

Cicéron a écrit une histoire de l'éloquence. C'est le dialogue intitulé *Brutus, ou des Orateurs illustres*. Nous nous bornerons en général à rédiger, d'après ce grand critique, la liste des orateurs romains, et à transcrire les jugements qu'il a portés sur eux. Mais le *Brutus* est à la fois incomplet et surabondant : incomplet, car les hommes les plus fameux par leur éloquence ne sont pas toujours ceux à qui Cicéron a consacré le plus de place dans son livre ; surabondant, car Cicéron énumère une foule d'hommes qui n'ont presque rien eu de commun avec l'éloquence. Il suffit qu'on se soit mêlé un instant des affaires de l'État, qu'on ait été sénateur, qu'on ait émis publiquement son avis sur quelque mesure à prendre : Cicéron s'en souvient; il vous en sait gré, et il vous compte au nombre des orateurs ; il ne vous ménage même pas les éloges. Son patriotisme romain le tient, pour ainsi dire, dans une illusion perpétuelle, et lui faire voir des orateurs là où il n'y a eu que des parleurs plus ou moins sérieux. Nous choisirons donc parmi tous ces noms ; et nous chercherons, dans Cicéron ou ailleurs, de quoi mettre les principaux dans une suffisante lumière.

L'Éloquence judiciaire après Caton.

Il ne faut pas qu'on s'attende à trouver, après Caton, un développement régulier de tous les genres d'éloquence. Plusieurs restèrent en germe ; l'éloquence politique seule poussa dans tous les sens ses jets vigoureux. Caton avait fait déjà retentir les tribunaux d'accents solennels, et la collection de ses discours écrits contenait plus d'un plaidoyer. Ses successeurs se remirent aux vieilles méthodes : ils se contentèrent d'être légistes et ergoteurs ; et ils pensèrent avec raison, que la postérité se soucierait médiocrement de jeter les yeux sur des discussions de textes, même assaisonnées de sel romain. Aussi leurs plaidoyers ne furent-ils que paroles volantes. Du moins on aperçoit à peine quelques rares vestiges des monuments de l'éloquence judiciaire proprement dite, depuis le temps de Caton jusqu'à celui des orateurs illustres dont Cicéron fut l'héritier immédiat ou l'émule.

Genre démonstratif.

Il en est de même pour ce qui concerne le genre démonstratif. Ce n'est pas que les Romains se fissent faute, par exemple, de prononcer des oraisons funèbres. L'usage antique subsistait ; mais on ne voit pas que personne, sauf peut-être Lélius, ait songé, durant tout un siècle, à écrire rien de pareil aux discours de Q. Métellus ou de Fabius Maximus. Pour rencontrer une oraison funèbre écrite, on est réduit à descendre le cours des temps jusqu'à Cicéron même. Mais ne parlerons-nous pas des inscriptions qu'on gravait sur les tombeaux ? Ce ne sont pas des discours, il est vrai ; ce sont quelquefois des choses belles et éloquentes. Les Romains ont excellé dans l'épitaphe. On en a déjà vu quelque chose, on va le voir encore. Voici une épitaphe en vers ïambiques, qui n'a pas pu trouver sa place dans les chapitres que nous avons consacrés aux poëtes. L'auteur en est inconnu. On devine la date, à certaines particularités du langage et de l'orthographe : *sovo* pour *suo*, *pulcrai* pour *pulcræ*, *deico* pour *dico*, etc. Je profite avec empressememt de l'occasion qui me permet d'en faire jouir le lecteur. C'est un éloge funéraire, sinon une oraison funèbre ; le titre est même, *Éloge de Claudia* : « Passant, j'ai peu à te dire ; arrête-toi donc, et lis. Ici est le modeste tombeau d'une belle femme. Ses parents lui avaient donné le nom de Claudia. Elle aima son mari de tout son cœur ; elle mit au monde deux fils : l'un des deux vit encore après elle, l'autre repose en terre. Elle était d'un entretien agréable, d'un abord charmant. Elle garda la maison ; elle fila de la laine. J'ai dit. Adieu. »

Servius Sulpicius Galba.

Servius Sulpicius Galba, le dernier adversaire contre lequel Caton essaya ses forces, était un orateur très-habile, un homme d'un vrai talent, et capable de tenir tête à l'accusateur. Mais sa cause était mauvaise ; et ce n'est point par des arguments oratoires qu'il détruisit l'effet des attaques du terrible vieillard. Il apitoya les Romains sur le sort de ses enfants et d'un neveu qui était son pupille. Il fit paraître à ses côtés ses deux fils et le fils de son frère Sulpicius Gallus ; il les embrassa en pleurant ; il prononça quelques paroles touchantes ; et le peuple fut désarmé, et les abus d'autorité dénoncés par Caton furent pardonnés au magistrat, par considération pour le père de famille. Galba avait laissé trois discours écrits ; mais c'est à peine s'il en reste trois mots authentiques. Cicéron nous apprend que cet orateur fut le premier, à Rome, qui sut mettre en œuvre les ressources de l'art des Grecs, l'amplification, les digressions, les lieux communs, en un mot tout ce qui vise à charmer l'esprit. Mais ce qui faisait surtout le succès de Galba, c'était son adresse à s'emparer des affections de l'auditeur, et à forcer l'assentiment à défaut de la conviction. Cicéron toutefois avoue que les discours de Galba laissaient beaucoup à désirer : le style en était un peu sec et maigre, et il sentait son antique plus que le style de Lélius ou de Scipion, plus que celui de Caton même.

Lélius et Scipion Émilien.

On ne peut guère séparer les noms de ces deux hommes, qui furent unis d'une si étroite amitié pendant leur vie, et que les anciens ne nomment presque jamais l'un sans l'autre. Ils étaient tous deux orateurs distingués ; mais la différence des caractères en mettait une assez tranchée entre l'éloquence de l'un et celle de l'autre. L'éloquence de Scipion était plus vive et plus passionnée ; celle de Lélius était plus savante, plus agréable, plus attique, plus émaillée de mots heureux et de fines plaisanteries. Scipion orateur était encore un soldat; Lélius orateur n'était que l'homme sage habile dans l'art de convaincre. Au reste, il serait difficile de dire lequel des deux était le plus complétement possédé de l'amour du bien et du beau ; lequel l'emportait par la noblesse des sentiments, par l'élévation de la pensée, par la solidité et la variété des connaissances. Il a déjà été question ailleurs de leurs goûts littéraires. Panétius, le grand philosophe et le grand écrivain, fut leur maître et leur ami. Diogène le stoïcien, avant Panétius, les avait initiés aux nobles doctrines de l'école de Zénon. La culture grecque avait perfectionné mais non gâté leur esprit : c'étaient des Romains dignes de la Grèce, mais qui n'avaient pas démérité de Rome. Caton, l'adversaire acharné de tous les leurs, les aima comme des fils ; et Périclès se fût applaudi de laisser après lui de pareils héritiers.

Discours de Lélius.

Les fragments des discours de Lélius ne sont pas beaucoup plus considérables que ceux des discours de Galba. Il y a lieu pourtant de dire un mot de quelques titres, et de transcrire les cinq ou six lignes que nous avons de Lélius. Le titre *Plaidoyers pour les publicains* ne prouve pas que Lélius eût rédigé des discours proprement judiciaires. Ces plaidoyers, ou selon le mot latin, ces *actions*, étaient sans doute d'un genre mixte, demi-judiciaire, demi-politique, comme sont certains discours de Cicéron, entre autres les *Verrines*. Scipion, après sa mort, eut deux panégyristes, Fabius Émilien son frère, et son neveu Q. Tubéro. Mais les deux discours étaient l'œuvre de Lélius, s'il en faut croire certains témoignages. Cicéron fait allusion quelque part à un passage du discours prononcé par Fabius; et un scholiaste de Cicéron nous a conservé ce passage, qui vaut la peine qu'on le recueille : « Ainsi donc, Romains, nous ne saurions rendre grâce aux dieux immortels autant que nous le devons, de ce qu'un tel homme, animé d'un tel esprit, doué d'un tel génie, est né dans cette république et non ailleurs ; et nous ne saurions donner preuve ni d'assez de déplaisir, ni d'assez de chagrin, de ce qu'il a été victime d'une telle maladie, et de ce qu'il a péri dans un temps où nous avions surtout besoin qu'il fût vivant, vous et tous ceux qui désirent le salut de cet État. »

Discours de Scipion.

Nous sommes plus heureux avec Scipion qu'avec Lélius. Aulu-Gelle, Macrobe et d'autres nous ont transmis un certain nombre de morceaux tirés des discours du destructeur de Carthage. Ces fragments répondent assez bien à l'idée qu'on doit se faire du caractère et de l'esprit du fils de Paul Émile. Le style de Scipion a quelque chose de sévère et de hautain, qui sent l'homme habitué au commandement. C'est presque la rudesse et la franchise de Caton. Voyez l'orateur, attaqué par Tibérius Asellus, couvrir l'accusateur de ses mépris et l'accabler de sa véhémence : « Tout ce que les hommes font de mauvais, de honteux, de criminel, est compris dans ces deux vices, la méchanceté de l'âme et la dépravation des mœurs. De quoi veux-tu te justifier? Est-ce de la méchanceté? est-ce de la dépravation? est-ce à la fois de l'une et de l'autre? Si tu prétends qu'on ne t'accuse point de dépravation, libre à toi ; mais les sommes que tu as dépensées pour une seule prostituée excèdent le prix que tu as déclaré aux censeurs pour tout le mobilier de ta terre de Sabine. Tu le nies? qui te cautionne de mille sesterces?

Mais tu as dépensé et dissipé en débauches infâmes plus d'un tiers de l'argent paternel. Tu le nies? qui te cautionne de mille sesterces? Tu renonces à la défense sur la dépravation : eh bien! réponds au moins sur la méchanceté. Mais tu t'es parjuré solennellement et de propos délibéré. Tu le nies? qui te cautionne de mille sesterces? »

Il y a, dans ce qui reste des discours de Scipion, des choses plus vives et plus énergiques encore. Les libertés de la langue latine atteignent à leurs limites extrêmes dans le passage où Scipion reproche à Sulpicius Gallus les recherches de sa toilette et ses mœurs efféminées. Je ne pourrais traduire les paroles de l'orateur qu'en les affaiblissant, qu'en les rendant méconnaissables. Je puis, en revanche, donner un passage du discours de Scipion contre la loi agraire de Caïus Gracchus. C'est un admirable tableau de la corruption qui dévorait déjà la jeunesse romaine : « Les jeunes gens apprennent des arts déshonnêtes; ils vont à une école d'histrions avec des débauchés infâmes, la sambuque et le psaltérion en main. Ils apprennent à chanter, ce que nos ancêtres regardaient comme une honte pour des hommes de condition libre. Oui, des jeunes filles, des jeunes garçons, de condition libre, vont dans une école de danse se mêler à des débauchés infâmes. Quand on me racontait ces faits, je ne pouvais me mettre dans l'esprit que des hommes nobles enseignassent de telles choses à leurs enfants. Mais on m'a conduit dans une école de danse; et j'y ai vu, en vérité, plus de cinq cents jeunes garçons et jeunes filles. J'y ai vu, et j'ai dû déplorer le sort de la république, un de ces jeunes garçons, portant la bulle, le fils d'un candidat, un enfant d'au moins douze ans, qui dansait, en s'accompagnant de crotales, une danse qu'un esclave impudique ne pourrait danser sans déshonneur. »

On se souvient que Caton, dans certains cas, exprimait sa pensée sous des formes singulières et saisissantes. Il en était de même de Scipion. C'est dans les discours de Scipion qu'un ancien a puisé les exemples les mieux caractérisés de la figure que les Grecs nommaient l'*échelle*, et que nous nommons, comme les Latins, la *gradation*. Voici une de ces échelles dont l'orateur se plaisait à monter les degrés : « De la vertu naît la considération, de la considération les honneurs, des honneurs le commandement, du commandement la liberté. » En voici une autre : « Forcé par la violence, à contre-cœur j'ai engagé le procès avec lui ; le procès engagé, j'ai amené mon adversaire devant le juge ; amené devant le juge, au premier assaut je l'ai fait condamner; condamné, je l'ai volontairement tenu quitte. »

Lépidus Porcina.

Les six mots insignifiants qui restent des discours de Porcina ne sont pas, certes, ce qui nous engage à mentionner cet orateur : c'est la manière dont Cicéron parle de lui dans le *Brutus*. Cicéron dit que M. Émilius Lépidus, surnommé Porcina, avait eu la réputation d'un grand orateur, et qu'il était, sans contredit, un bon écrivain. C'était le premier chez qui Cicéron trouvait la douceur des Grecs, la disposition harmonieuse des mots, et ce travail de la diction qui annonçait déjà un art véritable. Carbon et Tibérius Gracchus furent, en un sens, les disciples de Porcina : ils cherchaient avidement les occasions de l'entendre parler ; ils étudiaient son style et sa manière. Les paroles de Cicéron ne signifient pas, comme on pourrait le supposer, que Porcina leur donna des leçons d'éloquence. Porcina, sénateur et consulaire, ne se fit point rhéteur, même pour des jeunes gens de si grande espérance : il les instruisit d'exemple ; et Cicéron ne dit rien autre chose.

Carbon.

C. Papirius Carbo fut tribun du peuple avec Tibérius Gracchus. Il s'associa aux projets de son collègue, et il fut un des triumvirs chargés de faire le partage des terres. Les nobles n'eurent d'abord point d'ennemi plus habile ni plus redoutable. Au temps de Caïus Gracchus, Carbon abandonna le parti des plébéiens; et les nobles, dit-on, l'aidèrent à parvenir au consulat. Il prit la défense d'Opimius, et il flétrit les victimes qui avaient succombé dans la lutte où triompha l'aristocratie. Mais il ne gagna guère à sa défection que la haine de ses anciens amis et le mépris de ses nouveaux alliés. On n'oublia point les actes du tribun et du triumvir. Il fut accusé par Crassus; et, désespérant d'échapper à la condamnation, il se donna volontairement la mort, ou, suivant d'autres, alla mourir en exil.

Cicéron appelle Carbon un séditieux et un mauvais citoyen; mais il ne conteste pas, tant s'en faut, ses talents oratoires. Il loue sa fécondité; il dit que Carbon avait une belle voix, la langue facile, de la vivacité et de la véhémence, de la douceur pourtant, et la plaisanterie à souhait; il ajoute que Carbon donnait beaucoup de temps et de soins aux exercices par lesquels les orateurs anciens préludaient chez eux aux luttes de la place publique ou du barreau. Carbon avait laissé, selon toute apparence, un grand nombre de discours. Nous avons à peine les titres de deux ou trois, et quelques mots de celui que Carbon avait prononcé pour Opimius : « Si le consul c'est l'homme qui veille au salut (*consulit*) de la patrie, quelle autre chose a faite Opimius? — Si Gracchus' était criminel, Opimius a agi en bon citoyen. »

Institutions favorables au développement de l'éloquence.

L'époque où vécurent Carbon et les Gracques fut très-féconde en hommes habiles à se servir de la parole. Outre le noms que nous avons mentionnés, nous pourrions énumérer ceux de L. Scribonius Libo, de Spurius Albinus, des deux Aurélius Orestès, de Pompéius Népos, de Julius Pennus, d'autres encore. On s'explique aisément cette abondance, si l'on songe aux effets nécessaires de quelques-unes des lois qui furent alors portées L. Pison, tribun du peuple, avait fait adopter la fameuse loi sur la concussion (*de Repetundis*). On avait établi les *enquêtes perpétuelles*, c'est-à-dire une juridiction permanente, à laquelle ressortissaient toutes les causes de concussion, de prévarication politique et administrative, et où l'on traduisait les magistrats qui avaient mal géré ou malversé. Rien n'était plus commun que la concussion et les prévarications de toute sorte. Mais aussi les accusateurs ne manquaient pas. C'était en prenant à partie quelque homme plus ou moins fameux, que les jeunes gens faisaient d'ordinaire leurs débuts oratoires. Les enquêtes perpétuelles provoquaient sans cesse les ambitions naissantes; et les orateurs faits avaient là une arène toujours ouverte, où leur talent se fortifiait et s'aiguisait, soit dans l'attaque, soit dans la défense. Cicéron remarque que Carbon dut beaucoup aux circonstances où il vécut, et aux nouvelles institutions qui mettaient les magistrats hors de charge sous la main d'une loi précise, et découvraient leur poitrine à tous les coups. Ce que Cicéron dit de Carbon, on est en droit de le dire évidemment de Tibérius et de Caïus Gracchus.

Les Gracques.

On s'accorde assez, aujourd'hui, à reconnaître que les Gracques furent autre chose que des ambitieux vulgaires, et qu'ils périrent victimes de leur zèle pour le bien public. Les déclamations de certains auteurs anciens ne sont point parvenues à étouffer complétement la vérité. On sait à quoi s'en tenir sur ce que les Romains nommaient lois agraires. Ce n'étaient point des lois de spoliation et de vengeance; c'était la revendication des propriétés du domaine de l'État, usurpées par des envahisseurs qui n'avaient d'autre droit que le droit de la force; c'était, comme le dit Memmius dans Salluste, une restitution faite au peuple de ce qui n'avait jamais cessé d'appartenir au peuple. Les Gracques voulaient remplir les campagnes de petits propriétaires et de laboureurs citoyens; régénérer par le travail la foule indigente qui encombrait Rome et les grandes villes de l'Italie; ranimer, dans tout le corps de l'empire, la vie qui s'éteignait peu à peu aux extrémités, et qui n'avait, à la tête et au cœur, qu'une activité stérile et malfaisante. L'avenir a trop prouvé que c'était là l'unique remède aux maux dont mourait la république. Les Gracques échouèrent contre la formidable coalition des intérêts, des convoitises, des iniquités. Ils n'étaient pourtant pas au-dessous de la tâche. Leurs plus ardents détracteurs mêmes confessent qu'on vit rarement des hommes doués de talents plus remarquables, et que ce qui leur a manqué, ce n'est ni la persévérance ni le génie. Mais nous laissons à l'histoire proprement dite le soin de proclamer leurs titres politiques à l'estime et aux respects de la postérité. Il ne s'agit ici que des deux orateurs.

Cornélie, fille du premier Africain et femme de l'illustre plébéien Gracchus, qui avait été deux fois consul, une fois censeur, et à qui on avait décerné deux triomphes; Cornélie était jeune encore à la mort de son époux; mais Gracchus lui-même n'eût rien pu ajouter à ce qu'elle fit pour rendre ses fils dignes de leur père et de leur aïeul. Tibérius, né en 162; Caïus, plus jeune de neuf ans, et une fille, qui épousa Scipion Émilien, voilà les seuls enfants qu'elle eut à élever : neuf autres qui lui étaient nés n'arrivèrent pas à l'adolescence. On sait comment périt Tibérius, à l'âge de trente ans, et Caïus dix ou onze ans plus tard, à peu près au même âge. Cornélie survécut même à Caïus; et le sort déplorable de ses fils ne l'empêcha jamais de s'applaudir et de l'éducation qu'elle leur avait donnée et des nobles sentiments qu'elle leur avait inspirés. Il ne faut pas juger d'elle d'après la prétendue lettre à Caïus, qui se trouve parmi les ouvrages de Cornélius Népos, et qui n'est qu'une fiction ou de l'historien, ou de quelque déclamateur dévoué au parti de l'aristocratie. Le dernier chapitre de la *Vie* des deux frères par Plutarque montre assez combien l'auteur de la lettre s'est mépris et sur le caractère de Cornélie et sur les dispositions où elle devait se trouver au moment où Caïus brigua le tribunat. A-t-elle jamais condamné ses fils vivants et réprouvé leur conduite, celle qui voulait qu'on la nommât non point la fille de Scipion ou la femme de Gracchus, mais la mère des Gracques? celle enfin dont Plutarque peint l'héroïsme en ces termes : « Cornélie supporta son malheur avec beaucoup de constance et de grandeur d'âme; et l'on rapporte qu'en parlant des édifices sacrés qu'on avait bâtis sur les lieux mêmes où ses enfants avaient été tués, elle ne dit que ces mots : « Ils ont les tombeaux qu'ils méri-
« tent. » Elle passa le reste de ses jours dans une maison de campagne près de Misène, sans rien changer à sa manière de vivre. Comme elle avait un grand nombre d'amis, et que

sa table était ouverte aux étrangers, elle était toujours entourée d'une foule de Grecs et de gens de lettres. Les rois mêmes lui envoyaient et recevaient d'elle des présents. Tous ceux qui étaient admis chez elle prenaient un singulier plaisir à lui entendre raconter la vie et les actions de Scipion l'Africain son père; mais ils étaient ravis d'admiration lorsque, sans témoigner aucun regret, sans verser une seule larme, et comme si elle eût parlé de quelques personnages anciens, elle rappelait tout ce que ses fils avaient fait, tout ce qu'ils avaient souffert. »

Éloquence des Gracques.

Plutarque, avant d'entrer dans le détail des événements de la vie des deux frères, compare brièvement Tibérius et Caïus, et fait ressortir les traits distinctifs de leurs caractères et de leur éloquence : « Premièrement, dit-il, Tibérius avait l'air de visage, le regard et les mouvements doux et posés; Caïus, au contraire, était vif et véhément. Lorsqu'ils parlaient en public, l'un se tenait toujours à la même place, avec un maintien plein de réserve; et l'autre fut le premier, chez les Romains, qui donna l'exemple de se promener dans la tribune, et de tirer sa robe de dessus ses épaules.... En second lieu, l'éloquence de Caïus, terrible, passionnée, saisissait violemment les esprits; celle de Tibérius, plus douce, était plus propre à exciter la compassion. La diction de Tibérius était pure et châtiée; celle de son frère, persuasive et ornée avec une sorte de complaisance.... Leurs mœurs n'étaient pas moins différentes que leur langage. Tibérius était doux et calme, et Caïus rude et emporté : c'était au point que souvent, au milieu de ses discours, il s'abandonnait, contre sa volonté, à des mouvements impétueux de colère; il haussait la voix, se laissait aller aux invectives, et confondait l'ordre des choses dans sa harangue. Pour remédier à ces écarts, voici les moyens qu'il employait. Licinius un de ses esclaves, homme qui ne manquait pas d'intelligence, se tenait derrière lui, quand il parlait en public, avec un de ces instruments de musique que servent à régler la voix; et lorsqu'il sentait, à l'éclat des sons, que son maître s'emportait et se livrait à la colère, il lui soufflait un ton plus doux. Caïus modérait aussitôt sa véhémence, baissait la voix, adoucissait sa déclamation, et revenait à une disposition plus tranquille. Telles étaient les différences qu'on remarquait entre eux. Mais la vaillance contre les ennemis, la justice envers les inférieurs, la diligence dans l'exercice des fonctions publiques, la tempérance dans l'usage des plaisirs, étaient égales chez l'un et chez l'autre. »

Cicéron ne dit presque rien de l'éloquence de Tibérius Gracchus. Il note seulement, en passant, que Tibérius parlait bien, et qu'il avait laissé des discours écrits. Caïus est mentionné, dans le *Brutus*, avec infiniment plus d'honneur. Cicéron n'hésite pas à le mettre sur la ligne des plus grands orateurs qui aient jamais été. Il vante la noblesse de son style, la sagesse de ses pensées, la gravité de sa manière, puis il ajoute : « Ses ouvrages n'ont pas eu le poli de la dernière main ; il y a beaucoup de choses admirablemet ébauchées, mais non point mises en complet état de perfection. Cet orateur mérite entre tous d'être lu par les jeunes gens ; car il est capable non-seulement d'aiguiser l'esprit mais de le nourrir. »

Discours de Tibérius.

Il ne reste pas un seul mot latin authentique des discours de Tibérius ; il n'en reste pas même les titres. On croit qu'il avait prononcé un discours à propos du traité conclu entre les Numantins et le consul Mancinus ; qu'il avait écrit ce discours, et que Quintilien y fait quelque part allusion, à propos des circonstances où il arrive à l'orateur de détourner sur quelque autre personne la responsabilité des faits dont on l'accuse. Mais ce n'est là qu'une simple supposition. C'est dans Appien et dans Plutarque qu'il faut aller chercher les vestiges des discours mentionnés par l'auteur du *Brutus*.

Quand Tibérius eut proposé la loi agraire, il eut besoin de toutes les ressources de son talent pour en faire décréter 'adoption. « Les riches, dit Plutarque, et ceux qui possé-

daient de grands biens, révoltés par avarice contre la loi et contre le législateur, cherchèrent par colère et par opiniâtreté à empêcher le peuple de la ratifier : ils lui peignaient Tibérius comme un séditieux qui n'avait d'autre but, en proposant un nouveau partage des terres, que de troubler le gouvernement et de mettre la confusion dans les affaires. Mais leurs efforts furent vains. Tibérius soutenait cette cause, la plus belle et la plus juste de toutes, avec une éloquence capable de justifier la plus mauvaise. Il se montrait redoutable et invincible lorsque du haut de la tribune, que le peuple environnait en foule, il parlait en faveur des pauvres : « Les bêtes sauvages répandues dans l'Italie ont, di-
« sait-il, des tanières et des repaires pour se retirer ; et ceux
« qui combattent et meurent pour la défense de l'Italie n'ont
« d'autre bien sinon la lumière et l'air qu'ils respirent.
« Sans maison, sans établissement fixe, ils errent çà et là
« avec leurs femmes et leurs enfants. Leurs généraux leur
« mentent, quand, dans les batailles, ils les exhortent à
« combattre pour leurs tombeaux et pour leurs temples ; car,
« entre tant de Romains, en est-il un seul qui ait un autel
« domestique, un tombeau de ses ancêtres? Ils combattent
« et meurent uniquement pour soutenir le luxe et l'opulence
« d'autrui ; et on les appelle les maîtres de l'univers, alors
« qu'ils ne possèdent pas en propre une seule motte de
« terre ! » J'ai mis sous la forme directe les paroles que Plutarque n'a rapportées qu'indirectement, d'après la méthode familière aux historiens grecs et latins. Ce n'est donc pas proprement un passage du discours de Tibérius ; mais, à travers ce que Plutarque a conservé de la pensée originale, on aperçoit encore, ce me semble, quelques traits de la vive éloquence qui animait le tribun, et qui soulevait si puissamment tant de passions contraires.

Appien nous montre Tibérius déplorant la misère et la dépopulation de l'Italie, et peignant aux Romains les craintes dont les bons citoyens étaient assaillis, les espérances qui les rassuraient encore. Ailleurs, le même historien donne l'analyse du discours de Tibérius sur l'inviolabilité de la personne des tribuns, à propos des mesures violentes où l'avait poussé l'opposition de son collègue, Octavius Cécina. On retrouve, dans Appien, le même homme et le même orateur que dans Plutarque.

Discours de Caïus.

Caïus débuta dans la carrière oratoire par la défense d'un certain Vettius. Bientôt après, il saisit l'occasion de se rendre populaire, en soutenant la loi Papiria, c'est-à-dire la loi proposée par C. Papirius Carbo pour le rétablissement du tribunat dans ses anciens priviléges. Il attaqua ensuite la loi de Pennus contre les étrangers. L'ami dévoué du peuple, le protecteur des Italiens et des alliés, devait s'attendre à d'implacables haines. Après sa questure en Sardaigne, il fut en butte à des accusations infamantes. On incriminait ses mœurs, on attaquait sa probité. Aulu-Gelle nous a conservé quelques passages du discours qu'il prononça devant le peuple après son retour. Il faut voir avec quelle noble fierté Caïus repousse toutes les calomnies, et met ses accusateurs au défi d'alléguer le moindre fait qui puisse légitimer même un soupçon. En disant de quelle manière il a vécu en Sardaigne, sans luxe, sans cortége, sans maîtresses, uniquement occupé des fonctions de sa charge, il ne faisait pas uniquement son apologie : une telle conduite était la satire sanglante des déportements d'autres hommes, qui n'avaient point, comme lui, l'excuse de leur jeunesse. Il ne le dissimule pas ; bien au contraire. Aussi, comparant le désintéressement dont il avait fait preuve avec la rapacité ordinaire des magistrats romains : « Les ceintures, dit-il, que j'avais emportées de Rome pleines d'argent, je les ai rapportées vides de la province. D'autres ont rapporté chez eux, pleines d'argent, les amphores qu'ils avaient emportées pleines de vin. » Caton lui-même n'eût pas mieux rencontré. Si tout le discours était sur ce ton, le vieux censeur s'y fût reconnu, et eût applaudi sans réserve.

Il ne reste que des fragments insignifiants du discours de Caïus devant les censeurs, et de ses deux attaques contre P. Popillius Lénas et contre Q. Élius Tubéro. Mais nous avons un passage assez considérable du discours contre la la loi Auféia. C'est un morceau fort spirituel, où Caïus énumère les motifs qui déterminent les orateurs divers ou à parler en faveur de la loi, ou à parler contre la loi, ou à garder le silence. Ce n'est pas, certes, un hymne à la vertu et au désintéressement des chefs de parti. Les silencieux ne sont pas plus épargnés que les autres, et le dernier trait est à leur adresse : « Un tragédien grec se vantait un jour qu'une seule pièce lui avait rapporté un grand talent. Alors Démade, l'homme le plus éloquent d'Athènes : Tu t'émerveilles donc, lui dit-il, d'avoir gagné un talent à parler? Eh bien, moi, j'ai reçu du roi dix talents pour me taire ! »

Dans les fragments du discours de Caïus sur les lois qu'il avait promulguées, on trouve des choses d'un autre genre. Il y a du pathétique à l'endroit où Caïus se présente dévouant sa vie, dévouant l'existence même de sa race à l'accomplissement de l'œuvre commencée jadis par son frère. Un autre passage, ou plutôt deux autres passages, ceux qu'Aulu-Gelle a mis en regard du récit de la mort de Gavius et de celui du supplice des décemvirs ligures, n'ont rien de bien vif ni de bien dramatique, au prix des exclamations indignées de Caton ou des images saisissantes de l'accusateur de Verrès. Ces morceaux prouvent pourtant que Caïus s'entendait aussi à raconter et à peindre. Aulu-Gelle n'en disconvient pas; seulement il donne l'avantage à Cicéron et à Caton. J'ajouterai que Caïus ne touchait qu'en passant certains faits odieux; qu'il n'accusait pas tel ou tel magistrat, mais presque tous les magistrats; qu'il ne s'agissait pour lui que de citer des exemples, et qu'il n'avait pas besoin de se mettre en frais d'indignation, comme s'il avait eu en face quelque Verrès ou quelque Thermus. Il suffisait que les exemples fussent bien choisis. Caïus laissait les faits parler eux-mêmes; et l'ironique simplicité avec laquelle il les présente n'en diminue pas beaucoup, ce me semble, la significative énergie. Vingt exclamations ajouteraient elles beaucoup à l'exposé même? On en jugera par les lignes que je vais transcrire : « Il y a quelques années, un jeune homme, qui n'avait pas encore exercé de magistrature, fut député d'Asie à Rome avec une mission publique.

Il se faisait porter en litière. Un bouvier de la campagne de Vénuse le rencontre ; et, ne sachant pas qui était dans la litière, il demanda en riant si c'était un mort qu'on portait. Le jeune homme, à ces mots, fit arrêter la litière : il ordonna qu'on détachât les cordes qui la liaient, et il en fit battre le malheureux jusqu'à ce qu'il eût rendu l'âme. »

On ne peut rien transcrire d'aucun des autres discours dont nous avons les titres, ni du discours sur la loi Minucia, ni des discours contre L. Métellus, contre L. Pison, contre Furius, ni du discours sur la rogation de Cn. Marcius Censorinus, ni du discours contre Plautius. Mais nous avons d'autres débris qui méritent d'être recueillis. Ainsi cet exemple de gradation ou d'échelle : « Ton enfance a été un déshonneur pour ta jeunesse ; ta jeunesse une flétrissure pour ta vieillesse ; ta vieillesse un opprobre pour la république. » Ainsi surtout l'expression poignante des angoisses de Caïus durant la lutte suprême : « Malheureux que je suis ! où aller, où chercher asile ? Dans le Capitole ? mais il est inondé du sang de mon frère. Dans ma maison ? j'y verrais une mère infortunée fondre en larmes et mourir de douleur. » Cicéron, qui rapporte ces paroles dans un des ses dialogues, fait dire à l'interlocuteur qui les cite : « Une chose certaine, c'est qu'en ce moment, le regard de Caïus, sa voix, son geste, étaient si touchants, que ses ennemis eux-mêmes en versèrent des pleurs[1]. »

La perte peu s'en faut complète des discours de Caïus et de ceux de son frère est un accident bien regrettable. Mais les témoignages des anciens, et les lambeaux mêmes de ces discours qui ont échappé à la destruction, ne permettent guère de douter du talent oratoire des Gracques. Ces deux hommes, si grands par le cœur, n'ont pas été moins grands par l'esprit. Ils ont eu le don d'éloquence, et ils en ont bien usé : est-il au monde une plus noble gloire ?

---

[1]. Cicéron, dialogues *de l'Orateur*, livre III, paragraphe LVI.

CHAPITRE XV.

L'ÉLOQUENCE DEPUIS LES GRACQUES JUSQU'A CICÉRON.

Scaurus ; Rutilius, etc. — Crassus et Antoine. — Vie de Crassus. — Éloquence de Crassus. — Crassus orateur judiciaire. — Discours politiques de Crassus. — Vie d'Antoine. — Éloquence d'Antoine. — Philippe. — Cotta et Sulpicius. — Autres orateurs contemporains de Crassus et d'Antoine. — Hortensius. — Hortensia.

Scaurus ; Rutilius, etc.

Entre les Gracques et Cicéron, trois orateurs ont conquis, à Rome, une réputation de génie : Crassus, Antoine, Hortensius. C'est à ces noms illustres que sera principalement consacré ce chapitre ; mais il y a quelques hommes de talent qu'il serait injuste de passer sous silence.

M. Émilius Scaurus, dont il a été question à propos des historiens, était, suivant Cicéron, un orateur distingué. Il imitait, dans ses discours, la simplicité des anciens orateurs ; sa parole avait de la gravité et de l'autorité ; son éloquence était toute sénatoriale. Rutilius, dont le nom est presque toujours joint à celui de Scaurus, était un orateur aussi ; mais Cicéron ne fait qu'un médiocre éloge de ses discours. L'auteur du *Brutus* traite plus favorablement Catulus orateur ; je dis le collègue de Marius, celui-là même qui avait écrit l'histoire de la guerre des Cimbres : « Q. Catulus était savant, non à la manière des anciens, mais à la nôtre, ou, s'il en est une meilleure, à la sienne. Il avait beaucoup de littérature, une grande douceur de langage aussi bien que de mœurs et de caractère, enfin une diction pure et que ne déparait aucune tache. » Il reste quelques fragments des discours de Q. Métellus le Numidique ; mais ces fragments n'ont rien de bien remarquable. Je n'en excepte pas même celui qu'on a si souvent cité, cette singulière exhortation au mariage qui commence ainsi : « Romains, si nous pouvions nous passer d'épouses, assurément aucun de nous ne voudrait se charger d'un tel ennui; mais, puisque la nature a arrangé les choses de telle sorte qu'on ne peut ni vivre heureusement avec une femme, ni vivre sans femme, assurons la perpétuité de notre nation plutôt que le bonheur de notre courte vie. » Métellus ne manquait pas d'esprit ; il parlait même assez bien, comme dit Cicéron, pour soutenir un grand nom et la dignité consulaire ; il avait écrit quelques-uns de ses discours; mais c'était à peine un orateur. Si nous nous en rapportions au jugement de Cicéron sur C. Memmius, il nous faudrait laisser ce nom dans l'ombre avec ceux de Cépion, de Curion, de Fimbria, de tant d'autres. Mais Salluste fait un beau portrait de Memmius, comme homme d'État et comme orateur. Il dit que l'éloquence de Memmius était célèbre; et qu'elle lui donnait un grand empire sur les esprits. Il lui prête un très-beau discours, qui n'a sans doute que peu de chose d'authentique; mais il fait mieux que lui attribuer sa propre éloquence : il retrace, dans un autre passage, les effets de celle de Memmius. Voyez la belle scène où Memmius, au nom de la foi publique, garantit la vie et la liberté de Jugurtha, calme l'effervescence populaire, et obtient que tout se passe, même avec un ennemi odieux, dans les formes légales, à tout hasard de voir le criminel échapper à une trop juste vengeance.

Crassus et Antoine.

Cicéron, après avoir nommé Memmius et quelques autres moins connus, s'écrie : « Que d'orateurs j'ai déjà cités ! que de temps passé à cette énumération ! et cependant, c'est en nous sauvant à peine à travers la foule que nous sommes arrivés, chez les Grecs à Démosthène et à Hypéride, chez nous à Crassus et à Antoine; car ce sont, à mon avis, nos deux plus grands orateurs, et les premiers Romains qui aient élevé l'éloquence à cette hauteur où l'avait portée le génie de la Grèce[1]. » C'étaient deux hommes nourris, comme la plupart de leurs contemporains, dans toute sorte d'études

---

1. Cicéron, *Brutus*, chapitre XXXVI.

libérales. Mais ils ne voulaient pas qu'on en crût rien. Ils feignaient, en public, de ne devoir rien qu'à eux-mêmes et aux vieilles traditions latines. Cette tactique, renouvelée de Caton, était aussi en ce temps-là un infaillible moyen de plaire à la multitude, qui n'aimait pas les Grecs, les estimait encore moins, et qui était enchantée d'apprendre que ses orateurs partageaient ses mépris et ses répugnances. Ignorer les lettres grecques, ou affecter de les ignorer, c'était faire acte de patriotisme romain ; c'était protester contre l'insolence de ces vaincus qui avaient la prétention de régenter éternellement leurs vainqueurs ; c'était revendiquer pour Rome ses titres à cette royauté du génie que lui déniaient les enfants dégénérés de la Grèce. Cicéron lui-même, bien des années après Crassus et Antoine, ne dédaignait pas de condescendre comme eux à ces faiblesses de la vanité nationale. Quand il plaide contre Verrès, il se donne l'air d'un homme qui sait à peine ce que c'est que peintures ou objets d'art, et qui a besoin de demander à son secrétaire les noms des plus illustres artistes : à l'entendre, il ignorerait presque Polyclète. Quand il plaide pour Archias, il se garde bien de se jeter de prime abord dans son magnifique dithyrambe en l'honneur de la poésie et des poëtes : il ne se brouille point avec les catoniens du temps, et il tient à leur prouver que son intention n'est nullement de médire de l'ignorance. Je me suis servi du mot tactique, à propos de la feinte ignorance d'Antoine et de Crassus. Cicéron, qui nous fait si bien connaître ces deux hommes, va justifier complétement cette expression. Je transcris le début du second livre des dialogues *de l'Orateur*, dont Crassus et Antoine sont précisément les héros. Cicéron s'adresse à son frère : « Dans notre jeunesse, mon cher Quintus, c'était, si tu t'en souviens, une opinion généralement répandue que L. Crassus n'avait reçu d'autre instruction que celle que peut donner l'éducation du premier âge, et que M. Antoine n'en avait reçu absolument aucune. Beaucoup de personnes même, qui ne partageaient pas cette idée, se plaisaient à nous tenir le même langage, espérant par là modérer l'ardeur de notre zèle pour l'étude : on voulait nous faire entendre que, si ces deux grands orateurs étaient parvenus, presque sans avoir rien appris, au plus haut degré de l'habileté et de l'éloquence, nous nous donnions une peine fort inutile, et que notre père, cet homme si sage et si bon, prenait, pour nous faire instruire, des soins bien superflus. Nous réfutions cette assertion, comme pouvaient le faire des enfants, par des témoignages domestiques. Nous citions notre père, C. Aculéon notre allié, L. Cicéron notre oncle. Notre père, en effet, et Aculéon, qui avait épousé notre tante maternelle et pour qui Crassus eut toujours une affection particulière, nous parlaient de Crassus; et L. Cicéron, qui était allé en Cilicie avec Antoine et qui était revenu de cette province en même temps que lui, nous faisait mille récits des études et des connaissances d'Antoine. Et, comme on nous enseignait à nous et à nos cousins, les fils d'Aculéon, des choses qui étaient du goût de Crassus, et qu'il était lié avec nos maîtres, nous avons bien souvent reconnu, et notre grande jeunesse ne nous empêchait pas d'en être vivement frappés, que Crassus parlait le grec comme s'il n'eût pas su d'autre langue; nous avons pu voir aussi, par les questions qu'il posait à nos maîtres, ou par celles qu'il discutait lui-même dans ses entretiens, qu'aucun sujet ne lui était nouveau ni étranger. Quant à Antoine, nous tenions de notre oncle, cet homme si éclairé, qu'à Athènes et à Rhodes, il assistait fréquemment aux leçons des savants d'alors; et moi-même, tout jeune que je fusse, et autant que me le permettait la timidité de mon âge, je lui ai souvent adressé toute sorte de questions. Ce que j'avance ici ne sera pas nouveau certainement pour toi, car dès ce temps là je te le disais; c'est que, dans ces conversations répétées sur des sujets si divers, je ne voyais guère de choses, au moins parmi les sciences dont je pouvais juger, où Antoine fût neuf et ignorant. Mais l'un et l'autre ils s'étaient fait un système : Crassus cherchait à faire dire de lui, non pas que l'instruction lui manquait, mais qu'il la dédaignait, et il tâchait d'élever, en tous genres de talents, les Romains au-dessus des Grecs; Antoine pensait que ses discours produiraient plus d'impression sur le peuple, s'il faisait croire que l'art était entièrement étranger à son éloquence. Ils espéraient tous deux avoir plus d'autorité en affectant, l'un de mépriser les Grecs, l'autre de ne pas même les connaître. »

Vie de Crassus.

L. Licinius Crassus, de l'illustre famille des Licinius, naquit à Rome en l'an 140 ou 139 avant notre ère, huit ou neuf ans après la mort de Caton. Il débuta dès l'âge de vingt et un ans dans la carrière oratoire, et avec un très-grand éclat. Il réduisit Carbon accusé à se donner la mort, ou, selon d'autres, à s'en aller mourir en exil. Mais il paya cher ce premier succès. C. Carbon, fils du mort, le harcela sans relâche, brûlant de venger son père; et ce Carbon, qui lui vouait une haine persévérante, éternelle, impitoyable, était un homme de talent et de grande vertu, un homme estimé de tous, le seul honnête homme, dit Cicéron quelque part, qui eût jamais porté le nom de Carbon. Crassus avouait lui-même qu'il n'y avait rien dont il se repentît davantage que d'avoir intenté le procès du père, et que la nécessité de s'observer attentivement dans toutes ses démarches, pour ne pas donner prise aux accusations du fils, réduisait sa vie à une véritable servitude.

A vingt-trois ans, Crassus parla pour l'établissement de la colonie de Narbonne, et fut chargé de la conduire. Le discours qu'il avait prononcé, et qui existait par écrit du temps de Cicéron, était marqué déjà d'un caractère de maturité que ne semblait pas comporter son âge. Il alla en Asie en qualité de questeur, et y reçut des leçons du rhéteur Métrodore. Il saisit, à son retour, toutes les occasions de faire briller son éloquence. A vingt-sept ans, il défendit, devant les pontifes, la vestale Licinia sa parente, et il la fit absoudre; mais il n'eut pas le même bonheur quand le jugement fut revu par une commission que présidait le sévère Cassius. Il brigua le tribunat, il l'obtint; mais un tribun dévoué au parti aristocratique avait-il rien à dire? Crassus passa l'année de son tribunat dans le silence. L'année suivante, c'est-à-dire l'année même de la naissance de Cicéron, Crassus, âgé de trente-quatre ans, parla en faveur de la loi

Servilia. Ce discours, d'après Cicéron, était son chef-d'œuvre. En l'an 95, Crassus, alors consul, prononça, en faveur de Q. Cépion, un discours que Cicéron trouve trop long pour un éloge, trop court pour un plaidoyer. Trois ans plus tard, Crassus était censeur, et il montrait par ses actes que les maîtres grecs n'étaient pas les seuls pour lesquels il tenait à constater son mépris. Voici un des décrets qu'il signa avec son collègue L. Domitius Énobarbus : « Il nous a été rapporté qu'il y a des hommes qui ont institué un nouveau genre d'enseignement ; que la jeunesse fréquente leurs écoles ; que ces hommes prennent le nom de rhéteurs latins, et que les jeunes gens vont chez eux passer la journée entière dans l'oisiveté. Nos ancêtres ont décidé quelles écoles leurs enfants fréquenteraient, et ce qu'ils y devaient apprendre. Ces nouveautés, contraires aux coutumes et usages de nos ancêtres, ne nous agréent pas, et ne nous paraissent pas bonnes. C'est pourquoi nous avons cru devoir faire connaître notre sentiment et à ceux qui tiennent ces écoles et à ceux qui fréquentent de pareils lieux : la chose ne nous agrée pas. » C'était une proscription véritable, malgré l'euphémisme des termes. Les écoles furent fermées. Les rhéteurs latins, comme autrefois les maîtres grecs, rhéteurs ou philosophes, durent se résigner à attendre des jours plus favorables. Ils avaient même cet avantage qu'on ne les chassait pas, qu'on ne les pouvait chasser. Ils continuèrent leur métier auprès des jeunes gens de famille, à titre de pédagogues, d'instituteurs particuliers, jusqu'à ce que des censeurs plus débonnaires leur permissent de rouvrir leurs écoles. Cicéron fait dire à Crassus quelque part qu'il avait fait fermer les écoles à cause de l'ignorance des maîtres. C'étaient, selon lui, non pas des écoles oratoires, mais des écoles d'impudence et de présomption. Il reconnaît, au contraire, que les maîtres grecs, malgré tout ce qui leur manque, ont des qualités qui ne sont pas sans valeur : non-seulement ils enseignent à parler avec plus ou moins d'aplomb, mais ils savent quelque chose, ils ont de la littérature ; et tout n'est pas perte dans le commerce des jeunes gens avec eux. Remarquez que l'interlocuteur du dialogue ne s'adresse qu'à des amis particuliers. Je doute qu'en public Crassus eût rendu aux maîtres grecs cette justice.

Le censeur Domitius ne fut pas toujours d'accord avec son collègue comme dans l'affaire des rhéteurs latins. Il y eut même entre eux des querelles très-vives ; et Crassus, poussé à bout, finit par prononcer, contre Domitius, un discours des plus passionnés et des plus virulents. C'est le dernier qu'il laissa par écrit, mais non pas le dernier qu'il eût prononcé. Quelques jours avant sa mort, il remportait un de ses plus beaux triomphes oratoires. C'était en cette année 91 qui fut si agitée, et où le tribun Drusus périt victime de ses desseins généreux. Crassus était à peine âgé de cinquante ans.

Cicéron parle toujours avec grand éloge du caractère de Crassus. Cependant on ne peut douter que Crassus n'eût ses défauts. Son ton était souvent hautain et dédaigneux. C'était un homme plein de morgue aristocratique. Il prodiguait à ses adversaires des sarcasmes qui n'étaient pas toujours de très-bon goût. Il y a quelquefois, dans ses plaisanteries, plus d'insolence que d'esprit ; mais sa physionomie grave et austère donnait à l'arme même dont il abusait une puissance redoutable, une force presque irrésistible.

Éloquence de Crassus.

Cicéron, dans le *Brutus*, s'exprime comme il suit : « Je pose en fait qu'il n'a pu exister rien de plus parfait que Crassus. Il avait une gravité noble, mêlée de cet enjouement et de cette plaisanterie fine et ingénieuse qui sied à l'orateur, et qui ne dégénère jamais en bouffonnerie. Il parlait avec une pureté et une correction éloignée de toute recherche. Ses idées se développaient avec une netteté admirable ; et, lorsqu'il discutait sur le droit civil ou sur l'équité et le bien, les preuves et les exemples lui venaient en abondance…. Crassus arrivait préparé : on l'attendait, on l'écoutait avidement. Dès son exorde, qui était toujours travaillé avec soin, il justifiait cette attente. Son geste était calmé, sa voix soutenue ; il ne marchait point, il frappait rarement du pied. Mais la chaleur de son âme, quelquefois la colère ou une douleur profondément sentie, passionnaient ses paroles; il employait souvent, sans sortir de la gravité, l'arme de la plaisanterie; enfin, ce qui est le comble de l'art, il joignait à une grande brièveté de style tout l'éclat des ornements. Jamais il ne trouva son pareil pour l'attaque et la réplique. Tous les genres de causes lui furent également familiers. Il se plaça, dès ses débuts, au premier rang des orateurs. »

Crassus orateur judiciaire.

L'éloquence judiciaire, avec Crassus, atteignit à sa perfection, non moins que l'éloquence politique. Cicéron ne fait pas difficulté de le reconnaître. Il fait mieux encore, il donne l'analyse des plus fameux plaidoyers de Crassus. Un de ces plaidoyers avait pour objet d'établir la validité du testament d'un certain Coponius. Scévola, orateur de la partie adverse, soutenait la nullité des dispositions faites en faveur de Manius Curius, parce que Curius était institué héritier au cas où, Coponius ayant un fils, ce fils serait mort avant d'être majeur. Or, Coponius n'avait pas eu de fils. « Crassus commença son discours par l'histoire de ce jeune homme désœuvré, qui, se promenant sur le rivage, trouva une cheville d'aviron, et se mit en tête de construire un vaisseau. Scévola, selon lui, en faisait autant, avec ses prétendus piéges tendus à la bonne foi : c'était une cheville, avec laquelle il bâtissait l'édifice d'un grand procès. Ce début, ainsi que plusieurs pensées du même genre, égayèrent tous les auditeurs, et les firent passer du sérieux à l'enjouement. C'est un des trois effets que doit produire l'orateur. Ensuite il prouva que la volonté du testateur, son intention formelle, c'était de faire Curius son héritier s'il n'avait pas de fils qui devînt majeur, soit qu'il ne lui en naquît point, soit que celui qui naîtrait vînt à mourir; que telle était la rédaction de la plupart des testaments, et qu'on ne contestait pas, qu'on n'avait jamais contesté leur validité. Par tous ces arguments, il opérait la conviction; et c'est le deuxième des trois points essentiels à l'orateur. Enfin, il fit valoir l'équité naturelle, la nécessité de se conformer aux intentions et aux volontés consignées dans les testaments. Il fit voir à combien de surprises on serait exposé, surtout en pareille matière, si l'on négligeait l'esprit pour la lettre ; quelle puissance aurait bientôt Scévola, si personne désormais n'osait faire un testament sans prendre auparavant son avis. La force avec laquelle il exposa toutes ses raisons, les exemples nombreux dont il les appuya, la variété de son style, le sel et les plaisanteries dont le discours était assaisonné, enlevèrent tous les suffrages ; et les auditeurs, transportés d'admiration, ne se souvinrent même plus du plaidoyer de son adversaire. C'était là le troisième point essentiel à l'orateur, et le plus important des trois. L'auditeur vulgaire eût pu admirer séparément le discours de Scévola ; mais il en eût jugé tout autrement, après avoir entendu Crassus. Un homme instruit et de sens, en écoutant le premier, sentirait qu'il existe encore une éloquence plus riche et plus abondante. Mais, la cause plaidée des deux parts, si l'on eût demandé quel orateur l'emportait sur l'autre, il y aurait eu, sans nul doute, parfait accord entre la décision du critique éclairé et celle du vulgaire [1]. »

Cicéron, dans ses dialogues *de l'Orateur*, cite le passage du plaidoyer où Crassus se moquait du juriste trop difficile. Je vais transcrire ces plaisanteries romaines, qui ne sont peut-être pas aussi plaisantes qu'elles le semblaient à Cicéron : « S'il n'y a de testament bien fait qu'autant que tu l'auras rédigé, nous viendrons, tous tant que nous sommes, t'apporter nos tablettes ; toi seul rédigeras tous nos testaments. Eh bien, alors, quel temps te restera-t-il pour t'occuper des affaires publiques, pour vaquer à celles de tes amis ou aux tiennes, enfin pour ne rien faire ? car, à mon sens, ce n'est point être libre que de n'avoir pas quelquefois la faculté de ne rien faire. »

Les fragments du plaidoyer pour Cn. Plancus sont plus importants, et ils répondent mieux à l'idée qu'on est en droit de se faire de l'esprit de Crassus. Le talent de l'orateur s'y montre sous ses aspects les plus divers. A côté de plaisanteries aussi vives que bien appliquées, il y a des traits

---

[1]. Cicéron, *Brutus*, chapitre LIII.

d'une admirable éloquence. L'adversaire de Crassus était un certain Marcus Brutus qu'il détestait, homme décrié pour ses prodigalités et ses débauches. Nous laissons encore parler Cicéron. C'est lui qui nous fait connaître le discours, et qui en a conservé les plus beaux passages : « Que de sarcasmes ne fit-il pas, à l'occasion des bains que Brutus venait de vendre, et du patrimoine qu'il avait dissipé ! Et cette repartie, quand Brutus dit qu'il suait sans savoir pourquoi : « Il n'y a rien de bien surprenant, car tu viens de quitter « les bains. » Crassus prodigua les mots heureux, sans que jamais cette plaisanterie continuelle perdît de son agrément. Brutus avait imaginé de prendre deux lecteurs, de faire lire au premier la harangue de Crassus pour la colonie de Narbonne, et au second le discours en faveur de la loi Servilia ; et il avait relevé les points où la politique de Crassus se contredisait de l'une à l'autre. Crasus fit une réponse de bon goût. Il prit trois lecteurs, et il mit en main à chacun d'eux un des trois livres que le père de Brutus avait écrits sur le droit civil. On lut, dans le premier : *Il arriva par hasard que nous étions à ma maison de Priverne*. « Brutus, ton père dé- « pose qu'il t'a laissé un domaine à Priverne. » On lut, dans le second livre : *Nous étions à ma maison d'Albe, mon fils et moi*. « Cet homme, distingué entre tous nos concitoyens par « sa sagesse, connaissait parfaitement ce gouffre. Il craignait « qu'une fois son fils ruiné, on pût croire qu'il ne lui avait « laissé aucun héritage. » On lut, dans le troisième et dernier livre : *Un jour à ma maison de Tibur, nous nous assîmes, mon fils Marcus et moi*. « Où sont-ils Brutus, ces « domaines que ton père t'a laissés, comme il le note lui- « même dans des mémoires publics? Si tu n'avais été déjà « en âge de puberté, il aurait composé un quatrième livre, « et on y lirait qu'avec son fils il s'est baigné dans ses bains. » Qui contesterait que Brutus dut être aussi confondu par ces railleries et ces piquants sarcasmes, que par les tragiques invectives où se livra Crassus, en voyant tout à coup passer le convoi de Junia, au moment même qu'il plaidait ? Dieux immortels ! quelle énergie sublime, quelle véhémence soudaine, inattendue, lorsque, foudroyant Brutus du geste et du regard,

et d'un ton aussi noble qu'impétueux : « Brutus, que veux-tu
« que cette vieille femme annonce à ton père ? à tous ces
« hommes illustres dont tu vois porter les images ? à tes ancê-
« tres, à ce L. Brutus qui délivra le peuple romain de la do-
« mination des rois ? Que dira-t-elle de tes occupations ? A
« quels soins, à quelle gloire, à quelle vertu te montrera-
« t-elle appliqué ? A augmenter ton patrimoine ? c'est peut-
« être chose indigne de ta noblesse ; mais supposons-le : il
« ne te reste rien ; tes débauches ont tout dévoré. Est-ce à
« étudier le droit civil ? c'est une tradition de ton père ; mais
« elle dira qu'en vendant ta maison, tu ne t'es pas même ré-
« servé, dans le mobilier paternel, le siége du jurisconsulte.
« La science militaire ? mais tu n'a jamais vu un camp.
« L'éloquence ? mais tu n'en as pas l'ombre ; et le peu que tu
« avais de poumons et de babil, tu l'as honteusement pro-
« stitué à cet infâme métier de calomniateur. Et tu oses voir
« le jour ! tu oses regarder tes juges en face ! tu oses te pré-
« senter dans le Forum, dans la ville, aux yeux de tes con-
« citoyens ! Et tu ne frémis pas de honte devant cette morte,
« devant ces images mêmes ! Ah ! loin que tu puisses encore
« imiter les vertus de tes ancêtres, il ne te reste pas même
« le moindre réduit pour placer leurs portraits[1] ! »

Nous ne savons que fort peu de chose des autres plaidoyers de Crassus, de ceux qu'il avait prononcés pour
Pison, pour C. Aculéon, pour C. Sergius ; et les fragments
de tous ces discours sont absolument dénués d'intérêt littéraire.

Discours politiques de Crassus.

Il n'y a qu'un seul des discours politiques de Crassus sur
lequel Cicéron soit entré dans quelque détail, et encore est-ce
un de ceux que l'orateur n'avait point écrits. C'est le dernier
que Crassus prononça ; et c'est en le prononçant qu'il
fut saisi de la maladie dont il mourut au bout de quelques
jours. On ne peut guère que glaner quelques lignes à travers
les minces fragments des sept autres dont nous avons les
titres. Ainsi cet argument adressé à Carbon : « Tu as beau,

---

1. Cicéron, dialogues *de l'Orateur*, livre II, paragraphe LV.

Carbon, avoir défendu Opimius, on ne te croira pas pour cela un bon citoyen. Évidemment tu feignais ; tu étais guidé par quelque intérêt ; car bien souvent, dans tes harangues, tu as déploré la mort de Tib. Gracchus ; car tu as été complice de l'assassinat de P. l'Africain ; car tu as porté, durant son tribunat, une loi fatale ; car tu as toujours été d'un avis contraire à celui des gens de bien. » Ainsi ce cri pathétique que pousse l'orateur, effrayé par la vue des périls que voulait conjurer Servilius : « Arrachez-nous à ces misères ; arrachez-nous à la férocité de ces monstres altérés de notre sang ; ne souffrez pas que nous soyons à la merci d'aucun autre que de vous tous, du peuple qui est notre maître, et à qui nous devons obéir. » J'ai donc hâte de transcrire les pages éloquentes où Cicéron a retracé la lutte de Crassus contre le consul Philippe. Je ne retrancherai rien de cet incomparable tableau. Crassus mérite bien qu'on laisse parler jusqu'au bout son panégyriste. Quand Cicéron parle, qui pourrait se plaindre de l'entendre parler trop longtemps ? Voici donc le préambule du troisième livre des dialogues *de l'Orateur :*

« Comme je me disposais, mon cher Quintus, à reproduire le discours qu'avait tenu Crassus après l'argumentation d'Antoine, et à le consigner dans ce troisième livre, un bien pénible souvenir est venu réveiller dans mon cœur des regrets et des chagrins douloureux ; car ce beau génie digne de l'immortalité, cette douceur de mœurs, cette vertu si pure, qui distinguaient L. Crassus, tout fut éteint par une mort soudaine, dix jours à peine après ce jour dont les entretiens font le sujet de ce livre et du précédent. Crassus revint à Rome le dernier jour des jeux scéniques. Là, il apprit avec indignation que le consul Philippe, dans une harangue au peuple, avait déclaré qu'il lui fallait un autre conseil ; qu'avec un tel sénat il ne pouvait conduire les affaires publiques. Le matin des ides de septembre, il se rendit à la curie, où les sénateurs se trouvèrent en nombre. Drusus, qui avait convoqué l'assemblée, après s'être plaint vivement de Philippe, proposa au sénat de délibérer sur l'outrage dont le consul s'était rendu coupable, par sa harangue, envers l'ordre entier. Crassus prit la parole. Toutes les fois que Crassus prononçait quelque discours préparé avec soin, les hommes les plus éclairés s'accordaient à dire qu'il semblait n'avoir jamais mieux parlé ; mais on convint universellement alors, je le tiens des témoins, que Crassus jusque-là avait seulement surpassé tous les autres, mais qu'en ce jour il s'était surpassé lui-même. Il déplora le triste sort et le délaissement du sénat ; il flétrit le consul, qui, au lieu d'être pour cet ordre un bon père ou un tuteur fidèle, le dépouillait, comme eût fait un brigand infâme, de sa dignité héréditaire : « Je ne m'étonne pas, disait-il, que l'homme « dont la politique funeste a bouleversé la république veuille « ravir à la république l'appui du sénat. » Philippe était violent, maniant bien la parole, capable surtout de faire tête à l'attaque. Les reproches de Crassus étaient comme des brandons qui enflammaient sa fureur. Il ne se contint plus ; et, dans un transport de colère, il fit prendre un gage sur les biens de Crassus, comptant réduire ainsi son adversaire au silence. Crassus, à ce moment, dit-on, déploya une éloquence vraiment divine. Il déclara qu'il ne voyait plus un consul dans celui qui refusait de voir en lui un sénateur : « Quoi ! quand tu as traité comme un bien confiscable l'au- « torité de l'ordre tout entier, tu t'imagines donc que je vais « m'effrayer pour une prise de gages sur moi ? Ce n'est pas « là ce qu'il faut m'arracher, si tu veux réduire Crassus au « silence. Arrache cette langue ; et, quand il ne me restera « plus que le souffle, mon âme libre trouvera encore des « sons pour combattre tes volontés tyranniques ! » Il parla longtemps, dit-on, avec cette chaleur et cette véhémence, donnant l'essor à son âme, à son génie, à toutes ses forces ; et la majorité de l'assemblée adopta le décret qu'il avait rédigé dans les termes les plus nobles et les plus magnifiques. Ce décret portait que jamais ni la sagesse ni la fidélité du sénat n'avait manqué à la république, toutes les fois qu'il s'était agi des intérêts du peuple ; et Crassus signa la rédaction, comme l'attestent encore les archives. Mais ce discours fut le chant du cygne de cet homme divin : ce furent les derniers sons de cette voix éloquente ; et nous, comme si nous devions l'entendre encore, nous venions à la curie, après sa mort, afin de contempler la place même où il avait pour la dernière fois posé les pieds. Il fut saisi, tandis qu'il parlait, d'une douleur de côté, qui fut suivie d'une sueur abondante puis d'un violent frisson ; il rentra chez lui avec la fièvre, et, sept jours après, la maladie l'avait emporté. O trompeuse espérance des hommes ! fragilité de notre fortune ! vanité de nos efforts si souvent brisés et confondus au milieu de leur course ! ambitions que la tempête engloutit avant qu'elles aient pu découvrir leur port ! Tant que la vie de Crassus fut occupée à la pénible poursuite des dignités, il jouit de cette gloire que donnent le dévouement aux intérêts des particuliers et l'éclat du talent, mais non point encore du crédit et du rang attachés aux grands emplois. Et, l'année d'après sa censure, lorsque les suffrages unanimes des Romains lui décernaient la première place dans la considération publique, la mort renversa tout l'espoir, tous les projets de sa vie ! Cette perte fut un sujet de deuil pour sa famille, de douleur pour la patrie, de tristesse pour tous les gens de bien ; mais la république a été plus tard en proie à de telles calamités, que les dieux, ce me semble, n'ont point ravi l'existence à L. Crassus, mais qu'ils lui ont fait don de la mort. Il n'a point vu l'incendie de la guerre embrasant l'Italie, le sénat assailli de haines furieuses, les premiers citoyens de Rome accusés d'un complot sacrilége ; il n'a point vu les larmes de sa fille, l'exil de son gendre, la fuite désastreuse de C. Marius, son retour signalé par d'affreux massacres ; enfin toutes les dégradations qu'eut à subir cette république, jadis si glorieuse, lorsque lui-même atteignait au comble de la renommée. »

Vie d'Antoine.

Marcus Antonius, l'aïeul du fameux triumvir Marc Antoine, naquit en l'an 144 avant notre ère. Il était donc l'aîné de Crassus de quelques années ; mais il ne débuta qu'après Crassus dans la carrière politique. Il fut toute sa vie l'ami dévoué de ce grand orateur, le compagnon de ses travaux, le confident de ses pensées. Le parti aristocratique eut aussi en lui un soutien persévérant, un athlète énergique. Après s'être fait connaître par quelques-unes de ces accusations qui servaient aux jeunes orateurs à signaler leur talent, il brigua et obtint les magistratures. Il ne s'arrêta pas dans les degrés inférieurs. A l'âge de quarante-quatre ans, il fut nommé consul. L'année suivante, il alla, avec le titre de proconsul, gouverner la Cilicie. Il fut retenu quelque temps à Athènes par les vents contraires, et il profita de ce repos forcé pour écouter les leçons des rhéteurs et des philosophes les plus célèbres. A son retour de Cilicie, il se mit sur les rangs pour la censure, et il fut élu. Un certain Duronius attaqua cette élection comme entachée de brigue ; mais Antoine eut gain de cause contre Duronius, et fut confirmé dans sa charge. Dix ans plus tard, c'est-à-dire en l'an 88 avant notre ère, Antoine fut proscrit par Marius. Il échappa d'abord aux recherches, grâce au dévouement d'un citoyen obscur, qui le cacha dans sa maison. Mais on finit par découvrir sa retraite. Il fut égorgé, et sa tête fut exposée sur cette tribune aux harangues qui avait si souvent retenti de sa parole éloquente. C'était la première fois que le théâtre des luttes du génie servait à l'érection de sanglants trophées : ce ne devait pas être la dernière.

Éloquence d'Antoine.

Antoine n'avait écrit aucun de ses discours. Il en donnait une raison qui fait plus d'honneur à sa prudence qu'à sa sincérité. Il voulait être toujours à même de nier, si on lui reprochait d'avoir dit autrefois ce qu'il aurait dû ne point dire. Les principes qu'il professait sur les devoirs de l'orateur judiciaire l'entraînaient à passer du blanc au noir, en passant d'une cause à une autre ; et c'est pour cela sans doute qu'il ne s'exposait pas à voir quelque Brutus le mettre en contradiction avec lui-même. En fait de morale oratoire, Antoine n'avait guère qu'une règle, le succès. Il ne se serait pas chargé d'une cause quelconque ; mais, s'il accordait son patronage, c'était sans réserve. Il défendait les intérêts de son client par tous les moyens possibles, quelle qu'en fût la valeur morale, pourvu qu'ils servissent à atteindre le but.

C'est la théorie qu'Antoine développe lui-même dans les dialogues où Cicéron le fait parler. Mais ce qu'il dit de la conscience avec laquelle il tâchait toujours de s'acquitter de son mandat rachète amplement les erreurs de cette doctrine par trop avocassière. Il se pénétrait profondément des sentiments qu'il voulait inspirer à ses juges et à ses auditeurs. Jamais, par exemple, il ne cherchait à exciter la compassion pour son client, s'il ne sentait lui-même ses entrailles émues de douleur et de pitié. Ainsi, c'est par un mouvement spontané, disait-il, et non point par calcul et par art, qu'il avait déchiré la tunique de Manius Aquillius aux yeux du peuple, pour montrer les cicatrices dont la poitrine de l'accusé était couverte. A cette vue, Marius fut attendri sur le sort de son ancien compagnon d'armes. L'homme farouche versa des pleurs, et Aquillus fut absous.

Tels étaient les triomphes de l'éloquence d'Antoine. Cicéron parle toujours de cette éloquence avec une vive admiration. Il n'y avait rien d'élégant ni de recherché dans les expressions de l'orateur; mais, en revanche, la pensée se développait avec éclat et avec force. Antoine ne négligeait pas de mettre du soin dans l'arrangement des mots : on cite même certaines formes de phrase, savamment harmonieuses, qui lui étaient familières. Mais il visait bien plus à donner à sa diction du poids que de la grâce. Les pensées se subordonnaient merveilleusement, dans son esprit, les unes aux autres : toujours elles se présentaient à leur place; toujours elles arrivaient au moment précis où elles devaient produire le plus d'effet. La mémoire d'Antoine était imperturbable; jamais elle ne le laissait en défaut. Aussi avait-il toujours l'air de parler d'abondance. Mais il ne parlait qu'après avoir longtemps médité tous les points de sa cause. Il était préparé sur tout; et il l'était si bien, que les juges ne pouvaient jamais se mettre complétement en garde contre ses artifices. Mais c'était par l'action qu'Antoine excellait. Il avait dans la voix quelque chose d'un peu plaintif, et il réussissait sans peine à faire naître la compassion dans les âmes. Le barreau, avant Cicéron, n'eut point d'orateur plus habile qu'Antoine; mais cette éloquence, par l'excès de ses qualités mêmes, convenait plus encore au barreau qu'à la tribune. Aussi Antoine ne fut-il, comparé à Crassus, qu'un orateur politique du second ordre; mais il égala Crassus, s'il ne le surpassa même, comme orateur judiciaire.

Les discours d'Antoine passionnaient et charmaient les Romains, et ils laissaient dans les âmes une impression profonde et durable. Les contemporains en avaient retenu par cœur les plus beaux traits; peut-être même la tachygraphie, science depuis longtemps en usage, en avait-elle recueilli d'entiers. L'orateur ne parvint donc qu'imparfaitement à réduire ses improvisations à l'état de paroles volantes. Cicéron, dans plus d'un passage, cite textuellement certaines phrases d'Antoine, et analyse avec détail quelques-uns de ses plus fameux plaidoyers. Nul doute que Cicéron n'ait eu sous les yeux des notes prises par quelques auditeurs enthousiastes, des rédactions plus ou moins complètes, sans préjudice de ce qu'il a pu tirer des souvenirs de ceux qui s'étaient bornés à entendre. Voyez, par exemple, s'il n'y a pas autre chose qu'un écho de vagues souvenirs, dans ce qu'il nous conte du plaidoyer d'Antoine pour C. Norbanus, ce tribun du peuple qui avait fait condamner Cépion à l'exil, et que P. Sulpicius Rufus accusait du crime de lèse-majesté, en vertu de la loi Apuléia, sous prétexte des désordres et de la sédition que le procès de Cépion avait causés. C'est Antoine lui-même que Cicéron fait parler sur ce discours :

« On traite la question de dénonciation, lorsqu'il s'agit d'assigner à un fait son nom véritable. Il y eut, sur ce point, une vive contestation entre Sulpicius et moi, dans l'affaire de Norbanus. J'avouais la plupart des griefs dénoncés par mon adversaire; mais je soutenais qu'il n'y avait point crime de lèse-majesté. Or, de ce nom dépendait toute la cause, d'après la loi Apuléia.... Nous nous efforçâmes, Sulpicius et moi, de développer, chacun à notre point de vue, et sans ménager nos ressources oratoires, ce qui constituait le crime de lèse-majesté.

« Si la majesté de l'État consiste dans la grandeur et la
« dignité, c'est léser sa majesté que de livrer aux ennemis

« une armée du peuple romain ; ce n'est pas la léser que de
« livrer à la puissance du peuple romain celui qui a commis
« ce crime. »

« Si les magistrats doivent être au pouvoir du peuple ro-
« main, pourquoi accuses-tu Norbanus, qui a obéi, pendant
« son tribunat, à la volonté de Rome ? »

« Je rassemblai en un tableau tous les genres de séditions, leurs excès, leurs dangers ; je retraçai toutes les révolutions de notre république ; je conclus que toutes les séditions avaient été fâcheuses, mais que quelques-unes cependant furent légitimes et presque nécessaires. J'avançai ce que Crassus rappelait tout à l'heure : qu'il avait été imposssible soit de chasser les rois, soit d'instituer les tribuns du peuple, soit de restreindre si souvent par des plébiscites la puissance consulaire, soit d'établir l'appel au peuple, cette sauvegarde de la république, cette garantie de la liberté, sans que la noblesse signalât sa répugnance à céder ; que ces séditions avaient fait le salut de Rome ; qu'il ne fallait donc pas se hâter, pour un mouvement populaire qui se serait fait, d'imputer un crime à Norbanus, et un crime capital. J'ajoutai que, si jamais on avait reconnu au peuple romain le droit de se soulever, et je prouvais qu'on l'avait reconnu plus d'une fois, aucun motif plus légitime ne s'était présenté. Puis, donnant à mon plaidoyer un autre tour, je me mis à gourmander Cépion pour sa fuite honteuse, à déplorer le désastre de l'armée : par ce moyen, je ravivais la douleur de ceux qui avaient à pleurer la mort de quelque parent ; je réveillais, j'aiguillonnais dans l'âme des chevaliers romains, juges de la cause, la haine qu'ils portaient à Cépion pour ses entreprises sur leur droit de juger. Quand je me sentis maître de la cause et asssuré du succès de mes moyens de défense ; quand je me fus concilié la bienveillance du peuple en défendant ses droits, même le droit de sédition ; quand j'eus tourné en faveur de mon client les esprits des juges, grâce au récit de cette calamité publique, grâce au deuil et aux regrets que leur laissait la mort de leurs proches, grâce à leurs ressentiments contre Cépion, alors je mêlai à la véhémence et au pathétique ce ton plus doux et plus calme dont j'ai parlé plus haut. Je représentai qu'il y allait pour moi du sort d'un ami, c'est à dire, selon les idées de nos ancêtres, de qui m'était non moins qu'un fils ; qu'il y allait de toute ma réputation presque et de toute ma fortune, puisque rien ne pouvait m'arriver, ni de plus funeste à mon honneur, ni de plus amer, de plus douloureux à mon âme, que d'échouer à secourir un ami, moi qui avais si souvent défendu avec succès des hommes qui m'étaient absolument étrangers, qui n'étaient que mes concitoyens. Je priais les juges de pardonner à mon âge, à mes dignités, à mes services, la juste et pieuse douleur dont ils me voyaient pénétré, surtout s'ils avaient remarqué, dans les autres causes, que je les implorais uniquement pour mes amis en péril, jamais pour moi-même[1]. » C'est à Sulpicius lui-même qu'Antoine rappelle les souvenirs de ce plaidoyer fameux, et Sulpicius complète par d'autres détails le récit de la lutte où il avait été vaincu par le vieux orateur. Suivant Sulpicius et suivant Cicéron, Antoine s'était montré tout à la fois homme très-éloquent et artiste consommé.

Antoine, qui n'aimait pas à écrire, savait pourtant écrire aussi bien qu'il savait parler. Il avait même composé un petit livre sur l'art oratoire. C'est dans ce livre qu'on lisait le mot cité par Cicéron : « J'ai vu beaucoup d'hommes diserts, mais jamais un homme éloquent. »

Philippe.

Lucius Marcius Philippus, ce consul qui s'emporta contre Crassus à d'injustifiables violences, était, de l'aveu de Cicéron même, le premier orateur du temps, après Crassus et Antoine. On se rappelle les termes par lesquels Cicéron caractérise Philippe et son éloquence. C'était un homme passionné et colère, et ses discours se sentaient trop souvent des désordres de son âme. Il ne ménageait à ses ennemi ni l'invective ni l'injure. Il maniait la plaisanterie avec une certaine dextérité, encore qu'il y eût souvent, dans ses bons mots, plus de malice et de fiel que de grâce et d'atticisme.

---

1. Cicéron, dialogues de l'Orateur, livre II, paragraphes 25, 39, 40, 48.

Il n'était jamais à court de raisons ; et ce qu'on admirait surtout en lui, c'était une grande facilité de langage, une abondance intarissable de développements, un art extrême à saisir les moyens d'une cause et à les mettre en lumière. Philippe était d'ailleurs fort lettré : il était versé dans les études grecques ; et ce n'est pas par l'instruction et la culture de l'esprit qu'il était resté, selon le mot de Cicéron, à un long intervalle de ses deux illustres contemporains. Les défauts de son talent tenaient aux défauts de son caractère. Il ne faudrait pas pourtant se représenter Philippe comme un démagogue sans foi et sans vergogne. Il était homme de parti, et, comme tel, sujet à de graves erreurs, à des préjugés fâcheux, à des emportements coupables. Dans les rapports ordinaires de la vie, nul n'était ni d'un meilleur conseil, ni d'un commerce plus agréable, ni d'une plus parfaite urbanité de mœurs. Il suffit, pour s'en convaincre, de lire la charmante histoire contée par Horace. Horace caractérise Philippe comme un homme de cœur et de courage, et rappelle son renom d'orateur judiciaire excellent.

Cotta et Sulpicius.

Caïus Aurélius Cotta et Publius Sulpicius Rufus furent, jusqu'à un certain point, les disciples de Crassus et d'Antoine. C'est ainsi du moins que Cicéron nous les représente, dans les dialogues *de l'Orateur*, où ils figurent en qualité d'auditeurs et d'admirateurs des deux principaux personnages. Ils étaient encore jeunes l'un et l'autre, dans le temps que Crassus et Antoine étaient déjà à l'apogée des dignités et de la gloire.

Cotta n'avait rien de cette fougue et de cette véhémence qui distinguaient Philippe. La faiblesse de sa complexion et la délicatesse de sa santé lui interdisaient les sujets pathétiques. Il y avait, dans son éloquence, quelque chose de doux et d'insinuant ; mais à peine peut-on dire que Cotta fût un orateur : « Cotta, dit Cicéron dans le *Brutus*, brillait par la finesse de l'invention ; son élocution était pure et facile. Il avait fort sagement réglé son style et son action sur la faiblesse de sa poitrine, et il s'abstenait avec soin de tout effort violent. Rien, dans ses discours, qui ne fût correct, sain et de bon goût ; et, ce qui est un grand mérite, comme il ne pouvait subjuguer les esprits par une force victorieuse, et que son éloquence ne l'essayait même pas, il les maniait avec adresse, et il les amenait insensiblement au même but où les entraînait violemment Sulpicius. » Cotta prétendait, dit-on, prendre Antoine pour modèle. On voit que le disciple différait presque complétement du maître.

Sulpicius ne suivit point, tant s'en faut, la ligne politique d'Antoine et de Crassus. Il se signala entre les plus chauds partisans de Marius, et il n'y eut jamais de tribun plus violent dans ce siècle de révolutions et de violences. C'est lui qui fit priver Sylla du commandement de l'armée qui marchait contre Mithridate. Au retour de Sylla, il fut obligé de s'enfuir de Rome ; mais un esclave le livra au proscripteur. Il fut égorgé, et sa tête fut plantée sur les rostres de la tribune aux harangues.

Sulpicius imitait la manière de Crassus plus encore que celle d'Antoine. Il avait, en effet, quelques-unes des qualités de Crassus ; mais il manquait de grâce. Son éloquence était véhémente et presque tragique ; sa voix avait de la force, de la douceur et de l'éclat ; son geste était agréable, sans avoir rien de théâtral ; sa diction était abondante mais rapide, sans redondance ni longueurs. Il n'avait laissé aucun discours écrit. Il avouait même que le travail de la rédaction lui eût été à peu près impossible. Les discours qu'on avait sous son nom, au temps de Cicéron, n'étaient pas de lui, au moins pour le style et la forme : ils avaient été rédigés par P. Canutius, le plus éloquent, s'il faut en croire Cicéron, de tous les orateurs qui n'appartenaient pas au sénat.

Autres orateurs contemporains de Crassus et d'Antoine.

Cicéron donne un rôle, dans les dialogues *de l'Orateur*, à Caïus Julius César, surnommé Strabon. C'est le poëte Julius César, devant lequel nous avons vu Attius maintenir fièrement ses droits de préséance. Il était frère utérin de Catulus. Il fut édile curule en l'an 91 avant Jésus-Christ, et il périt dans les proscriptions de Marius. Il avait laissé des discours écrits.

Mais il ne paraît pas que son talent oratoire, non plus que son talent poétique, fût beaucoup au-dessus du médiocre. On sait seulement que c'était un homme de goût et un homme d'esprit, et qui s'entendait à manier la plaisanterie. La prose de ses discours, comme les vers de ses tragédies, manquait absolument de nerf sinon de douceur : c'est l'expression même dont se sert Cicéron.

Il reste un curieux passage d'un discours du chevalier romain Caïus Titius, où l'on voit avec quel cynisme certains juges de ce temps-là se moquaient et des bienséances et de leurs fonctions mêmes. Ils passaient la matinée à faire la débauche ; ils arrivaient au comice la tête lourde, les yeux appesantis ; ils n'écoutaient pas un mot ni de la cause ni des dépositions testimoniales ; et, quand il fallait donner son avis, c'étaient des réflexions philosophiques du bon genre : « Qu'ai-je affaire avec ces impertinents ? Que n'allons-nous plutôt boire le vin grec mêlé de miel, manger la grive bien grasse, un bon poisson, un loup du vrai crû, pêché entre les deux ponts ? » Titius était poëte, comme César Strabon : il avait fait des tragédies ; mais ses vers ne valaient pas sa prose, qui est vive et piquante. On dit qu'il ne savait pas le grec ; mais peut-être se donnait-il ce ton, à titre d'ennemi des choses nouvelles et des nouvelles mœurs ; et je ne jurerais pas que son ignorance littéraire fût plus réelle que celle d'Antoine ou de Crassus.

Il y avait même, hors de Rome, des orateurs dont quelques-uns méritaient une certaine estime. Tel était, d'après Cicéron, T. Bétucius Barrus d'Asculum. On avait de lui plusieurs discours. Il était venu une fois à Rome, pour accuser Cépion. Le discours qu'il avait prononcé était célèbre, et Cicéron dit que ce discours n'était pas sans qualités.

Hortensius.

Tous les noms que nous venons de citer sont assez obscurs ; il n'en est pas de même de celui d'Hortensius. Malheureusement pour nous, Hortensius n'est qu'un nom fameux. Il ne reste à peu près rien de ses discours ; et l'on ne trouvera ici autre chose que les honorables témoignages de Cicéron sur l'homme qui avait été son précurseur immédiat, et dont il fut d'abord l'émule, puis le vainqueur.

Quintus Hortensius Ortalus naquit en l'an 115 avant notre ère, et il mourut en l'an 51, à l'âge de soixante-quatre ans. Il n'avait guère que dix-neuf ans quand il débuta dans la carrière oratoire : c'était sous le consulat de Crassus. Il défendit, dans le sénat, la cause de l'Afrique. Ce premier discours eut un plein succès. D'autres discours placèrent bientôt Hortensius à un rang très-élevé parmi les orateurs vivants. Après la mort de Crassus et d'Antoine, ses rivaux eux-mêmes ne contestaient point sa supériorité. Cicéron seul devait éclipser cette grande renommée. Cicéron rappelle, dans le *Brutus* (chapitre XCII), les qualités par lesquelles Hortensius avait conquis cette royauté. Il montre Hortensius à son apogée oratoire; il nous apprend qu'Hortensius fut le modèle que lui-même se proposa d'abord : « Deux orateurs excellaient en ce temps-là, Cotta et Hortensius; et leur talent allumait en moi une vive émulation. Le premier, doux et coulant, exprimait avec aisance et facilité sa pensée, et il la revêtait des formes les plus naturelles ; l'autre, orné et plein de feu, n'était pas tel que tu l'as connu, Brutus, déjà sur son déclin : il avait bien un autre mouvement et de style et d'action. Il me sembla donc que c'était surtout avec Hortensius qu'il me fallait lutter ; car c'était lui que me rapprochaient le plus et mon âge et la chaleur qui m'animait en parlant. J'avais aussi remarqué que, dans les causes qu'ils soutenaient ensemble, comme celle de M. Canuléius et celle du consulaire Cn. Dolabella, Hortensius remplissait toujours le premier rôle, quoique Cotta eût été pris comme principal défenseur. En effet, une grande réunion d'hommes et le fracas du barreau exigent un orateur ardent et passionné, une action forte, une voix sonore. »

Hortensius était consul désigné, quand il prit en main la défense du préteur Verrès accusé par Cicéron : « C'est la lutte la plus vive, dit Cicéron, que j'aie jamais eue avec lui. » Les deux orateurs étaient liés alors d'une amitié étroite; mais l'intérêt de leurs clients les emporta l'un contre l'autre à ces petites méchantetés qu'entre avocats on ne se refuse guère, et qui n'empêchent pas de se retrouver bons amis, une fois la cause plaidée. Ainsi, Hortensius ayant dit, à propos de certaines observations de son adversaire, dont le sens lui paraissait équivoque : « Je ne sais pas deviner les énigmes. — Pourtant, répondit Cicéron, tu as le sphinx chez toi. » Hortensius avait reçu en effet de Verrès un sphinx d'ivoire, objet d'art fort précieux, et un des produits des déprédations de l'accusé. Ce n'était même, dit-on, que par l'appât de ce salaire qu'Hortensius, faisant taire ses répugnances, avait consenti à prêter à Verrès l'appui de son talent. Cicéron et Hortensius publièrent leurs discours ; mais les *Verrines* de Cicéron firent grand tort aux *Verrines* d'Hortensius, qui n'étaient pas des chefs-d'œuvre. Hortensius commençait déjà à déchoir ; et l'âge ne fit qu'ajouter chaque jour à sa décadence. Il continua de parler, au sénat, au Forum, dans les tribunaux, jusqu'à la fin de sa vie ; mais, longtemps avant sa mort, il n'était déjà plus qu'une ombre de lui-même. Cicéron, par déférence pour son aîné, affectait toujours de proclamer Hortensius le premier des orateurs ; mais l'illusion n'était plus possible pour personne, pas même pour Hortensius. Hortensius proclamait à son tour la supériorité de Cicéron. Cet aveu lui coûtait, il faut bien le dire ; et il lui coûtait d'autant plus que ce n'était pas simplement un témoignage d'affection ou un acte de déférence.

Cicéron explique avec quelque détail le caractère du talent d'Hortensius. La conclusion qui sort manifestement de ses paroles, c'est qu'Hortensius eut surtout les qualités extérieures de l'éloquence, et que les qualités solides lui ont trop souvent manqué ; je dis celles qui font vivre à jamais les œuvres oratoires, et qui se passent du débit, de la voix et de l'action. Hortensius fut un parleur consommé, ce n'était ni un penseur profond ni un grand écrivain : « Si nous cherchons, dit Cicéron dans le *Brutus* (chapitre xcv), pourquoi l'éloquence d'Hortensius a jeté plus d'éclat quand il était jeune que plus tard, nous en trouverons deux causes principales. D'abord, c'était une éloquence du genre asiatique ; et ce genre sied mieux à la jeunesse qu'à la vieillesse.... Hortensius enleva les suffrages tant qu'il fut jeune. Il avait, comme Ménéclès, une abondance de pensées vives et délicates ; mais chez lui, comme chez l'orateur grec, ces pensées étaient quelquefois plus agréables et fleuries que nécessaires ou même utiles. Son style était animé et impétueux, en même temps que travaillé et poli. Tout cela ne contentait guère les vieillards. Souvent je voyais Philippe rire de pitié ou même s'irriter et maudire l'orateur; mais les jeunes gens admiraient, et la multitude était émue. Hortensius, dans sa jeunesse, excellait donc, au jugement du vulgaire, et il occupait le premier rang sans conteste. Ce genre d'éloquence, il est vrai, n'avait rien de bien imposant; mais il paraissait du moins approprié à l'âge d'Hortensius : d'ailleurs, on y voyait briller une certaine beauté de génie. Cette beauté, perfectionnée par l'exercice, le tour savant et heureux des périodes, voilà ce qui excitait les transports d'admiration. Quand les honneurs, quand la dignité de l'âge mûr exigèrent quelque chose de plus grave, ce fut toujours le même orateur, et ce n'étaient plus les mêmes convenances. Hortensius s'exerçant beaucoup moins, et sa passion pour le travail, jadis si vive, s'étant refroidie, il lui restait son ancienne abondance de pensées fines et ingénieuses; mais non plus revêtue, comme autrefois, de la parure d'un style éblouissant. C'est pour cela sans doute, mon cher Brutus, qu'il ne t'a pas plu autant qu'il l'aurait fait si tu avais pu l'entendre quand il était enflammé de toute son ardeur, quand il florissait dans tout l'éclat de son talent. »

Hortensia.

Hortensius avait un fils indigne de lui, et qui ne se signala que par ses folies et ses débauches. Mais quelque chose du génie oratoire du père devait revivre dans Quinta Hortensia la fille. Au temps du triumvirat d'Antoine, de Lépide et d'Octave, les dames romaines, frappées d'un énorme tribut, n'avaient pas pu trouver un orateur qui osât réclamer pour elles devant le tribunal sanguinaire des tyrans. Hortensia eut le courage qui manquait à tous les hommes. Elle prit en main la cause; elle rappela les triumvirs à l'équité, et elle ne parla pas en vain. Grâce à son éloquence, les matrones furent déchargées de la somme presque entière qu'on exigeait d'elles. Le discours semble avoir été digne de ce triomphe : « On lit, dit Quintilien, le discours prononcé par Quinta Hortensia, fille de Quintus, devant les triumvirs; et on le lit non pas uniquement par honneur pour le sexe. »

CHAPITRE XVI.

CICÉRON.

Naissance de Cicéron; ses études. — Cicéron orateur judiciaire. — Plaidoyers de Cicéron. — Pathétique de Cicéron. — Cicéron orateur politique. — Style oratoire de Cicéron. — Premiers discours politiques de Cicéron. — Les *Catilinaires*. — Autres discours politiques de Cicéron. — Ouvrages de Cicéron sur l'art oratoire. — Cicéron philosophe. — Ouvrages philosophiques de Cicéron. — Ouvrages perdus. — Cicéron poëte. — *Lettres* de Cicéron. — Dernier triomphe de Cicéron.

Naissance de Cicéron; ses études.

Il est difficile de parler brièvement de Cicéron. Les bornes étroites de cet ouvrage nous permettront à peine de donner une idée sommaire des immenses travaux qui remplirent sa vie, et d'indiquer ses principaux titres à l'estime et à l'admiration de la postérité. Mais Cicéron peut se passer d'un panégyrique; et dire à peu près ce qu'il a fait, c'est assez pour faire comprendre sinon tout ce que fut son génie, au moins que ce génie fut un des plus puissants et des plus extraordinaires qu'il y ait eu au monde.

Marcus Tullius Cicero naquit dans une campagne voisine d'Arpinum, le 3 janvier de l'an 647 de Rome, cent sept ans avant notre ère. Sa famille habitait de tout temps Arpinum; mais les habitants de ce municipe avaient le droit de cité romaine, et ils votaient, dans les comices, avec la tribu

Cornélia. Les Tullius étaient riches, et ils appartenaient à l'ordre équestre ; mais ils n'étaient jamais venus à Rome briguer des charges publiques, malgré leurs alliances avec certaines maisons considérables et malgré leurs relations d'amitié avec un grand nombre de patriciens illustres. Cicéron fut donc, dans toute la force du terme, ce qu'on appelait un homme nouveau, puisque c'est lui qui présenta le premier le nom de Tullius aux suffrages populaires. Il avait un frère un peu plus jeune que lui, Quintus, qui fut le compagnon de ses études, l'ami de toute sa vie, et qui périt victime de son dévouement pour lui. Leur père et leur aïeul, deux hommes de grand savoir et de noble caractère, dirigèrent leur éducation. Quand le père crut le séjour de Rome plus propice à leurs progrès, il les y amena, et il leur donna les maîtres les plus capables de développer leurs talents. Nous avons entendu Cicéron rappelant cette époque de sa vie et les leçons qu'il avait reçues non pas seulement de ses maîtres à gages, mais d'Antoine, mais de Crassus. Il étudiait avec la même ardeur la poésie et l'éloquence. Q. Mucius Scévola l'augure, un des plus fameux jurisconsultes romains, l'initiait à la science du droit. Il prit la robe virile, et il se préparait à débuter bientôt dans la carrière où le poussaient ses instincts. La guerre sociale, qui éclata sur ces entrefaites, le força d'ajourner ses espérances. Il s'enrôla dans l'armée, comme tous les jeunes gens de son âge, et il assista à la bataille de Nola, où furent vaincus les Samnites. La guerre civile et les proscriptions imposèrent silence, pendant plusieurs années, à l'éloquence des tribunaux comme à celle du Forum. Ce n'est qu'à l'âge de vingt-six ou vingt-sept ans, en l'an 81 avant notre ère, que Cicéron put enfin montrer à Rome qu'un orateur lui était né.

Le malheur des temps fut favorable, en définitive, au développement du génie de Cicéron. Ces études prolongées de littérature, de philosophie, de jurisprudence, avaient amené l'orateur presque à maturité complète, dès le premier jour où il se hasarda à faire entendre sa parole. A vingt-six ans, Cicéron possédait à fond tous les secrets de l'art. Il avait vu à l'œuvre les plus grands orateurs romains;

il avait assisté aux leçons des meilleurs maîtres; il avait lu et médité les orateurs de la Grèce ; il avait traduit en latin, pour son usage, les plus beaux discours d'Eschine et de Démosthène. Il avait une réputation de poëte que lui avaient conquise non pas seulement des imitations de poëtes grecs, mais une épopée en l'honneur de Marius, une épopée à qui Scévola lui-même prédisait une éternelle durée. Il connaissait dans leurs détails les doctrines des principales écoles de philosophie. Il en eût remontré à tous les savants de ce temps-là, sur presque toutes les sciences connues. Il était, en un mot, armé de toutes pièces, et tel peu s'en faut que cet orateur dont il a tracé, dans un livre magnifique, la complète et idéale image.

Cicéron orateur judiciaire.

J. J. Rousseau a écrit, dans l'*Émile* : « Entraîné par la mâle éloquence de Démosthène, mon élève dira : C'est un orateur ; en lisant Cicéron, il dira : C'est un avocat. » Rousseau, j'en suis convaincu, ne lisait guère Cicéron, et il connaissait Démosthène à peu près comme tant de grands littérateurs connaissent Eschyle, ou Pindare, ou la *Poétique* d'Aristote, ou la plupart de ces livres grecs dont le titre revient si souvent sous leur plume. Pourtant ce jugement n'est pas si déraisonnable qu'il plaît à quelques-uns de le dire. Mais voici à quelle condition j'y souscris : c'est qu'on ne fasse point du mot *avocat* une antithèse au mot *orateur*; c'est qu'on entende ce mot dans son acception la plus favorable ; c'est qu'en face de Démosthène, le plus grand des orateurs politiques qui ont écrit, on place Cicéron, le plus grand des orateurs judiciaires qui aient jamais écrit ou parlé. Je ne dispute pas sur la prééminence ou l'égalité des genres : je maintiens que Cicéron, dans le genre judiciaire, n'a pas eu d'égal, et que, s'il le cède à Démosthène comme orateur politique, Démosthène, à son tour, le cède à Cicéron comme orateur judiciaire. Oui, Cicéron est l'orateur judiciaire par excellence. Qu'y a-t-il, dans aucune littérature, qu'on puisse comparer à tant d'admirables plaidoyers? Que sont, même les plus beaux discours judiciaires de Démosthène (je ne parle pas de la harangue *pour Ctésiphon*), au prix de la *Milonienne*, des *Verrines*, que dis-je? des discours *pour Roscius d'Amérie* ou *pour Archias*? L'immense supériorité de Cicéron en ce genre tenait à la réunion de toutes les qualités dont une seule suffit quelquefois pour y réussir. C'était une merveilleuse adresse à se concilier, dès les premières paroles, la bienveillance des juges, et à exciter leur attention en les intéressant. C'était une habileté consommée dans l'art d'ordonner les parties de la narration et de disposer les faits de la manière la plus favorable au succès de la cause. C'était une argumentation tantôt vive et serrée, tantôt large et calme, suivant la circonstance. Toujours présent à tout, Cicéron profitait de tous ses avantages, sans s'exposer jamais par une témérité hasardeuse. Ajoutez que nul n'excellait comme lui à laisser tomber, au milieu de la discussion, ces plaisanteries qui déconcertent un adversaire, qui font sourire le juge, et qui aident au triomphe plus puissamment quelquefois que les meilleures raisons. Mais c'est surtout dans l'art de terminer un plaidoyer que Cicéron l'emportait sur tous les autres orateurs. Lui-même il s'est rendu ingénument ce témoignage, au moins par rapport aux orateurs contemporains. Il nous apprend que, quand il plaidait une cause en société avec d'autres, c'était toujours lui qu'on chargeait de la péroraison. Les péroraisons de ses plaidoyers sont nettes, faciles, pleines de mouvement, de vie et de pathétique. On subit, bon gré mal gré, les effets d'un entraînement irrésistible. C'est là que Cicéron concentre, si je puis dire, toutes les ressources de son art, toutes les forces de son esprit, toutes les puissances de son génie; c'est là qu'éclate, dans toute sa splendeur, la beauté oratoire; c'est là que Cicéron se montre avec tous ses avantages.

Plaidoyers de Cicéron.

C'est contre Hortentius même que Cicéron eut à lutter, dans la cause de Publius Quintius son premier client; et, malgré le talent de son adversaire, il fut vainqueur. Il s'agissait seulement de faire rentrer Quintius en possession des biens de son frère décédé, usurpés par un certain Névius. Mais ce Névius était riche et avait des amis puissants. Il avait fait défection au parti de Marius, et Sylla, son nouveau patron, s'intéressait à lui. Tous les grands l'appuyaient; Philippe même ne lui refusait pas ses conseils. Cicéron ne craignit pas de traiter Névius comme un misérable. Le discours de l'orateur débutant se distingue déjà par d'admirables qualités. Mais celui que Cicéron prononça l'année suivante, pour Sextus Roscius, est presque un chef-d'œuvre. Ici l'orateur n'avait point affaire à l'éloquence d'Hortensius; mais la défense de Roscius offrait bien d'autres difficultés qu'une revendication d'héritage. Chrysogonus, un des affranchis de Sylla, s'était fait adjuger à vil prix les biens d'un proscrit nommé Roscius; et, comme Roscius avait péri après l'époque fixée par Sylla pour la fin des proscriptions, Chrysogonus profita de cette circonstance pour se venger de Sextus Roscius fils de la victime. Sextus, prouvait qu'il y avait fraude et lésion dans l'adjudication faite à Chrysogonus, et que les domaines adjugés valaient deux ou trois mille fois la somme donnée par l'acquéreur. Chrysogonus accusa Sextus Roscius d'avoir lui-même assassiné son père. Sextus, accusé par le favori de l'homme tout-puissant, ne put trouver de défenseur parmi les orateurs en renom. Mais Cicéron n'hésita point à braver la haine de Chrysogonus, celle de Sylla même : il plaida, et il sauva la vie à l'innocent. Les juges eux-mêmes applaudirent à son discours, et renvoyèrent Sextus absous. Le pathétique, dans ce beau plaidoyer, s'allie sans effort à une habile et complète discussion des faits, et à cette grâce insinuante, à cette adresse infinie avec laquelle Cicéron savait captiver l'âme des auditeurs.

Je ne dis rien des nombreux plaidoyers que Cicéron prononça durant les dix années qui suivirent. Ces discours ont péri, à l'exception d'un ou deux qui n'ont pas grande importance. Le procès de Verrès, en l'an 71, fournit à Cicéron l'occasion de plusieurs chefs-d'œuvre oratoires. En ce temps-là, Cicéron était édile désigné. Il avait été questeur en Sicile quelques années auparavant, et, avant sa questure, il avait voyagé en Grèce et en Asie, fréquentant les écoles les plus fameuses, conversant avec les philosophes et les rhéteurs, à Athènes, à Rhodes, partout enfin où respirait encore quelque chose du vieil esprit de Platon, de Démosthène et d'Eschine. Les Siciliens, qui avaient conservé de l'ancien questeur un excellent souvenir, chargèrent Cicéron de les venger. Cicéron se porta donc l'accusateur de Verrès. Mais il lui fallut d'abord vaincre l'opposition d'un certain Cécilius, qui revendiquait pour lui-même le droit d'accusation, ayant été le questeur de Verrès, et qui voulait simplement étouffer l'affaire et trahir les Siciliens. Cicéron plaida contre Cécilius au Forum, devant un tribunal que présidait Manius Glabrion, préteur. Cécilius fut débouté de ses prétentions. Nous avons le discours fort vif de Cicéron contre lui. C'est comme la préface de ce que nous nommons les *Verrines*.

Il n'est personne qui ne connaisse au moins les deux discours intitulés l'un *sur les Statues*, l'autre *sur les Supplices*. Le récit des cruautés de Verrès est dans toutes les mémoires, et il n'est guère d'écolier qui ne fût en état de peindre, avec les mots mêmes de Cicéron, les exactions infâmes du licteur Sestius, ou la mort de ce citoyen romain que Verrès avait fait mettre en croix. Les excursions de l'amateur d'objets d'art ne sont guère moins familières à l'esprit de mes lecteurs. Ils voient Verrès lâchant partout devant lui ses limiers, deux artistes habiles, Tlépolème et Hiéron. Je remarquerai seulement que ces deux grandes compositions ne sont qu'une partie des *Verrines*. C'est le livre quatrième et le livre cinquième de la seconde action contre Verrès. Dans cette seconde action, il y a trois autres plaidoyers : 1° *sur la Préture urbaine de Verrès*; 2° *sur sa Préture en Sicile;* 3° *sur les Blés* que la province fournissait à Rome. Il ne reste qu'un discours de la première action, le préambule; mais Cicéron n'avait peut-être pas écrit les autres, parce qu'il s'était borné, dans sa première plaidoirie, à faire comparaître les témoins, à produire les pièces, à éclairer les faits par des réflexions interrompues. C'était de la procédure plutôt que des plaidoyers. Les plaidoyers sont dans la seconde action. Mais Cicéron n'eut pas même besoin de les prononcer.

Verrès s'était exilé, après les accablantes dépositions des témoins et les preuves irrécusables fournies par Cicéron. Mais il put lire, dans son exil, les invectives dont le grand orateur l'eût foudroyé; il put contempler avec effroi l'immortel tableau de ses déprédations et de ses crimes.

Il y a de belles choses dans les plaidoyers *pour Fontéius*, *pour Cécina*, *pour Cluentius*, etc. Mais le plaidoyer *pour Archias* est la perfection même dans le genre tempéré. Il s'agissait de soutenir les droits d'Archias Licinius au titre de citoyen romain, qui lui avait été conféré autrefois. Archias était un poëte grec d'Antioche qui avait été un des maîtres de Cicéron adolescent. Cicéron homme mûr, au sortir même de son consulat, ne dédaigna pas de venir au secours d'Archias, et de payer noblement la dette de la reconnaissance au vieillard avec qui il avait jadis lu Homère et Eschyle. Cicéron a été très-court, comme l'exigeait la cause; mais rien ne manque à la démonstration qu'il avait entreprise : Archias est réellement citoyen romain; et, s'il ne l'était pas, on devrait s'empresser de l'adopter parmi les enfants de la cité. Le magnifique éloge de la poésie et des lettres, qui occupe la moitié du discours, est de ces choses que tous savent par cœur, non moins que les scènes pathétiques retracées dans les *Verrines*. C'est devant son frère Quintus, alors préteur, que Cicéron prononça la défense d'Archias. Les juges, comme leur président, furent convaincus et charmés, et Archias resta citoyen romain.

Ce n'est qu'en l'an 53 avant notre ère que Milon fut mis en jugement pour le meurtre de Clodius. Cicéron avait alors cinquante-cinq ans. Milon ne fut point absous. Ce fut, il faut bien en convenir, la faute de l'orateur. Pompée présidait le tribunal, et il avait fait occuper le Forum par la force armée. L'appareil formidable qui frappa les yeux de Cicéron au sortir de sa litière lui fit presque perdre contenance : il ne dit pas ce qu'il aurait voulu dire; il parla d'une voix faible et hésitante; il ne sut pas détruire les charges qui s'élevaient contre l'accusé. Il retrouva chez lui la présence d'esprit et le génie qui lui avaient fait défaut au moment opportun, et il écrivit la *Milonienne*. Ce plaidoyer est le chef-d'œuvre de l'éloquence judiciaire. C'est là que Cicéron a le plus complétement déployé toutes ses qualités oratoires. Qu'on lise, par exemple, le récit de la mort de Clodius, et l'on verra s'il est possible de rendre plus vrai même l'invraisemblable, et si les juges, en l'absence de témoignages précis, eussent pu faire autrement que de se laisser aller aux inductions de l'orateur. L'argumentation, d'un bout à l'autre du discours, est vigoureuse et serrée, et les mouvements les plus pathétiques animent tout cet ensemble. Nulle part le style de Cicéron n'est plus vivant ni paré de plus riches couleurs. Mais quel plus grand malheur, pour une telle œuvre, que d'être venue après coup ! Milon, qui s'était exilé de Rome avant la sentence, reçut à Marseille cette défense posthume; mais l'énormité des dettes qu'il avait laissées en Italie lui rendait l'exil léger. Il s'écria, dit-on, après avoir lu cette merveilleuse composition littéraire : « O Cicéron! si tu avais plaidé ainsi, je ne mangerais pas de si bon poisson à Marseille. »

Il s'en faut bien que nous ayons nommé tous les plaidoyers de Cicéron. Il y en a plus d'un autre, parmi ceux qui nous restent, qui mériterait une étude particulière. Ainsi la défense de M. Cœlius Rufus, accusé d'une tentative de meurtre ; ainsi celle de Ligarius, accusé devant César d'avoir fait la guerre en Afrique pour Pompée ; ainsi celle du roi Déjotarus, accusé d'un prétendu attentat contre la personne de César.

Pathétique de Cicéron.

Voici comment Cicéron s'exprime lui-même, dans l'*Orateur*, sur celle de ses qualités oratoires à laquelle il dut ses plus beaux triomphes : « Grâce au pathétique, tout médiocre que je suis, si toutefois je ne suis pas au-dessous du médiocre; grâce à l'impétuosité ordinaire de mon attaque, j'ai souvent fait perdre toute contenance à mon adversaire. Hortensius, le plus grand des orateurs, n'a rien trouvé à me répondre pour la défense d'un ami. Catilina, le plus audacieux des hommes, est resté muet quand je l'accusais en plein sénat. Dans une cause particulière de haute importance, Curion le père, ayant commencé à faire sa réplique contre moi, s'assit tout à coup, disant qu'un sortilége lui avait enlevé la mémoire. Parlerai-je de l'art d'exciter la compassion ? J'ai eu d'autant plus souvent l'occasion de le mettre en œuvre, que, même quand nous plaidions plusieurs ensemble, on s'accordait toujours à me laisser la péroraison. Ce n'est pas à mon talent, c'est à ma sensibilité naturelle que je devais mes succès en ce genre.... Et il ne suffit pas de savoir attendrir l'âme des juges, comme je l'ai fait dans une péroraison en leur présentant un jeune enfant soulevé dans mes bras, et une autre fois en faisant lever un accusé illustre et en soulevant aussi son fils en bas âge : langage d'action qui provoqua par tout le Forum les sanglots et les larmes. Il faut faire que le juge s'irrite ou s'apaise ; qu'il s'indispose ou s'intéresse; qu'il passe de l'admiration au mépris, de la haine à l'amour, du désir à la satiété, de l'espérance à la crainte, de la joie à la douleur. Pour toutes ces passions, j'ai fourni des exemples : dans mon accusation contre Verrès, les émotions pénibles ; les sentiments doux, dans mes défenses. Car il n'y a pas un moyen d'émouvoir ou de calmer l'âme de l'auditeur, dont je n'aie essayé de me servir. Je dirais que j'ai atteint à la perfection en ce genre, si je le jugeais ainsi, et si je ne craignais qu'une telle vérité ne me fît taxer de présomption[1]. »

Cicéron reconnaît, dans un autre passage du même livre, qu'il lui est arrivé quelquefois de passer la juste mesure ; et les applaudissements qu'il avait provoqués par ces exagérations mêmes ne l'aveuglent pas sur quelques-uns des défauts de ses premiers discours judiciaires. Il est certain qu'il y a quelque chose de jeune, c'est le mot dont il se sert, dans certaines parties de la défense de Sextus Roscius. Ce n'est pas vingt ans plus tard, ni même au temps de l'affaire de Verrès, que Cicéron eût fait cette description du supplice des parricides, qu'il cite pour en critiquer le ton excessif et l'emphase.

1. Cicéron. *Orateur*, paragraphes 37, 38.

Cicéron orateur politique.

Cicéron, dans ses ouvrages sur l'art oratoire, donne des préceptes qui se rapportent presque tous au genre judiciaire. Le plaidoyer était, selon lui, le champ le plus favorable aux développements de l'art. On aurait tort d'en conclure que Cicéron mettait le genre judiciaire au-dessus du genre délibératif, et qu'il préférait un beau plaidoyer à un beau discours politique. Il sentait seulement qu'il est plus aisé d'enseigner à parler devant un tribunal, que d'enseigner à conseiller les hommes assemblés. A vrai dire, ceci ne s'enseigne guère. Les plus habiles dans l'art de manier la parole sont loin d'être les meilleurs orateurs, quand il s'agit d'autre chose que d'un héritage en litige ou d'une vie d'homme à défendre. Combien n'a-t-on pas vu d'avocats, je dis d'avocats distingués, devenir des orateurs politiques inqualifiables ! Cicéron savait mieux que nous qu'avec un homme d'esprit on parvient presque toujours à faire un orateur judiciaire, mais que nul, à moins d'être homme d'État, n'est jamais devenu un orateur politique. Comment se font les hommes d'État ? demandez à Périclès ou à Démosthène, à Pitt ou à Mirabeau. Certes, Cicéron a été un homme d'État véritable et un grand orateur politique ; mais qui pourrait nier que quelque chose lui a manqué pour être aussi grand, dans le sénat ou sur les rostres du Forum, que Périclès, ou même Démosthène, haranguant les Athéniens du haut de la tribune du Pnyx ? Son caractère n'avait pas cette trempe forte qui défie tous les coups et que rien ne peut entamer. C'était comme un étrange composé d'énergie et de faiblesse, de décision courageuse et d'incertitude misérable, d'admirables vertus et de petitesses ridicules. L'orgueil ne messied pas à un homme de génie. Cicéron, à qui on pardonnerait de proclamer ingénument ce qu'il a fait et ce qu'il vaut, n'affiche trop souvent qu'une insupportable vanité. Ce n'est pas tout. Lisez cette correspondance où il nous livre à nu tous les secrets de son âme. Vous voyez le politique flottant au hasard entre les divers partis : honnête homme, animé d'intentions pures, voulant sincèrement le bien de sa patrie, mais incapable de donner une direction constante à ses efforts; cédant à des entraînements irréfléchis, à des passions éphémères; toujours à la remorque des autres, toujours en proie aux vagues chimères d'une imagination mobile, sans jamais prévoir quel avenir s'apprête à sortir du présent. Or, ce qu'on demande avant tout à un orateur politique, ce sont des vues larges et profondes; ce sont de grandes idées, qui saisissent fortement les esprits; c'est un ascendant moral irrésistible, qui entraîne les hommes à l'action; c'est un coup d'œil vaste et juste, qui saisisse de prime abord toutes les conséquences de la question controversée; c'est enfin la foi, cette conviction raisonnée, ardente, inébranlable, sans quoi les principes que l'orateur invoque ne sauraient être qu'appuis caducs et vermoulus. Cicéron a eu d'admirables instants, dans sa carrière d'homme public, et il nous a laissé plus d'un discours politique admirable. J'ose dire pourtant que ces œuvres mêmes ne sont pas la plus belle part de son génie. Je dis plus encore: je soutiens que Cicéron orateur politique est resté généralement au-dessous de lui-même. Mais que ne lui pardonne-t-on pas, quand on lit ces discours écrits d'un si beau style? Il n'en est pas un seul, même le moins renommé, qui n'abonde en développements ingénieux, en mouvements vifs et passionnés, et où ne se trouve toujours cette incomparable diction, pure, irréprochable, harmonieuse, aussi pleine de grâce que de majesté.

Quelques anciens citent les discours politiques de Cicéron comme son plus brillant titre de gloire. Pline le naturaliste fait quelque part une sorte de dithyrambe en l'honneur du vainqueur oratoire de Rullus, de l'auteur des *Catilinaires* et des *Philippiques*, et il passe sous silence l'accusateur de Verrès, le défenseur de Milon, l'auteur de tant de chefs-d'œuvre dans les genres les plus divers. Il y eut, sous l'Empire, des écrivains et des avocats distingués: les contemporains purent négliger pour eux Cicéron avocat et écrivain; les engouements du jour, en tout cas, ne pouvaient que nuire à sa réputation. Mais Cicéron fut le dernier orateur politique de Rome. Sa voix fut la dernière qui fit entendre, aux Romains dégénérés, de libres et patriotiques accents. Les échos de cette voix éloquente retentissaient donc sans obstacle à travers les siècles qui suivirent. Quand un homme de cœur, au temps de l'Empire, se souvenait des nobles choses d'autrefois et tournait ses regards vers le passé, ce qu'il apercevait d'abord, c'était Cicéron haranguant le peuple au Forum, ou dénonçant aux sénateurs les complots parricides de Catilina.

Style oratoire de Cicéron.

Quintilien toutefois n'a guère vu dans Cicéron que l'orateur judiciaire. C'est que l'*Institution oratoire* de Quintilien n'est guère que l'institution de l'avocat : en un pareil temps, elle ne pouvait même être autre chose. Mais comme l'éloquence, pour Quintilien, consiste presque tout entière dans l'élocution, c'est du style de l'orateur qu'il parle surtout; et ce qu'il dit peut s'appliquer, en général, aux discours politiques de Cicéron aussi bien qu'à ses plaidoyers. Je transcrirai donc ici cette page, une des meilleures, sans contredit, du célèbre critique latin : « Marcus Tullius, s'étant appliqué tout entier à l'imitation des Grecs, a reproduit, selon moi, la vigueur de Démosthène, l'abondance de Platon, l'agrément d'Isocrate. Et non-seulement il a conquis par l'étude ce qu'il y avait de meilleur en chacun d'eux, mais il a tiré de lui-même un très-grand nombre de qualités, toutes ses qualités pour mieux dire, grâce à l'heureuse fécondité d'un immortel génie. Car il ne ramasse pas les eaux de la pluie, pour parler comme Pindare : c'est une source vive qui déborde ; et la Providence divine semble l'avoir mis au monde, par un bienfait tout particulier, afin que l'éloquence, en sa personne, essayât toutes ses forces. En effet, qui peut expliquer avec plus de soin que lui, émouvoir avec plus de véhémence? Qui a jamais été doué de plus de charme? Même ce qu'il arrache, vous croiriez qu'on le lui accorde de plein gré; et, quand il fait violence au juge et l'emporte hors de ses voies, on dirait que le juge suit, qu'il n'est pas entraîné. Il y a d'ailleurs, dans tout ce qu'il dit, une telle autorité, qu'on est honteux de ne point partager son avis, et qu'il apporte dans la cause non le zèle de l'avocat, mais la sauvegarde du témoin ou du juge. Ajoutez que toutes ces qualités, dont chacune ne se pourrait guère acquérir que par un effort persévérant, coulent sans travail, et que ce style, le plus beau qu'on puisse entendre, a. néanmoins pour caractère la plus heureuse facilité. Ce n'est donc pas sans raison que les contemporains ont nommé Cicéron le roi de l'éloquence judiciaire ; et l'orateur a eu cette fortune, dans la postérité, que Cicéron n'est plus le nom d'un homme mais le nom de l'éloquence même. Que ce soit là notre objet d'étude ; que ce soit là notre modèle : sachez que c'est avoir profité, que de faire de Cicéron ses délices. »

Il faut dire que toutes les voix, au temps de Quintilien, ne se mêlaient pas à ce concert d'éloges. L'auteur du *Dialogue des Orateurs* remarque que Cicéron a plus d'un détracteur ; et, s'il fait célébrer par ses personnages les mérites incontestables des grandes œuvres oratoires de Cicéron, il trouve moyen aussi d'y relever une foule de défauts ou réels ou imaginaires. Il rappelle malignement que Calvus reprochait à Cicéron d'être traînant et flasque, et Brutus d'être mou et de manquer de reins ; que plusieurs le trouvaient exagéré, ampoulé, redondant, verbeux et de mauvais goût ; et il fait entendre que c'est à peu près là son avis. Voici enfin avec quelle irrévérence l'ennemi des anciens, c'est-à-dire évidemment l'auteur lui-même, parle de la plupart des discours de Cicéron : « Il est traînant dans les exordes, prolixe dans les récits, ennuyeux dans les digressions, lent à s'émouvoir, et il ne se passionne presque jamais. Il est rare que, dans ses périodes, les derniers mots soient heureux, et qu'elles se terminent par un éclair. On ne peut rien détacher de ses œuvres ; on n'en peut rien retenir. C'est un monument grossier, dont les murs sont solides et durables mais sans poli et sans éclat... Je ne veux pas rire de la *roue de la Fortune*, du *jus verrinum*, et de cet *esse videatur* qui revient toutes les trois phrases en guise de pensée[1]. » Non, certes, tout n'est point parfait dans Cicéron même ; et ce n'est

---

1. *Dialogue des Orateurs*, chapitres xxii et xxiii.

pas moi qui prendrai la défense ni d'un mauvais calembour ni d'une formule vide de sens. Mais l'*esse videatur* n'est pas si fréquent, grâce à Dieu, qu'il plaît au critique de le dire, et les jeux de mots de Cicéron ne sont pas toujours mauvais, ni même indignes du style oratoire. Quant à la roue de la Fortune, je ne vois pas pourquoi, à l'occasion, un orateur ne serait pas admis à en parler. Je n'ai pas besoin de réfuter les autres reproches : ils ne prouvent que le goût de celui qui les a faits pour le trait et pour les morceaux brillants ; et je félicite presque Cicéron d'avoir pu les mériter.

Premiers discours politiques de Cicéron.

La première harangue prononcée par Cicéron dans une assemblée publique n'existe plus. C'est le discours qu'il adressa aux Siliciens après l'expiration de sa questure, en l'an 74 avant notre ère. A son retour, il obtint l'édilité, et plus tard il brigua la préture. Sa popularité était si grande, depuis son triomphe dans l'affaire de Verrès, que, malgré l'opposition de quelques puissants personnages ligués contre lui, il fut proclamé préteur à une immense majorité. Trois fois on recommença l'épreuve du scrutin, et trois fois Cicéron sortit le premier. Il ne s'aveuglait pas sur la durée de la faveur populaire, et il sentait vivement le besoin de s'appuyer sur quelque chose de plus solide, pour pouvoir se défendre contre ses ennemis. Il s'attacha donc à Pompée ; et, en retour des bons offices du fameux capitaine, il mit son éloquence au service d'une ambition qui n'avait d'ailleurs qu'un objet grand et avouable. C'est Cicéron qui fit adopter, en l'an 67, la loi proposée par le tribun Manilius, en vertu de laquelle Pompée, déjà chargé de la guerre maritime, fut investi du commandement de toutes les armées romaines en Orient, pour achever de réduire Mithridate. Nous possédons le discours *pour la loi Manilia*. Ce discours fut le début de Cicéron aux rostres du Forum.

C'est le panégyrique de Pompée qui forme la partie la plus considérable du discours, et aussi la plus curieuse et la plus brillante. Le chef que Rome met à la tête de ses armées doit posséder, selon Cicéron, toutes les grandes qualités qui font le général accompli : la science militaire, la bravoure, l'ascendant sur ceux qu'il commande, enfin le bonheur. Et l'orateur tâche de démontrer que l'homme qui possède ces qualités au degré suprême, que le seul qui les possède, c'est Pompée. Il entonne un hymne enthousiaste à son idole : il nous montre Pompée soumettant à l'empire de sa volonté les citoyens, les alliés, les ennemis de la république, même les vents et les tempêtes. L'imagination embellissait singulièrement la réalité ; mais on ne saurait suspecter la bonne foi du panégyriste. C'est cette bonne foi, c'est l'importance du but que Cicéron se propose, qui donnent à tout ce morceau je ne sais quoi de digne et de majestueux, et qui y font circuler le souffle de la véritable éloquence. Le commencement du discours offre un assez grand intérêt historique. C'est un tableau animé des affaires d'Asie, et l'exposé des motifs qui doivent déterminer les Romains à en finir avec un adversaire souvent vaincu mais toujours formidable. Ce qui suit l'éloge de Pompée n'est pas non plus sans mérite : l'orateur réfute éloquemment les arguments de ceux qui s'effrayaient de voir réunis dans la main d'un seul homme tant de pouvoirs, et de nature si diverse, innovation contraire à toutes les traditions de la politique romaine.

Le discours *pour la loi Manilia* est le plus travaillé et le plus fleuri des discours politiques de Cicéron, ce qui ne veut pas dire le meilleur. Cicéron y abuse un peu trop des artifices de la rhétorique. Nulle part, chez lui, on ne trouve autant de ces périodes au circuit géométriquement calculé, de ces chutes savamment cadencées, de ces assonances symétriques, que sais-je ? de tous ces petits moyens de produire de l'effet enseignés jadis par Gorgias, et qui ne font que déparer, ou, si l'on veut, que mal parer une argumentation sérieuse. Cicéron n'aurait rien perdu non plus à se préserver de certaines antithèses que n'avouerait pas un goût sévère. Je remarque en passant, comme un trait de mœurs caractéristiques, que l'orateur, qui songeait sans doute encore à Verrès, fait honneur à Pompée de son indifférence pour les objets d'art.

Deux ans après ce discours, Cicéron briguait le consulat. Ses compétiteurs employaient ouvertement la corruption. Le sénat voulut arrêter leurs menées, en aggravant la pénalité des lois anciennes qui garantissaient la sincérité des élections. Cicéron parla devant ses collègues, et il couvrit d'opprobre ce Catilina qui lui disputait, par d'indignes manœuvres, la suprême magistrature. C'est le discours intitulé, *dans la Toge blanche,* c'est-à-dire, *Discours prononcé par Cicéron candidat.* Il n'en reste que fort peu de chose ; mais je l'ai mentionné, parce que ces phrases violentes à l'adresse de Catilina peuvent donner une idée de la liberté avec laquelle on se disait en face, dans le sein même du sénat romain, les choses les plus injurieuses.

On sait comment Cicéron fut nommé consul. Une conspiration se tramait dans l'ombre ; on devinait que Catilina en était l'âme ; des bruits affreux venaient de temps en temps effrayer les citoyens. Les indiscrétions d'un certain Curius, et les révélations de Fulvia sa maîtresse, portèrent la terreur à son comble. Salluste lui-même reconnaît que tous les regards se tournèrent vers Cicéron, et qu'on fut unanime, en ces redoutables conjonctures, pour remettre aux mains du grand et honnête orateur le soin du salut commun : « Rien ne contribua plus, dit-il, à échauffer les esprits en faveur de M. Tullius Cicéron, et à lui faire confier le consulat. Jusque-là, la plupart des nobles, dévorés de jalousie, croyaient le consulat souillé, pour ainsi dire, s'il devenait le partage d'un homme nouveau, même distingué par son mérite ; mais, en présence du danger, la jalousie et l'orgueil cédèrent [1]. »

Le premier discours consulaire de Cicéron fut celui qu'il prononça, dans le sénat, contre la loi agraire de Rullus. Ce discours n'est pas un chef-d'œuvre. Il n'y a rien de bien saillant ni dans les idées ni dans le style ; et la complaisance vaniteuse avec laquelle l'orateur étale ses propres mérites affecte désagréablement le lecteur. Mais, quand Cicéron

---

[1]. Salluste, *Catilina*, chapitre XXIII.

attaqua la même loi devant le peuple, il se retrouva plus digne de lui-même. Le deuxième discours contre la loi agraire est peut-être le plus parfait des discours politiques de Cicéron. L'exorde, admirable d'habileté et de convenance, n'est pas sans analogie avec celui de la harangue que Salluste a mise dans la bouche de Marius. Cicéron, comme Marius, parle de la coutume qu'ont les orateurs de rappeler les services de leurs ancêtres ; comme lui il déclare n'avoir rien à dire de ses aïeux : homme nouveau, il remercie le peuple des faveurs qu'il en a reçues ; mais il fait remarquer que les soucis, les soins vigilants, les travaux de tous les jours, sont le prix dont il paye ces faveurs. Il promet de se montrer consul populaire ; mais il se demande quels sont les devoirs d'un homme véritablement dévoué aux intérêts du peuple. Il dit que les lois agraires, en général, lui semblent chose excellente, et il fait l'éloge des Gracques. Il explique ensuite pourquoi il repousse la loi de Rullus, cette loi à l'idée de laquelle il avait d'abord applaudi. On lui a fait mystère des dispositions arrêtées par le tribun et ses adhérents, et ce n'est qu'à grand'peine qu'il est parvenu à en avoir connaissance. Or, ces décemvirs qu'institue la loi, qu'est-ce, sinon dix rois qui vont posséder l'Italie ? Il signale l'influence scandaleuse que Rullus exercera dans les comices, puisque c'est lui qui tirera les tribus au sort. Vous remarquez ici combien peu les Romains hésitaient à s'accuser les uns les autres des fraudes les plus abominables. Par un article particulier, Pompée était exclu du nombre des futurs décemvirs : Cicéron profite de cette circonstance pour faire voir dans la loi une machine de guerre dirigée contre Pompée. Cette loi, funeste à mille égards, ne servira guère qu'à enrichir des hommes comme Valgius, le beau-père de Rullus. L'orateur insiste sur le danger d'envoyer une colonie à Capoue, danger qu'il avait déjà vivement dépeint dans son discours au sénat. La péroraison est belle et fière. Cicéron n'y descend jamais jusqu'à la vanité : il ne montre que le juste orgueil d'un homme nouveau qui a été fait consul, c'est son expression même, non pas dans les langes mais dans le champ de Mars ; c'est-à-dire d'un homme qui doit tout à son mérite, à la confiance de ses concitoyens, et rien à sa naissance.

L'avocat ne paraît que rarement dans ce discours. On voudrait pourtant quelquefois une argumentation plus grave. N'est-ce pas une petitesse indigne de Cicéron, et du lieu où il parlait, que cette chicane misérable sur la noblesse de Rullus ? Cicéron conteste au tribun ses titres ; et Cicéron savait, aussi bien que tout le monde, que Rullus était de la famille Servilia. Dans un autre écrit, Cicéron reconnaît l'origine patricienne de Rullus. Il faut laisser au barreau ces malices et ces roueries. Mais je le répète, Cicéron ne fut jamais plus heureusement inspiré que ce jour-là, et le style du discours est animé des tours les plus vifs et les plus pittoresques. Je ne puis m'empêcher de citer le passage où Cicéron montre le rôle qu'aura joué Rullus, si tout se passe comme Rullus le désire et comme la loi le fait craindre : « Qui a porté la loi ? Rullus. Qui a empêché la plus grande partie du peuple de donner ses suffrages ? Rullus. Qui a présidé aux comices ? Rullus. Qui a convoqué les tribus qu'il voulait, les ayant tirées au sort sans surveillance ? Rullus. Qui a nommé les décemvirs qu'il a voulu ? le même Rullus. Qui a-t-il nommé le premier ? Rullus. Certes, il aurait peine à faire approuver tout ceci à ses propres esclaves, bien loin de vous le faire approuver à vous les maîtres de toutes les nations [1]. »

Rullus n'osa pas lutter contre Cicéron. Mais, quelque temps après, il accusa le consul, devant le peuple, d'avoir combattu la loi agraire uniquement en vue de favoriser les partisans de Sylla, qui possédaient de vastes propriétés en Italie. Cicéron repoussa vivement cette attaque. Son troisième discours sur la loi agraire est peu étendu ; mais c'est un des plus énergiques qu'il ait jamais prononcés. Peut-être les murmures par lesquels l'orateur fut accueilli à son apparition dans la tribune furent-ils pour lui un salutaire excitant. Il n'eut pas de peine à se disculper de l'accusation, surtout venant d'un homme qui n'était guère partisan de

---

[1]. *Deuxième discours sur la Loi agraire*, chapitre IX.

Marius. Il renvoya à Rullus le reproche de fauteur des Syllaniens, en lui montrant un article de sa loi qui donnait toute sécurité aux acquéreurs des biens des proscrits, et qui leur faisait une position plus avantageuse qu'aux propriétaires de biens patrimoniaux. Il stigmatisa la déloyauté de ses adversaires, et il finit en les défiant de paraître à la tribune et d'y soutenir publiquement leurs calomnies. Si ce discours avait plus d'importance par son étendue et par son objet, il mériterait d'occuper une place très-distinguée parmi les œuvres oratoires de Cicéron.

Quatre ans avant le consulat de Cicéron, L. Roscius Otho, tribun du peuple, avait assigné à l'ordre équestre les quatorze premiers bancs du théâtre après ceux des sénateurs. Un jour, pendant que Cicéron était consul, l'ancien tribun, en entrant au théâtre, fut accueilli par des huées et des sifflets. Les chevaliers prirent son parti; le peuple continua le vacarme : une collision était imminente. Cicéron paraît, et il ordonne aux mutins de se rendre au temple de Bellone. Là, il les harangue; toute cette agitation s'apaise : la foule, calme et silencieuse, va ensuite se rasseoir au théâtre, résignée désormais à ne plus protester contre le privilége des chevaliers. Il reste quelques mots seulement du discours de Cicéron. On croit que c'est à cette victoire remportée sur les passions populaires que font allusion les admirables vers de l'*Énéide* où nous voyons un homme de bien calmant la sédition par sa parole et par l'empire de sa vertu.

La défense du chevalier Rabirius, accusé d'avoir tué de sa main un magistrat inviolable, le tribun du peuple Saturninus, est un discours politique, non un plaidoyer proprement dit. C'est devant le peuple que le consul Cicéron prit la parole pour Rabirius. Le discours n'est pas complet; mais, tout mutilé qu'il est, c'est un de ceux qui font le plus d'honneur au génie oratoire de Cicéron. La péroraison est touchante. Dans tout le reste, ce sont de nobles sentiments noblement exprimés, et avec une fermeté de style qui n'est pas seulement dans l'apparence et qui se passe de grands mots. La nature du sujet était trop conforme avec les qualités habituelles de Cicéron pour que l'orateur ne le traitât pas, en face du peuple, aussi bien qu'il eût fait devant les duumvirs, ou devant tout autre tribunal.

Le temps de la grande lutte approchait. Cependant Cicéron prononça encore, entre la défense de Rabirius et les *Catilinaires*, deux discours aujourd'hui perdus, et dont nous n'avons guère que les titres. Un de ces discours fut un grand sacrifice à la nécessité politique. On avait proposé l'abrogation de la loi Cornélia, en vertu de laquelle les fils des proscrits de Sylla étaient exclus pour jamais des honneurs publics. Cicéron parla, et fit maintenir la loi. Il en donnait pour raison plus tard que c'était par crainte que ces jeunes Romains ne songeassent qu'à se venger, et qu'ils n'abusassent des magistratures contre les ennemis de leurs pères.

Les Catilinaires.

Je n'ai pas besoin de rappeler ici des faits qui sont présents à la mémoire de tout le monde. On sait comment le consul saisit tous les fils de la conspiration de Catilina. Les dangers qu'il courait personnellement ; le caractère connu de son collègue Caïus Antonius, qui ne demandait pas mieux que de pactiser avec Catilina et sa bande ; les motifs les plus pressants enfin ne permirent pas à Cicéron d'hésiter sur le parti à prendre. Son amour pour son pays eût suffi, à lui seul, pour faire disparaître de son âme toutes les incertitudes. Cicéron se trouva, dès le premier jour, digne de représenter les intérêts sacrés de Rome et de la civilisation dans ces terribles conjonctures. Il attendait l'occasion favorable pour éclater et pour agir ; l'audace de Catilina la lui offrit bientôt. Ce misérable osa paraître dans le sénat. Cicéron avait mis l'assemblée à l'abri d'un coup de main. Tous les chevaliers en armes, Atticus à leur tête, veillaient autour du temple de Jupiter Stator, et protégeaient les délibérations des sénateurs. Catilina, à son entrée, fut accueilli par cette immortelle invective du consul, par ce discours que connaissent ceux mêmes qui n'ont jamais rien lu de Cicéron : « Jusques à quand abuseras-tu, Catilina, de notre patience ? Combien de temps encore serons-nous le jouet de ta fureur ? Jusqu'où s'emportera ton audace effré-

née ? » Et le reste. Tout le discours est plein de verve et de
passion. C'est un beau morceau d'éloquence. Salluste lui-
même en convient. Il dit aussi que ce discours fut un acte
utile à la république ; et ce n'est pas là un insignifiant éloge,
surtout venant d'un ennemi. Il y a pourtant, dans la première *Catilinaire*, des choses qu'on voudrait presque n'y
pas voir. L'apostrophe de la patrie à Catilina ne nous fait
guère l'effet que d'une déclamation: Il semble que le magistrat suprême oublie son rôle ; qu'il s'amuse intempestive-
ment à des figures de rhétorique ; qu'au lieu de tant parler,
et même de si bien parler, il ferait mieux de frapper et de
sévir. Mais reportons-nous aux circonstances. Dépouillons-
nous de nos idées modernes, et mettons-nous un instant à
la place de Cicéron. Cicéron était consul ; mais il ne pouvait
rien contre Catilina citoyen et sénateur, contre Catilina
soutenu d'un parti puissant et mystérieux dont on s'exagé-
rait encore la force. Il n'avait pas en main les preuves matérielles de la conspiration. Le sénat d'ailleurs n'était pas
sûr. Même quand Cicéron, grâce aux Allobroges, eut fait
l'évidence sur les projets de Catilina, l'assemblée faillit lui
échapper. Cicéron, homme nouveau, sans autre autorité que
celle qu'il tenait de la loi, sans autre appui que son patriotisme et son génie, pouvait-il prendre sur lui de violer les
lois qui protégeaient la personne de Catilina ? Voilà pourquoi il parle au lieu d'agir. Il n'a qu'un dessein, c'est de
pousser Catilina hors du sénat, hors de Rome, c'est de le
précipiter dans une rébellion ouverte. Cette prudence, même
à Rome, ne fut pas du goût de tout le monde. Il paraît du
moins que quelques-uns firent à Cicéron des reproches du
genre de ceux que nous sommes tentés de lui faire aujour-
d'hui ; car il s'efforce, dans la deuxième *Catilinaire*, de justifier une conduite qu'on n'approuvait généralement qu'avec
des restrictions.

Ce second discours fut prononcé devant le peuple, le lendemain du premier. Le départ de Catilina, qui venait de
quitter Rome pour rejoindre son armée, fournit à l'orateur
le sujet de son exorde. La justification dont j'ai parlé, et
quelques considérations sur les diverses sortes de personnes

qui favorisaient les desseins de Catilina et sur les mesures à prendre pour la circonstance, c'est là à peu près tout le discours, qui n'a, comme on voit, qu'une importance fort secondaire.

La troisième *Catilinaire*, adressée aussi au peuple romain, est beaucoup trop dépourvue de dignité. L'exorde est une explosion de joie et d'amour-propre. Cicéron se compare à Romulus. Peu s'en faut qu'il ne demande pour lui-même, après sa mort, les honneurs divins : il fait du moins clairement entendre qu'il les a mérités autant que le fondateur de Rome. Il parle ensuite de la conspiration ; il lance en passant, contre Lentulus et d'autres conjurés, des plaisanteries assez déplacées et d'un goût fort suspect ; il peint à ses auditeurs la perversité profonde de Catilina, mais non sans relever les talents de ce redoutable conspirateur, son courage, sa singulière énergie. Il termine en déclarant que les dieux ont tout conduit ; que le danger auquel on vient d'échapper est le plus grand qui ait jamais menacé la république ; que, quant à lui, il ne demande d'autre récompense que de vivre dans la mémoire du peuple romain, ayant bien soin toutefois d'ajouter qu'un citoyen comme lui ne saurait être laissé sans défense, et que tous se doivent de le préserver des attentats de ses ennemis.

La quatrième *Catilinaire* est bien supérieure, sous tous les rapports, et à la troisième et à la seconde. Elle l'emporte, selon moi, même sur la première. J'y trouve plus de gravité, plus de résolution, quelque chose de ferme et de vraiment digne d'un homme revêtu de la suprême magistrature. Elle fut prononcée deux jours après la troisième, non plus sur le Forum, mais dans le sénat. César et Caton avaient parlé. Salluste, comme on sait, reproduit ou a la prétention de reproduire leurs discours, et il passe celui de Cicéron sous silence, c'est-à-dire le plus important des trois. Cicéron résume les avis proposés, celui de Silanus et celui de César; mais il laisse percer sa prédilection pour le premier avis, en répétant qu'on ne peut être accusé de cruauté quand il s'agit de pareils criminels, et en montrant que l'expédient proposé par César entraîne toute sorte de difficultés. Il répond ensuite aux inquiétudes de ceux qui craignent que le consul n'ait pas assez de forces à sa disposition. Il constate l'unanimité des sentiments de toutes les classes de citoyens, et il proteste de son empressement à suivre, sans crainte et sans réserve, les ordres du sénat.

Cicéron a trop abusé, dans la suite, des souvenirs de cette mémorable année où Rome libre, comme parle Juvénal, lui décerna le nom de père de la patrie. Les jactances, dont sa gloire n'avait pas besoin, ont nui à sa renommée. Certains hommes, amis du paradoxe, prétendent que les projets de Catilina n'étaient point tels que Cicéron les présente. Selon eux, Catilina a été ridiculement calomnié. Admettons que Catilina n'ait été, comme on le dit, que le chef du parti populaire. Comment se fait-il que ce parti, une fois vainqueur, n'ait pas songé à réhabiliter sa mémoire? comment se fait-il que Salluste, l'ennemi de l'aristocratie et l'ennemi personnel de Cicéron, parle de Catilina et des siens dans les mêmes termes que Cicéron? Les plus acharnés persécuteurs du consul ne lui reprochèrent jamais qu'une chose, la mort de citoyens exécutés sans jugement régulier. Ils n'alléguèrent jamais contre lui qu'un défaut de forme. D'ailleurs, on ne se figure pas aisément par quelle métamorphose Catilina, ce sicaire de Sylla et du parti aristocratique, aurait pu devenir le chef du parti populaire, et comment le sénat, qui comptait dans son sein plus d'un adversaire de l'aristocratie, aurait été unanime pour la condamnation des conjurés.

Autres discours politiques de Cicéron.

Cicéron ne jouit pas longtemps en paix de son triomphe politique et des honorables témoignages de la reconnaissance du peuple romain. Tandis qu'il vivait dans ses maisons de campagne, tout entier à ses travaux littéraires, César devenait tout-puissant, et Pompée commençait à céder devant ce redoutable rival. Clodius obtenait le tribunat et préparait des lois de vengeance. Pompée abandonna lâchement Cicéron aux fureurs de Clodius. Cicéron dut s'exiler de Rome et de l'Italie. Cet exil, qui dura dix-sept mois, lui fut pire que la mort. Il ne le supporta pas avec la force d'âme et la résignation d'un sage. A son retour, dans le courant de l'année 58, il eut plusieurs fois l'occasion de prendre la parole, soit au sénat soit devant le peuple ; mais aucun de ses discours politiques de cette année ni de l'année suivante ne mérite une mention particulière. En l'an 56, L. Pison et A. Gabinius furent rappelés, l'un de la Macédoine, l'autre de la Syrie, sur une accusation de Cicéron. Pison, rentré au sénat, se plaignit de son accusateur, et Cicéron répondit à ses reproches. Nous avons ce discours à peu près entier. C'est une diatribe des plus violentes et des plus outrageuses. L'orateur s'attaque d'abord à la vie publique de Pison, et il en signale toutes les indignités, dans une longue comparaison entre lui-même et ce personnage. Venant ensuite à sa vie privée, il l'accuse des plus monstrueux excès. Il représente Pison comme un objet de dégoût pour le sénat, pour les chevaliers, pour tout le peuple romain. Quand on apprend qu'un tel discours fut écouté et applaudi dans le sénat ; quand on a lu aussi les fragments du discours prononcé par Cicéron durant sa candidature, on se demande avec étonnement en quoi consistait donc ce décorum dont il est si souvent question dans les auteurs latins et surtout chez Cicéron.

Depuis ce temps, jusqu'à la dictature de César, la vie de Cicéron fut occupée à des plaidoiries, à la composition de plusieurs grands ouvrages, et à ce proconsulat de Cilicie où il déploya une certaine capacité administrative et militaire. C'est à peine si l'on aperçoit, durant six années, la trace d'un discours politique. A son arrivée à Rome, au mois de janvier de l'an 50, Cicéron tombait, comme il le dit lui-même, au milieu des flammes de la guerre civile. On connaît les motifs qui le déterminèrent à suivre la fortune de Pompée. Il ne se faisait aucune illusion ni sur la valeur de ce chef ni sur l'issue probable de la lutte ; mais il se croyait enchaîné par son passé, et il fit, plus par respect humain que par conviction, ce que Caton faisait par une foi profonde aux destinées de la république. César vainqueur n'eut pour Cicéron que des marques de déférence et d'amitié

Cicéron fut vivement touché de cette noble conduite. Aussi sent-on autre chose qu'une amplification de rhéteur dans ce magnifique éloge de César qui remplit presque tout le discours de remercîments adressés par Cicéron au dictateur après le retour de Marcellus. Le cœur de l'orateur était manifestement d'accord avec sa bouche. Mais la nullité profonde où Cicéron se voyait réduit ; cette espèce de nostalgie de la tribune qui le rongeait ; cette interdiction des affaires publiques qui est, dit-on, la plus cruelle des maladies chez ceux qui se croient nés pour gouverner les autres ; cette solitude que ne parvenaient pas à remplir et à rendre moins sombre même tant de souvenirs glorieux, même la pure et brillante gloire de tant de chefs-d'œuvre qui s'échappaient presque chaque jour d'un fécond et inépuisable génie : il n'en faut pas tant, ce me semble, pour expliquer comment cet homme mobile et passionné salua en Brutus et Cassius des libérateurs, et comment Cicéron applaudit au meurtre de l'homme qui lui faisait, depuis quatre ou cinq ans, ces intolérables loisirs.

Voilà donc Cicéron, à soixante-trois ans, renaissant à la vie politique et bravant de nouveau ces tempêtes qui allaient bientôt le submerger. Les discours intitulés *Philippiques*, à l'imitation des fameuses harangues de Démosthène, marquent les divers instants de la lutte, jusqu'au jour de la trahison d'Octave. La première *Philippique*, prononcée dans le sénat, fut dictée par une intention des plus louables. Antoine manifestait le dessein d'abolir les lois portées par César : Cicéron parle pour qu'on les maintienne dans leur intégrité. La seconde *Philippique*, celle que Juvénal appelle divine, et qui causa, selon lui, la mort de Cicéron, ne fut jamais prononcée. Cicéron la publia au moment où Antoine marchait contre Décimus Brutus pour lui arracher la Gaule Cisalpine. C'est une diatribe dans le genre du discours *contre Pison* et du discours *dans la Toge blanche*. Il n'y a pas d'action odieuse et infâme que Cicéron ne reproche à Antoine. S'il suffit, pour faire la véritable éloquence, d'une haine implacable et profonde s'exprimant avec une extrême énergie, je ne sache pas qu'on puisse imaginer rien de plus éloquent que la seconde *Philippique*. Dans la troisième, l'orateur reproduit une partie des accusations portées contre Antoine, et il fait l'éloge de D. Brutus et de César Octave. La quatrième contient le récit des opérations militaires d'Octave contre Antoine et une exhortation aux Romains pour les exciter à reconquérir leur ancienne liberté. Si Antoine veut la paix, il faut qu'il dépose les armes, qu'il demande la paix, qu'il l'implore : c'est ce que Cicéron démontre dans la cinquième *Philippique*. Il propose ensuite de décerner des honneurs aux chefs et aux soldats qui viennent de se distinguer par leur bravoure. Dans la sixième *Philippique*, l'orateur se plaint qu'on ait envoyé à Antoine des députés chargés de lui défendre d'assiéger dans Modène D. Brutus, un consul désigné. Il prétend qu'Antoine méprisera leurs sommations : toutefois il souhaite un bon succès à cette démarche, qu'il ne saurait approuver. La septième *Philippique* est consacrée à faire voir toute l'infamie qu'il y aurait à traiter de la paix avec un misérable tel qu'Antoine ; la huitième, à montrer qu'Antoine est véritablement l'ennemi de l'État, et qu'il faut prendre une délibération au sujet et de ceux qui accompagnent encore ce criminel et de ceux qui l'ont quitté avant les ides de mars. La neuvième *Philippique* a plus d'un passage remarquable. Il s'agit, dans ce discours, des honneurs qu'on doit rendre à Servius Sulpicius, qui avait été envoyé auprès d'Antoine, et qui était mort avant d'avoir pu exécuter les ordres du sénat. La dixième *Philippique* est une éloquente apologie de Brutus, contre les accusations du sénateur Q. Fufius Calénus. La onzième est une diatribe contre P. Dolabella, qui gouvernait la Syrie en vertu d'un décret jadis proposé par Antoine. Pison et Calénus, deux autres créatures d'Antoine, voulaient qu'on s'entendît avec le rebelle : Cicéron, dans la douzième *Philippique*, s'élève avec force contre leurs projets, et démontre de nouveau qu'il n'y a pas de traité possible entre la république et Antoine. Il reprend le même sujet dans la treizième : il blâme Lépidus de pencher pour un accommodement ; et, comme Lépidus peut abuser de l'autorité dont il dispose, l'orateur demande qu'on prenne des précautions contre lui.

La quatorzième *Philippique* fut son chant du cygne, suivant le mot dont il caractérise lui-même le dernier discours de Crassus. Elle n'est pas indigne des admirations qu'elle a inspirées. Elle mériterait, mieux encore que la seconde, le nom de divine. Cicéron la prononça à l'occasion de la victoire, au reste peu décisive, gagnée par Hirtius, Pansa et Octave sur l'armée d'Antoine. L'éloge des soldats de la légion de Mars, qui avait eu les honneurs de cette journée, l'éloge de tous ceux qui avaient versé leur sang dans la bataille, et même tout le discours, peuvent compter parmi les plus belles pages que Cicéron nous ait laissées. Cependant, le dirai-je? il y a encore trop de lieux communs dans cette *Philippique*. Je sais bien que les autres, sauf certains passages brillants, ne sont guère que des développements de lieux communs. Elles n'en sont point meilleures. Je ne parle pas de leur défaut radical, l'absence de toute prévision, de toute idée claire de l'avenir : c'est là ce qui réduit trop souvent ces brillantes harangues à n'être qu'une musique sans objet, qu'un vain concert d'harmonieuses paroles, malgré tant de désintéressement, tant de chaleur d'âme, tant de dévouement aux intérêts de la patrie.

Ouvrages de Cicéron sur l'art oratoire.

La collection des ouvrages de Cicéron sur l'art oratoire contient des traités de valeur fort diverse. Quelques-uns méritent à peine une mention, dans cette histoire purement littéraire : ce sont de simples cahiers de rhétorique, des résumés de l'enseignement écrit ou verbal des plus fameux rhéteurs de la Grèce. D'autres, au contraire, sont des compositions admirables, les œuvres d'un grand artiste et d'un grand écrivain, et où Cicéron a consigné non pas les stériles préceptes de la science des sophistes, mais les nobles leçons de la philosophie de Platon et d'Aristote, mais aussi, mais surtout les fruits d'une longue et heureuse expérience. J'ai déjà eu plus d'une fois l'occasion de nommer, de citer, de caractériser même, le *Brutus*, les dialogues *de l'Orateur*, etc. Voici d'ailleurs le catalogue raisonné de tous ces traités, plus ou moins dignes de Cicéron.

La *Rhétorique à Hérennius*, en quatre livres, est, comme l'indique le titre, un manuel général de l'art oratoire. C'est, selon toute probabilité, un travail de la jeunesse de Cicéron. Rien ne ressemble moins à un chef-d'œuvre. Non pas que le style soit sans qualités : il a même une simplicité et une sobriété assez agréables. Mais l'auteur s'enchevêtre souvent dans ses divisions et subdivisions ; ses énumérations de parties et de figures ne brillent pas précisément par l'ordre et la logique ; enfin il y a une foule de choses qui ne valaient pas la peine d'être dites, ni surtout d'être répétées : or, on dirait que Cicéron se plaît non-seulement à dire des choses inutiles, mais à les redire. On sent partout la main incertaine et malhabile d'un écolier qui n'est pas encore maître de sa matière.

Les deux livres intitulés *de l'Invention* ne sont que la reproduction, sous une forme moins sèche et moins scolastique, d'une partie des préceptes qui remplissent les premiers livres de la *Rhétorique à Hérennius*. C'est aussi un ouvrage de la jeunesse de Cicéron. Il paraît que l'auteur ne l'avait destiné qu'à son usage personnel, et qu'il fut publié contre sa volonté. Cependant on y sent déjà Cicéron. Le préambule du premier livre est un tableau animé de l'origine de l'éloquence et de ses progrès ; et plus d'un morceau admirable rappelle çà et là l'esprit et la manière de Platon.

Je n'ai pas besoin de répéter ce que j'ai dit ailleurs des trois dialogues dont Antoine et Crassus sont les héros, et où figurent les orateurs les plus distingués de la génération dont Cicéron fut l'héritier. Cicéron avait plus de cinquante ans, quand il écrivit les livres *de l'Orateur*. C'était après le discours *contre Pison*, peu de temps avant la *Milonienne*. Il était à l'apogée de son génie oratoire. Ces dialogues sont encore un traité de rhétorique ; mais quelle différence entre des leçons arides et mortes et cet enseignement d'exemple donné par de grands orateurs, parlant éloquemment de tout ce qui les a faits ce qu'ils sont, et se racontant, pour ainsi dire, eux-mêmes ! C'est ici que Platon se fût reconnu plus d'une fois dans un disciple digne de lui. Cicéron n'a pas toute la perfection dramatique de l'auteur du *Banquet* ; mais

lui aussi il dessine nettement les caractères, et sait donner
à une dicussion savante toute la vraisemblance et tous les
charmes d'un entretien d'amis. Ses personnages n'ont pas
toujours l'esprit attique ; mais ce sont des Romains. S'il y a
à redire sur leur théorie de la plaisanterie oratoire, particulièrement sur les plaisanteries qu'ils donnent comme
excellentes, ils exposent, en général, avec un rare bonheur
d'expressions, les idées les plus justes, et même les plus
profondes, sur ce qui constitue le talent de l'orateur et sur
les moyens de le développer et de parvenir à la véritable
éloquence. Cet ouvrage, en dépit même du sujet, est d'une
lecture fort intéressante, et l'on s'explique les prédilections
de l'auteur, qui le regardait comme un de ses plus beaux
titres littéraires.

Le *Brutus* fut écrit sous la dictature de César, en l'an 47
avant notre ère. J'ai dit ailleurs quel en était le sujet, et sur
quel plan Cicéron avait conçu cette histoire de l'éloquence.
C'est aussi un dialogue. Cicéron suppose ou raconte une
conversation, où les interlocuteurs sont lui-même et ses
deux amis Atticus et Brutus. La scène se passe à Tusculum,
dans la maison de campagne de Cicéron. Il faut dire que
le dialogue dégénère trop souvent en monologue, et que le
principal personnage est un pédagogue faisant des leçons
d'histoire littéraire, beaucoup plus que ce qu'il devrait être ;
j'entends un homme d'esprit et de goût, devisant avec deux
amis sur des choses familières à tous les trois. C'est par là,
et aussi par un certain défaut de proportion dans les parties,
que le *Brutus* me semble inférieur aux trois dialogues *de
l'Orateur*.

A la même époque, Cicéron composa l'*Orateur*, qu'il dédia
à Brutus. Il retrace, dans cet ouvrage, le portrait du parfait
orateur et les qualités du meilleur style oratoire. Il a adopté,
cette fois, la forme méthodique et didactique ; mais il en
compense, et au delà, tous les inconvénients, par des beautés
du premier ordre. Rien de plus admirable que toute la
partie où il expose les principes qui vont le guider et l'éclairer dans sa recherche. Jamais la théorie platonicienne de
l'idéal n'a été rendue plus palpable, ni traduite avec une

plus vive éloquence. La description de l'orateur n'est pas indigne non plus de ces magnifiques préliminaires. Mais la dernière partie du livre est bien technique. Je regrette que Cicéron ait cru nécessaire de finir par cette dissertation sur le nombre et la période. Belle tête, queue de poisson ! c'est bien le cas de le dire, quand on aboutit des merveilles de l'idéal aux règles de la prosodie et de la grammaire.

Le dialogue des *Partitions oratoires* est aussi de l'an 47, ou peut-être de l'année précédente. C'est une rhétorique élémentaire, que Cicéron écrivit pour son fils. Ce fils et lui, voilà les interlocuteurs de ce dialogue, ou, si l'on veut, de ce catéchisme oratoire. A des questions sèches le père répond brièvement et sèchement, par des divisions, des distinctions, des définitions. Il dit en combien de parties se divise l'art oratoire, et combien il y a de parties dans un discours. Dire ces parties, les distinguer, les définir, c'est ce que Cicéron appelle, d'après les Grecs, traiter des partitions. Cet ouvrage a pu être de quelque utilité au jeune homme ; mais, sauf le respect dû à l'auteur, c'est un livre illisible et ennuyeux.

Les *Topiques*, dédiés au jurisconsulte Trébatius, ne sont guère qu'un extrait arrangé du traité d'Aristote sur le même sujet, à savoir, la doctrine des arguments et des preuves judiciaires. Il s'agit des lieux communs de raisonnement. Cicéron l'écrivit en l'an 45, pendant un voyage à Rhégium.

Je n'ai rien dit du morceau intitulé *du meilleur Genre d'Orateurs*, qui est de l'an 47 ou 46. C'était simplement la préface de la traduction des deux discours *de la Couronne*. Cette préface n'a rien de remarquable. Elle est très-courte, et entre à peine dans le sujet indiqué au titre. Il vaudrait mieux pour nous que cet opuscule eût péri, et que la traduction nous fût restée.

Cicéron philosophe.

Des œuvres comme les trois dialogues de Cicéron sur l'art oratoire, comme l'*Orateur*, comme le *Brutus* même, suffiraient à la gloire d'un grand écrivain. Quintilien, qui n'a guère fait qu'extraire et commenter les doctrines littéraires de Cicéron, passe pour un grand homme. Or, le *Brutus*, l'*Orateur*, tous les livres de rhétorique ensemble, ne sont qu'une faible portion des travaux de Cicéron écrivain, et non pas la plus solide ni la plus brillante. Les Romains, il est vrai, n'en ont pas jugé ainsi. Ce n'est pas le philosophe qu'ils ont admiré le plus dans Cicéron. Mais peu nous importe leur ingratitude, ou plutôt leur ignorance et leurs préjugés. Quel intérêt avons-nous à être injustes envers l'auteur de tant de chefs-d'œuvre? Faut-il que nous contestions sa puissance et son génie, parce qu'il a eu le malheur de semer ses trésors devant des lecteurs grossiers, incapables de les estimer à leur prix? Non, non! il suffit de jeter les yeux sur ces écrits, pour se sentir saisi d'enthousiasme : ce n'est pas nous qui marchanderons à Cicéron ce qui lui est dû. Saluons donc ici non pas seulement le premier des philosophes romains, ce qui serait assurément fort peu dire, mais un philosophe véritable, mais un grand philosophe, mais le plus digne peut-être de tous les héritiers antiques d'Aristote et Platon.

Cicéron s'était adonné, dans sa jeunesse, aux études philosophiques, et avec une ardeur extrême. Il se mit à l'école des meilleurs maîtres, en Italie, en Grèce, partout où il espérait trouver à s'instruire. Il lut tous les livres de quelque valeur ou de quelque renom. Il se renseigna curieusement sur tous les systèmes un peu fameux. Il ne voulait pourtant que fortifier son esprit par une sorte de gymnastique intellectuelle. La philosophie était, selon lui, une préparation indispensable à la carrière de l'éloquence. Il dit quelque part que, s'il est devenu un orateur, ce n'est pas dans les officines des rhéteurs, mais dans les promenades de l'Académie. On reconnaît les traces de ces hautes études dans presque tous les grands discours de Cicéron, et jusque dans ses plaidoyers mêmes. Toutes les fois qu'un principe est en cause, l'orateur le défend avec des armes trempées aux meilleures sources et dont les exigences oratoires ne font que relever l'éclat. Il y a des thèses de philosophie morale qui n'ont jamais été soutenues avec des arguments plus décisifs, avec une logique plus savante, que dans tels et tels discours de Cicéron. Cicéron ne s'en serait tenu qu'à cet usage tout pratique de la philosophie, on serait presque déjà en droit de le nommer philosophe. Mais la philosophie fut l'occupation principale de ses dix dernières années. Elle fut sa consolation la plus efficace, durant cette période où il vit périr la république, et où sa vie domestique même fut troublée par les plus amers chagrins. Le progrès seul de l'âge devait amener peu à peu un esprit comme celui de Cicéron jusqu'aux sommets les plus élevés du monde de la pensée. Avant la dictature de César, Cicéron avait déjà écrit deux ouvrages qui, à eux seuls, lui constitueraient des titres valables à l'héritage d'une part considérable de Platon et d'Aristote : il avait fait la *République* et les *Lois*. Il est vrai que ces deux traités ne sont pas des livres de spéculation pure ; mais il s'occupait déjà du *de Finibus*, qui est tout philosophie. Supposez que César n'ait point passé le Rubicon : Cicéron n'eût point laissé de méditer sur les grands problèmes; seulement il est probable que les orages de la vie publique auraient nui à la fécondité du philosophe, et que plus d'un beau livre manquerait à la collection de ses œuvres. L'orateur aurait ajouté peut-être quelques beaux discours à ceux qui ont fait sa gloire ; mais nous, la postérité, est-il bien sûr que nous eussions gagné au change?

La philosophie de Cicéron n'est pas un de ces systèmes complets et exclusifs qui ont la prétention de ne rien devoir à personne, et d'être seuls en mesure de résoudre toutes les questions métaphysiques et morales. On ne peut pas même dire que ce soit proprement un système. C'est la philosophie du sens commun, associée à une vaste érudition. C'est la raison cherchant son bien partout où elle le trouve, choisissant la vérité, rejetant l'erreur. C'est une sorte d'éclectisme, mais un éclectisme délicat, qui ne tourne jamais au syncrétisme, parce qu'il ne tient compte que de l'excellent. Les principes généraux de cette philosophie sont les principes mêmes sur lesquels repose la vie morale et sociale. Cicéron ne construit pas à sa fantaisie l'homme, le monde et Dieu : il recueille fidèlement les oracles de la conscience du genre humain; et s'est surtout quand il se sent d'accord avec tout le monde qu'il croit avoir raison. Platon a fourni beaucoup, comme on peut bien penser; mais Cicéron ne s'est pas laissé un instant séduire par les utopies du poëte, et son esprit romain le mettait en garde contre toutes les exagérations de l'idéalisme. Aristote lui est médiocrement sympathique; je dis l'Aristote de la *Métaphysique* et de l'*Organon;* mais l'Aristote des dialogues et des traités populaires, celui même de la *Politique* et de l'*Éthique*, a exercé sur lui une influence considérable. En morale, Cicéron est un stoïcien tempéré. Il admet les doctrines du Portique, mais sous bénéfice d'inventaire. Il ne tient pas à suivre le tortueux dédale où se perdaient trop souvent les adeptes sur les pas de Zénon et de Chrysippe. Il n'aime pas les épicuriens, et il le leur fait bien voir. La nouvelle Académie est son école de prédilection; mais cette libre fille de Platon, en le rendant difficile sur les caractères de la certitude, ne fit point de lui un sceptique. Cicéron est trop réservé quelquefois; il ne nie jamais comme Carnéade. Ses maîtres académiciens étaient d'ailleurs, pour la plupart, de ceux qui travaillèrent à régénérer l'école, à la guérir du doute, à renverser le probabilisme, et à transporter, comme on l'a dit, le Portique dans l'Académie.

Ce serait une longue liste, et presque sans fin, celle des philosophes qui seraient en droit de revendiquer quelque chose d'eux-mêmes dans les livres philosophiques de Cicéron. Il y a même tels de ces livres qui ne sont que des ouvrages grecs arrangés à l'usage des lecteurs latins, des traductions, des imitations plus ou moins libres. Aussi n'est-il bruit, chez les critiques et chez les historiens, que du grand défaut de Cicéron philosophe, l'absence d'originalité. Il s'agit pourtant de s'entendre. Cicéron, honnêtement, ingénument, dit où il a pris la plupart des belles choses qu'il répète: quelques-uns concluraient volontiers que tout, chez lui, absolument tout, est richesse d'emprunt. J'admets qu'il en soit ainsi. Il n'y a rien de lui, soit; mais qui dira que tout n'est pas à lui? Ces pensées sont siennes par droit de conquête : il leur a donné la forme; il les a fait vivre de sa vie;

il les a marquées du sceau de son caractère. Ces belles choses, entre ses mains, sont devenues plus belles; des blocs de marbre à peine ébauchés sont devenus d'admirables figures. L'originalité de Cicéron, c'est d'avoir composé des chefs-d'œuvre. Je sais quel respect on professe de tout temps pour les livres illisibles; et je ne veux médire ni du grimoire, ni de ce qu'on appelle les ouvrages sérieux. Mais qu'est-ce que l'originalité de tant de grands philosophes, qui n'ont pas fait des chefs-d'œuvre? une terminologie nouvelle, de vieilles idées sous un nouveau costume, des habits retournés! Ils ont eu soin d'annoncer au monde que la vérité, jusque-là introuvable, est enfin trouvée : on les croit sur parole, sur la foi de leur enseigne; on aime mieux les croire que d'y aller voir : grâce à leur style, on ne les lira pas; et les voilà tout à l'heure passés grands hommes. Oh! bien sot celui qui confesse avec candeur qu'il n'a pas découvert un nouveau monde! Sot celui qui ne parle pas de ses devanciers pour les flétrir ou les refouler au néant! Mais trois fois sot celui qui a le malheur de se faire lire! C'est un péché dont Cicéron est coupable au premier chef; et c'est une originalité, selon moi, qui vaut bien celle qu'à tort ou à raison on lui dénie. N'est-ce donc rien d'être le second des écrivains philosophes, le plus grand de tous après l'incomparable Platon?

Ouvrages philosophiques de Cicéron.

La *République* est de l'an 54. Quand Cicéron composa son premier traité philosophique, il avait donc cinquante-trois ou cinquante-quatre ans. Il adressa cet ouvrage à son ami Atticus. C'était une suite de dialogues, divisée d'abord en neuf livres, que l'auteur réduisit plus tard à six seulement. Cicéron supposait un entretien où prenaient part Scipion Émilien, Lélius, et leurs contemporains les plus illustres, Fannius, Tubéron, Scévola et d'autres. C'est durant le loisir des Fériés Latines que ces amis s'étaient livrés, selon Cicéron, à une longue discussion sur la meilleure forme de gouvernement, l'année même de la mort de Scipion Émilien, et fort peu de temps avant la tragique catastrophe. Ils avaient cherché ensemble quelles sont les conditions de la vie politique, et comment une nation doit être constituée pour devenir et demeurer forte et puissante ; ils avaient signalé les causes de la grandeur et de la prospérité de Rome, et les moyens de suspendre une décadence dont les symptômes commençaient à se révéler. Rome avant les Gracques, tel est l'idéal politique de Cicéron. L'histoire de la constitution romaine remplissait une grande partie de l'ouvrage. On voit que la *République* de Cicéron n'était point une utopie, et qu'elle n'avait de commun que le titre avec celle de Platon, ou du moins que les ressemblances n'étaient que dans la forme littéraire, dans le ton du style, dans les perfections extérieures. Cicéron se proposait un but tout patriotique. Il travaillait à conjurer des catastrophes imminentes, en calmant les esprits, en ranimant l'amour des traditions antiques, en ramenant les questions fondamentales de la politique à leurs termes véritables. Si des idées saines, de nobles sentiments, exprimés dans un admirable langage et avec la chaleur d'une âme émue, pouvaient avoir raison de l'aveuglement des partis, des passions des hommes, des convoitises, des ambitions, des jalousies, la *République* eût opéré des merveilles. Si Troie avait pu être sauvée, ce livre était digne de rendre une vie nouvelle au sénat défaillant, et d'ajourner pour longtemps l'avénement des chefs militaires. Nulle part Cicéron n'a été plus grand, plus éloquent, plus admirable. La *République* était son chef-d'œuvre. Ce qui reste du monument ne laisse aucun doute à ce sujet. Les caractères étaient tracés de main de maître ; le dialogue avait toutes les qualités : il n'y manquait pas même cette grâce dont si peu de Romains ont eu le secret, et que Cicéron lui-même n'avait pas toujours retrouvée quand il faisait parler Antoine ou Crassus. Les amis de Térence lui avaient porté bonheur. Scipion et Lélius parlent, chez lui, d'une façon digne d'eux et digne de la Grèce. Supposez Platon à Rome, écrivant le livre de Cicéron : il eût prêté peut-être à ses héros d'autres idées ; il ne leur eût prêté ni plus d'éloquence, ni plus d'esprit, ni un esprit plus aimable. Le songe de Scipion, qui terminait la *République*, et que Macrobe nous a conservé, est ce qu'il y a de plus beau, selon moi, non pas seulement dans Cicéron, mais dans toute la prose latine. Quelques-uns des mythes de Platon sont des merveilles d'imagination et de poésie : le mythe de Cicéron soutient le parallèle sans pâlir. On sait de quoi il est question dans ce songe. Scipion raconte que, durant son premier séjour en Afrique, il avait reçu l'hospitalité sous le toit de Massinissa. Comme il dormait, son aïeul l'Africain lui apparut, et l'enleva en esprit dans les espaces célestes. L'univers entier se dévoila à ses yeux ; il entendit l'harmonie des sphères ; il vit l'ordre admirable qui règne dans le monde, et que maintient sans cesse une Providence infatigable. Son guide lui expliqua ce grand spectacle, lui apprit à mépriser les choses terrestres, à élever ses pensées au-dessus de ce globe misérable perdu dans l'immensité, à n'aspirer qu'aux biens impérissables, à n'ambitionner d'autre gloire que celle de la vertu, d'autre récompense que l'immortalité promise aux grandes âmes.

Il y a trente ans, on ne connaissait de la *République* que ce fameux épisode, et les passages cités par quelques anciens auteurs. Angelo Mai retrouva, dans un manuscrit palimpseste, le premier livre presque entier, un long fragment du second livre, quelques parties du troisième, du quatrième et du cinquième. C'est la plus précieuse découverte qu'on ait faite dans les domaines de l'antiquité depuis deux siècles ; et Mai lui-même, qui nous a fait connaître tant de choses inconnues, n'est tombé que cette fois-là sur un chef-d'œuvre. Quel malheur qu'il n'en ait pas trouvé assez pour reconstruire le monument de la base au faîte ; mais quelle reconnaissance ne devons-nous pas à celui qui nous a mis en état d'en mesurer ou d'en deviner les imposantes proportions !

La *République*, grâce au sujet, grâce à la manière toute romaine dont Cicéron l'avait traité, fut accueillie par les contemporains avec un véritable enthousiasme. Les Romains pardonnèrent au philosophe, en faveur de l'homme d'État et du bon citoyen : le grand écrivain n'aurait pas suffi à leur faire accepter des spéculations comme celles qui remplissaient certaines parties de l'ouvrage et surtout l'épilogue. Quant aux Grecs, ils poussèrent l'admiration jusqu'à l'hyperbole. On dit qu'ils mettaient la *République* au-dessus des livres d'Aristote et de Platon. Ainsi se réalisait l'espèce de prophétie que Plutarque attribue au rhéteur Apollonius Molon. Quand Cicéron, dans sa jeunesse, visitait, pour s'instruire, la Grèce et l'Asie, un jour qu'il avait déclamé devant Apollonius : « Cicéron, dit celui-ci après quelques instants de silence, je te loue et t'admire ; mais je plains le sort de la Grèce, en voyant que les seuls avantages qui nous restaient, le savoir et l'éloquence, vont, par toi, passer aussi du côté des Romains. »

Les *Lois* étaient, dans la pensée de l'auteur, le complément de la *République*. Il avait fait le panégyrique de l'ancienne constitution de Rome : il s'agissait de prouver l'excellence des lois romaines. L'ouvrage n'est guère, en général, qu'un commentaire éloquent des textes ; ce n'est pas un système idéal de législation. Par là encore le traité de Cicéron diffère de celui de Platon qui porte le même titre. On croit que Cicéron l'écrivit immédiatement après la *République*. On croit aussi que les *Lois* avaient cinq ou six livres. Il en reste trois, les trois premiers, qui sont à peu près sans lacunes. Ce sont des dialogues, mais où ne figurent plus les personnages de la *République*. Cicéron se met lui-même en scène avec son frère Quintus et Atticus, leur ami. L'entretien supposé a lieu durant une promenade aux environs d'Arpinum, et dans une petite île, non loin de la maison patrimoniale des Tullius, au confluent du Fibrène et du Liris. Les *Lois* n'offrent pas un très-vif intérêt. C'est de la jurisprudence bien plus que de la philosophie. Il y a pourtant de belles choses, et d'un ordre très-élevé, dans le premier livre, où Cicéron établit les fondements du droit et de la loi, et où il donne son opinion sur cette question du souverain bien, tant débattue par les anciens philosophes. Le premier livre et le deuxième ont l'un et l'autre un préambule. Ces deux préambules sont charmants, et rappellent sans trop de désavantage les pages analogues qu'on admire dans Platon. Je vais transcrire quelques lignes du deuxième préambule, où l'on reconnaîtra l'évidente parenté de Cicéron et de l'auteur du *Phèdre :* « QUINTUS. Mais nous voici dans l'île. Est-il endroit plus agréable? Comme cette pointe partage le Fibrène, dont les eaux, également divisées, arrosent les deux flancs de l'île, et, poussées d'un cours rapide, reviennent bien vite en un seul lit, n'embrassant que l'espace d'une petite palestre ! Puis on dirait qu'il n'a eu d'autre soin que de nous faire une arène propre à la dispute ; car il se précipite aussitôt dans le Liris. Là, tel qu'un plébéien entré dans une famille patricienne, il perd son nom plus obscur, et il communique au Liris sa fraîcheur. Jamais, en effet, je n'ai touché rivière plus froide, et pourtant j'en ai visité un grand nombre. Je pourrais à peine essayer de mettre le pied à l'eau, comme fait Socrate dans le *Phèdre* de Platon. »

Les *Académiques* sont une sorte d'introduction aux autres écrits philosophiques. Ce traité avait d'abord deux livres seulement, intitulés l'un *Catulus*, l'autre *Lucullus*, d'après les noms des principaux interlocuteurs du dialogue. Plus tard, Cicéron le remania d'un bout à l'autre, et le divisa en quatre livres, qu'il dédia à Varron. Il y exposait l'histoire des doctrines de l'Académie depuis Arcésilas. Il ne reste qu'une partie du premier livre de cette seconde édition ; mais nous avons le *Lucullus* entier, c'est-à-dire le second livre de la première. Cicéron soutient, contre les stoïciens, l'impossibilité d'atteindre à la certitude absolue, et de connaître l'essence des choses par la perception des images sensibles. Mais il ne presse pas les conséquences de ce scepticisme. Il se borne à détruire une théorie fausse et incomplète, et à donner aux arguments de l'Académie un tour heureux et sensé, à leur préparer au moins une victoire probable.

Le traité des vrais biens et des vrais maux, en cinq livres, ce *de Finibus* auquel Cicéron travaillait déjà dès le temps des *Lois*, est celui de tous ses ouvrages qui prouve le mieux combien il était heureusement doué pour la philosophie. Il y a, dans toute cette discussion sur le souverain bien et sur le souverain mal, une grande force de pensée, une véritable profondeur ; et les qualités les plus sévères s'y associent sans effort à la plus vive éloquence. Cicéron flétrit avec énergie les indignes enseignements de l'école épicurienne ; mais il ne se laisse point aller aux excès moraux de quelques stoïciens, et il n'épargne pas les fines et piquantes railleries à ceux qui rêvaient ce sage idéal dont l'image prête par plus d'un point au ridicule. C'est à Brutus que Cicéron adresse ce résumé des entretiens qu'il avait eus sur ces graves sujets avec quelques-uns de ses amis.

Les *Tusculanes*, dédiées aussi à Brutus, sont d'autres entretiens sur diverses questions de morale pratique, sur le mépris de la mort, sur la douleur, sur la constance dans la mauvaise fortune, etc. Il s'agit, dans le traité *de la Nature des Dieux*, des opinions des philosophes sur l'Être suprême et la Providence. On y voit aux prises un épicurien, un stoïcien, un académicien. C'est encore à Brutus que l'auteur s'adresse. Les deux livres *de la Divination* sont la suite des trois livres *de la Nature des Dieux*. C'est une discussion entre Cicéron et son frère. Quintus développe le système des stoïciens sur la divination ; Marcus combat ses raisons par des arguments empruntés pour la plupart à l'école académique. Le petit livre *du Destin*, que nous ne possédons que mutilé, était le complément de ces deux ouvrages. Cicéron réfutait les opinions des stoïciens et celles des épicuriens sur le destin et sur le libre arbitre. C'était une leçon de philosophie qu'il avait faite, dans sa maison de Pouzzoles, à son ami Hirtius, peu de jours après le meurtre de César.

Le charmant dialogue intitulé *Caton ou de la Vieillesse* avait paru au commencement de la même année, ainsi que le dialogue, non moins remarquable, intitulé *Lélius ou de l'Amitié;* le traité *des Devoirs* allait suivre, puis les *Paradoxes des Stoïciens*. Et ces productions n'étaient qu'une médiocre part des immenses travaux dont Cicéron remplit sa dernière année.

Je ne dirai rien des *Paradoxes*. Cicéron semble s'être proposé plutôt un exercice de rhéteur qu'une œuvre sérieuse de philosophe, en agitant à son tour une foule de questions étranges. C'est à Brutus qu'il dédia son écrit : il est assez douteux que Brutus l'ait lu avec un grand plaisir. Les trois livres *des Devoirs* sont un code de morale à l'usage des citoyens d'un État libre. Cicéron le rédigea pour son fils, qui étudiait à Athènes. Il nous apprend lui-même que Panétius et Posidonius avaient fourni la matière de ce chef-d'œuvre. Il y a peut-être quelques subtilités dans certaines parties de l'argumentation du *Lélius*; mais le *Caton* est, en son genre, la perfection suprême. C'est un dialogue, ou plutôt un monologue, dans lequel le vieux Caton, s'adressant à ses jeunes amis Scipion et Lélius, leur explique tous les bonheurs que lui a faits la vieillesse. Cicéron a élevé à une sorte d'idéal le caractère de Caton : il a fait son héros plus savant qu'il n'était, plus philosophe, plus affable ; mais c'est toujours Caton, comme Socrate, dans les dialogues de Platon, est toujours Socrate. Ce panégyrique de la vieillesse, ou plutôt cette merveille de raison, d'esprit et de grâce, n'a peut-être pas consolé ceux qui se désolaient de n'être plus jeunes ; mais plus d'un jeune, j'en suis sûr, a presque regretté, en lisant ces pages, de n'être pas encore vieux.

Ouvrages perdus.

Les ouvrages dont nous venons de parler sont ceux que nous possédons ou en entier ou en partie ; mais Cicéron en avait écrit une foule d'autres, et presque dans tous les genres. Je ne dis rien de la traduction du *Timée*, dont nous avons un fragment, ni de celle du *Protagoras*, ni du traité de l'*Économie*, imité de Xénophon. Il avait écrit une apologie de la philosophie en forme de dialogue, intitulée *Hortensius*, parce qu'Hortensius en était le principal interlocuteur. Avant de dédier à Atticus le *Lélius* et le *Caton*, il lui avait dédié un livre intitulé *de la Gloire*. Le traité *des Vertus*, celui des *Augures*, etc., étaient aussi des ouvrages de philosophie ; et la *Consolation*, qu'il composa après la mort de sa fille, passait chez les Romains pour un chef-d'œuvre. L'*Éloge de Caton* eut l'honneur d'être réfuté par César, le dictateur tout-puissant. L'*Éloge de Porcia*, sœur de Caton, était comme le complément de l'éloge du frère. Nous savons que Cicéron, dans ces deux panégyriques, avait été à la hauteur de lui-même et de son génie. J'ai remarqué ailleurs que nous n'avions pas tous les plaidoyers de Cicéron ni tous ses discours politiques. Il avait laissé plusieurs ouvrages historiques, notamment des *Mémoires* sur sa vie. La destruction des monuments de l'esprit humain est toujours chose vivement regrettable, mais il nous reste amplement, grâce à Dieu, de quoi nous consoler des ravages que le temps a faits dans les œuvres de Cicéron.

Cicéron poëte.

Cicéron avait eu, dès sa première jeunesse, le renom de grand poëte; il le conserva jusqu'à sa mort. Mais Lucrèce et Catulle, et bientôt après Virgile et Horace, rendirent les Romains plus difficiles, et la gloire poétique de Cicéron périt, comme dit Plutarque, effacée et ruinée par une foule de poëtes excellents. Le mérite des vers de Cicéron était surtout dans la facture. Comparés à ceux d'Ennius ou de Lucilius, ils annonçaient un véritable progrès. L'harmonie en est mieux soutenue; il y a en général moins de rudesses et de rocailles. Mais ce n'est guère que de la versification : il n'y a ni séve, ni vigueur, ni originalité. Cicéron, qui aime à citer les œuvres de sa muse, nous fournit des échantillons assez nombreux de la plupart de ses poëmes; et ces fragments nous autorisent à porter un jugement sévère. Les seuls passages où l'on sent le poëte sont ceux qu'il traduit ou imite. On se rappelle les belles traductions du *Prométhée délivré* et des *Trachiniennes*. Quand Cicéron n'est pas soutenu par un modèle, il est terne, froid et languissant. Les beaux vers du *Marius*, où il peint la lutte d'un serpent et d'un aigle, ont leurs prototypes dans Homère et ailleurs. Cicéron connaissait si bien les exigences de son talent, qu'il se bornait d'ordinaire à transporter en latin des poëmes tout faits. Plusieurs de ses ouvrages poétiques étaient, d'un bout à l'autre, des traductions de poëmes grecs. On le conjecture pour *Glaucus marin*, pour les *Alcyons*, pour le *Limon*, dont le titre grec veut dire *prairie*, pour d'autres encore; on le sait pour les deux poëmes d'Aratus, car il nous reste une partie considérable des *Phénomènes*. Le *Marius* avait exigé un peu plus d'effort. Nous ne pouvons pas savoir jusqu'à quel point cet effort avait été heureux. Treize vers bien faits ne prouvent pas beaucoup pour toute une épopée. Tout ce que nous pouvons dire, c'est que les contemporains admiraient, c'est que les amis avaient des transports; et Cicéron, en écrivant les *Lois*, Cicéron à cinquante-cinq ans, contemplait d'un œil plus que paternel cet enfant de sa jeunesse. La complaisance va même un peu loin. Qu'on en juge par les paroles qu'il met dans la bouche d'Atticus et de son frère : « ATTICUS. Voilà sans doute le bois, et voici le chêne d'Arpinum; je les reconnais tels que je les ai lus souvent dans le *Marius*. Si le chêne vit encore, ce ne peut être que celui-ci; car il est bien vieux. QUINTUS. S'il vit encore, cher Atticus! il vivra toujours; car c'est le génie qui l'a planté, et jamais plant aussi durable n'a pu être semé par le travail du cultivateur que par le vers du poëte. ATTICUS. Comment cela, Quintus? et qu'est-ce donc que plantent les poëtes? Tu m'as l'air de te donner ta voix à toi-même[1], en louant ton frère. QUINTUS. Soit; mais, tant que les lettres parleront latin, on trouvera dans ce lieu un chêne qui portera le nom de chêne de Marius; et ce chêne, comme l'a dit Scévola du *Marius* de mon frère, vieillira des siècles innombrables. »

Cicéron avait chanté en vers la gloire de son consulat, et ce qu'il appelle, dans les *Lois*, sa mémorable année. Ce poëme était une œuvre de sa maturité; mais il est douteux que cette œuvre fût de nature à lui faire grand honneur. C'est là qu'il s'écriait, avec une emphase presque ridicule : « Que les armes le cèdent à la toge; que le laurier s'efface devant l'éloquence ! » C'est là qu'il proclamait ses services d'une façon si peu retenue et si propre à lui aliéner même les plus reconnaissants : « O Rome qui as été fortunée sous mon consulat! » Ce dernier vers, dans l'original, est plein d'allitérations passablement désagréables, outre l'inconvenance de l'exclamation; mais ce n'est point un vers absurde, comme le donneraient à croire les ignorants

---

[1]. Quintus Cicéron se piquait de poésie.

qui répètent, depuis tantôt deux siècles, cette prétendue traduction littérale :

> O Rome fortunée,
> Sous mon consulat née[1] !

Le vers de Cicéron est un mauvais vers ; et c'est déjà bien assez. Juvénal, qui le cite quelque part, fait cette réflexion piquante et judicieuse : « Il eût pu mépriser les glaives d'Antoine, s'il eût toujours parlé de la sorte. » Je ne prétends pas que tout, dans le poëme, fût de la force des deux vers qu'on en cite : pourtant ce n'est pas faire injure à Cicéron, de présumer que, si nous possédions l'ouvrage, nous n'y trouverions pas beaucoup à admirer.

Lettres de Cicéron.

Le vaste recueil qui contient la correspondance de Cicéron est loin d'être complet. C'est à peine si quelques-unes de ces lettres sont antérieures au consulat de Cicéron. Celles des dix dernières années de sa vie forment plus des trois quarts du tout, et nous n'avons pas même tout ce qui avait été conservé de cette époque. Tullius Tiron, l'affranchi du grand orateur et son secrétaire intime, avait rassemblé avec soin toutes ces pièces précieuses, et il y avait joint ce qui restait des lettres de quelques-uns des correspondants. Il disposa le tout en divers recueils, sans s'astreindre à l'ordre chronologique. On trouve à la suite l'une de l'autre toutes les lettres adressées à un même personnage, ce qui donne lieu nécessairement à des interversions de temps, quand on passe d'un personnage à un autre ; et les lettres adressées au même personnage ne sont pas toujours à leur place respective. Nous possédons encore quatre des recueils de Tiron : les *Lettres à divers*, nommées vulgairement *Familières*, en seize livres ; les *Lettres à Atticus*, aussi en seize livres ;

---

[1]. Le mot *natam*, dans le vers de Cicéron, tient simplement lieu du participe passé du verbe *être*, qui n'existe pas en latin. Ce n'est pas le seul exemple de cet emploi de *natus* qu'on trouve dans les poëtes. Virgile va jusqu'à se servir de *veniens*, pour signifier *étant*, faute du mot nécessaire. Cicéron a mis *natam*, comme les Grecs auraient mis γενομένην.

les *Lettres à Quintus*, en trois livres; le livre unique intitulé *Lettres à Brutus*. Il est probable que ces quatre recueils n'étaient pas les seuls. Les anciens auteurs citent des lettres de Cicéron à Cornélius Népos, à César, à Hirtius, à Caton, à Pompée, etc., dont il n'y a trace dans aucune de ces quatre collections.

Quelques éditeurs modernes ont eu l'idée de ranger toutes ces pièces historiques dans leur ordre naturel, afin d'en rendre la lecture plus facile et plus profitable. On a ainsi une sorte de journal, où sont consignés et commentés les événements de l'histoire de Rome, durant sa période la plus agitée et la plus décisive. C'est un heureux supplément à ce qui manque dans les écrits des historiens; c'est presque une compensation à la perte des *Mémoires* qu'avait laissés Cicéron : « On peut voir, dit Montesquieu, dans les lettres de quelques grands hommes de ce temps-là, qu'on a mises sous le nom de Cicéron parce que la plupart sont de lui, l'abattement et le désespoir des premiers hommes de la république, à cette révolution qui les priva de leurs honneurs et de leurs occupations mêmes, lorsque, le sénat étant sans fonction, ce crédit qu'ils avaient eu par toute la terre, ils ne purent plus l'espérer que dans le cabinet d'un seul; et cela se voit bien mieux dans ces lettres que dans les discours des historiens. Elles sont le chef-d'œuvre de la naïveté de gens unis par une douleur commune, et d'un siècle où la fausse politesse n'avait pas mis le mensonge partout. Enfin on n'y voit point, comme dans la plupart de nos lettres modernes, des gens qui veulent se tromper, mais des amis malheureux qui cherchent à se tout dire[1]. » Je n'ai pas besoin de remarquer que ces lettres n'ont pas moins de valeur aux yeux des amis de la belle littérature qu'à ceux des investigateurs de faits historiques. C'est là que nous pouvons étudier le ton et le langage familier de la haute société de Rome; c'est là que nous pouvons nous faire une idée de cette urbanité dont il est si souvent question dans les auteurs, et qui était comme l'atticisme romain; c'est là enfin, et là seulement, que nous

---

[1]. Montesquieu, *OEuvres complètes*, édit. de Ch. Lahure, t. II, p. 54.

pouvons estimer jusqu'à quel point les Romains étaient propres à exceller dans le genre épistolaire. Il y a, sans doute, d'autres livres latins qui portent le titre de *Lettres*; mais il n'y en a pas qui soient, comme celui-ci, une production spontanée du temps et des circonstances. Les lettres de Sénèque, de Pline le Jeune et d'autres auteurs ont été presque toujours écrites pour le public : ce sont des dissertations, des récits, des morceaux de critique, que sais-je encore? des compositions plus ou moins spirituelles sur toute sorte de sujets, adressées à tels ou tels personnages; ce sont des exercices épistolaires, ce ne sont pas des lettres. Les lettres de Cicéron et de ses amis n'ont jamais ce caractère : nulle préméditation, nul arrangement, nul artifice. Aussi l'éloquence y coule-t-elle de source. Il y a là des choses admirables, et de tous les genres de beauté, non pas seulement dans les lettres écrites par Cicéron lui-même, mais dans celles de presque tous ses correspondants. Nous parlerons plus loin des correspondants avec quelque détail. Quant à Cicéron, un seul mot suffit : on reconnaît partout l'aimable et charmant esprit de l'auteur des dialogues, souvent le grand écrivain et le grand homme; trop souvent aussi l'homme timide, incertain et faible; une belle âme et de nobles sentiments, mais avec des éclipses et des défaillances. Cicéron est encore Cicéron dans un billet de quelques lignes. C'est dire assez que ses plus belles lettres, ce sont les plus longues.

Que si nous considérons les quatre recueils dans leur forme respective, il y a lieu de marquer entre eux certaines différences. Les *Lettres à divers* sont le plus précieux et le plus important à tous égards. C'est le plus varié, c'est celui qui contient les lettres les plus caractéristiques. C'est là que Cicéron et ses amis nous mettent dans le secret de leurs pensées et de leurs espérances, de leurs craintes et de leurs vœux. Ces épanchements de l'amitié, l'émotion de toutes ces âmes, l'élégance et la politesse du style, le charme et la grâce de la diction, tout enfin concourt à faire du premier recueil un monument incomparable, le modèle du genre épistolaire; je dis le modèle d'une correspondance sérieuse, et non point de ce bavardage épistolaire tant admiré en France, et dont les chefs-d'œuvre feraient une assez triste figure auprès de ces pages ingénues, d'une si mâle et si saine beauté. Les *Lettres à Atticus* ne sont pas beaucoup moins importantes pour l'histoire. Elles nous font même pénétrer plus profondément dans l'âme de Cicéron. Il y a des choses que Cicéron ne pouvait dire qu'à un vieil ami, à un confident éprouvé. Ajoutez que ce recueil n'embrasse pas moins de vingt-six ans, tandis que les autres ne commencent que beaucoup plus tard et ne nous font connaître que les dernières années de la vie de Cicéron. Mais Cicéron, s'adressant à un ami intime, n'a pas besoin de mettre sa pensée en relief, et il se contente bien souvent de sous-entendus, ou de ces mots de rappel qui ne sont guère pour nous que des énigmes. Ses lettres n'ont donc pas ici tout l'agrément littéraire de celles qu'il adressait à des hommes moins initiés à ses affaires, et qui ne pouvaient comprendre qu'un langage clair, catégorique et sans réticences. Les *Lettres à Quintus* sont d'un caractère tout particulier. Quintus Cicéron devait beaucoup à Marcus : sa fortune politique avait été en grande partie l'ouvrage de son aîné. Celui-ci le traite donc un peu comme un disciple ou un pupille. Il lui fait des leçons excellentes sur ses devoirs d'administrateur. Les plus importantes sont du temps où Quintus était propréteur en Asie. On trouve aussi, dans ces lettres, des détails intéressants sur l'intérieur de la famille des Tullius. Quelques-uns contestent l'authenticité du livre des *Lettres à Brutus*. Il est difficile à un homme de goût de se rendre à leurs raisons, et d'attribuer à un artifice de rhéteur tant de pages souvent admirables. Celui qui eût été capable de faire parler ainsi Brutus et Cicéron ne se fût pas amusé, ce me semble, à cette étrange supercherie. Ce rhéteur serait un des meilleurs écrivains de Rome : nous posséderions quelque chef-d'œuvre signé de son nom, et non pas seulement des lettres apocryphes, noyées dans l'océan du génie d'un grand homme.

Dernier triomphe de Cicéron.

On sait comment périt Cicéron, et avec quel courage, avec quelle noble résignation il se soumit à sa fortune : « Hérennius, dit Plutarque, d'après l'ordre qu'avait donné Antoine, lui coupa la tête, et la main avec laquelle il avait écrit les *Philippiques*.... Lorsque cette tête et cette main furent apportées à Rome, Antoine tenait les comices pour l'élection des magistrats : « Voilà les proscriptions finies, » dit-il au récit du meurtre, et à l'aspect de ces sanglantes dépouilles. Il les fit attacher au-dessus des rostres : spectacle affreux pour les Romains, qui croyaient avoir devant les yeux non le visage de Cicéron, mais l'âme d'Antoine ! » C'est ainsi que, même après sa mort, l'auteur des *Philippiques* triomphait encore de son ennemi. Un poète de talent, Cornélius Sévérus, a exprimé en vers énergiques les sentiments dont tous s'étaient émus en présence du trophée que le triumvir avait élevé à ses vengeances : « Les faces encore pantelantes d'hommes magnanimes furent exposées sur les rostres où ils avaient parlé; mais l'image de Cicéron, perdu pour toujours, fait disparaître toutes les autres : on dirait qu'elle est seule. Alors on se rappelle les grandes actions du consul, cette conspiration, ces criminels complots dont il saisit la trame, ces patriciens dont il dénonça les attentats; alors aussi on se rappelle le châtiment de Céthégus, Catilina confondu dans ses espérances impies. A quoi lui ont servi et la faveur du peuple, et les applaudissements des hommes assemblés, et tant d'années comblées d'honneurs, et une vie passée au sein des nobles études? Un seul jour a fait disparaître cette glorieuse existence; et l'éloquence latine s'est tue, frappée avec lui, triste, abîmée dans le deuil. Celui qui était jadis l'unique appui, le salut des accusés, celui qui fut toujours la tête de la patrie, ce défenseur du sénat, cette voix publique du Forum, des lois, des mœurs, de la paix, est devenue muette à jamais par un meurtre affreux. Ce visage aux traits décomposés, ces cheveux blancs souillés du sang de la victime, ces mains sacrées qui avaient servi à accomplir de si grandes œuvres, un citoyen, transporté d'une joie féroce, les a foulés sous ses pieds et n'a pas vu derrière lui les destins avec leurs retours, des dieux vengeurs. Tous les siècles passeront, et Antoine n'aura pas expié son forfait! » Oui, c'était le forfait d'Antoine; mais c'était bien plus encore le forfait d'Octave. Antoine était le tigre obéissant à son instinct, et à qui il faut du sang pour assouvir sa rage. Octave, en livrant à Antoine son premier protecteur, son bienfaiteur, son ami plus que dévoué, avait commis un parricide. Il en porta le remords toute sa vie. On le sentait si bien, que presque personne, sous son règne, n'osait prononcer le nom de Cicéron. Tite Live eut le courage d'apporter à ce nom sacré l'hommage de son admiration; mais les poëtes furent muets, sauf le courageux Cornélius Sévérus. Ce silence prouve qu'Auguste n'avait pas dépouillé tout sentiment humain. Ce remords, cette Furie vengeresse attachée à son flanc, fut du moins une expiation : par là Auguste se montrait supérieur à Antoine. Ce n'est pas seulement par conjecture que nous savons qu'Auguste se souvint toujours de Cicéron : « J'ai entendu conter, dit Plutarque, que César, de longues années après, étant un jour entré chez un de ses petits-fils, celui-ci, qui tenait dans ses mains un ouvrage de Cicéron, surpris à l'improviste, cacha le livre sous sa robe. César, qui s'en aperçut, prit le livre, en lut debout une grande partie, et, le rendant au jeune garçon : « C'était un savant homme, mon « enfant, dit-il; oui, un savant homme, et qui aimait bien « sa patrie. »

Il est triste de penser qu'un homme comme Cicéron ne fut pas heureux. Il fut obligé de se séparer de sa femme Térentia; il vit mourir sa fille Tullie; il eut un fils indigne de lui, et qui n'eut jamais d'autre mérite que celui de buveur intrépide. Enfin Octave ne fut pas le seul ingrat qu'il rencontra sur son chemin. Philologus, qui le livra aux meurtriers, était un affranchi de son frère, qu'il avait lui-même instruit dans les lettres et dans les sciences; Popilius, un de ses assassins, était un homme dont il avait défendu et sauvé la vie, dans une accusation capitale.

CHAPITRE XVII.
LES CORRESPONDANTS DE CICÉRON.

Atticus. — Brutus. — Cassius. — Caton. — Cécina. — Quintus Cicéron. — Cœlius. — Hirtius — Luccéius. — Matius. — Nigidius. — Oppius. — Pollion. — Sulpicius. — Appendice.

Les correspondants de Cicéron n'ont pas tous droit de figurer dans cette histoire. Nous ne voulons relever ici que les noms de ceux dont les lettres offrent quelque intérêt littéraire, ou qui se recommandent à nous par les talents dont ils furent doués comme écrivains ou comme orateurs. Nous suivrons l'ordre alphabétique, n'y ayant guère de moyen d'établir une classification qui nous permette mieux de nous reconnaître au milieu de ces personnages obscurs ou fameux[1].

Atticus (Titus Pomponius).

J'ai parlé plus haut du recueil intitulé *Lettres à Atticus*. Je dois dire un mot de l'homme à qui elles sont adressées. Il était de trois ans plus âgé que Cicéron. Il fut le compagnon de ses études et son ami dévoué. Il mourut en l'an 33 avant J. C., à soixante-dix-sept ans. C'était un homme de beaucoup d'esprit et de goût. Il était fort riche, et il jouissait de l'estime universelle ; mais il ne voulut jamais entrer dans la vie publique et il ne brigua point les charges. Il fit un noble usage de ses richesses et de son crédit. Ce philosophe pratique passe pour avoir composé quelques ouvrages, entre autres des *Annales*, c'est-à-dire un abrégé de l'histoire romaine. Cicéron dit quelque part qu'Atticus, dans ce travail,

---

[1]. J'ai souvent profité, pour la rédaction de ce chapitre, des notices qui sont à la suite de la traduction des *Lettres de Cicéron* par MM. Defre ne et Sevalète, dans la collection de M. Nisard. Je l'ai fait avec d'autant moins de sarupule, que c'est moi-même qui ai écrit ces notices, et que je dois savoir si elles sont exactes.

s'était rigoureusement conformé à l'ordre chronologique, et qu'il avait su renfermer en un seul volume, sans rien omettre d'essentiel, l'histoire de sept cents ans. Titus Pomponius devait son surnom ou plutôt son nom d'Atticus au long séjour qu'il avait fait à Athènes, durant les guerres civiles de Marius et de Sylla et jusqu'au rétablissement de l'ordre et du gouvernement légal. Là, il s'était fait tout athénien ; il s'était appliqué à bien saisir toutes les délicatesses de la langue attique, et il y avait si bien réussi, que Lucilius lui-même n'eût pas refusé de le saluer de son nom d'Atticus, sauf à se moquer de ce qu'il le préférât au nom illustre que lui avaient transmis ses ancêtres.

Brutus (Marcus Junius).

Voici une preuve de fait à l'appui de l'opinion que j'ai eu l'occasion d'exprimer sur l'authenticité du recueil des *Lettres à Brutus*. Je la puise dans la lettre où Brutus, s'adressant à Atticus, l'ami de Cicéron et le sien, caractérise avec tant d'énergie les dernières fautes politiques de Cicéron. On verra avec plaisir, je crois, quelques traits de l'éloquence et du style du prétendu faussaire : « Puisqu'il ne m'a pas été loisible de me taire, tu liras des choses qui ne manqueront pas de t'être désagréables. Je sens moi-même une vive douleur d'avoir à te les écrire. Je n'ignore pas ce que tu penses des maux de la république ; je sais que tu ne les crois pas sans remède, tout désespérés qu'ils sont. Ce n'est pas toi, certes, que je blâme, mon cher Atticus : ton âge, tes habitudes, tes enfants, tout paralyse ta bonne volonté. C'est ce que m'a très-bien montré aussi notre ami Flavius. Mais je reviens à Cicéron. Quelle différence y a-t-il entre Salvidiénus et lui? Salvidiénus proposerait-il des décrets plus favorables à Octave? Il craint maintenant encore, diras-tu, les restes de la guerre civile. Mais peut-on s'effrayer d'un ennemi vaincu, au point de ne redouter ni la puissance de celui qui dispose d'une armée victorieuse ni la témérité d'un si jeune homme! Ou plutôt considère-t-il la force d'Octave comme tellement irrésistible, qu'il n'y ait plus qu'à venir volontairement tout mettre aux pieds du maître? Inconcevable folie de la peur, de ne voir d'autre préservatif contre un mal qu'on eût évité peut-être, que de l'aller chercher soi-même, de l'amener bon gré, mal gré ! Ah ! nous craignons trop la mort, et l'exil, et la pauvreté. Ce sont là, pour Cicéron, les derniers degrés du malheur ; et, pourvu qu'il ait à qui demander ce qu'il désire, et qui le choie et le loue, il ne repousse pas l'idée d'une servitude honorable, si toutefois il peut y avoir rien d'honorable dans une honteuse et profonde humiliation. Octave, je le veux bien, appelle Cicéron son père ; il le consulte en tout, il l'accable de louanges et de remercîments. Mais on verra bientôt les actions démentir les paroles. Qu'y a-t-il, en effet, de plus contraire au sens commun, que de traiter de père celui à qui on ne laisse pas même la dignité d'homme libre[1] ? » Ce sont bien là les pensées, c'est bien là le style de Brutus. Je n'affirme pas que personne au monde n'eût su le faire parler ainsi ; je répète seulement que celui qui l'eût su aurait employé autrement son génie.

Brutus était un orateur distingué. Il y avait pourtant, dans ses discours, quelque chose d'un peu sec et froid, qui provenait de ses scrupules de philosophe stoïcien, bien plus que d'aucune indigence naturelle. Il se contenait lui-même ; il s'interdisait tout élan passionné ; il réduisait le discours à une simple argumentation ; il lui ôtait le sang et la chair, et ne lui laissait que les nerfs et les os. Cicéron dit quelque part, à propos de la harangue prononcée au Capitole, et que Brutus lui avait envoyée à examiner avant qu'elle fût publiée, qu'il n'y a rien à changer ni dans les pensées ni dans les paroles, vu le genre d'éloquence qui plaît particulièrement à Brutus ; que c'est, peu s'en faut, la perfection en ce genre : « Quant à moi, ajoute-t-il, si j'avais traité ce sujet, j'aurais écrit avec plus de chaleur[2]. » Il reste à peine quelque souvenir des autres discours prononcés et écrits par Brutus.

Cassius (Caïus Cassius Longinus).

Dans les lettres écrites par Cassius, on trouve, outre des détails précieux d'histoire politique, une vive peinture de

1. *Lettres à Brutus*, lettre XVII.
2. *Lettres à Atticus*, livre XV, lettre I.

l'esprit et du caractère de ce fameux *tueur de tyrans*. Cassius n'est pas un stoïcien comme Brutus; c'est un épicurien convaincu. Il aime la vie quand elle est heureuse, et il a sa bonne part de cette corruption qui était générale de son temps. Son âme est douce et bienveillante : toutefois il ne s'abstient pas du trait mordant, quand il en trouve l'occasion. Son style n'a rien de la gravité de celui de Brutus, mais il est plein de saillies et de verve.

Caton d'Utique (Marcus Porcius).

Cicéron, après ses campagnes de Cilicie, crut avoir mérité le triomphe. Il s'en ouvrit à Caton, dont le suffrage avait à ses yeux le plus grand prix. Caton accueillit cette demande tout à la fois avec la bienveillance d'un ami et avec la raison d'un homme d'État. Il voulait bien voter à Cicéron des remercîments ; mais il s'opposa de toutes ses forces à ce qu'on accordât les *supplications*, qui étaient la prérogative ou le prélude du triomphe, sinon à simple titre d'hommage de reconnaissance aux dieux. Nous avons la lettre où il s'explique sur ce sujet, lettre admirable de bon sens, et vraiment digne de la franchise et du noble caractère que l'histoire attribue à Caton. Caton était un orateur supérieur à Brutus même, mais de la même école. C'était le seul stoïcien dont l'éloquence, suivant Cicéron, ne laissât rien à désirer. Je veux bien que l'amitié, surtout quand Caton n'était plus, ait pesé de quelque poids dans ce jugement de Cicéron. A la rigueur, on le peut croire; mais, si Caton n'avait pas eu un grand renom d'orateur, Salluste lui eût-il prêté l'admirable discours qu'on lit dans le *Catilina ?*

Cécina (Aulus).

Cécina avait été un des plus chauds partisans de Pompée ; il avait même écrit contre César un libelle fort injurieux. Après la bataille de Pharsale, il chanta la palinodie. Dans un autre écrit, intitulé les *Plaintes*, il tâcha de se rendre César favorable. Cicéron vit et corrigea le livre, sur l'invitation de Cécina ; et, grâce à son intercession, Cécina eut la vie sauve, et obtint sa réintégration dans ses droits civiques. C'est sur cette affaire que roule la correspondance de Cécina et de Cicéron.

Cicéron (Quintus Tullius).

Nous n'avons pas les lettres que Quintus Cicéron répondait à celles de son frère, sauf quelques billets insignifiants. Mais il y a, dans les écrits mêmes de Cicéron, un opuscule qui est de Quintus. C'est une sorte de mémoire que Quintus adressa à Marcus, quand celui-ci se mit sur les rangs pour briguer la magistrature suprême, et qui est intitulé, *de la Demande du Consulat*. Quintus détaille au candidat tous les moyens qu'il lui faudra mettre en œuvre pour réussir. Il en indique qui n'ont rien que d'avouable ; il en indique d'autres aussi qui ne sont pas d'une extrême délicatesse : ainsi il conseille à son frère de promettre toujours, même quand il aurait la conviction de ne pouvoir tenir. Heureusement Cicéron n'eut pas besoin de mettre en pratique les maximes un peu trop commodes que préconisait l'officieux conseiller. L'écrit de Quintus n'est peut-être pas le manuel de l'intrigant ; il ne s'en faut de guère. Cet écrit prouve, en tout cas, que l'auteur songeait beaucoup plus au succès présent qu'au bien et à l'honnête. Il prouve aussi que le frère de Cicéron était homme d'esprit et écrivain habile. La finesse et l'élégance que Cicéron lui attribue s'y trouvent en effet, et à un degré assez remarquable. Le dernier paragraphe ne manque même pas d'une certaine force. Quintus dit ce que sont les élections de Rome ; et quelques coups de pinceau brillants et hardis lui suffisent, selon le mot d'un critique, pour tracer une peinture vivante.

Quintus était poëte, ou plutôt versificateur, comme son frère. Il s'essaya dans presque tous les genres, sans en prendre un seul au sérieux. Il était homme à faire une tragédie en huit jours, avec un modèle grec, bien entendu. Il reste quelques vers d'un poëme de lui sur le zodiaque, qui sont assez bien tournés : nul doute que ce ne soit une imitation de quelque original grec. On peut contester aussi à Quintus l'invention de deux épigrammes assez jolies, et qui sentent aussi leur malice grecque. Voici la première : « Confie ton navire aux vents, ne confie pas ton cœur aux jeunes filles ;

car l'onde est plus sûre que la foi d'une femme. » Voici la seconde : « Il n'y a pas de femme bonne; ou, s'il en existe une seule, je ne sais par quel sort une chose mauvaise est devenue bonne. »

Cœlius (Marcus Cœlius Rufus).

Une correspondance bien autrement importante, c'est celle que Cœlius entretint avec Cicéron, pendant que celui-ci gouvernait la Cilicie. Les dix-sept lettres de Cœlius peuvent compter parmi les plus précieuses de tout le recueil. Cœlius, ami et disciple de Cicéron, le tient au courant de tout ce qui se passe à Rome et dans la république. Rien ne manque dans ce journal, pas même la malice et les médisances, pas même la chronique scandaleuse. Le style de Cœlius a quelque chose de vif et de franc, qui donne bien l'idée des qualités que les anciens admiraient dans ses discours écrits. Pompée est fort maltraité dans ces lettres. Cœlius pousse l'irrévérence jusqu'à le traiter quelque part d'imbécile ; et il fait tout ce qu'il peut pour détacher Cicéron d'un tel homme. Il compare le génie de César à l'incapacité de Pompée ; il prédit ce qui doit arriver, et ce qui arriva en effet, la rupture prochaine des deux rivaux, la guerre civile inévitable, la défaite de Pompée, plus inévitable encore. Mais Cœlius perdait sa peine, en travaillant à convertir aux règles vulgaires de l'intérêt bien entendu cette âme généreuse qui ne calculait pas, et dont toutes les fautes eurent leur source dans un excès de désintéressement.

Cicéron, Quintilien, l'auteur même du *Dialogue des Orateurs*, s'accordent à faire l'éloge du talent oratoire de Cœlius : « Tant qu'il suivit mes conseils, dit Cicéron [1], aucun citoyen ne défendit, avec plus de fermeté qu'il ne le fit dans son tribunat, la cause du sénat et des gens de bien, contre les fureurs populaires et l'audace insensée des méchants. Une éloquence brillante et noble, pleine surtout d'agrément et d'urbanité, secondait ses efforts oratoires. Il prononça plusieurs harangues d'une grande force et trois accusations

---

1. *Brutus*, chapitre LXXIX.

très-vives, toutes pour la défense de la république. Ses plaidoyers, quoique inférieurs aux discours dont je viens de parler, ne sont pourtant ni méprisables ni dénués de mérite. »
Cœlius était déjà mort quand Cicéron rendait de lui ce témoignage. Quintilien répète la même chose, et avec des termes empruntés à Cicéron. Il cite quelques courts passages des discours de Cœlius. Il y en a un qui est fort remarquable, et qui prouve que cet orateur savait tracer, au besoin, des tableaux saisissants et énergiques. C'est la description d'une orgie de Caïus Antonius, celui qui avait été le collègue de Cicéron, et qui fut accusé plus tard, par Cœlius, de complicité dans le crime de Catilina. Cicéron, en écrivant sa seconde *Philippique* contre l'autre Antoine, semble s'être souvenu des pages admirables écrites autrefois par son jeune émule. L'auteur du *Dialogue des Orateurs* convient qu'il y a, dans les discours de Cœlius, des parties qui méritent de plaire. Une telle concession, faite par l'implacable ennemi de la vieille éloquence latine, est la preuve la plus manifeste des qualités que Cœlius avait déployées dans ces œuvres oratoires, dont il ne reste pas même tous les titres.

Hirtius (Aulus).

Hirtius est célèbre par sa mort à la bataille de Modène. Après le meurtre de César, il exprima vivement son opinion sur les fautes politiques de Brutus et de Cassius, sur leur départ d'Italie, sur leur appel aux armes. Nous avons une lettre écrite d'un style singulier, où il ne leur épargne pas le blâme. Mais, nommé consul avec Pansa, il se dévoua sans réserve à une cause qu'il avait d'abord condamnée. Hirtius avait été un des meilleurs lieutenants de César. C'est à lui que quelques-uns attribuent le huitième livre des *Commentaires*, et les deux livres sur la guerre d'Alexandrie et sur la guerre d'Espagne, qu'on joint comme complément à l'ouvrage de César. On se souvient que c'est pour plaire à Hirtius que Cicéron écrivit le traité *du Destin*.

Luccéius (Lucius).

Luccéius a reçu de Cicéron les plus grands éloges comme

homme, comme orateur et comme écrivain. C'était, à ce qu'il paraît, un historien de mérite. Cicéron essaya de lui faire écrire l'histoire de son consulat. Luccéius ne déféra point à ce vœu ; mais il écrivit un ouvrage sur la guerre Italique et sur la guerre civile. Il ne reste rien de cet ouvrage non plus que de ses discours. Nous n'avons de Luccéius qu'une lettre à Cicéron, pour l'arracher à sa solitude après la mort de Tullie, lettre qui n'a rien de bien consolant ni de bien persuasif.

Matius.

Matius le poëte, l'auteur des mimiambes, le traducteur, dit-on, de l'*Iliade* d'Homère, fut un des plus nobles caractères de ces temps de troubles. Cicéron lui rend cette justice, malgré la haine de Matius pour le parti de Cicéron. C'est Matius qui fut chargé, avec Postumius, de rendre les honneurs funèbres à César. Depuis lors il vivait dans la retraite, tout entier à la douleur que lui causait la perte du dictateur. On lui fit un crime de pleurer. De là une explication entre Cicéron et lui. Cicéron s'embarrasse quelque peu dans sa justification, à propos des bruits qui courent sur Matius ; mais Matius, avec une franchise admirable, met à nu toute son âme. La lettre de Matius à Cicéron, dont je vais transcrire quelques lignes, est d'une rare éloquence, de cette éloquence du cœur qui ne peut naître que d'une émotion véritable. Voyez s'il est possible d'exprimer de plus beaux sentiments, et dans un plus beau langage : « Je connais les accusations qu'on a portées contre moi depuis la mort de César. On me reproche de ne point me consoler de la mort de mon ami, de m'indigner d'avoir perdu celui que je chérissais. La patrie, disent-ils, doit être préférée à l'amitié. Comme s'ils avaient démontré jusqu'à présent que son trépas a été utile à la république! Mais je veux parler sans détour. J'avoue que je ne suis point encore parvenu à ce degré de sagesse. En effet, ce que j'ai suivi, dans la dissension civile, ce n'est pas César, c'est mon ami ; quoique son entreprise me fît peine, je ne l'ai point abandonné. Jamais je n'ai approuvé la guerre civile, ou même la cause du désaccord ; bien plus, j'ai mis tout en œuvre afin de l'étouffer dans son germe. Aussi, quand mon ami fut vainqueur, ne me suis-je laissé séduire ni aux attraits des honneurs ni à ceux de l'argent : tous biens dont tant d'autres, qui avaient moins de crédit que moi auprès de César, ont abusé sans réserve. Et même ma fortune a souffert de la loi de César grâce à laquelle la plupart de ceux qui se réjouissent de sa mort ont conservé leurs droits de citoyens. J'ai travaillé à faire épargner les vaincus, comme s'il se fût agi de ma propre vie. Puis-je donc, moi qui ai souhaité qu'il n'y eût pas de victimes, ne pas m'indigner du meurtre de celui qui a exaucé mon vœu? surtout quand ce sont les mêmes hommes qui ont été ses envieux et ses assassins! Donc tu seras châtié, disent-ils, puisque tu oses blâmer notre conduite. O arrogance inouïe! Quoi! les uns se glorifient de leurs forfaits, et il n'est pas permis aux autres de gémir impunément! Mais les esclaves eux-mêmes ont toujours eu toute licence de craindre, d'espérer, de gémir à leur fantaisie, plutôt que d'après le caprice d'autrui; et voilà ce que ces auteurs de la liberté, comme ils se nomment sans cesse, s'efforcent de nous arracher par la crainte! Mais leurs efforts sont vains. Jamais la peur d'aucun danger ne me fera ni reculer devant le devoir ni perdre mes sentiments d'homme. Jamais je n'ai cru qu'il fallût fuir une mort honorable : j'ai cru au contraire qu'il fallait souvent courir à sa rencontre [1]. »

Nigidius Figulus (Publius).

Figulus était un philosophe pythagoricien. Il avait écrit sur l'histoire naturelle, sur la religion, sur la littérature; il laissa la réputation d'un prophète et d'un magicien, et Suétone raconte que, le jour de la naissance d'Auguste, Nigidius avait annoncé qu'il venait de naître un maître au monde. Sénateur, il montra à Cicéron un dévouement absolu dans les circonstances critiques de son consulat. César l'exila après la bataille de Pharsale, ce qui suppose que Nigidius était un des pompéiens les plus prononcés. Cicéron lui écrit pour le consoler et lui montrer un meilleur avenir;

[1]. *Lettres à divers*, livre XI, lettre xxviii

mais Nigidius mourut avant le meurtre de César, et ne revit pas son pays.

Oppius (Caïus).

Oppius fut, avec Matius, le plus vrai et le plus dévoué des amis de César. C'était un homme fort lettré, et même un écrivain de mérite. Quelques-uns lui attribuent ce complément des *Commentaires* de César, que d'autres donnent comme l'ouvrage d'Hirtius. Ce qui est certain, c'est qu'Oppius avait écrit des *Vies* de César, de Pompée, de Crassus, de Marius, etc. Oppius et Balbus furent chargés des négociations diplomatiques de César, au moment de la fuite de Pompée et des préparatifs de départ de Cicéron. Il reste plusieurs des lettres qu'ils adressèrent en commun à Cicéron, et des lettres de Cicéron et de César à Oppius et Balbus; mais cette correspondance n'a qu'un intérêt historique, et ne nous apprend rien sur le talent littéraire d'Oppius.

Pollion (Caïus Asinius).

César avait donné à Pollion le gouvernement de l'Espagne Ultérieure. Pollion y était après la mort de César ; et c'est de là qu'il adresse à Cicéron des protestations de son dévouement aux intérêts de la république. Mais bientôt il se livra, lui et son armée à Antoine. Après la bataille d'Actium, il se dévoua tout entier à Auguste, et il fut en grande faveur pendant de longues années. Il mourut à soixante-dix-huit ans. A soixante-cinq ans, en l'an 10 avant notre ère, nous le voyons encore revêtu de la dignité de consul, c'est-à-dire de premier ministre de l'empereur. Pollion avait laissé une *Histoire des Guerres civiles* en vingt-sept livres, un écrit contre l'historien Salluste, des tragédies, des discours et des lettres. Il ne reste de tout cela que les trois lettres adressées à Cicéron. Ce sont plutôt des pièces officielles que des lettres proprement dites. On ne peut pas juger du style de Pollion d'après ces banalités diplomatiques.

Pollion passait pour un connaisseur fort habile en fait d'ouvrages d'esprit. C'est lui qui faisait remarquer dans la diction de Tite Live, cette *patavinité* si incompréhensible pour nous. Ce puriste, il faut le dire, ne trouvait presque rien de bon, sinon probablement ce qu'il avait écrit lui-même. Ses ouvrages n'étaient pourtant pas des chefs-d'œuvre. Le juste châtiment des critiques dédaigneux, c'est que les livres qu'ils font sont d'ordinaire un peu plus mauvais que ceux dont ils se sont moqués. Il est vrai qu'ils ne s'exposent pas toujours à être jugés, et qu'ils se contentent de laisser croire à leurs futures merveilles. Pollion n'a pas eu cette prudence ; et on l'a jugé sévèrement, comme lui-même avait jugé les autres. Sénèque le père l'accuse d'être rude et tendu, et d'avoir souvent besoin qu'on lui pardonne les défauts que lui-même avait de la peine à pardonner. Quintilien dit que les discours de Pollion manquaient d'éclat et de grâce, et qu'ils avaient l'air d'être antérieurs d'un siècle à ceux de Cicéron. L'auteur du *Dialogue des Orateurs* va plus loin encore : « Asinius, dit-il, quoique né dans des temps plus rapprochés de nous, semble avoir étudié parmi les Ménénius et les Appius. Il a reproduit le style de Pacuvius et d'Attius, non-seulement dans ses tragédies, mais même dans ses discours, tant il est dur et sec [1]. » On dit que Pollion relevait, dans le style de Cicéron, des défauts innombrables. Cicéron n'a pas pu nous apprendre ce que lui-même il pensait du style de Pollion. Le *Brutus* est venu trop tôt, et Octave a été trop pressé de se débarrasser de son tuteur. Cicéron, qui avait pourtant le droit d'être difficile, lui eût probablement tenu plus compte de son esprit, de son imagination et de ses autres qualités, que de toutes ses imperfections, même les plus choquantes. La critique de Cicéron ne cherche qu'à admirer : elle admire trop peut-être. Celle de Pollion ne cherchait qu'à blâmer, et elle blâmait presque partout et toujours. Ce sont deux excès ; mais là, c'est l'excès du bien, c'est-à-dire quelque chose de fécond et de salutaire encore ; ici, c'est la négation froide, la mort de l'enthousiasme, la destruction ou tout au moins l'effacement du beau. Dieu nous garde des Pollions !

---

1. *Dialogue des Orateurs*, paragraphe 21.

CHAPITRE XVII.

Sulpicius (Servius Sulp. Lemonia Rufus).

La neuvième *Philippique* de Cicéron est un bel éloge de Servius Sulpicius, considéré comme homme d'État et comme citoyen. J'ai dit que Sulpicius avait été chargé par le sénat d'aller porter à Antoine des propositions d'accommodement, et qu'il était mort en chemin avant d'avoir pu remplir sa mission. Quelques années auparavant, Cicéron, dans le *Brutus*, avait déjà dignement loué Sulpicius, jurisconsulte, orateur et écrivain : « Quant à Servius, tu le juges très-bien ; et je vais dire tout ce que je pense de lui. Jamais personne, selon moi, n'étudia avec plus d'ardeur et l'art oratoire et toutes les sciences qui méritent l'estime des hommes. Notre jeunesse fut consacrée aux mêmes exercices. Plus tard, il partit avec moi pour Rhodes, afin de perfectionner son talent et son instruction. A son retour, il a mieux aimé, je crois, être le premier dans le second des arts, que le second dans le premier. Peut-être eût-il marché de pair avec les princes de l'éloquence; mais il a préféré, et son ambition a été couronnée de succès, être le prince des jurisconsultes : il a laissé bien loin derrière lui ses contemporains et ses devanciers.... Sulpicius a joint à une science profonde la connaissance de la littérature et une élégance de style qui brille partout dans ses écrits, qui sont des œuvres sans égales [1]. » Sulpicius avait laissé, dit-on, cent quatre-vingts livres sur des questions de droit. On en trouve encore des passages dans Aulu-Gelle et dans d'autres auteurs anciens. Il n'avait écrit que trois de ses discours ; mais ces trois discours, selon Quintilien, suffisaient pour lui assurer une belle réputation d'orateur. Il en reste à peine quelques mots. Mais nous pouvons juger du style de Sulpicius par ses lettres à Cicéron. Il y en a une qui est fameuse, c'est celle qu'il écrivit de Grèce à son ami, en apprenant la mort de Tullie. Ce n'est pas précisément une vive sensibilité qu'il y faut chercher ; et les consolations qu'il adresse au père infortuné n'ont pas dû être un baume bien efficace pour calmer

---

1. Cicéron, *Brutus*, chapitres XL et XLII.

une douleur si poignante. Mais la rudesse même des raisonnements du vieux jurisconsulte; ses réflexions stoïcienness ou plutôt romaines, sur la vanité des choses; le tour singulier de la pensée, les images frappantes dont elle est revêtue, l'énergie de l'expression, l'allure vive et pittoresque de la phrase, tout enfin semble imprimer à ce morceau je ne sai, quel caractère grandiose. Ce sont de très-belles pages, d'une éloquence originale et qui sent merveilleusement son antique. Je préfère, il est vrai, la réponse de Cicéron, qui n'est que touchante; mais Sulpicius écrit trop bien pour qu'on n'ait pas un plaisir infini à l'entendre, même quand il écrit ce que nous n'aurions pas pensé à sa place. Après avoir gourmandé Cicéron de son abattement, il lui rappelle que la république n'est plus, et qu'il n'est guère désirable de laisser après soi des enfants, destinés à végéter inutiles à leur patrie et à eux-mêmes. Puis il continue en ces termes : « Je veux te faire part d'une chose qui m'a grandement consolé, et qui servira peut-être aussi à diminuer ta douleur. En revenant d'Asie, comme je naviguais d'Égine à Mégare, je me mis à contempler de tous côtés les contrées qui m'environnaient. Derrière moi était Égine; devant moi, Mégare; à ma droite, le Pirée; à ma gauche, Corinthe. Ces villes, durant un certain temps, ont été très-florissantes; aujourd'hui, elles gisent sous nos yeux, renversées et détruites. A ce spectacle, je fis un retour sur moi-même : Eh quoi! me dis-je, nous nous indignons, nous êtres chétifs, si quelqu'un de nous vient à mourir ou à être tué, nous dont la vie doit être si courte; et voilà, sur un seul point, tant de cadavres de villes gisant renversés! Ne veux-tu pas, Servius, contenir tes plaintes, et te souvenir que tu es né homme? — Crois-moi, cette réflexion n'a pas médiocrement servi à me rendre mon courage. Mets-toi, je te prie, le même spectacle devant les yeux. Une foule d'hommes ont péri naguère en quelques instants; l'empire du peuple romain a perdu presque toute sa grandeur et sa force; toutes les provinces ont été ébranlées; et tu te laisses émouvoir à ce point parce que le faible souffle qui animait une faible femme est venu à s'éteindre! Suppose qu'elle n'ait point passé en ce temps son dernier jour : encore lui eût-il fallu mourir dans peu d'années, puisque aussi bien elle était née mortelle…. Enfin, n'oublie pas que tu es Cicéron ; que tu es un homme accoutumé à donner aux autres le conseil et l'exemple. N'imite pas les mauvais médecins, qui prétendent savoir l'art de guérir les maladies d'autrui, et qui ne peuvent se guérir eux-mêmes. » Ce qui suit n'est ni moins vigoureux ni moins heureusement exprimé. Sulpicius, d'un bout à l'autre de la lettre, nous donne un véritable modèle de ce qu'on pourrait nommer le style romain.

Appendice.

Il y a deux noms que nous avons omis à dessein dans cette revue, ceux de Varron et de César. Il nous reste, grâce à Dieu, de quoi parler de ces deux écrivains autrement qu'à titre de correspondants de Cicéron. Nous leur réservons à l'un et à l'autre leur large place dans les chapitres qui vont suivre. La liste des correspondants se compose, comme on vient de le voir, de presque tous les écrivains célèbres du temps, à l'exception de Salluste, de Cornélius Népos, de Lucrèce et de Catulle. Il y a pourtant quelques hommes qui n'ont pas manqué de renommée, qui n'y figurent pas, et que nous ne retrouverons point ailleurs. Il convient, je crois, de leur consacrer ici quelques lignes à chacun, du moins à ceux que Cicéron a trouvés le plus dignes de ses éloges.

Caïus Licinius Macer était, d'après Cicéron, un historien plus que médiocre ; mais son éloquence, dans les causes judiciaires, se recommandait par des qualités estimables : « Son imagination, sans être abondante, n'était pas stérile ; son style n'était ni brillant ni entièrement négligé ; sa voix, son geste, toute son action, manquaient de grâce ; mais il apportait, à l'invention des preuves et à leur distribution, un soin si admirable, que je citerais difficilement un orateur qui sût mieux approfondir et orner un sujet[1]. »

Marcus Calidius est encore mieux traité par Cicéron : « Ce n'était pas un orateur de la classe ordinaire. Que dis-je? il faisait presque à lui seul une classe à part. Ses

---

1. Cicéron, *Brutus*, chapitre LXVII.

preuves, profondes et originales, étaient revêtues de formes légères et transparentes. Rien de si aisé, rien de si flexible que le tour de ses périodes. Il faisait des mots tout ce qu'il voulait; et nul orateur ne savait aussi bien que lui se rendre maître de sa phrase. Sa diction était claire comme le ruisseau le plus limpide. Elle coulait avec une aisance dont jamais rien n'interrompait le cours. Pas un mot qui ne fût mis à sa place, et comme enchâssé, selon l'expression de Lucilius, dans un ouvrage de marqueterie. Pas un terme dur, inusité, bas ou recherché. Au lieu du mot propre, il employait l'expression figurée, mais avec tant de bonheur, que jamais elle ne paraissait usurper une place étrangère : elle venait tout naturellement se mettre à la sienne.... Si la perfection consiste à parler avec grâce, il ne faut chercher rien de plus accompli que Calidius[1]. »

Caïus Licinius Calvus conserva pendant longtemps une grande réputation. Quintilien dit même que quelques-uns le préféraient à tous les autres orateurs. Calvus était fils de Macer; mais ce n'est pas son père qu'il avait pris pour modèle oratoire. Il voulait passer pour un orateur attique. Cicéron conteste que Calvus ait été un attique dans le sens vrai et complet du terme, un attique à la façon d'Hypéride, d'Eschine ou de Démosthène. Ce que Cicéron dit du style de Calvus explique parfaitement pourquoi cet orateur fut si goûté dans les écoles. C'était un écrivain très-correct, très-châtié, un modèle parfait dans le genre simple, un de ces classiques qu'on ne saurait trop recommander à la jeunesse. Mais, si nous possédions ses œuvres, nous y chercherions peut-être en vain quelque chose qui soit l'éloquence; peut-être n'y trouverions-nous guère plus à admirer que dans celles d'Isocrate ou de Lysias : « Calvus, plus savant en littérature que Curion, avait aussi une diction plus travaillée et plus finie. Il maniait son genre, certes, avec beaucoup de talent et de goût : cependant, à force de s'observer et d'exercer sur lui-même une critique minutieuse, en évitant l'enflure il perdait jusqu'au véritable embonpoint.

---

1. Cicéron, *Brutus*, chapitres LXXIX et LXXX.

Aussi le style de cet orateur, affaibli par des scrupules excessifs, ne portait-il sa lumière que dans l'esprit des auditeurs instruits et attentifs, ne faisant, au contraire, qu'une impression fugitive sur le peuple et sur le barreau, qui sont les arbitres de l'éloquence[1]. »

Caïus Scribonius Curion, ou Curion le fils, est celui que Cicéron compare à Calvus. Il avait été très-dévoué à César, et il était mort en Afrique, dans la guerre contre Juba : « Il dut peu, dit Cicéron, aux leçons des maîtres ; mais la nature l'avait doué d'un talent admirable pour la parole.... S'il avait continué d'écouter mes avis, il eût recherché les honneurs[2] plutôt que les grandeurs. » Curion n'avait pas des prétentions à l'atticisme comme Calvus : son style était orné en même temps que rapide ; et ses pensées, quelquefois un peu trop fines, coulaient avec une aisance extrême et une intarissable abondance.

Il ne nous était guère possible de passer sous silence des orateurs dont Cicéron a pu parler en termes si favorables.

CHAPITRE XVIII.

VARRON.

Renommée de Varron. — Vie de Varron. — Ouvrages de Varron. — *Satires ménippées.*

Renommée de Varron.

Aulu-Gelle cite quelque part une phrase de Varron, qui ne laisse aucun doute sur la fécondité extraordinaire de l'écrivain que Cicéron avait nommé le plus grand des polygraphes. Varron dit, dans cette phrase, qu'il est âgé de quatre-vingt-quatre ans, et qu'il a déjà composé quatre cent

---

1. Cicéron, *Brutus*, chapitre LXXXII.
2. Cicéron, *Brutus*, chapitre LXXXI.

quatre-vingt-dix livres, c'est-à-dire quatre cent quatre-vingt-dix volumes, tant ouvrages entiers que portions d'ouvrages. Comme il vécut encore plusieurs années, et qu'il ne cessa d'écrire qu'à sa mort, on peut porter à cinq cent cinquante environ le nombre des volumes qu'il avait laissés. Varron ne fut point un génie inventeur, mais il sut mettre à la portée de tous les découvertes du génie. Il fut pour les Romains une sorte de précepteur universel, et son esprit aimable sut répandre des grâces sur les plus arides enseignements. Non-seulement il écrivit sur toutes choses, mais il écrivit avec talent; il fit lire ses innombrables ouvrages : c'est là surtout ce qui explique sa gloire. Les Romains reconnaissants le payèrent en estime des peines qu'il s'était données pour eux. Ils le placèrent, dans leur admiration, à côté des hommes les plus illustres; et tous applaudirent quand Pollion, dérogeant à la loi qu'il s'était faite, admit le buste de Varron vivant parmi les images des morts célèbres qui ornaient la bibliothèque construite avec le butin de la guerre. La postérité n'infirma pas le jugement des contemporains. Alors même que presque tous les ouvrages de Varron avaient péri, et que Varron n'était plus guère qu'un nom, ce nom brillait encore à l'égal des plus éclatants. Pétrarque plaçait Varron entre Cicéron et Virgile, *Varron*, comme il le dit en beaux vers, *la troisième grande lumière de Rome, et qui luit d'autant plus que je la contemple davantage.* Aujourd'hui encore, Varron nous apparaît, dans son lointain, sinon comme l'égal de Cicéron et de Virgile, au moins comme un des plus dignes après ceux qui ont seuls droit à l'encens et aux hommages. Nous ne lui devons pas un buste, sans doute : nous ne sommes pas des Romains ; nous n'avons rien qui nous oblige ici à autre chose qu'une stricte justice ; mais nous serions impardonnables de ne pas crayonner une esquisse de cette docte et noble figure.

Vie de Varron.

Marcus Térentius Varro était né en l'an 116 à Réate, dans le pays des Sabins. Sa famille, qui était riche et distinguée, ne négligea rien pour lui donner une excellente éducation. Il eut les meilleurs maîtres de Rome, entre autres le grammairien Élius Stilon, et il alla se perfectionner dans les écoles de la Grèce. Il suivit la carrière des honneurs, et s'éleva successivement par tous les degrés jusqu'au consulat. Il servit sous Pompée dans la guerre des pirates, et il fut chargé de commander la flotte des auxiliaires grecs. Dévoué de cœur à Pompée et aux vieilles institutions romaines, il prit chaudement parti contre César; il devint même un des trois lieutenants de Pompée en Espagne. César, après avoir battu les deux autres, marcha en personne contre Varron, qui défendait la Citérieure. Varron fut bientôt abandonné de presque tous ses soldats et contraint de subir l'ascendant de sa mauvaise fortune. Il se rendit à discrétion. César n'abusa point de ses avantages : il permit à Varron de partir, et de rejoindre Pompée. Varron se borna à aller raconter à Pompée sa déconvenue, renonça désormais à la guerre et à la politique, et s'enferma résolûment dans ses chères études, trop souvent interrompues jusque-là par des préoccupations de toute sorte. Elles avaient été sa récréation et le charme de sa vie; elles devinrent sa vie même. César tout-puissant favorisa les goûts de Varron, en le priant de ranger les livres qui appartenaient à l'État. Antoine, qui n'aimait guère les livres, commença par enlever successivement à Varron presque tous ses biens, puis il le mit lui-même au nombre des proscrits. Varron échappa aux recherches des meurtriers. Il retrouva ses propriétés, mais dévastées par les soldats : on avait pillé les objets précieux, dispersé les livres, gâté ou détruit des manuscrits qu'il n'avait pas encore publiés. Auguste reprit l'idée de bibliothèque qu'avait ébauchée César, et Varron organisa, sur de vastes proportions, une grande collection nationale. C'est à ces soins que l'illustre octogénaire employa ses dernières années, mais non sans prouver de temps en temps, par des œuvres nouvelles, que l'âge n'avait glacé ni son esprit ni sa main. Il mourut, écrivant encore, dans sa quatre-vingt-dixième année, en l'an 27 avant notre ère.

Ouvrages de Varron.

Il reste deux ouvrages de Varron, le traité *de la Langue latine*, qui est fort mutilé, et le traité *de l'Agriculture*, que nous possédons en entier. Le traité *de la Langue latine* avait originairement vingt-quatre livres. Nous n'en avons que six, qui encore ne sont pas sans lacunes, et dont le texte est souvent fort corrompu. La partie où il s'agissait de la syntaxe, et qui remplissait les douze derniers livres, est entièrement perdue, sauf les phrases citées çà et là par les grammairiens postérieurs. Il ne faut pas chercher un grand écrivain dans le rédacteur d'un traité de grammaire : on y trouve pourtant l'esprit de Varron ; et des réflexions fines et piquantes, des mots heureux, une sorte de bonhomie enjouée, égayent quelquefois ces dissertations étymologiques et ces sèches nomenclatures. L'ouvrage ne manque pas d'une certaine importance philosophique. C'est le premier essai fait à Rome pour ramener à un ensemble raisonné tout ce qui concernait la langue latine. Avant Varron, ceux qui prenaient le titre de grammairiens se bornaient à l'interprétation des anciens auteurs, et leurs écrits n'étaient que des annotations sur les mots ou les tournures de Névius, d'Ennius, de Plaute, etc. Les plus fameux d'entre eux, Volcatius Sédigitus, Élius Stilon et autres, furent plutôt des critiques et des commentateurs littéraires que des grammairiens proprements dits. Varron, dans les livres qui nous restent, traite de l'étymologie et de l'analogie. Ses étymologies sont souvent hasardées, et ses règles n'ont pas toujours une rigueur suffisante. Mais il abonde en observations judicieuses. Ses études ont fourni, en définitive, une base solide aux travaux de ses successeurs ; et il y a assez de bon dans son ouvrage, pour qu'on lui pardonne volontiers de n'avoir pas toujours raison. Varron était déjà bien vieux quand il y mit la dernière main, il était plus que septuagénaire. Il le dédia à Cicéron, qui venait de lui dédier la seconde rédaction des *Académiques*.

Nous n'aurions pas une idée complète du style de Varron, si nous ne possédions que le traité *de la Langue latine*. Nous saurions que l'esprit ne lui faisait pas défaut ; mais un tel sujet, sans exclure toutes les grâces, n'admettait guère qu'une simplicité nue, et, pour ainsi parler, que les formes les plus élémentaires de l'esprit. Varron l'a bien senti, et il ne sue point à la recherche d'une élégance intempestive. Le tableau des occupations champêtres prêtait matière à de plus heureux développements. Varron a traité ce beau sujet non pas seulement en agronome consommé, mais en écrivain et en artiste. Ce ne sont pas des chapitres décousus comme ceux du vieux Caton, des recettes qui ne sont que des recettes. C'est une œuvre littéraire, et dans toute la force du terme ; ce sont des dialogues d'une lecture agréable, et qui rappellent par plus d'un point le ton et la manière de Cicéron. Varron les écrivit à quatre-vingts ans ; mais nulle part la faiblesse de l'âge ne s'y laisse apercevoir : le vieillard n'y est qu'avec son expérience et ses qualités aimables ; son imagination n'est point flétrie ; son style est coloré et plein de séve. Varron, comme tous les vieillards, aime à faire de longs discours ; il prête aussi de longs discours à ses divers personnages. Mais il n'oublie jamais son sujet, ni le but où il tend ; il dit tout, mais il ne dit rien de trop ; et, s'il fait quelque étalage d'érudition, cette érudition est toute spéciale et a toujours trait à la matière agricole. C'est le vieux Nestor, transporté de la vie héroïque aux humbles choses du monde champêtre, parlant de ce qu'il sait à fond, sans jactance et avec peu de parenthèses. C'est le vieillard d'Ascra, moins le génie poétique et la langue divine. Varron aime à mêler, comme Hésiode, les sentences morales aux préceptes du labourage et de l'économie domestique. Virgile dit quelque part, dans les *Géorgiques*, qu'il chante, à travers les villes romaines, un chant ascréen. Il eût pu dire tout aussi bien qu'il chantait d'après Varron que d'après Hésiode. Il a beaucoup moins emprunté à Hésiode qu'à Varron. On reconnaît à chaque instant qu'il s'est souvenu du traité *de l'Agriculture*. C'est d'après Varron, par exemple, bien plus encore que d'après son expérience personnelle, qu'il a décrit les mœurs et les travaux des abeilles. Il n'est pas jusqu'au plan des *Géorgiques*, qui ne rappelle celui des dialogues de Varron. Varron, dans son premier livre, traite de la culture proprement dite et de l'arboriculture : c'est la matière des deux premiers livres des *Géorgiques*. Le second livre de Varron, sur l'éducation des bestiaux, correspond au troisième livre de Virgile. Enfin il s'agit des abeilles dans le troisième et dernier livre de Varron, comme dans le quatrième livre des *Géorgiques*. La différence, c'est que Varron ne s'occupe pas uniquement des abeilles : il parle aussi de la basse-cour, des garennes et des viviers.

Les trois livres de Varron sont autant de dialogues différents, qu'il dédie tous les trois à sa femme Fundania, mais dont le second est particulièrement adressé à Niger Turranius, et le troisième à Quintus Pinnus. Le premier entretien est censé avoir lieu au temple de Tellus, le jour de la fête des semailles. Les interlocuteurs sont Varron, C. Fundanius son beau-père, et plusieurs de leurs amis communs. Varron place le deuxième entretien au temps de la guerre des pirates, quand il commandait la flotte grecque, et il converse avec quelques-uns de ses amis, grands propriétaires de bestiaux en Épire. Il suppose, dans le troisième dialogue, que, durant les comices pour l'édilité, son ami Axius et lui allèrent se mettre à l'ombre dans la villa publique, tandis qu'on faisait le dénombrement des suffrages, et qu'ils y trouvèrent agréable compagnie. Les noms de la plupart des assistants, Cornélius *Merula*, Fircellius *Pavo*, Minucius *Pica*, Pétronius *Passer*, expliquent pourquoi Axius, à son entrée, dit plaisamment à l'*augure* Appius Claudius : « Veux-tu nous admettre dans ta volière, où tu trônes au milieu des oiseaux ? » De là à une discussion sur la basse-cour et tout ce qui s'ensuit, il n'y a qu'un pas ; et la volière d'Appius, ce merle, ce paon, cette pie, ce moineau, font bien vite entendre leur ramage. L'honorable augure lui-même ne se borne point à son rôle officiel d'observateur du gazouillement et du vol de la gent ailée : il se mêle au concert, avec Axius et Varron. Ce troisième livre n'est ni le moins instructif, ni surtout le moins agréable. Il y a des descriptions charmantes, et où le talent de Varron s'anime et rit, sans pourtant sortir des conditions du genre et des nécessités du sujet. Mais il eût été difficile à Varron d'être sec et technique en parlant de sa magnifique volière de Casinum et des merveilles du frais séjour embelli par ses soins et son industrie. Je pourrais citer maint passage, et du troisième livre et des deux premiers, qui prouve que Varron était quelque chose de plus qu'un érudit ou un compilateur. Il me suffira de transcrire le prologue adressé à Fundania, pour donner quelque idée et de l'esprit de Varron, et de cette grâce que le bon vieillard répand sur presque tout ce qu'il touche :

« Si je disposais d'un entier loisir, Fundania, je donnerais une meilleure forme à cet ouvrage. Mais tu l'auras tel que je le puis faire avec l'idée qu'il faut me dépêcher ; car si l'homme, comme on dit, est une bulle d'air, à plus forte raison un vieillard. En effet, la quatre-vingtième année m'avertit de plier bagage avant de partir de la vie. Donc je vais te donner mes conseils, à propos du domaine que tu viens d'acheter, dont tu veux tirer parti par une bonne culture, et que tu recommandes à mes soins particuliers. Je tâcherai que mes instructions te profitent et pendant ma vie et après ma mort. Quoi ! la sibylle ne s'est pas contentée de prononcer des oracles à l'usage de ses contemporains : même depuis sa mort ses paroles servent à des hommes qu'elle n'a pu connaître, et ses livres, après tant de siècles, sont encore solennellement consultés toutes les fois qu'il y a résolution à prendre à l'apparition de quelque prodige ; et je ne pourrais, de mon vivant, donner quelques avis utiles à ceux qui me touchent de si près ! Je vais donc écrire à ton intention trois livres qui te serviront de guides, et que tu puisses consulter au besoin, pour la manière de t'y prendre dans les divers travaux de l'agriculture. Et, puisque les dieux, comme on dit, viennent en aide à ceux qui entreprennent une œuvre, je commencerai par les invoquer. Je ne m'adresserai pas aux Muses, à la façon d'Homère et d'Ennius, mais aux douze dieux du conseil céleste ; et je n'entends point par là ces divinités citadines, six d'un sexe et six d'un autre, dont les statues dorées se dressent au Forum, mais bien les douze dieux qui président surtout aux travaux des laboureurs. »

On ne peut pas juger d'une encyclopédie entière par un ou deux articles. Nous ne pouvons rien affirmer sur la valeur littéraire de plus de soixante et dix hebdomades de livres, pour parler ici comme Varron, dont il reste si peu de chose; mais ce que nous sommes en droit de dire, c'est que, si la plupart des ouvrages du grand pylographe étaient écrits comme le traité *de l'Agriculture*, la perte de ces ouvrages n'est guère moins sensible aux amis des belles choses littéraires qu'aux curieux investigateurs de l'histoire des sciences et des arts antiques.

Satires ménippées.

Varron, dans sa jeunesse et même dans son âge mûr, avait composé certains ouvrages, mêlés de vers et de prose, qu'il nommait des *satires ménippées*. Cicéron lui fait dire quelque part, dans les *Académiques :* « Ces écrits où j'ai répandu, il y a bien longtemps, quelque gaieté, comme imitateur et non comme traducteur de Ménippe, contiennent plusieurs choses tirées du fond de la philosophie et de la dialectique. J'ai décidé les moins instruits à me lire, en mettant ces idées à leur portée. » Qu'était-ce que ces ouvrages? il n'est pas aisé de le déterminer. Le mot *satire* indique seulement que c'étaient des mélanges, une sorte de potspourris, des plats composés de mets divers. Varron semble avoir repris par delà Lucilius les traditions de l'antique sature. Les *Ménippées* n'avaient probablement que peu de chose de commun avec les satires de Lucilius, et il est douteux qu'elles ressemblassent, autrement que par la forme extérieure, à celle d'Ennius même. Le nom de *ménippées* ne prouve pas que l'auteur fût un censeur bien caustique et morose des choses ou des personnes. En rappelant le souvenir du philosophe cynique Ménippe, Varron voulait sans doute simplement déclarer que ses discours ne seraient jamais fardés ; qu'il n'aimait que la vérité nue ; qu'on lui demandât des conseils, non des compliments. Je ne prétends point que Varron n'ait jamais été jusqu'à la vraie satire. Quelques titres annoncent évidemment des intentions agressives. Par exemple la *Tricipitina*, sur le premier triumvirat, devait être pleine de bonnes malices, au moins contre Crassus et César. Mais il est vraisemblable que Varron se bornait, en général, à faire ce qu'il dit dans les *Académiques*, à mettre à la portée de tous certains points de dialectique ou de philosophie. C'était, sous une autre forme, la continuation de son œuvre encyclopédique. C'étaient des leçons, mais des leçons enjouées, et sur des sujets quelquefois qui n'en eussent guère souffert d'autres. Ainsi une de ses satires était consacrée à la théorie des repas d'amis. Il y traitait de la physionomie du festin et du nombre des convives ; il ne voulait pas qu'on réunît moins de trois personnes à table, ni qu'on en invitât plus de neuf : « Le nombre, disait-il, doit commencer au chiffre des Grâces et finir à celui des Muses. » Charles Labitte, qui a recueilli curieusement tous les détails relatifs aux *Ménippées* de Varron, résume comme il suit ses conjectures sur le caractère de ces satires, aujourd'hui perdues : « Évidemment une petite action dramatique y servait le plus souvent à concentrer l'intérêt, à ramener vers un centre commun l'ironie, laquelle de sa nature est courante et discursive. Dialogues, récits, épisodes, dictons, s'entremêlaient habilement ; partout la variété de la forme correspondait à la variété du fond. Varron touchait tous les sujets, dans tous les rhythmes, depuis le trimètre ïambique jusqu'au galliambe, depuis l'anapeste jusqu'au vers élégiaque ; il mêlait le latin au grec, la citation au trait original, la parodie à l'imitation, le vers à la prose ; en un mot, ses *Ménippées* étaient un assaisonnement piquant de toutes choses, de railleries comme d'érudition, de maximes graves comme de libres propos, de haute inspiration poétique comme de crudités moqueuses. »

Je dois dire que les fragments poétiques des *Ménippées* ne justifient qu'assez imparfaitement la haute inspiration que le bienveillant critique prête à Varron. Varron n'est guère qu'un versificateur, et un versificateur cahotant et raboteux. Son inspiration, il la prend toute faite en Grèce ; il ne fait, ce me semble, qu'imiter ou traduire. Est-ce Varron ou Eschyle qui met ces mots dans la bouche de Prométhée ? « Je suis comme l'écorce du haut des arbres, ou comme les sommets desséchés des chênes mourants dans la chênaie. Aucun mortel n'entend ma voix, mais seulement l'inhospitalière solitude qui s'étend au loin sur les champs de la Scythie. Jamais mon âme inquiète ne converse avec les images évoquées par les songes; jamais le sommeil ne verse son ombre sur mes paupières. » Les ïambes de Varron, ici comme ailleurs, manquent un peu d'harmonie, mais non pas de force ni même d'un certain éclat. Mais, pour en faire de pareils, il n'était guère besoin que de se souvenir. Le sentiment est vrai et poétique ; Charles Labitte le remarque avec raison. A qui faut-il en faire honneur? est-ce à Rome, est-ce à la Grèce? Franchement, Varron est pour bien peu de chose dans ces vers, et pour si peu, qu'il ne valait pas la peine de dire, comme fait notre excellent ami : « La Muse s'était doucement penchée sur le grave Romain. » J'en dis autant de la plupart des autres passages poétiques, surtout de la tempête, qui ressemble à tout ce que nous connaissons en ce genre, et qui n'est remarquable, en latin, que par la rudesse des sons et par l'étrangeté de quelques termes, que nous nous garderons bien de traduire littéralement, tels que *le midi de la nuit* et *les cavernes dorées du ciel* : « Tout à coup, vers le milieu de la nuit, lorsque l'air émaillé au loin de feux brûlants laissait voir le chœur des astres célestes, les nues orageuses déploient rapidement leur voile humide, font disparaître les voûtes dorées du ciel, et vomissent en bas leur eau sur les mortels. Les vents s'étaient échappés du pôle glacé, fils indomptés du septentrion, emportant avec eux tuiles, rameaux, poignées de branchages. Pour nous, abattus, brisés par la tempête, semblables à des cigognes dont le feu de la foudre ailée a brûlé les plumes, nous tombâmes sur le sol accablés de stupeur. »

C'est dans les sentences, dans les bons mots, dans tout ce qui tient à la morale, au bon goût, au savoir-vivre, que le Varron des *Ménippées* retrouve ses avantages, soit qu'il enchaîne sa pensée aux lois du rhythme, soit qu'il lui laisse la libre allure de la prose. Je citerai quelques-unes de ces maximes : « Il n'est si bonne moisson qui n'ait quelque mauvais épi, ni si mauvaise qui n'en ait quelque bon. — Parlez comme tous, sentez comme le petit nombre. — La mort n'est nouvelle à personne, mais on la croit telle : elle embrasse la vie des deux côtés. — Larmes d'héritier et de jeune mariée, rire déguisé. — Qui sait également toute chose ne sait rien. — On ne sait rien parfaitement. — Apprendre est un héritage, inventer est un gain. — Où qu'il aille, l'homme de cœur porte sa patrie avec lui ; tout ce qui est sien, son âme l'enferme. »

Varron excellait dans le choix des titres. Tantôt il inscrit en tête de sa ménippée une maxime philosophique ou un proverbe ; tantôt c'est un nom mythologique, comme les *Euménides*, *Méléagre*, etc.; plus souvent, c'est un trait à l'adresse des philosophes. Les *Ménippées* étaient, avant tout, des protestations contre les extravagances de la plupart des écoles. Varron est, sous un certain rapport, le précurseur de Lucien. Son bon sens n'admettait rien d'extrême ; et les sectes les plus opposées avaient également leur contingent de réfutations et de railleries. C'est aux épicuriens, par exemple, qu'était adressée la satire intitulée *Combat des Chèvres*. Les stoïciens et leurs rêveries cosmogoniques avaient leur affaire dans la *Cuiller à pot du Monde*. *Gare aux chiens !* n'annonçait rien de bon pour les cyniques. On a pu relever jusqu'à quatre-vingt-seize titres de *Ménippées*. Charles Labitte remarque qu'aucun de ces titres n'est banal, et que d'ordinaire une intention très-mordante se trouve tapie sous ces enseignes, mi-parties grecques, mi-parties latines. Il n'est pas téméraire de dire que les satires elles-mêmes répondaient généralement à la spirituelle malice de leurs titres. Ce n'est pourtant pas une raison pour compter Varron parmi les satiriques proprement dits. Varron ne forme pas plus transition entre Lucilius et Horace, que Sénèque et Pétrone entre Horace et Perse, malgré le *Satyricon* et l'*Apocolokyntose*. L'*Apocolokyntose* et le *Satyricon* procèdent des *Ménippées*, les *Ménippées* de la sature. C'est la satire sous une autre forme ; c'est un genre parallèle, mais non similaire ; et les Romains ont réservé exclusivement le nom de satire à la satire fixée par Lucilius, et le nom de satiriques à Lucilius, à Horace, à Perse, à Juvénal.

CHAPITRE XIX.

CÉSAR.

Universalité des talents littéraires de César. — César orateur. — Jugements des anciens. — *L'Anti-Caton.* — Traité *de l'Analogie.* — Lettres de César. — Les *Commentaires.*

Universalité des talents littéraires de César.

César écrivain, c'est, avant tout, l'auteur des *Commentaires;* mais c'est autre chose encore. Nous lui ferions tort, si nous ne voyions en lui que l'éminent historien. Les lettres ont tenu une part considérable dans sa vie; ou, si l'on veut, il n'a pas dédaigné d'appliquer son esprit aux objets les plus divers, depuis son jeune âge jusqu'à sa mort. Nous n'avons que des renseignements fort incomplets sur la plupart de ses travaux littéraires; nous en avons assez néanmoins pour savoir à quel point César avait excellé comme orateur, comme polémiste, comme grammairien, comme épistolographe, comme poëte même. Je ne parle pas du législateur ni du savant. Ses lois ne sont pas de notre compétence. C'est à d'autres qu'il appartient de dire ce que ces illustres monuments attestent de prévoyance politique et de profonde raison : tout ce que je remarquerai ici, c'est que le langage en est fort et simple, digne de Rome et digne de César. D'autres diront aussi combien mérite de louanges celui qui conçut l'idée de réformer un calendrier vicieux, et qui vint à bout de cette grande œuvre. Quant aux vers de César, nous avons cité ailleurs ceux qu'a conservés le biographe de Térence. C'est peu de chose, sans doute; mais c'est de la poésie de bon aloi; ce sont des vers bien frappés et bien tournés, d'une facture sévère et élégante; des hexamètres que n'eussent désavoués ni Lucrèce ni Catulle; qui valent mieux que ceux de Cicéron sur le même sujet, et qui montrent que

César n'avait qu'à vouloir, pour être compté parmi les favoris de la Muse. Il est même probable que, si nous avions le *Voyage*, ce poëme qu'il composa en se rendant de Rome au fond de l'Espagne, nous y trouverions un peu plus à admirer que ne veut bien dire le malin interlocuteur qui persifle, dans le *Dialogue des Orateurs*, et les discours de César et ses poésies.

César orateur.

César n'avait que vingt et un ans quand il débuta dans la carrière oratoire, en se portant pour accusateur contre un des deux hommes qui portaient les noms de Cnéius Dolabella. Dolabella échappa à la poursuite. Mais l'impression produite par les discours[1] de César avait été profonde : « Depuis ce jour, dit Suétone, César fut placé, sans conteste, au premier rang des patrons, des orateurs judiciaires. » Dolabella, homme consulaire et qui avait été honoré du triomphe, était assez puissant pour faire repentir le jeune audacieux qui lui avait reproché publiquement ses concussions. César sentit que le séjour de Rome, à côté d'un tel ennemi, pourrait avoir ses désagréments, et que cet échec légal ajournait ses espérances. Il se retira pour quelque temps à Rhodes; mais il laissa le poignard dans le sein de Dolabella. Il avait écrit ses discours. L'opinion publique était mise en demeure de se prononcer à son tour; et plus d'un lecteur, j'imagine, réforma dans sa conscience l'arrêt des juges. Ce qui est certain, c'est que César, à son retour l'année suivante, put braver impunément la colère de Dolabella. Nous le voyons reparaître aussitôt devant le tribunal de Lucullus, pour soutenir la cause des Grecs dans leur procès contre Caïus Antonius. Il écrivit aussi son plaidoyer; mais il n'en reste, non plus que de l'accusation, que quelques mots insignifiants. Nous possédons un passage remarquable de l'oraison funèbre que César avait prononcée en l'honneur de sa tante Julie, la veuve de Marius. C'est là qu'on voit

---

1. Il y avait au moins trois discours dans l'accusation, telle que César l'avait publiée. Aulu-Gelle cite quelques mots de celui qui portait le chiffre III.

tout ce que cet homme si populaire osait affecter d'orgueil aristocratique : « La race de ma tante Julie, du côté maternel, sort des rois; du côté paternel, elle a les dieux immortels pour alliés. Car c'est d'Ancus Marcius que descendent les Marcius Rex, dont la mère de Julie portait le nom; et c'est de Vénus que descendent les Jules, famille dont la nôtre fait partie. Il y a donc, dans notre race, et la sainteté des rois, qui ont la souveraine autorité parmi les hommes, et la majesté religieuse des dieux, dont le pouvoir s'étend sur les rois eux-mêmes. » Nous avons aussi l'exorde du discours pour les Bithyniens : « L'hospitalité que j'ai reçue du roi Nicomède, l'amitié qui m'attache à ceux dont on va juger la cause, ne me permettaient pas, Marcus Vinicius, de laisser à un autre le soin de les défendre. La mémoire des morts doit être soigneusement conservée dans le cœur de leurs proches; et l'on ne peut abandonner les devoirs envers un client sans se couvrir d'infamie : nos obligations à l'égard d'un client sont si sacrées, qu'elles viennent immédiatement après nos devoirs envers des proches. » César était déjà grand pontife quand il défendit les Bithyniens contre Vinicius.

Les autres discours de César mentionnés par les auteurs anciens, le discours pour la loi Plotia, le discours contre C. Memmius et L. Domitius, la défense du Samnite Décius, l'oraison funèbre de Cornélie, etc., ne sont connus que par leurs titres. Mais, s'il ne nous est pas permis de juger César orateur par quelque morceau d'un peu longue haleine, nous avons d'abondantes ressources pour suppléer à ce défaut ; car, depuis Cicéron jusqu'aux scholiastes des bas siècles, plus d'un écrivain ancien a parlé de l'éloquence de César.

Jugements des anciens.

Cicéron y revient avec une sorte de complaisance, en plusieurs endroits du *Brutus* : « César a perfectionné chaque jour son talent par de continuels exercices. Aussi son style est-il plein d'expressions choisies. L'éclat de sa voix, la dignité de son geste donnent de la grâce et du lustre à ses paroles; et tout concourt si heureusement en lui, que je ne crois pas qu'il lui manque une seule des qualités de l'orateur.... César est peut-être celui de tous nos orateurs qui parle la langue latine avec le plus de pureté.... César, prenant la raison pour guide, corrige les vices et la corruption de l'usage par un usage plus pur et un goût plus sévère. Aussi, lorsqu'à cette élégante latinité, nécessaire à tout Romain bien né ne fût-il pas orateur, il ajoute les ornements de l'éloquence, ses pensées sont comme autant de tableaux peints avec art, qu'il place dans un jour favorable. Doué d'un si beau privilége, qu'il unit d'ailleurs aux autres parties de l'art, je ne vois pas à quel rival il pourrait le céder. Sa déclamation est brillante et pleine de franchise; sa voix, son geste, tout son extérieur a quelque chose de noble et de majestueux.[1] » Quintilien, dans son catalogue littéraire, s'exprime comme il suit : « Si César s'était adonné uniquement aux travaux du Forum, ce serait lui qu'on citerait, entre tous nos orateurs, comme le rival de Cicéron. Il y a en lui tant de force, tant d'esprit, tant de mouvement, qu'on voit bien qu'il mettait le même cœur à parler qu'à faire la guerre. Et pourtant ses discours ont ce poli, cette merveilleuse élégance de style, dont César était particulièrement jaloux. » Suétone dit que César, dans sa jeunesse, s'appliqua à suivre les exemples oratoires de César Strabon. Il dit aussi que César ou égala ou surpassa, dans l'éloquence comme dans l'art militaire, la gloire des hommes les plus éminents. Les rhéteurs et les scholiastes reproduisent ou commentent tous ces éloges. Fronton appelle l'éloquence de César une éloquence impériale; il fait lire à ses élèves les discours de César. Cette lecture avait, ce semble, de bien vifs attraits; car Marc-Aurèle dit quelque part à son maître : « Le discours de César me tient avec des ongles crochus. » Dans le concert des voix antiques, il n'y a guère qu'une discordance, c'est la voix de l'auteur quel qu'il soit du *Dialogue des Orateurs*. Encore le critique n'ose-t-il pas braver trop ouvertement l'opinion générale. Il se rabat nominativement sur le moins connu des discours de

---

[1]. Cicéron, *Brutus*, chapitres LXXI, LXXII, LXXV.

César, et il se moque, en passant, des poésies du dictateur : « Pardonnons à César, si, détourné par la grandeur de ses pensées et les mille embarras des affaires, il n'a point fait pour l'éloquence tout ce qu'on pouvait attendre de son divin génie. Car ses admirateurs eux-mêmes conviennent que, dans ses discours, il est inférieur à sa réputation. Nul presque ne lit les plaidoyers de César pour Décius le Samnite, de Brutus pour le roi Déjotarus, ni d'autres compositions de cette froideur et de cet ennui, si ce n'est ceux qui admirent aussi les vers de Brutus et de César. Car ils ont fait des poésies, et ils les ont déposées dans les bibliothèques ; et, sans être meilleurs poëtes que Cicéron, ils ont été plus heureux, parce que moins de personnes savent qu'ils ont écrit des vers[1]. »

L'Anti-Caton.

Quand Cicéron eut résolu ce qu'il nommait son problème d'Archimède, c'est-à-dire quand il eut fait lire aux Romains, sous la dictature de César, l'éloge de Caton d'Utique, ce dut être un curieux spectacle de voir l'homme tout-puissant descendre de sa hauteur pour entrer dans la lice contre Cicéron, et pour exprimer à son tour ce qu'il pensait de cette apothéose, ou du moins ce qu'il voulait qu'en pensât l'opinion publique. Mais les excès où César s'emporta dans la lutte sont bien affligeants et bien inexcusables. On conçoit qu'il éprouvât le besoin de rabaisser à une plus juste mesure ce que Cicéron, suivant l'expression de Tacite, avait élevé jusqu'au ciel. Était-ce donc une raison pour quêter partout des calomnies, inventer des mensonges, gonfler un énorme pamphlet de toutes les haines et de tous les venins? *L'Anti-Caton* n'était pas un simple discours en quelques pages : c'était un gros ouvrage en deux livres, au témoignage de ceux qui ont pu le voir et le lire. On aura une idée de l'esprit dans lequel César avait composé sa réponse au panégyrique de Caton, d'après ce qu'en note Plutarque, à propos de la mort d'un frère que Caton aimait

---

1. *Dialogue des Orateurs*, chapitre XXI.

tendrement. Caton lui avait fait de magnifiques funérailles. Institué héritier avec la fille de son frère, il ne porta rien en compte pour les frais de ces obsèques : « Et malgré ce désintéressement, dit l'historien, il s'est trouvé un homme pour écrire que Caton avait passé dans un tamis les cendres du mort, afin d'en retirer l'or qui avait été fondu par le feu. Tant cet auteur se croyait permis de tout faire, non-seulement avec l'épée, mais encore avec la plume, sans avoir à rendre compte, sans craindre la censure ! »

Traité de l'Analogie.

Un souvenir plus honorable, ou, si l'on veut, moins compromettant pour la mémoire de César, c'est le traité en deux livres qui était intitulé *de l'Analogie*. César l'avait composé, selon Suétone, durant le passage des Alpes, quand il allait rejoindre son armée après avoir pris langue, dans la Gaule Cisalpine, avec ses principaux partisans. Cicéron dit quelques mots de cet ouvrage, qui lui était dédié à lui-même. Voici les paroles qu'il met dans la bouche de son ami Atticus : « Que dis-je? au temps de ses plus grandes occupations, n'avons-nous pas vu César t'adresser à toi-même, ajouta Atticus en portant les yeux sur moi, un savant traité sur la diction latine, dans le premier livre duquel il dit que le choix des mots est la base de l'éloquence? Oui, Brutus, après un tel ouvrage, et après cet éloge flatteur qu'y donne à Cicéron un homme dont Cicéron aime mieux m'entendre parler que d'en parler lui-même : « Quelques-uns
« ont essayé, lui dit-il en le nommant directement par son
« nom, à force d'usage et d'application, de produire leurs
« pensées sous des formes brillantes; mais c'est toi qui as le
« premier réuni toutes les richesses de l'élocution, et, à ce
« titre, tu as bien mérité du nom romain et honoré la pa-
« trie; » après cela, je le répète, il devient parfaitement superflu d'observer que César excelle dans le langage simple et familier de la conversation[1]. »

César ne dérogeait pas en fixant son esprit sur de telles

---

1. Cicéron, *Brutus*, chapitre LXXXII.

matières. Travailler à maintenir les bonnes traditions littéraires et à préserver la langue de toutes les corruptions, c'était aussi, pour me servir des termes de César même, bien mériter du nom romain et honorer la patrie. L'illustre grammairien faisait une guerre impitoyable aux locutions vicieuses, aux mots mal autorisés, à la mauvaise orthographe. Un barbarisme le faisait frissonner d'horreur : « Fuyez, disait-il, fuyez comme un écueil tout mot inouï et inaccoutumé. » L'ouvrage, autant qu'on en peut juger par les citations des anciens, était tout pratique, et destiné aux jeunes gens non moins qu'aux hommes faits. César ne dissertait pas à perte de vue sur des lois abstraites : il prenait des exemples dans l'usage courant ou dans des auteurs connus, et il montrait comment telle ou telle forme semblait pécher contre l'analogie, c'est-à-dire contre la loi qui règle ou doit régler les dérivations de mots et la structure des phrases. Il proposait d'innombrables corrections, mais presque toujours pour revenir à des types autrefois en honneur, et pour restituer la langue dans sa pureté primitive. Beaucoup de ses observations, je n'en doute pas, eurent tout l'effet qu'il s'en promettait ; mais il y en eut qu'on ne trouva que singulières, parce que les formes qu'il préconisait étaient trop vieilles et trop complétement oblitérées. On continua d'écrire, malgré César, et surtout de dire, *turbinem* et non point *turbonem*, *diei* et non point *die*, *momordi* et non point *memordi*, *spopondi* et non point *spepondi*, etc.; mais c'est César qui fit prévaloir, suivant Varron, l'*i* sur l'*u* dans le mot *maximus*, autrefois *maxumus*, et dans les mots analogues. Quoi qu'il en soit, cette étude sur la langue latine, surtout faite par un tel homme, ne put manquer d'exercer une considérable et salutaire influence. Qui sait tout ce que dut peut-être aux enseignements de César l'admirable perfection des écrivains du siècle d'Auguste ?

Lettres de César.

Les autres ouvrages de César, sauf les *Commentaires*, ont à peine laissé l'ombre d'un souvenir : ainsi les livres *sur le Droit augural* et *sur les Auspices*. Mais nous avons quelques-unes des lettres que César avait écrites. Celles qu'il adressa à Cicéron, lorsque celui-ci se disposait à quitter l'Italie et à rejoindre Pompée en Grèce, sont remarquables à plus d'un titre. César proteste de son amour pour la paix, de son désir de s'entendre avec Pompée, du désespoir où il serait de trouver dans Cicéron un ennemi déclaré. Il a pitié des tourments auxquels Cicéron était en proie. On voit qu'il ne peut se résoudre à le regarder sérieusement comme un des chefs du parti contraire. Je transcris au hasard un de ces billets. C'est quelque chose tout à la fois d'aimable, d'adroit et de vif, et qui n'était pas fait pour diminuer les perplexités d'un homme qui se sacrifiait sans enthousiasme à la fortune de Pompée : « Tu ne te trompes point sur mon compte, car tu me connais à fond. Non, rien n'est plus loin de mon caractère que la cruauté. Je me complais délicieusement dans ces dispositions, et je suis heureux et fier de ton suffrage sur ce point. Je ne m'émeus pas même de ce que j'entends dire, que des prisonniers à qui j'avais rendu la liberté n'en veulent profiter que pour reprendre les armes contre moi ; car, s'il y a une chose à quoi je tienne, c'est de rester semblable à moi tandis qu'ils le sont à eux-mêmes. Mais toi, fais en sorte, je te prie, que je te trouve bientôt à Rome. Je veux, selon ma vieille habitude, recourir en toute chose à tes lumières et à tes conseils. Je n'aime rien tant que ton cher Dolabella[1], sois-en convaincu. Je lui devrai de t'avoir près de moi ; oui, je le lui devrai : j'en ai pour garant sa bonté, ses sentiments, la tendre affection qu'il me porte. » Il est difficile de flatter avec plus de délicatesse, de mieux prendre par le cœur, et de se faire valoir soi-même plus habilement, c'est-à-dire plus naturellement et avec aussi peu de jactance. César est tout entier dans ces lignes, rapidement tracées, mais non sans réflexion ni sans calcul. J'y vois cette âme maîtresse d'elle-même, ce cœur bon et affectueux, cet esprit délicat et charmant, toutes ces qualités enfin par où César fut un si grand écrivain et un si grand homme.

[1]. Ce Dolabella était le mari de Tullie, fille de Cicéron.

Les Commentaires.

Je n'ai pas besoin d'expliquer ce que c'est que les *Commentaires* de César. Les petits enfants eux-mêmes savent que ce sont des mémoires militaires. Il y a les mémoires sur la guerre des Gaules, en sept livres, et les mémoires sur la guerre civile, en trois livres. Le huitième livre, qui complète le premier ouvrage, est probablement d'Hirtius, comme nous l'avons dit ailleurs. Les écrits sur la guerre d'Alexandrie, sur celle d'Afrique, sur celle d'Espagne, sont attribués par les uns à Hirtius encore, par d'autres à Caïus Oppius, par d'autres enfin à des auteurs divers : le dernier, selon eux, ne serait même pas d'un contemporain, et on y reconnaîtrait les signes d'une main plus récente. La seule chose qui soit certaine, c'est que ces écrits ne sont point authentiques, non plus que le complément du récit de la guerre des Gaules; qu'ils ne méritent pas de porter le nom de César; qu'on ne doit chercher César historien que dans les sept livres et les trois livres incontestés.

Les *Commentaires* n'étaient réellement, dans la pensée de César, que ce qu'annonce leur titre, c'est-à-dire de simples souvenirs, consignés par écrit au jour le jour, rédigés à la hâte et sans prétention, au fur et à mesure des événements. C'étaient, en un mot, des documents à l'usage de ceux qui feraient plus tard l'histoire de ses campagnes. Mais un homme comme César ne saurait toucher à rien sans y laisser la marque de son génie. Cette œuvre enfantée avec si peu d'efforts est une des plus admirables qu'il y ait dans aucune littérature. C'est de l'histoire parfaite en son genre; c'est tout ce que la langue latine a peut-être de plus pur et de plus exquis. Quand César publia les *Commentaires*, il n'y eut qu'une voix pour saluer en lui le premier des historiens romains. Je me trompe. Ceux qui aimaient la rhétorique et les grandes phrases regrettaient qu'il n'eût pas pris soin de mieux écrire. Cicéron n'était pas de leur avis, et pour cause : « Les *Commentaires*, dit-il, sont un ouvrage excellent. Le style en est simple, net, plein de grâce, dépouillé de toute pompe de langage : c'est une beauté sans parure. En voulant préparer des matériaux où puiseraient les historiens futurs, César a fait peut-être plaisir à des gens sans goût, qui seront tentés de parer ces récits d'ornements frivoles; du moins, quant aux gens sensés, il leur a ôté l'envie d'écrire. En effet, il n'y a rien, dans l'histoire, qui ait plus de charme qu'une brièveté correcte et lumineuse [1]. »

Bossuet, dans sa *Lettre* au pape Innocent XI sur les études du Dauphin, signale, avec un rare bonheur d'expressions, les mérites éminents du livre de César : « Il (le Dauphin) admirait César comme un excellent maître pour faire de grandes choses et pour les écrire. Il le regardait comme un homme de qui il fallait apprendre à faire la guerre. Nous suivions ce grand capitaine dans toutes ses marches; nous lui voyions faire ses campements, mettre ses troupes en bataille, former et exécuter ses desseins, louer et châtier à propos ses soldats, les exercer au travail, leur élever le cœur par l'espérance, les tenir toujours en haleine; conduire une puissante armée sans endommager le pays; retenir dans le devoir ses troupes par la discipline, et ses alliés par la foi et la protection; changer sa manière selon les lieux où il faisait la guerre et selon les ennemis qu'il avait en tête; aller quelquefois lentement, mais user le plus souvent d'une si grande diligence, que l'ennemi, surpris et serré de près, n'ait ni le temps de délibérer ni celui de fuir; pardonner aux vaincus, abattre les rebelles, gouverner avec adresse les peuples subjugués, et leur faire ainsi trouver la victoire douce pour la mieux assurer. »

L'histoire, telle que César l'a traitée, n'est pas l'histoire complète, celle qui trace des caractères, qui met ses récits en tableaux, qui ne néglige rien pour faire saillir aux yeux les causes les plus secrètes des événements. César n'a songé qu'à dire simplement ce qu'il avait fait lui-même et ce qu'avaient fait ses adversaires. Il eût pu comme un autre, et mieux certes qu'un autre, donner des portraits étudiés, à la façon de Salluste : « C'eût été, dit M. Nisard, un moyen de se faire valoir par comparaison : il l'a dédaigné; ou une ten-

---

[1]. Cicéron, *Brutus*, chapitre LXXV.

tation d'être partial, et il tenait à ce qu'on le crût. » Il est certain que cette absence d'art et d'apprêt n'a pas nui à la renommée politique et militaire de César. Comment suspecter la candeur et la véracité d'un homme qui ne paraît pas un seul instant préoccupé de lui-même, et qui laisse parler ses actes, comme il laisse parler ceux des autres? César raconte César au monde, mais sans faire sentir jamais l'intérêt profond que l'historien porte à son héros. Ce n'est pas uniquement dans la forme qu'il a dépouillé le moi : la personnalité a si bien disparu, que, si l'authenticité des *Commentaires* n'était un fait hors de doute, César serait le dernier, ce semble, à qui on pût les attribuer, d'après les règles de la critique vulgaire.

M. Nisard répond parfaitement à ceux qui seraient tentés de reprocher à César d'avoir écrit ce qu'il a écrit et non pas un autre livre : « Si César, dit-il, n'a pas porté certaines qualités aussi loin que nous le voudrions, par comparaison avec l'idéal que nous nous sommes fait du genre historique, on sent que ce n'est point impuissance mais dessein. Il n'a dit ni plus ni autre chose, parce qu'il ne l'a pas voulu. C'est de la force qu'il avait en réserve, et qu'il a gardée, aimant mieux laisser croire qu'elle lui manquait que de l'employer hors de propos. A moins que je ne me fasse illusion, cette sorte de retenue et d'économie judicieuse est une beauté propre à César. Quoi de plus beau, en effet, que de voir celui qui pouvait tout s'en tenir à une chose, et la faire si exactement; celui qui excellait dans la raillerie effleurer à peine d'un doigt moqueur les moins estimables de ses ennemis; celui qui, dans l'éloquence, savait, au rapport de Cicéron, faire de chaque preuve comme un tableau placé dans un beau jour, se borner à de courtes harangues, pour la plupart indirectes; celui qui, entendant la défense de Ligarius, laissait tomber l'acte d'accusation de ses mains, savoir être impartial jusqu'à paraître insensible; celui qui avait tous les talents les gouverner si bien, et tour à tour les réunir ou les séparer si à propos, que ses facultés semblaient comme des corps d'armée distincts qu'il conduisait devant lui, les poussant tous ensemble ou séparément, selon le besoin, et les proportionnant, pour le nombre ou le degré de force, à l'obstacle qu'il avait à vaincre ! »

M. Nisard signale pourtant, dans un autre passage, l'inconvénient où César est tombé, et qu'il eût sagement fait d'éviter peut-être : « Le seul défaut littéraire des *Mémoires* de César, c'est que l'étude seule, et, pour ainsi dire, la pratique de l'auteur, en peuvent faire goûter les perfections discrètes et cachées. Les ouvrages de ce genre passent par-dessus bien des têtes, j'entends même des têtes bien faites. Ils n'avertissent pas l'esprit; ils ne lui font pas d'avances; leur modestie les lui dérobe. On le dit dans la morale mondaine : il faut une certaine habileté, même aux honnêtes gens, même à la vertu, pour se recommander et se rendre utiles. La maxime n'est pas moins vraie des auteurs. S'ils ne font rien pour attirer les yeux, ils risquent qu'on ne les voie pas. Un peu de cette habileté ne leur messied donc pas, pourvu qu'elle ne soit qu'un appât innocent pour attirer à la vérité. »

Voilà ce qui explique pourquoi César historien occupe généralement, dans l'estime des hommes éclairés, une place bien inférieure à celle qui lui serait due. Il ne manque pas de prétendus connaisseurs qui vous disent, sans sourciller, que César ne vaut pas Salluste, et qu'une infinie distance le sépare de Tacite ou de Tite Live. Au reste, on ne le lit plus guère, excepté dans les classes; et, là encore, on ne l'étudie que pour l'excellence de sa latinité. Comment, en effet, rendre perceptible à des élèves de grammaire tout ce qu'il y a de grand, de sérieux et de profond, sous cette forme simple et nue ? On s'inquiétera plus de remarquer que César répète quelquefois les mêmes mots un peu trop près l'un de l'autre, que de chercher à faire comprendre sa tactique et sa politique, et à révéler son génie. L'âge des auditeurs ne permettrait pas de pareilles leçons. Mais il faut convenir que César mériterait de servir à autre chose qu'à la démonstration des règles du rudiment. Vossius le disait déjà, il y a tantôt trois siècles : nous avons plus de raison encore que Vossius de regretter que ce noble et divin auteur, comme il le nomme, n'ait pas de plus nombreux lecteurs et des lecteurs plus dignes de lui. Si mes paroles avaient quelque pouvoir, César reprendrait sa place au premier rang des historiens. On ne lui ferait plus l'injure de le jeter devant des esprits incapables de le priser à sa valeur ; tous l'auraient en main, et non pas seulement quelques lecteurs d'élite ; en un mot, on lirait les *Commentaires* tout autant pour le moins que les *Annales* ou que la *Guerre de Catilina*. Mais je ne puis faire que des vœux. Ces vœux, il est vrai, je ne suis pas seul à les former. Que d'illustres témoignages je pourrais alléguer, pour justifier mon enthousiasme ! On a entendu Bossuet et Cicéron. Henri IV et Napoléon faisaient des *Commentaires* leur lecture favorite ; tous les critiques dignes de ce nom ont célébré à l'envi le génie littéraire de César ; et voici une page du grand historien Jean de Muller, où l'on verra la figure de César entourée d'une véritable auréole de lumière : « Je sens que César me rend infidèle à Tacite. Il est impossible d'écrire avec plus d'élégance et de pureté ; il a la vraie précision, celle qui consiste à dire tout ce qui est nécessaire et pas un mot de plus. Il écrit en homme d'État, toujours sans passion. Tacite est philosophe, orateur, ami zélé de l'humanité, et, à tous ces titres, il se passionne parfois : si je m'en fie aveuglément à lui, il peut me mener trop loin. Avec César, je ne cours jamais ce risque. Une élégance merveilleuse ; le don si rare non pas seulement de ne rien dire de trop, ce qui n'est pas difficile, mais en même temps de ne rien omettre d'essentiel ; une harmonie toujours appropriée à la gravité du sujet, et, par-dessus tout, une singulière égalité de style et une mesure toujours parfaite : toutes ces qualités justifient à mes yeux l'expression de Tacite, *le divin Jules, le plus grand des auteurs*[1]. Son discours n'est qu'une suite de faits présentés sous le jour le plus frappant et le plus lumineux. Son style est l'image de son caractère. Tandis qu'il renfermait au dedans

---

[1]. L'expression de Tacite est, *summus auctorum divus Julius*. Elle n'a pas tout à fait le sens que lui attribue Jean de Muller. Elle signifie seulement que le témoignage de César est la garantie suprême de la certitude d'un fait, ou, littéralement, que le divin Jules est l'autorité historique par excellence.

les passions les plus violentes, à l'extérieur il semblait, comme les dieux, élevé au-dessus de toutes les passions; et l'on eût dit que rien n'était assez grand pour que l'âme de César dût s'en émouvoir. »

Que manque-t-il à ce panégyrique ? et l'homme qui donnait ces louanges à César historien est un de ces rares privilégiés qui ont su dignement continuer, dans les temps modernes, l'œuvre des puissants narrateurs de l'antiquité. Qu'on ne vienne donc plus rabaisser au niveau de nos faiseurs de mémoires un écrivain incomparable dans son genre, le seul peut-être à qui s'appliquent à la lettre les axiomes fameux : *Le style est l'homme même*; *Le style n'est que l'ordre et le mouvement qu'on met dans ses pensées*. Quand Buffon rédigeait ces formules, il ne songeait probablement qu'à lui-même; mais qui niera que ces paroles ne soient plus vraies mille fois des *Commentaires* que de l'*Histoire naturelle*?

CHAPITRE XX.

SALLUSTE ET CORNÉLIUS NÉPOS.

Comparaison de Salluste et de César. — Vie de Salluste. — Jugements des anciens sur Salluste. — Ouvrages de Salluste. — Salluste et Tacite. — Style de Salluste. — Un tableau de Salluste. — Cornélius Népos.

Comparaison de Salluste et de César.

Ce n'est pas *comparaison*, c'est *contraste* plutôt que j'aurais dû dire. Il n'y a presque rien de commun entre l'auteur du *Catilina* et du *Jugurtha* et l'auteur des *Commentaires*. Les qualités de l'un sont l'antipode, si j'ose ainsi parler, des qualités de l'autre. Cette opposition éclate partout. Ainsi, tandis que César raconte ce qu'il a fait, et dès qu'il vient de le faire, sans autre dessein que d'être simple et vrai, Salluste écrit pour écrire : c'est un homme de loisir, qui cherche à remplir utilement les heures inoccupées; qui porte ses réflexions et ses recherches, selon son caprice, sur divers points de l'histoire nationale ; qui dispose artistement ses matériaux, et qui songe, avant tout, à l'intérêt de ses récits et à la perfection de son style. Salluste ne se borne pas, comme César, à laisser agir ses personnages. A peine un nom se présente-t-il à lui, vite il trace le portrait, plus ou moins haut en couleur, suivant l'importance de la figure : il ne se tient pas même d'en esquisser quelques-unes qui ne font guère que passer devant nous comme des ombres; et ces peintures de caractères sont comptées avec raison parmi les plus remarquables morceaux de ses œuvres. Un ornement non moins admiré, dans ses savantes compositions, ce sont ces harangues où l'historien reproduit à sa façon des discours qui ont été prononcés en effet, ou en invente qui auraient pu l'être, et qu'il rend vraisemblables en se conformant aux données du sujet, et en ne faisant rien dire à ses personnages qui ne réponde au temps et au lieu, à leur situation, à leurs mœurs, aux passions qui les animent. Rien de pareil dans les récits de César. César se borne, en général, à rapporter, quand on a parlé, le sens des paroles prononcées. Les discours directs ne sont que des harangues militaires extrêmement courtes, telles que la circonstance les a fait jaillir, et qui, selon le mot d'un critique, au lieu de suspendre l'action, la continuent. Salluste arrange les faits dans cet ordre un peu arbitraire où les choses se font valoir l'une par l'autre; où les premiers plans sont éclairés d'une plus vive lumière; où certains détails sont sacrifiés à l'effet; où les perspectives sont réglées de façon à charmer l'œil du lecteur. En un mot, Salluste fait ce qu'on nomme des tableaux. César ignore cet art, ou plutôt il a voulu l'ignorer. Autre différence : César s'abstient de disserter ; il est même assez rare qu'il se permette en courant ces simples réflexions que les événements suggèrent presque sans qu'on le veuille. Salluste, au contraire, met l'enseigne de moraliste, et non pas toujours à propos: il se plaît aux sentences, aux grandes phrases de vertu, et il serait enchanté qu'on le prît pour un penseur profond et pour un philosophe austère. Quant au style et à la diction, le contraste est peut-être plus complet, plus frappant encore. César est la clarté même ; Salluste est concis jusqu'à l'obscurité. César parle sa pensée, et les tours les moins recherchés, les moins contournés sont ceux qu'il préfère ; Salluste croirait manquer à son lecteur s'il ne revêtait sa pensée de costumes plus ou moins pittoresques ; il provoque la curiosité ; il veut qu'on cherche sous sa phrase. Enfin Salluste aime les hellénismes, les vieilles locutions, les mots tombés en désuétude, tandis que César se borne à ce pur latin qui était à Rome ce que l'attique était en Grèce.

Vie de Salluste.

Caïus Sallustius Crispus naquit en l'an 86 avant notre ère, à Amiterne, ville de la Sabine. Il était d'une famille plébéienne. Il fut élevé à Rome, et il entra assez jeune dans la carrière des honneurs. A vingt-sept ans, il était nommé questeur, et, trois ans plus tard, tribun du peuple. Tribun, il souleva la populace contre Milon et contre Cicéron, après le meurtre de Clodius. Mais bientôt le parti contraire eut le dessus, et Salluste fut exclu du sénat par les censeurs d'alors, sous prétexte de mauvaises mœurs. Je dis prétexte, car beaucoup de ceux qu'on ne dégradait pas n'étaient guère plus exemplaires que lui. Il passa dans la retraite les deux années suivantes. C'est à ce repos forcé que nous devons le *Catilina*. La victoire de Pharsale le rendit à la vie publique. Grâce à César, il redevint questeur, puis préteur. Il servit sous César dans la guerre contre Juba, et le dictateur le nomma proconsul et gouverneur de la Libye. C'est en Afrique qu'il écrivit son *Jugurtha*. Il était bien placé pour se procurer tous les documents nécessaires, et pour prendre par lui-même une connaissance exacte des lieux où s'étaient passés les événements. Mais ces occupations littéraires étaient loin de lui faire oublier ce qu'il était venu chercher dans la patrie de Massinissa. Il voulait s'enrichir, et il ne négligea rien pour en venir à bout. Il n'y eut pas d'exaction dont il ne se rendît coupable. Les Numides payèrent un peu cher l'honneur d'avoir été gouvernés par celui qui devait être l'historien de leurs anciens héros. Salluste revint à Rome chargé des dépouilles de sa province. Il fit se bâtir, sur le mont Quirinal, un palais magnifique, entouré de vastes et délicieux jardins, et orné de toutes les merveilles des arts. Ce palais fut plus tard la résidence favorite de plusieurs empereurs. C'est là que Salluste passa les dernières années de sa vie, au sein du luxe et des plaisirs, mais non pourtant dans une complète indolence. Il consacrait une partie de son temps à la composition de cette grande histoire où il conduisait les faits depuis la ruine de Jugurtha jusqu'à la conspiration de Catilina, reliant ainsi l'un à l'autre ses deux premiers ouvrages, et formant un tout de ce qui n'avait été d'abord que deux fragments séparés.

Salluste mourut en l'an 36 avant notre ère, à l'âge de cinquante et un ans. Il avait épousé Térentia, cette femme hautaine et revêche que Cicéron s'était vu forcé de quitter. Térentia n'était plus jeune quand elle passa dans la maison de l'ennemi de son premier époux. Cette union fut inféconde. Mais Salluste adopta le petit-fils d'une sœur qu'il avait, et il laissa son nom et sa fortune à ce jeune homme, le Crispus qui fut l'ami d'Horace.

Quelques-uns ont essayé de réhabiliter le caractère de Salluste comme homme public et privé, et de contester les preuves accablantes qui témoignent et de ses rapines et de ses débauches. Mais il suffit de ses propres aveux pour nous convaincre que ses ennemis eux-mêmes ne l'ont pas beaucoup calomnié. Ainsi il confesse quelque part qu'il n'a pas toujours su se défendre des séductions d'une ambition mauvaise, et que son âme a été longtemps en proie à toute sorte de misères. Il voudrait qu'on le crût guéri de ses vices d'autrefois; mais, dans l'ouvrage même où il parle ainsi, il fait œuvre, en maint endroit, d'homme haineux, partial, presque de calomniateur. Tenons-le donc pour digne de sa réputation. Il est fâcheux pour les lettres qu'un coquin (*nequam*), comme Lactance caractérise Salluste, ait pu être un écrivain de génie, et que nous soyons réduits à mépriser en un sens celui que nous admirons dans un autre. Mais tout ce que nous dirions n'y ferait rien. Nous pouvons souhaiter que le talent ne soit jamais que l'apanage de la vertu ; mais à quoi bon contester que vertu et talent ne sont pas synonymes, et qu'on les a vus plus d'une fois, hélas! marcher l'un sans l'autre?

Jugements des anciens sur Salluste.

Les anciens ont porté sur Salluste des jugements assez divers. Quelques contemporains, tels que César et Pollion, étaient vivement choqués de son affectation d'archaïsme. C'étaient pourtant des amis de l'historien. Ses ennemis insistaient sur ce point vulnérable, et ils ne voulaient voir en lui qu'un plagiaire des vieux auteurs. On connaît l'épigramme citée quelque part dans l'ouvrage de Quintilien : « O toi qui as tant volé les mots du vieux Caton, Crispus, auteur de l'histoire de Jugurtha ! » Sénèque, qui compare Salluste à Thucydide, et qui donne la préférence à l'historien latin, nous apprend que Tite Live était d'un avis tout contraire au sien, et qu'il reprochait à Salluste de gâter Thucydide en l'imitant : « Non pas, ajoute malignement Sénèque, qu'il aimât davantage Thucydide, mais parce qu'il le craignait moins, et parce qu'il se flattait de se mettre plus aisément au-dessus de Salluste, s'il mettait d'abord Salluste au-dessous de Thucydide. » Tacite proclame Salluste le plus florissant écrivain des choses romaines. Martial l'appelle le premier de tous les historiens romains. Quintilien vante avec complaisance cette admirable rapidité qui fut l'éminente qualité de Salluste. Il s'en réfère aussi au jugement du grammairien Servilius Nonianus, qui déclarait Salluste et Tite Live plutôt égaux que semblables. Aulu-Gelle caractérise Salluste comme un écrivain savant en brièveté, un novateur en fait de mots ; il loue la beauté et l'élégance de son style ; il dit que, si ses ouvrages ont été l'objet de certains reproches assez fondés, la plupart des critiques de ses détracteurs étaient sans raison et sans justesse. Quelques Romains distinguaient, dans Salluste, le narrateur de l'orateur, et préféraient ses récits à ses harangues. Cette opinion est singulière. Salluste, quoi qu'en disent Sénèque et Cassius Sévérus, n'est jamais inférieur à lui-même. C'est le même art et le même talent qu'il a déployés partout : ses récits valent ses harangues, ni plus ni moins, et ses harangues valent ses récits. Nous sommes en droit de décider, sur ce point, autant que les anciens eux-mêmes. Je renvoie le lecteur au discours de Micipsa, à celui de Marius, à tous les discours qu'on lit dans le *Jugurtha*, dans le *Catilina*, dans les restes de l'*Histoire romaine*.

Ouvrages de Salluste.

Le premier en date, comme je l'ai déjà dit, c'est l'histoire de la conspiration dont Cicéron sauva Rome. Il manque plusieurs choses à ce petit livre pour être un chef-d'œuvre. L'historien ne montre pas avec une suffisante clarté ce que voulait précisément Catilina, et comment un pareil misérable avait pu réunir autour de lui tant de partisans, et se rendre si redoutable même aux plus courageux citoyens. Il omet à dessein des détails utiles, mais qui ralentiraient sa marche, et qui n'ajouteraient pas à l'intérêt dramatique : on est réduit à suppléer plus d'une fois aux lacunes de l'écrivain, même quand il n'avait aucun motif de mutiler la vérité. Qu'est-ce donc quand il se laisse aller à ses haines? Ce que nous ignorerions presque complétement, sans les *Catilinaires* et sans des témoignages non suspects, c'est le grand rôle que joua Cicéron dans le péril. Nous ne saurions pas que d'insignes honneurs furent décernés au sauveur de la patrie, et que Rome le nomma son Père. Le silence calculé de Salluste est bien coupable; et ce n'est pas excuser l'historien que de dire, comme font quelques-uns, que Salluste n'a péché que par omission, et qu'il ne s'est pas permis de prétendre que Cicéron fût un homme taré ou sans mérite : c'est dire simplement que Salluste aurait pu être encore moins impartial et remplir un peu plus mal ses devoirs d'historien. Au reste, si l'on ne cherche, dans le *Catilina*, que la disposition littéraire des parties, que des narrations vives et bien faites, des portraits brillants et de beaux discours, on sera servi à souhait; presque à chaque pas, on trouvera à applaudir et à admirer.

Le *Jugurtha* est bien supérieur au *Catilina*. Ici, l'âme de l'historien est plus libre, et elle n'obéit plus au souffle des passions contemporaines. Salluste racontait les événements d'un autre siècle : plus de soixante ans s'étaient écoulés depuis la lutte du héros numide contre les Romains ; Jugurtha et Bocchus, Marius et Sylla même, n'étaient plus guère que des souvenirs. Il est certain que Salluste fit tous ses efforts pour être exact et complet. Il consulta les manuscrits puniques amassés par Massinissa, par Micipsa, par Hiempsal II ; il s'informa curieusement des vieilles traditions numides ; il parcourut le pays dans tous les sens, et il visita les lieux illustrés par les victoires ou les revers des armées romaines. Ses descriptions sont parfaitement topiques, et ne laissent rien à désirer. On reconnaît en outre, comme dit un critique, qu'il avait étudié l'art militaire dans ces mêmes lieux, sous le plus grand capitaine des temps anciens. Le génie de César anime le tableau qu'il trace de toutes les batailles, de toutes les marches, de tous les campements, de tous les siéges. Salluste ne peint pas avec moins de vigueur les discussions du sénat et les agitations du Forum. D'ailleurs, c'est le même talent de mise en scène, la même habileté de main, la même éloquence, le même style que dans le *Catilina*. Quelques-uns n'hésitent pas à proclamer le *Jugurtha* non-seulement un chef-d'œuvre, mais le plus beau de tous les morceaux d'histoire que nous ait transmis l'antiquité. C'est beaucoup dire. Le joyau est précieux ; mais enfin ce n'est qu'un joyau : il a fallu plus de génie, ce me semble, pour construire un vaste et riche trésor, comme les *Décades* ou les *Annales*.

Il ne reste, de l'*Histoire romaine* de Salluste, que quatre ou cinq discours assez remarquables, et quelques fragments en général insignifiants. Nous ne pouvons donc pas juger si le grand ouvrage était digne du plus beau des deux petits. Il est permis de le croire, au moins pour la partie qui se rattachait immédiatement au *Jugurtha*, pour une bonne moitié peut-être. Mais il est possible que, vers la fin quand Salluste touchait à certains noms qu'il n'aimait pas, l'exactitude lui ait fait défaut, et que Pompée ou Caton, par exemple, n'aient pas eu en lui un impartial ni même un bien loyal appréciateur. L'*Histoire romaine* était en cinq livres, et chacun de ces livres avait une étendue considérable.

On attribue encore à Salluste deux lettres, ou plutôt deux mémoires adressés à César, l'un avant Pharsale, l'autre après la guerre d'Alexandrie. L'auteur propose ses vues sur la réorganisation du gouvernement. Il prie César de sauver Rome de sa ruine ; de régénérer la population urbaine par l'introduction de nouveaux citoyens; de répandre l'élément romain dans les provinces par l'établissement de nouvelles colonies; de rétablir l'égalité en détruisant l'influence de la noblesse et de la fortune; de donner une meilleure composition aux armées; enfin, selon son expression même, de tout remettre en état sur la terre et sur les mers. Ce sont bien là les pensées qui ont dû occuper en ce temps l'esprit de Salluste, les conseils qu'il a sans doute adressés maintes fois ou à César tout-puissant ou à César touchant déjà à la toute-puissance. De très-bons juges ne doutent pas qu'il ne les ait mis par écrit, et sous la forme un peu solennelle où nous les possédons. Il est difficile pourtant de reconnaître la main de Salluste dans le style des deux lettres *sur la Réforme de la République*. Ces lettres ne sont probablement que des déclamations, c'est-à-dire des sujets traités après coup, comme ceux qu'on donnait, dans les écoles, aux aspirants orateurs. Seulement, ici, le déclamateur, rhéteur ou disciple, s'est trouvé un homme d'un vrai talent : il a saisi parfaitement le caractère de son personnage; il a très-bien parlé; il eût fait illusion, s'il était possible à un autre qu'à Salluste de retrouver les mots et les tours du *Catilina* et du *Jugurtha*.

Salluste et Tacite.

J'ai dit combien Salluste diffère de César. S'il faut absolument comparer Salluste à quelqu'un, rapprochons-le de Tacite. Tous les deux ont un modèle commun, Thucydide; tous les deux ils aspirent à la profondeur et ils affectent la concision. Mais ils ne sont pas toujours dignes du puissant et incomparable historien de la guerre du Péloponnèse : leur profondeur n'est souvent qu'apparente, et leur concision est quelquefois autre chose qu'un résultat de la concentration des pensées. On ne saurait contester que Salluste, comme Tacite, ne soit principalement, presque uniquement préoccupé de la forme, et qu'il ne caresse avec un amour excessif la période, le tour pittoresque, les mots mêmes. Des deux côtés, même prétention à bien connaître les hommes; même tendance à tout expliquer par leurs passions, à prendre les petits faits pour les grandes causes, à faire une large part au destin. Il n'en était pas ainsi de Thucydide, ni surtout de ce viril Polybe qui chasse la Fortune de son histoire, et qui cherche à toute chose sa raison d'être. Salluste, plus encore que Tacite, est un artiste, et n'est qu'un artiste; mais c'est un artiste de génie. C'est pour lui qu'on eût pu inventer la fameuse devise : *L'art pour l'art*. On dit qu'avant d'écrire ses livres, il s'était fait rédiger, par je ne sais quel grammairien ou littérateur, un abrégé de l'histoire romaine; et c'est dans cet abrégé qu'il devait choisir tel ou tel point à sa guise, pour le développer ensuite et l'orner de ses couleurs. Ce qui semble confirmer cette tradition, c'est le passage du *Catilina* (chap. iv) où il parle de son dessein de n'écrire que des morceaux détachés, et de cueillir, c'est son expression même, *carptim*, dans l'histoire du peuple romain, les faits à son avis les plus dignes de mémoire. Ne dirait-on pas un lapidaire qui prend un diamant et le taille; qui passe ensuite à un autre, puis à un autre encore qu'il façonne avec le même soin ? Quant à les monter ensemble, le hasard lui en suggérera peut-être la pensée; mais il a travaillé sans un plan arrêté d'avance. L'œuvre totale manquera de proportion : elle aura toutes les beautés du détail; elle n'aura pas la suprême beauté de l'ordonnance et de l'ensemble. Il est douteux que Salluste ait pu faire, après coup, que le *Catilina* et le *Jugurtha* devinssent réellement portions intégrantes d'un même ouvrage. Même après la composition de la grande histoire, le *Jugurtha* et le *Catilina* sont restés ce qu'ils étaient auparavant, des épisodes. J'en ai une preuve qui me parait incontestable. Les anciens citent toujours le *Catilina* et le *Jugurtha* comme des livres à part, jamais comme des parties de l'*Histoire romaine*. Ils n'ont pas même voulu voir dans celui-ci l'introduction, dans celui-là le complément des récits déroulés à travers les cinq livres de l'histoire générale. Ce n'est pas ainsi que Tacite a conçu ses deux vastes compositions. Tacite n'a pas songé un instant à raccorder son *Agricola* avec ses *Histoires*. Ses *Annales* sont un tout; ses *Histoires* en sont un autre. Il a su établir un ensemble; et par là il a été plus vraiment historien que Salluste. Mais il y a des points où l'on aperçoit entre ces deux esprits l'affinité la plus étroite. Rien ne se ressemble plus, à certains égards, que le *Jugurtha* et la *Germanie*. Comme tableau de mœurs, c'est la même exactitude, les mêmes couleurs savamment disposées, en un mot la même perfection. Tacite n'a guère qu'un seul avantage : il a jeté un coup d'œil pénétrant sur les racines mêmes de la société germanique. Salluste, en étudiant ses peuples d'Afrique, n'est pas descendu à ces profondeurs. Enfin, si l'on a dit de Tacite qu'il semblait avoir assisté aux conseils secrets de tous les princes, Salluste, à son tour, fait, si je puis m'exprimer ainsi, l'anatomie morale de tous ses personnages. L'un veut être un politique ; l'autre veut être un philosophe. Ils sont quelquefois ce qu'ils veulent être ; mais d'autres fois ils n'en ont que l'apparence. Ce sont deux peintres, et deux peintres du premier ordre, peintres partout, peintres toujours : là est leur vraie grandeur, leur originalité, leur valeur incontestée et incontestable.

Style de Salluste.

Après tout ce qui précède, nous n'avons plus à disserter longuement sur les caractères du style de Salluste. On en connaît déjà tous les défauts comme toutes les qualités. Les défauts, en définitive, sont assez peu de chose. Je ne dévouerai point Salluste aux dieux infernaux, pour quelques archaïsmes, pour l'emploi de quelques locutions forcées. C'est tout ce que voyait Asinius Pollion dans ces beaux livres où il y a tant à admirer; mais on sait à quelle aune Pollion mesurait les auteurs contemporains. Je ne m'indignerai pas non plus pour quelques phrases un peu trop tnucydidiennes, c'est-à-dire un peu plus obscures que de raison. Enfin je ne reprocherai que médiocrement à Salluste de n'avoir pas assez sacrifié aux Grâces. Il y a des sujets qui ne comportent pas beaucoup le sourire, et où certains charmes seraient déplacés et cesseraient par conséquent d'être des charmes. Si Salluste est morose, il a du moins la gravité et la force, la noblesse et l'éclat, le mouvement et la vie. Il y a dans le *Catilina*, dans le *Jugurtha*, dans tout ce qui nous reste de Salluste, de quoi justifier tous les enthousiasmes. Je ne m'étonne donc pas que le style de Salluste ait eu tant d'imitateurs; qu'on ait fait, à l'usage des jeunes Romains, des recueils de ses locutions et de ses phrases, et que plus d'un grammairien ait passé de longues années à commenter ses ouvrages. Voyez avec quelle puissance et quelle énergie cet homme de peu de vertu savait exprimer les plus hautes pensées, les sentiments mêmes qui étaient le plus loin de son cœur. Lisez ces étonnants préambules qu'il a mis en tête du *Catilina* et du *Jugurtha*. Vous pouvez contester l'opportunité, à de telles places, de telles dissertations morales; mais vous serez frappé des merveilleuses ressources du génie, et vous applaudirez l'écrivain. Citons au moins un exemple, encore que ni notre langue ni nos formes de style ne se prêtent que fort imparfaitement à reproduire un tel style et une telle diction. Je prends la fin du préambule du *Jugurtha* : « J'ai souvent ouï raconter qu'au dire de Q. Maximus, de P. Scipion, de bien d'autres personnages éminents de notre cité, la vue des images de leurs ancêtres embrasait leurs âmes du plus vif amour de la vertu. Non sans doute que cette cire et ces muettes effigies eussent en elles-mêmes une si grande efficacité ; mais parce qu'en effet le souvenir des belles actions développe, dans le cœur des grands hommes, une flamme qui ne se calme plus, qu'ils n'aient, à force de mérite, égalé la renommée et la gloire de leurs modèles. Quelle différence, dans ce siècle de corruption! Est-il un seul citoyen qui ne lutte, avec ses ancêtres, non de probité, non d'activité, mais de richesses et de prodigalités? Les hommes nouveaux eux-mêmes, qui jusqu'ici avaient dû à leur mérite l'honneur de passer avant la noblesse, n'arrivent plus aux commandements et aux magistratures qu'à force d'intrigues et de brigandages. Comme si la préture, le consulat et toutes les dignités de ce genre avaient en soi leur éclat et leur magnificence, et n'empruntaient pas leur valeur au mérite de ceux qui en sont revêtus! Mais je me suis laissé entraîner trop complaisamment et trop loin, par le dépit, par le dégoût que m'inspirent les mœurs de mes concitoyens : je me hâte de revenir à l'objet de ce livre. »

Un tableau de Salluste.

Voilà Salluste philosophe, c'est-à-dire posant comme tel et jouant un rôle. Quelle riche et souple nature, que celle qui peut ainsi prendre à son gré tous les caractères et les soutenir avec cette vérité ! Quel homme heureusement doué, que celui qui sait s'approprier tous les sentiments, toutes les pensées, et imiter à s'y méprendre ces accents qui ne devraient sortir que du fond d'une grande âme ! Qu'est-ce donc quand l'écrivain ne fait pas violence à son génie, ou, si l'on veut, quand il est simplement lui-même; quand il se borne à tracer des tableaux; quand il fait œuvre non plus de stoïcien ou de Romain des vieux temps, mais d'artiste et de peintre? Je ne résiste pas au plaisir de le montrer aussi sous son jour le plus favorable. Ce sera donc une citation encore. Je ne promets pas qu'on verra dans tout son mouvement et avec toutes ses couleurs la scène que j'ai choisie; mais il restera, j'espère, quelque chose de beau pourtant, et l'imagination du lecteur complétera ce qui va manquer à la reproduction d'un texte peu traduisible. C'est au Forum que nous allons nous transporter, et c'est Jugurtha que nous allons voir triompher par son or et ses intrigues : « Donc Jugurtha dépouille le faste de la royauté, prend l'extérieur le plus propre à exciter la compassion, et vient à Rome avec Cassius. Naturellement plein d'énergie et d'assurance, il ne laisse pas néanmoins de céder aux avis de ceux qui l'ont constamment soutenu de leur crédit ou de leur scélératesse, et il achète à grands frais le tribun C. Bébius, dont l'impudence le doit protéger et contre l'action régulière des lois et contre toute violence. Cependant C. Memmius[1] convoque l'assemblé générale. Le peuple était furieux contre Jugurtha : les uns voulaient qu'on le jetât dans les fers ; d'autres, s'il ne révélait point ses complices, qu'on le mît à mort comme ennemi public, selon la coutume des ancêtres. Memmius, au contraire, veillant à la dignité romaine et étouffant son ressentiment, commence par calmer les esprits et apaiser l'effervescence : à la fin, il déclare qu'il ne souffrira pas, pour son compte, que la foi publique soit jamais violée. Puis, une fois le silence rétabli, il fait paraître Jugurtha, et, s'adressant à lui-même, il rappelle les crimes que le misérable a commis à Rome et en Numidie, ses attentats contre son père et contre ses frères. Quant à ceux qui l'ont aidé, qui ont été les ministres de ses forfaits, le peuple romain, disait le tribun, les connaît déjà, mais il veut, pour plus d'évidence, entendre leurs noms de sa bouche : si Jugurtha dévoile la vérité, il a tout à espérer de la loyauté et de la clémence du peuple romain ; mais, s'il garde le silence, il ne sauvera pas ses complices, et il se perdra lui-même et toute sa puissance. Quand Memmius eut fini de parler, Jugurtha fut invité à répondre. Mais C. Bébius, ce tribun du peuple corrompu à prix d'argent comme nous l'avons dit tout à l'heure, commande au roi de se taire. En vain la multitude présente dans l'assemblée s'enflamme d'indignation, et tâche d'intimider le tribun par les cris, par les regards, souvent même par la fureur menaçante des gestes, par tous les signes habituels de l'emportement : l'impudence, malgré tout, remporte la victoire. De cette façon, le peuple quitta l'assemblée odieusement joué ; Jugurtha, Bestia, et tous ceux qu'effrayait l'enquête, sentent redoubler leur assurance[2]. »

Cornélius Nepos.

Ce ne sont pas de ces vives et fortes pages qu'il faut cher-

---

[1]. Ce Memmius est le tribun dont nous avons parlé ailleurs comme d'un orateur distingué pour le temps où il vivait.
[2]. Salluste, *Jurgurtha*, chapitres XXXIII, XXXIV.

cher dans le petit livre, ou plutôt dans l'élégante table de matières, que nous avons sous le nom de Cornélius Népos. Si ces *Vies des excellents Capitaines* étaient l'image complète du talent et de l'esprit de cet historien, nous serions bien forcés de reléguer Cornélius à une immense et presque infinie distance de Salluste et de César, tout en reconnaissant ses estimables qualités d'écrivain. Mais tout semble prouver que l'ouvrage, sous sa forme actuelle, n'est qu'un extrait et un abrégé de l'ouvrage original. On pense qu'un certain Émilius Probus, qui vivait sous le règne de Théodose, en a été l'arrangeur. Ce Probus est même désigné comme l'auteur des *Vies*, et dans les manuscrits, et dans la dédicace en vers latins qui ouvre le volume. Mais le style et la diction n'ont rien de commun, ou presque rien, avec ce qu'on écrivait au quatrième siècle. Probus n'y est que pour quelques solécismes, pour quelques constructions bizarres, pour quelques mots inconnus dans l'âge d'Auguste. En général, Probus n'a fait que tailler et retrancher : il interpole rarement. Il respecte presque partout la langue de Cornélius et les belles formes de la latinité classique. On dirait qu'il a voulu offrir à la jeunesse des écoles tout à la fois un manuel d'histoire et un modèle de bon goût et de bon style. La narration, réduite trop souvent à une excessive sécheresse, a pourtant çà et là des parties remarquables et suffisamment développées. Les judicieuses réflexions qui parsèment ces récits ont été sans doute conservées textuellement et sans altérations. En un mot le livre n'est pas dénué de tout intérêt. Mais quelle différence de ce qu'il est à ce qu'il a dû être ! La *Vie de Caton l'ancien* et la *Vie d'Atticus* nous en disent quelque chose. Ces deux écrits, surtout la *Vie d'Atticus*, diffèrent prodigieusement des autres biographies à la suite desquelles nous les lisons dans les manuscrits et dans les éditions de Cornélius. L'étendue, ici, est raisonnable, et les détails ne font plus défaut. Les récits ont pris couleur et lumière. Dans la *Vie de Caton* il y a çà et là des lacunes ; mais ce qui reste n'a rien de sec ni d'étriqué. Quant à la *Vie d'Atticus*, c'est un morceau de maître, travaillé avec le plus grand soin, et que ne désavouerait pas, j'imagine, Salluste ni César même. La proportion des parties est parfaite; le plan est simple et bien conçu; l'exécution ne laisse rien à désirer. Ce n'est pas là, certes, de la grande histoire ni de la haute éloquence. La vie d'un homme de beaucoup de bon sens et de beaucoup d'esprit ne pouvait comporter qu'un récit orné et agréable. Cornélius l'a racontée avec ce charme, avec cette grâce non affectée qui pouvait seule ne point altérer les traits d'une fine et aimable physionomie. Atticus est bien là tel que nous nous le figurons; et l'atticisme de Cornélius n'est pas indigne de l'homme qui fut, si j'ose ainsi dire, l'atticisme en personne, et qui devait son nom à son caractère et à son esprit autant que son séjour prolongé dans l'Attique et dans Athènes.

Rome n'a point eu de Plutarque, dit un critique célèbre, qui a pris les *Vies des excellents Capitaines* pour l'ouvrage même de Cornélius Népos, et qui ne tient compte ni de la *Vie de Caton* ni de la *Vie d'Atticus*. Il est certain que les récits écourtés par Probus ne ressemblent guère à ces tableaux où le vieillard Chéronée a peint au vif les hommes illustres de la Grèce et de Rome, et qui sont avant tout des portraits achevés de leur âme. Mais la *Vie d'Atticus* montre ce que Cornélius avait été en état de faire. Nul doute que plus d'une autre ne fût originairement et aussi bien faite et plus intéressante encore. Cornélius, à mon sens, n'en devait guère à Plutarque; et il a eu sur Plutarque l'avantage d'écrire durant l'âge d'or de sa langue. Ne disons donc pas, avec La Harpe, que Rome n'a point eu de Plutarque. Nous n'en savons rien. Il serait plus juste de dire que Rome a eu un Plutarque, mais que ce Plutarque n'est plus pour nous que l'ombre de lui-même.

Cornélius Népos manque de critique. Il puise quelquefois à des sources suspectes. Thucydide, Xénophon, Éphore, Théopompe, etc., sont ses autorités pour ce qui concerne les capitaines grecs. Mais Éphore et Théopompe étaient des rhéteurs encore plus que des historiens. Les témoignages de Xénophon ont souvent besoin de contrôle, et Thucydide lui-même a ses faiblesses et ses partialités. Cornélius reçoit, à peu près sans examen, ce que lui fournissent ses auteurs. On ne peut guère mettre sur le compte de Probus les erreurs que certains critiques modernes ont relevées dans les *Vies*.

Seulement il est probable que le travail de Probus n'a pas beaucoup aidé à guérir ou même à pallier les défectuosités originales. Plutarque, du reste, laisse encore plus à désirer sur ce point que Cornélius Népos ; et ce n'est pas comme historien parfaitement exact qu'on serait en droit de proclamer sa supériorité.

Il paraît que le titre, *Vies des excellents Capitaines*, est de l'invention de Probus. L'ouvrage de Cornélius était intitulé *Vies des Hommes illustres*, et il contenait non-seulement des biographies de généraux, comme l'abrégé, mais les vies d'une foule d'hommes illustres en divers genres, guerriers, hommes d'État, philosophes, écrivains, etc. Atticus n'était rien moins qu'un capitaine. Cicéron, dont Cornélius avait aussi écrit la vie, était un assez pauvre guerrier, et ce n'est pas comme *imperator* qu'il se recommande à la postérité, encore qu'il tînt à cette qualification plus peut-être qu'à celle d'homme consulaire ou même d'homme de génie.

Cornélius Népos avait composé, outre cet ouvrage, des *Livres d'Exemples*, et trois livres d'*Annales*, intitulés aussi *Chronique*. Ces écrits sont entièrement perdus. Quant à la personne de l'auteur, on n'en sait autre chose sinon qu'il se nommait Cornélius Népos, qu'il fut l'ami de Cicéron, d'Atticus, de Catulle, et qu'il vivait encore à l'époque de la mort d'Atticus, c'est-à-dire un an avant la bataille d'Actium.

CHAPITRE XXI.

TITE LIVE.

Vie de Tite Live. — *Histoire romaine* de Tite Live. — Valeur historique de l'ouvrage de Tite Live. — Tite Live est un Hérodote. — Patavinité de Tite Live. — Beautés littéraires de Tite Live.

Vie de Tite Live.

Tite Live appartient à ce qui est proprement le siècle d'Auguste, c'est-à-dire à la génération qui suivit celle des Cicéron, des César, des Salluste, des Cornélius Népos. Si nous suivions rigoureusement l'ordre chronologique, il nous faudrait le séparer des historiens fameux qui viennent de nous occuper, et l'ajourner loin de ce chapitre. Mais les noms de César, de Salluste, de Cornélius, appellent trop naturellement celui de Tite Live, pour que nous ayons un seul instant l'idée de remettre à un autre temps notre esquisse de l'illustre auteur des *Décades*.

Titus Livius naquit à Patavium ou Padoue, en l'an 59 avant Jésus-Christ, quinze ans avant la mort de César. A l'âge de vingt-quatre ans, il vint à Rome, et il y fit un long séjour. Il fut l'ami des personnages les plus distingués de la cour d'Auguste, l'ami d'Auguste lui-même. On dit qu'il fut chargé par le prince de diriger l'éducation du jeune Claude. S'il ne transforma pas son élève en un homme d'esprit, il en fit du moins un homme instruit, et qui avait le goût des lettres. Tite Live n'aspirait ni à la fortune ni aux dignités. Il ne profita de sa faveur que pour se faire ouvrir les trésors des vieilles archives de Rome, et pour se procurer les matériaux nécessaires à la construction du vaste monument historique dont il avait conçu la pensée. Il consacra sa vie entière à en exécuter toutes les parties. Aussi bien n'était-ce pas moins que l'histoire complète et détaillée du peuple romain, depuis la fondation de Rome jusqu'à la guerre de Germanie et à la mort de Drusus. Je ne compte pas comme des travaux les soins qu'il donnait à sa famille, ni même le traité littéraire qu'il écrivit, dit-on, pour l'instruction de son fils. Il publiait successivement un ou plusieurs livres, à mesure qu'il y avait mis la dernière main : il ne serait même pas impossible que ce fût par dix livres à la fois, ou par décades, que l'ouvrage eût d'abord paru, et que la division de dix en dix livres fût du fait de Tite Live lui-même. Quoi qu'il en soit, Tite Live ne tarda pas à être mis au rang des plus grands écrivains, et il lui fut donné de jouir longtemps de sa gloire. Un fait raconté par Pline le Jeune montre combien cette gloire était éclatante, et combien ses rayons frappaient les yeux au loin. Un habitant de Gadès fit exprès le voyage de Rome pour voir Tite Live, et, l'ayant vu, reprit le chemin de l'Espagne. Saint Jérôme fait venir à Rome plusieurs nobles Gaulois et Espagnols uniquement pour contempler Tite Live, et qui, selon ses paroles, entrés dans une si grande ville, y cherchaient autre chose que la ville elle-même. Mais ce récit n'est manifestement qu'une amplification de celui de Pline le Jeune. Après la mort d'Auguste, Tite Live quitta Rome et revint à Padoue. Il y passa ses quatre dernières années. C'est là qu'il mourut, en l'an 18 de l'ère chrétienne, à l'âge de soixante-seize ou soixante-dix-sept ans. Outre le fils dont nous avons parlé, il laissait une fille, qui avait épousé un rhéteur nommé Lucius Magius. Ce Magius, suivant Sénèque le père, n'avait pas beaucoup de talent; mais on allait l'entendre à cause de la renommée de son beau-père Tite Live.

Tite Live, tel que nous le montre son ouvrage, était un homme de cœur simple et de noble caractère. Ce qu'on sait de sa personne ne dément pas cette impression. Il ne perdit rien de son ingénuité, même à la cour d'Auguste. Il ne dissimulait pas son amour des vieilles institutions romaines, ni son admiration pour les célèbres vaincus de l'ancien ordre de choses, Pompée, Cicéron, Caton. Auguste avait le bon esprit de ne pas s'en fâcher. Sa seule vengeance, c'était de donner à Tite Live le nom de Pompéien.

Histoire romaine de Tite Live.

L'*Histoire romaine* de Tite Live, ou plutôt ses *Annales*, comme l'auteur l'avait intitulée, ou, si l'on veut, les *Décades*, comme souvent on la désigne, avait cent quarante-deux livres, c'est-à-dire douze ou quinze fois l'étendue de l'ouvrage d'Hérodote. Nous ne possédons que la première décade entière, la troisième et la quatrième également au complet, et la moitié de la cinquième; en tout trente-cinq livres entiers, sans compter des fragments notables des livres XCI et CXX, des fragments plus ou moins insignifiants de la plupart des autres, et les sommaires des diverses parties de l'ouvrage, rédigés à une époque inconnue par un certain Florus.

Valeur historique de l'ouvrage de Tite Live.

Tite Live n'a pas écrit, comme quelques-uns seraient tentés de le croire, uniquement pour faire admirer son beau style. Il y a, dans les *Décades*, tout autre chose encore que des narrations bien faites et d'éloquents discours. Le fond n'est guère moins excellent que la forme même. C'est une magnifique bibliothèque où nous retrouvons, mais paré d'éclatantes et impérissables couleurs, tout ce que la tradition racontait des faits du vieux temps, tout ce que les poëtes avaient chanté, tout ce que les annalistes avaient consigné dans leurs livres, tout ce qu'on savait alors, tout ce qu'on pouvait savoir. Je l'ai dit ailleurs : Tite Live a été l'Homère du peuple romain. Mais il ne s'est pas contenté de créer une œuvre complète et vivante, il a fait tous ses efforts pour que cette œuvre fût la vérité même. Il ne s'est point livré aux élans de son imagination ; il n'a été poëte que dans le détail et dans le style, ou dans la disposition des parties. C'est des sources mêmes qu'il a tiré ce qu'on serait tenté de croire quelquefois inventé à plaisir. Il n'a pas tenu à lui que nous n'ayons l'image naïve et exacte des premiers siècles de Rome. Mais on sait à quoi il était réduit, pour toute la période qui précède la prise de Rome par les Gaulois. Toute sa bonne volonté, toutes ses recherches, tous ses soins, toute sa conscience n'y pouvaient rien : les monuments originaux avaient péri ; il fallait bien se contenter de ce que la mémoire des hommes avait arraché à l'incendie, et consigné plus tard dans des poëmes, dans des chroniques, dans des livres de toute sorte. Sachons gré à Tite Live d'avoir fait un récit vraisemblable. Il y a pourtant un point où nous devons faire nos réserves. Tite Live, dans son patriotisme, ne voit pas assez la faiblesse de Rome primitive : l'idée de la ville éternelle et de la capitale du monde lui cache celle de la ville de Romulus et des Tarquins. Il ne dit pas ce qui ferait tache à l'honneur du peuple-roi, ou du moins il l'ignore. Ainsi, pour citer un exemple, il paraît certain que Porsenna et les Étrusques sont entrés à Rome : Tacite et Pline citent même un article du traité qui suivit la prise de la ville. Tite Live aurait pu combattre la tradition populaire; mais il n'a pas eu le courage de dépouiller un préjugé qui flattait son amour-propre de Romain : aussi ne croit-il qu'à Mucius Scévola. Quant à cette partie de l'histoire où les documents authentiques abondent, Tite Live ne laisse à peu près rien à désirer. Il a eu le bon esprit de prendre pour base les récits de Polybe ; mais il consulte aussi les écrivains romains. Il concilie, par d'ingénieuses explications, les autorités divergentes, et il complète les uns par les autres les témoignages divers. On sait combien, dans certains cas, il s'éloigne de son guide ordinaire. Il n'y a rien de moins semblable que le récit du passage des Alpes par Annibal, tel qu'il est dans Polybe, et le même récit, tel que Tite Live l'a donné. Tite Live, je le répète, n'invente rien ; mais il choisit selon ses instincts, et ses instincts le mènent quelquefois plus loin qu'il ne voudrait. Entre deux faits, dit un critique, dont l'un est sec et l'autre intéressant, c'est vers le second qu'il incline ; entre le vrai qui le priverait d'un beau récit, et le vraisemblable qui lui en fournit la matière, il choisira le vraisemblable. Faut-il lui en faire un crime, et accuser sa sincérité ? Non certes ; mais il faut dire qu'il s'est laissé aller à ce penchant qu'il signale quelque part lui-même comme le défaut le plus habituel des écrivains : à savoir, une facilité trop grande à recevoir comme preuve ce qui ne prouve rien, et à tirer quelque chose d'assertions qui auraient besoin d'être contrôlées.

Tite Live raconte beaucoup de prodiges. Mais il les raconte comme il les a lus consignés dans les anciens auteurs, ou comme on les lui a racontés. Il y croit peut-être ; peut-être voudrait-il qu'on y crût comme lui. Mais il ne les donne pas comme des faits incontestables et qu'il serait criminel de révoquer en doute. Il est crédule, soit ; mais il n'affiche nulle part la prétention d'imposer sa foi. Ces légendes merveilleuses sont un charme de plus dont je n'aimerais pas à le voir dépouillé. Il y a trop d'historiens qu'on ne peut pas lire, pour que nous songions à nous indigner qu'un historien ait trop tâché de nous plaire. Quintilien dit que l'historien doit plaire à son lecteur comme l'orateur à son auditoire, et Quintilien a raison.

Les modernes reprochent à Tite Live de ne pas s'occuper assez de la constitution de Rome, et de manquer de curiosité pour la politique de son pays : « Si quelques faits intérieurs, dit M. Nisard, l'invitent à s'en occuper, il n'approfondit pas; et, soit sur les desseins du sénat, soit sur les luttes des partis, soit sur certaines grandes mesures qui touchent à la constitution, il se réduit au rôle de témoin, voyant les choses du dehors et de loin, ne cherchant pas à pénétrer, et confiant dans les talents de ceux qui gouvernent. Admirable disposition pour écrire l'histoire de tout ce qui se passe au dehors et en plein jour, guerres, émotions populaires, scènes de Forum, mais qui ne convient plus lorsqu'il s'agit d'événements intérieurs, de motifs secrets, de conseils; lorsque le sort de Rome dépend de quelque résolution prise entre les quatre formidables murs où délibérait le sénat. » D'autres critiques regrettent de ne pas rencontrer chez Tite Live des détails circonstanciés sur les progrès des arts et des sciences, sur l'ancienne littérature romaine, sur divers sujets qui préoccupent l'érudition de nos jours. Personne ne serait plus enchanté que moi de trouver de pareilles choses dans un pareil livre, et traitées de main de maître; mais il y a, ce me semble, quelque ingratitude à rêver toujours des biens qu'on pourrait avoir, et à ne pas se féliciter de ceux qu'on a. C'est déjà trop de demander à un narrateur incomparable pourquoi il n'est pas aussi un grand politique.

Tite Live est un Hérodote.

Tite Live est un Hérodote. Les anciens l'ont dit, et les modernes n'ont jamais trouvé qualification plus juste et plus caractéristique. Non pas qu'il soit un Hérodote de tout point; mais les ressemblances sont frappantes, et les différences n'empêchent pas l'exactitude parfaite de la comparaison. Hérodote et Tite Live ont l'un et l'autre dans la marche je ne sais quoi d'épique, quelque chose dans le ton qui sent l'inspiration et le génie. Bien peu de poëtes ont été poëtes à un plus haut degré que ces deux prosateurs. La vive intuition des faits leur rend le passé aussi présent que s'ils l'avaient sous les yeux. Voilà pourquoi leurs récits sont

plus que des récits, si j'ose ainsi dire : c'est la vie même
des peuples transportée tout entière, par une sorte de magie, sur ces pages merveilleuses, où nous la voyons à notre
tour se mouvoir, se développer, rayonner de tout son éclat.
On sait que l'ordonnance de l'ouvrage d'Hérodote n'est pas
sans analogie avec celle de l'*Odyssée* d'Homère. Tite Live,
qui n'avait pas des choses si disparates à rattacher les unes
aux autres, s'est dispensé des savantes combinaisons imaginées par l'auteur des *Muses*. Il suit, comme Thucydide,
un ordre chronologique, et, quelquefois aussi, trop scrupuleusement chronologique. Ce n'est pas l'*Odyssée*, mais c'est
l'*Iliade*. Je veux dire par là que l'intérêt jamais ne languit;
que l'historien, comme le poëte, court sans cesse à l'événement; qu'il entraîne, bon gré mal gré, le lecteur; qu'il ne
s'acharne point à embellir ce qui ne souffrirait pas d'ornement; qu'il sait faire des sacrifices, et repousser dans l'ombre ce qui nuirait à l'effet général de ses tableaux. Hérodote
ne s'échauffe jamais : il laisse aux faits qu'il raconte le soin
d'intéresser eux-mêmes et de passionner le lecteur. On en
peut dire presque autant de Tite Live. Mais cette impersonnalité ni chez l'un ni chez l'autre n'est indifférence. La
preuve qu'ils n'étaient pas insensibles, c'est la puissance
avec laquelle ils s'emparent, sans en avoir l'air, de notre
âme et de nos émotions. On verra tout à l'heure une démonstration en règle, et par un critique des plus compétents, sur ce que ce critique lui-même nomme la sensibilité
de Tite Live. Quant à la bonne foi et à l'ingénuité, Tite
Live ne le cède ni à Hérodote ni à personne, il a plus d'art
que le vieux prosateur ionien; mais sa curiosité n'est guère
moins naïve, et il ne serait pas aisé de déterminer qui de
l'un ou de l'autre se laisse le mieux prendre aux enchantements des légendes populaires. Ce sont deux esprits de la
même famille; mais ils ont vécu dans des siècles si différents, et ils s'adressaient à des lecteurs dont le goût était
si peu semblable, que leur style n'a pu manquer de s'en
ressentir, et de différer même beaucoup plus qu'on ne serait
en droit de s'y attendre. Hérodote est un des fondateurs de
la prose chez les Grecs : Tite Live est venu après Cicéron,

après César, après Salluste, après vingt autres. Hérodote parle sa pensée, voilà tout son art, et son style n'est jamais que ce que le font les circonstances et la nature. Tite Live travaille l'expression de sa pensée : sa phrase n'est pas roide et tendue, mais elle est droite et régulière ; elle a, dans un certain degré, l'ampleur et la majesté romaines. Ajoutez que, lorsqu'il fait parler ses personnages, il ne néglige rien pour les rendre éloquents et pour leur prêter tous les charmes du bien-dire. Il est orateur, dans leurs discours, autant et plus que pas un historien en pareille occurrence ; il l'est à rendre jaloux Salluste même. Or, c'est en vain que vous chercheriez, à travers l'ouvrage d'Hérodote, rien qui donne l'idée d'un tel labeur, ni même du moindre effort oratoire.

Patavinité de Tite Live.

Les contemporains admiraient le style de Tite Live à peu près sans réserve. Les plus délicats n'y trouvaient guère à reprendre qu'une seule chose, la *patavinité*. Qu'était-ce que ce défaut? c'est ce que les anciens n'ont pas jugé à propos de nous apprendre. Nous en sommes donc réduits, sur ce point comme sur beaucoup d'autres, à de simples conjectures. Tite Live était de Patavium : la patavinité, dans la pensée des critiques, signifiait donc une sorte de caractère provincial, et ce qu'on blâmait dans l'historien, c'est ce qui sentait le pays où il était né. On conjecture donc que ces provincialismes ne différaient pas de ce qu'on entend par ce terme chez nous comme ailleurs. C'étaient des constructions dures ou vicieuses, de mauvaises alliances de mots, des locutions contraires au bel usage. Mais, comme je l'ai déjà remarqué, il n'y avait que des Romains nés ou du moins élevés à Rome, et vivant à la plus belle époque de la langue romaine, qui fussent en état de noter des provincialismes dans Tite Live. Nous n'en saurions saisir la moindre trace ; et il est vraisemblable qu'après le siècle d'Auguste, quand la fleur de la langue commençait à s'altérer, les Romains même de Rome, et les connaisseurs du goût le plus difficile, auraient été, peu s'en faut, aussi empêchés que nous pour dire en quoi consistait précisément cette fameuse patavinité.

Beautés littéraires de Tite Live.

Quintilien lui-même, qui note quelque part le terme de patavinité, ne fait aucunes réserves sur le style ni sur la diction de Tite Live. Son jugement sur l'historien est un complet panégyrique : « Hérodote, dit-il, ne saurait s'indigner qu'on lui égale Tite Live, écrivain dont la narration est singulièrement agréable et de la clarté la plus pure, et dont les harangues sont d'une éloquence au-dessus de toute expression : tout y est parfaitement adapté et aux circonstances et aux personnes. Tite Live excelle surtout à exprimer les sentiments doux et touchants : nul historien, en un mot, n'est plus pathétique. Voilà comment il a balancé, par des qualités d'un autre genre, cette immortelle rapidité de Salluste. » M. Nisard, dans sa belle étude sur Tite Live, commente et éclaire, avec autant de raison que d'esprit, ce que Quintilien dit du pathétique de Tite Live et de ce qu'un moderne aurait nommé sa sensibilité : « Cet éloge n'est pas seulement vrai des harangues de Tite Live, il l'est encore de ses récits, dont les plus beaux sont ceux où il peint, c'est trop peu dire, où il sent ces passions. Cette sensibilité le rend heureux, comme un contemporain, des victoires de son pays, malheureux de ses défaites; et il y a, dans sa partialité même, soit l'illusion d'un témoin qui a grossi les choses par l'espérance ou par la crainte, soit le dépit d'un fier Romain battu, qui nie sa défaite, ou qui n'en veut pas faire honneur à son ennemi. Après la bataille de Cannes, comme un Romain de ce temps-là que la douleur eût suffoqué : « Je n'essayerai pas, dit-il, de peindre le dés-
« ordre et la terreur dans les murs de Rome; je succom-
« berais à la tâche. *Succumbam oneri!* » Il courbe la tête sous le désastre de son pays, et s'étonne d'être encore vivant; il est muet de douleur et d'inquiétude; puis, avec Rome qui peu à peu se ranime, il relève la tête et respire enfin, à la vue d'Annibal allant se prendre au piége des voluptés de Capoue.

« La sensibilité est un don commun à Tite Live et à Virgile. Ils se ressemblent tous deux par cette faculté supérieure et charmante, par laquelle le poëte et l'historien s'aiment moins que les créations de leur esprit, et vivent, pour ainsi dire, de la vie qu'ils leur ont donnée. Virgile souffre pour Didon délaissée, et porte dans son sein les ennuis de la veuve d'Hector ; il pleure la mort du jeune guerrier dont un javelot a percé la blanche poitrine. C'est trop peu : ce feu de tendresse se répand sur tout ce qu'il voit, sur tout ce qu'il décrit. Il s'intéresse à l'herbe naissante, qui ose se confier à l'air attiédi par le printemps ; il est tour à tour la génisse exhalant son âme innocente auprès de la crèche pleine, l'oiseau à qui les airs mêmes sont funestes et qui meurt au sein de la nue, le taureau vaincu qui aiguise ses cornes contre les chênes pour de nouveaux combats. Comme Virgile, Tite Live est tour à tour chacun des personnages qu'il aime ; il est Rome elle-même dans toutes ses fortunes, Rome que le poëte appelle la plus belle des choses, *rerum pulcherrima*, par le même enthousiasme tendre qui fait dire à l'historien, dans son éloquente préface, que l'empire romain est le plus grand après celui des dieux, *maximum secundum deorum opes imperium*.

« La sensiblité de Tite Live a la plus forte part dans cette connaissance du cœur humain dont le loue le moins favorable de ses juges, le savant Niebuhr. C'est même par les passions dont son cœur lui a donné le secret qu'il arrive à connaitre les intérêts, et qu'il pénètre dans les complications des affaires. D'autres écrivains, qui ont mérité le même éloge, n'ont porté dans le cœur humain que la lumière de la raison. Leur propre cœur est resté indifférent, soit qu'ils l'eussent fait taire pour ne pas troubler leur jugement, soit plutôt que l'expérience l'eût desséché. Aussi leur science instruit mais ne rend pas meilleur. Ils fournissent des expédients et ôtent des scrupules à ceux qui, nés avec de l'ambition, cherchent dans leurs études des moyens d'empire sur les hommes. Tite Live est l'historien des âmes généreuses : il apprend à ceux qui ne sont pas faits pour commander comment on honore l'obéissance. Sa science n'instruit guère moins, mais elle touche, et donne du ressort.

« On en dirait autant de Virgile, ce maître si profond et si doux dans la science de la vie. Plus je compare ces deux hommes, plus je les trouve frères. Virgile pourtant est le premier, parce que son cœur, le plus tendre de l'antiquité, a ressenti encore plus profondément le contre-coup des choses humaines. On voudrait croire qu'ils se sont connus et aimés; que, dans ce palais d'Auguste qui leur était si hospitalier, ils se sont entretenus de Rome, de sa gloire passée, de ses grands hommes, et que, sans médire d'Auguste, ils se sont quelquefois attendris pour Pompée et exaltés pour Caton. »

CHAPITRE XXII.

HISTORIENS CONTEMPORAINS DE TITE LIVE.

Trogue Pompée. — Fénestella, etc. — Auguste.

Trogue Pompée.

En même temps que Tite Live, florissait Trogue Pompée, infiniment moins célèbre comme écrivain, mais historien estimé, et, autant qu'on peut croire, vraiment digne d'estime. Ce Trogus Pompéius, ou Pompéius Trogus, était d'origine gauloise, et même, dit-on, né dans la Gaule; mais sa famille jouissait du droit de cité romaine, que lui avait fait conférer le grand Pompée. C'est à Rome probablement que Trogue Pompée vécut et qu'il composa son histoire. Cette histoire, en quarante-quatre livres, était intitulée *Philippiques*. C'était le récit de la fondation, de l'agrandissement et de la chute de l'empire macédonien, depuis Philippe, père d'Alexandre, jusqu'à la réduction de la Macédoine en province romaine. L'auteur faisait entrer dans son cadre des notices géographiques et historiques sur les diverses nations qui se trouvèrent successivement en lutte avec les Macédoniens. Les *Philippiques* étaient donc une histoire universelle, sinon embrassant tous les temps, du moins comprenant une période considérable de la vie des principaux peuples connus, et formant suite aux récits d'Hérodote, de Thucydide et de Xénophon. Trogue Pompée était le premier écrivain latin qui eût conçu le plan d'une composition de ce genre. Il n'y avait eu à Rome, avant lui, que des historiens de Rome, ou même simplement des narrateurs d'épisodes historiques et des auteurs de mémoires. Un autre point par où Trogue Pompée se distinguait de presque tous ses devanciers, c'est qu'il proscrivait les harangues, et qu'on en voyait moins encore dans ses récits que dans ceux de César même; et il y avait bien quelque mérite à entreprendre de réduire l'histoire à ce qui est proprement son domaine, et de la séparer absolument de la rhétorique. L'ouvrage de Trogue Pompée n'existe plus. Les fragments insignifiants qu'on en cite ne peuvent pas même donner une idée du style de l'écrivain. Mais l'histoire que nous avons sous le nom de Justin n'est qu'un abrégé de celle de Trogue Pompée, et cet abrégé est loin d'être un livre sans valeur. Nul doute qu'il ne faille faire honneur à Trogue Pompée lui-même de toutes les choses remarquables qu'on y admire avec juste raison. Mais nous devons dire aussi que la plupart des défauts qu'on y signale ne sauraient davantage être imputés à l'abréviateur. Il est difficile de se persuader que Justin, par exemple, eût de son chef altéré la chronologie de l'ouvrage original, et introduit dans le récit plus d'un fait controuvé, ou qui ne s'appuie que d'autorités suspectes. Si la critique et la science de Trogue Pompée avaient été l'exactitude même, nous n'aurions pas beaucoup d'inadvertances ou d'erreurs à reprocher à Justin.

Fénestella, etc.

On a publié, sous le nom de Lucius Fénestella, un ouvrage en deux livres sur les sacerdoces et les magistratures des Romains. Cet ouvrage est d'un faussaire italien du quatorzième siècle. Il ne reste rien, ou à peu près, des écrits de Fénestella. On sait seulement que cet auteur avait composé des

Annales, c'est-à-dire une histoire générale de Rome. Fénestella vivait à la même époque que Tite Live, et on place sa mort vers l'an 20 après J. C. Les autres historiens du siècle d'Auguste sont à peine connus de nom, à l'exception de Crémutius Cordus, qui périt, sous Tibère, pour avoir écrit avec trop de vérité et de franchise, et dont les livres furent brûlés par la main du bourreau. A quoi bon nommer Aufidius Bassus, ou Labiénus, surnommé Rabiénus?

Auguste.

Mentionnons pourtant l'empereur Auguste. Nous avons de lui un sommaire de ses actions, ce que l'on peut appeler son testament politique. Cet écrit était gravé, en latin et en grec, sur les murs du temple d'Auguste à Ancyre. Avant les heureuses fouilles de M. Georges Perrot, on n'en connaissait que des fragments. Aujourd'hui on en lit en entier ce document historique. Ni le latin ni le grec du *Monument d'Ancyre* n'ont beaucoup de mérite littéraire, car il n'y a là que des têtes de chapitres. Mais l'ouvrage dont ils sont le résumé existait jadis, sous ce titre : *de Vita sua*. Ces *Mémoires* devaient avoir une grande étendue, car on en cite le livre XIIIe, qui était probablement suivi de plusieurs autres livres. La perte de ce grand ouvrage est très-regrettable, non-seulement comme source d'informations, mais parce que le style d'Auguste, en vers comme en prose, était excellent : sa fameuse épigramme et quelques lettres sont là pour le dire.

CHAPITRE XXIII.

AUTRES PROSATEURS DU SIÈCLE D'AUGUSTE.

Orateurs. — Rhéteurs. — Grammairiens. — Vitruve.

Orateurs.

La mort de l'éloquence politique fut, à Rome, la mort de presque toute éloquence. Il semble que rien n'empêchait les orateurs judiciaires, même sous Auguste, même dans le monde pacifié, de produire ses œuvres comme la *Milonienne* ou comme le discours *pour Archias*. Mais ces œuvres ne naquirent point. Le génie perdit sa fécondité en perdant la liberté de la pensée et de la parole. Ceux qui parlaient dans les tribunaux ou dans le sénat purent être admirés par les contemporains comme des prodiges, et même comme des passe-Cicéron : la postérité n'a pas ratifié ces jugements, et il n'y a pas un seul de ces prétendus génies dont elle se souvienne.

Je ne dis rien des Messala, des Pollion, de ces hommes d'un autre âge qui conservèrent d'abord quelques-unes des traditions antiques. Leurs sucesseurs furent indignes d'eux, et eux-mêmes n'étaient guère dignes des Hortensius et des Cicéron. Mais le temps nous a dispensés de lire les discours de ces soi-disant orateurs. Il nous a même fait une autre grâce : il a néanti, avec leurs écrits, la plupart de leurs noms.

Le genre démonstratif ne périt pas, bien au contraire! mais quels orateurs et quelle éloquence! L'institution des lectures publiques favorisa outre mesure le développement d'une foule de talents faux et vides; le panégyrique fleurit dans toute sa gloire, c'est-à-dire en pleine adulation et en plein mensonge. Ces discours d'apparat n'avaient pas besoin d'être des chefs-d'œuvre pour plaire aux intéressés; et, quand l'auteur s'était concilié quelque protecteur puissant, et qu'il avait échangé sa banale monnaie contre des espèces un peu plus solides et sonnantes, son but principal était atteint, sinon tout son dessein rempli, toute son espérance satisfaite. Je ne doute pas que ces déclamateurs ne fussent enchantés qu'on les prît pour de grands orateurs ; mais je crois qu'ils savaient aussi se résigner à ne passer que pour des arrangeurs de mots et pour de plats personnages, pourvu que leur estomac et leur escarcelle eussent recueilli mieux que du vent. Au reste, le temps n'a pas été plus débonnaire pour eux que pour leurs rivaux du genre judiciaire. Le peu qui subsiste des panégyriques d'alors ne leur appartient même pas. Ce sont quelques phrases mutilées de trois oraisons funèbres, et ces oraisons funèbres avaient été écrites l'une par un mari en l'honneur de sa femme, les deux autres par deux fils en l'honneur de leurs mères.

Rhéteurs.

On donnait quelquefois le nom d'orateurs aux rhéteurs eux-mêmes. Eux aussi ils faisaient des discours, en même temps qu'ils enseignaient à en faire. C'étaient des plaidoyers imaginaires, des harangues sur des thèmes donnés, empruntés la plupart du temps à l'histoire ; c'étaient des exercices du genre de ceux qui avaient fait jadis la renommée de Gorgias, de Protagoras, de tant d'autres. Les disciples déclamaient pour ou contre, suivant l'occasion : ils revêtaient tour à tour les plus divers personnages ; les maîtres faisaient ensuite, à leur manière, ce que nous appellerions les corrigés. On devine assez ce que ces corrigés pouvaient être. Sénèque le rhéteur, dont nous parlerons plus tard, nous édifiera complétement sur ce point. C'est à de pareils discours que Juvénal fait allusion quand il dit : « Et nous aussi nous avons tendu la main sous la férule ; et nous aussi nous avons donné à Sylla le conseil de rentrer dans la vie privée et de dormir profondément. » Comme les sophistes grecs, les rhéteurs latins étaient hommes à improviser indifféremment une oraison funèbre, une dissertation morale, l'éloge de la fièvre, de la punaise ou de l'escarbot. Fronton n'innovait pas, quand il faisait disserter Marc-Aurèle, son élève, sur la poussière ou sur la fumée. Il continuait les traditions de ses devanciers, et il était digne de leurs illustres niaiseries.

Les rhéteurs étaient fort nombreux à Rome au temps d'Auguste. Il n'y en a pourtant que trois ou quatre qui aient laissé un nom : ainsi Cornificius, l'auteur, selon quelques-uns, de la *Rhétorique à Hérennius;* ainsi Cestius Pius de Smyrne ; ainsi Rutilius Lupus. Nous avons un écrit en deux livres, sur les figures de pensées et sur les figures de mots, qu'on attribue à ce dernier. Ce qui donne une certaine importance à ce traité, ce sont les nombreuses citations qui l'émaillent, et qui sont tirées en grande partie d'auteurs aujourd'hui perdus.

Grammairiens.

Caïus Julius Hyginus fut, après Varron, un des plus célèbres grammairiens du siècle. Il était né en Espagne suivant les uns, à Alexandrie suivant d'autres. Il avait été esclave dans son enfance, et esclave d'Auguste même. Affranchi par son maître, il était devenu, grâce à ses talents, un des premiers hommes de la cour. Il enseigna longtemps avec un très-grand succès, et il fut nommé par Auguste conservateur de la bibliothèque Palatine.

Hygin avait composé un grand nombre d'ouvrages. Le plus regrettable de tous ceux qui sont perdus, c'est son commentaire critique sur les chants de Virgile. Nous possédons, sous le nom d'Hygin, un recueil mythologique, intitulé *Livre de Fables.* C'est une collection de deux cent soixante-dix-sept petits récits, extraits soit des scholiastes grecs soit des sommaires analytiques d'anciennes tragédies. Quelques critiques trouvent que le style de cet ouvrage est beaucoup trop incorrect pour qu'on puisse l'attribuer sans scrupule à Hygin. Un autre ouvrage, plus mal écrit encore, et qui porte aussi le nom d'Hygin, c'est une *Astronomie poétique,* qui est en grande partie une traduction des *Catastérismes* d'Ératosthène. L'*Astronomie poétique* est précieuse et par les documents qu'elle renferme sur l'astronomie ancienne, et par certaines données propres à faciliter l'intelligence des poëtes.

La destinée du grammairien Verrius Flaccus ressemble singulièrement à celle d'Hygin. Il était affranchi du jurisconsulte Verrius Flaccus, un des amis de Cicéron. L'école qu'il tenait était fréquentée par les jeunes gens des premières familles de Rome. Auguste voulut qu'il donnât des leçons à ses petits-fils, Caïus et Lucius Agrippa, et il lui assigna, dans le palais même, un lieu où il pût recevoir les élèves qui suivaient ses cours. Auguste payait, dit-on, à Verrius cent mille sesterces par an, plus de vingt mille francs de notre monnaie. Le professeur avait en outre le revenu de sa classe. Seulement il était convenu qu'il se contenterait de ses anciens disciples, et qu'il n'en admettrait plus de nouveaux. C'est Verrius qui eut le premier l'idée de faire composer les élèves entre eux, et de décerner en prix aux vainqueurs quelques livres rares ou utiles. Il mourut fort âgé, sous le règne de Tibère. On lui éleva une statue, selon les uns dans la ville de Préneste, selon quelques autres à Rome même, devant le temple de Vesta.

L'ouvrage le plus précieux qu'eût rédigé Verrius est ce calendrier cité par Suétone et Macrobe, et dont quelques fragments ont été découverts dans le siècle dernier. Il en avait composé plusieurs autres de divers genres, dont on ne connaît que les titres : ainsi des *Livres des Choses dignes de mémoire*, des *Saturnales*, un traité *de l'Orthographe*, etc. Nous connaissons mieux celui qui était intitulé *de la Signification des Mots*. Festus en avait fait un extrait considérable, qui fut malheureusement réduit plus tard à des proportions assez maigres, mais que du moins nous possédons sous la forme que Paul le Diacre lui a donnée. Ce lexique, quelque mutilé qu'il soit, prouve que Verrius n'était pas un esprit vulgaire. C'est en effet, avec les livres de Varron, le meilleur écrit que les Romains nous aient laissé sur leur langue, et la base de tous les travaux philologiques dont cette langue a été l'objet dans les temps modernes.

Vitruve.

Nous aurions pu, sans inconvénient notable, du moins sans nous exposer à de bien graves reproches, passer sous silence tous ces écrivains, aujourd'hui si peu connus ; non-seulement Lupus, non-seulement Cornificius, mais Hygin, mais Verrius Flaccus même. Quant à Vitruve, il a un tel renom, que les moins instruits s'étonneraient, et à bon droit, si nous ne lui consacrions pas quelques mots. Ce n'est pas que Vitruve nous appartienne à beaucoup de titres. Son ouvrage est du ressort de la science ou des beaux-arts plutôt que de la littérature. Mais enfin Vitruve a été un écrivain de quelque talent ; et sa réputation, je le répète, ne nous permet pas d'oublier qu'il a vécu sous le règne d'Auguste.

L'ouvrage de Vitruve est un traité intitulé, *de l'Architecture*. Ce traité avait originairement dix livres : il en reste sept entiers, les sept premiers ; les trois autres sont perdus, sauf quelques chapitres du neuvième. Les plans qui accompagnaient les explications de l'auteur ont complétement disparu. Sous le nom d'architecture, Vitruve entendait, outre l'architecture proprement dite, ce que nous nommerions les ponts et chaussées et le génie. Il traite non pas seulement des règles à suivre dans la construction des édifices, mais de tout ce qui concerne les aqueducs, les cadrans solaires et même les machines. Pour la composition de cet ouvrage, Vitruve s'était beaucoup servi des livres des Grecs sur les mêmes sujets ; mais il avait aussi mis à profit sa propre expérience. Avec un pareil manuel, Auguste pouvait se mettre en état, comme il le désirait, de juger par lui-même et des édifices déjà construits par ses architectes et ses ingénieurs, et de ceux dont Vitruve dirigeait encore la construction. Je ne prétends pas qu'Auguste ait dû trouver un plaisir extrême à le lire. Vitruve manque trop souvent de méthode, d'ordre, de netteté. Son style est quelquefois obscur ; et, quoique la diction ne soit pas précisément mauvaise, on y relève çà et là plus d'une expression ou triviale, ou impropre, ou même un peu barbare. Vitruve ne se faisait pas illusion sur ses défauts littéraires : « J'ai entrepris, dit-il dans son préambule, d'écrire ceci non point en rhéteur disert, ni en grammairien consommé, mais en architecte passablement instruit dans les lettres. » En effet, c'est bien là une œuvre d'homme pratique, de théoricien aussi ; c'est très-peu une œuvre d'écrivain. Mais ce style médiocre s'élève, s'épure et se colore, toutes les fois que l'auteur touche à quelque idée un peu grande et un peu féconde. Il atteint à une sorte de majesté dans l'expression des choses qui touchent à la philosophie de l'art. Presque partout il est serré, nerveux et concis. Nous ne dirons rien de la valeur scientifique du traité *de l'Architecture*. Nous remarquerons pourtant qu'il a été traduit et commenté par Claude Perrault, l'illustre architecte de la colonnade du Louvre. L'influence de Vitruve sur ce que les uns nomment les progrès de l'art moderne et les autres sa décadence, est un fait qu'on ne saurait contester. En tout cas, son ouvrage, le seul de ce genre que nous aient laissé les Romains, est particulièrement précieux et indispensable pour l'étude des arts et des sciences chez les anciens.

Marcus Vitruvius Pollio était né, selon les uns à Vérone, selon d'autres à Formies. Il avait d'abord servi dans l'armée de César ; il devint ensuite un des plus dévoués partisans d'Auguste. Auguste lui donna, pendant la guerre civile, l'inspection des armements et des machines de guerre, et plus tard le chargea de la surveillance des édifices publics. C'est sous la direction de Vitruve que Rome s'embellit de tant d'admirables monuments.

CHAPITRE XXIV.

LUCRÈCE ET CATULLE.

Retour à la poésie. — Vie de Lucrèce. — Vie de Catulle. — Poëme de Lucrèce. — Ouvrages de Catulle. — Jugements des anciens. — Génie de Lucrèce. — Talent de Catulle. — Lucrèce et Buffon. — Catulle et les Grecs. — Citations.

Retour à la poésie.

Tandis que le génie romain, avec Cicéron, avec César, avec Salluste, prenait tout son essor dans les régions de l'éloquence, de la philosophie et de l'histoire, son ambition n'était guère moindre de s'emparer aussi en maître de ce noble domaine de la poésie où il n'avait fait, jusque-là, aucune conquête incontestée. Deux hommes surtout travaillèrent à faire de la poésie latine non plus seulement un écho, une image plus ou moins fidèle de la poésie grecque, mais quelque chose qui eût sa vie propre ; qui fût par soi-même, et non point parce que les Grecs avaient été ; qui, sans répudier les traditions grecques, ne prît aux anciens modèles que des formes, que des tours, et qui réduisît la Grèce, pour ainsi dire, à se mettre au service des idées romaines, des sentiments romains. Je ne prétends pas que ces deux hommes, Lucrèce et Catulle, n'aient point été quelquefois plus Grecs qu'on ne voudrait : je dis seulement qu'ils sont Romains avant tout ; que leur poésie est, en général, une vraie poésie romaine ; que, par eux, la Muse latine s'est définitivement émancipée. D'autres poëtes ont légué au monde des œuvres ou plus parfaites que les leurs, ou plus complètes, ou plus grandes : Lucrèce et Catulle ont eu la gloire de rendre ces œuvres possibles. Ajoutez que Lucrèce était un poëte admirablement doué par la nature, et que Catulle fut, à certains égards, un des plus habiles artistes qu'il y ait jamais eu. Nous ne pouvons moins faire que de consacrer quelques pages au récit de leur vie et à l'étude de leurs poëmes.

Vie de Lucrèce.

Titus Lucrétius Carus naquit à Rome dans les premières années du siècle qui précéda notre ère : selon les uns, la date de sa naissance répond à l'an 98, selon d'autres, à l'an 97, selon d'autres enfin à l'an 95. Il était donc de quelques années plus jeune que Cicéron et que César, et un peu plus âgé que Salluste. Il appartenait à la noble famille Lucrétia. Comme autrefois Lucilius, il montra aux Romains un homme de l'ordre équestre adonné tout entier aux méditations de la pensée et au culte du beau. Rien ne l'empêchait d'aspirer aux charges publiques ; mais il préféra un repos studieux à des honneurs qui n'étaient rien, suivant lui, et dont il proclame le néant dans ses vers. On croit qu'il alla à Athènes se perfectionner dans les lettres, et qu'il s'y mit sous la discipline d'un philosophe épicurien nommé Zénon. C'est sans doute à son retour qu'il composa, pour son ami Caïus Memmius, le poëme où il s'est proposé d'expliquer la doctrine d'Épicure. Suivant une tradition assez répandue, il le composa dans les intervalles que lui laissaient de fréquents accès de folie. Il mena pourtant jusqu'au bout son entreprise, bien qu'il ait assez peu vécu. Quelques-uns prétendent que la folie de Lucrèce avait été causée par un philtre amoureux que lui avait donné Lucilia, sa femme ou sa maîtresse. Quoi qu'il en soit du philtre, il paraît que Lucrèce, dans un de ses accès de folie, se donna la mort : « Il se tua de sa propre main, dit saint Jerôme, dans la quarante-quatrième année de son âge. » D'après d'autres calculs, il n'avait que trente-huit ou trente-neuf ans. Quelques-uns attribuent son suicide aux troubles qui agitaient la république ; mais, comme dit La Grange, y prenait-il assez de part pour en être affecté jusqu'à ce point ? D'autres pensent qu'il ne voulut pas survivre à l'exil de Memmius ; mais, comme dit encore le traducteur français, un exil qui rendait au repos, à la retraite et à la méditation un ami éclairé et philosophe, pouvait-il être regardé par Lucrèce comme un coup bien terrible ?

Vie de Catulle.

Catulle, ou, comme l'appelaient les Romains, Caïus Valérius Catullus, naquit à Vérone l'année même où Salluste naissait dans la Sabine, c'est-à-dire en l'an 668 de Rome, 86 ans avant notre ère. Il était donc d'une dizaine d'années plus jeune que Lucrèce. On dit que sa famille tenait un rang distingué dans Vérone, et que César logeait ordinairement chez Valérius son père, toutes les fois qu'il passait par la ville. Le jeune Catulle vint à Rome de très-bonne heure, pour achever son instruction ; de très-bonne heure aussi il y fit ses premières armes, comme dit un biographe, dans les camps de l'amour. Il mena ce qu'on appelle quelquefois chez nous une vie d'élégant et d'homme de plaisir. Il fut,

dans toute la force du terme, un débauché et un dissipateur.
Il eut pourtant une ambition : il voulut visiter les pays qui
avaient été le berceau des arts et des lettres. Il accompagna
en Bithynie le préteur Memmius, ce même Caïus Memmius
pour qui Lucrèce écrivait son poëme ; et il séjourna quelque
temps, en Grèce et en Asie, dans les villes les plus fameuses
du monde antique. Sur les côtes de la Troade, il perdit son
frère, qui était aussi du voyage. Cette mort l'affecta vivement;
et le souvenir de cet événement funeste devait plus tard lui
inspirer quelques-uns de ses plus beaux vers. Il paraît que
Catulle, en suivant Memmius, se proposait quelque chose de
plus encore que d'approfondir, sur les lieux mêmes, ses études
grecques, et que d'adorer les traces de la vieille civilisation.
Son patrimoine était obéré : il comptait sur les largesses du
préteur, pour se délivrer de quelques dettes criardes. Mais il
fut trompé dans son espérance. Le patron oublia le client, et
Catulle revint à Rome la bourse vide, ou, comme il dit,
pleine d'araignées. Il n'en continua pas moins de mener
joyeuse vie ; mais cette vie joyeuse le mena avant le temps où
la folie avait mené Lucrèce. On ne sait pas en quelle année il
mourut, mais on sait qu'il ne dépassa guère sa quarantième
année.

Ce Catulle, qui a poursuivi de ses épigrammes quelques-
uns de ses plus illustres contemporains, notamment César
l'ancien hôte de son père, et qui ne craignait pas de se faire
des ennemis sans regarder ni à la qualité ni au nombre; ce
poëte si outrageux et si médisant dans ses vers, passe néanmoins pour avoir été un homme d'un commerce facile et
agréable. Il eut des amis dévoués, entre autres Cornélius
Népos, qui était, dit-on, de Vérone aussi, et à qui il a dédié
une partie de ses ouvrages. Cicéron lui-même, Cicéron dans
toute sa gloire et dans la maturité de son âge, ne dédaignait
pas la société du spirituel et aimable libertin. Il fut plein de
bonté pour Catulle. Catulle témoigne même que Cicéron lui
rendit un service important. On croit qu'il veut faire entendre
par là que Cicéron condescendit un jour à plaider pour lui en
justice.

Poëme de Lucrèce.

Le poëme de Lucrèce est intitulé *de la Nature des choses*. Nous traduisons littéralement ce titre, qui n'est lui-même que la traduction un peu allongée de celui que les premiers philosophes grecs donnaient à leurs ouvrages. Le sens propre des mots *de rerum natura* répond assez à ce que nous nommerions un traité d'ontologie. Mais ce n'est pas une ontologie spiritualiste. Lucrèce, comme son maître Épicure, réduit tout à la matière ; il nie l'existence distincte de l'âme, la vie future, la Providence. S'il admet, avec Épicure lui-même, qu'il y a des dieux, il a bien soin de faire en sorte que ces dieux soient comme s'ils n'étaient pas. Il ne se tient pas de répéter sans cesse que les dieux ne s'inquiètent point de ce que font les hommes, et, selon l'expression dont il aime à se servir, qu'ils mènent une vie sans souci.

Le poëme a six livres, et chacun de ces livres a plus de mille vers ; le cinquième en a même plus de quatorze cent cinquante. Dans le premier livre, Lucrèce démontre à sa manière que rien ne sort du néant, que rien n'y saurait rentrer ; que rien n'existe réellement dans la nature sinon l'espace et la matière ; que la matière a des éléments indivisibles, bien que ces éléments, grâce à leur extrême ténuité, échappent à nos sens ; enfin, que le nombre des atomes est infini, que l'espace et l'univers n'ont pas de bornes. Il s'agit, dans le second livre, de l'essence et des mouvements des atomes ; de la formation des êtres divers qui composent le monde ; des fonctions de la vie chez les animaux ; de l'infinie variété de la nature dans la production comme dans la destruction des êtres, et de cette éternelle jeunesse dont sourit, dont sourira toujours, selon lui, l'univers. Le troisième livre est consacré à la discussion des questions sur la nature de l'âme : on sait à quoi Lucrèce aboutit. On trouve, dans le quatrième livre, la théorie épicurienne de la vision, et l'explication du mécanisme des autres sens. Après avoir réduit la pensée à ce qu'il regarde comme ses éléments, le poète parle des songes, des passions, et traite de l'amour tout à la fois en physicien et en moraliste. Il retrace, dans le livre suivant, les destinées de l'espèce humaine depuis son apparition dans le monde ; ses luttes contre les bêtes sauvages et contre toutes les misères ; l'origine du langage, l'invention des arts, le lent établissement de l'ordre dans le primitif chaos des sociétés. La météorologie, l'explication des tremblements de terre et des volcans, sont l'objet du sixième livre. Des sources thermales Lucrèce passe à ces vapeurs contagieuses qui s'élèvent quelquefois de la terre, et qui répandent au loin la désolation et la mort. Voilà comment se rattache à ce livre la fameuse description de la peste d'Athènes, que le poëte a versifiée d'après Thucydide, mais qui n'a point fait oublier l'admirable modèle.

Quelques-uns pensent que le poëme de Lucrèce avait plus de six livres, ou du moins que Lucrèce s'était proposé de le faire plus étendu que nous ne le possédons. Il est certain que le sixième livre, comparé aux cinq autres, est de beaucoup le moins parfait. On sent çà et là que le poëte n'y a pas mis la dernière main. Il finit brusquement et comme si la fin actuelle n'était pas la fin véritable ; et, jusque dans l'épisode qui le termine, et qui en est la partie la plus brillante, il y a des négligences extraordinaires, quelque chose de rugueux, de saccadé, d'incohérent même. En un mot, tout semble annoncer que la dernière lime n'a point passé par là. Le poëme n'en est pas moins complet pourtant. Ces six livres contiennent tout le système d'Épicure dans ses parties fondamentales ; et, comme le remarque Denis Lambin, après Lucrèce il ne reste pas beaucoup à en dire. Ajoutez, comme le remarque encore Lambin, que Lucrèce ne s'est pas même tenu étroitement enfermé dans son sujet et dans son titre, et qu'il lui arrive à chaque instant de disserter sur des questions morales, sur la tempérance, sur la modération dans les désirs, sur le mépris des honneurs, du luxe et de la mollesse. Quant au fait lui-même, j'entends par là quant à savoir si Lucrèce, à tort ou à raison, avait ajouté d'autres livres à ceux que nous lisons, il y a un argument qui ne souffre guère de réplique. Pas un auteur ancien, pas un de ces grammairiens qui citent et transcrivent les auteurs classiques, n'indique rien, ne cite rien, ne transcrit rien, qui se rapporte à aucun livre au delà du sixième. Et pourtant combien de fois Lucrèce n'est-il pas cité par Festus, par Nonius, par Diomède, par Priscien, par Probus, par Charisius, par Donat, par Servius, par Tertullien, par Arnobe, par Lactance !

Ouvrages de Catulle.

Nous ne possédons qu'une partie des poésies que Catulle avait laissées. Dès le temps d'Aulu-Gelle, les exemplaires de ses œuvres étaient déjà incomplets et tronqués. Avant les corrections et les restitutions opérées par les éditeurs modernes, c'est à peine si on pouvait lire le texte, altéré, corrompu, interpolé en maints passages. Grâce aux travaux de plusieurs savants hommes, nous possédons enfin Catulle, ou ce qui nous reste de Catulle, aussi net à peu près qu'on peut l'espérer, du moins suffisamment décrassé et rendu à sa splendeur première.

Les œuvres de Catulle se composent de cent seize pièces, prodigieusement diverses de sujets, de ton et d'étendue. Il y en a qui sont de l'épopée, d'autres de la poésie lyrique, d'autres de l'élégie, d'autres de la satire, etc. Il y en a qui n'ont que quatre vers, ou même que deux vers ; il y en a qui ont la longueur d'un chant de Virgile. Le recueil est divisé en deux parties ; mais on n'a eu égard, dans la division, qu'à la nature des mètres. Ainsi la deuxième partie se compose uniquement de ce qui est écrit en vers élégiaques. La première partie est plus variée. On pourrait l'intituler, *Mètres divers*. C'est là que nous lisons ce que Catulle a écrit à l'imitation des poëtes lesbiens, ses odes, ses hendécasyllabes, tout ce qui tient de près ou de loin à la poésie lyrique. A la fin de cette première partie, se trouve la petite épopée intitulée *Épithalame de Pélée et de Thétis*, le plus long des morceaux de tout le recueil et le seul qui soit en hexamètres.

Jugements des anciens.

Quintilien, dans sa revue des écrivains dont la lecture est le plus propre à former le style de l'orateur, s'exprime comme il suit, après avoir dit qu'il n'y a pas un poëte latin qu'on puisse comparer, même de loin, à Virgile : « Car Macer et Lucrèce méritent à la vérité d'être lus, mais non pas pour former la diction, c'est-à-dire le corps de l'éloquence. Ils sont élégants, chacun dans son sujet; mais l'un marque d'élévation, l'autre est difficile. » Le bonhomme Lambin s'indigne avec quelque raison du rapprochement de deux noms aussi divers que ceux de Macer et de Lucrèce. C'est comparer, comme il dit, la mouche et l'éléphant. En effet, ni le Macer que nous connaissons, ce pseudo-Macer qui s'est substitué, on ne sait quand, à la place du véritable, ni même le vrai Macer, l'émule de Nicandre, le versificateur dont Quintilien pouvait lire les poésies, n'avait rien de commun avec Lucrèce, rien sinon le mètre, sinon aussi les intentions didactiques. Ni l'*Ornithogonie* ni les *Thériaques* n'étaient au-dessus d'une médiocrité honorable ; et le poëme *de la Nature* est un chef-d'œuvre. Lambin n'a pas tort non plus d'affirmer que Quintilien se trompe, quand il prétend que la lecture de Lucrèce ne saurait servir à l'orateur pour former le corps de l'éloquence. Il fait observer qu'il n'y en a guère qui soit plus utile, ni où le style doive acquérir plus de pureté et d'éclat, plus d'abondance et de force, plus de grandeur et de majesté. Lambin eût été en droit de réclamer aussi, au nom de Lucrèce, contre l'arrêt qui relègue le poëte dans la tourbe des hommes de talent, à une infinie distance du divin génie de Virgile. En résumé, Quintilien aurait tout aussi bien fait de se taire sur Lucrèce, que d'écrire une phrase qui ferait presque supposer qu'il ne lisait guère plus Lucrèce qu'Eschyle ou Simonide, qu'il a aussi jugés, et Dieu sait avec quelle légèreté ridicule ! Qu'il dise que Lucrèce ne se lit pas au courant du regard, personne ne le lui contestera ; mais si l'attention et le travail qu'il y faut dépenser sont payés par des beautés de premier ordre, par mille choses saisissantes ou sublimes, par toutes sortes d'attraits sérieux et même de grâces ? Pourquoi le critique n'a-t-il pas fait ses réserves contre Virgile ? Est-ce que la lecture des *Géorgiques*, ou même de l'*Énéide*, ne nous commande aucun effort ? Un peu plus ou un peu moins importe assez peu en pareille affaire. Croyez-vous, ô Quintilien! que beaucoup de ceux qui ont connu Lucrèce seulement par votre phrase, se soient pris de la moindre passion pour un poëte que vous recommandez par manière d'acquit? Ils se sont privés de lire : je ne dis pas, le ciel m'en garde, qu'ils ont fait comme vous. Ovide n'eût pas approuvé vos façons de dire, lui qui s'écriait, avec un enthousiasme qui l'honore : « Les chants du sublime Lucrèce périront alors qu'un seul jour livrera la terre à sa destruction. » Virgile, comme Ovide, et plus éloquemment qu'Ovide encore, eût protesté contre les dédains ou peut-être contre l'ignorance du rhéteur. C'est de Lucrèce en effet qu'il parle, c'est à Lucrèce qu'il semble se comparer, dans ces vers admirables que quelques lignes de prose vont rappeler à la mémoire du lecteur : « Heureux celui qui a pu connaître les causes des choses, et qui a jeté sous ses pieds toutes les craintes et le bruit retentissant de l'avide Achéron ! Fortuné aussi celui qui connaît les dieux champêtres, et Pan, et le vieux Sylvain, et la troupe fraternelle des nymphes[1] ! » Il semble que Virgile ne voie dans Lucrèce et ne veuille louer en lui que le philosophe; mais qui pourrait douter qu'il ne se fût trouvé dignement honoré si on eût entendu ses paroles dans leur sens le plus large, et accepté le parallèle des *Géorgiques* avec le poëme *de la Nature*, sans se prononcer sur l'excellence, ou en compensant les mérites d'un chef-d'œuvre par ceux de l'autre chef-d'œuvre?

Catulle dont la lecture, sans être d'une facilité parfaite, est beaucoup moins difficile que celle de Lucrèce, et chez qui le lecteur peut prendre à son gré des pièces de toute longueur, de tout mètre et de toute nature, Catulle fut un des écrivains les plus populaires de Rome : aussi n'en est-il guère qui aient été plus souvent nommés par les auteurs anciens; mais on ne peut pas dire qu'il ait été ni loué ni blâmé par eux outre mesure. Cornélius Népos, son ami, dit un mot, à propos d'un autre poëte, d'où l'on peut conclure que Lucrèce et Catulle étaient, selon lui, les deux poëtes

---

[1]. Virgile, *Géorgiques*, livre II, vers 490 et suivants.

les plus élégants de leur siècle. Horace se moque quelque part d'un certain chanteur, ou, comme il dit, d'un petit singe, qui ne savait chanter que les vers de Calvus et de Catulle. Horace a fait plus que lancer en passant un trait de Parthe à son devancier. Il affecte d'oublier que Catulle a été un poëte lyrique. Il dit fièrement et faussement : « C'est moi qui le premier ai montré au Latium les ïambes de Paros. » Il dit encore, non moins faussement, qu'il a été « le premier à faire passer les chants éoliens sur les modes d'Italie. » Catulle avait fait l'un et l'autre avant lui, sans compter ceux qui l'avaient fait peut-être avant Catulle. Mais Horace ne pouvait dormir, dès qu'on parlait de la gloire des poëtes anciens de Rome, de ceux même qui venaient à peine de descendre auprès de Tullus et d'Ancus. Tibulle et Properce, surtout Ovide, c'est-à-dire presque tous les élégiaques latins, sont plus justes pour celui qui les avait précédés dans l'élégie. Ils reconnaissent le talent de Catulle, mais sans s'expliquer sur les qualités qu'ils admirent en lui. Il y a pourtant une épithète qu'ils donnent au poëte, sur laquelle nous devons nous arrêter. Ils disent *le docte Catulle*. Jules-César Scaliger, qui prétend d'abord ne pas savoir pourquoi, en a donné néanmoins une raison assez plausible. Ce sont, suivant lui, les emprunts faits par Catulle à la littérature grecque qui lui ont valu cet honorable surnom ; ce sont des conquêtes savantes dans le genre du *Chant nuptial*, de l'*Atys*, du poëme sur Thétis et Pélée, ce prélude brillant qui annonçait Virgile et l'*Énéide*.

Pline le Jeune, louant un poëte et énumérant toutes les qualités de ses vers, la grâce, la douceur, l'amertume, l'amour, dit que ce poëte fait les vers comme Catulle ; et le mot *meus*, dont il accompagne le nom de Catulle, montre assez que Catulle était pour lui un auteur favori. Quintilien, dans sa revue critique, mentionne à peine le nom de Catulle, à propos de l'ïambe. Ailleurs il ne le cite que pour certaines particularités de langage. Il n'y a rien, dans les autres passages anciens relatifs à Catulle, qui mérite d'être noté. C'est toujours ou *mon cher Catulle*, ou *le docte Catulle*, ou *Catulle le plus élégant des poëtes*.

Génie de Lucrèce.

Lucrèce, à Rome, n'avait pas eu de prédécesseurs. Il était le premier qui eût fait entendre dans les villes romaines, pour parler comme Virgile, un chant ascréen. Il était le premier qui eût fait connaître aux Romains la muse d'Hésiode, de Xénophane, d'Empédocle, de Parménide. Je ne compte pas les traductions de Cicéron. Il est vrai qu'à peu près dans le même temps, Varron de l'Atax avait écrit, dit-on, un poëme sur les marées, intitulé *Pontiques*. Mais ce poëme fut, pour les Romains, comme s'il n'avait jamais été : on ne le lut pas ou on ne le lut guère. Varron avait manqué de génie dans la poésie didactique, comme il en avait manqué dans la satire. Ici encore nous pourrions dire avec Horace : « Varron de l'Atax avait essayé cela en vain. » Aussi Lucrèce est-il fier de son droit de primauté. A deux reprises différentes il a chanté lui-même, à ce sujet, un hymne en son honneur : « Je parcours la région des Piérides où nul chemin n'est ouvert, que nul avant moi n'a foulée de son pied ; j'aime à aller puiser à des sources vierges ; j'aime à cueillir des fleurs nouvelles, et à aller chercher pour ma tête une brillante couronne là où les Muses n'en ont jamais tressé encore pour parer les temps d'aucun poëte[1]. » Et c'était non-seulement chose nouvelle de forcer la poésie latine à parler noblement sur de graves et savantes matières, c'était aussi une difficile entreprise, dans l'état surtout où se trouvait la langue, mal façonnée à l'expression des subtilités de la pensée. Cicéron n'avait écrit que la *République* et les *Lois* et n'avait pas encore touché à la philosophie pure, alors que la dépouille de Lucrèce était déjà rendue au néant, et son âme à cette immortalité qu'il avait si intrépidemment et si vainement niée. Le poëte se fait gloire aussi de ses puissants efforts et de son heureuse persévérance : « Je n'ignore pas, dit-il à Memmius, qu'il est difficile d'éclairer en vers latins les obscures découvertes des Grecs ; surtout quand une foule de sujets ne se peuvent traiter que par des mots nouveaux, à cause de la disette de notre langue et de la

[1]. Livre I, vers 925 et suivants ; livre IV, vers 1 et suivants.

nouveauté des choses. Mais ton mérite pourtant, et le plaisir que me promet une douce amitié, tout m'anime à endurer les plus pénibles travaux. Je me résigne à veiller durant les nuits sereines, et à chercher par quels termes, par quels chants enfin il m'est possible de déployer devant ton âme une vive lumière, de te dévoiler dans ses profondeurs le système du monde[1]. » Les poëtes sont souvent menteurs. Pourtant l'antique proverbe n'est point de mise avec Lucrèce. Nul n'eut jamais plus que lui le droit de se vanter de ses conquêtes. Là où rien n'était, il a fait : il a doté Rome d'une poésie nouvelle ; il a créé jusqu'à sa langue, ou, si l'on veut, il a frappé à son empreinte la langue de tous, et lui a donné une beauté et une valeur auparavant inconnues.

Je fais assez bon marché de Lucrèce philosophe. Rien de plus absurde, selon moi, que le fond de ses doctrines. Au dix-huitième siècle, on eût risqué, en parlant ainsi, de s'attirer quelque méchante affaire. Mais nous n'en sommes plus, grâce à Dieu, aux billevesées de Locke, ni à la sensation plus ou moins transformée, ni à la question si la matière par hasard ne serait pas susceptible de penser. En contemplant Lucrèce, on ne songe plus guère au disciple d'Épicure. S'il n'y avait eu que le philosophe qu'on sait, dans Lucrèce, si Lucrèce n'avait jamais été que l'interprète d'Épicure, il y a longtemps déjà que nous en aurions fini et avec lui et avec son ouvrage. Ce que nous admirons, et ce qui est digne d'une admiration éternelle, ce n'est pas même l'espèce d'habileté dont le poëte a fait preuve dans la distribution et la coordination des parties de son œuvre. D'autres eussent été en état, aussi bien que lui, mieux que lui peut-être, de ranger et de digérer, de ramener à un plan régulier les préceptes du maître ; d'autres l'avaient déjà fait, sans nul doute, sinon à Rome, du moins en Grèce ; et Lucrèce n'a guère eu d'autre peine en cela que de suivre leurs errements, que de répéter en latin ce qu'ils avaient exposé dans leur idiome. Nul doute non plus que les grandes épopées philosophiques des Xénophane, des Parménide, des Empédocle, n'aient fourni un

---

[1]. Livre IV, vers 1115 et suivants.

large contingent de vues et d'idées, pour la construction du monument dédié à Memmius. Peu importait la différence des systèmes : Lucrèce traitait le même sujet que ces grands poëtes avaient traité jadis; il y avait une foule de points par où les dogmes éléatiques confinaient à l'épicurisme ; et ceux qui avaient chanté le néant des choses visibles ne pouvaient manquer de prêter plus d'une fois leurs accents à celui qui chante avec tant d'émotion le néant des choses humaines. En effet, il arrive souvent à Lucrèce de traduire ses illustres devanciers. Il ne s'en cache pas : au contraire, il s'en vante. Les louanges, par exemple, dont il comble le philosophe agrigentin, montrent suffisamment qu'il ne se faisait faute ni de méditer ses ouvrages ni d'en tirer profit.

L'originalité de Lucrèce est ailleurs. C'est cette passion, cette verve, cet enthousiasme profond avec lequel jaillit sa pensée. Expressions, images, sentiments, cris pathétiques, toute cette éloquence et toute cette poésie ne sont qu'une âme brûlante épanchant ses feux. N'y cherchez point d'autre art; gardez-vous surtout d'y chercher rien qui rappelle les petites adresses de ceux qui calculent l'effet d'un mot ou d'un tour de phrase. Ici, tout est pur instinct ou peu s'en faut, tout est pure et simple nature. Dirons-nous que Lucrèce ne sait pas ce qu'il fait, et que le hasard seul conduit son cœur et sa main, ou, sinon le hasard, ce dieu secourable que tout vrai poëte porte en son âme? Non certes! pas plus que nous ne l'avons dit d'Homère ou d'Eschyle. Car Lucrèce est de leur famille et semble avoir hérité de quelques-uns des plus heureux dons qui furent leur partage. Il a, comme eux, l'inspiration; mais, comme eux aussi, il a conscience de lui-même : il pense sa pensée, il en sait et il en suit tous les mouvements. Il ne s'inquiète pas toujours de les arrêter à la fin précise, de les limiter parfaitement, d'en circonscrire harmonieusement le tour. Pour moi, je ne regrette pas bien fort que Lucrèce n'ait point daigné écrire en artiste plus consommé. Sa poésie y a-t-elle perdu, je vous prie, en vigueur puissante et en saisissant éclat? Ces négligences peuvent chagriner les éplucheurs de syllabes; mais qu'a de commun la poésie avec les scrupules des grammairiens et des compilateurs de prosodies ? Voilà une phrase obscure ou traînante, je le veux bien ; voici un vers lourd ou défectueux, j'y consens ; en voici un autre employé tout entier à dire ce qu'exprime à lui seul le mot *fer*. Et puis après! Restez à votre télescope ; comptez les taches du soleil : nous avons assez de nos yeux ; laissez-nous nous épanouir à sa lumière. Vous ne ferez jamais que le style de Lucrèce ne soit le plus beau des styles. Virgile le savait bien, lui qui a tant dérobé aux trésors de son devancier. Il félicite Lucrèce d'avoir connu les causes des choses : ses emprunts répétés sont des hommages tacites au poëte, plus précieux, selon moi, que ceux qu'il rendait publiquement au philosophe. Lucrèce a tracé des tableaux d'un coloris incomparable, et qui ne le cèdent pas même à ceux de Virgile pour la grâce et la beauté. La poésie antique n'a rien de plus parfait peut-être que la description des amours de Mars et de Vénus, que le récit du sacrifice d'Iphigénie, que la peinture des misères de l'homme naissant, que vingt autres passages du poëme, non moins simples et naïfs que sublimes. Quelques-uns des tableaux de Lucrèce ne sont qu'ébauchés ; d'autres fois le poëte ne se soucie pas de peindre. C'est par là qu'il est inférieur à Virgile. Virgile ne connaît ni le sommeil ni la négligence. Les beautés, dans les *Géorgiques*, succèdent aux beautés ; la trame ne se brise pas un instant : du premier au dernier vers, tout est digne du reste, et chaque détail conspire à la perfection de l'ensemble. Lucrèce a des lacunes et des landes, et il oublie trop souvent qu'il est autre chose qu'un philosophe. Mais, dans ces plaines arides, que de belles fleurs encore! Qu'un sentiment un peu vif le saisisse, et tout à coup les mots heureux abondent sous sa main, les images prennent du relief, la phrase s'offre sous les aspects les plus frappants. Lucrèce reste poëte, presque en dépit de lui-même, jusque dans l'argumentation sophistique, jusque dans les plus techniques préceptes. Il ne saurait parler de rien, même du concours des atomes, sans s'exprimer de temps en temps avec cette énergie pittoresque qui est la poésie même. Ici, c'est un mot caractéristique ; là, c'est une heureuse épithète. Je n'ai pas besoin de rappeler des exemples qui se présentent d'eux-mêmes à toutes les mémoires. Pour résumer, Lucrèce est un grand poëte, et un des plus grands. Il a été grand parce qu'il était convaincu : sa foi lui a valu d'être inspiré. Heureux s'il eût donné sa créance à des doctrines plus nobles et plus vraies !

La versification de Lucrèce est comme son style : le poëte ne fait guère de frais pour tourner harmonieusement ses hexamètres. Mais l'harmonie s'y met d'elle-même, dès que l'idée en vaut la peine, et une harmonie aussi parfaite, aussi expressive que celle de Virgile même. Lucrèce n'était fier que de ses doctrines : aussi n'a-t-il pas beaucoup perfectionné le système de versification importé de Grèce par Ennius. Il suit simplement la méthode grecque : peu lui importent et ce qu'on nomme les césures, et le nombre des syllabes du mot final, et le mélange varié des dactyles et des spondées, et toutes les règles latines inventées plus tard, et tant raffinées par les successeurs de Virgile. Il remplit les six mesures; mais, grâce à je ne sais quel tact merveilleux, il les remplit aussi bien, la plupart du temps, et beaucoup mieux quelquefois, qu'il ne l'eût fait, selon toute vraisemblance, s'il eût vécu dans le siècle de Lucain ou de Stace. Virgile seul eût été en état de lui remontrer quelque chose, à peu près comme l'infaillible Sophocle eût pu aider Eschyle à se corriger de ses fautes.

Talent de Catulle.

Catulle est presque l'antipode de Lucrèce. Il n'a rien de spontané, rien d'inspiré : c'est un artiste, et ce n'est qu'un artiste. Il a eu de l'esprit et du goût; il a écrit dans le plus beau siècle de la langue; il a perfectionné l'ancienne versification, et introduit des formes poétiques nouvelles. Voilà ce qui explique la renommée de ses œuvres. Catulle est un des écrivains qui montrent le mieux ce que peut la patience. Personne n'a jamais su ni mieux choisir des sujets à sa portée, ni mieux ménager ses ressources, ni mieux disposer les moyens en vue de la fin, ni mieux viser à l'effet et y atteindre. Lui-même il se rendait bien justice; car il n'aspirait guère qu'à passer pour un bon écrivain et un bon versificateur. Il ne s'est jamais lancé dans la grande poésie qu'à la remorque du génie des Grecs. Ses ouvrages les plus considérables sont des traductions. Les pièces dont on ne saurait lui refuser d'être l'inventeur ne sont que des bluettes. Mais ces bluettes ont toute la perfection du genre. Catulle excelle à dire un bon mot, à réduire une pensée, ou même un sentiment, en peu de vers. Il ne néglige rien pour assurer ses petits triomphes. Il lime l'expression, il acère le trait, avec un soin digne des plus grands éloges. Quelle que soit la forme, hendécasyllabe ou autre, tout, dans ces microscopiques chefs-d'œuvre, est rangé de main de maître. Rien de mieux conçu, de mieux exécuté, de plus complétement réussi. On dirait un métal sortant de la fonte, parfaitement net, pur de toutes pailles et de toutes scories. Faites-le résonner, c'est un timbre clair et agréable. Ainsi sonnent à mon oreille et les vers et le style de Catulle. En traduisant les grands poëtes, le petit poëte s'élève et s'anime : il a quelquefois l'accent héroïque; quelquefois la muse de Lesbos parle dignement par sa bouche. La plus grande gloire de Catulle, c'est d'avoir aplani les voies à Horace et à Virgile. Il a montré le premier tout ce que l'hexamètre latin comportait d'harmonie et de majesté; et il a naturalisé à Rome plusieurs des rhythmes qui y firent plus tard une si belle fortune grâce au génie du poëte de Vénuse.

La Harpe n'a pas été dur pour Catulle. Il le traite même avec une véritable faveur : « Une douzaine de morceaux exquis, dit le critique, pleins de grâce et de naturel, l'ont mis au rang des poëtes les plus aimables. Ce sont de petits chefs-d'œuvre, où il n'y a pas un mot qui ne soit précieux, mais qu'il est aussi impossible d'analyser que de traduire. On définit d'autant moins la grâce qu'on la sent mieux. Celui qui pourra expliquer le charme des regards, du sourire, de la démarche d'une femme aimable, celui-là pourra expliquer le charme des vers de Catulle. Les amateurs les savent par cœur, et Racine les citait souvent avec admiration. On peut croire que ce poëte tendre et religieux ne parlait pas des épigrammes obscènes ou satiriques du même auteur, qui, en général, ne sont pas dignes de lui, même sous les rapports du bon goût. Il y en a plusieurs contre César, qui, pour toute vengeance, l'invita à souper. Il ne faut pas trop admirer César, car les épigrammes ne sont pas bonnes ; et je croirais volontiers que le tact fin de César fit grâce aux épigrammes en faveur des madrigaux. Si Catulle lui récita ses vers sur le moineau de Lesbie et son *Épithalame de Thétis et de Pélée*, son hôte dut être content de lui : il dut voir dans Catulle un génie facile, qui excellait dans tous les sujets gracieux, et pouvait même s'élever au sublime de la passion. »

Lucrèce et Buffon.

Buffon est un naturaliste ; Lucrèce a des prétentions à se connaître aux choses de la nature. Mais ce n'est pas parce qu'ils ont traité l'un et l'autre certains sujets analogues, que nous rapprochons ici leurs deux noms, c'est parce qu'ils ont été l'un et l'autre de grands peintres, et parce que Buffon, pour tracer ses immortels tableaux, s'est inspiré plus d'une fois des tableaux que Lucrèce avait jadis tracés. Fontanes, dans les belles pages qu'il a écrites sur Lucrèce, avait fait avant nous le parallèle. Après avoir relevé les principaux mérites du grand poëte : « En général, dit-il, on ne connaît guère de son poëme que l'invocation à Vénus, la prosopopée de la Nature sur la mort, la peinture énergique de l'amour et celle de la peste. Ces morceaux, qui sont les plus cités, ne peuvent donner une idée de tout son talent. Qu'on lise son cinquième chant, sur la formation de la société, et qu'on juge si la poésie offrit jamais un plus riche tableau. M. de Buffon en développe un semblable dans la septième des Époques de la nature. Le physicien et le poëte sont dignes d'être comparés. L'un et l'autre remontent au delà de toutes les traditions; et, malgré ces fables universelles dont l'obscurité cache le berceau du monde, ils cherchent l'origine de nos arts, de nos religions et de nos lois. Ils écrivent l'histoire du genre humain avant que la mémoire en ait conservé des monuments : des analogies, des vraisemblances, les guident dans ces ténèbres; mais on s'instruit plus, en conjecturant avec eux, qu'en parcourant les annales des nations. Le temps, dans ses vicissitudes connues, ne montre point de plus magnifique spectacle que ce temps inconnu dont leur seule imagination a créé tous les événements. »

J'ai dit que les tableaux de Lucrèce avaient servi quelquefois à Buffon pour tracer les siens. Nous avons des preuves palpables et sans réplique que ce n'est pas le hasard seul et la similitude des sujets qui ont produit la ressemblance. Voici, par exemple, un passage célèbre de Buffon, qui est presque la copie directe d'un passage non moins fameux de Lucrèce : « Si quelque chose est capable de nous donner une idée de notre faiblesse, c'est l'état où nous nous trouvons immédiatement après la naissance. Incapable de faire encore aucun usage de ses organes et de se servir de ses sens, l'enfant qui naît a besoin de secours de toute espèce : c'est une image de misère et de douleur; il est, dans ces premiers temps, plus faible qu'aucun des animaux; sa vie, incertaine et chancelante, paraît devoir finir à chaque instant; il ne peut se soutenir ni se mouvoir; à peine a-t-il la force nécessaire pour exister, et pour annoncer par des gémissements les souffrances qu'il éprouve, comme si la nature voulait l'avertir qu'il est né pour souffrir, et qu'il ne vient prendre place dans l'espèce humaine que pour en partager les infirmités et les peines. » J'ose assurer que Buffon, malgré tout son génie, n'a pas rendu le tableau original plus poignant ni plus terrible : il n'en a pas ravivé les couleurs; il les a plutôt affacées ou ternies. Il me suffit, pour en donner la preuve, de mettre en regard de sa prose, non pas même les vers de Lucrèce, mais une simple traduction de ces vers, c'est-à-dire la poésie de Lucrèce réduite à ma prose, déformée par notre idiome, dépouillée de son rhythme, de son expressive harmonie, de presque tous ses charmes : « L'enfant, à sa naissance, comme le nautonier jeté sur le rivage par les ondes en courroux, est étendu à terre, nu, ne parlant pas, denué de tous les secours de la vie, dès le moment où il aborde aux plages de la lumière, arraché du sein maternel par les efforts de la nature; et il remplit de vagissements lugubres le lieu où il vient de naître. Douleur bien légitime! il lui reste à traverser une vie si durement affligée de maux[1] ! »

[1]. Livre V, vers 223 et suivants.

Lucrèce complète la triste image de nos misères naturelles en retraçant avec une éloquente énergie les bienfaits dont la nature prévoyante a comblé les animaux dès leurs premiers instants : « Au contraire, les brebis, les bœufs, les bêtes sauvages, croissent sans peine; ils n'ont pas besoin de hochets bruyants; il ne faut pas qu'une nourrice caressante s'adresse à eux dans un langage enfantin; ils ne cherchent pas des habits différents suivant la saison; enfin ils n'ont besoin ni d'armes ni de remparts élevés pour mettre à couvert leurs biens, puisque la terre elle-même, puisque la nature, qui ordonne toutes choses, fournit en abondance tout ce qui est nécessaire à chacun d'eux [1]. » Que manque-t-il à cette admirable poésie? il y manque ce qui manque en général au poëme de Lucrèce, ce que le système d'Épicure était impuissant à donner, que dis-je? ce qui eût été la négation du système. Il y manque cette foi à la dignité de la pensée, cette vue claire de notre vraie grandeur, qu'on trouve chez Pascal, chez les autres moralistes chrétiens, chez plus d'un païen même, mais chez les païens spiritualistes. Lucrèce eût mérité de dire, avant Pascal, que c'est de la pensée qu'il faut nous relever, non de l'espace et de la durée, non de nos imperfections matérielles. Il eût mérité de graver le premier, en caractères indestructibles, l'immortelle parole : « L'homme n'est qu'un roseau, le plus faible de la nature; mais c'est un roseau pensant. »

Catulle et les Grecs.

Lucrèce avait emprunté à la philosophie grecque le sujet de son poëme; il avait emprunté aux poëtes philosophes de la Grèce leur rhythme, leur ton, quelquefois aussi leurs idées, leurs tours, leurs expressions mêmes; mais toujours et partout il était resté Lucrèce, c'est-à-dire le plus original et le plus romain des poëtes de Rome. Catulle a plus d'une fois transformé comme lui le plus pur de la substance du génie grec, plus d'une fois il a dérobé sans laisser la trace visible de ces heureux larcins. Mais souvent aussi il lui est arrivé de re-

---

[1]. Livre V, vers 229 et suivants.

noncer absolument à son originalité propre, il s'est exercé à rendre, sans y rien changer d'essentiel, des morceaux grecs qu'il admirait; en un mot, comme je l'ai déjà dit, il s'est fait traducteur. Ses traductions, ou, si l'on veut, ses imitations, sont de valeur fort diverse, selon les modèles. Il lui est arrivé plus d'une fois d'assez mal choisir. Ainsi, par exemple, on n'eût perdu que médiocrement peut-être, à n'avoir pas en latin l'élégie que Callimaque avait écrite en grec sur la métamorphose de la chevelure de Bérénice. Je l'ai dit ailleurs, et je n'ai aucune raison de ne pas le répéter ici : cette élégie est un chef-d'œuvre de mauvais goût; et jamais poëte n'a plus abusé de l'esprit, excepté Lycophron, que Callimaque ne l'a fait quand il s'est imaginé de donner une voix à la constellation nouvelle. Heureusement pour nous, Catulle a mis une préface à sa traduction; et cette préface est une gracieuse et touchante élégie, qui peut nous consoler des vers alambiqués de Callimaque. C'est une lettre d'envoi à Ortalus, c'est-à-dire au fils de l'orateur Hortensius, ou, selon quelques-uns, à Hortensius lui-même. Le poëte s'excuse auprès de son ami de son peu de fécondité poétique. En lui envoyant des vers depuis longtemps promis, il rappelle la déplorable mort de ce frère qu'il avait laissé sur les rives de Troie; il gémit sur ce triste souvenir avec une douleur déjà virgilienne; en un mot, il fait une œuvre à quoi tout l'esprit et toute la science de Callimaque eussent été impuissants.

L'*Épithalame de Pélée et de Thétis* vient aussi de la Grèce; mais on ne sait ni de quel siècle ni de quel poëte. Il y a, dans cet épithalame, de fort belles choses; mais c'est par les détails et la perfection du style que vaut l'ouvrage, bien plus que par la composition générale, et même que par une raison parfaite dans l'agencement des matières. J'ai quelques raisons de croire que l'original du poëme n'appartenait pas à une époque bien pure de la littérature grecque. On conviendra du moins que la manière dont le poëte grec, et Catulle après lui, introduit dans l'épithalame le récit épique des aventures de Thésée et de l'abandon d'Ariane, n'est pas absolument irréprochable. C'est la vue d'une tapisserie qui est le prétexte de cet épisode; et l'épisode, qui n'a rien de commun ni avec Pélée ni avec Thétis, occupe à lui seul plus de la moitié du poëme. Il y a aussi certains traits où il n'est guère permis de ne pas reconnaître la décadence. Je n'en citerai qu'un seul, mais suffisant, je crois, pour montrer que le poëte grec avait plus d'esprit que de goût, ou plutôt que son imagination n'était pas des plus naïves. Il nous peint Ariane abandonnée, tantôt montant sur les rochers d'où sa vue pouvait s'étendre au loin sur la mer, et tantôt, ce sont ses expressions mêmes, « courant devant elle au sein des flots agités, et *relevant sa robe ondoyante, pour mettre sa jambe à nu.* » Voilà, certes, un désespoir qui prend ses précautions, et à qui on ne reprochera pas d'être tout entier à lui-même ! Quelque précieuse que fût la robe d'Ariane, j'avoue que je l'eusse un peu mieux aimée traînante, au hasard d'être mouillée. Il est vrai que le poëte répare amplement sa peccadille quand il fait parler les douleurs d'Ariane. Il a des accents d'une véritable éloquence. C'est presque déjà Didon se plaignant de son impitoyable Énée : « Ainsi, perfide, ah ! perfide Thésée, tu m'arrachais aux champs de ma patrie pour m'abandonner sur un rivage désert ! Ainsi, outrageant les dieux par ta fuite, ingrat ! tu portes dans ton palais le parjure qui te condamne ! Quoi ! rien n'a pu fléchir le cruel dessein de ton âme ? Nulle pensée de clémence, nul sentiment de pitié pour moi n'a fléchi ton cœur barbare? Telles n'étaient point les promesses que jadis je reçus de ta bouche. Telles n'étaient point les espérances que tu offrais à une infortunée, mais une union joyeuse, mais un hymen désiré. Et voilà que les vents de l'air dispersent toutes ces paroles mensongères[1] ! » La fin du discours n'est pas beaucoup inférieure à ce commencement.

Ce n'est pas sur des preuves de fait que je me fonde pour attribuer à la Grèce l'*Épithalame de Pélée et de Thétis*. Catulle ne dit point où il a emprunté ce poëme ; aucun ancien ne nous l'a dit pour lui ; enfin l'original a disparu jusqu'au dernier vers. Il y a une première induction à tirer de la nature du sujet, ou des sujets, puisqu'il y en a deux; mais je n'y

---

1. *Épithalame de Pélée et de Thétis*, vers 123 et suivants.

insiste pas, car nous savons que les poëtes latins aimaient à traiter des sujets de ce genre, et qui n'avaient trait à rien de romain : « Qui ne connaît, dit Virgile, ou le dur Eurysthée, ou les autels de l'affreux Busiris? Qui n'a chanté l'enfant Hylas, et Délos l'île de Latone, et Hippodamie, et Pélops fameux par son épaule d'ivoire, Pélops habile à manier les coursiers[1]? » Pour prononcer en toute sûreté sur la question, il suffit de remarquer la forme de quelques-uns des vers de l'épithalame. Ces vers, sauf quelques mots latins, et sauf les terminaisons latines des mots d'origine grecque, sont presque de véritables vers grecs. On pourrait les restituer dans leur premier idiome presque sans aucun travail, et avec la certitude de reproduire textuellement, ou à très-peu de chose près, les termes mêmes de l'original. Je signale particulièrement, au lecteur qui serait curieux de vérifier l'assertion par lui-même, les vers 3, 19, 20, 23, 35, 36, 96, 156, 253 ; et j'en pourrais citer d'autres encore.

Un poëme unique en son genre, c'est celui qu'on lit dans les œuvres de Catulle sur l'aventure du bel Atys. Ici, bien plus encore que dans l'épithalame, l'origine grecque est manifeste, même à l'œil le moins exercé. Le culte de la grande déesse existait à Rome, il y était même florissant ; mais je doute que Catulle se soit jamais fait initier aux mystères des Corybantes ; et, à supposer même qu'il eût été un des adeptes de cette religion bizarre, je ne saurais me figurer un homme de plaisir comme lui possédé de la passion fanatique que respirent ses vers. Cette poésie étrange n'est pas née à Rome. Elle est sortie de ces sanctuaires où les tristes émules de l'enthousiasme d'Atys se dépouillaient à la fois et de leur virilité et de tout sentiment humain. Que dirai-je du rhythme, qui n'a rien d'analogue dans tout ce que nous possédons de la littérature latine? C'est quelque chose de sautillant, de haletant, de précipité ; ce n'est qu'agitation, égarement et désordre : l'antique dithyrambe lui-même n'avait rien peut-être de plus vif, de plus rapide, de plus saisissant. Mais, si Catulle n'a inventé ni son mètre ni son sujet, avec quel talent,

---

[1]. Virgile, *Géorgiques*, livre III, vers 4 et suivants.

avec quelle verve n'a-t-il pas reproduit la pensée et le mouvement de la composition originale !

Catulle a pris plus d'une fois Sappho pour modèle. La belle ode à sa maitresse : « Celui-là me paraît être l'égal d'un dieu, etc., » est empruntée à celle de Sappho que nous lisons encore dans le traité *du Sublime*. Cette traduction ou cette imitation n'est pas la moins admirable des œuvres de Catulle. Le poëte latin a naturalisé dans sa langue, avec non moins de bonheur, deux épithalames bien supérieurs, selon moi, à l'*Épithalame de Pélée et de Thétis*, et qu'on s'accorde à regarder comme des poëmes de Sappho. Il y a, dans ces épithalames, une grande vérité d'images, une extrême simplicité de ton, un abandon plein de grâce, en un mot cette facilité et ce charme, cette élégante sobriété, toutes ces qualités qui distinguaient, au jugement des anciens, les productions de la poétesse lesbienne. Je citerai seulement un court passage, que le lecteur pourra rapprocher d'un de ceux que j'ai transcrits ailleurs quand je parlais de Sappho : « Comme dans un champ sans culture croît une vigne solitaire : jamais elle ne s'élève, jamais elle ne nourrit de grappes vermeilles; mais, pliant sous le poids qui l'affaisse, elle penche languissamment son corps; elle touche sa racine de l'extrémité de ses rameaux. Aucun laboureur, aucun bœuf ne l'ont cultivée. Mais s'unit-elle à l'ormeau son époux, laboureurs, bœufs la cultivent à l'envi. Ainsi la jeune fille, tant qu'elle reste étrangère à l'amour, se fane abandonnée ; et lorsque, mûre pour l'hymen, elle forme les nœuds d'une heureuse alliance, elle est adorée d'un époux, et elle n'est que plus aimée de son père[1]. »

Citations.

Les poésies romaines de Catulle ne sont pas toutes ce que nous nommons des épigrammes. Il y en a qui sont plutôt des espèces de madrigaux : ainsi les vers *au Moineau de Lesbie*, la *Complainte sur la Mort du Moineau*, etc. Il y en a d'autres qui sont tout simplement de beaux vers, des pièces fugitives, comme nous dirions, et qui ne rentrent dans au-

---

[1]. Catulle, *Chant nuptial*, vers 49 et suivants.

cune classification connue. Bien que la traduction ne puisse guère donner l'idée de cette poésie légère et charmante, j'essayerai pourtant de reproduire ici un au moins de ces morceaux. C'est la *Dédicace du Navire* :

« Ce navire que vous voyez, étrangers, fut, à l'en croire, le plus rapide des vaisseaux. Aucun bois nageant sur l'onde dont il n'eût pu devancer la course rapide, à la rame, à la voile, selon qu'il fallait voler. Il défie de le nier et la côte de l'orageuse Adriatique, et les îles Cyclades, et l'illustre Rhodes, et la Thrace inhospitalière, et la Propontide, et la mer sauvage du Pont, qui le vit forêt chevelue avant d'être navire; car, sur le mont Cytore, il a fait souvent entendre le sifflement de ses bruyants panaches. Amastris de Pont, et toi Cytore chargé de buis, le navire assure que rien ne vous est plus connu; que votre mont, sur sa cime, porta ses ancêtres dès l'origine la plus reculée; qu'il trempa ses rames pour la première fois dans vos eaux. C'est de là qu'à travers tant de mers irritées, il a porté son maître, tantôt ayant le vent à gauche, tantôt l'ayant à droite, tantôt poussé en poupe par un souffle favorable. Jamais on n'eut besoin de faire des vœux aux dieux des rivages, depuis son départ des mers les plus reculées jusqu'à son arrivée dans ce lac limpide. Mais tout cela était jadis. Maintenant, il vieillit dans un calme repos, et il se consacre à toi, Castor, et à toi, frère jumeau de Castor. »

Quant aux épigrammes, je ne tenterai pas d'en rien transcrire. Je remarquerai seulement que, s'il y en a de médiocres, ou même de mauvaises, il y en a aussi de bonnes, et même d'excellentes. Martial, avec tout son esprit, est bien loin d'avoir fait oublier les grâces plus naïves de son devancier. On compare quelquefois Martial à Catulle, c'est-à-dire à une portion de Catulle. Jules-César Scaliger et Juste Lipse n'hésitaient pas à préférer le poëte de Domitien. Ceux qui aiment surtout l'esprit pour l'esprit partagent cette préférence. Mais il m'est impossible de m'y associer. Pourtant je n'irai pas jusqu'à dire, avec Muret, que Martial est à Catulle ce qu'un vil bouffon est à un homme de bon ton et de bonne compagnie. Bien moins encore approuverai-je le fanatisme d'André Navagero, ce sénateur vénitien ami de Bembo et de Fracastor et poëte latin distingué comme eux, qui brûlait solennellement chaque année, en l'honneur de Catulle, un exemplaire de Martial, et qui nommait le jour de cet holocauste la fête des Muses.

Revenons à Lucrèce. Si nous voulions transcrire ici tout ce qu'il y a d'admirable dans le poëme *de la Nature*, le reste de notre volume n'y suffirait pas. Il nous faudrait citer tous les préambules, presque toutes les digressions, le cinquième livre presque en entier, une partie considérable du troisième et du sixième, et une foule innombrable de passages remarquables, de vers bien frappés, de mots heureux, épars dans tous les autres livres. Nous nous bornerons à deux citations, dont l'une même est assez courte. On verra du moins combien le poëte valait mieux que son système.

Voici, par exemple, une de ces oasis qu'on trouve à travers les déserts les plus arides de la philosophie de Lucrèce. Il s'agissait des diverses figures des atomes, et, par suite, de la diversité des êtres mêmes qui se ressemblent le plus : « Car souvent, au pied des images splendides des dieux, près des autels où brûle l'encens, un veau est tombé en sacrifice, versant de sa poitrine une chaude source de sang; mais la mère à qui on l'a ravi parcourt à grands pas les vertes campagnes, et laisse sur la terre la profonde empreinte de ses pieds fourchus. Elle porte ses regards inquiets dans tous les lieux d'alentour, tâchant d'apercevoir quelque part le nourrisson qu'elle a perdu. Elle s'arrête au bord de la forêt ombreuse, qu'elle remplit de ses plaintes. A chaque instant elle retourne examiner dans l'étable, uniquement occupée de ses regrets. Ni les tendres saules, ni les herbes ranimées par la rosée, ni les ruisseaux coulant à pleines rives, ne peuvent charmer son cœur ni détourner le souci qui l'a tout à coup saisie. Les figures des autres veaux qu'elle aperçoit dans les gras pâturages ne peuvent faire illusion à ses yeux et calmer sa douleur : tant ce qu'elle cherche est chose à elle propre et qu'elle connaît bien [1] ! »

1. Livre II, vers 352 et suivants.

Lucrèce parle de l'amour en physiologiste plus qu'en philosophe, mais toujours en poëte. Plus d'une fois il s'échappe, là aussi, des chaînes de son matérialisme. C'est au quatrième livre de Lucrèce que Molière a emprunté les vers charmants d'Éliante sur les illusions de l'amour. C'est dans ce même livre que Lucrèce dépeint comme il suit les tourments de l'amour, non pas seulement de l'amour malheureux, mais de l'amour qui semble le plus fortuné : « Vous passez votre vie sous le commandement d'autrui. Cependant le patrimoine s'en va et les dettes se contractent; les devoirs sont délaissés, la réputation vacille et périt. Prodiguez les parfums; qu'à vos pieds rient les magnifiques chaussures de Sicyone ; soit ! enchâssez dans l'or de grandes émeraudes d'un vert éclatant.... Les trésors bien acquis par vos pères deviennent des bandelettes et des ornements de tête ; ils se changent en robes de femme, en étoffes de Mélite ou de Céos. Vous avez les riches ameublements, les festins, les jeux, les coupes sans cesse vidées, les parfums, les couronnes, les guirlandes : vains apprêts ! car du sein de la source des délices il monte quelque chose d'amer, qui vous suffoque dans les fleurs mêmes ; soit que la conscience vous reproche une vie oisive, de longues années perdues dans la mollesse ; soit qu'un mot équivoque de l'objet aimé pénètre votre cœur comme un trait, et s'y conserve brûlant, comme le feu sous la cendre ; soit que vous croyiez remarquer, dans ses yeux, trop de distraction pour vous, trop d'attention pour un autre, ou, sur son visage, les traces d'un sourire moqueur. Oui, ce sont là les maux qui accompagnent l'amour le plus heureux ; mais, dans un amour rebuté et sans espoir, il y en a d'innombrables, et qu'on saisit tous du premier regard. Aussi vaut-il mieux, comme je l'ai dit, veiller d'avance, se garder du piége. Car il n'est pas si malaisé d'éviter de se prendre dans les filets de l'amour, que d'en sortir quand on est pris et de briser les nœuds puissants de Vénus[1]. »

---

1. Livre IV, vers 1145 et suivants.

CHAPITRE XXV.

L'ÉPOPÉE DEPUIS ENNIUS JUSQU'A VIRGILE.

Caractères de la véritable épopée. — Successeurs épiques d'Ennius. — Contemporains de César. — Contemporains d'Auguste.

Caractères de la véritable épopée.

On se rappelle ce qu'avait été l'épopée aux mains de Névius et d'Ennius. Le chantre des guerres Puniques avait fait de l'histoire en vers ; l'auteur des *Annales* et du *Scipion*, de même. Leurs poëmes, à proprement parler, n'étaient qu'à moitié ce que nous entendons par le mot épopée. C'étaient des récits épiques ; c'était le ton et le style de l'épopée ; c'en était quelquefois le merveilleux ; mais on y eût cherché en vain une unité véritable : les parties se suivaient, mais elles n'étaient pas solidaires les unes des autres ; rien n'était ordonné ni construit, sinon dans les détails ; il n'y avait enfin ni plan général ni ensemble. Ce n'est pas ainsi qu'Homère avait conçu ses ouvrages. Il n'avait songé ni à raconter la guerre de Troie depuis ses origines, ni à retracer la vie entière du fils de Laërte. Un épisode de la guerre de Troie, la colère d'Achille et ses conséquences, voilà toute l'*Iliade* ; le retour d'Ulysse de Troie à Ithaque, voilà toute l'*Odyssée*. Une épopée est une histoire ; mais c'est quelque chose de plus encore. C'est le tableau d'une époque, mais d'une époque qui se résume ou dans un fait, ou dans un homme, ou dans une idée. Le poëte, celui qui crée et qui invente, n'est point tenu à nous donner le passé tel qu'il a été réellement, et à se réduire au rôle de chroniqueur. Il raconte les choses telles qu'elles ont dû ou telles qu'elles ont pu se passer ; il met en lumière les plus secrètes pensées des hommes ; il dispose de la nature ; il soumet à ses volontés les puissances divines elles-mêmes. Ce n'est pas tout d'avoir le poëte, il faut le sujet. Toute époque quelconque peut être plus ou moins matière à chants épiques, toute époque quelconque n'est pas matière à épopée. Il faut ou le fait mémorable qui la caractérise, ou l'homme en qui, pour ainsi dire, elle s'incarne, ou l'idée qui est son originalité et sa grandeur. Névius et Ennius avaient le talent; ils n'ont manqué ni d'inspiration ni de verve : donnez-leur un sujet bien circonscrit ; faites qu'ils nous peignent une époque placée dans un majestueux lointain, et qui paraisse, à cette distance, toute pleine de merveilles ; faites qu'ils aient un vrai sujet d'épopée : je ne dis pas qu'ils seront des Homères, mais nous ne contesterons plus à leurs poëmes un titre que les anciens attribuaient en général à la narration versifiée. Névius et Ennius sont des épiques à la manière de la plupart des héritiers d'Homère, de ceux qui prenaient pour sujet l'histoire entière des exploits d'un héros, toute la vie d'Hercule, par exemple, ou de Thésée.

Successeurs épiques d'Ennius.

Il n'est guère douteux que Névius et Ennius n'aient eu des émules parmi leurs contemporains, et qu'après eux plus d'un poëte n'ait essayé de marcher sur leurs traces. Mais nous ne pouvons citer avec certitude aucun nom de poëte épique, aucun titre d'épopée, ni dans leur siècle, ni dans le siècle qui les suivit. Nous pourrions du moins nommer quelques hommes qui travaillèrent à perfectionner le style et la versification de l'épopée. Ce sont ces traducteurs d'Homère qui reprirent l'œuvre autrefois tentée par le vieux Livius Andronicus. Ainsi ce Lévius dont les vers sont cités fréquemment sous le nom de poëte de Tarente.

Contemporains de César.

Même en descendant jusqu'au temps où vivait César, que trouvons-nous? tout d'abord deux traducteurs : Matius, ce même Matius que nous connaissons déjà, qui avait mis l'*Iliade* en vers iambiques; Varron de l'Atax, que nous connaissons aussi, qui avait mis en latin les *Argonautiques* d'Apollonius de Rhodes. Il est vrai que Varron essaya de l'épopée originale : il écrivit un poëme sur la guerre de César contre les Séquanais. Nous ignorons ce qu'était précisément ce poëme. Il est assez probable que Varron imitateur d'Homère, ou plutôt d'Ennius, ne valait pas beaucoup mieux que Varron imitateur de Lucilius, ou que Varron dissertant en vers sur les marées. Hostius chanta la guerre d'Istrie, avec quelque talent, dit-on; et quelques-uns veulent que Virgile fît cas de cet ouvrage, et qu'il en ait même tiré parti.

Contemporains d'Auguste.

Un seul des contemporains d'Auguste et de Virgile semble avoir excellé dans la narration épique. C'est Lucius Varius. Varius avait raconté en beaux vers les conquêtes d'Auguste et d'Agrippa. Il ne reste rien de ces vers, non plus que du poëme sur la mort de César qu'on attribue au même auteur. Horace disait de Varius : « Il mène l'épopée comme personne. » Horace caractérise le poëte par l'épithète d'*impétueux*, et semble dire, par conséquent, que son style était plein de feu et d'énergie. Les anciens nomment avec quelque distinction Titus Valgius Rufus. Velléius Paterculus place Caïus Rabirius à côté de Virgile. Ce jugement ne faisait peut-être pas beaucoup d'honneur au goût de Velléius; mais Rabirius avait donné des preuves de talent dans son poëme sur la bataille d'Actium. Je dois avouer pourtant que certains vers retrouvés dans les papyrus d'Herculanum, et que plusieurs critiques reconnaissent pour des vers du poëme de Rabirius, sont d'une grande médiocrité, et qu'ils ne rappellent guère le style ni l'harmonie de l'*Énéide*. Parlerons-nous de Marcus Furius Bibaculus, de ce poëte détestable dont Horace s'est moqué, et qui était l'exagération et l'enflure mêmes? Parlerons-nous d'Aulus Furius d'Antium et de ses *Annales*? Parlerons-nous d'Anser, le parasite d'Antoine, le détracteur de Virgile? A ce compte, il nous faudrait ne point passer sous silence Bavius et Mévius, ces deux ennemis de Virgile, qu'un vers de Virgile a couverts d'un immortel ridicule. Cornélius Sévérus était un autre homme. Ses vers sur la mort de Cicéron prouvent qu'il avait du cœur et du talent; mais il n'est point de ceux que Virgile a connus. Bien loin d'avoir rien fourni à Virgile, c'est lui qui a dû en partie à Virgile ce qu'il a été.

Son poëme sur la guerre de Sicile est postérieur à la publication de l'*Énéide*. Son autre poëme, celui dont on a admiré ailleurs les magnifiques restes, était aussi une œuvre que Virgile n'avait pu lire. Quoi qu'il en soit, nous transcrirons ici, pour terminer ce chapitre, le jugement de Quintilien sur Cornélius Sévérus : « Cornélius Sévérus est plutôt un bon versificateur qu'un bon poëte. Pourtant, s'il eût écrit jusqu'au bout sa *Guerre de Sicile* dans le style du premier livre, il prétendrait à bon droit à la seconde place. Mais une mort prématurée ne lui permit pas d'atteindre à la perfection. Néanmoins les œuvres de son enfance montrent un grand caractère, et une volonté de bien faire admirable, surtout dans un pareil âge. »

CHAPITRE XXVI.

VIRGILE.

Génie de Virgile. — Vie de Virgile. — Jugements des anciens. — Virgile philosophe. — Premiers essais poétiques de Virgile. — Les *Bucoliques*. — Virgile et Théocrite. — Style des *Églogues*. — Les *Géorgiques*. — Excellence littéraire des *Géorgiques*. — L'*Énéide*. — Virgile et Homère. — Divers emprunts de Virgile. — Héros de l'*Énéide*. — Mœurs de l'*Énéide*. — Style de l'*Énéide*.

Génie de Virgile.

Nous avons dit ce qui manquait d'art à Lucrèce, ce qui manquait à Catulle d'ampleur et de fécondité. Notre pensée, quand nous signalions ces lacunes, a dû se reporter plus d'une fois vers le poëte à qui rien ou presque rien n'a manqué; vers ce Virgile qui fut, non moins que Lucrèce, le favori des Muses, et qui fut aussi, non moins que Catulle, un artiste consommé. Nous avons donc noté déjà quelques-unes des vertus qui recommandent ses œuvres à une admiration immortelle. M. Nisard nous a fourni, à propos de Tite Live, une belle page sur la sensibilité de Virgile. Il s'agit maintenant d'entrer dans quelque détail, et d'expliquer pourquoi le nom de Virgile est un des plus grands noms de toutes les littératures, et, avec le nom de Cicéron, le plus grand de toute la littérature romaine.

Virgile a eu plusieurs manières, s'il est permis d'appeler ainsi les caractères divers qui distinguent son style dans ses divers ouvrages. Mais nous prenons le mot manière dans l'acception qu'il a chez les critiques qui étudient les progrès du talent des grands peintres. Le Raphaël de la *Transfiguration* n'est pas le même que le Raphaël continuateur du Pérugin, ou que le Raphaël de l'*École d'Athènes*. Une page de l'*Énéide* ne ressemble point à une page des *Géorgiques*, ni une page des *Géorgiques* à une page des *Églogues*. Ce qu'il y a de commun et dans les *Églogues*, et dans les *Géorgiques*, et dans l'*Énéide*, c'est cette diction pure et irréprochable, ce latin dégagé de toutes les rusticités antiques, de toutes les importations pédantesques ; c'est cette simplicité ingénue qui s'allie sans effort à l'art le plus savant ; c'est l'absence de toute affectation et de toute recherche, même là où le poëte eût pu sans crime se laisser aller aux séductions du bel esprit ; c'est, comme dit un critique, cet art difficile d'offrir une succession de beautés variées, de réveiller dans un seul trait un grand nombre d'impressions, de ne les épuiser jamais en les prolongeant ; c'est surtout, selon moi, cette imagination puissante, mais toujours réglée, et qui ne perd rien de sa force ni de son éclat, pour se circonscrire sévèrement dans le cercle étroit du bon sens et de la raison ; c'est plus encore, c'est la grâce enchanteresse, c'est le sentiment, c'est le souffle divin ; en un mot, c'est l'âme et le cœur de Virgile. Voilà les ressemblances ; voilà aussi ce qu'on peut nommer le génie de Virgile. Mais les œuvres du poëte sont comme ces sœurs dont il dit que leur figure, malgré la conformité de physionomie, n'est pourtant pas la même, et fait connaître seulement qu'elles sont sœurs. Nous marquerons plus tard les différences. Disons auparavant quelques mots de la personne du poëte.

Vie de Virgile.

Publius Virgilius Maro naquit près de Mantoue, au village d'Andes, le 15 octobre de l'an 70 avant notre ère. On a la date très-exacte : en style romain, c'est le jour des ides d'octobre de l'an 684 de Rome, et sous le consulat de Pompée et de Crassus. La famille de Virgile n'était ni noble ni riche, elle n'était pourtant pas dénuée absolument des ressources nécessaires. Les études du jeune homme furent aussi complètes que s'il eût été fils d'un chevalier ou même d'un sénateur. Il passa d'abord quelques années dans les écoles de Crémone. A dix-sept ans, il se rendit à Milan, où il prit la robe virile. C'est à Naples qu'il se perfectionna dans les lettres grecques et dans la philosophie. Il ne négligea presque aucune des sciences alors connues. Il possédait à fond, disent ses biographes, les mathématiques, la médecine, l'art vétérinaire.

Il débuta dans la poésie par quelques pièces assez médiocres, mais qui lui firent déjà une réputation. Il fut dépouillé de son patrimoine, après la bataille de Philippes, quand Octave distribua à ses vétérans les terres de Crémone et de Mantoue. Il vint à Rome faire ses réclamations. Varius le recommanda à Mécène, Mécène à Auguste. Ses biens lui furent rendus. Depuis ce temps, il passa sa vie tantôt à Andes, tantôt à Rome, tantôt à Naples, presque uniquement appliqué aux choses de l'esprit, et n'aspirant ni à la fortune ni aux honneurs. Les *Bucoliques* le mirent de prime abord un rang très-élevé parmi les poëtes latins. Les *Géorgiques*, qu'il écrivit ensuite, l'égalèrent aux plus grands poëtes de la Grèce même. Il entreprit bientôt l'*Énéide*, à la prière d'Auguste. Il y travailla plus de douze ans; mais il ne vécut point assez pour y mettre la dernière main. Quelque temps avant sa mort, il était aller visiter la Grèce, et il avait parcouru les contrées où il fait voyager son héros. C'est dans ce voyage qu'il contracta la maladie qui lui devint fatale. A peine arrivé en Italie, il mourut, à Brindes selon les uns, à Tarente selon d'autres. C'était le 10 des calendes d'octobre de l'an de Rome 736, c'est-à-dire le 21 septembre de l'an 18 avant notre ère. Il était âgé de cinquante-deux ans moins quelques jours.

Virgile était d'une complexion délicate, et sa sobriété était extrême. On vante la pureté de ses mœurs, sa modestie, sa bonté, son désintéressement. On croit que c'est de lui que parle Horace dans les vers où il nous peint un de ses amis, le meilleur de tous les hommes, mais d'une tournure vulgaire, gauche dans sa démarche, la chevelure en désordre, mal drapé dans sa toge, négligé dans sa chaussure. Sa conversation n'avait rien de remarquable, et ne se sentait nullement de la supériorité de son esprit. Il avait, comme notre Corneille, l'élocution pénible et embarrassée, non-seulement sans élégance, mais sans ces éclairs qui illuminent d'ordinaire la parole des hommes de génie. On conte qu'il n'essaya qu'une fois en sa vie de parler devant un tribunal, et que son unique plaidoyer n'eut qu'un fort médiocre succès. Il composait difficilement. Voici, dit-on, comment il s'y prenait. Il dictait le matin un grand nombre de vers, et il employait tout le reste de la journée à les corriger, à les réduire, à en faire quatre ou cinq qui le satisfissent ; imitant, selon l'expression qu'on lui prête, l'ourse qui lèche ses petits naissants et leur donne la forme. On conviendra qu'un tel procédé était plus singulier que commode, surtout que fructueux. Mais Virgile était bien en droit d'avoir ses petites bizarreries.

Jugements des anciens.

La postérité n'avait pas encore commencé pour Virgile, que Rome savait déjà qu'elle possédait le plus grand de ses poëtes. Properce, à l'annonce de l'*Énéide*, n'hésitait point à s'écrier : « Cédez, écrivains de Rome ; cédez, écrivains de la Grèce ; il naît je ne sais quoi plus grand que l'*Iliade*. » Nous rabattrons ce qu'il y a d'exagéré dans un tel éloge : nous signalons seulement l'admiration d'un contemporain. Ovide disait, non sans raison, que les ouvrages de Virgile comptaient parmi les plus beaux titres de la gloire romaine. Sillius Italicus célébrait comme une fête le jour de la naissance de Virgile, et il allait déposer des couronnes sur le tombeau qu'on voit encore non loin de la grotte du Pausilippe. Les ides d'octobre, selon Martial, étaient consacrées par la naissance de Virgile, comme d'autres jours par la naissance de quelque dieu. Stace terminait la *Thébaïde* en disant à son épopée : « Ne tente point d'atteindre la divine *Énéide* ; mais suis-la de loin, et adore toujours ses traces. » Quintilien, dans sa revue critique, parle dignement de Virgile : « De même qu'Homère chez les Grecs, de même chez nous Virgile doit figurer en tête, et à ces titres vraiment sacrés. C'est, de tous les poëtes de ce genre, grecs ou romains, celui qui se rapproche, sans contredit, le plus d'Homère. Je rapporterai ici les propres termes que, dans ma jeunesse, j'ai recueillis de la bouche d'Afer Domitius. Je lui demandais quel poëte, selon lui, était le plus voisin d'Homère : *Virgile*, me dit-il, *est le second, mais plus proche du premier rang que du troisième.* Et en effet, si notre poëte le cède à cette nature céleste et immortelle, du moins il y a chez lui plus de soin et de diligence, ne fût-ce que parce qu'il lui a fallu travailler davantage, et toute la supériorité qu'a son rival du côté des qualités sublimes, peut-être Virgile la compense-t-il par l'égalité de sa perfection. »

Virgile philosophe.

L'empereur Alexandre Sévère appelait Virgile le Platon des poëtes, et il avait placé sa statue à côté de celle de Cicéron, dans cet oratoire où il consacrait la mémoire des grands hommes. J'ai souvent entendu vanter la profondeur des idées philosophiques de Virgile. Il est certain que Virgile avait beaucoup étudié, et qu'il avait l'esprit ouvert à toutes les connaissances ; il est certain aussi que les préférences du poëte étaient, en général, pour les doctrines de Platon. Mais de là à faire de lui un autre Platon, ou même un platonicien bien convaincu, il y a plus loin que quelques-uns ne disent. Les louanges dont Virgile comble Lucrèce philosophe prouvent que la doctrine d'Épicure ne lui répugnait pas invinciblement. Mais nous avons des preuves plus directes encore de ses oscillations entre les systèmes contraires. Bossuet signale ce phénomène, dans un passage du *Traité de la Concupiscence :* « Ainsi, dit-il, voit-on dans Virgile le vrai et le faux également étalés. Il trouve à propos de décrire, dans son *Énéide*, l'opinion de Platon sur la pensée et l'intelligence qui anime le monde : il le fera en vers magnifiques. S'il plaît à sa veine poétique, et au feu qui en anime les mouvements, de décrire le concours d'atomes qui assemble fortuitement les premiers principes des terres, des mers, des airs et du feu, et d'en faire sortir l'univers sans qu'on ait besoin pour les arranger du secours d'une main divine, il sera aussi bon épicurien dans une de ses *Églogues* que bon platonicien dans son poëme héroïque. Il a contenté l'oreille, il a étalé le beau tour de son esprit, le beau son de ses vers et la vivacité de ses expressions : c'est assez à la poésie ; il ne veut pas que la vérité lui soit nécessaire. » Ne soyons pas si sévères que Bossuet. La vérité vraie n'est pas l'objet indispensable de la poésie. Il est à souhaiter que les poëtes y tendent, ou qu'ils la rencontrent : je ne suis pas de ceux qui leur conseilleraient de s'en détourner. Mais les idées ne sont guère pour eux que des matières à versification. Qu'ils en changent au gré de leurs impressions mobiles, ou même de leurs caprices, il n'y a pas beaucoup à s'en étonner ; et je ne m'indigne point que Virgile ait eu plus à cœur le renom d'excellent poëte que celui de philosophe conséquent.

Premiers essais poétiques de Virgile.

Les débuts poétiques de Virgile annonçaient un talent déjà distingué, sinon le futur auteur des *Géorgiques* et de l'*Énéide*. Nous possédons encore quelques-unes des petites pièces qui commencèrent sa réputation de poëte. La collection intitulée *Catalectes* est, comme l'indique ce titre grec, un choix fait après coup parmi les épigrammes et les autres bluettes qu'on attribuait à Virgile, et dont la plupart avaient été, dit-on, les tâtonnements plus ou moins heureux par quoi il s'était d'abord essayé à rivaliser avec les maîtres. Il n'y a rien, dans ce recueil, qui soit beaucoup au-dessus du médiocre. Il est possible que d'autres que Virgile aient à revendiquer la paternité de bon nombre d'entre ces vers. Mais on place, à côté des *Catalectes*, des morceaux plus considérables, et d'un ordre plus élevé, qui portent un caractère d'authenticité plus manifeste. Le *Moucheron*, par exemple, pourrait bien être ce poëme demi-bucolique que tous les anciens citent comme une des premières productions de Virgile. Ce n'est pas un chef-d'œuvre ; le style en est parfois obscur et la versification traînante. Mais il y a du sentiment, et quelque chose déjà des grâces naïves que les Muses, suivant Horace, avaient accordées en don à Virgile. On y trouve aussi les premiers linéaments de ce qui devait être plus tard l'incomparable tableau de la mort d'Eurydice et de la douleur d'Orphée. Je dois dire seulement que d'excellents critiques pensent que le poëme a été gâté par des remaniements et des interpolations, et qu'il n'était pas sorti des mains de Virgile tel que nous l'avons aujourd'hui. L'*Aigrette*, la *Cabaretière*, le *Moretum* semblent dignes de Virgile. Le premier de ces trois petits poëmes n'est qu'un récit mythologique bien versifié ; mais le second et le troisième ont une originalité assez remarquable. Ce sont des scènes de la vie vulgaire, mais retracées avec un grand charme. La *Cabaretière* rappelle ces peintures de Pompéies, où se révèle à nous la vie antique, et qui sourient, pour ainsi dire, d'un rayon d'élégance et de beauté. Le *Moretum*, bien plus encore. On s'intéresse au pauvre homme qui se lève avant le jour pour préparer ses frugales provisions ; on s'intéresse même à cette humble esclave qui l'aide dans ses travaux. On suit d'un œil attentif les détails de l'opération d'où sort le *moretum*, ce mets pour nous si étrange, ce composé d'herbes, d'ail pilé, de fromage et de vin.

Les Bucoliques.

Avec les *Bucoliques*, nous entrons déjà dans le vrai, dans l'admirable Virgile. Le titre du recueil indique assez de quoi il se compose. Ce sont des poésies pastorales. Le titre d'*Églogues*, qu'on joint d'ordinaire au premier, n'a par lui-même aucun rapport ni avec la poésie pastorale, ni même avec aucune sorte de poésie. C'est un mot grec, qui signifie tout simplement à peu près la même chose que le mot *Catalectes*. Il indique que les dix pièces du recueil ne sont pas toutes celles du même genre que l'auteur avait écrites ; qu'elles ont été choisies dans un plus grand nombre ; que le public a la fleur, et la fleur seule, de l'œuvre première. Ce n'est que par une association d'idées, du reste assez naturelle, que le mot églogue, comme le mot idylle, est devenu synonyme de poëme pastoral.

Les dix églogues devraient être rangées un peu autrement qu'elles ne sont, si l'on s'astreignait strictement à l'ordre chronologique. La première selon la date n'est que la deuxième dans les éditions. Elle fut écrite en l'an 42 avant notre ère. Virgile avait alors vingt-huit ans. Mais la dixième est à la fois et la dernière du recueil et la dernière selon la date. Elle est postérieure de quatre ans environ à la première.

Virgile et Théocrite.

Virgile écrivait les *Bucoliques* sous l'impression de ses premières études littéraires, et dans un temps où il était plus familier peut-être avec les poëtes de la décadence grecque qu'avec ceux de la belle antiquité. Les Alexandrins régnaient partout dans les écoles. Callimaque et Philétas étaient les dieux propices qu'invoquait la Muse romaine. Apollonius balançait la renommée d'Homère. Mais Virgile sut faire un choix parmi ces modèles trop vantés, et Théocrite eut sa préférence. Il dit bien quelque part qu'il compose des vers à la façon du poëte Chalcis; mais presque partout on sent l'influence du poëte de Syracuse. Il est douteux, malgré son témoignage, qu'Euphorion lui ait beaucoup prêté, tandis que Théocrite lui fournit sans cesse, non pas seulement des idées, des expressions, des tours de phrases, des vers entiers, mais des développements, des caractères, jusqu'à des sujets de poëmes. Aussi Virgile n'est-il tombé dans aucun des défauts qu'on est en droit de reprocher aux coryphées de la littérature alexandrine. Il en a pourtant, même d'assez graves, et que nous ne devons point passer sous silence. Voici le pire, qui tenait non pas à son talent, mais aux conditions fâcheuses qu'il lui fallait subir pour rendre supportables à ses lecteurs des tableaux bucoliques. Il n'avait pas sous les yeux, comme Théocrite, des pâtres musiciens et chanteurs; il lui fallait créer une sorte de monde imaginaire. C'était donc, jusqu'à un certain point, un genre faux qu'il introduisait dans la poésie latine; ou, si l'on veut, il se condamnaît à une poésie d'imitation, et il s'exposait à manquer d'inspiration et de vie. Transporter tout entier Théocrite en latin et se faire traducteur, un tel génie ne pouvait songer à se réduire à ce métier quasi servile ; et le goût des contemporains se fût médiocrement accommodé de toutes les naïvetés, de toutes les crudités de la verve sicilienne. Il transforma donc Théocrite. Il ne voulut être bucolique qu'en apparence ; ses bergers et ses chevriers furent autre chose que des Tityres et des Mélibées : en un mot, au lieu de pastorales il donna aux Romains des allégories. Voilà comment il put se vanter d'avoir rendu les forêts dignes d'un consul ; voilà aussi comment il s'est condamné à n'être qu'un faux Théocrite. Ne cherchez donc pas dans les *Églogues* ce qui fait le principal charme des *Idylles*, cette vivacité, cette rudesse, cette poétique brutalité, cette vérité dramatique ; ces caractères qu'un rien décèle, qui se mettent à chaque instant dans un saisissant relief, et où la nature elle-même ne méconnaîtrait pas ses rustiques enfants. Les bergers de Virgile parlent trop bien pour des bergers : on dirait presque, s'ils sortent de la ville, qu'ils rêvent de Rome et de la cour d'Auguste. Ils y songent en effet ; ou plutôt le poëte qui les fait parler y songe pour eux. Mais oubliez pour un instant leurs noms ; percez les apparences ; entrez dans le dessein de Virgile : cette poésie est vraie et vivante, pleine de passion et d'enthousiasme, et elle mérite à son tour l'admiration des hommes. Mais pourquoi Virgile a-t-il prétendu la faire accepter pour de la poésie bucolique ?

Style des Églogues.

Le style des *Églogues* est très-peu bucolique : je viens d'expliquer pourquoi. Je n'ai pas entendu par là excuser Virgile. J'ajoute que ce style pèche quelquefois par le vague et par une certaine obscurité. Si ce n'était un blasphème, j'oserais presque assurer que Virgile ne s'est pas toujours rendu un compte suffisamment exact de ce qu'il voulait nous dire. J'aime mieux croire qu'il savait fort bien ce qu'il disait ; mais rien ne m'empêchera de regretter qu'il ait trop compté sur l'intelligence et la pénétration du lecteur. Quand les idées en valent la peine, on éprouve une sorte de jouissance à les découvrir en fouillant sous les mots ; mais ces semblants de pâtres pourraient bien n'avoir quelquefois que des semblants d'idées. Je ne m'étonne donc pas qu'ils n'en serrent que médiocrement l'expression, et que leurs phrases s'embarrassent de parenthèses ou traînent quelquefois des queues trop longues. L'épithète n'est pas toujours caractéristique ; le mot ne fait pas toujours image ; le poëte ne sait point encore faire valoir les termes l'un par l'autre, mettre un tableau entier dans un vers, faire succéder sans cesse les tableaux aux tableaux. Il y viendra plus tard. En attendant, il a déjà toutes les élégances ; il a l'abondance, la facilité, la fluidité, l'harmonie. Que dis-je ? il fait pressentir çà et là tantôt les *Géorgiques* futures, tantôt la future *Énéide*. C'est surtout dans les églogues les moins bucoliques qu'il s'est montré plus d'une fois grand poëte. Les Muses de Sicile semblent avoir exaucé une de ses prières. Elles ne lui ont point su trop mauvais gré d'avoir laissé là pour un instant leurs Thyrsis et leurs Damœtas.

Les Géorgiques.

Virgile avait plus de trente ans quand il commença les *Géorgiques*. Il entreprit ce poëme à la prière de Mécène son protecteur, et il consacra sept années entières à exécuter et à parfaire son œuvre. Les *Géorgiques* n'ont guère plus de deux mille vers ; mais ce n'est pas à la longueur d'un poëme que se mesure le génie de son auteur. La postérité s'inquiète médiocrement de savoir si peu de vers ont coûté beaucoup de jours. Elle jouit de leur beauté, elle admire leurs perfections : que lui importe le reste ?

Le mot *Géorgiques* est un mot grec, qui signifie les travaux de la terre. Le poëme de Virgile n'est pas seulement un recueil de leçons sur la culture : il comprend à peu près ce que nous entendons par économie rurale. J'ai dit ailleurs que Virgile avait suivi, en général, le plan de l'ouvrage de Varron. Le premier livre des *Géorgiques* est consacré aux préceptes relatifs à la culture proprement dite. Il s'agit, dans le second livre, de l'arboriculture, particulièrement de la culture de la vigne ; dans le troisième, il s'agit de l'élève des bestiaux ; dans le quatrième, des soins qu'exigent les abeilles. Le poëte n'a pas voulu épuiser tout son sujet. Il a volontairement omis plus d'un point important qu'il eût pu y faire entrer, ou même qui semblait en faire partie intégrante. Ainsi il n'a pas voulu traiter des jardins. Il a laissé à d'autres après lui à retracer les préceptes de la science où excellait son vieillard de Tarente.

Ce n'est point seulement à Varron que Virgile a fait des emprunts. Le vieux Caton est pour son contingent dans les *Géorgiques*, et, comme lui, Hésiode, Nicandre, Aratus, Xénophon, Aristote, que sais-je encore ? Néanmoins les *Géorgiques* sont plus qu'un résumé de la science antique sur le sujet traité par Virgile. Virgile ajoute, à ce qu'il a puisé dans les livres, les résultats de sa propre expérience. Aussi a-t-il mérité de devenir lui-même une autorité chez les anciens. Pline et Columelle citent fréquemment Virgile à l'appui de leurs opinions.

Virgile semble se donner quelque part comme un imitateur d'Hésiode. Mais le poëme des *OEuvres et Jours* n'a presque rien de commun avec les *Géorgiques*. Ce n'est pas pour certains vers imités çà et là, c'est plutôt, comme le remarque un critique, à cause de la similitude du genre, qu'il a pu dire avec vérité : « Je chante, dans les villes romaines, un chant ascréen [1]. »

Excellence littéraire des Géorgiques.

Le style des *Géorgiques* n'a aucun des défauts que nous avons essayé de relever dans celui des *Églogues*. Aussi bien le sujet était vraiment digne de Virgile et de son génie. Nous voyons ici le poëte dans sa maturité, complétement maître de son art et de lui-même. Rien de lâche ni de décousu ; nulle redondance, nul mot inutile ; les transitions mêmes sont invisibles, ou plutôt on ne les aperçoit qu'à la lumière des idées. Partout une plénitude de sens qui permet à la réflexion cette joie des trouvailles dont j'ai parlé. Ici, on peut creuser à

---

1. *Géorgiques*, livre II, vers 175.

son aise, et toujours avec la certitude du succès. Et cette concentration de la pensée ne nuit pas un instant ni à la rapidité ni à la souplesse des mouvements : cette poésie si savante est encore la grâce et la facilité mêmes. Tout s'anime sous l'heureuse main de l'enchanteur ; tout, jusqu'à la fleur, jusqu'au brin d'herbe ; et la vie qui circule dans l'univers semble avoir passé tout entière dans le poëme. La langue rend au gré de Virgile tout ce que ses termes, tout ce que ses sons peuvent donner d'images, d'énergie pittoresque, d'expressive harmonie. Variété infinie des tours, coupes hardies et pourtant naturelles, effets imprévus, tout ce qui peut charmer et surprendre, tout ce qui saisit l'âme et l'éveille, toutes les satisfactions de l'oreille, du goût et de l'esprit, il n'y a pas de trésors que Virgile ne nous prodigue, et avec une intarissable abondance. Cherchez, parmi ces deux mille vers, un vers, un seul vers où il n'y ait pas quelque chose à admirer ; et ce vers, vous ne le trouverez pas. C'est donc la perfection absolue : non ! c'est la perfection de ce qu'a voulu faire le poëte. L'absolu n'est pas de ce monde. Je vais plus loin ; j'oserai dire que je regrette quelque chose, parmi tant de beautés, quand je me rappelle et l'aimable laisser aller d'Hésiode, et les éclairs de Lucrèce, et la majesté de Parménide. Mais à quoi bon rêver un autre Virgile ? Les *Géorgiques* sont le chef-d'œuvre de la poésie didactique. N'est-ce point assez ? A d'autres le sublime, à d'autres des grâces encore plus naïves. Contentons-nous du beau continu et sans mélange, et adorons le génie de celui qui fut tout à la fois et un si grand poëte et un si grand artiste.

C'est quand on lit les vers de Delille en regard de ceux de Virgile, qu'on sent profondément la désespérante perfection des *Géorgiques*, et les impuissances radicales de notre idiome, surtout de notre système de prosodie. L'œuvre du poëte français est bien remarquable. On peut dire que Delille y a déployé toutes les ressources de son talent et de son esprit, toutes celles, peu s'en faut, de notre versification et de notre langue. C'est la plus belle des traductions. Elle a les charmes d'une production originale. Si l'on oublie un instant qu'il y a eu un Virgile, on n'y voit guère que merveilles.

Mais rapprochez la copie du modèle, et votre enchantement cessera bientôt. Notre alexandrin n'est qu'un petit vers, à côté du magnifique et majestueux hexamètre. On a beau, comme Delille, en varier les coupes et les tours : cette variété se réduit toujours à un petit nombre de figures distinctes. L'hexamètre n'a pas seulement la variété qui provient des mouvements divers de la phrase : il a celle de ses pieds ; il a celle de sa longueur, qu'on porte à volonté de treize à quatorze, à quinze, à seize, à dix-sept syllables. Un autre avantage de l'hexamètre, c'est qu'il existe par lui-même, c'est qu'un vers seul est bien réellement un vers. Nos alexandrins, comme tous nos vers français, ne sont des vers véritables que par le fait de la rime, c'est-à-dire qu'à condition d'être au moins deux. Aussi que d'embarras, que d'obstacles, dès qu'on entreprend de lutter, avec un instrument imparfait et discord, contre le plus expressif et le plus complet des instruments ! Delille lui-même en est la preuve. Tantôt c'est une épithète nécessaire, qu'il ne peut rendre ; tantôt c'en est une autre, qu'il est forcé d'altérer ; ici, l'image pâlit ; là, elle est remplacée par une expression vulgaire ; ailleurs, des vers entiers de l'original ont disparu ; ailleurs, la rime a amené des vers de remplissage. Presque partout, presque toujours, excès ou défaut, sécheresse ou redondance. C'est, si l'on veut, Virgile ; mais c'est l'abbé Delille bien plus encore. Les *Géorgiques* du poëte français sont aux *Géorgiques* du poëte latin ce qu'une statuette de plâtre est à la Vénus de Milo ou à l'Apollon du Belvédère.

Il ne suffit pas, pour estimer Virgile à sa valeur, de lire ou même de méditer ce qu'on nomme les épisodes des *Géorgiques*. Voilà de longues années que mon devoir me commande l'étude de ce beau poëme, et son interprétation dans tous les détails. Plus j'approfondis et plus j'admire ; et ce que j'admire, c'est tout le poëme d'un bout à l'autre. Le grand Homère quelquefois sommeille, jamais Virgile. Ne me demandez donc pas ce qu'il faut choisir. Lisez tout, méditez tout. Quand vous serez au dernier vers, recommencez ; et puis après, lisez et méditez encore.

L'Énéide.

Virgile avait trente-huit ans quand il mit la première main à l'*Énéide*. Les *Géorgiques* venaient de montrer ses talents dans toute leur puissance. Ses études de tout genre l'avaient admirablement préparé à la grande œuvre de l'épopée. Il connaissait à fond les monuments de l'histoire ; il s'était curieusement informé des traditions de son pays ; la littérature de la Grèce n'avait pas plus de secrets pour lui que celle même de Rome ; il était tout à la fois et le plus savant des hommes et le plus accompli des poëtes. On dit que, dans sa jeunesse, il avait commencé un poëme historique sur les rois d'Albe. Si la chose est vraie, il sentait bien sa vocation. Un poëte comme lui était fait visiblement pour marcher sur les traces d'Homère ; un homme de tant de savoir et de goût ne pouvait choisir qu'un sujet national. Albe, c'était déjà Rome ; mais Virgile devait trouver un sujet plus intéressant et plus vaste, le plus grand et le plus beau que pût traiter un Romain, peut-être le seul sujet complet d'épopée que pussent fournir les annales de l'Italie. Voici, en quelques mots, ce qui remplit les douze livres de l'*Énéide*.

Après la prise de Troie, Énée, suivi de tous les Troyens qui avaient échappé au fer ou à l'esclavage, cherche à gagner l'Italie, où les destins lui promettent un grand empire. Sept ans entiers ils errent sur les mers ; une tempête les pousse des côtes de la Sicile à celles de Carthage. Didon retient quelque temps Énée auprès d'elle ; mais les dieux ont parlé, et le héros s'éloigne de l'Afrique. Arrivé en Italie, et après avoir visité aux enfers l'ombre de son père, Énée demande au roi Latinus la main de sa fille Lavinie ; mais Lavinie a été promise à Turnus, roi des Rutules. Les Troyens sont forcés de soutenir une guerre à laquelle prennent part contre eux divers peuples du Latium et de l'Étrurie. Plusieurs batailles se donnent, mais sans rien décider. A la fin, Énée et Turnus conviennent de lutter en combat singulier. Le prix du combat doit être Lavinie. Énée triomphe de son rival.

Il n'est pas besoin de beaucoup de réflexions pour comprendre tout ce qu'un pareil sujet offrait d'intérêt à des Romains. Nul peuple plus que le peuple romain ne fut amoureux de son antiquité et de sa noblesse ; nul ne poussa jamais plus loin l'ambition de relever son origine. Il n'y avait guère de famille patricienne qui ne se vantât de descendre de quelqu'un des compagnons d'Énée. Auguste descendait d'Énée lui-même, par Iule ou Ascagne, par la famille Julia sortie, disait-on, d'Iule. L'événement chanté par Virgile n'était point une fiction, mais un fait réel, attesté du moins par des monuments dignes de foi. Plus d'un historien avait conté, avant que Virgile chantât, et l'arrivée des Troyens en Italie, et la réception que Latinus leur avait faite, et la rivalité de Turnus et d'Énée, et les combats que les Troyens avaient eu à soutenir contre des peuples redoutables. Quant aux rapports d'Énée et de Didon, l'anachronisme était consacré, si j'ose ainsi dire, depuis que le poëte Névius avait mis en présence le prince troyen et la reine de Carthage. Les Romains étaient accoutumés à faire remonter jusqu'aux temps héroïques les origines de cette haine qui divisa si longtemps les deux grandes cités, et qui finit par être fatale à la cité africaine. Qu'importait d'ailleurs que les érudits fissent leurs réserves ? Le lecteur ordinaire ne s'inquiétait que du vraisemblable. A ses yeux, c'était le vrai. D'ailleurs ce n'est pas pour un mensonge historique comme celui de Virgile, qu'on eût songé à dévouer un poëte aux dieux infernaux.

Le sujet de Virgile avait un autre avantage. Placé dans un convenable lointain, il se prêtait de lui-même au merveilleux. Je veux dire que le poëte n'avait pas de violence à faire au lecteur pour lui faire admettre l'intervention de la Providence dans les choses humaines, et une intervention continuelle, visible, palpable. Les motifs des actions des personnages, les causes des événements, toutes les passions, tous les sentiments, revêtaient naturellement, à cette distance, un corps, un esprit, un visage. Il est possible que Virgile ait employé le merveilleux beaucoup plus en artiste qu'en croyant. Ce qu'on ne saurait contester, c'est que ce merveilleux s'accorde admirablement avec la nature des faits contés dans l'*Énéide*; c'est qu'il n'est pas réduit à l'état de simple machine épique ; c'est qu'il est manifestement une condition essentielle du sujet. Supprimez le merveilleux, et l'*Énéide* ne sera plus guère qu'un corps sans âme.

Le temps où Virgile écrivait l'*Énéide* était le plus favorable que jamais poëte romain eût pu désirer pour une pareille entreprise. Cette puissance romaine qui se reposait de ses longues guerres dans la contemplation de sa grandeur ; ce besoin d'ordre qui possédait toutes les âmes, et qui montrait à tous les yeux le rôle de fondateur comme le plus beau de tous les rôles : n'était-ce pas plus qu'il n'en fallait pour inspirer à Virgile la passion de son sujet, et pour animer le poëte de cet espoir du succès sans lequel il n'y a guère d'effort persévérant ? Ajoutez qu'il y avait, dans le public, un goût général pour les choses de l'esprit et pour la poésie : « Savants ou ignorants, disait Horace, nous écrivons indistinctement des poëmes. » On traduisait les Grecs, on les imitait : tous voulaient rivaliser avec eux. Aussi, quand on apprit que le chantre des *Géorgiques* se préparait à chanter les origines du peuple romain, l'attente fut grande, Rome compta sur un chef-d'œuvre. On parlait de l'*Énéide*, commencée à peine, comme on eût pu parler d'un poême déjà en possession de la renommée. C'était la merveille de la littérature latine ; c'était la merveille des merveilles. Nous avons entendu l'explosion de l'enthousiasme de Properce.

Virgile et Homère.

Homère avait été mieux partagé encore. Au temps où il composait l'*Iliade* et l'*Odyssée*, les noms d'Achille, d'Hector, d'Ulysse, de tous ses héros, étaient vivants dans la mémoire des hommes. On n'avait oublié ni leurs exploits ni leurs malheurs. Le plus humble des Grecs eût été en état de conter ou les combats que s'étaient livrés, sous les murs de Troie, la Grèce et l'Asie, ou les longues courses errantes des chefs victorieux à travers toutes les mers. Mais ces héros qui avaient fait de si grandes choses, ils étaient déjà dans un suffisant lointain, et on se les représentait comme des mortels d'une nature supérieure. On les mettait en société continuelle avec les dieux mêmes. Chaque héros était l'objet particulier de la faveur de quelque divinité ou de sa haine. Un étonnant succès, c'était l'œuvre de la protection d'un dieu ; un étonnant revers, c'était un dieu qui y avait précipité la victime. Les poëtes s'emparaient de ces conceptions populaires : ils les développaient, ils les agrandissaient, ils leur donnaient un caractère plus noble et plus grave. Homère fut l'heureux héritier des trésors amassés par eux, et préparés par tout un peuple. Il disposa, en un mot, du plus riche fond d'épopée qui soit jamais échu à aucun poëte.

Quant à Virgile, ni les traditions romaines ni la poésie des siècles antérieurs ne lui fournissaient assez pour qu'il se bornât, comme fait Homère, à raconter en idéalisant. Il lui fallait créer, bien plus encore que se souvenir ; il lui fallait vivifier ces indications vagues, ces généalogies, ces noms, qui étaient presque toute sa matière. La fiction proprement dite est par elle-même pauvre et stérile : les faits seuls et les croyances échauffent et fécondent l'imagination. Voilà ce qui explique l'impuissance de Virgile à nous donner des caractères aussi complets que ceux d'Achille, d'Hector ou d'Ulysse. Il sentait bien cette impuissance. Aussi n'essaya-t-il pas de se soutenir constamment par ses propres forces. Il s'appuya sur les Grecs, particulièrement sur Homère. Les six premiers livres de l'*Énéide* sont comme une *Odyssée* en raccourci ; les six derniers sont une sorte d'*Iliade*. Il était naturel que le poëte peignît les voyages d'Énée avec les couleurs dont Homère avait peint les voyages d'Ulysse. Il ne l'était pas moins que les luttes des Troyens contre leurs ennemis d'Italie rappelassent celles qui s'étaient livrées sous les murs d'Ilion, et qu'Achille, Hector, Patrocle, Ajax, que d'autres héros encore prêtassent quelques-uns de leurs traits à Turnus, à Pallas, à presque toutes les figures que Virgile fait apparaître devant nos yeux. On peut même dire qu'il y a de l'*Odyssée* et de l'*Iliade* dans toute l'*Énéide*. Partout où le poëte latin peut faire entrer les pensées et les images du poëte grec, il n'hésite pas à se les approprier.

Nous avons expliqué ailleurs avec quel empire Homère

disposait de sa langue, et avec quelle merveilleuse souplesse le vers obéissait à tous les besoins de son sentiment et de sa pensée. Virgile avait affaire à un idiome plus rebelle. Plaute et Térence, Cicéron et Salluste, Lucrèce et Catulle, en avaient fixé les caractères. La grammaire était là, sans cesse prête à réprimer un essor trop audacieux. Le poëte devait se plier à une foule d'exigences qui n'avaient jamais entravé Homère. Ajoutez que l'hexamètre latin, dont nous vantions tout à l'heure les vertus par comparaison avec notre versification barbare, n'a ni la ductilité ni la grâce de l'hexamètre grec. Ce vers, tel que Catulle l'avait perfectionné, tel qu'on l'employait au temps de Virgile dans le poëme héroïque, tel que Virgile lui-même l'avait employé depuis les *Églogues*, depuis le *Moucheron* même, était soumis à des règles assez sévères. Il devait être coupé, suspendu, de telle manière plutôt que de telle autre ; il ne pouvait finir par tels ou tels mots, par telles ou telles syllabes. Ce n'est que par un chef-d'œuvre d'industrie que Virgile pouvait triompher complétement et de sa langue et de son vers. Disons à sa gloire que son triomphe fut complet.

Divers emprunts de Virgile.

Ce n'est pas seulement Homère que Virgile appela à son secours, et qui l'aida à enrichir une matière indigente. Il y avait, chez les Grecs, une foule de poëmes intitulés *Retours*, où étaient racontées les aventures des chefs de l'armée grecque depuis leur départ de Troie. Heyne conjecture, avec beaucoup de vraisemblance, que Virgile tira un grand parti de ces épopées, aujourd'hui perdues. Macrobe nous apprend que le deuxième livre de l'*Énéide* était copié, presque mot pour mot (ce sont ses propres expressions), du poëme de ce Pisandre dont le nom se trouve parmi ceux des auteurs d'épopées mentionnés dans le canon alexandrin. On ne saurait nier que le quatrième livre n'ait dû beaucoup à la *Médée* d'Euripide. C'est la même conception, c'est la même situation ; et l'amante d'Énée exprime plus d'une fois les mêmes sentiments que l'amante de Jason, et dans le même langage. Eschyle, Sophocle, Pindare, Apollonius de Rhodes, sont perpétuellement mis à contribution par Virgile. A l'un Virgile prendra le tableau de l'éruption de l'Etna ; à un autre, celui du calme des nuits mis en contraste avec le trouble de la douleur qui veille ; à celui-ci cette comparaison, à celui-là cette pensée, ce mot, cette image. Il ne s'interdit pas même d'emprunter, ou, si l'on veut, de dérober, aux écrivains de son pays. Catulle, Lucrèce, Ennius, d'autres plus ou moins connus, fournissent des mots, des tours, des portions de vers, jusqu'à des vers entiers. Virgile mettait déjà en pratique le principe si franchement exprimé depuis par Molière : il prenait son bien partout où il le trouvait.

Mais avec quel art se sont fondues dans le poëme toutes ces richesses étrangères ! Comme Virgile se les est rendues siennes ! Comme il se les est assimilées ! Cesse-t-il un seul instant d'être lui-même ? s'aperçoit-on jamais d'aucun défaut de continuité ? Cherchez les sutures, vous chercherez en vain. L'*Énéide* n'a rien de commun avec les ouvrages faits de pièces de rapport. Les érudits sont en état, jusqu'à un certain point, de constater que là le poëte a été original, qu'ici il s'est souvenu et il a copié : le simple lecteur ne voit partout et toujours qu'une œuvre de génie.

Héros de l'Énéide.

Le héros principal de l'*Énéide*, c'est Énée : il ne l'est pourtant que de nom. Derrière Énée est Rome, Rome et ses destinées futures. Énée n'est que l'instrument d'un grand fait providentiel : les dieux fondent par ses mains. Le héros efface sa personne ; il obéit religieusement aux ordres du ciel ; il est le pieux Énée : voilà le trait principal de son caractère. Tout, dans l'*Énéide*, est fait pour Rome, en vue de Rome et de son histoire. C'est dire pourquoi Énée ressemble si peu à l'idéal qu'on se forme ordinairement d'un héros d'épopée. Il y a une autre considération qui peut servir à expliquer pourquoi Virgile nous le peint si froid, si doux, presque impassible. Le monde venait de reprendre son équilibre, et s'était raffermi sous la puissante main d'Auguste ; la paix et l'abondance avaient reparu enfin dans l'Italie. Virgile, qui avait souffert des maux de la guerre civile, se sentit pénétré, pour l'auteur de tous ces biens, d'une admiration profonde. Il regardait Auguste comme un homme prédestiné au bonheur de l'univers. Il s'était écrié jadis, dans la crainte de le voir ravi par la mort avant l'accomplissement de sa grande œuvre : « Dieux, permettez du moins à ce jeune homme de relever le siècle tombé en ruine[1] ! » Auguste, maître du monde pacifié, Auguste, fondateur d'un empire par la volonté des dieux, apparaissait à Virgile, que dis-je ? au peuple romain tout entier, comme le plus grand, le plus solennel, le plus sublime des caractères. Virgile, en peignant Énée, transporta involontairement peut-être, certainement sans nulle intention de flatterie, les traits qu'il avait sous les yeux dans l'image de son héros. Cet Énée, qui agit plus souvent en flamine qu'en guerrier ; cet homme étranger à presque toutes les passions humaines ; cet époux qui perd sa femme presque par sa faute, et presque sans regret ; cet amant si peu digne d'inspirer de l'amour, si indifférent et si dur pour Didon, et qui dit paisiblement, dans les enfers, à une infortunée morte d'amour pour lui, qu'il ne croyait pas que son départ dût lui causer tant de peine : un tel caractère était, malgré tout cela, ou même à cause de tout cela, une conception propre à intéresser et à charmer les contemporains de Virgile. Quant à nous, nous ne pouvons guère admirer Énée, ni surtout nous intéresser à lui. C'est sur Didon uniquement que nous portons notre intérêt dans les premiers livres ; c'est Turnus qui nous passionne dans les derniers.

Nous avons dit ce qui semble excuser Virgile au sujet d'Énée. Voici où Virgile se montre parfaitement inexcusable. La plupart de ses héros secondaires ne sont rien, ou, si l'on veut, ne sont que des noms. C'est toujours le fidèle Achate, ou le brave Gyas, ou le brave Cloanthe : ce ne sont jamais des hommes. Quelque peu de ressources que les traditions offrissent au poëte, comment son génie n'a-t-il trouvé, pour caractériser ces figures, que des épithètes banales ? L'histoire ne lui disait pas beaucoup plus sur Mézence ; et pour-

---

[1]. *Géorgiques*, livre I, vers 500, 501.

tant son Mézence est une puissante esquisse, admirable de vigueur et d'originalité. Je ne parle pas de Turnus, dessiné d'après Achille et d'après Hector, ni de Pallas, qui rappelle l'ami du fils de Pélée.

Virgile a mieux réussi, en général, à peindre les femmes que les hommes. Le caractère de Junon est une merveille. La colère de la déesse; l'éternel ressentiment qui vit dans son âme, comme une blessure toujours saignante; cet orgueil farouche et cette majesté formidable, c'est bien là l'épouse de Jupiter telle que nous nous la figurons, c'est-à-dire la femme impérieuse élevée à des proportions gigantesques. Didon, même sans Médée, eût été encore le triomphe de Virgile. Il suffit, pour s'en convaincre, de voir à quelle hauteur le poëte latin a su s'élever au-dessus du poëte grec son modèle, par la vérité de la passion, par la profondeur du sentiment, surtout par la noblesse de la pensée. L'Andromaque de Virgile est plus digne de celle d'Homère que l'Andromaque même d'Euripide. Camille, qui ne doit rien ni à Euripide ni à Homère, ni peut-être à aucun poëte, cette jeune guerrière à la fois si audacieuse et si naïve, a tous les charmes et toutes les grâces. Il n'est pas jusqu'à la reine Amata, cette mère violente et cette épouse revêche, qui n'ait aussi sa physionomie. Que n'en puis-je dire autant de la fille d'Amata? Qu'elle est pâle, qu'elle est faible et peu vivante, cette Lavinie destinée par les dieux à devenir l'épouse d'Énée! Peut-être dira-t-on que le poëte a voulu assortir l'insignifiance de l'une à la froideur de l'autre. Il semble néanmoins que celle qui devait unir d'un lien indissoluble le Latium aux restes d'Ilion aurait pu paraître avec plus d'éclat dans l'épopée, et d'une manière un peu plus digne de son grand rôle.

Mœurs de l'Énéide.

La peinture de la vie extérieure, dans l'*Énéide*, n'a pas cette vérité naïve, cette charmante vivacité, qui nous enchantent dans l'*Iliade* et dans l'*Odyssée*. Virgile venait à mille ans de distance de l'époque où il avait placé son sujet. Il refaisait le passé à force d'imagination, d'érudition, d'imitation ; sans cesse se dressait devant lui l'idée du monde où il vivait lui-même : c'est à travers maintes illusions d'optique qu'il entrevoyait le monde d'autrefois. Il n'y a donc pas beaucoup à s'étonner de quelques disparates, de quelques fausses couleurs, de quelques anachronismes. On peut même pardonner à Virgile d'avoir fait combattre ses guerriers d'après les principes d'une tactique différente de celle d'Homère. Cette tactique, disent quelques-uns, est plus savante ; et ils partent de là pour exalter Virgile aux dépens du chantre d'Achille et d'Hector. Nous lisons par exemple, dans les notes qui accompagnent la prétendue traduction de l'*Énéide* par Delille, cette flasque et insipide paraphrase, également indigne et de Virgile et de l'élégant traducteur des *Géorgiques*, que Virgile a eu du moins le mérite de faire profiter ses héros de quelques-uns des progrès accomplis depuis l'âge héroïque dans les choses de la guerre. Non-seulement il n'y a pas à louer Virgile de ce qui serait dans tous les cas un anachronisme, mais il faut beaucoup rabattre de cette soi-disant science dont on fait bruit. Ce n'est pas moi qui prononce sur ce point, mais un oracle dont on ne récusera pas la compétence. Le plus grand capitaine des temps modernes, peut-être de tous les temps, Napoléon lui-même en personne, s'est diverti un jour à examiner en détail un des livres de l'*Énéide;* et nous possédons le curieux commentaire qu'il a dicté après cet examen. Le livre choisi par l'illustre critique est un des plus admirés, et aux plus justes titres. C'est le deuxième livre. Eh bien, Napoléon a prouvé péremptoirement que tout y est absurde d'un bout à l'autre, en ce qui concerne les opérations militaires. Napoléon compare Virgile stratégiste à Homère stratégiste, et ce n'est pas Virgile qui a l'avantage. Homère, selon lui, est un homme qui s'y entend, et qui a fait la guerre. Virgile, ce sont les propres termes dont il se sert, n'est qu'un régent de collége, qui n'est jamais sorti de chez lui, et qui ne sait pas ce que c'est qu'une armée. A vrai dire, il nous importe assez peu que Virgile ait excellé ou non dans la tactique. Ses soldats peuvent n'être pas de très-bons soldats : ce sont du moins des hommes, et des hommes intéressants. Il n'en faut pas davantage pour nous forcer d'amnistier le poëte. Cependant on ne peut guère nier qu'il manque à ses récits de batailles quelque chose de ce feu, de cette énergie un peu sauvage, qui anime la verve d'Homère. Presque partout Virgile se borne à copier Homère ; et presque toujours il l'affaiblit. Aussi lit-on difficilement jusqu'au bout les chants de l'*Énéide* où il s'agit de combats, tandis qu'on dévore l'*Iliade*, qui n'est guère qu'un long tissu de batailles.

Virgile est le grand peintre des passions humaines. Voilà sa gloire immortelle, sa gloire incontestable et incontestée. Doué par la nature d'une âme honnête et douce, d'une exquise sensibilité, il excelle surtout dans l'expression des affections tendres, l'amitié, l'amour, la reconnaissance, la pitié filiale. Il aime ses semblables, et on voit qu'il les aime. Il y a, dans l'*Énéide*, plus d'un mot qu'on pourrait placer à côté du vers fameux de Ménandre et de Térence. Disons-le pourtant : les tableaux de Virgile ont, en général, moins d'éclat que de vérité, moins de grandeur que de pathétique. Ce n'est pas que la grandeur ni l'éclat y fassent défaut ; mais c'est un éclat sobre et tempéré, c'est une grandeur qui atteint rarement au sublime.

Style de l'Énéide.

On dit que Virgile, avant de mourir, ordonna par son testament qu'on détruisît l'*Énéide*, comme un ouvrage imparfait et qui n'était pas digne de la postérité. Que comptait-il donc corriger dans son poëme, s'il lui eût été donné de vivre ? Ce n'est sans doute pas la fable : on ne refait pas une épopée par ses fondements. Quelques vers inachevés à parfaire, ce n'était rien ; pour si peu Virgile n'eût pas condamné l'*Énéide* aux flammes. C'était donc le style, qu'il se proposait de soumettre à une révision sévère. C'est là pourtant, c'est dans ce qui lui plaisait si peu, qu'il nous a laissé le plus à admirer.

Il était difficile au poëte qui avait écrit les *Géorgiques* de se montrer supérieur à lui-même en écrivant l'*Énéide*. Virgile du moins ne tomba pas : il fut autre, sinon plus grand ; il eut la perfection du style de l'épopée, comme il avait eu la perfection du style didactique. Sa Muse ne perdit rien à changer de ton et à élever la voix : elle sut chanter les événements héroïques et les passions des hommes, comme elle avait su chanter les travaux de la campagne et les mœurs des abeilles. La diction de l'*Énéide* n'est guère moins savante et travaillée que celle des *Géorgiques*, et il n'y a presque pas un éloge qu'elle ne mérite aussi à son tour. Seulement la diversité du genre ne pouvait manquer de s'y manifester par quelques traits. Des récits de voyages et de batailles, des peintures de caractères, des discours développés, ne sont pas des leçons : les épisodes mêmes qui égayent les *Géorgiques*, sauf le récit des aventures d'Aristée, n'ont et ne pouvaient avoir qu'une étendue restreinte, et sont de cet ordre sévère que comporte la poésie didactique. Virgile ne s'inspire plus de Lucrèce ni d'Hésiode : il rivalise avec Homère ; il n'oublie pas les grands tragiques qui avaient fait revivre sur la scène les antiques héros de l'épopée. Il ne doit guère moins à Euripide qu'au chantre d'Achille et d'Ulysse. Je ne dis pas qu'il ait toute la fougue impétueuse du poëte de l'*Iliade*, toute l'heureuse abondance du poëte de l'*Odyssée*, tout le pathétique et toute l'éloquence de l'auteur d'*Iphigénie*. Il rappelle dignement ses modèles. Il raconte avec chaleur et avec grâce ; il fait parler les passions avec une vérité touchante. Si l'*Énéide* pèche un peu par le plan et l'ordonnance, et si les caractères des héros ne sont pas toujours irréprochables, tous ces défauts sont amplement rachetés par le mérite infini des détails et par les étonnantes merveilles de l'exécution. Je n'excepte pas même de cet éloge les parties du poëme où la fable n'offre qu'un médiocre intérêt. Virgile est toujours Virgile d'un bout à l'autre de ces douze livres ; mais on a raison de préférer ceux où il est plus qu'un grand écrivain et un incomparable versificateur, ceux qui réunissent toutes les perfections et tous les charmes, le deuxième, le quatrième, le sixième, le neuvième. Dès le début du premier livre, on retrouve l'art des *Géorgiques* ; et le dernier vers du poëme nous montre encore comment un mot suffit, bien choisi et bien placé, pour révéler le génie, de même qu'à la trace de l'ongle on reconnaît le lion. Il serait superflu de rien citer d'un poëme que savent à moitié par cœur ceux même qui n'ont suivi qu'incomplétement le cours des études classiques. Je demande pourtant au lecteur de fixer son attention sur quelqu'un des vers qui sont dans sa mémoire. Il comprendra ce que j'ai voulu dire, quand je remarquais que la poésie de Virgile n'est qu'images et tableaux, et que le poëte est partout et toujours un peintre de premier ordre. Voyez, par exemple, l'ordre des idées dans le vers où Virgile décrit les suites du naufrage qui jette Énée et ses compagnons sur les côtes de l'Afrique. On suppose que vous jetez les yeux sur la mer : quelque chose apparaît ; çà et là ce sont des objets en petit nombre ; à leur mouvement, vous devinez des hommes qui nagent ; ils nagent dans un gouffre immense, c'est-à-dire avec peu d'espoir d'échapper à la mort. Tout cela est exprimé en six mots, et avec une force dont ma paraphrase ne saurait donner un idée : *Apparent*, etc. Voilà l'art de Virgile ; et voilà le génie !

CHAPITRE XXVII.

HORACE.

Le monde d'Horace. — Vie d'Horace. — Caractère d'Horace. — Horace moraliste — Ouvrages d'Horace. — Excellence littéraire des ouvrages d'Horace. — Horace fabuliste. — Les *Odes*. — Les *Satires*. — Les *Épîtres* — *Art poétique*.

Le monde d'Horace.

Nous avons pu parler de Virgile sans nous préoccuper beaucoup des circonstances politiques et sociales au milieu desquelles s'est développé ce grand poëte. Virgile a fleuri sous l'empire d'Auguste ; je suis parfaitement convaincu qu'il est venu à la seule époque où il pouvait être donné à la Muse romaine de produire des œuvres parfaites : pourtant il est permis de supposer que Virgile, cinquante ans plus tôt ou cinquante ans plus tard, eût encore été Virgile. Rien n'empêchait un contemporain de Lucilius, ou un contemporain de Sénèque, de chanter les bergers, de rédiger les préceptes de l'économie rurale, de célébrer les hommes de l'antiquité héroïque. Il n'y a guère que le style du poëte qui y eût perdu : nous aurions ou un Virgile un peu rude, un peu dénué d'art sans doute, ou un Virgile un peu plus artiste que de raison, un peu trop spirituel, et sentant déjà l'afféterie. Ce ne serait pas le grand Virgile; ce pourrait être un génie égal à celui de Virgile. Il n'en est pas ainsi d'Horace. Aucun caprice de l'imagination ne saurait le transporter hors de son siècle, le faire remonter à une époque moins lettrée et moins élégante, ni le ramener vers les temps de la décadence littéraire. Horace est, si je l'ose ainsi dire, le siècle d'Auguste en personne. Il en est du moins l'image fidèle, et ses écrits en sont le complet miroir. Avant d'étudier le poëte, il est donc nécessaire d'arrêter un instant nos yeux sur le monde où il a vécu.

La guerre civile, qui avait si longtemps déchiré la république, s'était calmée par la défaite de Brutus et de Cassius; elle s'éteignit par la défaite d'Antoine et de Cléopâtre. Les passions politiques s'endormirent peu à peu : les républicains les plus dévoués abdiquèrent, entre les mains d'Octave, les espérances de cette liberté qu'ils n'avaient jamais possédée que dans leurs rêves. L'Italie et les provinces respiraient enfin. Au trouble, à la crainte, aux éternelles incertitudes d'une existence agitée, succédait, dans tous les cœurs, le sentiment de la sécurité et du bien-être. Toutefois plus d'une chose manquait à cette vie nouvelle où Rome semblait se prendre avec tant d'amour et d'énergie.

Il y avait bien longtemps que la religion, ce puissant lien des sociétés, n'était plus rien pour les hommes des classes supérieures, ou n'était qu'un instrument politique, un moyen de gouvernement. Le bas peuple n'avait que des superstitions, mélange d'idées disparates, de pratiques stupides ou barbares, où presque tous les peuples soumis par Rome avaient fourni leur impur contingent. Mais ce qui avait longtemps soutenu les âmes fortes et généreuses, c'était l'amour de la patrie et des vieilles institutions, c'était le respect profond des traditions nationales, c'était le vif sentiment de la grandeur romaine. Voilà pourquoi tant d'hommes s'étaient trouvés encore, jusque dans les plus mauvais jours, capables de nobles actions et de dévouements sublimes. Cette foi du patriotisme périt à son tour, ou ne produisit plus que des souhaits et des paroles. Le découragement et l'indifférence, tels furent, en général, les sentiments qui remplacèrent les passions, les convictions d'autrefois, presque tout patriotisme, presque toute religion. Quelques hommes énergiques n'avaient pas renoncé complétement à eux-mêmes. Le stoïcisme les consolait dans leur solitude; et, si l'avenir n'avait pour eux ni beaucoup d'espérances ni beaucoup d'illusions, le passé avait ses merveilles, et charmait leur souvenir. D'autres, en grand nombre, se faisaient gloire de n'être que des sceptiques, et professaient ouvertement les doctrines d'Épicure. L'aristocratie était gâtée à fond. L'abus des richesses l'avait réduite au dernier degré de la corruption; mais cette corruption n'était pas encore l'avilissement complet : un certain vernis d'élégance lui donnait du moins un aspect supportable. L'instruction n'était pas méprisée : ces petits-maîtres, j'ai presque dit ces femmelettes, étaient nourris de littérature et de philosophie. Pauvre philosophie, et souvent non moins pauvre littérature ! mais enfin c'était quelque chose de plus que rien. Quant au peuple, il était l'ignorance et la barbarie mêmes. Uniquement livré à ses appétits sensuels, heureux de n'avoir plus à s'occuper du gouvernement, il ne demandait déjà que ce qu'il eut toujours de ses maîtres, du pain et les spectacles du cirque. Les vertus romaines n'étaient plus que de l'histoire. Rome n'était plus dans Rome; les Romains n'étaient plus des Romains : « Octave eut pour lui, dit H. Rigault, leur corruption, son nom, et surtout l'impuissance des derniers républicains. S'il n'avait point, pour lui frayer le chemin de l'empire, les victoires de César, il n'avait point non plus, dans son passé, ces aventures qui font accuser d'ambition, et qui excitent les soupçons des peuples défiants : il avait su dissimuler même ses qualités ; et, quand il fut empereur, il prit soin de ménager les susceptibilités de l'opinion. Triumvir, il n'avait pris le pouvoir que sous prétexte de continuer la république ; empereur, il n'en prononçait le nom qu'avec respect. Le rapide affermissement d'Auguste après la bataille d'Actium prouve combien peu de racines la république conservait encore dans la société romaine. Le parti pompéien fut inoffensif et se tint à l'écart; les républicains, plus remuants, conspirèrent sans succès ; Auguste régna, et Rome pacifiée retrouva sa grandeur. »

Vie d'Horace.

Quintus Horatius Flaccus naquit à Vénuse en Apulie, sous le consulat de Lucius Aurélius Cotta et de Lucius Manlius Torquatus, le 6 des ides de décembre de l'an de Rome 689, c'est-à-dire le 8 décembre de l'an 65 avant notre ère. Son père était un affranchi qui avait amassé quelque fortune dans le métier de receveur des criées, ou, selon quelques-uns, dans le commerce des salaisons. Quand le jeune Horace eut douze ans, le père alla se fixer à Rome, et se consacra tout entier à l'éducation de son fils. Il lui donna les maîtres les plus habiles, et il le préserva, par une active surveillance, des vices de la jeunesse déréglée des écoles. Après le cours ordinaire des études, Horace partit pour Athènes. Il y compléta son éducation littéraire. Il y suivit les cours des philosophes qui enseignaient la doctrine d'Épicure, et de ceux qui perpétuaient, dans l'Académie, le savant scepticisme des Carnéade et des Arcésilas. Il y fit connaissance d'une foule de jeunes gens de familles distinguées : le fils de Cicéron était son condisciple. C'est à Athènes, dit-on, qu'il vit Brutus, et qu'il se prit pour lui d'une admiration enthousiaste. Brutus n'eut pas de peine à l'enrôler sous ses drapeaux. Horace combattait à Philippes, avec le titre et les fonctions de tribun des soldats. Il s'accusa plus tard d'avoir jeté son bouclier pour mieux fuir au moment de la déroute : nul doute qu'il se soit un peu calomnié, ne fût-ce que pour ressembler davantage à son poète favori Alcée, ne fût-ce que pour flatter délicatement Auguste, en lui faisant entendre qu'il n'y avait pas de courage qui pût tenir contre sa fortune et résister, comme Horace le dit ailleurs, à la vigueur de son bras. Il renonça pour jamais au métier des armes, fit sa paix avec le vainqueur, et revint en Italie. Son père était mort, son patrimoine confisqué. Il trouva pourtant moyen d'acheter une charge de scribe dans les bureaux des questeurs. Le loisir ne lui manquait pas, malgré les obligations de son emploi. Il se mit à composer des vers, et il débuta par quelques satires et par quelques odes. Quoiqu'il ne montrât aucun empressement à se produire, et qu'il ne récitât point ses vers en public comme le faisaient dès lors la plupart des poëtes, il fut bientôt connu de tout ce qu'il y avait dans Rome d'hommes de talent et de goût. Virgile et Varius l'accueillirent dans leur intimité, et le présentèrent à Mécène. Mécène, dans la première entrevue, n'apprécia qu'imparfaitement ce caractère aimable, mais un peu timide et retenu. Neuf mois après, il fit revenir Horace, et il ne tarda pas à le mettre au nombre de ses amis. Cet événement est peut-être le plus considérable de la vie d'Horace. Le poëte avait alors vingt-six ou vingt-sept ans. Deux ans après, il accompagna son protecteur à Brindes, où Octave et Antoine devaient se réconcilier. Le récit de ce voyage est un de ses poëmes le plus connus. Mécène lui donna bientôt des marques signalées de son affection : il le présenta à Auguste, et lui fit don d'un charmant domaine de campagne, situé près de Tibur, dans le pays des Sabins. Horace, s'il eût eu de l'ambition, pouvait faire une grande fortune à la cour d'Auguste. Auguste, charmé de son esprit, voulut faire de lui son secrétaire ; mais Horace s'excusa d'accepter ces offres, et préféra son indépendance. Auguste ne lui en sut pas plus mauvais gré. On voit, par les lettres que l'empereur adressait au poëte, combien il tenait à l'estime et à l'amitié d'Horace. Ainsi, lui faisant d'aimables reproches sur sa sauvagerie, il va jusqu'à lui dire : « Si tu as cru devoir mépriser mon amitié, sache que je ne te rends pas mépris pour mépris. » Une autre fois, il le prie d'user de tous ses droits sur lui, comme ferait un familier et un commensal. Une autre fois, il se plaint de ne pas voir son nom parmi ceux des correspondants auxquels Horace adressait ses épîtres : « Sache, lui disait-il, que je suis fâché contre toi, de ce que, dans la plupart des ouvrages de ce genre, ce n'est pas avec moi que tu causes de préférence à tout autre. As-tu peur de te faire tort auprès de la postérité, en laissant paraître que tu es mon ami ? »

Horace passait à la campagne tout le temps dont il pouvait librement disposer. Il ne quittait guère Tibur que pour obéir aux fréquentes invitations de Mécène, et pour l'accompagner quelquefois dans ses voyages. Sa vie était partagée entre ses études et les distractions d'un épicurien de bonne compagnie. Il nous donne lui-même, dans la sixième satire du premier livre, la division de sa journée, le détail de ses occupations, et jusqu'au menu de ses repas, qui étaient d'une grande frugalité. Après la mort de Mécène, il se retira dans une complète solitude ; mais il ne tarda pas à rejoindre son bienfaiteur. Il lui avait promis de ne pas lui survivre : il mourut en effet au bout d'une vingtaine de jours. C'était le 5 des calendes de décembre de l'an 746 de Rome, autrement dit le 27 novembre de l'an 8 avant notre ère. Il était âgé de cinquante-sept ans deux mois et neuf jours.

L'extérieur d'Horace n'avait rien de bien remarquable, rien surtout qui annonçât le génie. Il était de petite taille, il avait les yeux malades, et il devint fort replet, au moins dans son âge mûr et dans les dernières années de sa vie. C'est de lui-même que nous tenons ces particularités, et presque tout ce que nous savons sur sa personne. Sa mort fut prompte, presque instantanée. Il eut à peine le temps de dire qu'il nommait Auguste son héritier, et il n'eut ni le temps ni la force de l'écrire. Il fut inhumé à Rome sur le mont Esquilin, auprès du tombeau de Mécène.

Caractère d'Horace.

Le caractère d'Horace est ce que nous connaissons le mieux. On peut dire, sans exagération, que le poëte n'a guère fait presque partout que se peindre lui-même. Ce caractère n'est pas exempt de défauts ; il en a même de graves et d'inexcusables. Cependant quelques critiques moroses lui en prêtent plus encore qu'il n'en a. Ainsi on voudrait faire d'Horace un vil flatteur, parce qu'il loue Auguste et Mécène dans des termes qui sentent parfois l'hyperbole. Virgile a encouru les mêmes reproches, et pour la même peccadille. Il suffit de se reporter par la pensée au temps où écrivaient Virgile et Horace ; de songer à ce qu'étaient Mécène et Auguste ; de se figurer les rapports mutuels d'affection qui unissaient les deux hommes puissants et les deux poëtes, pour comprendre qu'il n'y a rien de coupable dans l'excès même de ces panégyriques par-dessus les nues dont s'effarouche notre délicatesse : « Ne rabaissons pas si facilement, dit M. Patin, de si grands esprits, de si nobles cœurs, au niveau commun de la complaisance et de la flatterie ; et, dans ces hyperboles mêmes qu'imposent à la louange contemporaine des convenances dont la postérité n'est pas toujours un bon juge, sachons discerner, quand elle s'y rencontre, l'expression sincère de la reconnaissance, du dévouement, de l'amitié. » J'ajoute qu'un peu de faiblesse, chez Horace par exemple, est plus qu'excusable, quand il s'agissait de l'aimable maître qui lui écrivait les lettres qu'on sait ; quand surtout il s'agissait de l'homme qu'Horace aimait le plus au monde, de ce Mécène qui lui rendait cette amitié avec usure, et qui disait encore au prince, dans son testament : « Souviens-toi d'Horatius Flaccus comme de moi-même. » Mais presque tous les éloges qu'Horace prodigue et à Mécène et à Auguste sont au fond mérités. Les poëmes où il exalte le plus la grandeur et les vertus d'Auguste ont été composés assez tard, à une époque où l'on avait oublié les horreurs des proscriptions ; où Auguste avait pardonné même à Cinna coupable ; où florissaient les lettres et les arts, et où l'univers reconnaissant élevait des temples à la divinité mortelle, hélas ! dont la main secourable avait retiré l'univers de ses ruines. Enfin, Horace a-t-il jamais renié les souvenirs de sa jeunesse, ses vieilles sympathies républicaines, ses liaisons avec Brutus, son enthousiasme pour le rude et indomptable Caton ?

Il serait difficile d'établir que le poëte fut toujours modeste, et que jamais la prévention ni la passion n'aveuglèrent ses jugements. Mais l'orgueil et même l'arrogance sont des priviléges qu'ont usurpés bien d'autres qu'Horace, et qui ne le valaient pas, et qui n'avaient pas même l'excuse de la poésie. Mettons sur le compte de l'inspiration lyrique certaines expressions qui peuvent sembler ambitieuses. Souvenons-nous qu'Horace a eu ses accès de découragement excessif comme d'excessive confiance. Dans l'épître qu'il adresse à son livre même, il est loin de se promettre l'immortalité. D'ailleurs, est-ce donc un si grand crime, à qui sent en soi le génie, de parler d'avance, même sur soi, le langage de la postérité? La modestie est une belle vertu; mais qui niera que la foi de l'homme en lui-même puisse être le principe d'une ambition sainte, et enfanter des merveilles? Pardonnons donc à Horace d'avoir osé dire, à la fin du troisième livre des *Odes* : « J'ai achevé un monument plus durable que l'airain, plus haut que les pyramides, somptueux ouvrage des rois; un monument que la pluie ne rongera pas, que ne pourront renverser ni l'aquilon en fureur, ni la suite des siècles sans nombre, ni la fuite des temps. Je ne mourrai pas tout entier.... »

Nous avons eu plus d'une fois l'occasion de remarquer qu'Horace ne fut point cet infaillible oracle du goût que sans cesse on nous prône. Croyez-en ses assertions, et vous resterez convaincu que Rome, avant le siècle d'Auguste, n'a point eu de poésie. On se souvient de ses injustes dédains pour Plaute, pour tant d'autres poëtes dont les noms ont plus d'un titre à nos respects. Lucrèce et Catulle même n'existent pas à ses yeux. Il n'y a au monde, selon Horace, qu'Horace et ses amis. Il est vrai que ces amis étaient Virgile, Varius, Properce, Tibulle. Mais je regrette que cette gloire et cette poésie l'aient empêché d'apercevoir, dans le passé, une autre poésie, une autre gloire, qui n'étaient pas autant qu'il le dit indignes de ses regards. On voudrait, en un mot, le critique plus impartial, moins quinteux et moins rogue, plus calme, plus philosophe, plus véritablement critique.

Ce que je ne chercherai point à excuser, ce sont les vices auxquels Horace s'avoue lui-même enclin, la paresse, la gourmandise, la luxure. Il est permis d'affirmer, malgré certains panégyristes, qu'Horace n'était pas précisément un modèle. On doit pourtant lui savoir gré de s'être défait, en vieillissant, de son amour pour le bon vin et la bonne chère. On pourrait même, à la rigueur, lui passer les vers où il célèbre trop complaisamment les plaisirs de la table. Ce n'est pas non plus un crime absolument irrémissible de passer son temps à dormir ou à ne rien faire. Mais à commettre certains péchés, mais surtout à s'en vanter, on a beau être poëte, on est coupable au premier chef; car non-seulement on a failli au devoir envers soi-même, mais on a travaillé à corrompre les autres. Tout ce qu'on peut dire, c'est qu'Horace n'est pas pire que ses contemporains; c'est que sa corruption est naïve; c'est qu'il est dans les mœurs de son siècle sans le savoir, sans y penser, et qu'il y a bu comme les poissons boivent dans l'eau. Il était digne pourtant de se montrer supérieur à son siècle. Que de fois n'a-t-il pas exprimé, avec une admirable énergie, les plus nobles et les plus purs sentiments! Mais il a trop sacrifié et aux goûts de son public, et aux mauvais penchants de sa propre nature. Sans religion, sans passions politiques, dénué de ces fortes convictions qui font les grandes âmes, il s'est laissé aller sans résistance au courant de la société où il vivait. Il a trop joui des raffinements d'une civilisation excessive; il a contracté les souillures de ce qu'il voyait, de ce qu'il touchait, de ce qu'il aimait. Il ne se vautra pas dans la fange: non, certes! il ennoblit presque le vice; mais que n'a-t-il été partout et toujours le héraut de la vertu! Ne nous laissons point charmer par les apparences, et ne faisons pas fléchir la règle du bien en faveur de tout ce qu'il y a, jusque dans ses égarements, de grâces, d'abandon et de bonhomie.

Horace moraliste.

Horace dit quelque part à un de ses amis qu'il n'a qu'à le venir voir, s'il veut rire d'un pourceau du troupeau d'Épicure. Ses prédilections manifestes sont, en général, pour les doctrines du philosophe qui assignait le plaisir comme but suprême à notre vie. Il ne faut pourtant pas le prendre pour un épicurien fanatique. Horace est épicurien par tempérament et non point par système; il se moquera, au besoin, des épicuriens excessifs, comme il se moque des stoïciens trop conséquents. Il lui est même arrivé plus d'une fois de passer dans le camp des stoïciens mêmes, et de rêver avec eux des plus sublimes vertus. Combien d'odes où il célèbre, avec une éloquence inspirée, l'amour de la patrie, la persévérance dans la justice, la patience dans la pauvreté, le mépris de la mort! Dans ses satires, il fait la guerre à tous les vices, avec une verve de bon sens, avec une impitoyable franchise, qu'eût applaudies Zénon lui-même. Quant aux épîtres, ce sont de perpétuelles leçons de désintéressement, d'indépendance : le poëte recommande aux hommes le respect d'eux-mêmes, le mépris de toute ambition vulgaire. Sa philosophie, si l'on peut se servir ici de ce ce mot, se résume tout entière dans ce principe : Rien de trop; principe également fécond, dit un critique, et pour le goût et pour le bonheur.

Que si l'on doutait de la sincérité de ses paroles, on n'a qu'à relire ses ouvrages : on trouvera partout cet accent honnête et convaincu qui ne saurait être trompeur. On sentira cette chaleur et cette émotion dont le foyer ne peut être que dans l'âme. Voyez, par exemple, avec quelle tendresse Horace parle de ses amis, de ce Mécène auquel il ne veut pas survivre, de ce Virgile qu'il appelle quelque part *la moitié de mon âme;* voyez surtout avec quelle noble satisfaction il raconte les vertus de son père et l'admirable dévouement de cet homme simple et bon à qui il devait beaucoup plus que la vie. Malgré ses malices, malgré la légèreté naturelle de son esprit, malgré les défauts plus graves que nous n'avons pas dissimulés, Horace est peut-être de tous les poëtes celui qu'on peut le moins s'empêcher d'aimer. On l'aime pour sa sensibilité, pour sa franchise, pour sa naïveté, pour toutes sortes de qualités charmantes. Il y a en lui de quoi compenser et faire oublier toutes les imperfections. que dis-je? ces imperfections, même les plus choquantes, ont quelque chose d'aimable; ou, si l'on veut, il s'y mêle je ne sais quoi de gracieux et de non affecté, qui ne permet guère l'indignation, ni même une véritable colère. C'est comme un enfant qui ne sait pas bien encore ce que c'est que modestie et pudeur. On le reprend, mais on ne le châtie pas : la réprimande serait plutôt accompagnée d'un sourire. Je préférerais, pour ma part, qu'Horace se fût un peu moins montré à nu ; mais je n'ai pas le courage de m'irriter de ce qu'il a peint au complet un homme qu'il connaissait si bien. Cet homme, c'était lui, mais c'était l'homme aussi ; et, à ce titre, l'étude a une valeur morale incontestable, et qui s'accroît, s'il est possible, même des détails les plus fâcheux pour la gloire d'Horace.

Ouvrages d'Horace.

Les ouvrages d'Horace se divisent naturellement en deux portions distinctes, les poésies lyriques et les poésies non lyriques, ou, comme s'exprimaient les scholiastes anciens, les *Chants* (*Carmina*) et les *Causeries* (*Sermones*). Les poésies lyriques comprennent quatre livres d'odes, le livre intitulé *Épodes*, et le *Chant séculaire* qu'Horace composa, à la prière d'Auguste, pour les fêtes célébrées en l'an 737 de Rome. Quant aux poésies non lyriques, il y en a quatre livres, savoir, deux livres de *Satires* et deux livres d'*Épîtres*. Ce qu'on nomme ordinairement l'*Art poétique* n'était, dans la pensée d'Horace, qu'une épître, la dernière du deuxième livre.

On a essayé plus d'une fois d'établir l'ordre chronologique de la publication des divers recueils dont le recueil général est formé. Selon les uns, Horace aurait publié le premier livre des *Satires* à vingt-huit ans ; le deuxième, à trente-trois ; les *Épodes*, à trente-cinq ; le premier livre des *Odes*, à trente-huit ; le deuxième, à quarante et un ; le troisième, à quarante-trois ; le premier livre des *Épîtres*, à quarante-sept ; le dernier livre des *Odes* et le *Chant séculaire*, à cinquante et un ; le deuxième livre des *Épîtres* et l'*Art poétique* vers la fin de sa vie. D'autres pensent que les deux premiers livres des *Odes* parurent ensemble, et en l'an 21 avant notre ère ; que le troisième est de l'an 18 ; que le quatrième est de l'an 11, c'est-à-dire antérieur de trois années seulement à la mort d'Horace. La date du *Chant séculaire* ne souffre pas de contestation. Vanderbourg prétend que les *Épodes* ne virent le jour qu'après la mort du poëte, et que ce sont, pour la plupart, des pièces composées par Horace dans sa jeunesse ou dans des moments de folle gaieté. Une chose plus certaine, c'est que le premier livre des *Satires* fut aussi un des premiers essais d'Horace, et qu'Horace n'avait pas trente ans quand il le publia. Le deuxième livre suivit, à quatre ans d'intervalle : c'est encore un fait hors de doute. On sait aussi qu'il y eut réellement treize années entre la publication de ce recueil et celle du premier livre des *Épîtres*. Mais on ignore l'époque précise où fut composé le second livre, celui que termine l'*Art poétique*.

Excellence littéraire des ouvrages d'Horace.

Quintilien, comparant Horace satirique à Lucilius, s'exprime comme il suit : « Horace est beaucoup plus élégant et plus pur, et l'emporte par l'art de saisir les traits des caractères. » Le même critique dit un peu plus loin, à propos des *Chants* : « De tous les lyriques latins, le même Horace est presque le seul qui mérite d'être lu. Car il s'élève quelquefois, il est plein de charme et de grâce, et il a une audace singulièrement heureuse dans la variété de ses figures et dans ses expressions. » Quintilien, comme on voit, ne dit pas tout sur Horace, bien qu'il ait remarqué en passant qu'Horace est le premier poëte romain qui se soit servi de l'épode, c'est-à-dire d'un vers court alternant avec un vers plus long, c'est-à-dire de distiques d'espèce diverse et dont le distique élégiaque avait été jadis le prototype. On voit aussi que le rhéteur latin fait quelque tort à son goût ou à ses connaissances : Catulle valait bien la peine d'être nommé parmi les lyriques. Lui aussi il mérite d'être lu, même après Horace. Je ne sais pas ce qu'était le Césius Bassus dont Quintilien consent à prononcer le nom à la suite du nom d'Horace; mais je ne crois pas être téméraire en affirmant que ce Bassus avait moins droit à un tel honneur que l'heureux émule de Sappho, que le chantre aimable de Manlius et de Julie.

« Il y a pour les littératures, dit M. Patin, un moment, moment tardif et court, où les langues, polies, assouplies par l'exercice, se prêtent à l'expression la plus vive et la plus juste des conceptions elles mêmes élaborées par le long travail des esprits. Il en était ainsi de la littérature latine, quand Virgile et Horace vinrent cueillir, sur ce rameau autrefois détaché du vieux tronc homérique, et que deux siècles de culture avaient accoutumé au ciel et à la terre du Latium, les fruits mûrs enfin de la poésie. Tout ce que l'épopée de Névius et d'Ennius, la tragédie de Pacuvius et d'Attius, la comédie de Plaute et de Térence, la satire de Lucilius, les efforts de poëtes de tous genres avaient accumulé, dans le trésor poétique des Romains, d'acceptions fortes, de nuances délicates, d'analogies naturelles, de tours élégants, de mouvements heureux, d'images frappantes, d'harmonieuses combinaisons de paroles ; cette précision de formes, cet art de composition, soupçonnés, rencontrés par la facile inspiration de Lucrèce, cherchés et trouvés par le savant travail de Catulle ; tout cela, grâce à l'opportunité de leur venue, leur échut en partage, et entra dans la composition de leur génie, à peu près comme, dans le même temps, les divers pouvoirs de la constitution républicaine se rassemblaient dans la seule main et formaient l'absolue puissance de leur impérial protecteur....

« Quelques années auparavant, Catulle et Lucrèce s'apercevaient à peine à côté de Cicéron. Maintenant les héritiers du grand orateur, les Messala, les Pollion, disparaissaient à leur tour devant cette gloire poétique dont ils avaient protégé les humbles débuts. Cette gloire, de bonne heure sans rivale, s'isola de plus en plus en traversant les siècles : par elle seule un dernier et mystérieux rayon de l'antique poésie pénétra dans les ténèbres du moyen âge ; par elle se ralluma, chez les modernes, le flambeau de ces lettres qu'on a longtemps honorées du nom, aujourd'hui décrié, de lettres classiques, de celles dont les monuments, conformes aux grandes et immuables règles de l'art, semblent appelés, par un consentement universel, à en offrir la perpétuelle leçon. Telle est, telle du moins a été jusqu'à présent la destinée de ce petit nombre de pages, sauvées avec les grands noms de leurs auteurs du naufrage des temps, et devenues, pendant des siècles, non-seulement l'inspiration des esprits d'élite, mais la commune nourriture de tous les esprits ordinaires. Horace, comme pour expier, pour racheter les emportements de son orgueil lyrique, disait modestement à son livre d'*Épîtres*, trop pressé de se produire : « Prends garde, tu ne plairas « pas toujours, tu ne seras pas toujours jeune. Un temps « viendra où, négligé de Rome, relégué dans ses faubourgs, « ta vieillesse bégayante enseignera aux petits enfants les « éléments du langage[1]. » Cette menace badine s'est accomplie bien glorieusement pour le poëte qui se l'était à lui-même adressée, et pour celui qu'il nous faut toujours lui associer. Ils ont eu véritablement le privilége d'apprendre à toutes les générations, non pas précisément à lire, mais à sentir et à penser; ils ont, s'il est permis de détourner à un usage profane une sainte parole, illuminé de leur pure lumière toute intelligence venant en ce monde. Leurs vers, appris dès l'enfance, et gardés comme en dépôt, revenaient, par intervalles, charmer d'un souvenir de poésie les prosaïques travaux de l'âge mûr; et, à l'âge où tout s'oublie, la mémoire défaillante se ranimait pour les redire encore, pour s'en enchanter une dernière fois, *comme on boit d'un vin vieux qui rajeunit les sens.* »

Horace fabuliste.

Horace dans ses *Causeries*, autrement dit dans les *Satires* et dans les *Épîtres*, ne se borne pas à se raconter et à se peindre lui-même, ou à raconter et à peindre les autres. Ce n'est point assez non plus pour lui de frapper à son coin, et d'une immortelle empreinte, les préceptes de la raison pratique et du bon sens, et de revêtir de poésie les oracles de la sagesse des nations. Il lui arrive quelquefois de se souvenir de la manière d'Ésope, et de conter des apologues. Personne parmi les anciens n'a jamais conté avec plus de charme. La Fontaine, pour faire un chef-d'œuvre, n'a eu qu'à traduire

---

[1]. *Épîtres*, I, xx, vers 10 et suivants.

le piquant récit d'Horace sur les accointances du rat de ville et du rat des champs. Ce n'est pas le seul sujet heureux dont notre fabuliste soit redevable au grand poëte latin. Mais on peut dire que la Fontaine n'a pas pris dans Horace tout ce qu'il y eût pu prendre, et que les apologues qu'il a négligés sont précisément les plus beaux. Y a-t-il rien, dans la Fontaine lui-même, qui l'emporte sur le long et admirable récit où figurent l'orateur Philippe et le crieur public Vultéius Ména? Au fond, c'est l'histoire du Savetier et du Financier ; mais l'apologue latin est bien plus intéressant, selon moi, et d'un ordre bien plus élevé que celui de la Fontaine. Un récit plus court, mais non moins parfait, c'est celui où Horace nous montre un soldat de Lucullus qui se comporte en héros parce qu'il est furieux d'avoir perdu son argent, et qui ne songe plus qu'à vivre quand il sent sa bourse bien garnie. Voici un autre apologue, aussi court que celui-là, et qui ne déparerait pas, je pense, l'ample et riche comédie du bonhomme : « Il y avait à Argos un homme d'assez bonne maison, qui se figurait entendre de merveilleux acteurs tragiques, assis joyeusement et applaudissant dans un théâtre imaginaire. Du reste, capable d'observer avec exactitude tous les devoirs de la vie ; bon voisin, sans contredit; hôte aimable, époux attentif, maître indulgent pour ses esclaves, et qui ne se serait pas mis en fureur pour une bouteille décachetée ; capable enfin d'éviter une pierre sur sa route, un puits ouvert sous ses pas. A force de dépenses, à force de soins, ses proches le guérirent. Après que la maladie et la bile eurent cédé à quelques doses de pur ellébore : « Par « Pollux, dit-il en revenant à lui-même, vous m'avez tué, « mes amis, vous ne m'avez pas rendu la vie, en m'arra- « chant ainsi mon plaisir, et en m'ôtant par force la déli- « cieuse erreur de mon âme[1]. » J'ai insisté sur le mérite singulier de ces petites pièces, parce qu'on les aperçoit à peine dans l'admirable tissu dont elles font partie. Les critiques eux-mêmes, qui sont tous pleins des louanges d'Horace moraliste, ont oublié qu'Horace a fait des fables, et les plus belles

---

[1] *Épîtres*, II, II, vers 128 et suivants.

fables qu'on ait jamais écrites en latin. Les plus savants et les mieux informés vous diront, par exemple, que l'apologue grec était un genre auquel l'imitation, avant Phèdre, n'avait pas encore touché, et que c'est là ce qui détermina la vocation de Phèdre. Non-seulement Phèdre n'est pas le premier en date parmi les fabulistes latins, mais il n'est le premier ni par le génie, ni par la perfection de ses œuvres.

Les Odes.

Que si Horace poëte lyrique est venu après Catulle, après d'autres peut-être, il a été assez grand du moins pour les éclipser, et pour se faire pardonner le mensonge qu'il s'est permis contre eux en se vantant d'être le premier qui eût fait entendre à l'Italie les modes de la poésie éolienne. Ce qui est incontestable, c'est qu'Horace a imité presque tous les rhythmes grecs, et qu'il ne s'en est pas tenu, comme Catulle, à quelques-unes des formes heureuses imaginées par les héritiers de Terpandre. Nous avons remarqué ailleurs tout ce qu'Horace devait au Lesbien Alcée. Plus d'un autre, à commencer par Sappho et à finir par Pindare, retrouverait çà et là ses pensées, ses images, ses tours, ses mètres, dans ces trésors que nous a légués le génie d'Horace. Il y a des odes entières, et parmi les plus belles, qui ne sont même que des traductions ou des imitations, du genre de celles que nous avons remarquées dans Catulle. On connaît les originaux de quelques-unes, au moins certaines portions de ces originaux, et les noms de leurs auteurs. D'autres sont marquées à un tel point des caractères de l'esprit grec, qu'on ne peut guère hésiter à les regarder comme les conquêtes d'un art savant plutôt que comme des inspirations de la Muse romaine. Je citerai par exemple la *Prédiction de Nérée*, et, dans un autre genre, le gracieux, le piquant, l'incomparable dialogue, *Tant que je te fus cher*. Quant aux imitations de détail, elles sont sans nombre. On connaît plus de cent passages de poëtes grecs qu'Horace a textuellement reproduits. Mais l'imitation d'Horace est une imitation féconde. Comme Virgile, à côté d'une belle chose qui n'est pas de lui il en prodigue d'autres plus belles encore, et qui ne doivent rien qu'à lui. Il y a plus : les odes les plus belles, les mieux inspirées, celles où le poëte s'élève le plus haut, et où il atteint presque au sublime de Pindare, sont précisément ses odes les plus romaines, celles où il célèbre des événements contemporains, et où la nature du sujet le condamnait, bon gré mal gré, à être original. Il faut dire enfin que nul poëte au monde, pas même Virgile, n'a jamais su s'approprier plus heureusement les richesses d'autrui, les faire siennes et plus que siennes par l'expression, et, comme on l'a dit, repenser ce qui avait été pensé par d'autres.

La muse lyrique d'Horace ne se maintient pas toujours dans les hautes régions de la poésie. Elle aime ce qui est grand ; mais elle prend tous les tons sans effort, et il n'y a guère de sujet qu'elle dédaigne. Un assez grand nombre des odes d'Horace ne sont que de courts billets égayés de quelque image agréable, et où il laisse entrevoir une philosophie douce, indulgente et sensée. Quelques-unes sont des satires véritables, et même des satires très-mordantes. Mais ce qu'Horace chante de préférence, et sur quoi ne tarit jamais sa veine, ce sont les charmes de l'amitié, les voluptés de l'amour, c'est le bon vin et la bonne chère : les odes érotiques, bachiques, les chansons, comme nous dirions, sont en majorité dans ses ouvrages. A côté d'une chanson qu'il envoie à sa maîtresse, nous lisons ou un chant pompeux où se déploient toutes les magnificences de l'antique mythologie, ou une admirable prière adressée à quelque divinité, ou une de ces odes qu'Horace a consacrées aux vieilles gloires de Rome, surtout à la gloire nouvelle d'Auguste, et où il exprime avec tant d'énergie tous ses sentiments de Romain fier de son pays, de citoyen heureux de vivre dans un grand siècle, d'homme reconnaissant et de tous les bienfaits dont le monde était redevable au prince et de tous ceux dont lui-même il était comblé.

« Les langues anciennes, dit Walckenaër, présentaient des moyens d'harmonie que n'ont pas les langues modernes, que n'a pas surtout la langue française. Dans la langue latine, les mots, fortement accentués, se composent de syllabes longues et brèves, dont la prosodie, parfaitement distincte dans la manière de les prononcer, ne peut échapper à l'oreille la moins exercée et la moins sensible. Par la réunion ou le mélange de ces syllabes longues ou brèves, on forme un rhythme ou une cadence marquant, comme dans la musique, un même intervalle de temps; l'ordre des rhythmes constitue le mètre ou pied, et le nombre de ces pieds ou mètres, les différentes sortes de vers. Horace a, dans ses odes, employé jusqu'à vingt-deux sortes de vers. Qu'on juge, d'après cela, que de moyens de varier l'harmonie fournissait au poëte cette belle langue latine....

« De tous les genres de poésie, celui qui exige une plus grande variété de rhythmes et de mètres, une harmonie plus complète et plus savante, c'est l'ode, ou plutôt la poésie lyrique; car les divers emplois et les différents modes de ce genre de poésie ont fait donner aux différentes pièces dont ils se composent les noms de psaumes, d'hymnes, de cantates, d'odes, de chansons, compositions que les Latins désignaient toutes par le mot général de *carmen*, c'est-à-dire de vers destinés à être chantés, *carmina ad lyram*. Dans ce seul genre de poésie le poëte a le droit de dire avec vérité : Je chante ; parce qu'en effet les premiers poëtes chantaient en s'accompagnant de la lyre. On voit donc que dans la différence de la langue on trouve une explication toute naturelle de la supériorité d'Horace sur tous les poëtes lyriques des temps modernes. »

Les Satires.

Les *Satires* nous montrent Horace lui-même, et non plus seulement le poëte, l'écrivain, le grand artiste. C'est là qu'on le saisit déjà tout entier, avec son esprit aimable et railleur, sa bonhomie pleine de malice, son urbanité charmante. Horace satirique n'a presque plus rien des rudesses de Lucilius. Il n'aime pas à s'irriter. Lucilius était venu à une époque où les vieilles mœurs avaient encore leurs partisans, et où plusieurs, lui-même le premier, en donnaient l'exemple. Aussi ne put-il retenir son indignation, à la vue du luxe de quelques-uns et de la corruption universelle. Ses écrits étaient pleins de personnalités. C'était la poésie fescennine reparaissant à Rome au temps des Scipions et des Lélius; c'était le ton de la vieille comédie grecque; c'était Eupolis, Cratinus et Aristophane flagellant sans pitié leurs ennemis, et s'attaquant indistinctement à des hommes de toute classe. Il ne s'agissait plus, au temps où Horace écrivait, de s'indigner contre le vice, de tonner contre les débordements du siècle. Le vice était partout; les meilleurs, et Horace lui-même, en étaient infectés; d'ailleurs, sa douceur naturelle ne lui permettait guère que des objurgations discrètes et mesurées. Horace sentit ce qu'il pouvait. Il n'essaya point de nettoyer les étables d'Augias; il ne vit, ou ne voulut voir, que le côté ridicule des choses: il ne fut que gai et plaisant; il prodigua l'ironie et les saillies agréables. Il se moqua du vice, ou plutôt de ses travers et de ses laideurs; il lui opposa les charmes de la vertu qu'il aimait, de celle qui est toute dans la prudence et dans le savoir-vivre. Les *Satires* d'Horace sont le fidèle et parfait miroir de la société contemporaine. C'est là que se réfléchissent, avec autant d'art que de vérité, la vie et les mœurs des Romains d'alors et le caractère du poëte lui-même. En ne s'exceptant pas de la plupart des défauts qu'il reprochait aux autres, Horace a ôté à ses critiques ce qu'elles pouvaient avoir d'irritant ou d'acerbe; et, malgré les allusions personnelles à celui-ci ou à celui-là, il a songé bien plus à nous montrer des types qu'à peindre des individus. Il eût pu dire, aussi bien que la Bruyère : « Je ne me suis point loué au public pour faire des portraits qui ne fussent que vrais et ressemblants, de peur que quelquefois ils ne fussent pas croyables et ne parussent feints ou imaginés. » La comédie elle-même, si Rome avait eu une vraie comédie, ne reproduirait pas mieux le mouvement et la physionomie de tout ce qui se remuait dans la ville éternelle. Les *Satires* d'Horace nous tiennent lieu, en quelque sorte, du théâtre absent. Le nombre des originaux dont Horace a peint ou esquissé les figures est considérable; et, si l'espace nous le permettait, nous nous donnerions le plaisir d'en passer la piquante revue. Nous n'aurions, du reste, qu'à transcrire quelques-unes des belles pages que M. Patin a consacrées à Horace; mais le lecteur ira bien chercher lui-même ces portraits ou dans l'excellent résumé du critique, ou, ce qui vaut mieux encore, dans les vers charmants du poëte. Nous nous bornerons ici à donner un catalogue raisonné des pièces diverses qui composent les deux livres des *Satires*.

Il y a dix satires dans le premier livre :

La première, adressée à Mécène, est comme la dédicace et l'introduction du recueil. Horace s'y moque de la folie et de l'inconséquence de ceux qui courent après la richesse.

Dans la seconde, il tourne en ridicule ceux qui sont difficiles en amour : la liberté du langage y est quelquefois portée jusqu'au cynisme.

La troisième est dirigée contre le penchant qu'ont la plupart des hommes à mal penser et à mal parler les uns des autres.

La quatrième est la réponse d'Horace aux attaques dont ses premières satires avaient été l'objet.

La cinquième est le journal du voyage de Brindes qu'Horace avait fait, l'an 37 avant Jésus-Christ, en compagnie de Mécène, de Virgile, de Plotius et de Varius.

La sixième est presque une autobiographie d'Horace. C'est là que le poëte nous raconte sa naissance et son éducation, et comment, grâce à son père, il est devenu digne de compter entre les amis des hommes les plus puissants.

La septième a été composée à propos d'un procès comique jugé autrefois par Brutus, gouverneur de l'Asie Mineure.

La huitième est dirigée contre une espèce de sorcière nommée Canidie, ou à laquelle Horace donne ce nom, et dont il s'est aussi moqué dans les *Épodes*.

Dans la neuvième, l'auteur raconte les importunités d'un poëte bavard et bel esprit.

La dixième est purement critique : Horace y défend le jugement qu'il a porté sur Lucilius dans la quatrième. Nous en avons transcrit ailleurs les principaux passages.

Le deuxième livre ne contient que huit satires :

La première est un dialogue plein de grâce, d'ironie et de gaieté, entre Horace et le jurisconsulte Trébatius. Le poëte répond aux critiques qu'on a faites de ses ouvrages, et dit en passant quelques bonnes vérités à ses antagonistes.

La deuxième est une diatribe contre le luxe et les débauches des Romains. Horace est ici plus vif qu'à l'ordinaire ; mais ce n'est pas lui qui parle, c'est le paysan sabin Ofellus.

Horace, dans la troisième, tourne en ridicule l'austérité affectée d'un philosophe stoïcien.

La quatrième est un dialogue entre Horace et le gastronome Catius, qui lui débite avec emphase une nouvelle théorie culinaire.

La cinquième est dirigée contre les intrigants qui flattaient les vieillards et les malades, dans l'espoir de succéder à leurs biens en vertu de dispositions testamentaires.

La sixième est un éloge de la campagne et du bonheur de la vie champêtre.

Dans la septième, Horace suppose qu'un de ses esclaves, usant de la liberté des Saturnales, lui reproche l'inconséquence de sa conduite et les défauts de son caractère.

La huitième est la description ironique d'un mauvais repas que Mécène avait fait chez un avare.

Le style des satires est varié comme les sujets mêmes. Le poëte touche à tout, parle de tout, et toujours avec le ton que comporte chaque chose. Comme le Chrémès de la comédie, il élève quelquefois la voix, et ses accents atteignent à l'éloquence. En général, c'est une causerie vive et franche, pleine de tours et d'expressions pittoresques ; c'est je ne sais quoi de net, de court, de rapide ; c'est la simplicité, le naturel, la délicatesse mêmes : nulle trace ni d'affectation, ni de bel esprit, ni d'emphase. Horace définit lui-même cette poésie une conversation, des vers qui se rapprochent de la prose. Il n'a rien négligé, en effet, pour reproduire tous les mouvements, tous les caprices, le scintillement, pour ainsi dire, d'un entretien familier. L'hexamètre, entre ses mains, s'assouplit, avec une merveilleuse facilité, à des usages pour lesquels l'ïambe seul semblait avoir été fait. La négligence de la versification n'est qu'apparente. En y regardant avec soin, on reconnaît, sous ces formes si peu apprêtées, sous ce laisser aller gracieux, un art non moins consommé que celui qui apparaît manifestement dans les compositions lyriques d'Horace. Le poëte ne fait rien au hasard. Ce n'est pas sans dessein qu'il dépouille le rhythme épique de sa majesté habituelle. Ce n'est qu'en le ramenant à sa simplicité primitive, ce n'est qu'en faisant avec un labeur d'artiste ce que les Grecs faisaient naturellement et sans aucun effort, c'est-à-dire en alliant une exquisse harmonie avec les coupes les plus libres et les plus variées, qu'Horace pouvait l'amener à tout peindre et à tout exprimer, et, au besoin, à ressembler à la prose sans cesser d'être digne de la poésie. Ajoutons que, dès que le poëte rencontre en chemin quelque grande idée, quelqu'un de ces grands principes devant lesquels expire sa raillerie, aussitôt la phrase s'anime d'un souffle plus puissant : elle prend une ampleur vraiment majestueuse, et les vers n'ont plus rien à envier, ni pour la facture, ni pour la noblesse, ni pour la gravité, à ce qu'on lit de plus beau dans les *Géorgiques*, dans l'*Énéide* même.

Les Épîtres.

Le style des *Épîtres* est le même que celui des *Satires*, mais avec un degré de plus dans l'habileté de l'exposition, dans la mise en œuvre des idées, dans la perfection du bien dire, dans celle de la versification. Au reste, c'est le même ton, c'est le même laisser aller apparent, c'est la même image d'une causerie aimable. Toute la différence, c'est qu'Horace, dans les *Épîtres*, donne des conseils et fait des leçons, tandis qu'il se moquait du vice dans les *Satires*. Les épîtres du premier livre roulent sur des sujets de morale. Horace traite, dans celles du second livre, des questions de goût et de littérature. Il y a vingt épîtres dans le premier livre, les unes sérieuses, la plupart légères et badines. C'est dans cette espèce de correspondance poétique qu'on aperçoit le mieux tout ce qu'il y avait de bon, de sympathique et de tendre dans le caractère d'Horace, malgré sa malice, malgré son irrésistible penchant à la raillerie.

Le deuxième livre contenait originairement trois épîtres. De ces trois épîtres les éditeurs en ont détaché une, qui figure à part sous le nom d'*Art poétique;* en sorte que le deuxième livre proprement dit n'a plus maintenant que deux pièces. Il est vrai que ces deux pièces sont considérables : l'une a plus de deux cent cinquante et l'autre plus de deux cents vers. La première fut composée en réponse à une lettre où Auguste se plaignait d'être négligé par Horace. Horace s'excuse en peu de mots, puis fait une espèce de précis de l'histoire des lettres latines. Nous avons eu maintes fois l'occasion de citer, sinon toujours d'approuver, les jugements du spirituel mais trop peu impartial critique. La seconde épître est adressée à Julius Florus. Horace y fait la critique des mauvais écrivains dont Rome fourmillait ; il entre dans une foule de détails curieux sur l'état de la littérature durant l'époque la plus florissante du règne d'Auguste. C'est là que l'on voit combien le goût des choses de l'esprit était devenu général, sinon toujours parfaitement éclairé, et combien la Rome d'Auguste et de Mécène, de Virgile et d'Horace, ressemblait peu à la Rome des Scipions et du vieux Caton, où Ennius était presque dépaysé, où Plaute avait besoin de travailler à se faire un peu barbare, où les grâces de Térence étaient presque en pure perte, où Lucilius ne trouvait guère qu'à gémir et à maudire.

Le seul défaut des deux grandes épîtres littéraires, c'est la prévention d'Horace contre les vieux auteurs romains ; c'est ce mépris systématique, que nous lui avons plus d'une fois reproché, pour tout ce qui n'appartenait point à la brillante génération dont lui-même et ses amis faisaient la gloire. Mais ce défaut n'ôte rien à la verve du poëte, ni à son originalité ; bien au contraire ! Plus calme et plus équitable, peut-être eût-il été moins vif, moins spirituel, moins plein d'aimables caprices et de piquantes saillies. Je ne parle pas d'un autre défaut que quelques-uns relèvent dans ces épîtres, comme dans celles du premier livre, comme dans toutes les satires, en un mot dans toutes les *Causeries*, savoir, le désordre de la composition, l'imprévu dans la succession des matières, les sauts brusques d'un sujet à l'autre, les retours non moins brusques à des sujets auparavant laissés. Ce prétendu défaut n'est qu'une qualité de plus, dans des poëmes qui n'ont nulle prétention à se montrer comme des ouvrages de métier; qui ne sont ou qui ne veulent être que des conversations, et où le point suprême de l'art, c'est que l'art ne se trahisse jamais, et qu'on n'aperçoive ou qu'on croie n'apercevoir jamais que la nature. Horace a surabondamment prouvé, dans les *Odes*, qu'il savait composer : il n'y a pas une de ses pièces lyriques, même celles ou il affecte le plus de se dire transporté hors de lui-même, qui ne soit un tout parfaitement ordonné, parfaitement irréprochable. Un commentateur d'Horace a pu aller jusqu'à avancer qu'il y a, au fond de chaque ode, un syllogisme en forme. C'est beaucoup dire sans doute, et cette vision de pédant peut aller de pair avec la folie de ceux qui prétendent réduire les plans des odes de Pindare à un certain nombre de figures de géométrie. Mais les plans lyriques d'Horace, pour n'avoir rien de scholastique, n'en sont pas moins réels et visibles à qui sait y regarder, plus réels et plus visibles encore que ceux de Pindare. Quant aux *Épîtres* et aux *Satires*, si elles n'ont pas de plan, ou si elles paraissent n'en point avoir, c'est qu'Horace l'a voulu ainsi; et j'ajoute, avec tous les vrais critiques, que non-seulement il a pu mais qu'il a dû le vouloir.

L'art poétique.

Ce titre d'*Art poétique* est assez mal inventé, et n'est propre qu'à faire accuser Horace d'une foule de péchés dont il est innocent, ou dont on ne saurait raisonnablement lui refuser le pardon si l'on songe qu'il n'a point eu la prétention d'écrire un poëme didactique, mais de causer de littérature avec deux amis, comme il avait fait avec Auguste et avec Florus dans les deux épîtres du second livre. L'*Art poétique* n'est réellement, et n'était dans la pensée d'Horace, que l'*Épître aux Pisons*. Peu importe donc que tout y soit jeté à peu près au hasard et pêle-mêle. Cette causerie a tous les caractères des autres causeries d'Horace. N'y cherchez que ce qu'y a voulu mettre le poëte. Ne vous effarouchez pas s'il rompt çà et là le fil capricieux de sa pensée, s'il se raccroche quelquefois à un mot, à quelque idée secondaire, s'il ne revient à son sujet apparent qu'après de longs détours et des digressions sans nombre. Il est toujours dans son sujet réel : il ne cesse pas un instant de faire œuvre, avec les Pisons, d'un conseiller plein de goût, d'un mentor littéraire. C'est Boileau, ce n'est pas Horace, qui a prétendu rédiger un code de poésie. Devant cette simple considération tombent tous les systèmes que certains critiques ont entrepris de bâtir à propos de cette esquisse légère. Le poëme n'est pas, comme le prétendent quelques-uns, l'amas confus des restes d'une œuvre savamment composée, mise en pièces jadis par les copistes, ou du moins défigurée par toute sorte de mutilations, d'interversions, de transpositions. Ce n'est point non plus une ébauche, à laquelle Horace n'aurait pas eu le temps de mettre la dernière main.

L'*Art poétique* a toutes les qualités des autres épîtres, avec plus d'éclat dans certaines parties, avec des tableaux plus intéressants et plus achevés. Mais il faut dire aussi qu'on y trouve des défauts notables, que les fanatiques d'Horace ont seuls le courage de méconnaître. Je ne reproche point à Horace de s'être beaucoup trop occupé du poëme dramatique, dans un temps et chez un peuple où il n'y avait plus guère ni tragédie ni comédie; de s'être amusé à déduire les règles du drame satyrique, à l'usage de poëtes qui n'avaient jamais peut-être vu de satyres sur la scène; je ne reviens pas non plus sur ce que j'ai déjà tant répété des criantes injustices de sa critique rétrospective. Il s'agit d'autre chose, de véritables fautes de goût et de style. Les images du début, par exemple, manquent de précision et de netteté. Il est assez difficile, ce me semble, de comprendre comment un peintre, en posant une tête d'homme sur un cou de cheval, et en rassemblant des membres divers, qu'il recouvrira de plumes bigarrées, se trouve en même temps avoir fait une figure où un beau buste de femme se termine en un poisson hideux. Horace oppose quelque part les premiers vers de l'*Odyssée* d'Homère au premier vers de je ne sais quelle épopée cyclique. Sa préférence pour le poëte *qui n'entreprend jamais rien sans raison* n'a pas besoin d'être justifiée, bien qu'on puisse douter si c'est trop promettre, dans un poëme sur la guerre de Troie, que dire : « Je chanterai la fortune de Priam et cette illustre guerre. » Mais ce qu'on ne saurait justifier, c'est l'étrange expression par laquelle Horace s'imagine caractériser le dessein d Homère : « Il ne songe point à donner de la fumée après l'éclat du feu, mais à donner de la lumière après la fumée[1]. » Que dirons-nous de la détestable antithèse qu'a fournie à Horace la mort du grand poëte Empédocle; de cet homme *froid qui saute dans l'Etna brûlant*[2]? rien, sinon que ce jeu de mots indigne d'Horace va trop bien avec les mauvaises plaisanteries sur le métromane, qu'il veut absolument laisser dans le fossé ou dans le puits où il est tombé par mégarde. Je pourrais signaler d'autres traits encore, que n'avoue point ur goût sévère; je pourrais même remarquer qu'Horace a manqué une fois à une des règles les plus impérieuses de la quantité latine[3]. Mais il y a tant à admirer dans l'*Art poétique*, que je ne me sens pas le courage d'insister sur des vétilles.

CHAPITRE XXVIII.

POËTES ÉLÉGIAQUES.

Caractères de l'élégie latine. — Gallus. — *Élégies* de Properce. — Remarque. — Vie de Properce. — Vie de Tibulle. — *Élégies* de Tibulle.

Caractères de l'élégie latine.

Les erreurs historiques ne manquent pas dans l'*Épître aux Pisons*. Nous avons signalé en leur lieu celles qui avaient trait aux objets de notre étude. En voici une qui se rapporte directement au genre de poésie qui va nous occuper

---

1. *Art poétique*, vers 143, 144.
2. *Art poétique*, vers 465.
3. Au vers 65, Horace emploie le mot *palus* pour deux brèves, ce qu'on ne saurait pardonner, dit M. Quicherat, même à un si grand poëte.

dans ce chapitre. Horace, faisant à sa manière l'histoire de l'élégie, dit que les vers de mesure inégale, accouplés ensemble, servirent d'abord à l'expression de la plainte, puis à celle du contentement. Rien de plus faux qu'une telle assertion. Callinus et Tyrtée, les deux premiers élégiaques connus, n'écrivaient point, ou, si l'on veut, ne chantaient point pour exprimer leurs douleurs ou leurs joies, mais pour exciter ou ranimer le courage des guerriers, et pour former les cœurs aux plus nobles vertus. Mimnerme, il est vrai, soupira ses amours dans des élégies; mais Solon fit servir la poésie élégiaque à bien autre chose, et Théognis rédigea les leçons de la sagesse sous la forme même qui n'aurait été consacrée, suivant Horace, qu'à revêtir des sentiments, des émotions purement personnelles. Ce n'est qu'assez tard, et vers le temps des poëtes alexandrins, que l'élégie prit réellement le caractère que lui attribue Horace, et qu'elle devint surtout l'organe des passions de l'amour. Ajoutons que, bien souvent encore, les plus fameux élégiaques d'alors, les Callimaque, les Philétas, désertaient les sentiers de Mimnerme, et essayaient de retrouver les larges routes de la primitive élégie, ou même de s'en ouvrir de nouvelles. Je ne juge point leur talent; je constate seulement leur pratique ordinaire. On se souvient de la *Chevelure de Bérénice*. On sait si cette élégie trop vantée a rien de commun avec ce qu'Horace semble regarder comme l'essence même de l'élégie. Catulle se servit du mètre élégiaque pour toute sorte de sujets; mais je dois dire que ses élégies principales, celles qui sont autre chose que des épigrammes, rentrent assez bien dans la définition d'Horace. Les œuvres des poëtes élégiaques successeurs de Catulle y rentrent plus complétement encore. Gallus, Properce, Tibulle, sont des poëtes érotiques, sauf de rares circonstances où ils oublient leurs amours, et où ils restent purement et simplement des poëtes ou des versificateurs. Ce n'est qu'au regard des élégiaques latins qu'on peut définir l'élégie un chant destiné à l'expression de la plainte ou du contentement.

Gallus.

Cornélius Gallus, qui fut un des plus intimes amis de Virgile, et qui a inspiré au cygne de Mantoue un de ses plus beaux chants, n'était pas uniquement un poëte de talent et un homme de passions vives. Il était de l'ordre équestre, et il se mêla avec succès aux plus grandes affaires. Il rendit à Octave d'importants services durant la guerre d'Alexandrie, et Octave le nomma gouverneur d'Égypte. Comme tant d'autres gouverneurs romains, il ne sut pas user modérément du pouvoir. Il fut rappelé, accusé même de trahison, condamné à l'exil; mais il se donna la mort. C'était en l'an 26 avant Jésus-Christ, et il était âgé d'environ quarante ans. Il avait composé quatre livres d'élégies.

Les élégies de Gallus étaient plus remarquables par la passion et la verve que par les qualités de la diction et les autres perfections extérieures. Du moins Quintilien accuse-t-il de dureté le style de Gallus. Les morceaux que nous possédons sous le nom de Gallus n'ont rien d'authentique. La seule élégie sur laquelle il ait pu y avoir quelque doute, et que quelques-uns s'obstinent encore à attribuer au vrai Gallus, est elle-même une bien pauvre chose, et aussi peu digne, selon moi, du siècle d'Auguste que de Gallus même. C'est la première du recueil, celle qui est mutilée en plusieurs endroits. Un critique du seizième siècle remarque avec raison que rien, dans cette élégie, ne s'accorde ni avec les lieux ni avec les temps où on la suppose écrite, ni avec les mœurs des Romains de l'époque de Gallus, et que la latinité, loin d'être irréprochable, trahit çà et là la main d'un poëte de la décadence, par des barbarismes, par des tours plus que bizarres. L'opinion la plus probable, c'est qu'il ne faut voir dans ce poëme qu'une de ces contrefaçons comme en savaient faire les grammairiens des bas siècles, qui s'exerçaient soit à mettre en vers la vie, les actions, les amours, les paroles des hommes illustres, soit même à développer certains passages des œuvres des grands écrivains.

Quant aux six autres élégies, ou, pour parler plus exactement, quant à l'élégie sextuple qui forme la part principale du recueil, il n'y a que le nom de Lycoris qui ait le moindre rapport avec les souvenirs que nous avons de Gallus Cette Lycoris n'est pas la cruelle qui désolait l'ami de Virgile, c'est la maîtresse d'un sot vieillard, lequel ferait mieux de songer au grand voyage que de versifier ses plaintes sur les manéges d'une coquette. Ce vieillard cacochyme, qui confesse lui-même que les jeunes filles l'ont en dégoût, n'est pas même un versificateur supportable, ni un écrivain du sixième ordre. Il nous apprend lui-même en quel siècle il vivait, puisqu'il nomme comme un de ses amis Boèce, personnage consulaire. C'est une supercherie de je ne sais quel érudit du seizième siècle qui fait qu'on imprime encore aujourd'hui, comme des vers de Gallus, les vers d'un barbon contemporain de l'empereur Anastase. Les manuscrits eux-mêmes protestent contre la supposition, puisqu'on y voit que le véritable auteur se nommait Maximien.

Je ne dis rien de quelques épigrammes passablement insignifiantes, qu'on joint d'ordinaire au bagage poétique du prétendu Gallus; mais le petit poëme lyrique connu sous le titre de *Veillée de Vénus*, que quelques-uns attribuent à Catulle, d'autres à Gallus, et qui est probablement d'un poëte postérieur, mérite de n'être point passé sous silence : « Malgré toutes les beautés, dit le P. Sanadon, qui rehaussent le prix de cet ouvrage, on n'y trouve point cette majestueuse et élégante simplicité des écrivains du beau siècle. Parmi les pensées délicates et ingénieuses qui y éclatent, on remarque je ne sais quelle affectation d'esprit, qui se sent un peu de la décadence du bon goût. Quelque brillante et quelque fleurie que soit l'élocution, la latinité n'en est pas toujours exquise. J'en appelle aux connaisseurs, qui, quoique en petit nombre, doivent seuls décider sur cette matière. Mais, quel qu'ait été cet auteur inconnu, on ne peut trop louer la retenue avec laquelle il a traité son sujet. Il est étonnant qu'un poëte, et un poëte païen, ait fait une pièce si mignonne pour une fête si galante, sans qu'il lui ait rien échappé qui puisse alarmer la pudeur. »

POËTES ÉLÉGIAQUES.

Élégies de Properce.

La Harpe, qui avait à charmer, dans le Lycée, un auditoire plus poli et plus élégant qu'instruit et sérieux, donne une attention particulière aux poëtes érotiques. Ces sujets un peu scabreux ne sont pas ceux d'où il s'est le plus mal tiré ; et il serait difficile à qui que ce soit, je ne dis pas de faire mieux qu'il n'a fait, mais même de retrouver cette verve, cette dextérité, cette grâce avec laquelle il se joue au milieu de ce monde qu'il décrit, et de parler aussi chastement de choses qui n'ont rien de commun avec la chasteté. Le jugement sur Properce, par exemple, me semble un morceau achevé, et qui mérite d'être transcrit d'un bout à l'autre :

« Les poésies de Properce, dit le critique, respirent toute la chaleur de l'amour et quelquefois de la volupté, et Ovide l'a bien caractérisé, lorsqu'il a dit, en parlant de ses élégies, *les feux de Properce :*

Et Properce souvent m'a confié ses feux.
Sæpe suos solitus recitare Propertius ignes.

Mais il fait un usage trop fréquent de la mythologie, et ses citations, trop facilement empruntées de la Fable, ressemblent plus aux lieux communs d'un poëte qu'aux discours d'un amant. Une chose qui lui est particulière, parmi les poëtes érotiques, c'est qu'il est le seul qui n'ait célébré qu'une maîtresse. Il répète souvent à Cynthia qu'elle seule sera à jamais l'objet de ses chants, et il lui a tenu parole. Cependant il ne faut pas croire qu'il ait été aussi fidèle dans ses amours que dans ses vers ; car il fait, à un de ses amis, à peu près le même aveu qu'Ovide : « Chacun, dit-il, a son « défaut ; le mien est d'aimer toujours quelque chose. » Il convient que c'est surtout au théâtre, qu'il ne peut s'empêcher de désirer tout ce qu'il voit. Il avoue même à Cynthia qu'il a eu quelque goût pour une Lycinna, mais si peu, si peu, que ce n'est pas la peine d'en parler. Après tout, à juger de cette Cynthia par le portrait qu'il en fait, elle ne méritait pas plus de fidélité. Jamais femme n'eut plus de disposition à tourmenter, à désespérer un amant, et jamais amant ne parut si malheureux et ne se plaignit tant que Properce. C'est même ce qui répand le plus d'intérêt dans ses ouvrages; car on sait que rien n'intéresse tant que la peinture du malheur. On plaint d'autant plus Properce qu'après avoir bien reproché à sa maîtresse ses duretés, ses hauteurs, ses caprices, il finit toujours par une entière résignation. Il murmure contre le joug; mais le joug lui est toujours cher, et il veut le porter toute sa vie. Il paraît que, malgré l'inconstance de ses goûts, il avait un penchant décidé pour Cynthia, et revenait toujours à elle comme malgré lui. C'est une alternative de louanges et d'injures qui peint au naturel les différentes impressions qu'il éprouvait tour à tour. Tantôt il la représente comme plus belle que toutes les déesses; tantôt il l'avertit de ne pas se croire si belle, parce qu'il lui a plu de l'embellir dans ses vers, et de vanter l'éclat de son teint quoiqu'il sût fort bien que cet éclat n'était qu'emprunté. Ici, il lui attribue toute la fraîcheur de la jeunesse; ailleurs, il lui dit qu'elle est déjà vieille. Enfin, après cinq ans, il perd patience, il rompt sa chaîne, et ses adieux sont des imprécations dans toutes les formes; ce qui fait douter que cette chaîne soit en effet bien rompue, car l'indifférence n'est pas si colère. Aussi, après ces adieux solennels qui finissent le troisième livre, on voit, dans le quatrième reparaître Cynthia, qui, toujours assurée de son pouvoir, vient chercher son esclave dans une maison de campagne où il soupait avec deux de ses rivales. Elle est si furieuse et si terrible, qu'à son aspect, les deux compagnes de Properce commencent par prendre la fuite et le laissent tout seul vider la querelle. Cynthia, après l'avoir bien battu, consent à lui pardonner, à condition qu'il chassera l'esclave qui s'est mêlé d'arranger cette partie da campagne; qu'il ne se promènera jamais sous le portique de Pompée, rendez-vous ordinaire des femmes romaines; qu'il n'ira point dans les rues en litière ouverte, et qu'au spectacle il aura les yeux baissés. On voit qu'elle le connaissait bien, et qu'elle savait de quoi il était capable. Properce se soumet à tout, et devient plus amoureux que jamais. Et puis fiez-vous aux imprécations et aux ruptures! »

Remarque.

Le recueil des poésies de Properce a quatre livres. Les divers morceaux qui composent les trois premiers portent tous le titre d'*Élégies;* ceux du quatrième portent le titre de *Chants (Carmina).* Cette différence vient probablement de ce que ces poëmes sont, pour la plupart, d'un autre ordre d'idées que ceux qui remplissent le reste du recueil. C'est toujours le mètre élégiaque; mais ce n'est pas toujours l'élégie, au sens où l'entendaient les Latins. Ce sont tantôt des panégyriques, tantôt des récits sur le ton de l'épopée, tantôt des hymnes, que sais-je encore? Le poëte érotique reparaît çà et là; mais nous avons plus souvent le poëte qui ne pense point à lui-même, et qui cherche à nous intéresser par autre chose que par ses souffrances ou ses plaisirs. Il chante Rome; il raconte le crime et le châtiment de Tarpéia, l'institution des dépouilles opimes, etc. Voici le début du premier *Chant*, celui qui est intitulé *Rome :*

« Tout ce que tu vois, ô étranger, là où s'étend l'immense ville de Rome, n'était, avant le Phrygien Énée, que colline et herbe; et, dans le lieu où est debout le palais sacré de Phœbus protecteur de nos flottes, se sont couchées les génisses fugitives d'Évandre. C'est par des dieux d'argile qu'ont grandi ces temples d'or, et l'on ne rougissait point jadis d'une chaumière construite sans art. Alors Jupiter Tarpéien tonnait du haut d'une roche nue, et le Tibre était un fleuve étranger pour nos troupeaux. A l'endroit qu'on nomme les Degrés, et où s'est élevée la magnifique maison de Rémus, un foyer unique était tout le vaste empire de deux frères. La majestueuse Curie, resplendissante aujourd'hui d'un sénat en robes prétextes, avait des Pères aux vêtements de peaux, au cœur rustique. Une trompe de bouvier convoquait à l'assemblée les anciens Quirites; et souvent cent d'entre eux, assis dans un pré, formaient tout le sénat. Alors des voiles ondoyants n'ombrageaient pas les profondeurs du théâtre, et les bords de l'avant-scène n'exhalaient pas les parfums du safran comme dans les solennités. Nul n'avait souci d'aller chercher des divinités étrangères :

le peuple tremblait prosterné aux pieds des dieux de la patrie. Chaque année, on célébrait les Palilies en mettant le feu à un tas de foin ; et, comme aujourd'hui, chaque lustre s'y ouvrait par la mutilation d'un cheval. Vesta, dans sa pauvreté, se contentait d'ânons couronnés de fleurs. Quelques vaches maigres traînaient l'attirail grossier du sacrifice ; le sang des porcs engraissés purifiait d'étroits carrefours, et le pâtre, au son du chalumeau, offrait aux dieux les entrailles d'une brebis. » Le poëte continue assez longtemps cette revue du passé ; puis le contraste de ces souvenirs avec les spectacles qu'il a sous les yeux l'amène à la satire. Ainsi, même chez Properce, les vers de mesure inégale servaient aussi à d'autres usages que ceux auxquels les Latins les avaient habituellement consacrés.

Vie de Properce.

La vie de Properce est tout entière dans ses amours. Il n'a joué aucun rôle dans son siècle et il est mort jeune. Il se nommait Sextus Aurélius Propertius, et était né à Mévania, ville de l'Ombrie, en l'an 52 avant notre ère. Son père, qui était de l'ordre équestre, fut une des victimes de la politique d'Octave. Il avait suivi le parti d'Antoine : après la prise de Pérouse, il fut égorgé, avec une foule d'autres personnages de marque, sur l'autel du divin Jules. Le jeune Properce, à Rome, n'en devint pas moins un des protégés de Mécène et d'Auguste. Mais on a peine à lui pardonner d'avoir tant loué le meurtrier de son père, encore qu'Auguste fût si différent d'Octave, et que le tigre eût dépouillé tous ses instincts féroces. Properce fut un des ornements de cette cour, où il aperçut encore Virgile, et où il se lia d'une étroite amitié avec Gallus, avec Tibulle avec Ovide. Il faisait d'assez longs séjours dans sa contrée natale, et c'est à Hispellum en Ombrie qu'on a retrouvé sa pierre tumulaire. C'est là probablement qu'il était mort. Il n'avait, dit-on, que trente-six ou trente-sept ans quand il fut ravi à ses plaisirs, et tué peut-être par ces plaisirs mêmes.

Vie de Tibulle.

La vie de Tibulle fut plus courte encore. On s'accorde à dire qu'il n'atteignit pas sa trentième année. Quelques-uns le font mourir à vingt-quatre ans. La date de sa mort est seule exactement connue : c'est l'an 19 avant notre ère. Il était, comme Properce, d'une famille de l'ordre équestre Tibulle perdit une grande partie de sa fortune dans la guerre civile, et il vécut paisiblement des débris de son patrimoine, tantôt à Rome, tantôt et plus souvent dans un petit domaine voisin de Pédum. Il s'attacha fort jeune à la personne de Messala Corvinus, et il le suivit en Aquitaine et en Asie. C'est au retour de cette dernière expédition qu'il mourut en Grèce, ou, comme quelques-uns le veulent, en Italie. Il laissait quatre livres de poésies, soit trente-sept petits poëmes, tous, à l'exception d'un seul, écrits en vers élégiaques. Le *Panégyrique de Messala*, qui n'est pas un chef-d'œuvre, est en hexamètres. Il faut dire que ce fut le début de Tibulle et l'ouvrage d'un poëte de dix-sept ans.

Élégies de Tibulle.

« Tibulle, dit la Harpe, a moins de feu que Properce ; mais il est plus tendre, plus délicat : c'est le poëte du sentiment. Il est surtout, comme écrivain, supérieur à tous ses rivaux. Son style est d'une élégance exquise, son goût est pur, sa composition irréprochable. Il a un charme d'expression qu'aucune traduction ne peut rendre, et il ne peut être bien senti que par le cœur. Une harmonie délicieuse porte au fond de l'âme les impressions les plus douces : c'est le livre des amants. Il a de plus ce goût pour la campagne qui s'accorde si bien avec l'amour, car la nature est toujours plus belle quand on n'y voit qu'un seul objet....

« Au surplus, il ne serait pas juste d'exiger, dans des poésies amoureuses, cette unité d'objet nécessaire à l'intérêt du roman. Tibulle lui-même, amoureux de si bonne foi, a chanté plus d'une maîtresse. Il paraît que Délie eut ses premières inclinations, et c'est elle qui lui a inspiré ses meilleures pièces. Némésis et Néera la remplacèrent tour à tour ;

et qui sait, après tout, si c'était Tibulle qui avait tort? Il est sûr au moins que celles qu'il aima conservèrent de lui un souvenir bien cher, puisque nous apprenons de ses contemporains que Délie et Némésis, qui lui survécurent (car sa mort fut prématurée), suivirent ses funérailles avec toutes les marques de la douleur. C'étaient pourtant des courtisanes. Mais on sait qu'à Rome et à Athènes, il y a eu des femmes de cette condition qui tenaient un rang très-distingué par leur esprit, leurs talents et le choix de leur société ; et sans doute les maîtresses d'un homme tel que Tibulle n'étaient pas des femmes ordinaires....

« C'est à Tibulle qu'il en faut revenir, c'est lui qu'il faut relire, quand on aime ; c'est en le lisant qu'on se dit : Heureux l'homme d'une imagination tendre et flexible, qui joint au goût des voluptés délicates le talent de les retracer ; qui occupe ses heures de loisir à peindre ses moments d'ivresse, et arrive à la gloire en chantant ses plaisirs ! C'est pour lui que le travail de produire devient une nouvelle jouissance. Pour parler à notre âme il n'a besoin que de répandre la sienne. Il nous associe à son bonheur en nous racontant ses illusions et ses souvenirs ; et ses chants, pleins des douceurs de sa vie, ses chants qui ne semblaient faits que pour l'amour qui repose, ou pour l'oreille de l'amitié confidente, sont entendus de la dernière postérité. »

La Harpe, qui proclame avec raison la difficulté qu'il y a à traduire Tibulle, a pourtant essayé de traduire, et de traduire en vers, la première élégie du recueil, qui est aussi la plus belle. Nous en citerons nous-mêmes quelque chose. Si les vers de la Harpe étaient plus digne de Tibulle, nous les transcririons ici, du moins ceux qui reproduisent le début de l'élégie ; mais la copie du poëte français n'est pas même une belle infidèle, et nous sommes réduits à mettre en simple prose ce que Tibulle a écrit en vers charmants.

« Qu'un autre se donne le plaisir d'entasser les richesses en monceaux d'or brillant, et qu'il possède de nombreux arpents de sol cultivé ; qu'il soit sans cesse tenu en alarme par l'approche de l'ennemi ; que le bruit de la trompette guerrière chasse loin de lui le sommeil. Pour moi, que ma pauvreté m'assure une vie paisible ; que dans mon foyer brille un feu modeste. Je veux, hôte des champs, planter moi-même, au temps propice, la vigne délicate; je veux planter, d'une main exercée, de grands arbres fruitiers. Puissé-je, heureux dans mes espérances, voir chaque année s'amon-celer mes récoltes, et mes cuves se remplir d'un vin doux et onctueux ! Car je sens un pieux respect et devant le tronc qui s'élève dans les campagnes désertes, et devant la pierre antique ornée, dans un carrefour, de guirlandes de fleurs ; et tous les fruits que mûrit pour moi l'année nouvelle, j'en offre les prémices au dieu des laboureurs. Blonde Cérès ! tu auras une couronne d'épis moissonnés dans mon champ, et que je suspendrai devant les portes de ton temple. Priape au visage empourpré sera le gardien de mon verger, et de sa faux redoutable il effrayera les oiseaux. Vous aussi, Lares protecteurs d'un domaine autrefois opulent mais pauvre aujourd'hui, vous recevrez les offrandes qui vous sont dues. Jadis une génisse immolée était le tribut qui assurait la con-servation de bœufs innombrables ; maintenant une brebis est la riche victime immolée pour un sol bien réduit. Oui, cette brebis tombera en votre honneur, et autour d'elle retenti-ront ces cris d'une rustique jeunesse : Dieux, donnez-nous des moissons et de bons vins !... »

CHAPITRE XXIX.

OVIDE.

Caractères de la poésie d'Ovide. — Vie d'Ovide. — Ovide poëte élégiaque — L'*Ibis*. — Poëmes didactiques. — Les *Fastes*. — Les *Métamorphoses*. — *Médée*. — Autres ouvrages d'Ovide. — Conclusion.

Caractères de la poésie d'Ovide.

Ovide a été fort diversement jugé. Si l'on compare ce poëte à Virgile, à Horace ou à Lucrèce, on ne peut guère s'empêcher d'être sévère pour un homme dont le principal mérite est d'avoir eu infiniment d'esprit, et d'en avoir mis partout dans ses œuvres. Mais il y aurait une manifeste injustice à classer Ovide parmi les poëtes de la décadence. Il est de son siècle, c'est-à-dire du bon siècle, par la langue, par le choix et la position des termes, par la variété et l'élégance des tours, par le goût exquis, par quelques-unes des qualités les plus distinguées du style. Personne ne l'a jamais emporté sur Ovide ni en verve, ni en abondance, ni en passion même. Il est poëte, même là où la poésie semble n'avoir que faire. On dirait, trop souvent, qu'il n'aspire qu'à déployer les merveilleuses ressources de son talent de versificateur; mais, dans les sujets les plus factices ou les plus arides, l'inspiration le vient encore trouver, et répand çà et là des trésors de sentiments et de grâce. On ne saurait néanmoins l'excuser de s'être un peu trop complu dans ses défauts, et d'avoir fâcheusement abusé de son génie. Qu'avait-il besoin de se porter pour secrétaire des héros et des héroïnes du vieux monde, et de rédiger leur prétendue correspondance? Rien de plus faux que cette poésie épistolographique. Qu'avait-il besoin de se consumer à rendre le calendrier digne de la Muse? Les historiens et les archéologues lui en savent gré : les vrais amis de l'antiquité, les lecteurs qui ont la passion du beau, préféreraient qu'Ovide eût employé, à créer une œuvre digne de lui et des *Métamorphoses*, le temps qu'il a perdu à versifier les *Fastes*.

Un reproche qu'Ovide a trop mérité, comme tant d'autres poëtes antiques, c'est de ne pas respecter toujours son lecteur, ou du moins de s'adresser de préférence à des lecteurs plus soucieux du bel esprit et des beaux vers que de la pudeur et de l'honnêteté. C'est par là pourtant, c'est par cette liberté de style et cette licence, c'est aussi par ses tours de force poétiques et ses débauches d'esprit, qu'Ovide eut le don de plaire de tout temps aux critiques français, singulièrement dans le dernier siècle. Alors florissait la poésie ou plutôt la versification didactique et descriptive ; c'était le règne du bel esprit : un bon mot illustrait son homme ; et la plus belle action ne balançait pas, dans l'estime des contemporains, ces quolibets misérables et toutes ces spirituelles sottises que nous ne lisons plus sans rougir. L'art, comme la vie, manquait de sérieux. Les coryphées même de la critique faisaient consister presque toute la poésie dans ce qu'ils nomment le mérite de la difficulté vaincue. Ovide, qui dit tout ce qu'il veut en vers, et qui le dit toujours comme il veut, même quand ce qu'il dit n'en valait pas la peine ; Ovide, qui se joue de toutes les difficultés avec tant de prestesse ; Ovide, ce poëte de tant d'esprit et d'un esprit si agréable, le chantre du plaisir, l'épicurien séduisant, ne pouvait manquer d'admirateurs. Il a encore chez nous ses enthousiastes ; je ne dis pas seulement de justes appréciateurs de son génie, mais des hommes qui le prisent pour tout ce qui fut, selon moi, la mauvaise part de cette riche et heureuse nature. Je ne le félicite que médiocrement de certains éloges dont quelques-uns ont jugé à propos de l'honorer. Qu'est-ce à dire, par exemple, que de remarquer, comme le font tels et tels, qu'Ovide pense à la manière française, et qu'il est, de tous les poëtes latins, celui qui peut aller le mieux au goût de notre nation ? Nous savons trop ce qu'il faut entendre par ce qu'on nomme vulgairement la manière française, le goût français. Ce n'est pas le vrai bon goût, la vraie bonne manière. Les critiques accusent le poëte en le louant ainsi : ils constatent, à leur insu, le pire de ses défauts ; ils reconnaissent que, dans ses œuvres, il y a de l'esprit qui n'est pas toujours du meilleur esprit.

Ovide n'aurait pas été insensible peut-être à leurs louanges. Il aimait ce qu'ils aiment ; il était content des choses mêmes qu'une critique impartiale ne saurait pardonner. Pédo Albinovanus et ses autres amis auraient pu nous en conter long à ce sujet. Ils le pressaient un jour de retrancher de ses poëmes quelques vers d'une saveur suspecte, et qui ne leur semblaient pas dignes d'y figurer. Ovide répondit qu'il était prêt à les satisfaire ; qu'il supprimerait volontiers tout ce qu'on voudrait ; seulement, qu'il réclamait grâce pour deux ou trois. Ceux-là lui tenaient au cœur, et il ne pouvait se résoudre à les abandonner. Il en cita trois, et trois détestables. Or, c'étaient précisément les premiers dont ses amis lui demandaient le sacrifice. Nous en connaissons deux, qui peuvent donner une idée de la bizarrerie des préférences du poëte : « Homme demi-bœuf et bœuf demi-homme. — Le glacé Borée et le glacé Notus. » Il n'y avait là que de la battologie ; mais c'en est assez pour montrer combien peu Ovide était sévère à lui-même. Il a été comme les prodigues : il a jeté à pleine main ses richesses. Il ne s'est pas inquiété si ce qui tombait était or ou billon, stras ou diamant ; ou plutôt tout ce qu'il répandait était or et diamant à ses yeux.

Vie d'Ovide.

Cet homme si bien doué naquit à Sulmone dans le Bruttium, en l'an 43 avant notre ère. Il se nommait Publius Ovidius Naso. Sa famille était riche et appartenait à l'ordre équestre. Il fut envoyé jeune à Rome, pour y terminer ses études et se préparer aux charges publiques. Il eut pour maîtres des hommes d'un grand mérite, entre autres Portius Latro et l'illustre Messala. Après avoir fait ses débuts au barreau, il fit le voyage de Grèce, selon la coutume des Romains de noble famille. Il passa par diverses fonctions judiciaires. Il pouvait faire partie du sénat ; mais il quitta de bonne heure les affaires, pour jouir en repos de sa fortune et se livrer tout entier aux Muses. Dès sa tendre enfance, il avait montré les signes de la vocation poétique ; dès l'âge de vingt ans, en chantant ses amours, il avait commencé à prendre rang parmi les poëtes. Il fut l'ami des écrivains les plus distingués du temps; quelques grands personnages le prirent sous leur protection ; Auguste lui-même ne dédaigna pas de lui donner des témoignages de son estime. La vie d'Ovide était loin pourtant d'être exemplaire, et ses chants n'étaient pas des hymnes à la vertu. Mais il gardait la décence extérieure; et c'était chose dont on lui savait gré, et louable encore dans la corruption de ce siècle. Ovide n'est pas chaste dans ses vers, mais il n'est pas ordurier non plus. Il écrit en bons termes ce qu'il aurait dû ne pas écrire. Il eut des maîtresses, et il répudia deux femmes; mais nous le voyons, dans son âge mûr, uni à une épouse qu'il aime, et qui lui donne des preuves d'un entier dévouement. Au reste, sa vie, jusqu'à l'époque de son exil, s'écoula calme et uniforme, uniquement interrompue par des événements littéraires. Il marchait de succès en succès, à chacun de ses ouvrages. Ovide, au bout de quelques années, avait le renom de premier poëte de Rome, non pas dans un genre seulement, mais presque dans tous les genres. On le nommait le prince de l'élégie ; il avait composé plusieurs grands poëmes didactics ou narratifs; il avait écrit une tragédie qui passait pour un chef-d'œuvre.

C'est du sommet de cette fortune qu'il se vit abattu tout à coup, et plongé dans un abîme de misères. Il était âgé de plus de cinquante ans, lorsqu'il reçut, de la part de l'empereur, l'ordre de quitter l'Italie et d'aller vivre à Tomes, sur le Pont-Euxin. Cette ville, située dans le pays des Gètes, était la dernière limite des possessions romaines du côté du nord-est. L'exil d'Ovide était une simple relégation : on n'avait ni confisqué ses biens ni prononcé contre sa personne aucune peine infamante. Pour quelle raison Auguste sévissait-il contre un homme qui ne pouvait lui faire aucun ombrage, et qui se mêlait fort peu, ce semble, des affaires étrangères à ses occupations ou à ses plaisirs ? on a cherché à l'expliquer par une foule de conjectures. Les plus plausibles ne sont pas sans difficulté. Le silence des auteurs contemporains, les termes vagues dans lesquels Ovide lui-même s'exprime toujours sur ce sujet, ne permettent pas d'espérer qu'on arrive jamais à une certitude incontestable. L'opinion qui a le plus de vraisemblance est celle qui fait d'Ovide une victime de l'ambition de Livie et de Tibère. Ovide, qui fréquentait familièrement le palais d'Auguste, aurait surpris un secret d'État : il aurait su qu'Auguste à son déclin se repentait d'avoir associé un étranger à l'empire et songeait à révoquer les arrêts de proscription portés contre les siens. Le poëte aurait parlé ; Livie lui aurait fait porter la peine de son imprudence. Le vieil empereur, dominé par une femme astucieuse, l'aurait abandonné aux vengeances de son épouse. L'exil d'Ovide se rattacherait aux mêmes événements qui causèrent la mort des deux Julies, d'Agrippa Postumus, de Maxime, l'ami d'Ovide, et de la femme de Maxime. Ce qui est certain, c'est que, tant qu'Auguste vécut, Ovide ne perdit pas l'espoir d'être rappelé à Rome ; mais, une fois Tibère au pouvoir et Livie toute-puissante, il ne demande plus qu'une faveur, il sollicite seulement qu'on lui permette d'habiter sous un climat plus doux et chez un peuple moins barbare. Il n'obtint pas même ce soulagement. Il languit assez longtemps encore, dans la tristesse et le chagrin, et il mourut en l'an 17 après Jésus-Christ, à l'âge de cinquante-neuf ou soixante ans.

Ovide, sans être personnellement un modèle de vertu, eut plutôt des faiblesses que des vices. Son caractère était noble, ses sentiments honorables. Il ne connut ni la haine ni l'envie. Il eut des amis. Il était plein de candeur et de sensibilité, et ceux qui en usèrent bien avec lui n'eurent point affaire à un ingrat. On voudrait qu'il eût supporté le malheur avec plus de constance et de résignation ; mais qui pourrait lui faire un crime d'avoir trop vivement regretté, chez les Gètes, sa famille, ses amis et sa patrie ?

Ovide poëte élégiaque.

Les Grecs nommaient élégie tout poëme écrit en vers élégiaques. A ce compte, Ovide n'aurait guère fait que des élégies. Mais les Latins, comme nous l'avons dit, bornaient le nom d'élégie aux chants de douleur ou de joie, surtout aux chants d'amour; et l'usage avait consacré, dans ces poëmes, l'emploi des vers de mesure inégale, ainsi que s'exprime Horace, c'est-à-dire le pentamètre alternant avec l'hexamètre. L'application du mètre élégiaque à d'autres sujets n'était point interdite; mais le poëme, dans ce cas, prenait son nom d'après les caractères généraux de la composition, épique, didactique ou autre. L'*Art d'aimer* est un poëme didactique et non pas une suite d'élégies. Les *Fastes*, malgré le mètre, n'ont rien de commun non plus avec la poésie élégiaque. Les élégies d'Ovide sont les quatre recueils intitulés *Amours, Héroïdes, Tristes, Épîtres pontiques*.

Les *Amours* sont l'œuvre de la jeunesse et même de l'adolescence de l'auteur. Il avait d'abord publié le recueil en cinq livres; mais la réflexion lui fit voir que beaucoup d'élégies ne méritaient pas l'honneur d'y figurer, et n'étaient que des bluettes agréables qui ne pouvaient servir à une vraie réputation, ni parmi des contemporains, ni surtout auprès de la postérité. Il réduisit les livres à trois, en retranchant çà et là tout ce qui lui déplaisait; et c'est en cet état que les *Amours* nous sont parvenues.

Ces élégies sont à peu près tout ce qu'elles pouvaient être, en un tel temps et avec un tel poëte. Il y a plus de libertinage que de passion, plus d'esprit que de tendresse, encore que la chaleur et le sentiment n'y fassent pas entièrement défaut. Ovide est sensuel et vulgaire : il ne soupçonne pas même ces chastes amours, les amours véritables, que d'autres avant lui rêvaient, que Virgile a presque dépeintes, et qui ont pour fin non la brutale satisfaction des sens, mais l'union des âmes, le sacrifice mutuel et le dévouement. Aussi bien Corinne ne pouvait inspirer qu'une ardeur charnelle, même à un poëte de vingt ans. Corinne, telle qu'Ovide nous la figure, c'est le vice en personne. Corinne, telle qu'elle fut en réalité, dut être un monstre de dépravation. Tout semble prouver que ce pseudonyme couvre le nom de la première Julie, fameuse par ses débordements autant que par ses malheurs et par les sévérités paternelles. Je ne m'étonne donc pas qu'Ovide, malgré toutes les qualités de son esprit et de son style, n'ait point été maintenu par les Romains au premier rang des poëtes érotiques. Quintilien lui préfère avec raison Tibulle et même Properce. Si Properce et Tibulle n'ont rien de bien platonique, ils sont brûlants de passion ; ils ne jouent point avec le sentiment; ils n'ont pas le temps de faire de l'esprit : tout entiers à leurs douleurs ou à leurs joies ils se bornent à laisser parler leur cœur ; et voilà pourquoi, malgré leurs défauts, ils nous émeuvent et nous entraînent. Nous leur sommes sympathiques parce qu'ils sont naïfs et inspirés.

Ovide se vantait d'avoir écrit le premier des héroïdes. Il nommait ainsi ces élégies qu'il attribue à des personnages antiques, à Pâris ou à Hélène, à Léandre ou à Héro, etc. L'amant ou l'amante au désespoir adresse une lettre en vers à l'objet de ses amours, avec plaintes et soupirs compétents à la chose, et avec l'éternelle lamentation sur l'infidélité ou l'absence. On voit que le poëte était singulièrement à l'aise, dans le cadre de l'héroïde, pour déployer toutes les fictions de la mythologie ; pour user et abuser de toutes les ressources de la poésie des vieux âges ; pour faire montre de toute son abondance et de tout son esprit. Aussi ne s'en est-il point fait faute. Il a traité toutes les matières qu'il s'était données, en versificateur consommé, en artiste qui crée à son gré des formes ; je dis plus, en poëte qui n'est pas insensible aux tourments dont il rend compte. Mais une matière à versification n'est, en définitive, qu'une matière : c'est une pauvre poésie, celle qui n'a pour but qu'elle-même ; c'est un pauvre emploi de grandes facultés, de travailler uniquement pour faire admirer ses talents. Ce qu'on cherche en vain dans le livre des *Héroïdes*, c'est la spontanéité, c'est la vie véritable, c'est le souffle de la passion, c'est la flamme, c'est le génie. On s'aperçoit trop que le poëte fait œuvre de métier. Le factice et même le faux se montrent à chaque instant sous sa main. Je ne parle pas de l'uniformité et de la monotonie : comment éviter ce défaut, un des pires, quand il s'agit toujours de la même chose? quand aux gémissements d'un amour malheureux succèdent sans cesse et fin les gémissements d'un autre amour non moins infortuné ? Il est vrai qu'Ovide a excellé dans l'héroïde ; si on le compare à ses imitateurs anciens et modernes. Mais exceller dans un genre faux, est-ce une digne gloire pour un grand poëte ? Ovide méritait d'autres triomphes.

Les cinq livres intitulés *Tristes*, et les quatre livres intitulés *Épîtres pontiques*, appartiennent aux dernières années de sa vie. Ce ne sont pas des fictions comme les *Héroïdes;* ce ne sont pas non plus des chants licencieux comme les *Amours :* c'est Ovide exilé, lamentant ses propres malheurs et peignant son triste sort, pour éveiller la compassion publique; ce sont des mémoires où il explique son passé, et où il rappelle, avec une amère complaisance, son bonheur et sa vie enviée d'autrefois. Les *Pontiques* n'ont pas toujours autant de variété dans les choses que dans les noms de ceux à qui Ovide adresse successivement ses confidences et ses souvenirs. Je ne prétends pas que ces élégies soient sans intérêt : elles en ont au contraire un assez vif, grâce aux détails familiers où se complaît l'auteur, et qui jettent à chaque instant d'abondantes lumières et sur la personne d'Ovide, et sur ses contemporains, et sur la société romaine, et sur ces peuples barbares où il était condamné à mourir. Quant aux *Tristes*, il n'y a guère que le premier de ces poëmes qui soit vraiment beau et touchant. C'est celui où Ovide raconte les événements de la dernière nuit qu'il avait passée à Rome. Les autres sont, en général, fort médiocres. La tristesse y est trop souvent fade et ennuyeuse. Le poëte, malgré ses lamentations, parvient rarement à nous émouvoir : « Il joint, dit la Harpe, à la monotonie du sujet, celle du style. Il a trop peu de sentiments, et beaucoup trop d'esprit. On voit que la douleur ne saurait passer de son âme jusque dans son style, et l'on croirait qu'il s'amuse de ses plaintes et de ses vers. »

L'Ibis.

L'esprit d'Ovide n'était pas né pour la satire. Une seule fois il ne put se tenir de répondre à l'attaque par une riposte énergique. C'était dans les premiers temps de son exil. Il apprend qu'un de ses amis de Rome est devenu tout à coup son plus violent détracteur; qu'il aigrit contre l'exilé l'âme d'Auguste; qu'il travaille à faire confisquer ces biens qu'avait respectés l'arrêt du prince. Ovide s'emporte contre ce nouvel ennemi; il l'accable de ses invectives; il le voue à l'exécration de tous les gens de bien. Horace ou Lucilius eût achevé l'ouvrage, en nommant par son nom l'indigne mortel : Ovide est si peu l'homme du genre, qu'il ne désigne pas même son ennemi d'une façon reconnaissable. On soupçonne, mais ce n'est qu'un soupçon, que ce traître pourrait bien avoir été le mythographe Hygin. Ovide se fiait si peu à lui-même, pour cette ingrate besogne de satirique, qu'il prit et imita un modèle. Ce n'est pas lui qui avait inventé ce titre d'*Ibis*, qui signifie l'oiseau destructeur des reptiles. Le vieux Callimaque avait intitulé ainsi sa virulente diatribe contre le jeune et brillant Apollonius. Ovide emprunta à Callimaque et son titre, et sa forme poétique (le mètre élégiaque), et même des vers entiers, ou tout au moins de grosses injures, des expressions aigres et outrageuses.

Poëmes didactiques.

Nous dirons peu de chose des poëmes didactiques d'Ovide sur l'amour. L'idée de composer, en vers ou en prose, un traité de l'art d'aimer, serait ridicule en soi si l'auteur avait la moindre prétention à enseigner l'amour véritable. Il ne peut donc s'agir, dans de pareils livres, que de séduction et de libertinage. Ne cherchez rien de plus dans l'*Art d'aimer* d'Ovide. Boileau donne à ces leçons l'épithète de charmantes; il dit qu'elles ont été dictées par l'Amour même. Boileau aurait pu, ce me semble, se dispenser de parler ainsi. Ces leçons ne sont que corruptrices, et c'est la lubricité qui les a dictées. Le nom de l'amour, en tête de ce code d'immoralité, est une profanation. Je n'examine pas si le poëte a traité son sujet avec un grand talent; s'il a tracé des tableaux gracieux ou énergiques; s'il n'a jamais eu plus d'entrain et de verve; si ce poëme, à part son vice radical, ne se distingue pas par certaines qualités éminentes. Peu m'importe encore qu'Ovide, avec son livre, n'ait pu dépraver son siècle, et que ce soit la dépravation contemporaine qui lui ait fait oublier un instant les règles de la vertu et même de la décence. Si d'autres ont été obscènes, tandis qu'Ovide n'est que libre, tant pis pour eux! Il me suffit qu'Ovide a commis une faute grave, presque un crime, en se laissant aller aussi bas, dans son écrit, que ses contemporains dans leurs mœurs. Il n'a pas même pour lui l'excuse que pouvait comporter son premier recueil, l'effervescence de la jeunesse et la fougue des passions sensuelles. Il n'avait que vingt-cinq ans à peine quand il publiait les *Amours :* il en avait quarante quand il mit la dernière main à l'*Art d'aimer.*

 Ovide lui-même sentit bien qu'il n'était pas exempt de tout reproche. Il essaya d'atténuer ses torts aux yeux des censeurs sévères, et il composa le petit poëme intitulé *Remède d'amour,* dans le même mètre que l'*Art d'aimer,* et qui a la prétention d'en être la contre-partie. Il s'y excuse en disant qu'il a rédigé ses leçons érotiques non point à l'usage des femmes honnêtes, mais à l'usage de Thaïs et de ses pareilles; que la passion a pu l'égarer alors, mais que la raison seule va désormais parler par sa bouche. Apologie misérable et mensongère, qu'il dément bien vite dans le cours de son nouvel ouvrage! Le *Remède d'amour* abonde, j'en conviens, en nobles maximes, en préceptes salutaires; mais le poëte revient sans cesse aux images impures. Il ne regarde pas plus qu'autrefois à offenser la pudeur, et à se livrer aux écarts d'une imagination lascive. Le plus ingénieux des panégyristes d'Ovide est bien forcé de confesser qu'entre ses mains le remède devient pire que le mal. Une preuve que le repentir d'Ovide était loin d'être sincère, c'est qu'il publiait, presque en même temps que sa palinodie prétendue, un autre poëme en vers élégiaques, sur l'art de soigner la toilette et de faire valoir les agréments extérieurs. C'était le digne complément des sujets traités dans l'*Art d'aimer;* et cette cosmétique raffinait sur les théories de séduction déduites dans le manuel du libertinage. Nous n'avons qu'une centaine de vers de cet écrit, dont quelques-uns regrettent vivement la perte. Je ne dirai pas comme eux ; et je ne croirais pas travailler à la réputation d'Ovide en remarquant, à leur exemple, qu'il convenait à l'auteur de l'*Art d'aimer* de donner des leçons de l'art de plaire.

Les Fastes.

Ovide, en partant pour l'exil, n'avait pas encore terminé le grand poëme des *Fastes*. Il l'acheva durant ses loisirs forcés, et il le publia sous les auspices de Germanicus. Les *Fastes* avaient douze livres, autant qu'il y a de mois dans l'année. Il n'en reste que six. Dès le quatrième siècle, les six autres, les six derniers, n'existaient déjà plus. Le mot *fastes* désignait, chez les Romains, le recueil des annales nationales, l'ensemble des traditions civiles et religieuses. Ovide entreprit de résumer en vers tout ce qu'on savait, tout ce qu'on avait imaginé, sur les origines de certains usages, de certaines superstitions, sur l'institution des diverses fêtes, sur tout ce qui tenait au culte public et à la liturgie. Il suit l'ordre du calendrier. Les vieilles histoires et les vieux poëmes lui fournissent la matière; mais il la fait sienne et l'embellit : il pare la simplicité et la sécheresse antiques de toutes les richesses, de tous les ornements de la poésie. Ce n'est pas à dire qu'il ne soit jamais tombé dans les défauts qu'on ne pouvait complétement éviter en traitant un tel sujet. S'il est constamment exact et bien informé, souvent aussi il n'est que didactique et technique, et il fait œuvre de chronographe et de pontife, bien plus que d'homme inspiré et de poëte. Ajoutez qu'il ne traite pas toujours, même les arguments les plus féconds et les plus heureux, avec une supériorité incontestable. Il a le malheur quelquefois de rencontrer sur sa route des athlètes contre lesquels il lui eût été prudent de ne pas lutter. Properce lui-même, à propos de certaines traditions, l'écrase. Qu'est-ce donc quand il ose se mesurer à Virgile? Comparez, par exemple, la mort de Cacus, dans les *Fastes* et dans l'*Énéide*. Ici, c'est une suite de tableaux admirables, pleins de mouvement et de vie; là, c'est à peine une froide et impassible esquisse. Les *Fastes* sont un ouvrage savant et précieux : Rapin et d'autres l'ont dit, et j'en tombe d'accord; mais ce n'est ni le chef-d'œuvre d'Ovide, comme ils le prétendent, ni même ce qu'on peut nommer un chef-d'œuvre.

Les Métamorphoses.

Le vrai chef-d'œuvre d'Ovide, et un des plus parfaits monuments de l'art antique, c'est le poëme des *Métamorphoses*. Ce poëme est antérieur au départ d'Ovide pour Tomes. Du moins il en courait déjà des copies à cette époque. Ovide aurait voulu le détruire avec ceux qu'il livra au feu avant de quitter Rome et l'Italie. Heureusement pour nous, il n'était déjà plus temps. Ses amis conservèrent leurs copies. Ovide dut les en remercier plus tard, quand il regrettait de s'être abandonné trop précipitamment à son dépit, et d'avoir ce jour-là maudit son génie et anéanti des travaux qui eussent peut-être encore aidé à sa gloire.

Quoi qu'il en soit, c'est par les *Métamorphoses* surtout qu'Ovide s'est placé aux premiers rangs des poëtes. En changeant de mètre, en montant sa lyre au ton héroïque, il s'est trouvé tout d'un coup, et sans nul effort, le digne fils et l'héritier d'Homère et de Virgile, sinon l'égal de ceux qu'on n'égala jamais. Sauf quelque redondance dans le style, quelques négligences, quelques traits d'un goût un peu douteux, ce bel ensemble, composé de tant de pièces diverses, a toutes les perfections, peu s'en faut, et toutes les grâces. Ce ne sont pas seulement quinze livres d'histoires sans unité et sans lien : c'est une véritable épopée cyclique. Le cycle d'Ovide embrasse tous les principaux faits de la mythologie et des temps fabuleux, depuis le chaos et la cosmogonie jusqu'aux premières traditions de Rome. Tous les épisodes sont rattachés les uns aux autres avec un art merveilleux; et il n'y a pas de transition, dans ce tissu presque sans fin, qui sente le moindre effort, qui ne témoigne d'une habileté consommée. Voilà pour l'ordonnance. Mais c'est particulièrement dans les détails, c'est dans les épisodes, qu'Ovide a surtout déployé son génie. Tel épisode, comme celui de Philémon et Baucis, est d'une beauté pure et douce; tel autre, comme ceux de Céyx et Alcyone, d'Ajax, d'Hécube, etc., sont d'un pathétique qui touche parfois au sublime. Nulle trace de monotonie, bien que chaque épisode aboutisse irrévocablement ou à quelque transformation ou à quelque apothéose.

La variété des sujets empêche qu'on s'arrête à l'uniformité des dénoûments; et le poëte, en variant à l'infini les formes de son style, en tirant de ses trésors des richesses toujours nouvelles, ne permet ni à l'intérêt de languir, ni au lecteur de se fatiguer ou de sentir la moindre nausée. Ovide n'a guère qu'un tort un peu sérieux, c'est d'avoir voulu quelquefois trop bien refaire ce qui avait été admirablement fait avant lui par d'autres. On comprendra ce que je veux dire si l'on prend la peine de comparer, par exemple, l épisode d'Orphée et d'Eurydice, dans les *Métamorphoses*, avec le récit de Protée dans les *Géorgiques*. Cette joute contre Virgile ressemble presque à une gageure. Malheureusement Ovide n'en sort pas à son honneur, sinon aux yeux de ceux qui se plaisent à une escrime brillante, et qui préfèrent l'esprit au sentiment, les agencements de mots aux accents de la passion, la versification à la poésie.

Médée.

Ovide nous montre, dans les *Métamorphoses*, que les plus hautes parties et les plus divines du génie poétique ne lui étaient point étrangères. Il l'avait déjà montré aux Romains dès avant la publication des *Métamorphoses*, en écrivant sa *Médée*. Cette pièce était, avec le *Thyeste* de Varius, la plus renommée de toutes les tragédies du théâtre latin. C'est le témoignage que rendent à Ovide Quintilien et l'auteur du *Dialogue des Orateurs*. Ovide lui-même, en plus d'un passage, fait allusion au succès de son œuvre : « J'ai manié le sceptre; la tragédie, grâce à mes soins, a pris un ton plus élevé..... J'ai fait parler les rois avec la dignité qui leur convient; j'ai rendu au cothurne toute sa majesté. » Quintilien dit que la *Médée* d'Ovide faisait voir ce que l'auteur aurait pu faire, s'il avait su régler son génie au lieu de s'y abandonner. Il ne reste qu'un seul vers de cette composition dramatique. Nous ne pouvons donc pas dire si l'œuvre justifiait les éloges des anciens. Rien ne nous empêche de le croire. Nous ne savons pas si la *Médée* d'Ovide fut représentée au théâtre. On peut admettre qu'elle y parut, qu'elle y souleva même un applaudissement unanime. J'ai peine à me figurer pourtant que le peuple de ce temps-là ait fait un accueil bien sympathique à ce qui n'était qu'un tableau des passions humaines. Le génie du poëte a triomphé un jour, je le veux, des instincts féroces de la plèbe; mais je m'assure que les spectateurs retournaient dès le lendemain à leurs bateleurs, à leurs ours et à leurs boucheries, et qu'ils laissaient les histrions d'Ovide se morfondre dans la solitude, devant une poignée de chevaliers et de sénateurs. Peut-être Ovide se borna-t-il, selon l'usage d'alors, à quelques lectures publiques, uniquement soucieux du suffrage des gens de goût et des lettrés. C'était assez pour la réputation de la tragédie. La publication en forme par le libraire avait achevé le succès, à Rome et dans l'empire.

Ovide s'était-il donné la peine d'imaginer des combinaisons dramatiques nouvelles, et sa *Médée* était-elle autre chose qu'une imitation de quelque pièce du théâtre grec? il n'est pas besoin de forcer les conjectures, pour avancer le contraire. Ovide avait imité les Grecs; j'ajoute qu'il a dû prendre Euripide pour modèle, et que sa *Médée* a dû être une copie de cette belle *Médée* que nous lisons encore. Ce n'est pas que d'autres qu'Euripide n'eussent traité le sujet, même avec talent; mais la *Médée* d'Euripide était la seule qui fût un chef-d'œuvre. D'ailleurs, je vois trop d'analogie d'esprit entre le poëte latin et le poëte grec, pour qu'Ovide ne fût pas entraîné, bon gré mal gré, par une sympathie secrète, vers la tragédie d'Euripide. Il y avait là du mouvement, du pathétique, de la pompe théâtrale, des discours éloquents, du trait quelquefois, un certain abus de la parole. Il n'en fallait pas tant pour décider les préférences d'Ovide; et personne plus que lui n'était en état de donner en latin l'équivalent de toutes les qualités d'Euripide, de tous ses défauts même.

Autres ouvrages d'Ovide.

Il y a, dans le recueil des œuvres d'Ovide, quelques pièces qui ne semblent pas authentiques : ainsi les élégies intitulées le *Noyer*, *Philomèle*, etc. Plusieurs de ses ouvrages authentiques, indépendamment de ceux qu'il avait détruits lui-même, ne nous sont point pervenus. Quintilien mentionne quelque part un livre d'Ovide contre les mauvais poëtes. C'était probablement quelque poëme didactique ou quelque satire générale. Il n'en reste rien, non plus que du poëme sur le triomphe de Tibère. Il reste quelques vers d'un poëme d'Ovide sur la pêche, qui était intitulé *Halieutiques*. Ovide, à qui les vers ne coûtaient rien, avait écrit en se jouant un très-grand nombre d'épigrammes. En vivant parmi les barbares, il eut bientôt appris leur langue. Quelques-uns de ces Gètes, et notamment le roi Cotys, qui gouvernait Tomes et les environs pour les Romains, se piquaient de poésie, et n'étaient pas insensibles aux choses de l'esprit. Ovide les charma, en pliant sa muse à l'idiome et aux rhythmes en usage dans sa nouvelle et triste patrie. Il avoue lui-même avec quelque honte, à ses amis de Rome, qu'il a composé en vers gétiques un poëme sur la mort et l'apothéose d'Auguste. Les Tomitains, surtout dans les dernières années, n'oublièrent rien pour adoucir ses amertumes et lui rendre l'existence moins insupportable. Il fut reconnaissant de leurs attentions et de leurs soins ; mais les honneurs et les priviléges dont on le comblait n'effacèrent point Rome de son âme, et lui laissèrent tous ses regrets.

Conclusion.

Nous transcrirons ici, comme conclusion de tout ce qui précède, le jugement fort sage de la Harpe sur Ovide : « Il faut avouer, avec les critiques les plus éclairés, qu'Ovide, dans tous ses ouvrages, a plus ou moins abusé d'une facilité toujours dangereuse quand on ne s'en méfie pas. Il ne se refuse aucune manière de répéter la même pensée ; et, quoique souvent elles soient toutes agréables, l'une nuit souvent à l'autre. On peut lui reprocher aussi les faux brillants, les jeux de mots, les pensées fausses, la profusion des ornements. Ainsi, venant après Virgile, Horace et Tibulle, les modèles de la perfection, il a marqué le premier degré de la décadence chez les Latins, pour n'avoir pas eu un goût assez sévère et une composition assez travaillée. A le considérer du côté moral, quoique ses écrits, comme a dit un de nos poëtes, *alarment un peu l'innocence*, il n'a du moins montré dans ses poésies que cette espèce d'amour que l'on peut avouer sans honte ; et c'est un mérite presque unique, dans la corruption des mœurs grecques et romaines.... Il était d'un caractère très-doux ; et lui-même se rend ce témoignage, dans un endroit de ses *Tristes*, que la censure n'a jamais attaqué sa personne ni ses écrits : aussi était-il l'ami et le panégyriste de tous les talents. Tous les écrivains célèbres qui furent ses contemporains sont loués dans ses vers, avec autant de candeur que d'affection ; et il en est plusieurs parmi eux dont les ouvrages ont été perdus, et qui ne nous sont connus que par ses éloges. »

CHAPITRE XXX.

AUTRES POËTES DU SIÈCLE D'AUGUSTE.

Varius ; Pédo Albinovanus. — Macer. — Gratius Faliscus. — Manilius. — Germanicus. — Poëme de l'*Etna*.

Varius ; Pédo Albinovanus.

Il y a bien peu de noms à ajouter aux noms des poëtes fameux dont nous venons d'étudier le caractère et les œuvres. Pourtant la poésie du siècle d'Auguste n'est pas tout entière dans Virgile, dans Horace, dans Properce, dans Tibulle, dans Ovide. Nous l'avons déjà remarqué, à propos de Varius et de quelques autres. Il ne s'agissait alors que de l'épopée ; et voilà pourquoi nous n'avons rien dit de l'ouvrage qui avait fait surtout la renommée de Varius. C'était une tragédie intitulée *Thyeste*. On ne sait pas ce qu'était au juste cette tragédie, aujourd'hui entièrement perdue. Peut-être Varius avait-il essayé de traiter d'une façon nouvelle son terrible et dramatique sujet ; peut-être s'était-il borné à imiter ou arranger quelque chef-d'œuvre grec, comme Ovide, selon toute ressemblance, avait naturalisé à Rome la *Médée* d'Euripide. Quoi qu'il en soit, le *Thyeste* de Varius passait, avec la *Médée* d'Ovide, pour la plus belle composition dramatique que possédassent les Romains : « Il n'y a pas, dit un critique ancien, un livre d'Asinius ou de Messala qui soit aussi célèbre que la *Médée* d'Ovide ou le *Thyeste* de Varius[1]. » Il est probable que le succès du *Thyeste*, comme celui de la *Médée*, fut tout littéraire ; que le peuple y fut à peu près étranger ; que Varius avait écrit pour les lettrés bien plus que pour le théâtre, et que ce qu'on prisait particulièrement dans sa tragédie, c'était la beauté d'un style mâle et ferme, digne presque partout des grands maîtres, digne même, selon Quintilien, des grands tragiques de la Grèce.

Pour trouver un poëte épique après Virgile, il faut descendre jusqu'au temps de Néron et jusqu'à l'auteur de la *Pharsale*. Quelques-uns cependant donnent le titre d'épopée au poëme historique qu'un ami d'Ovide, Pédo Albinovanus, avait rédigé en l'honneur de Germanicus, et dont il reste quelques vers. Ces vers, qui n'ont rien de bien remarquable, sont un fragment du récit de l'expédition de Germanicus dans l'Océan septentrional. Mais si l'auteur de l'*Énéide* n'eut point d'héritiers immédiats, je ne dis pas d'émules, l'auteur des *Géorgiques* n'en manqua pas. Ce ne sont ni des Virgiles, ni des Lucrèces, ni même des Ovides ; mais ce sont des hommes de quelque mérite, et que nous ne pouvons passer sous silence.

Macer.

Émilius Macer de Vérone fut un imitateur de Nicandre. Il avait écrit un poëme sur les propriétés des plantes vénéneuses. Cet ouvrage n'existe plus. Les vers attribués par quelques-uns à ce contemporain d'Auguste sont, selon toute apparence, d'un autre Macer, qui vivait à la fin du deuxième siècle. Il n'y a, dans ces vers, ni talent, ni style ; et le premier Macer ne passait point, dans son temps, pour un poëte

---

1. *Dialogue des Orateurs*, paragraphe XII.

méprisable. On se rappelle que Quintilien a fait à Macer l'honneur de rapprocher son nom de celui de Lucrèce. Quelques réserves qu'on soit forcé de faire sur une pareille assimilation, il reste toujours que le vrai Macer avait été un écrivain élégant et un bon versificateur.

Gratius Faliscus.

Nous possédons un petit poëme sur la chasse, en cinq cents et quelques vers, intitulé *Cynégétiques*, dont l'auteur, Gratius Faliscus, paraît avoir été contemporain d'Ovide. Gratius est de l'école de Virgile, ou du moins il fait tout son possible pour en être. Le seul défaut grave qu'on puisse lui reprocher, c'est une obscurité sous laquelle ne se cachent pas toujours des idées qui vaillent la peine qu'on les cherche. Mais, comme le fait observer un critique, qui nous dit que cette obscurité ne tienne pas à notre ignorance, et que des termes que nous ne comprenons plus ne fussent pas vulgaires autrefois? Ajoutons que Gratius n'écrivait pas pour tout le monde, mais pour les chasseurs, et que son vocabulaire n'était guère moins familier à ses lecteurs que ne l'est, pour les chasseurs d'aujourd'hui, celui de nos livres de vénerie. Les qualités ne manquent pas dans les *Cynégétiques*. La description du chien est un morceau remarquable. Le poëte trouve des accents énergiques pour peindre les maladies qui désolent une meute. L'épisode de l'antre où Vulcain guérit les animaux peut se lire, même après les merveilleux récits du chantre d'Aristée. On aura quelque idée du ton général de Gratius par ce que je vais transcrire. C'est le début même des *Cynégétiques* :

« Sous tes auspices, ô Diane, je chante un art, présent des dieux et passe-temps des chasseurs. La force fut d'abord l'unique ressource de l'homme. Dénué de prudence, sans armes que son courage, il parcourait les bois, et rien n'était réglé dans sa vie. Bientôt il prit une route plus facile et plus sûre : il t'associa, ô raison, à ses entreprises. De là mille secours pour soutenir son existence; de là l'ordre et la méthode brillant partout : un art connu devient le germe d'un art nouveau; la science grandit de proche en proche; par là recule et tombe la violence insensée. Nous devons au ciel la naissance des premiers arts, leurs premiers et solides accroissements. Puis chacun, selon son talent, put remplir sa carrière, et le triomphe de l'activité humaine fut assuré. Quand notre vie s'épuisait à lutter contre les bêtes sauvages, c'est toi, ô Diane, qui daignas nous fournir les moyens nécessaires à notre défense, nous protéger en nous découvrant tes secrets, et délivrer l'univers de ce danger. Sous ton autorité vinrent se ranger la foule innombrable des divinités des bois, de celles des fontaines, toutes les Naïades, et Faunus, le cultivateur du fertile Latium, et le jeune dieu du Ménale, et la grande déesse qui dompte les lions de l'Ida, et Silvain, que charme un inculte rameau. Avec l'aide de ces protecteurs, et par l'entremise de la poésie, je veux défendre notre existence contre mille bêtes sauvages : je donnerai, dans mes vers, des armes aux chasseurs ; je dirai l'art de s'en servir. Je vais commencer en chantant les filets et tous les piéges que tend la ruse. »

Manilius.

Marcus Manilius passe pour avoir écrit vers la fin du règne d'Auguste. Son style prouve, en effet, qu'il n'a pas dû vivre dans les siècles de décadence. Mais on ignore réellement et son pays, et l'époque où il florissait, et les événements de sa vie. Il nous a laissé un poëme intitulé *Astronomiques*. Ce poëme, bien que nous l'ayons incomplet, ou que l'auteur ne l'ait point achevé, est assez considérable : il n'a pas moins de cinq livres, d'une étendue analogue à ceux des *Géorgiques*. On n'estime que médiocrement les connaissances astronomiques de Manilius, et on le blâme avec raison d'avoir trop souvent mêlé aux leçons de la science véritable les billevesées de l'astrologie. Mais ces défauts n'ont pas nui à son talent poétique. Le plan de l'ouvrage est simple et clair ; des épisodes assez intéressants animent de temps en temps les préceptes : le premier livre surtout et le cinquième sont remarquables par des morceaux d'un ordre assez élevé. Ce n'est ni l'heureuse chaleur ni l'art exquis de Virgile ; mais c'est encore de la poésie, et de la poésie très-estimable. La versification est correcte et élégante ; le style ne manque ni de verve ni d'énergie. On souhaiterait parfois un peu plus de sobriété ; non pas que Manilius soit proprement verbeux, mais il n'avait point assez appris de Virgile qu'il n'est pas bon de tout dire. La diction même, quoique en général pure et franche, a aussi ses taches. On rencontre çà et là des tours un peu singuliers, des expressions que n'aurait probablement point avouées le poëte des *Géorgiques*. Je n'en rejetterai pas complétement la faute sur le sujet. Le sujet, depuis les deux frères Cicéron, n'était plus nouveau pour les Muses latines, et la nouveauté des choses n'excuse pas toujours l'étrangeté des termes, surtout celle des phrases. Quoi qu'il en soit, les *Astronomiques* méritent d'être comptées parmi les ouvrages qui font honneur au génie latin. Voici un morceau sur l'immortalité de l'âme, qui n'est peut-être pas parfaitement concluant pour le fond, mais qui prouve du moins que Manilius s'inquiétait des grands problèmes, et que, s'il était impuissant à les résoudre, il demandait à un spiritualisme élevé des aperçus, des pressentiments, et qu'il avait foi à Platon plus qu'à Épicure :

« Peut-on douter qu'un Dieu n'habite dans notre cœur? que les âmes ne retournent au ciel et ne viennent du ciel? Comme le monde est construit de toutes sortes de corps, de l'air, du feu supérieur, de la terre, de la mer, et qu'un esprit gouverne ce qui est entraîné par le tourbillon de l'univers ; de même peut-on douter qu'il n'y ait en nous des corps d'une nature terrestre, et un souffle céleste de cette âme qui gouverne toutes choses et qui dirige l'homme ? S'étonnera-t-on que les hommes puissent connaître le monde, puisqu'ils ont un monde en eux-mêmes et que chacun est, sous une image raccourcie, un exemplaire de la divinité? D'où pourrait-on croire que les hommes soient nés, sinon du ciel? Les êtres muets rampent sur la terre, ou sont plongés dans les vagues, ou planent dans les airs. L'homme seul sait contempler les choses ; seul il a la faculté de la parole, un esprit capable d'études, et il apprend tous les arts. L'homme gouverne son corps par la raison ; il s'est retiré dans les villes ; il a dompté la terre, pour lui faire produire des moissons ; il a pris les animaux, et il a forcé la mer à lui ouvrir un chemin. Seul il est debout sur ses pieds, il tient sa tête haute, comme une citadelle qui domine son corps; et, triomphant, il tourne vers les astres ses yeux qui ont l'éclat des astres, regarde de plus près l'Olympe, et cherche Jupiter[1]. »

Germanicus.

Germanicus lui-même, sans être un grand poëte, faisait agréablement les vers. Il avait imité, avec assez de bonheur, les *Phénomènes* d'Aratus. Il nous reste de son poëme un fragment considérable. Le style de Germanicus est élégant, sa versification harmonieuse. On se rappelle que nous n'avons pas fait un grand éloge d'une autre imitation des *Phénomènes*, bien qu'elle portât le nom de Cicéron. Nous avons aussi, sous le nom de Germanicus, quelques vers d'un autre poëme, qui était intitulé *Pronostics*, ou plutôt *Signes de Jupiter*. C'était une sorte de traité de météorologie, dont l'original appartenait aussi probablement à la poésie grecque, et peut-être à Aratus.

Poëme de l'Etna.

On nomme généralement comme l'auteur d'un poëme de six cents et quelques vers, intitulé *Etna*, ce Cornélius Sévérus dont nous avons parlé ailleurs. Quelques-uns attribuent l'*Etna* à Lucilius, l'ami de Sénèque, qu'ils nomment Lucilius le Jeune, pour le distinguer du fameux satirique. Mais il ne nous importe guère que l'*Etna* soit de tel ou tel auteur, ou même de tel ou tel siècle. Ce poëme n'est pas une merveille. Il y a une certaine facilité de versification qui rappelle assez les bons modèles; le style ne manque pas, çà et là, de quelque force et de quelque éclat : c'est, par endroits, à peu près ce qu'eût pu écrire Cornélius Sévérus. Mais la diction est souvent obscure ou affectée. Il y a déjà quelque chose de cela dans les beaux vers sur la mort de Cicéron, au moins dans quelques-uns : ici, c'est l'ordinaire. Ce sera donc encore, si l'on veut, le style de Cornélius Sévérus, mais porté à une haute puissance

---

[1]. Manilius, *Astronomiques*, livre IV, vers 884 et suivants.

d'imperfection et de mauvais goût. Les quarante derniers vers sont peut-être les plus beaux de tout l'ouvrage. Je vais les traduire aussi littéralement qu'il m'est possible, afin de montrer quels défauts déparent encore l'œuvre, là même où le poëte déploie le plus de qualités :

« L'Etna incandescent avait brisé ses cavernes et renversé de fond en comble ses fournaises ; le feu, comme une onde, répandait au loin ses torrents embrasés. On dirait Jupiter en courroux, faisant jaillir les éclairs de la nue, et couvrant le ciel brillant d'obscures ténèbres. Tout brûlait, les moissons dans les plaines, mille domaines cultivés, les maisons qui s'y élèvent, les forêts, les collines verdoyantes. A peine tremblait-on que l'ennemi se fût mis en marche, et déjà il avait envahi les portes de la ville voisine. Chacun alors, selon son goût, selon ses forces, tâche de ravir ses richesses pour se sauver : l'un gémit sous l'or, l'autre ramasse ses armes et en charge son cou, l'insensé ! Le voleur fléchit, retardé par le poids de ses larcins ; le pauvre hâte rapidement le pas, sous son léger fardeau. Tous fuient portant ce qu'ils ont de précieux ; mais le possesseur ne sauve pas toujours son butin. Le feu dévore ceux qui tardent trop, et brûle de tous côtés les avares ; il atteint ceux qui se croient hors de danger, les saisit, consume avec eux leurs trésors. Leurs biens servent de pâture à l'incendie, qui n'épargnera personne, ou qui n'épargnera que les hommes pieux. Deux hommes excellents, Amphinomus et son frère, s'avancent courageusement sous un fardeau pareil. Au moment où l'incendie déjà bruissait dans les maisons voisines, ils avaient vu leur vieux père, leur vieille mère, accablés, hélas ! par les ans, et qui s'étaient traînés jusqu'au seuil de leur porte. Cessez, troupe avare, d'emporter de riches butins ! leur seule richesse, c'est leur mère, c'est leur père. Voilà le butin qu'ils enlèvent ; et ils se hâtent de sortir à travers le feu, avec l'assentiment du feu même. O piété filiale, la plus grande des choses, la vertu à bon droit notre meilleure sauvegarde ! Les flammes rougirent de toucher les pieux jeunes gens : partout où ils portent leurs pas, elles se retirent. Heureux est ce jour, fortunée est cette terre ! A droite s'étend l'affreux incendie ; il bouillonne à gauche : les deux frères triomphent, en passant à travers les feux qui se détournent. Leur pieux fardeau fait leur sûreté : la flamme s'enfuit, et tempère son avidité autour d'eux. Ils ont enfin échappé au péril. Avec eux leurs divinités tutélaires sont saines et sauves. Les poëtes, dans leurs chants, célèbrent les deux frères. Pluton les a distingués ; leur mémoire est illustre ; ces vertueux jeunes gens échappent aux atteintes d'un destin vulgaire ; ils ont vraiment en partage la demeure et le sort des bienheureux. »

Nous n'aurons plus rien à dire sur la poésie du siècle d'Auguste quand nous aurons remarqué que plusieurs amis d'Ovide, tels que Montanus, Proculus, Aulus Sabinus, passaient pour des poëtes élégiaques de quelque talent. Il nous reste même, sous le nom d'Aulus Sabinus, trois élégies, qu'on imprime quelquefois dans les œuvres d'Ovide. Ce sont des héroïdes, et même des réponses à trois de celles qui composent le recueil d'Ovide ; mais elles n'ont rien de commun, ni pour la verve, ni pour le style, avec les brillants morceaux qui leur ont servi de modèles.

CHAPITRE XXXI.

PHÈDRE.

Histoire du recueil des *Fables* de Phèdre. — Vie de Phèdre. — Originalité de Phèdre. — Style de Phèdre.

Histoire du recueil des Fables de Phèdre.

En 1596, François Pithou, le célèbre jurisconsulte, trouva le manuscrit sur lequel son frère, Pierre Pithou, fit imprimer la première édition des *Fables* de Phèdre. D'autres manuscrits du même recueil d'apologues, découverts à peu près vers le même temps, servirent à compléter ce qui manquait dans le premier exemplaire, et à nous donner Phèdre tel que nous le possédons. Mais ces divers manuscrits, qui n'avaient été vus et touchés que par un petit nombre de personnes, disparurent bientôt, on ne sait comment; et il ne resta plus aucune preuve matérielle de l'ancienneté des apologues publiés sous le nom de Phèdre. Plusieurs critiques se mirent à douter de leur authenticité, et ne virent, dans le prétendu Phèdre, qu'une supercherie, sinon des Pithou, au moins de quelque faussaire de la Renaissance. C'était, suivant les uns, un certain Nicolas Perotti, archevêque de Manfredonia, mort vers la fin du quinzième siècle, qui s'était diverti à recommander d'un nom antique les élucubrations de sa muse. Il n'avait fait, disait-on, que mettre en vers ïambiques les fables jadis rédigées en prose par un certain Romulus, ou même refaire ce que l'archevêque Hildebert, au treizième siècle, avait fait en vers plus ou moins réguliers. D'autres se souvinrent d'un certain Phédrus, qui fut condamné par un concile au commencement du seizième siècle; et ils insinuèrent que ce Phédrus pourrait bien être le véritable auteur du recueil. Les preuves intrinsèques de l'antiquité de ces apologues ne manquaient pas; et ceux qui les avaient lus pouvaient répondre, à tous les arguments des critiques, ce que dit le personnage de la comédie : « Tu ne me persuaderas pas; non, quand tu m'aurais persuadé. » Le public lettré tint le Phèdre des Pithou pour parfaitement authentique. Plus de quatre cents éditions prouvèrent qu'on y voyait autre chose que les essais d'un latiniste moderne. Néanmoins la discussion subsistait toujours entre les érudits, lorsqu'en 1830 les antiphédristes éprouvèrent une déroute dont ils ne se relèveront pas. Le manuscrit des Pithou, celui-là même sur lequel avait été faite l'édition princeps, fut exhumé du fond d'une bibliothèque, copié textuellement, et publié tout à la fois en lettres modernes et en fac-simile. Or, ce manuscrit est du dixième siècle, c'est-à-dire antérieur de cinq ou cix cents ans et à Perotti et à Phédrus. Il est établi aujourd'hui, d'une manière irréfragable, que les fables de Romulus ne sont que les fables mêmes de Phèdre, mises en prose par quelque barbare du moyen âge; que Hildebert et d'autres venaient de Phèdre, soit par Romulus, soit directement, et non pas Phèdre de Hildebert ou de qui que ce soit. Ajoutons qu'on a découvert, dans les contrées de l'ancienne Dacie, une inscription sépulcrale, datant des premiers siècles de notre ère, où on lisait un vers emprunté à une des fables de Phèdre, et, ce qui est plus curieux encore, à une fable que Perotti prétendait avoir composée. Car Perotti avait possédé personnellement le manuscrit qui vint plus d'un siècle après aux mains de François Pithou ; et il avait trouvé commode d'en extraire quelques morceaux, de les mêler à ses propres compositions, et de se faire, par le plagiat, une réputation à laquelle il ne pouvait aspirer par le talent.

Vie de Phèdre.

C'est à Phèdre lui-même qu'il faut demander le peu que nous puissions savoir sur la personne de Phèdre. Il est à peine question de notre fabuliste dans tout ce qui nous reste des anciens qui avaient lu son ouvrage, ou qui l'avaient dû lire. Martial demande à sa Muse ce que fait son ami Rufus : « Imite-t-il les plaisanteries du malin Phèdre[1]? » Encore est-il permis, jusqu'à un certain point, de douter qu'il s'agisse précisément de l'auteur des apologues : ni le mot plaisanterie (*jocos*) ne caractérise bien ses écrits, ni l'épithète de malin (*improbi*) ne s'applique bien à ce poëte. Mais on ne saurait nier qu'Avianus ne parle de Phèdre le fabuliste, quand, énumérant à un certain Théodose les auteurs latins qui se sont exercés dans l'apologue, il dit que Phèdre a aussi traité, en cinq livres, quelque portion de la matière. Hors ces deux témoignages, il n'y a rien ; mais Phèdre supplée passablement à ce que les autres n'ont pas jugé à propos de nous dire. Ainsi il nous apprend que sa mère l'a mis au monde sur le mont Piérus ; ce qui signifie, en simple prose, qu'il est né dans la Macédoine. De plus, le titre du recueil est ainsi conçu : *Fables de Phèdre, affranchi d'Auguste*. Phèdre, dans son enfance, ou dans sa première jeunesse, avait donc été esclave, et esclave d'Auguste. Cet Auguste n'est point Ti-

---

[1]. Martial, *Épigrammes*, livre III, épigramme xx.

bère, comme quelques-uns le veulent ; car Phèdre, racontant quelque part un trait où le premier Auguste, le vrai Auguste, fut acteur, déclare que la chose s'est passée dans un temps dont il a mémoire. Sous Tibère, Phèdre est homme mûr, déjà écrivain. Séjan le persécute, parce qu'il a cru se reconnaître dans quelqu'un des portraits peu flattés que le poëte traçait des ambitieux et des scélérats. D'autres que Séjan, blessés aussi, à ce qu'il paraît, d'allusions plus ou moins piquantes, lui font sentir, comme il le dit, qu'il en coûte cher à un plébéien pour murmurer tout haut. Malgré la condamnation peut-être sévère que Séjan fit porter, ou même porta, contre lui ; malgré l'inimitié de tous ceux qu'il accuse de lui en vouloir, Phèdre parvint à un grand âge, car nous le voyons, jusque sous Claude, dédier des fables à Particulon et à Philétus, deux des affranchis qui gouvernaient ce prince imbécile.

Originalité de Phèdre.

J'ai remarqué, à propos d'Horace, que Phèdre n'était pas le premier des Latins qui eût excellé dans l'apologue. Ce qui le distingue d'Horace et de ceux qui, peut-être avant Horace, avaient écrit des fables, c'est qu'il cultive la fable pour elle-même, c'est qu'il est purement et simplement fabuliste, qu'il ne veut être que fabuliste. D'ailleurs, il applique à la fable un mètre analogue à celui dont se servaient les fabulistes grecs. Ceux-ci, comme on sait, écrivaient en vers scazons, c'est-à-dire en vers ïambiques terminés par un trochée : Phèdre écrit en vers ïambiques proprement dits, en vers sénaires, comme parlaient les Latins. Seulement il se permet toutes les libertés que se donnaient de tout temps les poëtes de Rome. Bien souvent il manque à la règle des trois ïambes aux pieds pairs ; et il lui arrive même de n'avoir quelquefois d'ïambe qu'au dernier pied. Aussi sa poésie, toutes les fois qu'elle n'est pas soutenue par les images, se rapproche-t-elle singulièrement de la prose.

Quoi qu'il en soit, les quatre-vingt-dix apologues de Phèdre sont un des plus précieux monuments de la littérature latine. Parmi ces apologues, le plus grand nombre ne sont sans doute que des traductions; mais plusieurs sont manifestement de l'invention du poëte. Il serait bien difficile, pour ne pas dire impossible, de déterminer avec quelque précision tout ce que Phèdre a inventé, tout ce qu'il doit à d'autres. Il se donne lui-même, en plus d'un passage, pour un simple arrangeur : « Ésope, dit-il dans son premier prologue, a trouvé la matière, et moi je l'ai polie en vers ïambiques. » Non-seulement Ésope, mais Callimaque, mais d'autres encore, eussent été en droit de revendiquer leur part dans le fonds exploité par le talent de Phèdre. Cependant Phèdre, même après restitution, serait riche encore, et aurait même pour lui la meilleure part. Les fables qu'il ne doit à personne, ou, ce qui revient au même, celles qu'il a ramassées çà et là dans les rues de Rome ou dans les boutiques de tondeurs, celles en un mot qui sont le plus romaines, sont presque toutes de petits chefs-d'œuvre. En voici une, par exemple, qui dut être composée le lendemain de la chute de Séjan ou de quelque autre puissant personnage : « Un homme, ayant immolé un porc au divin Hercule pour s'acquitter d'un vœu qu'il avait fait étant malade, fit donner à son âne les restes de l'orge du porc. L'âne repoussa cette nourriture, et parla ainsi : « Je mangerais vo-« lontiers ton grain si celui qui s'en est nourri n'avait été « égorgé. » Effrayé, en réfléchissant à cette fable, j'ai toujours regardé le lucre comme chose dangereuse. Mais tu dis : « Ceux qui se sont enrichis par la rapine possèdent la richesse. » Comptons donc combien ont péri, surpris dans leur fortune. Tu trouveras une plus grande foule de ceux qui ont été punis. La témérité réussit à bien peu de gens; elle est la perte de beaucoup [1]. » M. Nisard, après avoir cité cette fable, ajoute : « Tacite n'a rien écrit d'aussi simple, ni de plus énergique. La fable est ici à la hauteur de l'histoire. Quant à l'allusion, elle est frappante. Les réflexions de la fin montrent que Phèdre entendait bien qu'elle n'échappât à personne. Certes, une telle fable, répandue dans la Rome de Tibère et de Néron, pouvait bien refroidir ceux qui étaient tentés de manger l'orge du porc immolé. » Le même

---

1. Phèdre, *Fables*, livre V, fable III.

critique en signale d'autres, qui sont comme les corollaires de celle-là, et qui ne sont ni moins sensées, ni écrites d'un style moins vigoureux : ainsi *les Mulets et les Voleurs*, ainsi *l'Ane et le Vieillard*. La jolie fable intitulée *Combat des Rats et des Belettes* appartient aussi à Phèdre, au moins dans tout ce qu'elle a de piquant et de philosophique. Il avait vu ce combat peint sur le mur d'un cabaret ; mais, en mettant la peinture en récit, il y ajoute ce que le pinceau ne pouvait dire, ce qui fait que le récit est un apologue. Ce n'est pas en contemplant la lutte sur la muraille qu'on eût pu arriver à cette affabulation, qui sort si bien du récit de Phèdre : « Toutes les fois qu'il arrive malheur à une nation, les grands, à cause de leur dignité, sont exposés au péril ; mais le menu peuple a bientôt fait de se mettre en lieu de sûreté [1]. » On voit, par ce qui précède, que Phèdre ne manquait pas d'imagination ni d'une certaine force inventive. Mais son principal titre à la gloire, c'est d'avoir été un bon écrivain.

Style de Phèdre.

Ce n'est pas que le style de Phèdre soit sans défaut ; mais les défauts que quelques-uns y signalent n'ont rien de particulièrement grave. Il y a, de temps en temps, une certaine recherche dans l'expression, une certaine affectation de tournures plus singulières que justes et naturelles. On sent que la poésie latine a déjà passé par Ovide, et qu'elle touche à Sénèque. Les poëtes de la décadence aiment à rajeunir les mots vieillis, et entassent, parmi leurs faux trésors, des provincialismes, des locutions qui n'avaient jamais eu droit de cité dans la vraie langue de Rome. On trouve déjà quelque apparence de ce travers dans la poésie de Phèdre. Mais le point par où Phèdre appartient le plus à la décadence, c'est l'emploi abusif des mots abstraits. Il ne peut se retenir d'en mettre partout, même là où le terme concret serait non-seulement plus poétique, mais plus exact et plus précis, mais le seul juste. Je n'accuse pas la *longueur du cou*, pour le *long cou*, expression admirée par

---

[1]. Phèdre, *Fables*, livre IV, fable vi.

les uns, blâmée par les autres, et qui peut se justifier, vu la place où Phèdre l'a mise ; mais je souffre de voir le poëte préférer, par exemple, les mots *calamité, bonté, scélératesse*, etc., quand le sens direct appelait non pas des abstractions, mais des malheureux, des bons ou des scélérats. Ces réserves faites, il n'y a plus guère qu'à donner des éloges : « Le style de Phèdre, dit M. Nisard, est savant et agréable, d'une clarté qui n'a été surpassée par aucun écrivain latin, sévère et pourtant facile, travaillé et pourtant simple : je ne sache pas de réalisation plus complète et plus heureuse du précepte, qu'il faut savoir faire difficilement des vers faciles. Les images y sont rares, ce qui les rend plus frappantes : Phèdre les emploie avec sobriété, en écrivain plus simple que brillant, qui d'abord n'a pas à se défendre de leur abondance, et qui sait, en outre, que là même où elles viennent naturellement d'une grande richesse de génie, on les fait mieux valoir à les moins prodiguer. Les métaphores y sont rares pareillement et justes. La brièveté, tant louée dans Phèdre, y est grave mais non pas sèche. Il retranche du discours tout ce qui l'allonge sans l'éclaircir. Il semble que, comme il ne vous demande d'attention que pour un sujet très-court, il la veuille tout entière, et ne la laisse pas se perdre ou languir dans des accessoires inutiles. Phèdre a l'épithète heureuse, variée, substantielle, ne faisant qu'un avec le sujet ; ce qui est encore une sorte de brièveté. Ses descriptions sont le plus souvent d'un seul vers, ou de deux ; les plus longues, de trois ; mais on ne pourrait faire entrer plus de choses dans moins de mots, et cette concision, quoique savante, n'est point forcée. Ses vers ne sont point bourrés, si je puis dire ainsi, comme certains vers de Perse, où les mots, pour vouloir contenir trop de choses, éclatent et laissent échapper le sens de toutes parts. Cet excès de brièveté produit le vague : qui veut trop dire à la fois ne dit rien. Il en est de certaines poésies trop concises comme de verres d'optique d'un degré trop fort : les unes, en demandant trop d'efforts à l'intelligence, la fatiguent ou la trompent ; les autres, par une trop grande concentration des rayons lumineux, tirent la vue et la troublent. »

Le même critique compare le style de Phèdre au style de Térence. Ici, je l'avoue, il m'est impossible d'acquiescer à son opinion. La ressemblance des deux poëtes n'est qu'apparente. Tout ce qu'ils ont de commun, c'est d'avoir écrit en vers ïambiques. Phèdre, qui vise à la concision, tombe souvent dans l'obscurité, ou du moins il force le lecteur à user de toute sa pénétration : Térence est la clarté même. La différence des genres éclate partout. Le poëte comique n'a rien à cacher ni à sous-entendre ; il faut que ses intentions soient saisies de prime abord : aussi ses finesses sont-elles d'une extrême simplicité. Le fabuliste ne parle presque jamais qu'à demi-mot ; il veut toujours dire plus qu'il ne dit : de là cette concentration de la pensée, ces tournures laborieusement aphoristiques. Les sentences, dans Phèdre, ne sont que des sentences : dans Térence, ce sont des pensées nécessaires, commandées par le sujet, appartenant aux personnages qui les prononcent, et sous lesquelles on ne songe pas un seul instant à chercher le poëte. Térence a toutes les grâces : la manière de Phèdre était presque absolument exclusive de la grâce. Aussi n'est-ce point par la grâce que se distinguent ses ouvrages. Par là il est inférieur non-seulement à Térence, avec lequel, je le répète, il n'a presque rien de commun, mais à Babrius même, qui lui ressemble à tant d'égards. Je ne parle pas de La Fontaine. La Fontaine est incomparable. C'est lui qui nous a gâtés, en fait de fabulistes. Phèdre est à mille lieues de cette puissance dramatique, de cette vérité, de cette variété, de cette profondeur, de cet enjouement, de toutes ces qualités enfin qui font de l'ample comédie du bonhomme une des merveilles de la poésie. Quand on vient de lire La Fontaine, on trouve Phèdre sec et morose ; mais cette impression peu à peu s'efface. Dès qu'on n'est plus sous le charme des souvenirs, on devient plus juste, et Phèdre reprend ses droits à l'estime, à l'admiration même. Tout à l'heure on se choquait de la complaisance avec laquelle il parle de lui-même et de son œuvre ; maintenant on lui pardonne ses bouffées de vanité. On fait plus : on l'écoute avec plaisir se promettant une gloire éternelle, et on bénit l'heureux hasard qui a sauvé du néant, grâce aux deux Pithou, ses fables longtemps oubliées.

CHAPITRE XXXII.

LES SÉNÈQUE.

Sénèque le père. — Ouvrages de Sénèque le père. — Sénèque le philosophe (Lucius Annæus Seneca). — Philosophie de Sénèque. — Jugement de Quintilien. — Catalogue des ouvrages philosophiques de Sénèque. — *Lettres à Lucilius.* — Authenticité des tragédies de Sénèque. — Jugement sur les tragédies de Sénèque. — *L'Apocolokyntose.*

Sénèque le père.

Phèdre, avec ses qualités et ses défauts, ne pouvait avoir sur les directions de la littérature contemporaine qu'une influence à peu près insensible. Ce n'est pas le spectacle des vertus modestes qui provoque les hommes à l'héroïsme ; ce ne sont pas les petits vices et les petits travers du premier venu qui corrompent les mœurs de tout un peuple. De même, pour ramener les esprits à une discipline sévère, ou pour les précipiter sur la pente où se perdent le goût et la raison, il faut d'éclatants exemples, il faut des œuvres puissantes, de grands efforts ou de grands écarts, qui saisissent vivement les imaginations. Phèdre n'offrait aux Romains que des compositions d'un ordre secondaire, que la poésie du bon sens, et ses peccadilles n'avaient rien qui pût beaucoup nuire. On aimerait à croire qu'il jouit, durant sa vie, d'une véritable renommée : il le donne assez à entendre, par la complaisance avec laquelle il nous entretient de ses ennemis et de ses envieux. Mais tout semble prouver que cette renommée se réduisait à une de ces honnêtes réputations qui permettent très-bien que ceux qu'elles décorent soient des inconnus pour les trois quarts du genre humain. Sénèque le philosophe ignore Phèdre. Il dit que Rome n'a point eu de fabulistes. Quintilien, dans sa revue critique, ne prononce pas le nom de Phèdre : preuve incontestable que Phèdre ne comptait pas parmi les auteurs célèbres, et qu'il ne balançait pas même, dans l'estime générale, les Macer et les Cornélius Sévérus. Rien de plus injuste, j'en conviens ; mais je constate seulement que Phèdre n'a pas joué un rôle bien important dans l'histoire de la pensée. Ce n'est pas lui qui donna le ton à la littérature de son siècle. Un autre eut cet honneur périlleux, ce fut Sénèque. Mais, comme le remarque M. Nisard, on devrait plutôt dire la famille des Sénèque ; car toute cette famille, selon l'expression du célèbre critique, s'employa bravement à cette révolution où le goût périt. Les Sénèque, c'est-à-dire Sénèque le rhéteur et ses fils, avec Lucain son petit-fils, peut-être avec Florus, sont, peu s'en faut, toute la littérature, depuis la fin du siècle d'Auguste jusqu'au temps des Flaviens.

Sénèque le père (Marcus Annæus Seneca) était né à Corduba ou Cordoue en Espagne. Il vint à Rome sous Auguste, et il y passa de longues années. Il exerça avec un succès extraordinaire la profession de rhéteur, et il amassa une grande fortune. Il retourna dans sa ville natale, et il s'y maria avec Helvia, dont il eut trois fils. Sénèque le rhéteur était un homme de beaucoup d'érudition et de beaucoup d'esprit. Sa mémoire surtout était prodigieuse. Il nous dit lui-même qu'il était capable de répéter jusqu'à deux mille mots, dans le même ordre où il venait de les entendre prononcer. Il nous a conservé des discours entiers, qu'il avait ainsi recueillis à l'audition, puis transcrits littéralement pour l'usage des autres. Le goût, dans cet Espagnol, se sentait un peu du terroir de Cordoue, de cette ville où les poëtes, comme dit Cicéron, avaient l'accent un peu épais et provincial. En tout cas, ce goût était peu exclusif. En effet, Sénèque le rhéteur est fort prodigue de ce titre d'orateur que si peu d'hommes ont mérité : il compte des orateurs en foule, dans un siècle où la postérité n'en aperçoit guère. Nous devons dire pourtant que ce rhéteur écrit assez purement. On reconnaît qu'il a vécu dans le commerce familier des auteurs du bon siècle. Nos réserves à son égard portent sur ses pensées, et non pas sur la manière dont il exprime ses pensées. La nature même des deux ouvrages qu'il nous a laissés prouve contre lui. Il est évident qu'il ne se faisait pas bien une claire idée ni de ce qu'est la rhétorique, ni de ce qu'est la véritable éloquence.

Ouvrages de Sénèque le père.

Le premier ouvrage de Sénèque le rhéteur, dont nous n'avons guère que la moitié, est intitulé *Controverses*. Il avait originairement dix livres. Nous possédons le premier, le deuxième, le septième, le huitième, le dixième, mais non pas tous parfaitement intacts, et seulement quelques extraits des cinq autres livres. Les *Controverses* sont une série de déclamations, sur des questions judiciaires fictives. L'autre ouvrage, intitulé *Exhortations*, qui n'avait qu'un seul livre et dont nous n'avons non plus qu'une partie, se compose de déclamations du genre délibératif, et non moins fictives que les déclamations judiciaires. Sénèque avait recueilli ces discours dans les écoles. A la suite de chaque discours qu'il reproduit, il ajoute une appréciation critique. Dans ses réflexions, comme dans les déclamations mêmes, on trouve çà et là des choses remarquables, des mouvements éloquents, de nobles pensées. Mais quel emploi de belles facultés, que de disserter sur de pareilles œuvres, surtout que de rédiger de pareils plaidoyers et de pareilles harangues ! Voici, par exemple, sur quels sujets s'exerçait la prétendue éloquence des prétendus orateurs politiques du temps d'Auguste : Agamemnon consentira-t-il au sacrifice de sa fille ? Les trois cents Spartiates, abandonnés aux Thermopyles par les autres Grecs, quitteront-ils leur poste ? Alexandre s'embarquera-t-il sur l'Océan ? Cicéron fera-t-il des excuses à Marc Antoine ? Quant aux questions sur lesquelles roulent les plaidoyers fictifs, elle dépassaient quelquefois en bizarrerie, et même en absurdité, tout ce que pourrait inventer l'imagination la plus déréglée. Les titres seuls suffiraient pour nous édifier sur le goût qui régnait dans les écoles. Il y avait la cause des jumeaux languissants ; il y avait celle des cadavres mangés ; il y avait celle des sépulcres enchantés ; et d'autres non moins étranges. Qu'on juge, d'après l'argument d'une de ces matières, s'il était possible de s'y prendre mieux qu'on ne faisait alors, pour torturer et fausser les esprits : Un homme est député par une ville menacée de la famine, pour acheter des blés à l'étranger, et il a l'ordre de revenir à jour fixe. Il fait ses achats, et il se remet en mer. La tempête l'écarte de sa route. Il aborde dans une ville où il vend sa cargaison le double du prix d'achat. Avec la somme, il se procure deux fois plus de blé qu'il n'en avait d'abord. Il revient dans son pays ; mais il n'était pas arrivé au jour prescrit : durant son absence, ses concitoyens affamés avaient été réduits à manger des cadavres. Il est traduit en justice ; et c'est là ce qu'on nommait le procès sur la question des cadavres mangés. Je dois dire pourtant qu'il y avait aussi des questions à peu près vraisemblables, et assez analogues à celles qui se présentent devant les tribunaux ; mais c'était le petit nombre, et ce n'étaient pas celles qui plaisaient le plus, celles où les rhéteurs pussent faire briller le mieux leur esprit et celui de leurs disciples. Voici, en effet, comment les choses se passaient. Le maître donnait au disciple une matière à traiter. Le disciple traitait la matière conformément aux prescriptions de la rhétorique. Le maître corrigeait le discours, taillant, retranchant, ajoutant, amenant enfin la pièce au point où il la voulait. Ainsi amendée, l'élève l'apprenait par cœur ; puis, à jour dit, il la récitait devant un auditoire. Il vint même un temps où ce n'étaient plus seulement des rhéteurs et des jeunes gens qui aspiraient à ces petits triomphes. Malgré les efforts des poëtes, qui prétendaient rester seuls en possession du privilége des lectures publiques, les déclamations en prose sortirent des écoles et se montrèrent au grand jour. Les auditeurs qui venaient d'entendre une pièce de vers subissaient une harangue et un plaidoyer : les mêmes patients, comme dit un critique, servaient à tout. Souvent le poëte était aussi l'orateur ; et plus d'un, comme Pline le Jeune, eut la satisfaction de se faire applaudir sous l'une et l'autre forme. Je ne dis pas que ces applaudissements saluaient des chefs-d'œuvre; mais je comprends que ceux qui les avaient soulevés se fissent illusion à eux-mêmes, et qu'ils se prissent pour les héritiers de Virgile ou de Cicéron.

Sénèque le philosophe (Lucius Annæus Seneca).

La vie de Sénèque le philosophe appartient à l'histoire politique. Nous n'en rappellerons ici que les principales circonstances. Sénèque était né à Cordoue, vers la seconde ou la troisième année de l'ère chrétienne. Il vint à Rome fort jeune, et il y étudia la rhétorique et la philosophie. Il se fit de très-bonne heure un nom par son éloquence. Ses succès oratoires portèrent ombrage à Caligula. On conte qu'un jour, comme Sénèque plaidait devant le sénat, Caligula pâlit de jalousie : Caligula se croyait le premier des orateurs. Une courtisane sauva la vie à Sénèque, en faisant observer au tyran que son rival n'avait que le souffle, et qu'il mourrait avant d'entrer dans les emplois. Malgré cet oracle, et malgré sa santé chétive, Sénèque vécut, et l'ambition lui vint : il brigua et obtint la questure. Mais, au commencement du règne de Claude, il fut accusé d'adultère avec Julie, fille de Germanicus, et fut relégué en Corse. Son exil dura huit ans. Agrippine le rappela, lui fit donner la préture, le nomma précepteur de l'enfant qui fut Néron. Je n'ai pas besoin de dire le reste. On sait qu'après s'être avili jusqu'à l'apologie du meurtre d'Agrippine pour conserver la faveur de Néron, il finit par tomber lui-même en disgrâce. Il fut impliqué dans la conspiration de Pison, et il reçut l'ordre de mourir. Il se fit ouvrir les veines. C'était en l'an 65. Sénèque avait soixante et quelques années. Sa femme avait voulu mourir avec lui : on la rappela à la vie; mais, quoiqu'elle fût fort jeune, elle ne tarda pas beaucoup à suivre Sénèque. L'attachement de cette noble Pauline pour son époux est peut-être la meilleure preuve que Sénèque était autre chose encore qu'un ambitieux, et que, s'il avait souvent sacrifié à de détestables idoles, son âme conservait de belles parties que la contagion n'avait pas atteintes. Un fait incontestable, c'est que Sénèque avait des vertus. Possesseur d'immenses richesses, il vivait simplement : il était d'une tempérance et d'une sobriété parfaites. Il était bon pour ses serviteurs, affable à tout le monde, incapable de rien de mal quand il obéissait aux instincts de sa nature ; capable, au contraire, d'efforts généreux et même de dévouement. L'ambition le perdit Sa vie fut une contradiction presque perpétuelle avec ses penchants et avec ses maximes. On l'appelle Sénèque le philosophe ; mais il n'a guère été philosophe que dans ses livres.

Philosophie de Sénèque.

Encore faut-il s'entendre, sur ce titre de philosophe. Quintilien remarque que Sénèque a été peu exact dans la philosophie ; et cette observation n'est pas dénuée de sens. En effet, Sénèque n'a pas de système, et flotte souvent entre les doctrines les plus contraires. Il préfère les stoïciens, mais il s'adresse souvent à d'autres : il emprunte à Platon, il emprunte à Aristote ; il admire le génie d'Épicure. Cette indépendance pouvait produire des fruits excellents, mais à une condition, c'est qu'elle fût soutenue et par une grande érudition et par une doctrine fortement arrêtée. Sénèque serait alors un éclectique, et la raison n'aurait peut-être qu'à applaudir dans ses œuvres. Mais son érudition est plus apparente que réelle : il ne connaît qu'un petit nombre de livres ; il s'en rapporte, sur bien des points, à des témoignages suspects ; les ouvrages de seconde main, les mémoires qu'il fait rédiger par des secrétaires, lui tiennent lieu trop souvent des auteurs originaux. Quintilien lui reproche de s'être laissé plus d'une fois tromper par ceux qu'il chargeait de faire pour lui quelques recherches. Ainsi, par exemple, l'esquisse que Sénèque a tracée du système de Platon et de celui d'Aristote est tout ce qu'on peut imaginer de plus imparfait, et il est manifeste, par les efforts mêmes qu'il fait et par le mal qu'il se donne, que les plus grands monuments de la philosophie antique, au moins dans leurs parties capitales, lui sont à peu près étrangers. Il s'en tire plus que lestement avec les maîtres immortels, en déclarant que toute leur métaphysique ne sert à rien, qu'il n'y a d'utile au monde que ce qui a pour objet la règle des mœurs. En parlant de la sorte, Sénèque se met doublement dans son tort : « C'est une double preuve d'ignorance, dit à ce sujet M. Jules Simon, d'avoir cru qu'une théorie était inutile quand elle ne peut se résoudre immédiatement en un précepte de morale, et de n'avoir pas compris que, selon le parti qu'on adopte entre Platon et Aristote, la vie entière est changée. » Sénèque réduit donc la philosophie à la morale, particulièrement à la morale pratique. Son mérite, c'est d'avoir été, selon l'expression de Quintilien, le censeur éloquent du vice ; j'ajoute, l'éloquent panégyriste de la vertu. Mais, à côté des vérités les plus belles et les plus fécondes, que d'erreurs et de paradoxes ! Les contradictions surtout abondent. Dieu, pour Sénèque, est et n'est pas ; ou, ce qui revient au même, Dieu peut être, suivant Sénèque, ou un pur esprit, ou le souffle de vie répandu dans l'univers, ou l'ordre immuable des lois éternelles, ou le destin, que sais-je encore ? c'est-à-dire que Dieu n'est qu'un mot. Qu'on juge, après cela, de ce que devient la Providence ! Sénèque, bon gré, mal gré, tombe à chaque instant dans le panthéisme. Il n'a pas une idée plus claire de l'âme humaine. Si on peut le prendre d'ordinaire pour un spiritualiste, on n'a guère moins de motifs pour affirmer qu'il fait de l'âme un corps : quintescence d'atome, extrait de la lumière, peu importe ; mais enfin un corps, une matière plus ou moins subtile. Sur la destinée de l'homme après cette vie, même incertitude, mêmes contradictions. Sénèque dit quelque part que l'âme est éternelle. Mais qu'est-ce que cette éternité ? n'est-ce pas, en définitive, une éternité toute nominale, comme celle que nous promettent les panthéistes, l'absorption de notre personnalité au sein du grand tout, de la substance universelle et éternelle ? Sénèque a beau dire qu'alors nous contemplerons le ciel face à face ; que nous jouirons de la splendeur des astres ; que nous serons initiés aux mystères de l'ordonnance des choses. Il nous a ôté ce qui fait que nous sommes nous-mêmes ; il nous a réduits au néant. Cette prétendue existence qu'il cherche à se figurer est impossible : là où il n'y a plus de personne, il n'y a plus rien qui mérite le nom de vie. Il est vrai qu'avant de devenir ou de redevenir un peu moins que rien, une abstraction, ce que nous étions avant d'être, nous aurons passé par une seconde vie, une vie véritable, où nous aurons été avec tout ce qui nous fait être nous-mêmes, et où nous aurons trouvé la récompense ou l'expiation des actes de notre vie terrestre. Encore Sénèque n'est-il pas parfaitement assuré que la vie d'ici-bas ne soit pas suffisante pour remplir notre destinée tout entière ! On voit que Sénèque aurait pu profiter davantage de ses devanciers. Platon, sans en savoir assez sur la question par excellence, en savait un peu plus que Sénèque : il ne tergiversait pas, du moins, sur la nécessité d'une sanction morale. Pourquoi Sénèque a-t-il été trop stoïcien là où les stoïciens n'avaient précisément pour doctrine que des aperçus vagues et des doutes ?

La grandeur du stoïcisme est dans l'austérité des dogmes de sa morale pratique. C'est aussi dans l'expression de ces dogmes que Sénèque est grand, qu'il est éloquent, qu'il se montre digne du nom de philosophe. Nul philosophe n'a jamais parlé en termes plus saisissants des devoirs de l'homme envers lui-même et envers ses semblables ; de la dignité de notre nature ; de la nécessité de triompher de nos passions ; des moyens de nous arracher aux misères de la condition humaine par l'exercice de la vertu, par le mépris de tous les biens sensibles, de tous les maux qui ne sont pas le mal véritable, le mal de l'âme ; ainsi la pauvreté, l'exil, la douleur, la mort : « Sénèque, dit M. Jules Simon, émet plus de paradoxes que de vérités ; mais, quand il tient une vérité, il va jusqu'au fond. Il ne démontre pas, il affirme ; mais avec une telle force de volonté, si on peut le dire, et une imagination si puissante, qu'il vous enchaîne à sa passion ou à sa croyance. Il ne fait guère de longs ouvrages ; et, dans ceux qu'il a essayés plutôt qu'achevés, il ne suit aucun plan ; il ne fait pas même, à proprement parler, de discours ; un mot lui suffit, mais de ceux qu'on n'oublie plus. » Les thèmes sur lesquels il s'exerce ne sont pour lui que des matières à style. C'est son esprit bien plus que son âme qu'il déploie à nos yeux ; ses livres ne sont que des livres. C'est par là que Sénèque, malgré les merveilleuses qualités qui distinguent ses écrits, est inférieur à ceux dont le stoïcisme fut la vie, et que ses œuvres ne tiendront jamais, dans l'estime des hommes, la place qu'y occupent le *Manuel* d'Épictète ou les *Pensées* de Marc-Aurèle. Sénèque est un rhéteur de génie; c'est, si l'on veut, un grand écrivain, ou plutôt un grand artiste : ce n'est qu'un demi-penseur, qu'un demi-philosophe, peut-être moins encore.

Jugement de Quintilien.

J'ai déjà cité quelques-unes des opinions de Quintilien sur Sénèque. Quintilien rencontrait le nom de Sénèque sur plusieurs points de sa route à travers la littérature latine ; mais il omettait à dessein de prononcer ce nom, se réservant de consacrer au plus célèbre des auteurs de la décadence une page entière, et non pas seulement une mention rapide. Le motif qu'il en donne lui-même, c'est qu'il passait pour un détracteur de Sénèque, et qu'il sent le besoin de se disculper, d'expliquer ses véritables sentiments. Il proteste qu'il n'a jamais eu d'autre dessein que de ramener à un goût plus sévère l'éloquence contemporaine, gâtée, et, selon son expression, brisée par toute sorte de vices. Puis il ajoute : « Il fut un temps où Sénèque était presque seul entre les mains des jeunes gens. Quant à moi, je n'avais pas la prétention de l'en arracher tout à fait; mais je ne permettais pas qu'on le préférât à des écrivains meilleurs, qu'il n'avait cessé d'attaquer lui-même parce que, ayant conscience de la différence qu'il y avait entre leur genre et le sien, il se défiait de pouvoir plaire à ceux auxquels plaisaient ses devanciers. Au reste, on l'aimait plus qu'on ne l'imitait ; et ses admirateurs se laissaient aller autant au-dessous de lui que lui-même était descendu au-dessous des anciens. Il serait à souhaiter, en effet, qu'il se produisît des écrivains égaux ou à peu près égaux à ce grand homme. Mais Sénèque plaisait seulement à cause de ses défauts; et chacun, selon ses dispositions, tâchait de reproduire ceux-ci ou ceux-là; puis on se vantait de parler comme Sénèque, et Sénèque

ainsi était décrié. Sénèque avait d'ailleurs beaucoup de grandes qualités : un génie facile et abondant, beaucoup d'étude, la connaissance d'une foule de choses; ce qui ne l'a pas empêché d'être trompé plus d'une fois par ceux qu'il avait chargés de faire quelques recherches. Il a même traité presque toute la matière des études; car on a sous son nom des discours, et des poëmes, et des lettres, et des dialogues. Peu exact dans la philosophie, il fut pourtant un censeur excellent des vices. Il y a chez lui beaucoup de belles pensées, beaucoup de choses aussi qu'il faut lire à cause des mœurs ; mais le style est presque partout corrompu, et d'autant plus pernicieux qu'il abonde en défauts agréables. On voudrait qu'il eût écrit avec son génie et avec le goût d'un autre. Car, s'il eût méprisé certaines choses ; si son ambition eût été moins grande ; s'il n'eût pas aimé tout ce qui sortait de lui ; s'il n'eût pas brisé le poids des pensées en phrases si menues, il aurait plutôt l'approbation unanime des gens instruits, que celle des jeunes gens qu'il passionne. Mais, tel qu'il est, il peut être mis aux mains de lecteurs déjà robustes et suffisamment fortifiés par des écrits d'un genre plus sévère; ne fût-ce même que parce qu'il peut exercer le jugement dans les deux sens. En effet, il y a, comme je l'ai dit, beaucoup à approuver en lui, beaucoup même à admirer. Qu'on ait soin seulement de choisir ; et plût aux dieux qu'il l'eût fait lui-même! Cette nature était digne de vouloir mieux, elle qui a exécuté ce qu'elle a voulu faire. »
Il n'y a rien à ajouter à cette appréciation si saine et si juste, à cette sentence dont les motifs sont si nettement déduits. Je dirai même, en passant, que, si tous les jugements littéraires de Quintilien valaient celui-là, la fameuse revue des auteurs grecs et latins serait un peu plus digne de la réputation qu'elle a usurpée.

Catalogue des ouvrages philosophiques de Sénèque.

Le premier ouvrage important qu'ait composé Sénèque, au moins suivant quelques-uns, est le traité intitulé *de la Colère*. Il a trois livres, et encore ne semble-t-il pas nous être parvenu complet. C'est une brillante amplification, plutôt qu'une dissertation en forme ; pourtant l'esprit philosophique n'y manque pas : c'est peut-être celui de tous ses écrits où Sénèque est resté le plus fidèle aux principes du stoïcisme. Il est même probable que l'auteur n'a fait autre chose qu'arranger à sa façon quelque traité plus didactique comme en avaient tant laissé les disciples de Zénon.

La *Consolation à Helvia* est une sorte de lettre, que Sénèque adressa à sa mère du lieu de son exil. Il lui expose tous les motifs qu'elle a de ne point désespérer, et de supporter avec résignation le malheur dont elle est frappée dans la personne de son fils. Le sujet était trop palpitant pour que Sénèque ne fût pas de temps en temps un peu plus qu'un artiste en fait de style. On sent çà et là l'homme et le fils : il y a de ces choses qui ne viennent que du cœur. Mais c'est beaucoup dire, comme font quelques-uns, que de nommer ce petit livre le *vade-mecum* de tous les malheureux. Il est plus vrai de remarquer qu'on ne le lit pas sans estime et même sans admiration pour l'auteur.

La *Consolation à Polybe* inspire des sentiments d'un tout autre genre. Cet écrit fut une lâcheté, et une lâcheté inutile. Polybe était un des affranchis qui régnaient sous le nom de Claude. Sénèque exilé saisit l'occasion de la mort du frère de Polybe, pour adresser à l'homme puissant cette lettre ou ce discours, qui n'est, au fond, qu'une humble ou plutôt une honteuse supplique. Polybe ne sut gré que médiocrement d'éloges qu'il avait conscience sans doute de ne pas mériter, et il laissa son panégyriste se morfondre loin de Rome.

La *Consolation à Marcia*, adressée à une mère qui avait perdu son fils, ne vaut pas beaucoup moins que la *Consolation à Helvia*, et compte avec raison parmi les meilleures productions de Sénèque.

Le livre intitulé *de la Providence*, dédié à Lucilius, procurateur de Sicile, n'est pas un chef-d'œuvre. Nous avons dit un mot des contradictions de Sénèque sur le sujet traité dans cet écrit, ou plutôt de ses hésitations entre des doctrines manifestement incompatibles.

Les opuscules *de la Tranquillité de l'Ame* et *de la Constance du Sage* répondent assez bien à leurs titres. Sauf une certaine âpreté dans les maximes, je ne vois pas ce qu'un esprit même difficile y trouverait à reprendre.

Le plus simplement écrit des ouvrages de Sénèque, et sans contredit l'un des plus beaux, ce sont les trois livres *de la Clémence*, adressés à Néron. Sénèque propose l'exemple d'Auguste comme un modèle que l'empereur doit avoir sans cesse sous les yeux, et comme l'idéal de la conduite d'un bon prince.

Les traités *de la Brièveté de la Vie*, *de la Vie heureuse*, *du Repos du Sage*, sont des opuscules d'une médiocre importance.

Le traité *des Bienfaits* n'a pas moins de sept livres. C'est une des productions de la vieillesse de Sénèque. L'auteur y examine au long, sinon toujours avec une justesse d'esprit parfaite, quelle est la vraie manière de faire le bien, et quels sont les devoirs du bienfaiteur envers l'obligé et de l'obligé envers le bienfaiteur.

Les sept livres des *Questions naturelles*, dédiés à Lucilius, sont un répertoire assez complet, et encore intéressant pour nous, des connaissances de l'antiquité dans l'ordre des sciences physiques. L'auteur traite du feu, des éclairs, du tonnerre, de l'eau, de la grêle, de la neige, de la glace, du vent, des tremblements de terre, des comètes. Il mêle agréablement les sentences morales aux discussions scientifiques; et, si l'ouvrage abonde en erreurs, soit du fait de Sénèque soit du fait de son temps, la lecture en est toujours attrayante, et Sénèque n'a point failli à son dessein d'instruire et de plaire.

Outre les traités dont nous venons de parler, Sénèque en avait écrit une foule d'autres qui n'existent plus, ou dont nous n'avons que de courts fragments. Ainsi, par exemple, *du Mouvement de la Terre*, *de la Superstition*, *de la Mort prématurée*, etc. Ses discours ont péri en entier; et, de toutes les lettres qu'on avait de lui, il ne nous reste que la collection de celles qu'il avait adressées à Lucilius, ce même Lucilius, procurateur de Sicile, à qui sont dédiés le livre *de la Providence* et les *Questions naturelles*.

Lettres à Lucilius.

Les *Lettres à Lucilius* sont le chef-d'œuvre de Sénèque. C'est là que le philosophe a déployé avec le plus de richesse toutes les ressources de son esprit, l'écrivain tous les charmes de son style. C'est là qu'on trouve Sénèque digne, peu s'en faut, et de la réputation dont il a joui parmi ses contemporains, et de l'enthousiasme que son nom soulève encore parmi certains fanatiques. Ces lettres ne méritent pas proprement le nom de lettres : elles ont été écrites pour le public, autant que pour l'homme même à qui elles sont adressées. Je comprends parfaitement que ceux qui songent, en les lisant, à la correspondance de Cicéron, aux lettres de Cœlius, ou de Matius, ou de tant d'autres, fassent un crime à Sénèque d'avoir manqué aux conditions du genre épistolaire. Sénèque fait des leçons à Lucilius ; c'est un professeur dissertant devant un disciple : chaque lettre est le développement d'une thèse ; seulement les thèses se suivent au hasard, comme elles se sont présentées. Les réflexions portent sur les sujets les plus divers ; mais, sous cette diversité, il y a une unité manifeste, c'est la préoccupation constante des problèmes de la morale. Une promenade, une rencontre fortuite, une lecture, un accident quelconque, tout en un mot suggère à Sénèque quelque conseil plus ou moins pratique ; tout lui est occasion pour encourager, pour louer, au besoin pour gourmander Lucilius. Les *Lettres à Lucilius* sont ce que nous nommerions aujourd'hui des essais de morale. Sénèque était à son aise en les écrivant : il n'avait à s'occuper ni de plan, ni d'ordonnance systématique ; il prenait la pensée comme elle venait ; il la poussait aussi loin que le poussait son caprice ; il l'arrêtait court, s'il ne se sentait pas en verve ; il n'avait à redouter aucun des reproches qu'on fait à ceux qui mettent enseigne d'auteur, puisqu'il n'affichait que la plus modeste des prétentions, celle de causer de loin avec un ami. Voilà ce qui explique pourquoi ce livre, qui n'est pas un livre, est le meilleur ouvrage de Sénèque, et, à coup sûr, celui qui contient le plus de belles choses, et les choses les mieux dites. Il y a telle lettre, dans ces cent vingt-quatre lettres, qui est un chef-d'œuvre. Il y en a qui laissent trop à désirer, pour la simplicité de la diction ; il y en a qui ne contiennent que des paradoxes, que des idées beaucoup trop contestables. Mais que d'or pur à travers ces fausses richesses ! que de merveilles de style et même de pensée ! Certes, Sénèque n'a perdu son temps ni pour lui ni pour nous, quand il jetait sur ses tablettes, durant ses dernières années, tantôt une page, tantôt une autre, à l'intention de son cher Lucilius. La page que nous allons citer n'est pas d'un goût irréprochable ; mais c'est celle peut-être qui montre mieux tout ce qu'il y avait de noble et de profondément humain dans cette âme tant ravagée, hélas ! par les tempêtes du monde. Qu'on se souvienne que Sénèque écrivait ceci en plein paganisme, quand l'esprit chrétien n'avait pas encore fait à Rome ses premières conquêtes, et quand, parmi les hommes, il y avait tant d'hommes qui n'étaient que des choses :

« J'ai appris avec plaisir, par ceux qui viennent d'auprès de toi, que tu vis familièrement avec tes esclaves. Cette conduite sied à ta sagesse, elle sied à tes lumières. Ce sont des esclaves ? oui ; mais ce sont des hommes. Ce sont des esclaves ? oui ; mais ils habitent sous le même toit que nous. Ce sont des esclaves ? oui ; mais ce sont pour nous d'humbles amis. Ce sont des esclaves ? oui ; mais ce sont nos compagnons d'esclavage, si tu réfléchis que nous sommes exposés tout autant qu'eux aux caprices de la Fortune. Aussi je ris de ceux qui regardent comme une honte de souper avec son esclave. Pourquoi honte ? C'est sans doute parce qu'une coutume des plus orgueilleuses veut que le maître, à son souper, soit entouré d'une foule d'esclaves debout. Le voilà qui mange plus qu'il ne contient, et qui, avec une avidité prodigieuse, charge son estomac distendu et déshabitué déjà de ses fonctions d'estomac ; en sorte qu'il lui faut un plus grand travail pour mettre tout dehors, qu'il ne lui en a fallu pour tout ingérer. Quant aux malheureux esclaves, il ne leur est pas permis de remuer les lèvres, même pour parler : tout murmure est réprimé par le bâton ; et il n'y a pas jusqu'aux accidents fortuits, tels que la toux, l'éternument, le hoquet, qui ne leur vaillent des coups. Qu'une parole interrompe le silence, un châtiment impitoyable en fait justice. Ils restent là toute la nuit, à jeun et muets. La conséquence, c'est qu'ils parlent de leur maître, n'ayant pas licence de parler en présence de leur maître. Mais ceux qui conversaient non pas seulement devant leurs maîtres, mais avec leurs maîtres mêmes, et dont la bouche n'était pas cousue, étaient prêts à offrir pour eux leur cou, à détourner sur leur propre tête le péril dont ils étaient menacés. Ils parlaient dans les festins, mais ils se taisaient dans les tortures. Puis il y a un proverbe non moins insolent, qu'on répète sans cesse, c'est que nous avons autant d'ennemis que d'esclaves. Nous ne les avons pas ennemis, mais nous les faisons tels. Et je ne parle point ici d'autres traitements cruels et inhumains que nous leur faisons subir : ainsi nous abusons d'eux comme s'ils étaient non pas même des hommes, mais des bêtes de somme; ainsi, quand nous sommes à table pour souper, l'un essuie les crachats ; l'autre se baisse pour ramasser les restes de l'orgie ; un autre découpe des oiseaux précieux, et, dirigeant par des lignes sûres sa main savante, fait tomber en morceaux leur poitrine et leurs cuisses. Infortuné celui qui ne vit que pour découper convenablement des volailles engraissées! si ce n'est qu'il y a plus de misère encore à enseigner un tel art pour son plaisir, qu'à l'apprendre par nécessité[1]. »

Authenticité des tragédies de Sénèque.

Les tragédies connues sous le titre de *Tragédies de Sénèque* sont-elles l'ouvrage du Sénèque dont nous venons de parler ou celui d'un autre Sénèque? c'est une question sur laquelle les critiques paraissent encore divisés, mais qui n'est, à vrai dire, pas même une question. Je sais bien qu'on dit Sénèque le tragique, et qu'on dit Sénèque le philosophe ; ce qui semble impliquer deux personnes différentes. Mais que prouve cette locution? rien, sinon que le recueil des tragédies s'imprime souvent à part, et que certains éditeurs n'ont

---

1. *Lettres à Lucilius*, lettre XLVII.

pas pu se mettre dans la tête que le même homme eût écrit les *Lettres à Lucilius*, ou les *Questions naturelles*, et des poésies dramatiques. Supposons un instant que Sénèque le tragique ne soit pas Sénèque le philosophe. Quel autre Sénèque sera l'auteur des tragédies? Sera-ce Sénèque le père? mais Marcus Sénèque, de son propre aveu, et au témoignage de tous les anciens, n'a jamais été qu'un maître de rhétorique, c'est-à-dire l'antipode d'un poëte; et il n'a pas même prétendu au titre de versificateur. Sera-ce un des frères de Sénèque le philosophe? mais on ne sait pas même d'une façon sûre si Méla, le père de Lucain, est identique à Pomponius Méla : comment donc affirmer non pas seulement qu'il était en état de composer des tragédies, mais qu'il a composé des tragédies? L'affirmation serait encore plus gratuite pour Gallion, l'autre frère, bien que Gallion soit cité comme ayant écrit. Faut-il franchir une génération, et descendre à Lucain, un poëte, celui-là, et plus que pas un ne le fut de son temps? mais les anciens nous édifient suffisamment au sujet des ouvrages que Lucain avait laissés, pour nous autoriser à déclarer que Lucain n'a pas fait ces tragédies? Mettra-t-on Florus en cause? mais qui prouve seulement que Florus ait été un Sénèque? et, à supposer qu'il ait été un Sénèque, qui prouve qu'il ait jamais composé autre chose qu'un abrégé d'histoire? Faut-il donc inventer un autre Sénèque? car ce ont là tous les membres de la famille Annéa dont nous connaissions les noms. A quoi bon? n'avons-nous pas Lucius Annéus Sénèque, qui, selon Tacite, faisait beaucoup de vers, surtout depuis que Néron s'était engoué de poésie; qui, selon Quintilien, avait composé des poëmes; qui non-seulement en avait composé, mais qui nous en a laissé, car on ne conteste pas l'authenticité des vers de l'*Apocolokyntose*? Ainsi nous arrivons, par voie d'élimination, à Sénèque le philosophe.

Nous y arrivons bien plus sûrement encore par la comparaison des tragédies elles-mêmes avec les ouvrages du prosateur. On trouve, dans les vers, les mêmes idées, les mêmes sentiments que dans la prose, souvent dans les mêmes termes. C'est le même style, le même esprit, le même homme. Presque tous les personnages tragiques de Sénèque, comme le remarque M. Nisard, sont des stoïciens, ou à peu près, armés de sentences, et conversant ou discutant par aphorismes. Il y a pourtant une des tragédies qu'on ne saurait attribuer à Sénèque. C'est la dernière, celle qui est intitulée *Octavie*. Sénèque est mort trois ans avant Néron : or, dans la tragédie, qui a pour sujet Néron répudiant Octavie, et où Sénèque lui-même est personnage, la mort de Néron, et les circonstances particulières dont cette mort fut accompagnée, sont prédites en de tels termes, et avec une telle précision, que la prophétie, sans nul doute, a été faite après l'événement. L'*Octavie* est la plus mauvaise des dix pièces. Elle est absolument indigne de Sénèque, et elle ne peut être que d'un écolier raffolant de Sénèque, et assez habile à s'approprier ses idées et les formes de sa versification et de son style. J'ajoute que Sénèque était trop bon courtisan pour songer à apitoyer les Romains sur la victime de Poppée; Néron vivant, bien entendu : je ne dis pas que, Néron mort, il ne l'eût pas fait, qu'il n'eût même fait pis encore pour la mémoire de son ancien élève.

J'oubliais l'hypothèse d'après laquelle les tragédies attribuées à Sénèque seraient l'œuvre de toute la famille Sénèque, une œuvre à laquelle auraient concouru tous les Sénèque, depuis Marcus jusqu'à ses petits-fils. L'homme d'esprit qui a imaginé ce paradoxe n'a jamais eu, ce semble, l'intention de le faire prendre au sérieux. Il s'occupait principalement à tracer des tableaux de mœurs; il n'a voulu que mettre en un jour plus vif les misères de la poésie au temps de Néron. Remarquez même qu'avant de proposer sa conjecture, il a eu soin de démontrer, et par des arguments péremptoires, l'identité de Sénèque le tragique et de Sénèque le philosophe.

Jugement sur les tragédies de Sénèque.

Les tragédies du recueil sont au nombre de dix : *Hercule furieux*, *Thyeste*, les *Phéniciennes*, *Hippolyte*, *Œdipe*, les *Troyennes*, *Médée*, *Agamemnon*, *Hercule sur l'Œta*, *Octavie*. Toutes, excepté la dernière, sont empruntées à la Grèce, et même, comme l'indiquent suffisamment les titres, aux plus célèbres productions des trois grands tragiques. Mais elles n'ont rien de commun, ou presque rien, avec les chefs-d'œuvre dont elles rappellent le souvenir. Sénèque réduit ses sujets à n'être plus que des canevas à déclamations; il cherche, comme on l'a dit, des effets non de théâtre, mais de style. Aussi bien ces tragédies, ou plutôt ces suites de tirades, n'étaient pas destinées à paraître sur la scène, mais à être lues. Le dialogue n'est qu'un assaut de bel esprit; les descriptions superflues et les lieux communs abondent; tous les caractères se ressemblent, hommes, femmes, enfants même, ou plutôt ils ressemblent à Sénèque. Veut-on savoir aussi comment Sénèque s'y prend pour perfectionner l'art admirable des poëtes antiques? Voilà un messager qui vient annoncer à Thésée qu'Hippolyte n'est plus. Il raconte comment le jeune homme a péri. A peine a-t-il prononcé le mot *monstre*, que le père au désespoir l'interrompt, afin d'avoir une description détaillée de l'énorme animal; et le messager complaisant satisfait son désir en une vingtaine de vers. Mais qu'importait la vraisemblance, ou même le goût le plus vulgaire, si les auditeurs applaudissaient les vers de la description si étrangement amenée? Car ces vers sont vigoureux et bien frappés. Racine en a fait son profit, comme il a profité aussi de quelques traits vraiment tragiques épars çà et là dans les autres parties de la pièce. Si l'on oublie un instant que les tragédies de Sénèque sont des tragédies, et qu'on ne veuille que de beaux vers, que de nobles sentiments exprimés avec beaucoup de force et d'éclat, que des morceaux de poésie et non pas des poëmes dramatiques, il n'y a guère d'œuvre où l'on trouve plus à se contenter. Seulement cette poésie est bien monotone et bien tendue. La versification en est plus savante qu'agréable; les ïambes et les anapestes n'ont ni laisser-aller ni grâce, et les mètres lyriques imités de Catulle et d'Horace font regretter leurs modèles. La tragédie en manuscrit, comme M. Nisard caractérise le genre, ne pouvait guerre donner plus que ne nous donne Sénèque. Même avec un sujet contemporain, même dans *Octavie*, Sénèque, ou l'imitateur de Sénèque, était condamné, si je l'ose ainsi dire, aux descriptions, aux lieux communs, aux traits d'esprit et aux sentences.

Pour montrer combien il est facile de reconnaître Sénèque le philosophe dans Sénèque le tragique, je citerai un de ces chœurs où le poëte se mettait complétement à son aise, et où, bien plus encore que dans le dialogue, il ne songeait qu'à lui-même et oubliait, pour être tout à fait lui-même, sujet, action, personnages, toutes les conditions de l'art et de la vraisemblance. C'est le chœur qui termine le deuxième acte du *Thyeste* :

« Enfin cette noble maison, cette race de l'antique Inachus, a pacifié les haines qui divisaient des frères ! Quelle fureur vous pousse à verser tour à tour le sang l'un de l'autre? à vous disputer le sceptre par des forfaits? Vous ignorez, hommes avides de dominer d'en haut, où réside la royauté. Ce qui fait un roi, ce ne sont point les richesses, ni la couleur d'un vêtement de Tyr, ni le diadème qui pare son front, ni des portes resplendissantes d'or. Celui-là est roi, qui s'est dégagé de toutes craintes, de toutes les misères d'un cœur coupable; celui que ne troublent point l'ambition insensée, ni la faveur toujours inconstante d'un peuple passionné; celui qui méprise tout ce que l'Occident arrache de ses mines, tout l'or que roule le Tage dans son lit éclatant, toutes les moissons que la Libye bat sur l'aire brûlante; celui que n'ébranlera point la foudre qui tombe en sillonnant obliquement la nue, ni l'Eurus bouleversant la mer, ni la tempête terrible gonflant les flots courroucés de l'Adriatique; celui qui a résisté et à la lance du soldat et à la pointe menaçante du glaive; celui qui, placé dans une région sereine, voit sous ses pieds toutes choses, court avec joie au-devant du trépas, et ne se plaint pas de mourir. En vain se conjureraient contre lui les rois qui conduisent les Dahes nomades; ou ceux qui possèdent au loin les bords de la mer Rouge, de cette mer empourprée par le reflet brillant des pierres précieuses; ou ceux qui ouvrent aux Sarmates belliqueux les montagnes Caspiennes. En vain lutteraient contre lui et les peuples qui foulent d'un pied intrépide les glaces du Danube, et les Sères, habitants de la contrée inconnue fameuse par ses fils précieux. L'âme d'un homme de bien possède la royauté. Le sage n'a nul besoin de coursiers, nul besoin d'armes, ni de ces traits sans vigueur que le Parthe, dans sa fuite simulée, fait pleuvoir de loin sur son ennemi ; il n'a nul besoin de renverser des villes à l'aide de ces machines qui lancent au loin des rochers. Est roi celui qui ne craint rien ; est roi celui qui ne désirera rien. Cette royauté, chacun se la donne. Qu'un autre à son gré se tienne debout au faîte périlleux de la puissance et de la faveur : pour moi, qu'un doux repos comble mes vœux ; que je goûte, dans une condition obscure, un calme loisir ; que ma vie s'écoule en silence, inconnue de tous les citoyens. Ainsi, après que mes jours auront passé sans bruit, je mourrai vieillard confondu avec le vulgaire. La mort tombe pesante sur celui qui, trop connu de tous, meurt inconnu à lui-même. »

L'Apocolokyntose.

Sénèque avait été durement traité par Claude, ou plutôt par Messaline. Il s'abaissa inutilement, durant son exil, à flatter Claude et ses ministres. Rappelé par Agrippine, il dut flatter chaque jour le vieillard imbécile. Enfin, après la mort de Claude, c'est lui qui fut réduit à écrire le discours funèbre que Néron prononça en l'honneur du divin César. Sénèque avait donc à se venger de Claude. Il se vengea cruellement. Il écrivit l'*Apocolokyntose*, c'est-à-dire le récit de la métamorphose de Claude en citrouille. Cette apothéose burlesque est une sorte de ménippée, où se mêlent la prose et les vers, comme autrefois dans les satires de Varron. Les vers sont piquants et spirituels, la prose plus encore. Il n'y eut personne qui n'éclatât de rire au tableau des mésaventures du triste dieu qui avait été Claude sur la terre. Mais quel nouvel abaissement pour Sénèque, qu'une telle vengeance ! Fouler aux pieds ce qu'on a trop redouté, c'est chose assurément vile : qu'est-ce donc que couvrir de boue ce qu'on a adoré, ce qu'on a enivré de tous les encens ? O fatale ambition ! ô malheureux Sénèque !

CHAPITRE XXXIII.

LUCAIN.

Le père de Lucain. — Vie de Lucain. — La *Pharsale*. — Génie de Lucain. Style; versification; diction. — Conclusion.

Le père de Lucain.

Le père de Lucain se nommait Marcus Annéus Méla et il était le plus jeune des fils de Sénèque le rhéteur. On admet généralement que ce Méla, chevalier romain, ne fait qu'un avec le géographe Pomponius Méla. Quelques-uns cependant croient que Pomponius Méla était petit-fils, et non pas fils, du premier Sénèque. La seule chose incontestable, c'est que Pomponius Méla était né en Espagne : il se donne lui-même pour un Espagnol. Quoi qu'il en soit de sa parenté avec les Sénèque, Pomponius Méla est un géographe bien informé et un écrivain de talent. Son style se sent quelquefois de son siècle et de son pays, et, si l'on veut, de sa famille ; mais ce style est précis et vigoureux, sinon toujours simple et naturel : si les mots ne sont pas toujours en proportion exacte avec la pensée, on n'est jamais en droit de dire qu'ils en usurpent complétement la place. Les descriptions de Pomponius Méla sont courtes et rapides, mais intéressantes; il puise ses renseignements à de bonnes sources, et il s'en sert avec intelligence et critique. Sans avoir parcouru lui-même tous les pays qu'il décrit, il sait du moins les figurer aux yeux du lecteur, sous les traits les plus frappants et les plus vraisemblables. Il fait souvent des observations pleines de sens, sur les mœurs des différents peuples. Mais son ouvrage n'a que trois livres, et n'est par conséquent qu'un abrégé. Le plan en est assez ingénieux. L'auteur commence par la description de la Mauritanie, c'est-à-dire de l'Afrique occidentale ; puis il suit les côtes de l'Afrique, de l'Asie et de l'Europe, et revient à son point de départ. Il y a des omissions, et l'ordre de succession n'est pas toujours observé avec une rigueur suffisante ; mais ces légers défauts n'ôtent que peu de chose au mérite vraiment solide de Pomponius Méla.

Vie de Lucain.

Marcus Annéus Lucanus naquit à Cordoue, en l'an 39 de notre ère. Dès l'âge de huit ans il fut amené à Rome par son père, et mis sous la direction de son oncle, qui était déjà précepteur de Néron. Il entendit les maîtres les plus fameux du temps, entre autres Palémon et Cornutus. Il déclama avec succès dans l'une et l'autre langue, comme on disait alors, et il se fit de très-bonne heure une réputation au barreau. Néron le traitait en ami : il le nomma questeur, il lui conféra même la dignité d'augure. Mais cette amitié ne dura pas. Néron, qui se piquait de poésie, fut choqué des applaudissements qui accueillaient les vers de Lucain. Il réduisit au silence un rival trop redoutable. Lucain ne sut pas se résigner. Le dépit de l'orgueil blessé, l'ambition peut-être, le jetèrent dans la conspiration de Pison. Lucain, selon Tacite, en voulait à Néron d'avoir étouffé la renommée de ses vers en lui interdisant de les publier. La conjuration fut découverte. Lucain et les autres conjurés furent menacés de la torture, et sommés de déclarer leurs complices. Ils résistèrent longtemps ; mais ils finirent par céder lâchement à une promesse d'impunité. On voudrait ignorer que Lucain dénonça Acilia sa mère. Mais comment déchirer la page, trop véridique hélas ! où Tacite a immortalisé l'infamie du poëte? Lucain s'était inutilement déshonoré. Il lui fallut mourir. Il retrouva son courage, et il se fit ouvrir les veines : « Tandis que son sang coulait, dit Tacite, que le froid glaçait ses pieds et ses mains, et que la vie se retirait des extrémités, il gardait encore la chaleur du cœur et de l'imagination ; et, s'étant souvenu de quelques vers où il avait peint un soldat blessé, mourant de la perte de son sang, il se mit à les réciter : ce furent ses dernières paroles[1]. » Il n'avait que vingt-sept ans. Il laissait une veuve,

---

[1]. Tacite, *Annales*, livre XV, chapitre LXX.

Polla Argentaria, dont Stace célèbre le savoir et les vertus. Il avait déjà composé un assez grand nombre de poëmes en divers genres, un entre autres dans la langue et dans le mètre d'Homère. On connaît à peine le titre de la plupart de ces ouvrages ; mais nous possédons la *Pharsale* telle qu'elle est sortie de ses mains, ou plutôt telle que ses mains l'ont abandonnée.

La Pharsale.

La *Pharsale*, en effet, n'a pas été terminée. Le dixième et dernier chant finit au milieu d'un récit. Il est douteux que Lucain se fût arrêté même là où il avait marqué, dans son dessein, la fin du dixième chant. Il est évident aussi que les tableaux du poëte, dans bien des parties, ne sont que des ébauches, et que, si le temps l'avait permis, il se réservait d'y mettre la dernière main. Lucain n'eût point sans doute effacé tous les défauts qui déparent son poëme : il y en eût peut-être ajouté d'autres; mais je devais remarquer, pour être juste, qu'il n'a pas tenu à lui que la *Pharsale* fût, sinon une épopée parfaite, du moins un écrit moins défectueux. La *Pharsale*, telle qu'elle est, fait encore grand honneur à Lucain, et elle compte avec raison parmi les plus beaux monuments de la poésie : « Lucain, dit Voltaire, génie original, a ouvert une route nouvelle. Il n'a rien imité; ne doit à personne ni ses beautés ni ses défauts, et mérite par cela seul une attention particulière. La proximité des temps, la notoriété publique de la guerre civile, le siècle éclairé, politique et peu superstitieux où vivaient César et Lucain, la solidité de son sujet, ôtaient à son génie toute liberté d'invention fabuleuse. La grandeur véritable des héros réels, qu'il fallait peindre d'après nature, était une nouvelle difficulté. Les Romains, au temps de César, étaient des personnages bien autrement importants que Sarpédon, Diomède, Mézence et Turnus. La guerre de Troie était un jeu d'enfants en comparaison des guerres civiles de Rome, où les plus grands capitaines et les plus puissants hommes qui aient jamais été se disputaient l'empire de la moitié du monde connu. Lucain n'a osé s'écarter de l'histoire ; par là il a rendu son poëme sec et aride. Il a voulu suppléer au défaut d'invention par la grandeur des sentiments; mais il a caché trop souvent sa sécheresse sous de l'enflure. Ainsi il est arrivé qu'Achille et Énée, qui étaient peu importants par eux-mêmes, sont devenus grands dans Homère et Virgile, et que César et Pompée sont petits quelquefois dans Lucain. »

Le principal défaut de la *Pharsale*, c'est le manque d'unité. Quel est le véritable héros de Lucain? il serait assez difficile de le dire. Dans l'intention de l'auteur, c'est probablement Pompée : en fait, c'est bien souvent César. Le sujet même n'est pas très-nettement marqué. Lucain a-t-il voulu simplement raconter en vers la guerre civile qui suivit la mort de Crassus? A-t-il voulu réhabiliter le parti de Caton? A-t-il voulu faire une déclamation contre les caprices de la Fortune qui se joue des réputations et des empires? ou une suite d'imprécations poétiques contre l'ambition et la folie des hommes? Il a voulu tout cela, et bien d'autres choses encore; ou plutôt il n'a rien voulu : il a aperçu vaguement, dans le lointain, de grandes figures, des scènes émouvantes et dramatiques, des événements considérables, en un mot une ample et magnifique matière à poésie; et il s'est dit à lui-même qu'il raconterait ces événements, qu'il décrirait ses scènes, qu'il ranimerait ces figures. Il a voulu être poëte, et il l'a été. Je dis poëte, et non pas seulement versificateur. Il y a, dans la *Pharsale*, autre chose encore que ce que nous avons trouvé dans les tragédies de Sénèque; il y a le souffle de la vie, une véritable chaleur, une véritable inspiration.

Génie de Lucain.

Quintilien caractérise comme il suit l'auteur de la *Pharsale:* « Lucain est ardent, animé, plein de pensées brillantes; et, pour dire mon avis, il mérite d'être compté parmi les orateurs, plus que parmi les poëtes. » Ce jugement est singulier, au moins dans la forme. Qu'y a-t-il de commun entre Lucain et Cicéron? Mais, au sens où l'entendait Quintilien, il n'y faut voir qu'un éloge pour la manière dont le poëte a su faire parler ses personnages. Les discours de Lucain ont de la grandeur, du mouvement, de l'énergie : c'est peut-être ce qu'il y a de plus beau dans la *Pharsale*. Non pas que ces discours soient absolument exempts de déclamation et d'enflure ; mais il y en a qu'on peut citer comme d'admirables modèles. Voici, par exemple, l'oraison funèbre que Lucain met dans la bouche de Caton, en l'honneur de Pompée : « Un citoyen est mort, bien inférieur à nos ancêtres dans la connaissance des limites du bon droit, mais pourtant utile en ce siècle où s'est perdu tout respect de la justice. Il fut puissant, mais il ne détruisit pas la liberté ; et seul il resta simple citoyen, quand le peuple était tout disposé à se faire son esclave. Il était le chef du sénat, mais d'un sénat qui commandait au monde. Il ne s'arrogea rien par le droit de la guerre ; et, ce qu'il voulait qu'on lui donnât, il voulait qu'on le lui pût refuser. Il posséda des richesses trop grandes ; mais il fit entrer dans le trésor public plus d'argent qu'il n'en garda pour lui. Il saisit le glaive, mais il savait le déposer. Il préféra les armes à la toge, mais il aima la paix sous les armes. Général, il ne fut pas moins empressé à quitter le pouvoir qu'il ne l'avait été à le prendre. Sa maison était chaste, sans luxe, et jamais elle ne fut corrompue par la fortune du maître. C'était un nom célèbre, révéré des nations, et qui faisait beaucoup pour la gloire de Rome. Jadis la vraie liberté disparut, quand Sylla, quand Marius triomphèrent : aujourd'hui, Pompée ravi au monde, nous avons perdu même l'ombre de la liberté. Désormais on ne rougira plus de régner ; le commandement ne se dissimulera plus ; le sénat n'aura plus aucun prestige. Heureux Pompée, toi qui as trouvé la mort après la défaite, et à qui le crime de Pharos a présenté les épées qu'il t'eût fallu chercher toi-même ! Peut-être aurais-tu pu vivre sujet de ton beau-père ? Savoir mourir, c'est, pour un homme de cœur, le premier des biens ; y être forcé, c'est le second. O Fortune ! si le sort nous réduit à obéir aux volontés d'un maître, fais que Juba soit pour moi un Ptolémée ! Qu'il me garde pour l'ennemi, j'y consens, pourvu qu'il me garde la tête tranchée[1]. »

---

1. Lucain, *Pharsale*, livre IX, vers 190 et suivants.

On reconnaît Caton, à ce franc et rude langage. Mais Lucain ne s'efface pas toujours derrière ceux qui parlent dans son poëme. Souvent ce qu'ils disent n'est pas ce qu'ils ont dit, ou ce qu'ils ont dû dire, mais ce que le poëte a pensé pour eux. Lucain fait alors un peu comme Sénèque le tragique, et on est en droit de lui reprocher aussi de prêter indistinctement ses maximes stoïciennes aux personnages les plus divers. Il est évident que Lucain se préoccupe bien plus de l'auditoire devant lequel lui-même il récitera ses vers, que de la vérité historique, ou même que de la vérité idéale : il sait qu'on ne lui demande que de belles sentence noblement exprimées; et il tient aux applaudissements de son public, bien plus qu'à l'assentiment des critiques d'un goût sévère.

Les descriptions sont, après les discours, une des plus brillantes parties de la *Pharsale*. Mais il n'y en a guère qui ne soient très-reprochables. Ce n'est plus ici l'art contenu ni l'exquise sobriété de Virgile. Lucain verse ses trésors à plein sac, pour me servir d'une expression fameuse; il met couleurs sur couleurs; les tons sont crus et durs : rien de fondu ni d'adouci; nulle dégradation, nulle nuance, nulle harmonie. Lucain songe à frapper les yeux et à les éblouir, bien plus qu'à les charmer. Quelquefois même c'est un pêle-mêle où il est difficile de se bien reconnaître, et les objets que le poëte a le plus longuement décrits ne sont pas toujours ceux qu'il nous fait le mieux voir. On voit quelque chose; mais ce qu'on voit, on serait presque hors d'état de le dire. Lucain me donne souvent le vertige; mais quelquefois aussi ses éclairs me transportent, et m'arrachent des cris d'admiration.

Le vrai triomphe de Lucain est dans les passages où rien ne le gêne, et où il exprime en son propre nom les pensées et les sentiments qui avaient été sa vie, qu'il avait sucés avec le lait, et qu'avaient fortifiés en lui son éducation et les exemples des siens. Sénèque n'a rien de plus fort ni de plus beau qu'une foule de traits qui se présentent à chaque instant dans la *Pharsale*. Les pensées même de Sénèque, en passant par l'esprit de Lucain, se teignent de plus vives couleurs; elles grandissent encore ; il s'y fait comme un redoublement d'énergie et d'éclat. Elles gagnent à être pressées, comme dirait Montaigne, au pied nombreux de la poésie. Nous ne parlons pas seulement de ce que Sénèque philosophe avait sculpté déjà, dans sa prose, en phrases savantes, en brillants aphorismes : ce que Sénèque poëte avait dit en ïambes, ou même en vers lyriques, est mieux dit encore dans les hexamètres de Lucain. Puisque j'ai nommé Montaigne, je saisis l'occasion de citer quelques lignes où l'auteur des *Essais* nous fait connaître son opinion sur l'auteur de la *Pharsale* : « J'aime Lucain, et le practique volontiers, non tant pour son style, que pour sa valeur propre et vérité de ses opinions et jugements. »

Je n'ai rien dit des comparaisons de Lucain, non pas qu'il n'y en ait de fort belles dans son poëme, comme on le verra tout à l heure ; mais je n'aurais pu que répéter ce que j'ai dit à propos de ses descriptions. Car Lucain ne se borne pas, comme Virgile, aux traits les plus simples et les plus vrais : il épuise, peu s'en faut, tous les caractères de la similitude ; il ne s'arrête qu'après avoir touché l'extrême limite où finissent les ressemblances Heureux encore s'il ne lui était jamais arrivé de les franchir! Au reste, je vais transcrire ici quelqu'un de ces passages, si nombreux dans la *Pharsale*, où l'on peut saisir d'un seul coup d'œil et tout ce qu'il y avait en Lucain de facultés puissantes, et tout ce qui manquait à son génie. Je prends, dans le premier livre, les pages qu'il a consacrées à expliquer les causes de la lutte, et à faire les portraits des deux rivaux :

« Cette concorde discordante dura peu de temps, et la paix régnait sans le vouloir des deux chefs. Crassus, placé entre eux, retardait seul la guerre prochaine. Ainsi l'Isthme étroit divise les deux mers, et ne permet point à leurs flots de se heurter : que la terre se retire, et la mer Égée ira briser la mer d'Ionie. De même, lorsque Crassus, qui séparait les armes cruelles des deux chefs, eut péri d'une mort misérable et eut souillé du sang latin la ville assyrienne de Carrhes, le désastre que nous avaient fait subir les Parthes déchaîna les fureurs romaines. Vous avez plus fait que vous ne croyez en cette bataille, ô Arsacides! vous avez donné la guerre civile à ceux que vous aviez vaincus. Le fer partage la royauté; et la fortune d'un peuple puissant, cette fortune maîtresse de la mer, des terres, de tout l'univers, n'a pu contenir deux hommes. Car Julie, surprise par la cruelle main des Parques, avait emporté chez les Mânes les gages de leur alliance et ces torches nuptiales changées par un fatal augure en torches funèbres. Que si les destins, ô Julie! t'avaient donné de demeurer plus longtemps à la lumière, toi seule tu pouvais retenir d'un bras ton époux courroucé, de l'autre ton père, et joindre leurs mains après les avoir désarmées, comme les Sabines, en se jetant dans la mêlée, unirent les beaux-pères et les gendres. Ta mort a dégagé leur foi; rien ne s'oppose à ce que les chefs commencent la guerre; l'ambition jalouse les aiguillonne. Toi, Pompée, tu crains que des exploits nouveaux n'obscurcissent tes triomphes d'autrefois, et que les lauriers conquis sur les pirates ne disparaissent devant la Gaule vaincue : toi, César, une suite de succès et l'habitude des combats enflent ton cœur, et ta fortune ne sait pas se résigner à un second rang. César ne peut plus supporter qu'un autre soit avant lui; Pompée, qu'un autre l'égale. Qui a pris le plus justement les armes? nul n'oserait le dire. Chacun s'autorise d'un imposant suffrage : la cause victorieuse a eu pour elle les dieux; la cause vaincue, Caton.

« Les forces des rivaux n'étaient point égales. L'un, dont les années penchaient vers la vieillesse, et qui avait longtemps vécu paisible sous la toge, avait désappris déjà dans la paix son métier de général. Ambitieux de renommée, il prodigue les fêtes à la multitude; il se laisse aller tout entier aux souffles populaires, et il s'enivre des applaudissements de son théâtre; il ne sait pas renouveler ses forces; il se confie trop à son ancienne fortune : il n'y a plus debout que l'ombre d'un grand nom. Tel, dans un champ fertile, un chêne majestueux, décoré des antiques trophées du peuple et des offrandes que lui ont consacrées les chefs militaires : il ne tient plus au sol par de fortes racines, il y est maintenu par son poids, il déploie dans les airs ses rameaux dépouillés, et il fait ombre de son tronc, non de son feuillage ; mais, bien qu'il chancelle, qu'il menace ruine au premier souffle de l'Eurus, bien qu'alentour s'élève une forêt d'arbres robustes et solides, seul pourtant il est l'objet de tous les hommages. Il y avait, dans César, autre chose encore qu'un nom, qu'une réputation de général ; il y avait une activité incapable de rester en place, une âme qui ne connaissait d'autre honte que de ne pas vaincre dans le combat. Ardent, indomptable, il porte la main partout où l'appellent l'espérance et la colère; jamais il n'hésite à ensanglanter le glaive; il pousse jusqu'au bout ses succès; il poursuit les faveurs de la Fortune; il renverse tout ce qui fait obstacle à sa marche vers l'empire. Son bonheur est de se faire un chemin à travers les ruines. Ainsi la foudre jaillit du sein des nues sous l'effort des vents, et s'élance en grondant dans l'éther ébranlé ; le monde retentit avec fracas; le jour est sillonné ; les peuples tremblants s'épouvantent. Sa flamme oblique éblouit les yeux; tout le ciel est en proie à sa furie; nulle matière n'arrête sa course : elle frappe en tombant, elle frappe en remontant, fait partout de vastes décombres, et puis rassemble ses feux épars. »

Style ; versification ; diction.

On ne peut pas plus comparer le style de Lucain à celui de Virgile, que la *Pharsale* à l'*Énéide*. Ce n'est que par accès, si j'ose ainsi parler, que Lucain saisit l'expression forte, précise et juste, la vraie expression, celle sans laquelle l'idée laisse toujours à désirer quelque chose. Trop souvent il se contente d'indiquer sa pensée en termes vagues et confus, dont on a peine à démêler le sens. En se laissant aller à une imagination sans frein, il se condamnait à manquer sans cesse cette mesure au delà et en deçà de laquelle il n'y a plus de beau. Je ne dirai point, avec le rude Jules-César Scaliger, que Lucain paraît quelquefois moins chanter qu'aboyer; mais il faut bien reconnaître que son chant est plein de notes discordantes: « Il n'a point, dit La Harpe, cette flexibilité qui varie les formes du style, le ton et les mouvements de la phrase, et la couleur des objets. C'est qu'il manque de ce jugement sain qui écarte l'exagération dans les peintures, l'enflure dans les idées, la fausseté dans les rapports, le mauvais choix, la longueur et la superfluité dans les détails; c'est que, jetant tous ses vers dans le même moule, et les faisant tous ronfler sur le même ton, il est également monotone pour l'esprit et pour l'oreille. Il en résulte que la plupart de ses beautés sont comme étouffées parmi tant de défauts, et que souvent le lecteur impatienté se refuse à la peine de les chercher, et à l'ennui de les attendre. »

L'observation de La Harpe sur la monotonie des vers de Lucain est parfaitement fondée. Il y a, dans la *Pharsale*, certaines coupes, certaines formes qui reviennent sans cesse. Ainsi ce que M. Nisard nomme le refrain de Lucain, c'est-à-dire une phrase finie ou suspendue à la césure du troisième pied; ainsi une espèce de vers où le substantif forme invariablement le sixième pied, et l'adjectif qui lui sert d'épithète la césure du second pied; ainsi de longues tirades sans rejet, où les vers tombent un à un, à peu près comme nos alexandrins chez les mauvais poëtes : « Lucain, dit M. Nisard, n'a pas l'art de la période poétique. Sa phrase est ou lâche ou tendue, tantôt se traînant péniblement de vers en vers, tantôt suspendue uniformément au même pied; quelquefois arrêtée à chaque incidente, quelquefois à chaque mot. Il y a des exemples, dans Lucain, de vers coupés par quatre ou cinq virgules, comme par compartiments symétriques; ce qui leur donne un air sautillant, tout à fait en désaccord avec les idées, qui sont presque toujours guindées et sentencieuses. Assurément on rencontre toutes ces formes de style-là dans les belles poésies du siècle d'Auguste ; mais elles y sont ménagées avec un art délicat, et, loin de se succéder uniformément, elles se relèvent l'une par l'autre; les rejets courent tour à tour d'un pied à l'autre, avec grâce, variété, harmonie. »

La langue poétique, en passant de Virgile à Lucain, ne s'est pas conservée plus pure que la langue de la prose en passant de Tite Live à Sénèque. Il y a, chez Lucain, des tours de phrase forcés et presque barbares, qui eussent effarouché le sens droit et le goût délicat des contemporains d'Auguste. Il y a des mots qui eussent été pour eux choses inouïes, et dont ils auraient eu peine quelquefois à deviner la signification. Il y a des termes qu'ils connaissaient, mais qu'ils n'eussent pas reconnus sous les acceptions nouvelles dont Lucain les a revêtus. Il y a des alliances de mots qui les eussent fait frémir. Il est vrai que les contemporains de Lucain prenaient toutes ces innovations pour autant de conquêtes, et que ces fausses richesses étaient à leurs yeux de vrais trésors. Quant à nous, qu'aucune passion sur de tels objets ne saurait plus décevoir, au moins pour ce qui concerne la langue latine, force nous est d'avouer que la diction de Virgile valait un peu mieux que celle de Lucain, et que ce qu'on appelait un progrès, un perfectionnement, un agrandissement, aurait dû s'appeler de tout autres noms. Je ne dis pas que les hommes du siècle de Lucain, pour avoir été dupes d'une illusion flatteuse, soient dignes d'anathème : ne sommes-nous pas jouets nous-mêmes, en France, d'une illusion du même genre, et peut-être moins pardonnable encore ?

Conclusion.

Marmontel, après avoir énuméré la plupart des défauts de la *Pharsale*, se demande à lui-même ce qui reste donc à un poëme dénué de charmes et de grâce, plein de longueurs et de négligences, et composé presque sans art : « Ce qui lui reste ? répond le critique : des vers d'une beauté sublime; des peintures dont la vigueur n'est affaiblie que par des détails qu'on efface d'un trait de plume; des morceaux dramatiques d'une éloquence rare, si l'on prend soin d'en retrancher quelques endroits de déclamation; des caractères aussi hardiment dessinés que ceux d'Homère et de Corneille; des pensées d'une profondeur, d'une élévation étonnante; un fond de philosophie qu'on ne trouve au même degré dans aucun des poëmes anciens; le mérite d'avoir fait parler dignement Pompée, César, Brutus, Caton, les consuls de Rome et la fille des Scipions; en un mot, le plus grand des événements politiques présenté par un jeune homme avec une majesté qui impose et un courage qui confond. » On peut ne pas acquiescer complétement à tous ces éloges. Je ferais volontiers plus d'une réserve; mais, au fond, Marmontel a raison.

CHAPITRE XXXIV.

PÉTRONE.

Poëme *de la Guerre civile*. — Le *Satyricon*. — Vie de Pétrone. — Authenticité du *Satyricon*. — Pétrone et les déclamateurs.

Poëme de la Guerre civile.

Le succès de la *Pharsale* dut empêcher Néron de dormir. Un favori de Néron, qui avait gardé les bonnes grâces du maître quand Lucain les avait déjà perdues, voulut montrer que la *Pharsale* n'était pas un chef-d'œuvre, et entreprit de traiter à son tour le même sujet. Nul doute qu'il ne l'ait fait pour plaire à Néron. Quant à l'intention de nuire à la renommée de Lucain, elle ressort manifestement de la préface critique où l'auteur expose le plan de son poëme : « Mes enfants, dit Eumolpe, il y a bien de fausses vocations en poésie. Le premier venu, une fois qu'il a fait tenir un vers sur ses pieds, et enchâssé dans un cercle de mots une idée plus ou moins délicate, croit avoir de plein saut escaladé l'Hélicon. Ainsi on voit des gens qui se sont longtemps exercés aux luttes du barreau se réfugier bien souvent au sein paisible de la poésie, comme en un port plus accessible, se figurant qu'une épopée est plus facile à construire qu'un plaidoyer enluminé de petites sentences scintillantes. Mais un esprit animé d'un peu nobles sentiments répugne à ces colifichets; et l'imagination ne saurait ni concevoir ni enfanter, à moins d'avoir été inondée d'un vaste fleuve de littérature. Il faut fuir, dans les termes, tout ce que j'appellerai bassesse. Il faut prendre ses expressions autre part que la foule, et savoir dire : *Je hais et repousse le profane vulgaire*. En outre, il faut s'interdire ces sentences qui font saillie en dehors du corps de l'ouvrage. Qu'elles se fondent dans la trame du poëme, et qu'elles brillent de son coloris. Voyez Homère, et les Lyriques, et notre Virgile, et Horace si heureux et si savant dans ses hardiesses. Tous les autres, en effet, ou n'ont pas aperçu la route qui mène à la poésie, ou ils ont craint de la fouler de leurs vers. Et tenez! quiconque, sans un grand fond d'études, touchera cet immense sujet de la Guerre civile, trébuchera sous le fardeau. Car il ne s'agit point de rédiger en vers une série de faits : les historiens s'en acquittent bien mieux ; mais il faut qu'à travers mille détours, qu'à travers des interventions divines, qu'à travers le merveilleux des machines et des conceptions, se précipite librement l'essor de l'enthousiasme, et qu'on reconnaisse, dans le poëme, plutôt le délire d'un esprit prophétique que la scrupuleuse véracité du narrateur appuyé sur ses garants. Telle serait, si vous l'approuvez, cette rapide esquisse, bien qu'elle n'ait pas encore reçu la dernière main[1]. »

Il reste près de trois cents vers du poëme *de la Guerre civile*. Nous ne savons pas si Pétrone avait complété son œuvre. Ce que nous possédons n'est qu'un commencement, et ne conduit les faits que jusqu'au départ de Pompée pour la Thessalie. Les vers de Pétrone sont corrects et élégants, mais un peu faibles. Ce n'est pas avec cette poésie honnêtement médiocre qu'on pouvait faire oublier Lucain. Il y a pourtant, surtout au début, quelques traits qui ne sont pas sans beauté. Pétrone caractérise assez heureusement, sinon très-énergiquement, la corruption des Romains durant les derniers temps de la république. Je traduirai quelques vers, pour donner une idée du ton général de l'ouvrage :

« Déjà les Romains vainqueurs possédaient tout l'univers, partout où s'étendent et la mer et les terres, tout ce qu'éclaire le soleil de son lever à son coucher ; et ils n'étaien point assouvis. Des vaisseaux pleins de trésors chargent les mers, qu'ils parcourent en tous sens. Que quelque recoin caché au delà des pays connus, que quelque terre produise

---

[1]. Pétrone, *Satyricon*, chapitre CXVIII.

l'or brillant : on la traite en ennemie ! On cherchait partout
des richesses ; car les destins avaient résolu la funeste guerre.
On ne se contentait plus des joies connues du vulgaire, des
plaisirs affadis par un usage commun.... La gourmandise est
ingénieuse. Le sarget, qui vit au sein des eaux de la Sicile,
est apporté vivant pour les tables de Rome. Les huîtres, ar-
rachées des rivages du Lucrin, figurent parmi les mets,
et renouvellent à grands frais l'appétit des convives. Déjà
l'onde du Phase est privée d'oiseaux, et, sur sa rive muette,
on n'entend que le vent soufflant dans les feuillages déserts.
Au Champ-de-Mars, même délire. Les Quirites sont à qui
les achète : avides de gain, ils courent à l'appel, ils pros-
tituent leurs suffrages. Vénal est le peuple, vénale la Curie
des sénateurs. La faveur est au plus offrant : les vieillards
eux-mêmes ont perdu toute vertu, toute franchise. Sous
l'effort des richesses, la puissance est bouleversée ; la majesté
même de Rome est à terre, corrompue par l'or. Caton vaincu
est repoussé par le peuple. Le plus triste des deux candi-
dats, c'est le vainqueur : il a honte d'avoir ravi les faisceaux
à Caton. »

Le Satyricon.

Le poëme *de la Guerre civile* est un épisode du *Satyricon*,
de ce livre étrange dont le fond est un roman, mais où le
roman n'est guère qu'un prétexte, et où l'auteur semble avoir
versé tous ses portefeuilles, la poésie aussi bien que la prose.
Le *Satyricon* est digne de son nom. C'est bien ce mélange de toutes choses, ce pot-pourri, ce mets composé
de mets divers, *satura lanx*, comme disaient les Latins, la
satire au sens primitif du mot, ou plutôt la sature : « Le narrateur et le héros du roman, dit le dernier traducteur de Pétrone, est une sorte de Gusman d'Alfarache, un jeune libertin perdu de dettes, sans fortune, sans famille, et réduit,
avec tous ses talents, à vivre d'expédients plus ou moins périlleux. A la verve énergique et vraie de ses tableaux, qui
changent et se succèdent sans plan, presque sans transition,
comme dans la vie réelle, nous sommes bien tentés de croire
que Pétrone a peint en grande partie les phases mêmes de

son existence de parvenu, qui s'approprie avec un rare bonheur le persiflage et l'esprit d'observation ironique d'un homme haut placé. Il prend avec la même aisance les tons les plus opposés : vers et prose, préceptes d'éloquence ou de morale, scènes de volupté, description comique d'un festin ridiculement fastueux, anecdotes supérieurement contées, entre autres cette matrone d'Éphèse si connue, épopée même, lettres et propos d'amour raffiné et presque chevaleresque. Tel est ce drame passionné, moqueur, fanfaron, tragique et burlesque, où le haut style et la narration la plus élégante succèdent au patois provincial et aux dictons populaires. »

Cela est bien indulgent, et, si je l'ose ainsi dire, sent un peu trop son traducteur. La vérité vraie serait plus sévère. Il faut faire des réserves, quand on parle du style de Pétrone. La langue du siècle d'Auguste n'est guère moins altérée dans le *Satyricon* que dans les écrits de Sénèque ou dans la *Pharsale*. Pétrone, comme Lucain et comme Sénèque, porte toute son imagination sur les mots ; comme eux, il pousse à l'image, il matérialise la pensée. Son élégance est loin d'être toujours naturelle : il faut le louer seulement de n'être pas tombé dans l'affectation aussi souvent que l'y eussent autorisé le goût et les exemples de ses contemporains. Il a infiniment d'esprit : voilà le seul point qui soit parfaitement incontestable. Nous avons dit ce que valait son épopée ; ses autres vers ne sont que des bluettes, empruntées même pour la plupart aux poëtes grecs, des fleurs dérobées aux anthologies. Pétrone est un bon versificateur ; mais il faut décerner à d'autres le nom de bon poëte. Il conte très-bien, il a de l'entrain et de la verve : c'est là son mérite comme prosateur. Mais jamais conteur n'embourba plus profondément dans toutes les ordures un talent plus digne d'être employé à d'autres usages. Les anecdotes qui ne sont que gaies et piquantes sont rares dans le *Satyricon* : en revanche, les anecdotes obscènes, ou même infâmes, y abondent. Pour une matrone d'Éphèse, nous avons vingt récits à faire rejeter le livre avec horreur. Le *Satyricon* n'est, en définitive, qu'une abominable débauche d'esprit.

Il y avait au dix-septième siècle, dans un certain monde, des amateurs forcenés qui prônaient le *Satyricon* comme la merveille des merveilles Ils eussent consenti volontiers à la destruction de tout ce qui nous reste des œuvres du génie romain, pourvu qu'on leur laissât Pétrone. L'enthousiasme de Saint-Évremond ou de Bussy-Rabutin prouve beaucoup plus contre les mœurs de Bussy-Rabutin et de Saint-Évremond que pour la délicatesse de leur goût. On dit que le grand Condé pensionnait un lecteur uniquement chargé de lui lire, et sans doute de lui expliquer le *Satyricon*. Je souhaiterais, pour l'honneur du grand Condé, que le fait n'eût rien d'authentique.

Vie de Pétrone.

Titus Pétronius surnommé Arbiter, chevalier romain, était né à Marseille, on ne sait pas très-bien en quelle année. Il se poussa à la cour de l'empereur Claude, et il se fit donner la charge de proconsul de Bithynie. Homme de plaisir, et même, comme il s'en vantait, homme de paresse, il montra pourtant, selon Tacite, une certaine énergie et une certaine capacité dans l'administration de son gouvernement. Plus tard, quand il eut été élevé au consulat, on eût pu le prendre pour un homme d'État véritable. Mais il se laissa volontairement retomber dans le vice et dans la mollesse, afin de mieux plaire à Néron. Il devint, à la cour de l'empereur, l'arbitre de toutes les élégances : « Rien n'était élégant, dit Tacite, délicat ou magnifique, s'il n'avait l'approbation de Pétrone. » Tigellinus, selon l'expression de l'historien, vit un rival dangereux dans un homme qui s'entendait mieux que lui à l'art des voluptés. Il parvint à perdre Pétrone dans l'esprit de Néron. Il fit concevoir à l'empereur des soupçons sur les liaisons de Pétrone avec Scévinus. Des dépositions de faux témoins firent le reste. Pétrone vit bientôt qu'il n'avait plus qu'à mourir : « Dans ce moment, dit Tacite, Néron était allé en Campanie ; Pétrone, qui s'était avancé jusqu'à Cumes, eut défense de passer outre. Il ne voulut pas porter plus loin ce poids de crainte et d'espérance, ni toutefois trancher brusquement sa vie. Il se coupa les veines, les referma, les rouvrit à volonté. Il entretenait ses amis, non sur l'immortalité de l'âme, non sur les opinions des philosophes, ne voulant rien de sérieux, rien qui annonçât des prétentions de courage : il se faisait réciter des poésies badines et des vers gracieux. Il récompensa quelques esclaves, en fit châtier d'autres ; il se promena, il dormit, afin que sa mort, quoique violente, eût l'air d'une mort naturelle ; et, dans son testament même, il ne mit point, comme tant d'autres, des adulations pour Néron, pour Tigellinus, ni pour aucune des puissances du temps. Il écrivit l'histoire des déportements du prince, en en détaillant les plus monstrueuses recherches, sous les noms d'hommes débauchés et de femmes perdues. Il l'envoya cachetée à Néron, et brisa le cachet, de peur qu'on ne s'en servît ensuite pour perdre des innocents[1]. » Pline l'Ancien dit que Pétrone brisa aussi, avant de mourir, une coupe précieuse dont il ne voulait pas que Néron pût jouir après lui.

C'est en l'an 67, c'est-à-dire deux ans environ après la mort de Lucain, que Pétrone périssait victime de la haine de Tigellinus et de la jalousie de Néron.

Authenticité du Satyricon.

Quelques-uns se sont imaginé que le *Satyricon* était précisément l'écrit que Pétrone avait envoyé cacheté à l'empereur. C'est une opinion qui ne peut guère se soutenir. L'écrit dont parle Tacite devait être assez court : or, ce qui nous reste du *Satyricon* est bien long, pour avoir été rédigé par un homme qui s'était fait ouvrir les veines ; et ce reste est tout au plus le huitième ou même le dixième de ce qu'était l'ouvrage. Il n'y a rien, dans le *Satyricon*, où l'on puisse reconnaître Néron et sa cour. Tout s'y trouve, excepté les tableaux qui devraient s'y trouver si cet ouvrage était ce qu'on veut bien dire. Voltaire ne voulut jamais croire que le *Satyricon* fût une diatribe personnelle et presque nominative. Il y a plus loin, selon lui, de Trimalchion à Néron, que de Gilles à Louis XIV. Si l'on tient, à toute force, à voir

---

1. Tacite, *Annales*, livre XVI, chapitre xix.

dans Trimalchion la caricature d'un des Césars, ce n'est pas Néron qu'il faut rapprocher de ce ridicule personnage, c'est Claude, ce même Claude qui avait déjà inspiré l'*Apocolokyntose*, et qui nous a valu peut-être, grâce à son épaisse stupidité, les deux seules ménippées latines qui subsistent encore. Il est prouvé d'ailleurs, par un témoignage irrécusable, que Pétrone n'avait pas composé uniquement l'écrit qu'il envoya à Néron : « Pétrone, dit quelque part Macrobe, au moyen d'aventures fictives, écrivit des histoires d'amour et de petits contes. » Ces paroles, comme le remarque un critique, constatent suffisamment l'existence du *Satyricon*.

Pétrone et les déclamateurs.

Le *Satyricon*, tel que nous le possédons, n'est qu'une suite de fragments plus ou moins longs dont on ne peut que deviner la place respective. Ils ont été découverts et publiés successivement. Le plus considérable, celui qui contient le récit du souper de Trimalchion, n'a été trouvé qu'en 1663. Le premier fragment est d'un beau et sérieux caractère. Nous avons vu Pétrone, dans la préface de son épopée, parler de la poésie en homme qui s'y connaît : c'est par une page non moins sensée que s'ouvre aujourd'hui son livre. Mais il s'agit, dans cette page, de l'éloquence et non plus de la poésie. Nous transcrivons ici, tout à la fois et à titre de document littéraire et comme un nouvel échantillon du talent de Pétrone, cette piquante diatribe contre les déclamations : « Ne sont-ils pas tourmentés d'une frénésie du même genre, les déclamateurs qui s'écrient : Ces blessures, c'est pour la liberté publique que je les ai reçues; cet œil, c'est pour vous que je l'ai perdu ; donnez-moi un guide qui me conduise vers mes enfants, car mes jarrets mutilés ne soutiennent pas mes membres. — Ces amplifications seraient encore tolérables, si elles frayaient la route à ceux qui veulent atteindre à l'éloquence. Aujourd'hui, grâce à l'enflure des sujets, au vain retentissement des sentences, tout ce qu'ils gagnent, c'est, quand ils débutent au barreau, de se croire transportés dans un autre monde. Et les jeunes gens ne deviennent si absurdes, selon moi, dans les écoles, que parce qu'ils n'y entendent ou n'y voient rien de ce qui se passe dans la vie ordinaire : ce sont des pirates embusqués avec des chaînes sur le rivage ; ce sont des tyrans traçant des édits par lesquels ils prescrivent à des fils de couper la tête à leurs pères ; ce sont des réponses d'oracles consultés à propos d'une peste, et enjoignant d'immoler trois vierges ou davantage ; ce sont de petites périodes emmiellées ; et tout, paroles et faits, est comme saupoudré de pavot et de sésame.

« Ceux qui sont nourris au milieu de ces fadaises ne peuvent pas plus avoir le sens commun, que ceux qui habitent dans une cuisine ne peuvent sentir bon. Maîtres! c'est vous tous les premiers, ne vous en déplaise, qui avez tué l'éloquence. Oui, avec vos puérils cliquetis de mots, vos jeux de phrases artificiels, vous êtes parvenu à énerver, à abattre le corps du style. On n'enchaînait pas encore les jeunes gens à des déclamations, au temps où Sophocle et Euripide trouvèrent la langue qu'il fallait pour leur usage. Jamais rhéteur à l'ombre de son école n'avait encore détruit les talents naturels, quand Pindare et les neuf Lyriques craignirent de chanter sur les rhythmes d'Homère. Et, sans même citer les poëtes en témoignage, certes je ne vois point que ni Platon ni Démosthène aient abordé ce genre d'exercice. Un style noble, et pour ainsi dire pudique, n'admet ni fard ni bouffissure : sa beauté native fait toute son élévation. C'est depuis peu que cette loquacité ronflante et hyperbolique a passé de l'Asie dans Athènes, et a flétri par son influence, comme un astre malfaisant, les jeunes esprits qui s'élançaient vers le beau. Du même coup le génie oratoire s'arrêta paralysé et se tut. Qui s'approcha depuis de la hauteur de Thucydide, de la gloire d'Hypéride? La poésie elle-même ne brilla plus d'un pur et frais coloris ; mais toutes choses, comme repues du même venin, périrent avant d'atteindre la maturité de l'âge. La peinture aussi ne fit pas une autre fin, depuis que la présomptueuse Égypte inventa pour un si grand art des méthodes expéditives. »

CHAPITRE XXXV.
LA SATIRE APRÈS HORACE.

Valérius Caton. — Perse. — Turnus. — Sulpicia. — Juvénal. — Génie de Juvénal. — Style de Juvénal. — Citations.

Valérius Caton.

On pourrait rattacher à la poésie bucolique, tout autant qu'à la satire, un petit poëme intitulé *Imprécations*, qu'on s'accorde à regarder comme une production du siècle d'Auguste. C'est une espèce de dialogue en vers, dans le genre de ceux de Théocrite et de Virgile. Le sujet du poëme est double. Ce sont d'abord, comme l'indique le titre, des plaintes et des imprécations : celui qui les pousse est un malheureux qu'on a dépouillé de son domaine, durant les proscriptions de Sylla. Ce sont ensuite des lamentations sur l'absence d'une amante nommée Lydie. Rien n'empêche de supposer que le poëme formait originairement deux pièces distinctes. Quelques-uns veulent même que ces deux pièces soient de deux auteurs différents; seulement ces deux auteurs auraient vécu l'un et l'autre dans le bon siècle. Le style des *Imprécations* est pur, la versification simple et harmonieuse ; mais je dois dire que la principale qualité du poëme est l'absence à peu près complète de tout défaut, au moins de tout défaut choquant.

Si l'auteur des *Imprécations* était personnellement, comme le prétendent certains critiques, le héros de son poëme, il serait antérieur à Virgile et à Horace, et contemporain, pour sûr, de César et de Cicéron. Il faudrait le louer alors de la facture élégante de ses vers, et le compter, avec Lucrèce et Catulle, parmi ceux à qui la poésie latine a dû ses dernières préparations. Mais il n'y a guère de doute que cette aventure de biens confisqués n'ait été pour le poëte qu'une simple matière empruntée à l'histoire du passé. On affirmerait presque qu'il a eu l'ambition de donner un pendant au Tityre de Virgile, et qu'il n'est qu'un imitateur du poëte des *Églogues* bien loin d'avoir été un de ses devanciers. Il y en a qui ont cru que c'était Virgile qui s'était ainsi imité lui-même. Le poëme est intitulé, dans les manuscrits, *Imprécations de Virgilius Maro*. Les critiques n'ont pas eu de peine à montrer l'absurdité de la supposition. Le nom de Lydie a fait penser à un grammairien du temps de Virgile et d'Horace, nommé Valérius Caton, qui se piquait de poésie et qui avait célébré une Lydie dans ses vers. C'est donc ce Valérius Caton qui serait l'auteur du poëme, ou des deux morceaux de poésie réunis sous le titre d'*Imprécations*.

Il ne faut pas confondre Valérius Caton d'Antium, écrivain de l'époque classique, avec Dionysius Caton, écrivain du troisième siècle de notre ère, dont les *Distiques moraux* ont eu une grande vogue en leur temps, surtout au Moyen Age. La rapsodie de Dionysius Caton n'a guère de remarquable que son étendue. Ces quatre livres de sentences n'ont presque rien de commun avec la poésie, ni même avec la littérature. Ce n'est que dans des siècles sans goût qu'un demi-barbare, comme Dionysius Caton, a pu être compté parmi les gloires de Rome, et usurper sur les droits sacrés des véritables génies en évinçant des écoles les modèles autrefois admirés, et en s'y substituant à leur place.

Perse.

Valérius Caton, ou l'auteur quel qu'il soit du petit poëme qu'on lui attribue, n'était qu'un versificateur estimable et un homme de talent : Perse fut un vrai poëte, presque un homme de génie. Les six satires que Perse nous a laissées ne sont pas des chefs-d'œuvre ; la veine du poëte est loin d'être pure ; l'or y est mélangé de toute sorte de métaux de bas aloi ; mais, malgré tout, l'or n'y est pas rare, et Perse a des beautés éclatantes, capables de racheter les plus impardonnables défauts. En lisant ces satires, les premiers essais et le dernier travail d'un poëte mort avant l'âge, on ne peut s'empêcher de reconnaître que Perse fut heureusement doué par la nature, et qu'il ne lui a manqué qu'un peu de maturité, qu'une expérience réelle de la vie. On comprend l'admiration des contemporains pour ses ouvrages ; on s'explique que Quintilien ait écrit cette phrase, souvent citée : « Perse, bien qu'avec un seul livre, a mérité beaucoup de gloire, et de vraie gloire. »

Aulus Persius Flaccus naquit en l'an 34, à Volaterres, ville d'Étrurie. Sa famille appartenait à l'ordre équestre, et était alliée aux maisons les plus considérables de l'empire. Il vint à Rome à l'âge de douze ans, et il y fit de brillantes études sous les rhéteurs les plus célèbres, et sous le philosophe stoïcien Cornutus. Il se lia, dans les écoles, avec Lucain, plus jeune que lui de quelques années. On dit que Lucain était le plus enthousiaste de ses admirateurs, et que, quand Perse récitait ses vers, Lucain avait de la peine à retenir ses acclamations. Perse, tout imbu qu'il fût des maximes du stoïcisme, et bien qu'ami dévoué de Lucain, goûtait assez peu la personne et les ouvrages de Sénèque. Il ne connut d'ailleurs qu'assez tard le fameux philosophe, et il n'eut pas le temps de se laisser séduire aux charmes de son esprit. Il mourut à vingt-huit ans, mais de mort naturelle. Ce n'est pas qu'il ne se fût exposé aux implacables rancunes de Néron. Il y a, dans ses satires, plus d'une allusion qui eût pu lui coûter la vie. Tel vers, ridiculisé par le satirique, serait même, suivant quelques-uns, un vers de Néron. Il n'en fallait pas tant pour se donner la chance de finir en s'ouvrant les veines. On dit aussi que Cornutus jugea à propos d'effacer, dans les satires de Perse, quelques traits manifestement dirigés contre le tyran. Quoi qu'il en soit, Perse n'eut à souffrir que de la rigueur du destin ; ou plutôt la Providence le sauva, par la mort, des dures nécessités où il eût peut-être été réduit plus tard comme tant d'autres.

Les anciens s'accordent à vanter les qualités morales de Perse, son amour pour sa mère, son affection pour tous les siens, son dévouement pour ses amis. C'était un beau jeune homme, mais fort sobre et fort chaste, doux comme une jeune fille et rougissant au moindre mot. Il traita tout sa vie Cornutus comme un second père, et il lui légua par testament sa bibliothèque et une somme d'argent considérable ; legs dont le philosophe n'accepta qu'une part, les livres, et dont il remit l'autre aux héritiers naturels.

Bayle juge avec sévérité Perse et ses ouvrages. Bayle, dont le style est la clarté même, ne pouvait pas se faire l'esprit à ces ténèbres où se complaît trop souvent la pensée du poëte : « Ses panégyristes, dit-il, auront beau faire et beau dire, il sera toujours vrai qu'il a écrit durement et obscurément. On pourrait presque le nommer le Lycophron des Latins. Scaliger le père, et plusieurs autres excellents critiques, disent beaucoup de mal de lui. Peut-être se jettent-ils dans une extrémité moins supportable que ne le serait une grande estime pour ce poëte. Notez que la dureté du temps où il a vécu ne peut servir d'excuse à l'obscurité de son style, comme quelques-uns le prétendent. Il est évident à tous ceux qui lisent Perse avec attention, qu'il est obscur non par politique, mais par le goût qu'il s'était donné, et par le tour qu'il avait fait prendre à son génie; car, si la crainte de se faire des affaires à la cour l'eût engagé à couvrir sous des nuages épais ses conceptions, il n'aurait pris ce parti que dans les matières qui eussent eu quelque rapport à la vie du tyran. Mais on voit qu'il entortille ses paroles, et qu'il recourt à des allusions et des figures énigmatiques, lors même qu'il ne s'agit que d'insinuer une maxime de morale dont l'explication la plus claire n'eût su fournir à Néron le moindre prétexte de se fâcher. »

Il y a beaucoup de vrai dans ces observations, mais de l'exagération aussi, et même un peu d'injustice. Perse est obscur sans excuse ; j'en suis d'accord : il ne l'est que pour avoir voulu l'être, et non point, comme Lucrèce par exemple, à raison des sujets qu'il a traités. Il est bien certain que Perse nous condamne à un rude labeur, quelquefois sans profit, à des tortures qui ne sont que des tortures. Sous ces énigmes, il n'y a pas toujours un mot qui vaille la peine qu'on cherche tant. Ses idées ne sont pas toujours de vraies idées. Perse, en jeune homme qu'il était, a eu le tort de croire qu'on pouvait se faire à volonté grand philosophe, penseur profond. Aussi n'a-t-il trop souvent que l'affectation de la profondeur. Mais il faut dire qu'il y a chez lui autre chose que des pensées fausses ou contestables, que des sentiments guindés et hors de nature, que des mots vides et sonores. C'est lui faire injure que de le comparer à Lycophron. Lycophron est un érudit, qui rédige sa science mythologique en phrases sibyllines, qui la met en vers, ou plutôt qui la scande en lignes ïambiques. Perse est un poëte, qui s'est figuré que c'était trop peu de penser sa pensée et de la dire simplement, et que le beau était dans le nouveau ou dans l'extraordinaire. Mais ce nouveau qu'il ambitionne, il ne le poursuit pas toujours en vain; et, pour quelques tours bizarres ou forcés, pour quelques expressions de mauvais goût, pour quelques termes détournés de leur acception naturelle, que de mots heureux, que de traits vifs et piquants, que de bonnes fortunes de style! Lisez Lycophron, si vous pouvez; et citez-moi un vers, un seul vers, dans tout son fatras, qui mérite de rester dans notre mémoire. Combien de vers admirables, au contraire, ne rencontre-t-on pas à travers les ronces et les broussailles du satirique latin! Quelles belles et larges places même, bien dégagées et bien verdoyantes! Boileau le savait mieux que personne, lui qui a fait à Perse tant d'emprunts, et qui se confesse si redevable à cette imparfaite mais puissante poésie. Boileau ne fait pas même toutes les réserves que je voudrais, puisqu'il pardonne à Perse son obscurité, en faveur de ce qu'il y a de serré et de pressant dans ses vers. Il se contente aussi de dire que Perse affecte d'y enfermer moins de mots que de sens : nous ajouterions que Perse, si sobre de mots, est, maintes fois, encore plus sobre de pensées, et que ses mots ne sont bien souvent que des apparences. Boileau aurait pu dire aussi que Perse, qui n'a ni l'enjouement, ni l'exquise urbanité d'Horace, n'a pas eu le bon esprit d'éviter les rencontres où la lutte, contre un pareil modèle, ne pouvait tourner à sa gloire : il les recherche plutôt, et il s'expose, de propos délibéré, à des comparaisons fâcheuses. Boileau aurait pu dire bien d'autres choses encore; mais que ne devait-il point pardonner au poëte qui lui avait fourni à copier plus d'un tableau dont lui-même avait été impuissant à reproduire toute la couleur, toute la vivante énergie?

Qu'y a-t-il de plus beau, dans notre poésie, que la scène où Boileau nous peint les suggestions de l'Avarice, et son triomphe sur la paresse de l'homme? Eh bien! Boileau doit cette scène à Perse; et, loin d'avoir embelli l'original, il en a effacé les plus beaux traits. Dans Perse, le tableau est double : la Volupté dispute à l'Avarice sa conquête, et l'homme n'échappe à un joug que pour tomber sous un autre joug. Et ce n'est pas ici qu'on peut reprocher à Perse de sacrifier rien aux apparences. Verve, bon sens, clarté même, la pensée et l'expression, la vérité et l'éclat, tout y est à souhait, et à contenter les plus difficiles. Ce qui en restera, dans une traduction, ne sera peut-être qu'une ombre; mais cette ombre aidera, je l'espère, à faire deviner la réalité :

« Tu ronfles paresseusement le matin. Debout! dit l'Avarice; allons, debout! Tu refuses; elle insiste. Debout! dit-elle. — Je ne puis. — Debout! — Et pourquoi faire? — Tu le demandes! va chercher dans le Pont des poissons exquis ; apporte du castoréum, du chanvre, de l'ébène, de l'encens, des étoffes luisantes de Cos; enlève le premier le poivre nouveau du dos d'un chameau altéré; trafique, parjure-toi. — Mais Jupiter entendra. — Ah! imbécile, résigne-toi à gratter du doigt jusqu'au fond ta salière épuisée, si tu prétends vivre d'accord avec Jupiter.

« Déjà ta robe est retroussée; tu charges tes esclaves de ta valise et de la cruche au vin; vite au vaisseau. Rien n'empêche que tu fendes de ton vaste navire la mer Égée, à moins que l'adroite Volupté ne te tire à l'écart, pour te donner ses avis : Où cours-tu de ce pas, insensé! où? que demandes-tu? Sous ta poitrine brûlante fermente une mâle fureur que ne pourrait éteindre une urne de ciguë. Toi, traverser la mer! toi, t'asseoir sur des câbles, prendre pour table un banc de rameur, boire ce clairet piqué de Véies, qui exhale du vase au large fond l'odeur fétide de la poix! Que te faut-il? que ton argent qu'ici tu nourrissais au modeste denier cinq, achève de suer l'énorme denier onze? Livre-toi à la joie; cueillons les plaisirs : jouir c'est vivre. Un jour tu ne seras plus que cendre, ombre, vain nom. Vis en te souvenant de la mort : l'heure fuit ; ce que je dis est déjà loin.

« Eh bien ! que fais-tu ? Te voilà tiraillé par deux hameçons contraires : suis-tu celui-ci, ou celui-là ? Tu subiras nécessairement tour à tour les caprices de ces deux maîtres, et tu passeras alternativement d'un joug à l'autre. Garde-toi, parce qu'une fois que tu auras résisté, parce que tu ne te seras pas rendu à un ordre pressant, de dire : Enfin j'ai brisé mes fers ! car, à force de lutter, le chien aussi emporte son nœud ; mais, dans sa fuite, il traîne pendant à son cou un long bout de sa chaîne [1]. »

Turnus.

Un contemporain de Perse, nommé Turnus, est cité au nombre des poëtes satiriques. Ce fut, dit-on, en son temps, un homme distingué et d'un mâle courage. C'est en ce sens que Martial parle de lui. On lit, dans quelques recueils, à la suite des œuvres des grands satiriques, un morceau remarquable par la verve et l'énergie, sur l'avilissement des poëtes au temps de Néron. Ce morceau a été publié pour la première fois par Balzac, et signé par lui du nom de Turnus. Mais ce n'est, en réalité, qu'une belle imitation de l'antique. Tous les critiques bien informés savent à quoi s'en tenir sur la vraie origine de ces vers ; et c'est au premier éditeur, c'est à Balzac en personne qu'ils reportent l'honneur de les avoir écrits.

Sulpicia.

Domitien se passa un jour la fantaisie de chasser de Rome tous les philosophes. Il avait peur, selon Tacite, que rien d'honorable pût nulle part se présenter à ses yeux. Parmi ceux qui durent obéir à l'édit du Néron chauve, comme eût parlé Juvénal, se trouvait un certain Calénus. Calénus était l'époux d'une poétesse, nommée Sulpicia. Martial et d'autres auteurs ont célébré le talent de cette femme, la pureté de sa vie, son dévouement à son époux. L'exil de Calénus la fit sortir du calme habituel de ses pensées. Elle quitta un

---

1. Perse, *Satires*, satire V, vers 130 et suivants.

instant les jeux poétiques pour la poésie de la colère, et elle écrivit une satire contre le tyran. Nous avons cette satire. L'œuvre de Sulpicia pourrait être plus éloquente et plus passionnée ; ce style de femme pourrait avoir plus de nerf et de précision. Mais il y a quelques beaux vers ; et, malgré certaines expressions de mauvais goût, l'auteur ne dévie que peu des traditions classsiques. Elle affecte même les expressions de Virgile et d'Horace. Elle va jusqu'à citer textuellement Virgile : il est vrai que c'est à faux, ou du moins qu'elle a supposé Jupiter s'adressant à Junon, là où il s'adresse à Vénus ; mais ne doit-on pas lui savoir gré de ses efforts pour se maintenir dans le courant d'où tant d'exemples la poussaient à sortir ?

Voici le commencement de la satire de Sulpicia. Je le cite, non pas comme le plus beau passage, mais parce que Sulpicia y donne quelque renseignements sur ses autres compositions : « Muse, permets-moi de traiter brièvement ce sujet, dans le rhythme qui te sert à chanter les héros et les armes. Car je me suis réfugiée vers toi ; et avec toi je veux méditer sur de mystérieux desseins. Aussi je ne cours plus en vers phaleuces ; j'abandonne et l'ïambe trimètre, et le scazon au pied brisé, qui apprit du poëte de Clazomènes à exprimer les violences de la colère. Et tous ces essais, tous ces milliers de jeux, ces leçons par quoi j'enseignais aux Romaines à défier les femmes de la Grèce, et à assaisonner des plaisanteries toujours nouvelles, je les délaisse sans retour. C'est toi que j'invoque, toi la première et la plus éloquente des Neuf Sœurs. Descends aux prières de ta servante, et exauce-moi. Dis-moi, Calliope.... »

Juvénal.

Décimus Junius Juvénalis naquit en l'an 42 à Aquinum, dans le pays des Volsques. Il était fils, ou, selon quelques-uns, pupille d'un affranchi, qui lui laissa une assez belle fortune. Jusqu'à l'âge de quarante ans environ, il s'abstint de rien écrire. On croit qu'il s'assit longtemps sur les bancs des rhéteurs, et qu'il brilla, dans sa jeunesse, par son talent oratoire, ou, si l'on veut, par sa facilité à développer des sujets de déclamations. J'ai rappelé ailleurs le passage où il dit que lui aussi il a conseillé à Sylla de rentrer dans la vie privée, et de dormir d'un sommeil profond. Son premier essai poétique, qui se retrouve en partie dans la satire septième, fut une attaque fort vive contre un histrion, favori de Domitien. Ses amis particuliers, à qui il lut ces vers, le saluèrent poëte, et l'encouragèrent par leurs applaudissements à continuer une œuvre si bien commencée. On ne peut pas dire que Juvénal consacra à la poésie tout son âge mûr et toute sa vieillesse, car il a vécu fort longtemps et assez peu écrit; mais la poésie devint désormais une des affaires de sa vie, et même la plus importante, tandis qu'auparavant il s'était adonné surtout à la déclamation. Il se contenta, pendant bien longtemps, du suffrage de ses amis, ou des bravos du public d'élite qui fréquentait les salles où les poëtes lisaient leurs vers. Ce n'est qu'à l'âge de quatre-vingts ans environ, qu'il publia le recueil de ses satires. On conte qu'Adrien s'offensa, pour son Antinoüs, du trait lancé jadis contre l'histrion de Domitien, et qu'il jugea à propos de se venger. Il se vengea d'une façon singulière. Il nomma le vieillard octogénaire commandant d'une cohorte; et la cohorte que Juvénal devait commander n'était ni à Rome ni en Italie, mais presque au bout du monde : à Syène, selon les uns; en Libye, selon les autres; selon d'autres encore, dans la Pentapole d'Afrique, ou même dans les Oasis; mais toujours aux extrêmes confins de l'empire. Juvénal se résigna à l'étrange faveur dont il était l'objet; mais, à peine arrivé à son poste, il mourut, de chagrin, dit-on, mais aussi un peu, je crois, du changement de climat et surtout de sa vieillesse.

Il nous reste de Juvénal quinze satires entières, et soixante vers d'une seizième. Ces satires sont rangées probablement dans l'ordre où Juvénal les avait disposés pour la publication, mais non pas suivant la date de leur composition respective. Il y a dans la septième, comme nous l'avons dit, au moins quelques vers écrits sous Domitien, et les premiers qu'ait faits Juvénal. La première satire n'est qu'une préface rédigée après coup, une sorte de résumé des divers sujets traités dans les autres. Ce n'est pas certainement avant d'avoir écrit des satires, que Juvénal a eu l'idée d'en composer une pour expliquer au lecteur comment il se fait qu'il écrive des satires. Quant aux autres, il ne serait pas très-facile de déterminer leur succession chronologique ; mais on s'aperçoit sans beaucoup de peine qu'il y a, dans le recueil, plus d'une interversion, outre les deux que j'ai signalées.

Génie de Juvénal.

Une riche et puissante imagination, une grande force de volonté, l'amour passionné du bien et du beau, une habileté consommée dans l'art de frapper et de saisir les esprits, voilà ce qui a valu à Juvénal d'être compté parmi les plus grands poëtes, non pas seulement de Rome, mais de tous les temps : « On pourrait faire, dit M. Nisard, avec les portraits du poëte, une histoire domestique de Rome dans les premiers siècles de l'Empire. Son livre est un admirable complément de celui de Tacite : c'est la chronique privée d'une époque dont Tacite a écrit l'histoire publique. » Le même critique fait observer qu'il ne faut accorder ni à l'un ni à l'autre une absolue confiance : « Ces deux génies, ajoute-t-il, ont tant besoin d'événements sombres, et sont si à l'aise dans le désordre et le crime, qu'on peut les soupçonner, sans faire injure à leur probité, d'avoir vu plus de choses avec leur imagination qu'avec leurs yeux. » Il faut dire, en effet, que Juvénal n'a, le plus souvent, que des colères posthumes, qu'une indignation rétrospective. Ceux qu'il attaque avec le plus de rudesse ne sont pas des vivants. Ce qu'il s'est proposé surtout, c'est de voir, selon son expression même, ce qu'on pouvait se permettre contre les hommes dont la cendre reposait le long de la voie Flaminienne et de la voie Latine. Juvénal transportait dans la satire les procédés de la déclamation ; mais, grâce au prestige d'un esprit créateur, tous ces morts revivent, toutes ces figures deviennent autant de types immortels. Juvénal a eu les accents de la véritable éloquence en apostrophant des ombres ; mais ces ombres qu'il évoque prennent plus de réalité à sa voix que n'en ont les vivants mêmes. C'est dire que Juvénal a été doué au souverain degré du don de poésie.

Les satires de Juvénal ne sont pas, comme celles d'Horace, des causeries où le poëte vole presque à tout objet, mais des constructions savantes, des dissertations, de véritables discours. Ces discours témoignent d'une force de volonté incomparable : « Qui voit le commencement, dit M. Nisard, voit le milieu et la fin. On n'y est point arrêté par ces phrases d'attente qui donnent à la pensée le temps de venir, ni refroidi par ces transitions qui ressemblent à des anneaux de fil dans une chaîne d'or. Juvénal attaque sa matière à l'endroit vif ; il entre à pleines voiles dans son sujet : il faut le suivre et courir avec lui, rire et s'émouvoir au pas de course, enfin s'abandonner au torrent sans se demander où l'on va. » On croirait volontiers que Juvénal lui-même cède à une impulsion irrésistible ; mais, en y regardant bien, on reconnaît qu'il se possède pleinement, et que son essor est toujours exactement calculé d'avance. C'est un artiste qui a la claire conscience de toutes ses ressources, qui sait ce qu'il veut, et aussi ce qu'il peut. Chacun de ses poëmes semble avoir été conçu et exécuté sans interruption, par un effort unique, par un jet vigoureux de son esprit. C'est une illusion ; mais l'illusion, comme le remarque M. Nisard, est complète: « Je suis sûr, dit le savant critique, qu'il s'y reprenait souvent, et qu'on put le surprendre plus d'une fois, à certaines heures, dans le quartier de Suburra, à la porte d'un riche patron ou d'une belle courtisane, entre le commencement et la fin de sa magnifique déclamation sur l'inanité de nos vœux et de nos ambitions; mais, soit artifice de composition, soit plutôt puissante haleine, Juvénal savait si bien renouer son inspiration d'aujourd'hui à son inspiration d'hier, que la jointure ne s'y fait pas sentir, et que les transitions n'y rompent jamais l'enchaînement général de l'ouvrage. » Voilà ce que Perse n'avait point, lui qui coud péniblement, ou seulement juxtapose, ses idées une à une. Voilà ce qui manque à Horace même, mais ce qu'Horace rachète par mille grâces, par mille qualités sérieuses et charmantes.

Juvénal fut-il l'homme de ses vers, ou doit-on le compter parmi ces auteurs qui ne se parent d'austérité qu'avec le public, et qui font bon marché, dons leur for intérieur, ou même dans leur vie privée, des maximes qu'ils prêchent avec tant de zèle ? Le peu qu'on sait sur la personne du poëte ne permet pas de décider la question par des témoignages. Que si Martial, son ami, lui adresse des vers qui n'ont rien de chaste, qu'en peut-on conclure ? J'en conclurais que Martial, en écrivant ces vers, s'est laissé aller à ses instincts, et non pas que les mœurs de Juvénal étaient dépravées. Juvénal n'est pas le premier qui ait aimé un mauvais sujet, et laissé toute liberté devant lui aux spirituelles gaillardises d'un espiègle. Est-ce dans les écrits mêmes de Juvénal qu'on trouverait des preuves suffisantes pour réduire Juvénal à n'être qu'un déclamateur de génie, et pour lui infliger le nom de satirique indifférent? L'indignation fait ses vers : il le dit, et je crois, et je le sens. Où aurait-il trouvé, sinon dans son âme, cette haine amère et implacable dont il poursuit le vice? On a beau dire, les prescriptions de la rhétorique, même à la plus forte dose, ni tout l'art du monde ne suppléent point la nature; et Juvénal a des cris qui émeuvent mes entrailles. Ces cris sont partis de son cœur. Seulement, l'art est venu en aide à la nature, et le poëte a complété l'homme. Une forte tête, cette énergique volonté dont je parlais tout à l'heure, domine et régit les passions de Juvénal, même les plus véhémentes. C'est volontairement que Juvénal pousse jusqu'à l'excès, pour parler comme Boileau, sa mordante hyperbole. Blâmons-le, s'il nous plaît, d'avoir trop voulu étonner, subjuguer son lecteur, d'avoir visé sans cesse à la plus grande somme d'effets possible ; mais ne nions pas, contre l'évidence, une indignation qui s'échappe en si magnifiques et si terribles éclats. Ces affreuses vérités qui remplissent ses ouvrages, il n'aurait pas su les exprimer avec cette éloquence, s'il ne les eût bien senties. S'il n'était qu'un déclamateur, nous pourrions avoir à louer les ressources de son esprit; nous n'aurions point à admirer tant de beautés sublimes, toutes ces qualités dont sa poésie étincelle.

Style de Juvénal.

M. Nisard, qui soutient, et avec des raisons fort spécieuses, le paradoxe que nous venons de combattre, ne laisse pas de rendre au talent de Juvénal pleine et entière justice. Voici, par exemple, comment il parle de son style : « C'est le style le plus original de l'époque de la décadence. Il semble que la langue latine ait fait un dernier effort, pour se prêter au rude génie de son dernier poëte.... Dans le style de Juvénal, tout est arrêté, tout est vigoureux; il n'y a pas plus de jour entre les mots qu'entre les idées, tant le discours se presse, et tant les plans sont serrés. Point de phrases d'attente, point de chevilles, point de choses lâchées : ce style pécherait plutôt par la roideur et le trop-plein que par la négligence et le vide. Il peut y avoir des analogies entre la poésie de Juvénal et celle de ses contemporains; il n'y a pas d'imitation. On n'y sent pas la mémoire des mots, par laquelle on imite : à l'âge où Juvénal écrit, ou l'on n'a plus cette mémoire, ou l'on ne l'a pas du tout. De même, s'il s'élève jusqu'au style des anciens, il ne leur fait pas d'emprunt.... Les endroits où le style de Juvénal est le plus franc, et où sa poésie est vraiment sœur de la poésie d'Horace, ce sont ses descriptions des vices monstrueux de son temps. Là où il touche, après Horace, à quelque vérité de la philosophie morale, son style n'a pas cette aisance noble, ce calme du discours socratique, qui convient si bien aux choses de philosophie. Mais, dans la peinture des saturnales dont il était le témoin, sa langue, plus expressive et plus colorée que celle de Martial, est aussi précise et populaire. Il semble accomplir alors une sorte de mission; il enrichit l'histoire des corruptions humaines; il parle au nom de la morale épouvantée; il fait une œuvre nécessaire, et, pour tout ce qui est nécessaire, pour tout ce qui peut servir à ce que je me suis permis d'appeler l'éducation éternelle de l'humanité, il n'y a pas d'exemple, je le répète, qu'une langue ait manqué au poëte. La langue de Juvénal est alors aussi belle, aussi pure, aussi classique que celle de Virgile et d'Horace. » Je dois dire que M. Nisard fait quelques réserves, et qu'il signale plus d'une défaillance dans ce talent si viril. Mais nous n'éprouvons aucun embarras à reconnaître que Juvénal n'est pas toujours inspiré, et qu'il est quelquefois, selon la juste expression du critique, déclamatoire sans être éloquent, haletant sans être chaud.

Citations.

Que citerons-nous de Juvénal? Il n'y a pas de poëte qui se prête mieux à fournir des morceaux détachés. Nous avons presque l'embarras du choix. Montrerons-nous Juvénal poussant à bout la luxure latine, et vendant Messaline aux portefaix de Rome? Briserons-nous avec lui la statue de Séjan? Quel tableau prendre, parmi tous ces tableaux de gloutonneries, d'impuretés, d'empoisonnements, d'adultères, d'horreurs de toute espèce? M. Nisard a eu le bon goût d'insister particulièrement sur le côté le moins connu et le plus aimable de la poésie de Juvénal. Il nous montre, à la fin de son étude sur le poëte, Juvénal déridé et souriant. Car Juvénal sacrifie de temps en temps aux Grâces. Il a, quand il lui convient, autant d'esprit que personne, et du plus charmant esprit. Maints traits jetés çà et là à travers ses plus sérieux discours, en fournissent suffisamment la preuve; et voici deux passages où sa muse un peu guindée, comme dit le critique, semble se détendre : « La poésie, dit encore M. Nisard, en est molle et facile, comme celle de Tibulle, comme celle des *Églogues*. Le premier passage est à propos d'une fête que Juvénal prépare pour le retour d'un ami : « Allons, esclaves, du recueillement et du silence. Parez le temple de festons; répandez la farine sur les couteaux sacrés ; recouvrez d'un gazon vert l'autel où flottent les bandelettes. Je vais vous suivre ; et, dès que j'aurai accompli comme il convient la pieuse cérémonie, je reviendrai dans ma maison, couronner de fleurs mes petits Pénates de cire fragile et luisante. Là, j'apaiserai notre Jupiter; j'offrirai de l'encens à mes Lares paternels, et je répandrai toutes les couleurs de la violette. Tout brille ; à ma porte se dressent de longs rameaux, et les lampes matinales annoncent la fête. Mais garde-toi de suspecter ces apprêts, Corvinus. Catulle, dont je célèbre le retour par tant de sacrifices, a trois petits héritiers[1]. » Dans l'autre passage, c'est Umbricius qui s'interrompt ainsi au milieu de ses imprécations contre les embarras de Rome : « Si tu as le courage de t'arracher aux jeux du cirque, tu achètes la plus riante maison à Sore, à Fabratérie ou à Frusinone, pour le prix que te coûte ici le loyer annuel d'un trou ténébreux. Là, tu as un petit jardin, un puits peu profond, où tu peux puiser sans le secours d'une corde, et dont tu n'as pas de peine à verser l'eau sur tes légumes naissants. Vis ami du hoyau ; cultive de tes mains un jardin qui fournisse au régal de cent pythagoriciens. C'est quelque chose, en quelque lieu, en quelque coin que ce soit, de s'être fait le possesseur ne fût-ce que d'un lézard[2]. »

L'histoire de la satire après Horace est tout entière dans les noms de Valérius Caton, de Perse, de Turnus, de Sulpicia, de Juvénal. Ce n'est pas que nous ne puissions mentionner d'autres noms encore, soit contemporains de ceux-là, soit appartenant aux siècles qui suivirent. Mais il n'y en a pas un seul qui soit vraiment célèbre, excepté celui de Cornutus ; non que Cornutus ait jamais passé pour un grand poëte, mais parce qu'il a été un homme de noble caractère, et parce qu'il a été le maître de Perse et de Lucain. Nous ne retrouverons plus la satire ; mais nous verrons encore l'esprit satirique. C'est lui qui anime presque toute la poésie de Martial ; c'est lui qui inspirera, jusque dans les derniers jours de la littérature latine, les plus beaux vers de Claudien et de Rutilius.

[1]. Juvénal, *Satires*, satire XII, vers 83 et suivants.
[2]. Juvénal, *Satires*, satire III, vers 223 et suivants.

CHAPITRE XXXVI.

MARTIAL.

L'épigramme après Catulle. — Vie de Martial. — *Épigrammes* de Martial. — Caractères de la poésie de Martial. — Style de Martial.

L'épigramme après Catulle.

Catulle avait excellé dans l'épigramme. Plus d'un parmi ses contemporains en tourna passablement quelqu'une. On se rappelle les vers de Jules César sur Térence. Les deux frères Cicéron, sans être de grands poëtes, savaient aiguiser et versifier un mot heureux. Ce talent de bien dire de petites choses devint presque vulgaire à Rome, au siècle d'Auguste, quand le goût de la poésie eut envahi toute la ville, et qu'on vit, selon l'expression d'Horace, ignorants et savants écrire des poëmes. Il n'est guère d'homme de quelque esprit qui ne soit cité comme ayant laissé des épigrammes, même de bonnes épigrammes. Auguste en faisait de fort piquantes, sinon de fort chastes. Nous en avons une de Mécène, qui est pleine de bonhomie et de grâce, et que la Fontaine a éternisée. Je n'ai pas besoin de rappeler que Virgile, qu'Ovide, que presque tous les poëtes fameux avaient été aussi des épigrammatistes à leurs heures. Je remarque seulement qu'un catalogue complet de tous les amateurs qui, poëtes ou non, se sont crus en état de rédiger en vers quelque petite malice ou quelque trait agréable, serait une liste presque sans fin. Mais, parmi tous ces noms, il en est bien peu qui vaillent d'être cités. Peu importe au lecteur Lentulus Gétulicus, ou Sentius Augurinus, ou tel autre. L'empereur Adrien, qui a adressé de si jolis vers à son âme, mériterait presque seul une exception. Ce n'est pas que l'*Anthologie latine* ne contienne quelquefois, sous les noms les plus ignorés, des pièces assez gentilles ; mais cette petite poésie ne nous arrêtera pas. Martial nous appelle, Martial qui est presque le génie même de l'épigramme ; un poëte de grand renom, et dont nous devons signaler avec quelque détail les qualités et les défauts.

Vie de Martial.

Marcus Valérius Martialis naquit en l'an 40, à Bilbilis, ville d'Espagne dans la Tarraconaise. A l'âge de vingt et un ans, il quitta son pays et vint à Rome. Il ne voulait d'abord qu'y perfectionner son éducation ; mais il finit par s'y fixer, et il y demeura trente-cinq années. Il ne fit jamais d'autre métier que celui de poëte. Grâce aux largesses de quelques patrons opulents, surtout de Domitien Jupiter, il vécut entre la misère et l'aisance, mais toujours plus voisin de la pauvreté que de la richesse. Les honneurs ne lui manquèrent pas. Domitien le nomma chevalier, et lui accorda certains priviléges plus ou moins enviables. En même temps il devenait célèbre dans tout l'empire, et sa renommée d'écrivain atteignait, à l'en croire, les plus hautes, non pas seulement celles du siècle où il vivait, mais celles des temps passés. Il y a ici, sans doute, un peu de vanterie espagnole ; mais il est incontestable que Martial eut de beaux succès littéraires, et qu'il prit rang, dès ses débuts, parmi les poëtes aimés du public. A cinquante-six ans, veuf et sans famille, il sentit renaître en lui l'amour du sol natal, et il retourna à Bilbilis. Là, il contracta un second, ou, selon quelques-uns, un troisième mariage, qui assura son existence contre les mauvaises chances de la fortune. Quand il était parti de Rome, il avait fallu que son ami Pline le Jeune lui payât les frais du voyage. Marcella, sa nouvelle femme, lui apporta en dot de quoi faire à peu près, dans Bilbilis, figure de chevalier. Mais il ne jouit pas longtemps des biens si tard acquis. On ne sait pas la date exacte de sa mort ; mais on sait qu'il ne dépassa pas beaucoup la soixantaine.

Épigrammes de Martial.

Martial n'a jamais écrit ni voulu écrire que des épigrammes. Il y en a quinze cents environ dans son recueil, et elles sont divisées en quatorze livres, sans compter le livre préliminaire, intitulé *Spectacles*. La Harpe, qui se trompe sur les chiffres réels des livres et des épigrammes, puisqu'il diminue l'un de deux, ou plutôt de trois, et l'autre de trois cents, n'en fait pas moins des réflexions fort sensées sur l'énormité d'un pareil recueil. Il trouve que c'est beaucoup d'épigrammes, et il ajoute, avec quelque raison, qu'on en pourrait retrancher les trois quarts sans rien regretter. Martial n'aurait peut-être pas désavoué le critique, lui qui dit quelque part, en parlant de ses épigrammes, qu'il y en a de bonnes, mais qu'il y en a de médiocres, et plus encore de mauvaises : « Lui-même, dit La Harpe, s'accuse en plus d'un endroit de cette profusion; mais cet aveu ne diminue rien de l'importance qu'il a attachée à ces bagatelles. Elles nous sont parvenues dans le plus bel ordre, telles qu'il les avait rangées, et même avec les dédicaces en tête de chaque livre. Cela est fort consolant sans doute, mais pas assez pour nous dédommager de la perte de tant d'ouvrages de Tite Live, de Tacite et de Salluste, que le temps n'a pas respectés autant que le recueil de Martial. Le premier livre[1] est tout à la louange de Domitien : la postérité lui saurait plus de gré d'une bonne épigramme contre ce tyran. Au reste, ces louanges roulent toutes sur le même sujet: il n'est question que des spectacles que Domitien donnait au peuple; et Martial répète de cent manières qu'ils sont beaucoup plus merveilleux que ceux qu'on donnait auparavant. Cela fait voir quelle importance les Romains attachaient à cette espèce de magnificence, et en même temps combien il était peu difficile de flatter l'amour-propre de Domitien. » Dans les autres livres, jusqu'au douzième inclusivement, les épigrammes viennent à la suite l'une de l'autre, sans aucun ordre que le hasard, ou, si l'on veut, que la volonté capricieuse de l'auteur. Les deux derniers livres portent des titres particuliers : le treizième, celui de *Xenia*, c'est-à-dire *Cadeaux*, et le quatorzième, celui d'*Apophoreta*, qui a à peu près le même sens; et toutes les épigrammes de ces deux livres, à l'exception de trois, sont toutes de deux vers, ni plus ni moins, et elles roulent sur des sujets qui ont entre eux une certaine analogie.

---

1. La Harpe a tort de dire *le premier livre*. C'est le livre préliminaire; c'est, si l'on veut, pour nous le premier, mais il n'en porte pas le titre.

Martial écrivit et publia à Rome même presque toutes ses épigrammes. Le douzième livre du recueil fut le seul qu'il envoya de Bilbilis à Rome. Les *Xenia* et les *Apophoreta*, bien que classés à la suite de ce livre, sont d'une époque antérieure, et avaient paru chez le libraire Tryphon avant que Martial quittât l'Italie.

Caractères de la poésie de Martial.

Il est difficile de ne pas traiter sévèrement un poëte qui semble étranger aux plus simples notions de la morale, presque à tout sentiment de pudeur. Martial se complaît dans l'obscénité ; il s'y vautre avec une satisfaction manifeste. Encore s'il y portait quelque chose de ce génie créateur qui fait qu'on pardonne à Aristophane tant de péchés impardonnables. Mais non ! ses épigrammes ordurières sont précisément les moins bonnes. Pour être obscène, comme le remarque fort bien La Harpe, Martial n'en est pas meilleur ; et, condamnable en morale, il ne peut être absous en poésie. Quelques critiques sont plus indulgents. Pour eux Martial est une sorte de moraliste, un satirique au petit pied, qui essayait de corriger à sa manière les vices de son temps : « Martial, dit M. Nisard, jouait le rôle de censeur ; censeur suspect, je l'avoue, et qui parlait trop en connaisseur des vices qu'il critiquait, mais qui trouvait de temps en temps des accents honnêtes, et un certain dégoût digne de la haute satire. Il y a de l'indignation dans plus d'une de ses épigrammes ; et l'on dirait qu'il va prendre au sérieux les turpitudes de ses contemporains. Mais cette indignation finit par une pointe : la colère du poëte expire dans un jeu de mots. On sent que Martial a trop de tolérance pour faire de la satire ; il a quelquefois du mépris, du dégoût, jamais de la haine. Il est presque reconnaissant envers les débauches monstrueuses dont il parle, pour les traits heureux qu'il en tire, et il songe bien plus à faire rire que réfléchir son lecteur. Cette espèce d'insouciance nous blesse, il est vrai ; nous ne concevons pas qu'on ne trouve qu'à rire de ce qui fait horreur ; mais telle était la corruption des mœurs, au temps de Martial, que les grands vices pour lesquels la satire se réserve, et qui, dans tout autre temps, marquent d'une certaine célébrité d'ignominie le très-petit nombre de ceux qui en sont atteints, étaient communs à tous les Romains, et tombaient par là dans le domaine de l'épigramme, du cancan, petites armes qui ne s'emploient d'ordinaire que contre les manies, les préjugés et les travers d'une époque. Tout ce qu'on pouvait exiger de Martial, vivant au milieu de ces vices, dans leur intimité, et peut-être dans leur confidence, c'est que, ne pouvant pas être leur ennemi ouvert, il ne fût pas leur flatteur, et qu'il eût assez de courage pour faire rire de ceux qu'il n'avait pas le pouvoir de déshonorer. Or, il a rempli cette tâche, quelquefois avec vigueur, quelquefois avec un sentiment qui n'a pas dû sortir d'une âme dépravée. » Je voudrais que cette apologie fût aussi fondée qu'elle est ingénieuse. Martial serait encore un assez pauvre personnage, puisqu'on reconnaît qu'il avait sa part, et sa bonne part, de toutes les corruptions dont il se faisait le censeur. Il n'avait pas le bras d'Hercule, et il n'était pas fait pour terrasser le vice. Cela est parfaitement incontestable ; mais ce qui ne l'est pas, ce qui est même le contraire de la vérité, c'est que la satire, au temps de Martial, fût nécessairement réduite à la petite guerre et aux coups d'épingle. Le célèbre critique a oublié un instant que Martial était le contemporain de Juvénal, et que cette satire, qu'il proclame impossible à une pareille époque, n'a jamais été ni plus énergique ni plus foudroyante ; efficace, c'est une autre affaire. M. Nisard explique ailleurs pourquoi, après avoir lu Martial, il s'est senti naturellement porté à l'indulgence. C'est que Martial lui peignait Rome au vif, dans toutes ses hontes, dans tous ses avilissements, et qu'il l'avait singulièrement amusé de ses pointes sur les mœurs des chevaliers, des sénateurs et des valets. C'est quelque chose d'être l'image fidèle et naïve d'une époque, même de l'époque de Domitien. Mais nous ne cherchons pas si l'on peut tirer du recueil de Martial toute une piquante galerie d'originaux : nous nous demandons si Martial a fait de ses talents un digne et honnête usage. Force nous est de répondre que non. A cela près, je n'éprouve aucune répugnance à reconnaître qu'il est arrivé souvent à Martial de sentir et d'exprimer de nobles pensées, et qu'il ne va pas toujours au gré d'un vil instinct. Il n'est même pas étranger à certaines délicatesses de l'âme, et quelquefois les vers de ce poëte impur sont pleins d'une douce mélancolie. Il y en a aussi, et en très-bon nombre, qui sont tout simplement des vers spirituels et agréables, et où la pruderie la plus farouche ne saurait trouver à redire. Les meilleures épigrammes de Martial sont même les plus irréprochables, celles, comme dit La Harpe, qu'on peut citer partout. La Harpe prend pour exemple celle-ci, qui peut servir de leçon, suivant sa remarque, à Paris comme à Rome, et qui ne corrigera personne, ni à Rome ni à Paris. Elle s'adresse à un avocat : « Il ne s'agit ni de violence, ni de meurtre, ni de poison ; mais je suis en procès pour trois chevreaux. Ma plainte, c'est que mon voisin me les a dérobés. Voilà ce que le juge veut qu'on lui démontre. Et toi, tu fais retentir, d'une voix éclatante et avec un geste emphatique, Cannes, et la guerre de Mithridate, et les parjures de la fureur punique, et les Sylla, et les Marius, et les Mucius. Parle un peu, Postumus, de mes trois chevreaux [1]. »

Ces petites pièces, si nettes et si sobres, rappellent, assez bien, quoi qu'en disent certains exclusifs, la savante et discrète manière de Catulle. Martial excelle, comme Catulle, à manier les rhythmes les plus divers ; comme lui il triomphe surtout dans l'hendécasyllabe ; comme lui aussi il sait l'art d'enfermer beaucoup de sens en peu de mots. C'est l'esprit et la lime de Catulle, sinon toute sa perfection et toute sa grâce. Aussi Pline le Jeune, en apprenant la mort de Martial, a-t-il pu dire, sans se faire tort auprès des gens de goût, et sans qu'on le pût taxer d'avoir fait office d'ami indulgent à l'excès : « C'était un homme spirituel, piquant, vif, qui avait, en écrivant, beaucoup de sel, beaucoup de fiel, et non moins de candeur [2]. » C'est cette candeur qui fait le charme des vers de Martial ; et, si Martial

---

[1]. Martial, *Épigrammes*, livre VI, épigramme XIX.
[2]. Pline le Jeune, *Lettres*, livre III, lettre XXI.

mérite d'être lu, ce n'est pas parce qu'il fut malin, c'est parce qu'il fit sans l'être, comme dirait Boileau, ses plus grandes malices.

Style de Martial.

« Martial, dit M. Nisard, poëte de goût, malgré tout son libertinage d'esprit encore plus que de mœurs, n'avait pas l'ardeur de nouveauté des poëtes d'imagination, ni cette négligence propre à toutes les poésies ambitieuses. Ses petites pièces sont pour la plupart, dans l'expression, timides et travaillées. Martial se souvenait des préceptes d'Horace : il composait, selon sa méthode de l'*Épître aux Pisons*, pour l'oreille fine de quelque Métius. De là bon nombre de morceaux d'une facture excellente.... La nature de son esprit le portait à continuer les maîtres : il avait le sens de leur grande poésie; il l'aimait et il l'admirait. » M. Nisard remarque ensuite que les sujets traités par Martial ne comportaient guère les témérités qui firent, en ces temps-là, la fortune de tant d'autres poëtes, et que Martial fut simple dans son style, précisément parce qu'il n'écrivait que des épigrammes : « Ses poésies n'étaient pas de celles qui se lisent en public : elles sont à la fois trop courtes et de trop peu d'apparat, et ne comportent ni les éclats de voix, ni les suspensions préméditées, ni le geste théâtral, ni toute cette pantomime dont les faiseurs d'épopées accompagnaient leurs solennelles lectures; outre que ses petites satires pouvaient tomber à l'improviste sur quelques-uns de ses auditeurs.... Son public était pris dans toutes les classes et de tous les côtés; public indépendant, lisant pour son plaisir bien plus que pour des querelles d'école, et qui demandait un style simple, sans grands frais d'invention, populaire, et des vers qui pussent s'apprendre et se répéter comme des airs faciles. De là, de temps en temps, la simplicité de Martial, sa concision, sa clarté; sauf un reste de barbarie espagnole, soit que les pièces gâtées par ce défaut soient plus près de son début littéraire, soit qu'à certains moments de paresse et de relâchement, le naturel provincial reprît le dessus sur son éducation romaine. Mais les poëtes qui ont plus de qualités que de défauts doivent être caractérisés par leurs qualités : aussi est-il juste de ranger Martial parmi les poëtes qui savent être originaux en restant fidèles à la tradition. Sa langue est de bon aloi, malgré quelques fautes qui lui viennent soit de son pays, soit de concessions faites au goût du jour ; concessions d'autant plus choquantes qu'elles manquaient de cette tournure ingénieuse que les poëtes d'imagination savent donner même à l'extravagance. »

CHAPITRE XXXVII.

PSEUDO-VIRGILIENS.

Réaction classique. — Valérius Flaccus. — Silius Italicus. — Stace. — Saléius Bassus. — Térentianus Maurus. — Columelle. — Autres poëtes contemporains.

Réaction classique.

L'école de Sénèque et de Lucain était dans tout l'éclat de sa victoire, à l'époque où Martial sentit sa vocation de poëte. Un heureux instinct, un grand bon sens, la nature particulière de son talent, préservèrent l'Espagnol de Bilbilis de presque tous les défauts mis à la mode par les deux Espagnols de Cordoue. Martial donna, sans y penser peut-être, le signal d'une réaction classique. Quintilien, son ami, commença bientôt une guerre systématique et savante contre le faux goût et la fausse éloquence. Les grands modèles furent remis en honneur : Cicéron détrôna Sénèque, et Lucain fit place à Virgile. Il y eut des poëtes qui se proclamèrent hautement, publiquement, les disciples du chantre des *Géorgiques* et de l'*Énéide*. Ce sont ceux que je nomme les pseudo-virgiliens, entre autre Valérius Flaccus, Silius Italicus et Stace. Ces poëtes avec beaucoup d'esprit et beaucoup de talent, n'ont été poëtes qu'à demi. Leurs poëmes sont des œuvres sans vie; des merveilles, si l'on veut, de versification, mais distillant, si je l'ose ainsi dire, la fadeur et l'ennui. Il y aurait de l'injustice à stigmatiser ces auteurs du titre de méchants écrivains : ce sont plutôt des neutres. Je dirais volontiers qu'ils n'existent pas. Ils n'ont pas même ce style après lequel ils ont tant couru. Virgile est resté Virgile, et ne leur a point livré ses secrets. Là où l'inspiration manque, comme le remarque un critique, il n'y a plus de netteté dans la langue ni de justesse dans les images. La réaction fut donc inféconde, au moins quant à la poésie : nous dirons plus tard ce qu'elle produisit dans la prose. On se dégoûtait du style bizarre ; on avait soif de naturel et de simplicité ; mais où était la croyance, ou était la vérité capable d'inspirer un style qui répondît à cette ambition ? Pour qu'un pareil style fût possible, il fallait autre chose qu'un effort de volonté : il fallait des idées, des sentiments, qui le rendissent nécessaire ; il fallait de grandes âmes en qui pussent se purifier, s'élever, se diviniser, pour ainsi dire, ces sentiments et ces pensées ; des hommes, en un mot, dignes de recevoir le souffle sacré, à la fois grands cœurs et grands génies.

Valérius Flaccus.

Il suffit presque d'indiquer le titre de l'épopée de Valérius Flaccus, et le nom de l'auteur qui lui en a fourni la matière, pour savoir à quoi s'en tenir et sur le goût du poëte et sur la nature de son talent. Le poëme de Valérius Flaccus est intitulé *Argonautiques*, et ce poëme est une imitation, ou plutôt une amplification, des *Argonautiques* d'Apollonius de Rhodes. L'épopée du grammairien alexandrin n'a que quatre chants ; l'épopée de son imitateur en avait plus du double, puisqu'il en reste sept livres entiers et une partie du huitième, et que ces huit livres n'étaient pas tout l'ouvrage.

Valérius Flaccus suit, dans l'ensemble, la même marche qu'Apollonius. Comme lui il remonte à la mission imposée à Jason par Pélias, et se traîne à pas lents, beaucoup plus occupé des aventures du voyage que de la conquête de la Toison d'or. Dans les deux poëmes, ce sont les mêmes personnages, entrant en scène de la même façon; ce sont les mêmes mythes, rangés dans le même ordre. Nulle différence non plus entre les caractères tracés par les deux poëtes : c'est toujours, comme on l'a dit spirituellement, un Jason que nous ne pouvons guère admirer, une Médée que nous ne pouvons guère aimer. Et quand le poëte latin semble mettre du sien dans son ouvrage, c'est Pindare, c'est Homère, ce sont les mythologues, c'est toute l'ancienne littérature qui fournit en réalité la matière. Valérius, d'un bout à l'autre, n'y est que pour la main-d'œuvre. Apollonius de Rhodes était à peu près l'ombre d'Homère. Valérius Flaccus est le néant même; l'ombre d'une ombre! Ses prétentions virgiliennes ne sont que des prétentions. A part quelques descriptions ingénieuses, il n'y a rien, dans toute l'étendue des *Argonautiques*, qui rappelle, même de loin, ni l'art de Virgile, ni son style, ni sa langue. La langue de Valérius Flaccus, selon l'expression d'un critique, n'est point, comme celle de Virgile, une pure et chaste vierge, c'est une coquette précieusement attifée. Le poëte vise-t-il à la force, il perd de sa clarté ; et le lecteur ne gagne à sa concision que le plaisir de deviner des énigmes. Son élégance est une fausse élégance; ses hardiesses n'aboutissent pas, ou n'aboutissent qu'à des nouveautés suspectes ; son éloquence est presque toujours hors des voies naturelles du beau et du vrai ; enfin toute sa manière dénonce à la fois et pénurie d'imagination et absence de goût.

L'homme d'esprit qui a versifié cette insipide épopée est a peu près inconnu. On croit qu'il était de Patavium ou Padoue. Il mourut assez jeune, en l'an 88. Ce qui ferait supposer qu'il ne manqua pas de réputation en son temps, c'est cette mention de Quintilien : « Nous avons beaucoup perdu naguère en Valérius Flaccus. » Il est probable que Quintilien faisait une médiocre estime de ce prétendu poëte ; mais il aura voulu ne point heurter l'opinion générale : sa phrase témoigne, selon moi, et de l'illusion des Romains, et des embarras du rhéteur, et de son adresse à sous-entendre, ou même, quand il y a quelque intérêt, à parler pour ne rien dire.

Silius Italicus.

Caïus Silius Italicus, né selon les uns en Italie, selon les autres en Espagne, fut un personnage considérable. Il fut nommé au consulat en l'an 67, et une seconde fois sous Vespasien. Dans sa vieillesse, il quitta les affaires publiques, et il se retira sur ses terres de Campanie. C'est là qu'il mourut durant les premières années du règne de Trajan. Les Romains le regardaient comme un grand orateur et un grand poëte. Quelques-uns ne faisaient pas de difficulté de le comparer à Cicéron et à Homère. On reconnaît bien là cet éternel aveuglement des hommes à l'égard de leurs contemporains, et cette impuissance absolue où nous sommes de priser à leur réelle valeur les œuvres nées sous nos yeux. Nous ne savons rien sur l'éloquence de Silius, sinon que Silius orateur avait pris Cicéron pour modèle : c'était donc au moins un homme de bon sens. Quant à sa poésie, nous en pouvons juger par les *Puniques*.

Les *Puniques* sont une épopée historique en dix-sept livres. Silius raconte la deuxième guerre punique, depuis ses débuts jusqu'au triomphe de Scipion : « Silius, dit M. Nisard, qui avait très-peu d'imagination, a fait de l'érudition sérieuse : il a suppléé les omissions de Tite Live; en sorte qu'on ne pourrait faire une histoire complète des guerres Puniques, sans consulter Silius Italicus. Seulement, pour se persuader à lui-même et pour faire croire aux autres qu'il compose un poëme, et non qu'il versifie l'histoire, il emprunte aux vieilles recettes de l'épopée des machines ou des fictions glacées, qui rendent la lecture de son poëme insupportable. » Silius, malgré ses défauts, est très-supérieur à Valérius Flaccus. Ce n'est pas dire beaucoup sans doute; mais il y a du feu et du mouvement dans ses tableaux de batailles. Son style est assez simple, et ne dément qu'à moitié la prétention du poëte de rester fidèle aux traditions de Virgile. Enfin Silius est un bon versificateur : c'est même là son mérite le plus incontestable. Je n'ose pas dire que Silius Italicus ait droit d'être compté comme un héritier légitime du chantre de l'*Énéide*. Mais il faut lui savoir gré d'être en général un assez bon écrivain, et d'avoir été vraiment poëte à ses heures. Je sais tout ce que Tite Live pourrait revendiquer dans la plupart des beautés dont on est d'abord tenté de faire honneur à Silius; mais c'est quelque chose que le poëte des *Puniques* n'ait pas toujours été indigne d'un tel prosateur. Les *Puniques* ne sont pas un chef-d'œuvre; ce n'est pas même une grande œuvre; le bon n'y compense pas le médiocre, tant s'en faut, ni même le mauvais; mais il y a, à travers trop de pages nauséabondes, des pages à lire et même à admirer : il ne s'agit que de choisir. Silius a manqué de génie ; je le regrette, car il avait une belle âme : il avait la passion du bien et du beau, un vif enthousiasme et presque une sorte de culte pour les héros de la pensée, surtout pour Virgile et pour Cicéron. On conte qu'il avait acheté une des maisons de campagne autrefois possédées par Cicéron, et un domaine, près de Naples, où se trouvait le tombeau de Virgile. Malheureusement, comme le remarque un critique, cela était plus aisé (j'ajoute, pour un homme riche comme Silius) que de ressembler à l'un ou à l'autre.

Voici un de ces morceaux où Silius a déployé des qualités distinguées, et qui sauveront du naufrage une certaine part de sa réputation. C'est le portrait d'Annibal : « Par caractère, Annibal était avide de mouvement et incapable de garder sa foi, consommé dans la ruse, déviant de l'équité. Armé, il bravait audacieusement les dieux. Son courage indomptable lui fait mépriser une paix avantageuse; jusqu'au fond de ses entrailles brûle la soif du sang humain. D'ailleurs, verdoyant de jeunesse, il ambitionne d'effacer le souvenir des Égates, honte de ses pères, et d'engloutir les traités dans les mers de la Sicile. Junon l'anime encore, et tourmente son cœur de l'espérance de la gloire. Et déjà, dans les visions de ses songes, ou il pénètre au Capitole, ou il s'avance à pas rapides à travers les sommets des Alpes. Souvent aussi ses serviteurs, au seuil de sa porte, éveillés dans leur sommeil, tremblèrent à la voix terrible qui troublait le vaste silence ; et ils trouvèrent le guerrier inondé de sueur, livrant des combats futurs et faisant des guerres imaginaires[1]. »

Stace.

Publius Papinius Statius, né à Naples en l'an 61, était fils d'un grammairien instruit, qui lui-même avait réussi dans la poésie. Stace le père, ayant transporté son séjour à Rome, y fut un des maîtres de Domitien, et y fit une certaine figure. Stace le fils fut un enfant très-précoce, même une sorte de prodige. Bien longtemps avant l'âge d'homme, il était déjà célèbre pour son talent poétique, surtout pour sa facilité à improviser des vers. Personne n'eut jamais des succès plus brillants que Stace. Il remportait la couronne dans tous les concours; dans les lectures publiques, il soulevait d'immenses et unanimes applaudissements. Le mauvais état de sa santé le força de renoncer de bonne heure aux triomphes accoutumés. Il se retira dans une maison de campagne, aux environs de sa ville natale. Il y languit tristement jusqu'à sa mort, qui ne tarda guère. Il mourut en l'an 96, n'ayant pas encore atteint sa trente-sixième année.

Il y a un passage de Juvénal qui pourra donner une idée et de la réputation dont Stace jouissait de son vivant, et de l'effet extraordinaire de ses lectures : « On court pour entendre une voix agréable déclamant ce poëme aimé du public, la *Thébaïde*. Stace a mis la joie dans la ville en fixant son jour. Tant il sait captiver les cœurs par ses charmes, tant il sait passionner tout un auditoire! Mais après que les bancs ont retenti, à se briser, des applaudissements provoqués par ses vers, il souffre de la faim, à moins qu'il ne vende à Pâris les prémices de son *Agavé*[2]. »

Nous n'avons pas toutes les poésies de Stace. La tragédie dont Agavé était l'héroïne , tragédie imitée probablement des *Bacchantes* d'Euripide, n'existe plus. D'autres ouvrages ont eu le même sort; mais ce qui nous reste est encore

---

1. Silius Italicus, *Puniques*, livre I, vers 56 et suivants.
2. Juvénal, *Satires*, satire VII, vers 82 et suivants. Je remarque seulement sur ces vers que le mot *esurit* est plus qu'une hyperbole, et que Stace ne connut jamais le besoin.

très-considérable. Il y a une épopée entière, qui n'a pas moins de douze livres, cette *Thébaïde* tant applaudie jadis; il y a deux livres d'une autre épopée, intitulée *Achilléide*, qui n'a jamais été terminée par le poëte ; il y a les *Silves*, collection de trente-deux petits poëmes de forme et d'importance diverse, distribués en cinq livres.

Le sujet de la *Thébaïde* est la guerre de Polynice contre son frère Étéocle. Selon toute apparence, Stace s'est beaucoup servi de la *Thébaïde* d'Antimachus, et des autres poëmes grecs inspirés par ces antiques catastrophes. Comme les *Argonautiques* de Valérius Flaccus, la *Thébaïde* est avant tout une œuvre d'érudition mythologique : « Stace et Valérius Flaccus, dit M. Nisard, ont tiré de là toute la substance de leurs poëmes. Ils relèvent, par toute la Grèce, tous les temples que la guerre ou le temps y ont détruits; ils consacrent de nouveau tous les lieux consacrés ; ils refont les généalogies avec plus de soin que ces généalogistes aux gages des grandes maisons, lesquels recevaient un salaire pour entasser les quartiers, et pour cacher la tête de la famille dans les nuages de la barbarie. Travail immense, si l'on considère combien les traditions sont obscures et contradictoires. Évidemment Stace et Valérius Flaccus croyaient avoir retrouvé la poésie grecque, ayant retrouvé son personnel de dieux et de héros. » J'ajoute que Stace n'est guère plus habile que Valérius à disposer ses matériaux mythologiques, à en tirer parti, à ménager et à graduer l'intérêt de son poëme, à trouver et à préparer les épisodes, à fondre dans un tout harmonieux les emprunts qu'il fait à ses devanciers. Mais, comme le remarque un critique, il a plus de feu dans l'imagination, et saisit plus vivement les objets. Quelques-uns de ses caractères sont esquissés, dans certaines parties, avec une sorte de force. Ses descriptions de batailles ne sont pas inférieures à celles de Silius Italicus. Quelques-unes, comme dit M. Nisard, sont remuantes, et sans faux luxe de morts extraordinaires et de blessures ridicules. M. Nisard rend également justice à ses comparaisons. Il fait mieux ; il en cite qui sont fort belles, et dignes, par plus d'un point, du grand art de Virgile. N'importe! ce n'est pas la *Thébaïde* qu'il faut lire, si l'on cherche dans la poésie des émotions, des sentiments, un cœur et une âme, autre chose qu'une imagination opulente et un brillant esprit. Stace disait, on s'en souvient peut-être, qu'il ne voulait que suivre de loin et adorer les traces de l'*Énéide*. Je trouve qu'il a un peu trop religieusement accompli son dessein. Ce virgilien est, à bien des égards, la contre-partie de Virgile. A vrai dire, Stace est plutôt, qu'il le sache ou qu'il l'ignore, un ovidien qu'un virgilien. M. Nisard a eu parfaitement raison de signaler une étroite parenté entre Stace et Ovide. Il remarque que ces deux poëtes sont des versificateurs que jamais rien n'embarrasse, et capables d'exprimer en vers tout ce qu'il leur plaît de dire : « Mais, continue le critique, la muse d'Ovide tire une certaine aisance aimable et naturelle de l'époque favorisée où il écrit. L'esprit est plus une qualité de l'homme chez Ovide, c'est plus une qualité de l'écrivain chez Stace. Ovide a plus d'esprit qu'il n'en fait ; Stace en fait plus qu'il n'en a. Dans l'un, c'est la pensée surtout qui est spirituelle; dans l'autre, c'est plus souvent l'expression. Quand je lis Ovide, je cherche la pensée sérieuse qu'il a pu cacher sous ces formes faciles et légères ; je cherche si ce poëte exilé de la cour n'a pas été disgracié pour une certaine indépendance philosophique, bien plus que pour d'indiscrètes amours. Quand je lis Stace, je n'y soupçonne jamais d'idées utiles, ni d'arrière-pensées indépendantes. Ce qui m'y intéresse, c'est seulement l'habileté de l'écrivain ; c'est, le dirai-je, cette fatalité qui fait qu'un poëte qui ne nous apprend rien, qui n'est bon à rien, qui n'entre pour rien dans l'éducation de l'humanité, qui chante la chevelure d'un eunuque, un platane, le lion de César, a pourtant été doué, à un degré élevé, de ces qualités qui, à certaines époques privilégiées, révèlent au poëte les vérités d'un intérêt éternel, et lui suggèrent l'expression qui les fait durer. » M. Nisard, en écrivant ces lignes, avait particulièrement en vue l'auteur des *Silves*; mais Stace poëte héroïque n'a guère que les qualités et les défauts de Stace chantre du lion de Domitien, ou du platane d'Atédius Mélior, ou de la chevelure d'Éarinus.

Je ne dirai rien de l'*Achilléide*, sinon que ce fragment ou cette ébauche ajoute peu de chose à la gloire épique de Stace. Le talent du poëte y est, ni plus ni moins, ce qu'il est dans la *Thébaïde*. C'est le même abus de l'érudition mythologique, le même luxe d'imagination stérile, le même art à la fois savant et impuissant. Quant aux *Silves*, Stace n'avait pas besoin, pour les écrire, de l'âme de Virgile ou du génie d'Homère. Les sujets de ces petits poëmes sont des néants; et c'est pour cette raison précisément qu'il les a si bien traités. Stace n'était jamais plus à l'aise que lorsqu'il s'agissait de dire ce qui ne valait pas la peine d'être dit. Non-seulement il le disait, mais il le disait supérieurement, avec toute sorte d'esprit et de charme. Je me trompe, il y manque l'esprit véritable, à savoir la raison piquante et ornée ; il y manque le naturel et le sentiment, cette grâce et ce charme suprême : « C'est une bonne fortune pour Stace, dit M. Nisard, d'avoir à traiter un très-petit sujet. Sa grande réputation vient surtout de ce qu'il sait tirer quelque chose de rien. Pour un poëte qui trouve à faire des vers par centaines sur un arbre, sur des bains, sur les larmes d'un ami, une chevelure d'eunuque pouvait être la matière d'une épopée. La pièce de Stace sur les cheveux d'Éarinus est un poëme complet. Ce poëme est plein de grâce et d'esprit; mais c'est de la grâce où il n'y a pas de sentiment, et de l'esprit où il n'y a pas de raison. Il faut moins y chercher des pensées que d'agréables effets de style, des vers harmonieux, une poésie d'images et de rhythme plutôt que d'idées; de l'improvisation italienne étincelante; un jeu de la mémoire dans une tête vive. » Ce jugement est sévère, mais parfaitement fondé; et ce que le critique dit du poëme sur les cheveux que l'eunuque de Domitien avait consacrés à Esculape, on peut le dire également de chacune des pièces qui forment le recueil des *Silves*. Le mérite principal sinon unique de tous ces poëmes, c'est le style, et quel style encore! Virgile frelaté, Ovide embelli, c'est-à-dire des fleurs d'une beauté suspecte ajoutée à trop de fleurs! Stace est à Virgile et à Ovide ce que Delille est à Racine et à Voltaire. Martial s'est essayé plusieurs fois sur les mêmes sujets que

Stace, et Martial a été piteusement vaincu. C'est que Martial était de ceux qui ne savent bien dire que quand ils ont quelque chose à dire. Aussi ne lui ferai-je point un crime d'avoir composé jusqu'à quatre épigrammes, toutes les quatre détestables, à propos du sacrifice d'Éarinus : « C'est presque un honneur pour Martial, dit M. Nisard, d'avoir été si mal inspiré pour de si pauvres choses. Il faut lui rendre cette justice que, s'il ne trouve que des flatteries sans délicatesse et sans sel pour César lui-même, il est encore plus malheureux pour les eunuques et les valets de César. »

Nous ne citerons rien de Stace. Ce qui précède explique suffisamment pourquoi. Stace traduit n'est plus Stace. Que resterait-il dans ma prose, que reste-t-il dans celle même de ses meilleurs traducteurs, une fois cette poésie dépouillée de son rhythme, de son charme musical, de toutes ses élégances? Je ne me sens pas le courage d'une lutte impossible contre des phrases et des mots. Ceux qui aiment l'esprit pour l'esprit, le style pour le style, et, comme on dit chez nous, l'art pour l'art, sauront bien aller chercher l'original.

Saléius Bassus.

Quelques-uns rangent, parmi les œuvres de Stace, l'*Éloge de Calpurnius Pison*, petit poëme de deux cent soixante et un hexamètres. J'ai lu avec soin cette prétendue silve, et je n'y ai rien aperçu ni de la manière de Stace, ni surtout de son esprit et de ses ressources en tout genre. L'*Éloge de Calpurnius Pison* est parfaitement insipide. Le poète, ou plutôt le versificateur, ne sort pas un instant du lieu commun le plus vulgaire. Ainsi, après avoir dit que Pison a les talents les plus variés, et qu'il sait se plier, selon l'occasion, aux travaux les plus divers et même aux plaisirs, il ajoute : « On n'aime pas toujours l'éloquence au front ridé; la troupe guerrière ne reste pas toujours en armes, et le clairon terrible ne retentit pas jour et nuit; le Crétois n'est pas toujours l'arc en main, visant au but, mais il le détend et en ôte la corde; le soldat arrache le casque de sa tête, l'épée de son flanc. La nature elle-même a ses vicissitudes : elle varie sa marche réglée, et elle développe l'année par les changements du feuillage. Des nuages pluvieux et menaçants ne voilent pas toujours la sérénité du ciel et l'éclat des astres. L'hiver a son repos, et sèche au printemps son humide chevelure ; le printemps fuit devant l'été ; l'automne, féconde en fruits, presse le départ de l'été et disparaîtra devant les brouillards et les pluies. Que dis-je? le père même des dieux cache ses armes enflammées, et, retournant aux festins de la table de Ganymède, il prend la coupe de cette main qui a porté la foudre [1]. » Et d'autres développements de la même richesse.

Ce n'est pas ainsi que Stace féconde ses sujets, même les plus stériles. Il est vrai que l'auteur du poëme dit qu'il n'a que vingt ans : on peut donc lui passer ses tautologies enfantines. Mais je suis bien sûr que Stace, à vingt ans, était un artiste autrement habile que le panégyriste de Pison. Autre difficulté pour ceux qui attribuent l'*Eloge de Calpurnius Pison* au poëte des *Silves*. Quel est ce Pison que Stace aurait célébré pour tâcher de s'en faire un Mécène ? Ce n'est pas, certes, le Pison de la fameuse conspiration, qui mourut dans ce temps où Stace était encore à la bavette. Or, ce Pison est le seul à qui s'applique exactement le portrait fait par le poëte, sauf les petites exagérations permises à un panégyriste. Enfin, le pauvre diable qui adresse cette humble supplique à un riche patron, et qui semble surtout viser à sa bourse, ne me représente nullement le fils du célèbre grammairien de Naples, du maître de Domitien ; le poëte si fêté dès ses débuts ; un homme qui n'eut jamais besoin, quoique semble dire Juvénal, de rien vendre à Pâris pour se préserver de la misère.

Ce poëte qui n'est pas Stace, quel est-il donc? On a imaginé de le chercher jusque dans le siècle d'Auguste. On a fait de ce Pison le père de ces deux Pisons à qui Horace s'adresse dans l'*Art poétique*, ou l'un de ces deux Pisons ; on a nommé Ovide, on a nommé Virgile même. Hypothèses cent fois plus inadmissibles que celle des partisans de Stace, et pour toute sorte de raisons qu'on me dispensera de déduire. Je remarquerai seulement que le prétendu Virgile,

---

[1]. *Éloge de Calpurnius Pison*, vers 127 et suivants.

et un Virgile de vingt ans, rappelle à son protecteur que le poëte de l'*Énéide* n'eût jamais rivalisé avec Homère, si Mécène n'avait accueilli sa muse. D'autres, en désespoir de cause, se sont rabattus sur Lucain ; aussi peu sensément, à mon gré. Lucain était l'ami de Calpurnius Pison, et non pas son protégé. Lucain avec sa grande fortune, Lucain le favori de Néron, n'eut jamais à mendier l'assistance de personne. La poésie de Lucain, si énergique, et même si savante malgré ses défectuosités, n'a rien de commun, absolument rien, avec la plate et insignifiante poésie de l'*Éloge de Calpurnius Pison*.

Il y a un poëte auquel on n'avait pas songé d'abord, qui a tous les titres requis à cette paternité contestée. C'est Saléius Bassus, l'humble Saléius, comme le désigne Juvénal, ou, pour traduire plus exactement, le mince Saléius. Il était fort pauvre : l'épithète de Juvénal en fait foi, surtout le commentaire dont Juvénal l'accompagne. Les libéralités de Vespasien le tirèrent de la misère ; mais il avait été longtemps réduit aux expédients. D'ailleurs les dates conviennent. Saléius écrivait déjà au temps de Perse et de Lucain ; et rien n'empêche qu'il ait, à vingt ans, composé l'*Éloge de Calpurnius Pison*. Ce début n'annonçait pas un grand génie, ni même un véritable talent. Il paraît cependant que le panégyriste de Pison se fit plus tard une assez belle place dans la littérature, à côté de Martial et de Stace. L'auteur du *Dialogue des Orateurs* donne à Saléius le titre de poëte excellent ; il dit que les vers naissent chez lui élégants et pleins de charme. Mais nous ne savons pas par quelle œuvre Saléius avait conquis sa réputation. Nous ne savons pas non plus qu'il appartenait à ce que nous nommons l'école virgilienne. Son premier poëme me porterait à le croire. La versification en est passablement simple, et la diction à peu près pure. Cependant je dois remarquer que Quintilien parle de Saléius Bassus dans des termes qui feraient supposer un émule de Lucain bien plus qu'un disciple de Virgile : « Saléius Bassus eut un génie véhément et poétique, et que la vieillesse même ne parvint pas à mûrir. »

Térentianus Maurus.

Quant à Térentianus Maurus, celui qui a versifié les règles de la métrique, et qui est, selon quelques-uns, le même Térentianus, préfet de Syène, dont il est question dans Martial, nous devons le compter comme un des partisans les plus déclarés de la réaction classique. Son style n'a aucun des défauts dont les virgiliens mêmes n'ont pu se préserver. Il traite en fort bons termes, dans ses quatres livres, et même avec infiniment d'art, des lettres de l'alphabet, des syllabes, des pieds et des mètres, et il donne, comme le remarquent ses admirateurs, l'exemple avec le précepte, car il emploie, à propos de chaque espèce de rhythmes, des vers écrits dans la mesure de ceux dont il explique les règles. Je ne demande pas mieux que de reconnaître dans Térentianus Maurus un homme savant et habile. Son poëme est, si l'on veut, le chef-d'œuvre du genre auquel appartiennent les *Racines grecques*. Mais on conviendra, je l'espère, que Térentianus est trop près, malgré tout, du bonhomme Lancelot, pour ne pas être un peu loin de Virgile.

Columelle.

Térentianus Maurus n'aurait pas écrit les *Géorgiques*. Un brave agriculteur eut l'ambition de les compléter. Lucius Junius Modératus Columella, un Espagnol de Gadès, contemporain probablement des poëtes dont nous venons de parler, rédigeait un traité *de la Chose rustique,* comme autrefois Caton et Varon. Arrivé à son dixième livre, il imagina d'écrire ce livre en vers, parce qu'il s'agissait des jardins et que Virgile avait dit : « Mais l'espace me manque ; je passe à côté de ce sujet, et je le laisse chanter à d'autres [1] ; » puis il revint à la prose dans le reste du son ouvrage, c'est-à-dire dans le onzième livre et dans le douzième. Columelle était un prosateur honnête ; mais la vérité me force à confesser qu'il n'est guère plus poëte dans son dixième livre que dans les onze autres. Il traite des jardins en jardinier,

---

1. Virgile, *Georgiques*, livre IV, vers 147, 148.

ou plutôt en maraîcher, car il a à cœur l'utile beaucoup plus que l'agréable. Ses vers sont d'une simplicité nue : le poëme, selon l'expression d'un critique, n'est guère plus orné qu'un potager. On voit que, même avec le continuateur de Virgile, nous sommes encore aux antipodes des *Géorgiques*.

Autres poëtes contemporains.

Je ne sais si je dois ranger, parmi les hommes de l'école classique, deux poëtes dont on applaudissait les tragédies dans les salles de lecture, Pomponius Secundus et Curiatius Maternus. J'ai peur que leurs prétendues compositions dramatiques n'aient été que des déclamations à la façon de celles de Sénèque. Maternus essaya de traiter des sujets nationaux ; mais je doute que le *Caton* de Maternus, qui coûta peut-être la vie à son auteur, fût une œuvre beaucoup supérieure même à l'*Octavie*. Que dis-je? l'*Octavie* est peut-être de Maternus. Je mentionne seulement pour mémoire. et Verginius Romanus, qui lisait à ses auditeurs des espèces de comédies, sous le titre de mimïambes ; et Passiénus Paulus ami de Stace, ce chevalier romain qui était du pays et de la famille de Properce, et qui se croyait tenu à composer des élégies ; et le Gaulois Sentius Augurinus, qui réussissait dans les hendécasyllabes. Quant aux autres poëtes dont je pourrais encore citer les noms, il n'y en a pas un seul qui ait laissé même un souvenir.

CHAPITRE XXXVIII.

QUINTILIEN.

Renommée de Quintilien. — Vie de Quintilien. — Ouvrages de Quintilien. — L'*Institution oratoire*. — Quintilien et la déclamation. — Le chapitre premier du dixième livre. — Que le *Dialogue des Orateurs* n'est pas de Quintilien. — Les personnages du dialogue. — Intérêt historique et littéraire du *Dialogue des Orateurs*.

Renommée de Quintilien.

Le livre de Quintilien est un bon livre. C'est l'œuvre d'un homme de beaucoup de talent, d'esprit et de goût, d'un penseur à la fois ingénieux et solide, d'un maître expérimenté, d'un habile écrivain. Mais enfin ce n'est, comme l'indique le titre, que l'*Institution oratoire*, c'est-à-dire un traité de l'éducation de l'orateur, ou plutôt de l'avocat, c'est-à-dire une rhétorique. Comment se fait-il donc qu'un simple rhéteur, que l'auteur d'un ouvrage tout technique, où l'invention n'est rien ou presque rien, ait conquis une réputation de génie, et qu'il balance, dans la postérité, les plus illustres renommées? comment se fait-il que le nom de Quintilien vienne encore dans tant de bouches avec le nom même du grand Cicéron, comme s'il s'agissait des deux jumeaux de l'éloquence? c'est un problème que le livre tout seul ne suffit point à résoudre. Le nom de Quintilien n'est pas seulement le nom de l'auteur de l'*Institution oratoire*, c'est celui du chef de l'école classique; c'est celui d'un avocat éminent; c'est celui du plus fameux professeur qui eût jamais enseigné les belles-lettres à Rome. Quintilien était depuis longues années à l'apogée de la célébrité, quand il céda aux instances du libraire Tryphon, et publia les leçons qu'il avait rédigées pour son ami Marcellus. Il y avait longtemps que Martial avait salué, dans ce modérateur de la jeunesse, la gloire de la toge romaine. Un bon livre, composé par cet homme honoré, ne pouvait être reçu qu'avec un applaudissement universel. L'*Institution oratoire* fut, pour les contemporains, le chef-d'œuvre des chefs-d'œuvre. Ce résumé devint le manuel de tous les maîtres d'éloquence et de tous les aspirants orateurs. On ne jura plus désormais que par Quintilien. Quintilien fut l'oracle de la critique et du goût; ses jugements furent des arrêts sans appel. On fit honneur au savant rédacteur du code oratoire, non pas seulement de l'art avec lequel il en avait distribué les parties, non pas seulement de ce qu'il avait ajouté aux idées de ses devanciers, non pas seulement de la forme agréable dont il avait revêtu les préceptes; mais, si je l'ose dire ainsi, on lui fit honneur de la science même : on adora un inventeur dans celui qui n'était, peu s'en faut, qu'un compilateur et un metteur en œuvre. On ne se souvenait pas que, bien longtemps avant Quintilien, il y avait eu un Aristote, et que cet Aristote avait écrit la *Rhétorique*, un livre bien autrement fort et profond que l'*Institution oratoire*. A peine se souvenaient-ils, ces Romains dégénérés, que leur Cicéron, que ce Cicéron dont Quintilien avait relevé les statues, ce Cicéron dont ils lisaient et méditaient les harangues et les plaidoyers, avait été aussi un maître d'éloquence; qu'une foule de choses, que presque toutes les choses importantes, Quintilien avait beau les bien dire, Cicéron les avait mieux dites encore; enfin, que Cicéron en avait dit, sur les sujets traités par Quintilien, et des plus grandes, et des plus belles, et des plus sublimes, dont il n'y a pas même trace dans l'*Institution oratoire*. Cherchez-y, par exemple, rien qui rappelle, même de loin, les dix premières pages de l'*Orateur*, cette magnifique exposition de la doctrine de l'idéal, où respire le souffle divin du génie de Platon. Cherchez, et vous ne trouverez rien, pas une phrase, pas un mot; et pourtant Quintilien avait la prétention, lui aussi, de faire que son orateur devînt un orateur parfait, un type, un modèle ! Mais les ouvrages didactiques de Cicéron avaient peu de lecteurs. On voulait des livres plus immédiatement pratiques. On possédait, dans l'*Institution oratoire*, tout arrangé, tout préparé, tout mâché, ce qu'il eût fallu se donner la peine de découvrir à travers les traités de Cicéron. On s'en tint au manuel, on ne lut que le manuel, on ne sut que le manuel ; et voilà comment Quintilien fut un grand homme !

Parlons de la fortune de Quintilien chez les modernes. Le Pogge rencontre, en 1417, dans l'abbaye de Saint-Gall, le manuscrit de l'*Institution oratoire;* plus tard, l'impression en répand les copies. Le siècle de la Renaissance admire ce bon sens, ce bon goût, ce bon style ; cette rhétorique toute faite prend possession de toutes les écoles ; on explique Quintilien, on le traduit, on le commente. Quintilien parle toutes les langues. Pensées de Quintilien, phrases de Quintilien, jugements de Quintilien, que voit-on autre chose, depuis lors, dans les traités à l'usage de la jeunesse studieuse ? Quintilien partout, Quintilien toujours : quel nom a plus retenti dans tous les livres, depuis tantôt quatre siècles? Au dix-huitième siècle, et même au dix-septième, il n'eût pas fallu que quelque critique malavisé fût venu dire : « Ce grand homme que vous admirez tant, ce n'est pas un grand homme ; ce juge infaillible n'est point infaillible ; l'*Institution oratoire* n'est qu'un ouvrage de seconde main, et indigne, malgré ses mérites, de la place qu'il a usurpée. » Qui n'eût jeté la pierre au médisant ? En ces temps-là, Quintilien était presque un dieu. Un traducteur de Quintilien était un personnage. On le comptait, dans la littérature, parmi les plus considérables. L'Académie Française lui ouvrait toutes ses portes, heureuse de posséder dans son sein un Quintilien français : je dis un traducteur, et quel traducteur ! non pas même l'ombre de Quintilien, l'abbé Gédoyn ! La Harpe ne parle de Quintilien que dans les termes d'un enthousiasme hyperbolique. Avant de s'engager dans l'étude des monuments de l'éloquence antique, il fait une analyse très-détaillée de l'*Institution oratoire*. Cette besogne achevée, notre savant aristarque s'aperçoit qu'il a oublié que Cicéron, qui s'y connaissait, a aussi parlé de l'art traité par Quintilien. Et vite il écrit un chapitre sur les ouvrages didactiques de Cicéron. Mais Quintilien avait eu cent pages, et Cicéron en a trente ! Quelle proportion ! Il est vrai que La Harpe ne s'occupe que des dialogues *de l'Orateur;* qu'il mentionne à peine les autres traités, et qu'il n'a pas même cité le nom du plus beau de tous, l'*Orateur*. Tout ce que j'en veux conclure, c'est que la Harpe connaissait mieux son Quintilien que son Cicéron. J'ajoute que nous sommes encore un peu comme la Harpe. Mes réclamations n'y feront pas grand'chose ; et Quintilien sera surfait dans l'avenir, comme il a été surfait dans le passé. Il ne manquera même pas de critiques charitables pour insinuer que je pourrais bien être coupable, et au premier chef, du crime de lèse-antiquité, parce que je voudrais voir Quintilien à son vrai rang, trois degrés plus ou moins au-dessous des écrivains de génie, et parce que je me borne à dire, comme je le pense, que Quintilien n'est qu'un homme de savoir, de goût et d'esprit, et que son livre n'est qu'un bon livre.

Vie de Quintilien.

Marcus Fabius Quintilianus, le promoteur de la réaction classique, le pontife des vieilles croyances littéraires, l'éloquent contradicteur des partisans de l'école nouvelle, était un Espagnol, comme les Sénèque et comme Lucain, ces grands révolutionnaires de la décadence. Il était né à Calaguris, aujourd'hui Calahorra, ville de la Tarraconaise, vers l'an 42 de notre ère. Il vint de bonne heure à Rome ; mais il retourna ensuite dans sa patrie, et il y enseigna la rhétorique avec beaucoup d'éclat. Galba, qui gouvernait l'Espagne, fut frappé de son mérite et de sa réputation. Plus tard, élevé à l'empire, il se souvint du brillant rhéteur de Calaguris, et il l'attira en Italie. Les succès de Quintilien, à Rome, furent prodigieux. On accourait, pour l'entendre, de tous les pays du monde. Il renouvelait, mais avec des prestiges plus avouables, les merveilles des Gorgias et des Protagoras. Au barreau, mêmes triomphes : il fut, en son temps, le premier des avocats, comme il était le premier des professeurs. On le combla de dignités, mais on ne se borna point à le repaître de gloire. Il fut investi, par un décret, du titre de professeur public d'éloquence, et il reçut, en cette qualité, des émoluments considérables. Il put donc dignement soutenir son rang, quand Domitien fit de lui un consul. Domitien, qui ne détestait pas le talent et la vertu, lorsqu'il y trouvait personnellement son compte, ne laissa aucune occasion de témoigner à Quintilien son admiration et son estime. C'est Quintilien qu'il chargea de l'éducation des fils de sa nièce. Quintilien ne s'enivra point de sa renommée, ni même des honneurs qui étaient venus le chercher. Quand il crut son œuvre accomplie, ou, si l'on veut, quand il s'aperçut qu'il avait atteint son apogée et qu'il lui faudrait un jour déchoir, il prit une résolution virile : il quitta sa chaire, il renonça au barreau, il se confina dans une retraite studieuse, d'où il ne sortit plus. Il y passa de longues années; mais ces années eurent pour lui de cruelles amertumes : il perdit sa femme et ses enfants, et sa vieillesse fut aussi triste et solitaire que son âge mûr avait été riant et couronné d'espérances. Il prolongea sa vie jusqu'au règne d'Adrien, et il mourut vers l'an 118, à peu près octogénaire.

Ouvrages de Quintilien.

On imprime encore, aujourd'hui, sous le nom de Quintilien, un recueil de déclamations dont l'authenticité est pour le moins douteuse. Il y en a cent soixante-trois, dix-huit grandes et cent quarante-cinq petites; et ces cent soixante-trois déclamations ou esquisses de déclamations ne sont que le reste d'un recueil plus étendu, qui en contenait trois cent quatre-vingt huit. Il n'y a rien, dans ces semblants de discours, qui réponde à l'idée qu'on peut se faire de Quintilien orateur. La langue n'en est pas trop mauvaise; mais ce ne sont ni les pensées, ni le ton, ni le style de l'auteur de l'*Institution oratoire*, ni surtout son talent. On pourrait admettre, à la rigueur, que les *Déclamations* sont les devoirs des élèves de Quintilien, revus et retouchés par le maître; mais encore sa main s'y montrerait-elle en plus d'un endroit. Quelques-uns veulent que le Fabius Quintilianus des *Déclamations* soit le père de Quintilien; d'autres attribuent le recueil ou à un certain Postumius, ou à un certain Marcus Florus. Mais il ne nous importe guère d'avoir une opinion sur l'origine de ces tristes rapsodies.

Quintilien avait composé un ouvrage intitulé *des Causes de la Corruption de l'Éloquence*. Cet ouvrage n'est point parvenu jusqu'à nous. Nous n'avons pas non plus son traité en deux livres *de l'Art de la Rhétorique.* Il est probable que ce traité n'était qu'une simple esquisse, le programme en quelque sorte des leçons que Quintilien faisait à ses disciples. Quant à l'*Institution oratoire*, c'est un cours complet, et où les matières de la rhétorique sont développées dans tous leurs détails. Ce grand traité n'a pas moins de douze livres, et chacun de ces livres est d'une étendue assez considérable.

L'Institution oratoire.

Quintilien prend son orateur au berceau même, et il le fait passer successivement par tous les degrés qui doivent le conduire à la perfection de l'art. Il s'occupe d'abord des études élémentaires, et de toute cette partie de la grammaire qui est le préliminaire obligé de toute bonne rhétorique; puis il aborde ce qui est proprement son sujet, et il définit la nature de la rhétorique, son but, sa portée; enfin, comme tous les rhéteurs, il disserte longuement sur l'invention, sur la disposition et sur l'élocution. Le douzième livre est consacré à la personne de l'orateur. Quintilien n'abandonne pas son disciple à lui-même, après lui avoir révélé les secrets du bien dire : il se transporte avec lui sur les théâtres où doivent se déployer ses facultés, et il lui montre ce qu'il y faudra faire, selon les occurrences, pour ne jamais rien perdre de ses avantages.

Quintilien était déjà un homme d'âge quand il commença à rédiger l'*Institution oratoire*. C'était, comme je l'ai dit d'après son propre témoignage, dans un temps où il jouissait d'un loisir acquis par vingt ans de travaux et de succès. Aussi y a-t-il, dans cet ouvrage, je ne sais quel laisser aller et quelle bonhomie qui n'est pas sans charme. Quintilien aime à causer avec son lecteur, ou, si l'on veut, avec son ami Marcellus Victorius. Il rompt à chaque instant, par quelque réflexion, par une anecdote, par un mot piquant, la monotonie des préceptes. Il mêle, autant que le comporte sa matière, l'agréable à l'utile. Il cherche les occasions de style, préambules, digressions, thèses de morale ou de goût; il insiste, avec une prédilection assurément fort légitime, sur toutes les idées un peu attrayantes qu'il rencontre en son chemin. Aussi l'*Institution oratoire* abonde-t-elle en morceaux brillants. Il n'y a guère d'auteur qui soit plus facile à citer que Quintilien. On n'a que l'embarras du choix. Je me suis fixé sur un passage du premier livre, où Quintilien traite la question tant controversée encore de nos jours, si l'éducation publique vaut mieux, oui ou non, que l'éducation privée :

« On croit que les mœurs se gâtent dans les écoles : elles s'y gâtent en effet quelquefois, mais dans la maison paternelle aussi.... Suppose une âme portée au mal ; suppose qu'on mette de la négligence à former et à conserver dans le premier âge le sentiment de la pudeur : l'intérieur d'une maison ne fournira pas une moindre occasion à des actes honteux. Car ce précepteur domestique peut n'être qu'un infâme ; et d'ailleurs il n'y a pas moins de danger pour l'enfant à vivre en compagnie d'esclaves méchants qu'avec des ingénus peu modestes.... Plût aux dieux que nous-mêmes ne gâtassions pas les mœurs de nos enfants ! A peine nés, nous les énervons par les délices. Cette molle éducation, que nous appelons indulgence, brise tous les ressorts et de l'âme et du corps. Que ne convoitera point, à l'âge d'homme, celui qui rampe sur la pourpre ? Il ne prononce pas encore ses premiers mots ; et déjà il comprend ce que c'est que couleur écarlate, déjà il veut qu'on lui donne un habit de pourpre. Nous formons leur palais avant leur langue. Ils grandissent dans des litières. S'ils touchent terre, les voilà pendus aux mains de deux personnes qui les soutiennent. Nous sommes enchantés quand ils ont dit quelque parole un peu libre. Nous accueillons avec des rires et des baisers des mots qu'on ne devrait pas même passer à des bouffons alexandrins. Faut-il s'étonner de ces dispositions ? c'est nous qui les avons instruits ; ce sont nos leçons qu'ils suivent.... Il n'y a pas de festin qui ne retentisse de chansons obscènes : ce sont des spectacles que j'aurais honte de retracer. De tout cela naît une habitude, puis une nature. Ils apprennent ces choses, les infortunés ! avant de savoir que ce sont des vices ; puis, énervés, efféminés, ce n'est point des écoles qu'ils reçoivent ces maux, mais ils les apportent dans les écoles.

« Mais, pour ce qui concerne les études, un seul aura, dit-on, plus de temps à donner à un seul. Avant tout, rien n'empêche que ce je ne sais quel un seul soit aussi avec celui qui s'instruit dans les écoles. Et, quand même il serait impossible de réunir l'un et l'autre avantage, je préférerais encore aux ténèbres et à la solitude cette lumière d'une réunion bien composée. Car les meilleurs maîtres aiment à avoir un grand nombre de disciples, et ils se croient dignes d'un théâtre un peu vaste. Mais d'ordinaire les hommes d'un ordre inférieur, par la conscience qu'ils ont de leur faiblesse, ne s'indignent point de s'attacher à un seul élève, et de remplir en quelque sorte l'office de pédagogue. Aussi bien j'accorde qu'on parvienne à posséder chez soi, à force de crédit, ou d'amis, ou d'argent, un précepteur savant et incomparable : pourtant, est-ce que ce précepteur occupera sa journée tout entière au profit de son élève unique ? ou bien l'élève peut-il jamais soutenir une application perpétuelle, sans que son esprit se fatigue, comme la vue des yeux quand nous fixons continuellement le même objet ? D'ailleurs il y a des études qui ont besoin de beaucoup plus de recueillement. En effet, le précepteur n'est point aux côtés de l'élève écrivant, apprenant par cœur ou méditant ; toutes choses où l'intervention d'un étranger ne saurait que troubler notre travail. La lecture elle-même n'exige ni pour tout, ni toujours, un guide ou un interprète. Quand s'acquerrait, sans cela, la connaissance de tant d'auteurs ? Il n'y a donc qu'une faible portion de temps où il faille, si je puis dire, ordonner le travail pour tout le jour. Par conséquent, l'enseignement même qu'on doit donner à chaque élève en particulier peut très-bien passer par plusieurs. Au reste, la plupart des choses qu'on enseigne sont de telle nature, que la même voix peut tout à la fois les faire parvenir à tous....

« Avant tout, que le futur orateur, destiné à vivre dans une grande multitude et dans la pleine lumière de la république, s'accoutume dès son âge tendre à ne pas redouter les hommes, et à ne point pâlir par l'effet de cette vie solitaire et comme passée à l'ombre. Il faut toujours exciter, toujours élever l'esprit, qui, dans une solitude de ce genre, ou languit et contracte dans l'obscurité une sorte de rouille, ou se gonfle d'une vaine persuasion : il est inévitable, en effet, que celui-là s'en fasse accroire, qui ne se compare à personne. Puis, quand il lui faut mettre au jour ce qu'il sait, il n'y voit plus en plein soleil ; et tout ce qu'il rencontre lui est nouveau, comme ayant appris sans témoins ce qu'il a à faire parmi un grand nombre. Je ne dis rien des amitiés, qui durent indestructibles jusqu'à la vieillesse, pénétrées d'une sorte de sentiment religieux. Car c'est chose non moins sainte de s'initier aux mêmes études qu'aux mêmes mystères. Où apprendra-t-il le sens commun, ainsi qu'on l'appelle, celui qui se sera séparé de la société de ses semblables, société dont le besoin est naturel non-seulement aux hommes, mais aux animaux muets eux-mêmes ? Ajoute qu'à la maison il ne peut apprendre que ce qu'on lui enseignera à lui personnellement : dans l'école, il apprend aussi ce qu'on enseigne aux autres. Il entendra chaque jour approuver une foule de choses, en corriger une foule d'autres ; il gagnera aux reproches adressés à la paresse d'un condisciple ; il gagnera aux louanges méritées par l'activité d'un autre. Les éloges exciteront son émulation ; il croira honteux de céder le pas à un égal, et beau de l'emporter sur de plus avancés. Tout cela enflamme les esprits ; et, quoique l'ambition soit en elle-même un vice, elle est souvent néanmoins une cause de vertus. »

Je pourrais continuer de citer ; mais les réflexions qui suivent sont de la pédagogie bien plus que de la morale, et n'ont pas pour nous le même degré d'intérêt. Un livre où se trouvent de telles pages, et je répète qu'il y en a beaucoup et dans plus d'un genre, ce livre n'est pas l'œuvre d'un esprit vulgaire. Non-seulement Quintilien sait penser, mais il sait revêtir sa pensée des formes les plus heureuses. Jamais écrivain ne fut plus maître de son style, et il faut compter Quintilien parmi les plus savants artistes en fait de prose. Je n'entends point par là que son style soit la perfection même : il s'en faut de mille lieues. Quintilien produit à son gré tous les effets qu'il entreprend de produire ; mais il veut produire des effets. C'est dire assez qu'il est de son siècle, et beaucoup plus qu'il ne se le figurait lui-même. Ses contemporains aimaient le trait, il l'aime comme eux. On l'a pu voir, même dans le peu que j'ai essayé de transcrire. Ce n'est pas ce mouvement continu de l'âme, ce large et majestueux courant de la pensée, que nous admirons dans les traités oratoires du maître incomparable : ce ne sont bien souvent que saccades et cascatelles. C'est la langue de Cicéron, au moins pour l'ordinaire : ce n'est plus le style de Cicéron. S'il fallait une formule pour résumer mon idée, je définirais le style de Quintilien un compromis entre le Cicéron et le Sénèque. Ainsi Quintilien, en dépit de ses principes, ne fut qu'un demi-classique ; et l'adversaire persévérant de Sénèque n'a pu faire que Sénèque n'ait laissé en lui quelque chose de son esprit sentencieux, de sa manière abrupte, et de cette affectation de profondeur qui n'aboutit quelquefois qu'à l'obscurité.

Quintilien et la déclamation.

M. Nisard, après avoir énuméré, d'après Quintilien, tous les petits artifices que les rhéteurs enseignaient comme les arcanes de la véritable éloquence, consacre un très-curieux et très-piquant chapitre à montrer jusqu'à quel point Quintilien était resté ce qu'il veut tant ne pas être, et combien son talent avait subi l'empreinte du goût contemporain. On me saura gré d'extraire quelque chose de ces pages tout à la fois instructives et intéressantes :

« C'est pourtant le grave Quintilien, cet esprit si sain, si judicieux ; qui avait, dit-on, conservé le dépôt du goût ; qui du moins recevait d'assez gros appointements pour le conserver ; c'est le défenseur officiel de toutes les bonnes traditions, qui a donné ces recettes d'éloquence, dans un style ingénieux, délicat, coloré, et bien digne d'un meilleur emploi ! C'est dans Quintilien que vous trouvez tous les secrets du procédé oratoire. C'est l'admirateur de l'Ulysse d'Homère, de Démosthène, de Cicéron, qui se charge de faire un homme éloquent, un orateur accompli, avec des gestes de mime, une voix de chanteur, des poses de comédien et tout un appareil de petites précautions, de petites qualités, de petites grâces, de petits mensonges. La plus grande preuve qu'il n'y a rien à faire contre les décadences littéraires, ce sont toutes ces graves prescriptions de Quintilien. Il croyait régenter son siècle, et son siècle lui imposait, en réalité, le plus puéril de ses travers !

« Quintilien ne défend pas l'éloquence ; il n'en défend que la pantomime. Un esprit plus profond serait remonté à la source des choses, et, au lieu de tant s'occuper de la tenue de l'orateur, il aurait cherché ce qui pouvait rajeunir l'éloquence, dans un pays sans liberté, sans Forum, où, faute d'affaires qui suscitassent naturellement l'éloquence, on en cherchait l'ombre dans des causes imaginaires... Le choix des sujets, parmi lesquels on préférait les plus bizarres et ceux où les situations étaient les plus violentes, accoutumait les jeunes gens à l'exagération ou au raffinement ; de telle sorte qu'un homme élevé dans les écoles ne pouvait plus parler naturellement de la mort de sa femme ou de son fils, alors même qu'il en était accablé.

« Quintilien en offre un exemple frappant. Avant d'être époux et père dans la réalité, nul doute qu'il n'eût été époux et père dans les déclamations de l'école. Aussi bien on recommandait aux déclamateurs de lire et d'étudier Ménandre, parce que, alternativement pères, fils, soldats, paysans, riches, pauvres ; ayant pour tâche tantôt de se mettre en colère, tantôt de supplier ; tour à tour doux et traitables, durs et hautains, ils trouvaient tous ces caractères dans Ménandre admirablement tracés, au dire des anciens. Quintilien avait eu apparemment quelque douleur paternelle à exprimer ; ce qui se faisait d'ordinaire avec un luxe d'injures vagues contre la Fortune. Quand donc il éprouva, pour son compte, les sentiments qu'il avait déclamés dans les écoles lors de son apprentissage, et qu'il lui fallut pleurer tour à tour, avec des larmes vraies, trois morts prématurées, celle de sa femme âgée de dix-neuf ans, celle de son plus jeune fils, puis celle de son fils aîné, il mêla involontairement, dans la peinture de ses regrets de mari et de père, les exagérations de l'école aux accents d'un cœur déchiré.

« Les plaintes éloquentes par lesquelles commence le livre VI sont marquées de ce double caractère ; et pourtant on dirait qu'il se méfie de ses souvenirs, qu'il a peur d'être éloquent dans le goût de l'école ; car il se défend de toute arrière-pensée d'écrivain et d'orateur : il ne veut pas qu'on voie de prétention littéraire dans ces tristes confidences : «Je ne
« mets point de faste dans ma douleur, s'écrie-t-il, et je ne
« cherche point à grossir mes larmes. » Hélas ! n'est-ce pas déjà une prétention, que d'annoncer qu'on n'en veut pas avoir?

« Voici qui est du vrai père :

« Cet enfant était plein de caresses pour moi ; il me préfé-
« rait à ses nourrices, à l'aïeule qui veillait à son éducation,
« à toutes les personnes qui sont le plus agréables à l'en-
« fance. »

« Mais la raison que donne Quintilien de ces caresses et de cette préférence est du faux père de l'école :

« C'était, dit-il, un piége de la Fortune, pour me rendre
« sa perte plus poignante. »

« Ce qui suit est encore du vrai père :

« O mon enfant, ô mes espérances déçues ! ai-je pu voir
« tes yeux s'éteindre et ton âme s'exhaler ? ai-je pu tenir dans
« mes bras ton corps froid et inanimé, et pourtant recouvrer
« mes sens et respirer encore l'air vital? Ah! j'ai bien mérité
« les tourments que j'endure, et les pensées poignantes qui
« me déchirent ! Toi qui venais d'être honoré de l'adoption
« d'un consul, et qui pouvais prétendre un jour aux honneurs
« de ton père adoptif; toi, destiné pour gendre à un préteur,
« ton oncle maternel; toi, désigné par l'espérance universelle
« pour faire revivre parmi nous les plus beaux temps de l'é-
« loquence, je t'ai perdu, et, père sans enfants, je ne survis
« que pour souffrir! »

« Mais le faux père de l'école n'est pas loin. Il va se trahir, dans la phrase qui vient après, par un trait de bel esprit et par une bravade de stoïcien :

« Ah! si je consens non pas à aimer mais à supporter la lu-
« mière du jour, cet effort sera ta vengeance ; car c'est en vain
« que nous mettons tous nos maux sur le compte de la For-
« tune : nul n'est longtemps malheureux que par sa faute. »

« Cette dernière phrase, en particulier, est d'autant plus vaine, que, deux lignes plus loin, Quintilien entrevoit la possibilité de se calmer, et demande l'indulgence du public pour le retard qu'il a mis à publier son ouvrage. Quand on a l'intention de vivre, on ne débite pas des aphorismes de suicide. Il n'est pas de bon goût de prêcher le courage aux autres, dans un endroit où l'on se fait plus lâche qu'on n'est. »

Le chapitre premier du dixième livre.

Quintilien, parvenu au commencement du dixième livre de son ouvrage, s'occupe des lectures capables de former le style de l'orateur. Au lieu de se borner à déclarer vaguement qu'il faut lire de bons écrivains, ou même simplement de nommer les principaux, il rédige un catalogue complet des classiques grecs et romains, en joignant à chaque nom un jugement plus ou moins développé. Cette revue critique est précieuse à bien des égards, mais non pas autant qu'il plaît à quelques-uns de le dire. Je vois presque tous ceux qui parlent du chapitre premier du livre dixième de l'*Institution oratoire* s'extasier comme s'il s'agissait d'une merveille. Nous avons trop souvent rencontré les jugements de Quintilien, et nous avons été forcés trop souvent de les combattre, pour qu'il nous soit permis de partager l'illusion générale. Je n'ai pas besoin de répéter ici ce que j'ai maintes fois exprimé, avec toute la franchise dont je suis capable, à propos des auteurs grecs ou latins mal jugés par Quintilien. Je rappellerai seulement que Quintilien n'y a pas toujours mis toute la conscience désirable. Je ne le taxe point de mauvais goût. Quand il écrit de ce qu'il connaît pertinemment, ses arrêts sont à peu près inattaquables. Ils sont rédigés en termes excellents, quelquefois avec une grande force de style, et d'ordinaire sous des formes vives et spirituelles. Je voudrais, pour son honneur, qu'il eût jugé tous les écrivains qu'il prend à partie, comme il juge Homère, ou Cicéron, ou quelques autres. Mais combien d'écrivains, et même d'écrivains de génie, ne sont pour lui que des noms! Quand ce sont des Grecs, il les classe d'après le canon alexandrin, et il leur consacre de ces

phrases banales qui ne prouvent guère qu'une chose, c'est qu'on ignore précisément ce qu'on juge. Quand ce sont des Latins, il les classe au hasard, mêlant ensemble Lucrèce et Macer, Catulle et Bibaculus, etc.; et il ne les caractérise ni avec plus de précision, ni en traits plus reconnaissables. Je conçois mieux l'embarras du critique à propos de quelques contemporains dont il connaissait trop bien les œuvres. J'estime pourtant qu'il valait mieux se taire sur tels et tels, que d'en parler non pas même en phrases banales, mais en phrases à double entente, et même en indéchiffrables énigmes. Il n'y a qu'un seul contemporain sur lequel l'auteur soit explicite, et à qui il n'épargne ni les éloges, ni les plus belles fleurs de son style. Vous songez à Tacite, à un des Pline peut-être : erreur énorme, cher lecteur ! Il s'agit d'un poëte, et d'un grand poëte ; et ce poëte, c'est Germanicus Auguste, non pas le noble Germanicus que vous et moi nous connaissons, un poëte en effet celui-là, et, à coup sûr, un grand homme; mais César le Germanique, autrement dit Domitien, autrement dit le Néron chauve. Écoutez plutôt Quintilien :
« Nous avons nommé ces poëtes, parce que le gouvernement du monde a détourné Germanicus Auguste des études qu'il avait entreprises, et parce que les dieux ont trouvé que c'était peu qu'il fût le plus grand des poëtes. Qu'y a-t-il néanmoins de plus sublime, de plus docte, de plus parfait enfin, que ces ouvrages mêmes qui lui ont servi de récréation dans sa jeunesse, quand il eut reçu un commandement militaire ! En effet, qui pourrait mieux chanter les guerres que celui qui les fait si bien? Quel est celui qu'écouteraient de plus près les déesses qui président aux études ? A qui la divinité familière de Minerve révélerait-elle davantage ses secrets? Les siècles futurs le diront plus complétement que nous. Car aujourd'hui cette gloire disparaît dans l'éclat éblouissant de toutes ses autres vertus. Toutefois, César, nous les prêtres du culte des lettres, tu permettras bien que nous ne passions point un tel fait sous silence, et que nous attestions du moins, en termes de Virgile, *que pour toi le lierre rampe à travers les lauriers de la victoire.* » C'est là un triste péché, un vrai crime de lèse-morale et de lèse-litté-

rature. Je conviens, malgré tout, que l'idée du catalogue est une heureuse idée, et qu'il y a du bon, de l'excellent même, dans le chapitre de Quintilien. Mais c'est un peu comme dans les épigrammes de Martial : le médiocre n'y est pas rare, et le mauvais y abonde.

Que le Dialogue des Orateurs n'est pas de Quintilien.

Quelques-uns attribuent à Quintilien le *Dialogue des Orateurs*. Ce dialogue n'est autre chose, selon eux, que l'ouvrage de Quintilien intitulé, par son auteur, *des Causes de la Corruption de l'Éloquence*. Il n'est pas fort difficile de démontrer la fausseté d'une telle assimilation. Et d'abord, si le dialogue était de Quintilien, ce qu'on y devrait trouver à chaque pas, ce sont les idées de Quintilien, ses opinions sur les hommes et sur les choses, ou tout au moins une certaine conformité avec les doctrines et les jugements exposés dans l'*Institution oratoire*. Or, on y trouve presque partout exactement le contraire. En veut-on des exemples? qu'on se rappelle le jugement de Quintilien sur Saléius Bassus, et le jugement de l'auteur du dialogue sur le même poëte : c'est presque la nuit et le jour. Prenons des orateurs. Cicéron, pour le vrai Quintilien, est un dieu. Cicéron, pour le prétendu Quintilien du dialogue, est un écrivain terne et flasque, souvent monotone, et qu'on ne lit pas toujours sans fatigue ni ennui. Les deux critiques ont entendu l'un et l'autre Vibius Crispus, un des plus fameux orateurs du temps des Flaviens : l'un voit en Crispus un foudre d'éloquence; l'autre dit que Crispus a de l'art, de l'agrément, et qu'il sait charmer, mais qu'il vaut mieux dans les causes privées que dans les causes publiques. Quintilien est le panégyriste convaincu des exercices déclamatoires; l'auteur du dialogue en est l'adversaire non moins convaincu : il est même l'ennemi déclaré et de la rhétorique et des rhéteurs. Ce n'est pas Quintilien, à coup sûr, qui a écrit la violente diatribe qu'on va lire : « Aujourd'hui, nous conduisons nos jeunes gens aux tréteaux de ces pédants qu'on nomme rhéteurs, qui commencèrent à se montrer quelques années avant le temps de Cicéron, et qui furent si loin de plaire à nos ancêtres, qu'ils furent forcés, par les censeurs Crassus et Domitius, de fermer, comme dit Cicéron, leur école d'impudence. C'est là qu'on les mène encore; et je ne saurais dire ce qui nuit le plus à leur esprit, du lieu même, ou des condisciples, ou du genre d'étude. Le lieu, en effet, est loin d'être respectable : il n'y entre jamais que des ignorants qui se valent. Quel profit pourrait-on tirer des condisciples, enfants mêlés à des enfants, adolescents à des adolescents, et qui ne s'inquiètent ni de ce qu'ils disent ni de ce qu'ils entendent? Les exercices eux-mêmes sont, en général, contraires à leur but. Ainsi on traite, chez les rhéteurs, deux sortes de genres, le délibératif et le judiciaire. Le genre délibératif, comme s'il convenait à des esprits moins développés et demandait moins de connaissances, est abandonné aux enfants. Le genre judiciaire est le partage des plus forts; mais quels sujets, grands dieux, il leur faut développer! quels pitoyables sujets! La matière est toute dans l'invraisemblable : il n'y a que la déclamation qui puisse y répondre. Récompenses à des tyrannicides, alternatives laissées à des vierges déshonorées, remèdes de la peste, etc.[1]. » Ce n'est pas ainsi que Quintilien parle de son art; ce n'est pas lui qui s'est vilipendé lui-même. L'homme qu'on vient d'entendre n'est pas celui que nous avons entendu célébrant les écoles, et énumérant les avantages de l'éducation publique.

Le *Dialogue des Orateurs* n'est donc pas l'œuvre de Quintilien. Outre les preuves que nous en avons données, il y en a une absolument péremptoire, et qui aurait même pu me dispenser de toutes les autres. La conversation qui est le sujet du dialogue est censée avoir lieu sous le règne de Vespasien, et dans un temps qui correspond à l'an 75 de notre ère. L'auteur, qui écrit bien des années après, et soi-disant de mémoire, déclare avoir assisté à cette conversation, et il dit qu'à cette époque il était encore dans sa première jeunesse (*juvenis admodum*). Or, Quintilien, en l'an 75, avait déjà au moins vingt-trois ans, probablement

---

[1]. *Dialogue des Orateurs*, chapitre xxxv.

même davantage : ce n'était plus un tout jeune homme, et c'était déjà un homme célèbre.

Cet auteur, qui n'est pas Quintilien, quel est-il? c'est un problème que je ne me chargerai pas de résoudre. Tous les noms qu'on a proposés présentent des difficultés assez considérables. Il y a trois hommes dont l'âge concorde parfaitement avec celui de l'auteur du dialogue, et qui étaient tous les trois des adolescents, presque des enfants, à l'époque de l'entretien dont il a voulu perpétuer le souvenir. Ces trois hommes sont Suétone, Pline le Jeune et Tacite. On peut élever du premier coup, contre Suétone, une fin de non-recevoir. Suétone est un écrivain médiocre, et l'auteur du dialogue est un écrivain du premier ordre. Les notices de Suétone sur les grammairiens, sur les rhéteurs et les poëtes, nous montrent ce qu'il savait faire comme critique : c'est la sécheresse même, une absence complète de verve et même d'esprit. Ajoutez que Suétone, comme Quintilien, est l'adorateur de tout ce que l'auteur du dialogue foule aux pieds. Il en est de même de Pline le Jeune. Pline le Jeune, disciple de Quintilien, ne répudia jamais les traditions de son maître. Personne ne s'accommodait mieux que lui du travers qui faisait prendre la déclamation pour de l'éloquence. Il fut en son temps, pour ainsi dire, le roi de la déclamation. Pline avait beaucoup d'esprit, mais plus de bel esprit encore que d'autre chose. Or, ce n'est pas lui faire tort que de dire qu'il n'en avait pas assez pour écrire le dialogue, ce chef-d'œuvre de dialectique, de raison passionnée, d'inspiration même, sinon toujours de haute impartialité et de stricte justice. Il y a loin des *Lettres*, ou même du *Panégyrique de Trajan*, au *Dialogue des Orateurs*. Tacite avait plus de génie et même plus d'esprit qu'il n'en fallait pour être l'écrivain que nous cherchons. Mais qu'y a-t-il de commun entre le style des *Annales* et des *Histoires*, ou même de la *Germanie* et de l'*Agricola*, et le style du dialogue? rien, sinon un grand éclat d'imagination et un certain abus des expressions poétiques. La manière du critique est presque l'antipode de la manière de l'historien. Autant Tacite est serré, concis et sévère, autant l'auteur du dialogue est large, épanoui et riant. Gutmann, un de ceux qui ont le mieux montré combien cette opposition est flagrante, remarque fort judicieusement que, si le dialogue paraissait aujourd'hui pour la première fois au jour, il n'y aurait pas un lecteur un peu entendu qui songeât à l'attribuer à Tacite. Tout ce qu'on pourrait dire, après l'avoir lu, comme le remarque aussi Gutmann, c'est que l'écrivain, quel qu'il soit d'ailleurs, avait beaucoup pratiqué les ouvrages de Cicéron, et qu'il aime à se servir de formes et d'expressions cicéroniennes. Il y a, en effet, cela de piquant et presque d'étrange, que l'écrivain qui a traité le plus durement Cicéron, et même le plus injustement, a été le plus intelligent de tous les cicéroniens, et, à coup sûr, le plus digne de Cicéron. L'adversaire de l'école classique, le panégyriste de l'éloquence nouvelle et de la nouvelle poésie, est le plus vraiment classique des écrivains du temps. Il l'est plus et mieux que Pline ; il l'est plus et mieux que Quintilien même.

Les personnages du dialogue.

Les interlocuteurs que l'auteur a mis en scène sont le poëte Curiatius Maternus et les orateurs Marcus Aper, Julius Sécundus et Vipstanus Messala. C'est chez Maternus qu'ils se rencontrent, le lendemain du jour où le poëte avait récité son *Caton*.

Aper, suivant l'opinion de la plupart des contemporains, s'était fait une réputation d'orateur par les dons de son esprit et la force de sa nature, plutôt que par la culture et le travail. Suivant l'auteur du dialogue, Aper, sans avoir une instruction très-étendue, méprisait les lettres bien plus qu'il ne les ignorait : il croyait que sa gloire serait plus grande, si son génie paraissait ne s'appuyer sur aucun art étranger. On reconnaît ici la vieille tactique romaine, renouvelée des Antoine et des Crassus, surtout des Caton. Mais Aper n'en est pas moins un admirateur du présent et un contempteur du passé. C'est dans sa bouche que l'auteur a mis les plus violentes critiques contre Cicéron et contre toute l'ancienne littérature. Aper ne ménage rien ni personne. On dirait qu'il tient à se montrer digne de son nom : c'est un vrai sanglier (*aper*), donnant du boutoir à droite et à gauche. Mais il est impossible d'avoir plus de verve, plus d'entrain et plus d'esprit. C'est le personnage de prédilection de l'auteur. C'est manifestement celui qu'il a pris surtout pour interprète de ses idées. On sent à chaque pas que l'auteur est, comme Aper, un homme de l'école nouvelle, et qui croit, comme lui, qu'il ne s'agit pas tant d'imiter les anciens que d'avoir du génie, d'étudier les secrets du beau style que d'avoir quelque chose à dire.

Julius Sécundus ne parle pas beaucoup dans le dialogue. Aussi bien l'auteur nous apprend-il que cet orateur n'avait pas la parole facile. Il y aurait eu dès lors une sorte de contradiction à le faire disserter d'abondance, même sur des sujets qu'il connaissait parfaitement. Sécundus ne trouvait toutes ses facultés qu'après une préparation suffisante : alors il parlait d'une façon claire, correcte, serrée, avec toute sorte de qualités sévères. Sécundus était un écrivain distingué, et il avait laissé une *Vie de Julius Asiaticus* qui était un assez beau morceau d'histoire.

Vipstanus Messala n'arrive guère qu'au milieu de l'entretien. Cet orateur ne nous est connu que par les discours qu'il prononce dans le dialogue. C'est lui que l'auteur charge de la défense des anciens contre Aper ; et il s'en acquitte avec un tact parfait, sinon précisément d'après la méthode des classiques. C'est lui qui invective, dans le dialogue, contre les rhéteurs et contre la déclamation. Comme les classiques, il admet qu'il y a décadence ; mais il ne se borne pas, comme eux, à des phrases un peu vides : il montre en quoi la décadence consiste, et il en analyse profondément les causes. Les doctrines de Messala ne sont point en contradiction avec celles d'Aper ; ou plutôt il n'y a entre elles qu'une contradiction apparente. Messala, dans son rôle officiel, fait la contrepartie des discours d'Aper : il corrige ce qu'ont d'excessif et de choquant les arrêts du critique impitoyable ; il raffermit sur leurs bases les statues qu'Aper avait ébranlées. Il est plus juste pour les hommes du passé ; mais son admiration pour les anciens n'a rien de superstitieux : il sait faire, dans le passé même, la part du mal comme celles du bien ; et il y a tel de ses jugements qu'Aper n'eût pas exprimé sous une forme plus sévère. Lisez, par exemple, ce que Messala dit de Mécène, de Gallion, de quelques autres. Sur le fond des choses, Messala ne diffère de son contradicteur que du plus au moins. Il ne croit pas aux grandeurs du présent ; mais il ne nie pas la puissance de l'esprit : il espère que tout n'est pas fini pour la littérature ; il brûle de voir Rome renouveler les pacifiques triomphes de la pensée ; il rêve des gloires dignes de Virgile et de Cicéron. On dirait qu'il pressent la *Germanie* et les *Annales*.

C'est ainsi que l'auteur du dialogue, en dessinant des caractères divers, et en ménageant entre ses personnages des contrastes agréables, ne laisse pas pourtant de manifester sans cesse sa propre pensée, et de montrer, d'un bout à l'autre de son ouvrage, combien on aurait tort de le prendre pour un béat de l'école qui ne savait que dire : Imitez les modèles.

Intérêt historique et littéraire du Dialogue des Orateurs.

J'accorderai sans peine que les personnages du dialogue font, en général, des discours un peu longs, et que l'auteur ment un peu à son titre et à son préambule, qui ne nous annonçaient que la reproduction d'une conversation familière. C'est un défaut, à coup sûr ; et je reconnais que Platon et Cicéron savaient mieux se conformer aux lois du genre. Mais que de beautés dans ces discours, et de beautés de toute sorte ! Qui pourrait songer, en les lisant, qu'ils dépassent la juste mesure ? Que ce soit Maternus qui parle, ou Aper, ou Messala, je n'ai que le temps d'admirer, sinon toujours d'approuver ; je suis captivé, fasciné, ravi. Il n'y a pas de livre latin, et je n'excepte pas même les plus beaux livres de Cicéron, dont la lecture soit plus attachante. On y apprend beaucoup ; et on y rencontre, non pas çà et là mais à chaque page, mais presque à chaque ligne, de ces choses de génie, pensées, images, expressions, qui prouvent que l'auteur avait quelque raison d'affirmer qu'après les héros de l'ancienne littérature, il pouvait encore naître des héros.

Je ne disserterai pas ici pour démontrer combien le *Dialogue des Orateurs* est un monument précieux, et pour ce qu'il ajoute aux trésors littéraires de Rome, et pour ce qu'il ajoute à nos connaissances sur l'histoire des idées. Je ferai mieux, je citerai quelques passages qui mettront, je l'espère, cette valeur dans tout son jour.

Voici la comparaison que fait Messala de l'éducation de la première enfance, telle que l'entendaient et la pratiquaient les anciens Romains, avec celle que la mode avait plus tard mise en usage : « D'abord, le fils né d'une chaste mère n'était point élevé dans la cellule d'une nourrice achetée, mais dans le giron et entre les bras de sa mère, qui faisait sa principale gloire de veiller sur sa maison et de se dévouer à ses enfants. On choisissait, en outre, quelque parente âgée, irréprochable dans ses mœurs, pour lui confier tous les rejetons de la même famille ; et devant elle il n'était possible ni de rien dire de honteux, ni de rien faire de contraire à l'honneur. Ce n'étaient point seulement les études et les travaux des enfants, mais bien aussi leurs plaisirs et leurs jeux, qu'elle réglait avec gravité et retenue. C'est ainsi que Cornélie, mère des Gracques, Aurélie, mère de César, Atia, mère d'Auguste, présidèrent, dit-on, à l'éducation de leurs fils, et en firent des hommes supérieurs. Il résultait de cette discipline et de cette sévérité, que ces âmes candides et pures, que n'avait fait encore dévier aucune passion mauvaise, saisissaient avidemment les connaissances libérales ; et, quand le penchant les portait soit vers l'art militaire, soit vers la science du droit, soit vers les études oratoires, elles s'y livraient sans partage, elles épuisaient leur objet tout entier. Mais aujourd'hui, l'enfant, à peine né, est remis aux mains de quelque esclave grecque, à laquelle on adjoint tel ou tel serviteur, pris au hasard entre tous, et d'ordinaire le plus vil, le plus incapable d'aucun emploi sérieux. Des esprits tendres et ignorants se pénètrent bien vite de leurs fables et de leurs préjugés ; et personne, dans toute la maison, ne s'inquiète ni de ce qu'il dit ni de ce qu'il fait devant le jeune maître. Les parents eux-mêmes accoutument leurs enfants non point à la probité et à la modestie, mais à l'indiscipline et à la dissipation, par où se glissent peu à peu et l'impudence, et le mépris de soi-même et des autres. J'ajoute que les vices propres à cette ville, et qui tiennent à son caractère même, on les conçoit pour ainsi dire, presque dans le sein maternel : à savoir, la passion pour les histrions, le goût des gladiateurs et des chevaux. Quelle place reste-t-il pour les études honnêtes, dans une âme envahie, obsédée de telles préoccupations ? Combien trouverez-vous de gens qui chez eux parlent d'autre chose ? Quel autre sujet de conversation entendons-nous parmi les adolescents, quand nous mettons le pied dans les écoles ? C'est même l'entretien le plus habituel des maîtres avec leurs auditeurs ; car ils recrutent des disciples non point par la sévérité de leur enseignement, ni par les preuves reconnues de leur capacité, mais par leurs visites d'intrigants et par les séductions de leurs flatteries [1]. »

Voici quelques traits du panégyrique de l'éloquence, qui précède, dans les discours d'Aper, la diatribe contre les anciens : « Je passe au plaisir que procure l'éloquence oratoire. Ce n'est pas une simple jouissance d'un instant, mais une jouissance de presque tous les jours, de presque toutes les heures. Qu'y a-t-il en effet de plus doux, pour une âme libre et bien née, et faite pour les voluptés délicates, que de voir accourir à sa maison, sans cesse et en foule, les hommes les plus distingués, et de savoir que ces prévenances ne s'adressent ni à l'argent, ni à la succession, ni aux emplois, mais à la personne même ? Bien plus, les hommes sans héritiers, les riches, les puissants, viennent chez l'orateur, qui n'est d'ordinaire qu'un homme jeune et pauvre, pour le charger de conjurer leurs périls ou ceux de leurs amis. Y a-t-il, dans la plus grande opulence, dans la puissance la plus haute, une satisfaction égale à celle de voir des vieillards, des hommes avancés dans la vie et forts de la considération générale, confessant, au sein même de l'abondance de toutes choses, qu'un bien leur manque, et le plus précieux de tous ? Quand l'orateur sort en public, quel cortége de

---

1. *Dialogue des Orateurs*, chapitre XXIX.

clients ! quelle représentation ! Et dans les tribunaux, quel respect il inspire ! Quelle joie pour lui de se lever, de parler au milieu du silence universel, d'attirer uniquement tous les regards ! de voir le peuple se réunir autour de lui et se laisser aller à tous les sentiments que juge à propos de revêtir l'orateur ! Ce ne sont là que les joies publiques de l'éloquence, celles qui frappent les yeux même les moins exercés. Il en est d'autres plus secrètes, connues des orateurs seuls, et plus grandes. Quand l'orateur se présente avec un discours soigneusement préparé, sa joie a, comme sa diction même, un caractère grave et contenu ; apporte-t-il une œuvre nouvelle et inachevée, l'émotion et aussi l'inquiétude donnent plus de prix au succès, et aiguillonnent le plaisir. Mais ses plus grandes douceurs, il les trouve dans les hardiesses de l'improvisation, dans les témerités imprévues. Car l'esprit ressemble à la terre : il est des fruits qui ne viennent qu'à force de travail et de soins ; mais les plus agréables sont ceux qui naissent sans culture [1]. »

Aper ne se borne pas à vanter l'éloquence, il attaque vivement la poésie ; il essaye de prouver qu'elle ne sert de rien à ceux qui la cultivent ; il conseille à Maternus de renoncer à l'art des vers, et de se livrer tout entier à celui au bout duquel sont les honneurs et la fortune. Maternus répond énergiquement à l'assaut d'Aper, en poëte obstiné dans ses goûts, en digne fils de la Muse. Je vais transcrire une bonne partie de sa réponse :

« Quant à ces bois et à ces ombrages, quant à cette solitude contre laquelle s'emportait Aper, j'y trouve un tel charme, qu'un des principaux bienfaits de la poésie, c'est, selon moi, de faire les vers loin du bruit, loin des larmes et des douleurs des accusés, et sans qu'un plaideur soit assis à notre porte. L'âme s'exile dans des lieux calmes et purs, et jouit des demeures sacrées. C'est là le berceau de l'éloquence, c'est là son sanctuaire. C'est ornée des formes de la poésie que l'éloquence se présenta d'abord aux yeux des mortels, et qu'elle pénétra dans les cœurs chastes et

---

[1]. *Dialogue des Orateurs*, chapitre VI.

que n'avait encore souillés aucun vice. C'était le langage des oracles. Car cette éloquence cupide et sanguinaire que nous voyons aujourd'hui est chose toute récente, née de notre dépravation, et, comme tu disais, Aper, imaginée pour tenir lieu d'arme offensive. Cet âge heureux, et pour me servir de l'expression consacrée, ce siècle d'or, ne connaissait ni orateurs ni accusations : en revanche, il abondait en poëtes et en hommes inspirés, qui chantaient les belles actions, et n'avaient point à en défendre de mauvaises. Il n'y avait personne qui jouît d'une gloire plus grande ni d'honneurs plus augustes, d'abord auprès des dieux, dont ils révélaient, pensait-on, les réponses, et dont ils partageaient les festins ; ensuite auprès de ces enfants des dieux, de ces rois sacrés, qui n'avaient point des avocats près d'eux, mais Orphée, mais Linus, et, si tu veux remonter plus haut encore, Apollon lui-même. Mais ce sont là peut-être des fables, des récits inventés à plaisir : tu m'accordes du moins, Aper, qu'Homère n'a pas moins d'honneurs dans la postérité que Démosthène, et que la renommée d'Euripide ou de Sophocle n'est pas enfermée dans des limites plus étroites que celle de Lysias ou d'Hypéride. Tu vois aujourd'hui plus de détracteurs de la gloire de Cicéron que de celle de Virgile ; et il n'y a pas un livre d'Asinius ou de Messala, qui soit illustre à l'égal de la *Médée* d'Ovide ou du *Thyeste* de Varius.

« Et je ne craindrais pas de comparer la fortune des poëtes, et ce bonheur qu'ils ont d'habiter en eux-mêmes, avec la vie inquiète et troublée des orateurs. Quoique leurs combats et leurs dangers aient pu les faire monter à des consulats, j'aime mieux la sûre et paisible retraite de Virgile, retraite où il ne manqua pourtant ni de faveur auprès du divin Auguste, ni de célébrité parmi le peuple romain : témoin les lettres d'Auguste, témoin le peuple lui-même, qui, ayant entendu dans le théâtre les vers de Virgile, se leva tout entier, et montra à Virgile, présent par hasard et regardant, les mêmes respects qu'à Auguste. De nos jours mêmes, Pomponius Sécundus ne l'aura cédé à Domitius Afer ni par la considération pendant sa vie, ni par la réputation après sa mort. Car ce Crispus et ce Marcellus, dont tu me cites les exemples pour me convaincre, qu'ont-ils donc dans leur destinée qui mérite si fort l'envie ? Est-ce de craindre ? est-ce d'être craints ? Est-ce d'être sollicités chaque jour, et maltraités par ceux qu'ils obligent ? Est-ce parce qu'ils sont enchaînés à l'adulation, et parce qu'ils ne sont jamais assez serviles selon les gouvernants, ni assez indépendants selon nous ? Quelle est donc cette puissance si grande dont ils disposent ? nous voyons souvent des affranchis qui ne sont pas moins puissants. Fassent les douces Muses, comme les appelle Virgile, qu'il me soit permis de m'arracher aux inquiétudes et aux soucis, à la nécessité de faire chaque jour quelque chose contre mon sentiment ! Qu'elles m'emportent dans leurs bosquets sacrés et au bord de leurs fontaines ! Là, je n'aurais plus à m'exposer tout tremblant aux folies et aux dangers du Forum ; je ne poursuivrais plus le pâle fantôme de la gloire ; je ne m'éveillerais plus aux clameurs des clients, à la voix d'un affranchi hors d'haleine ; je n'aurais pas besoin d'écrire un testament pour me garantir contre les incertitudes de l'avenir. J'aurais juste assez de bien pour le laisser à qui je voudrais, en quelque instant qu'arrivât mon dernier jour ; l'image qu'on mettrait sur ma tombe ne serait point triste et morose, mais souriante et couronnée ; personne enfin, après ma mort, n'aurait ni à défendre ma mémoire, ni à intercéder pour elle. »

Le *Dialogue des Orateurs* s'imprime ordinairement à la suite des œuvres de Tacite. Rien ne prouve, je l'ai dit, qu'il soit de Tacite ; mais on voit qu'il est en état de faire quelque figure, dans un tel recueil, à côté de la *Vie d'Agricola*, à côté de la *Germanie* même.

CHAPITRE XXXIX.

LES DEUX PLINE.

L'*Histoire naturelle*.— Autres ouvrages de Pline l'Ancien. — Vie de Pline l'Ancien. — Vie de Pline le Jeune. — Caractère de Pline le Jeune. — Pline le Jeune orateur. — Un rival de Pline le Jeune. — *Lettres* de Pline le Jeune.

L'histoire naturelle.

L'*Histoire naturelle* de Pline l'Ancien est la plus vaste composition, sans contredit, que jamais Romain ait conçue et exécutée. Elle a trente sept livres. Le titre n'indique qu'imparfaitement la prodigieuse diversité des sujets embrassés et traités par l'auteur. C'est une véritable encyclopédie des sciences et des arts. Pline avait mis à contribution plus de deux mille ouvrages sur toutes sortes de matières. Il énumère, dans son premier livre, les sources où il a puisé : ce livre est comme un index, où il a résumé brièvement ce qui est développé dans les autres. Il expose ensuite la cosmographie et la géographie. Pour ce qui concerne certaines contrées, il écrit surtout d'après ses observations personnelles. Au septième livre commence l'histoire naturelle proprement dite. Pline traite successivement de la zoologie, de la botanique, de la pharmacologie, de la minéralogie. A propos des minéraux, il s'occupe de la sculpture, de la peinture, décrit les procédés des arts plastiques, et entre dans de curieux détails sur les peintres et les sculpteurs de l'antiquité et sur leurs œuvres. Les cinq derniers livres sont presque tout entiers consacrés à ces recherches, qui n'ont, comme on le voit, qu'un rapport fort éloigné avec l'histoire naturelle :

« Pline, dit Buffon, a voulu tout embrasser; et il semble avoir mesuré la nature, et l'avoir trouvée trop petite encore, pour l'étendue de son esprit. Son *Histoire naturelle* comprend, indépendamment de l'histoire des animaux, des plantes et des minéraux, l'histoire du ciel et de la terre, la médecine, le commerce, la navigation, l'histoire des arts libéraux et mécaniques, l'origine des usages, enfin toutes les sciences naturelles et tous les arts humains; et ce qu'il y a d'étonnant, c'est que, dans chaque partie, Pline est également grand. L'élévation des idées, la noblesse du style, relèvent encore sa profonde érudition. Non-seulement il savait tout ce qu'on pouvait savoir de son temps, mais il avait cette facilité de penser en grand qui multiplie la science; il avait cette finesse de réflexion de laquelle dépendent l'élégance et le goût, et il communique à ses lecteurs une certaine liberté d'esprit, une hardiesse de penser, qui est le germe de la philosophie. Son ouvrage, tout aussi varié que la nature, la peint toujours en beau : c'est, si l'on veut, une compilation de tout ce qui a été fait d'excellent et d'utile à savoir; mais cette copie a de si grands traits, cette compilation contient des choses rassemblées d'une manière si neuve, qu'elle est préférable à la plupart des ouvrages originaux qui traitent des mêmes matières. »

Il n'y a rien à ajouter, ou presque rien, à un tel jugement, et venant d'un tel maître. Je dirai seulement que la diction de Pline n'est pas toujours d'une pureté parfaite, ni même d'une suffisante correction. Pline est, encore plus que Sénèque, un écrivain de décadence. Il vise constamment à l'énergie, à la vivacité : il y atteint souvent; mais souvent aussi il n'aboutit qu'à l'obscurité, à la déclamation, même à l'afféterie. Son éloquence n'est pas toujours de la vraie éloquence. Mais il y a, dans tous les tableaux qu'il trace, je ne sais quoi de majestueux, de grandiose et de fort, qui saisit l'admiration, et qui ne permet guère à l'esprit de se rebuter, même en face d'une fausse idée, d'une phrase prétentieuse, d'un tour vicieux, d'un mot mal inventé, d'un terme détourné de son acception véritable.

Autres ouvrages de Pline l'Ancien.

Le grand homme à qui nous devons ce grand ouvrage en avait composé d'autres encore, et dont quelques-uns étaient très-considérables. Son *Histoire des Guerres de Germanie* n'avait pas moins de vingt livres, et elle contenait, selon Tacite, le récit complet des opérations militaires des Romains contre les peuples du Rhin et du Danube. Le traité sur l'art de lancer le javelot à cheval n'avait qu'un seul livre ; mais le traité de rhétorique intitulé *Études* en avait trois, et le traité de grammaire intitulé *du Discours douteux* en avait huit. Il y avait encore une *Vie de Pomponius Sécundus* en trois livres, et une continuation de l'ouvrage historique d'Aufidius Bassus en trente et un livres. Je ne parle pas de certains recueils ou commentaires, comme on les nomme, dont la masse avait quelque chose d'effrayant : c'étaient cent soixante livres ; mais ces livres n'étaient, il est vrai, que des notes, des extraits de lectures, des matériaux pour de futurs ouvrages. Il ne reste rien de tous ces écrits, ou plutôt de toute cette immense bibliothèque. On comprend à peine qu'un seul homme ait suffi à tant de travaux ; et Pline n'était pas un homme de cabinet : il a passé sa vie dans les emplois, sans cesse occupé de grandes affaires, et il est mort dans la force de l'âge, dans la plénitude même de son génie.

Vie de Pline l'Ancien.

Caïus Plinius Sécundus était né, selon les uns, à Vérone ; selon les autres, et c'est l'opinion la plus vraisemblable, à Côme, en l'an 23 de notre ère. Il servit longtemps en Germanie, dans les armées romaines. Vespasien, dont il était l'ami, étant parvenu à l'empire, le chargea du gouvernement de l'Espagne. Sous Titus, nous voyons Pline commander la flotte stationnée à Misène. On sait comment il périt, victime de sa passion pour la science, durant cette éruption du Vésuve qui détruisit Herculanum, Pompéies et Stabies. C'était en l'an 79, et Pline n'avait que cinquante-six ans.

Voici comment Pline s'y prenait pour se faire des loisirs, pour apprendre tant de choses, pour les digérer, pour en composer des ouvrages : « Tu t'étonnes, dit Pline le Jeune à un de ses amis après avoir énuméré les ouvrages laissés par son oncle, tu t'étonnes qu'un homme si occupé ait pu composer tant de volumes, et parmi lesquels il y en a bon nombre qui sont écrits avec tant de soin. Tu t'étonneras bien plus encore, quand tu sauras qu'il a plaidé quelque temps au barreau; qu'il est mort à cinquante-six ans; que sa vie, entre ces deux époques, a été partagée et entravée et par des emplois considérables et par l'amitié des princes. Mais il avait un génie plein d'activité, une ardeur incroyable à l'étude, la force de supporter les plus longues veilles. Il commençait à travailler à la lumière dès les Vulcanales, non pas seulement pour la forme, mais afin d'étudier : alors, c'était aussitôt la nuit fermée; mais en hiver, c'était depuis la septième heure, ou, au plus tard, depuis la huitième, souvent depuis la sixième. Il avait vraiment le sommeil à souhait, s'y pouvant livrer quelquefois parmi ses études mêmes, et s'en débarrassant selon son gré. Avant le jour, il allait faire visite à l'empereur Vespasien, qui était, lui aussi, un travailleur de nuit; puis il s'occupait des devoirs de ses charges. A son retour chez lui, il rendait aux études ce qui restait de temps. Après le repas, qu'il prenait de jour, à la façon antique, repas léger et de digestion facile, souvent, en été, s'il avait quelque loisir, il s'étendait au soleil : on lui lisait un livre; il annotait, et faisait des extraits. Car il ne lisait jamais rien sans extraire. Il avait même coutume de dire qu'il n'y avait pas de livre si mauvais, qu'on n'y pût trouver quelque chose d'utile. Après s'être chauffé au soleil, il se baignait, d'ordinaire dans l'eau froide; puis il faisait collation et il dormait quelques instants. Bientôt, comme s'il faisait une autre journée, il se mettait à l'étude jusqu'à l'heure du souper. Après le souper, on lui lisait un livre, et il annotait; et c'était au pas de course. Je me souviens qu'un de ses amis reprit une fois le lecteur, qui avait mal prononcé certains mots, et le fit recommencer : « Tu avais donc « compris? dit mon oncle. — Oui, répondit-il. — Pourquoi « reprendre alors? ton interruption nous a fait perdre plus « de dix lignes. » Voilà comme il était ménager du temps! Il quittait le souper, en été, de jour; à la première heure de la nuit, en hiver : on eût dit que quelque loi l'y forçait. Telle était sa vie au milieu des travaux, et dans le tumulte de Rome. Dans la retraite des champs, il n'enlevait aux études que le temps du bain. Quand je dis du bain, je parle du temps qu'il passait dans l'eau. Car, tandis qu'on le frottait et qu'on l'essuyait, il écoutait ou dictait quelque chose. En voyage, c'est à cela qu'il employait tout ses instants, comme s'il eût été débarrassé de tout autre souci. Il avait, à son côté, un secrétaire avec un livre et des tablettes. En hiver, ce secrétaire se garantissait les mains avec des mitaines, afin que la rigueur même de la saison ne fît pas tort à ses études. C'est pour cette raison qu'à Rome même, il se faisait porter en litière. Je me rappelle avoir été grondé par lui pour m'être promené : « Tu pouvais, dit-il, ne pas « perdre ces heures-là. » C'est grâce à cette application qu'il a composé tous ces volumes, et qu'il m'a laissé cent soixante commentaires d'extraits, pages et revers remplis, et le tout écrit en caractères d'une finesse extrême, ce qui multiplie encore ce nombre.... Aussi ne puis-je guère m'empêcher de rire, quand certaines personnes me traitent de laborieux, moi qui, comparé à lui, ne suis que la paresse même[1]. »

Tacite, ayant à raconter, dans ses *Histoires*, la grande catastrophe de l'an 79, pria son ami Pline le Jeune de le renseigner avec quelque détail sur les circonstances de la mort de son oncle. La lettre où Pline le Jeune fait ce récit est la plus belle peut-être et la plus intéressante de tout son recueil[2]. C'est là qu'il faut voir combien Pline l'Ancien, cet homme de tant de science et de talent, était aussi un homme d'un grand caractère, d'une intrépidité à toute épreuve, d'un calme et d'un sang-froid imperturbables. Malheureusement cette lettre est beaucoup trop longue pour que nous la puissions transcrire ici tout entière ; et il ne conviendrait guère de mettre en lambeaux des pages où tout se tient, dont le charme principal est dans cette continuité même, et qui veulent être lues d'un bout à l'autre.

Vie de Pline le Jeune.

Pline le Jeune était le fils de la sœur de Pline l'Ancien. Il se nommait, comme son père, Caïus Cécilius ; mais, ayant

---

1. Pline le Jeune, *Lettres*, livre III, lettre v.
2. C'est la seizième du VI° livre.

été adopté par son oncle, il s'appela désormais C. Plinius Cécilius Sécundus. Il était né en l'an 61 ou 62, sur les bords du lac Larius, aux environs de la ville de Côme. A l'âge de huit ans, il perdit son père, dans le temps que son oncle maternel gouvernait l'Espagne. Pline l'Ancien, à son retour en Italie, prit avec lui la veuve de Caïus Cécilius et son fils. Il fut un second père pour cet enfant, l'éleva avec le plus grand soin, et le fit l'héritier de son nom et de sa fortune. Les études du jeune Pline, sous un tel maître, ne pouvaient manquer d'être fortes et brillantes. La passion de l'oncle pour la science passa dans l'âme du neveu. C'était presque la même ardeur : seulement les objets n'en étaient pas les mêmes. Pline l'Ancien se plaisait surtout aux questions abstruses, aux recherches d'érudition, à la contemplation des phénomènes de la nature. Pline le Jeune aimait à se renfermer dans le domaine des choses littéraires : il aspirait plus au bien dire qu'à l'immensité du savoir, ou même qu'à l'originalité de la pensée ; il était plus curieux des secrets du beau style que de ces autres secrets qu'essayait d'entrevoir son oncle, sous le voile mystérieux d'Isis.

Il fut pourtant soldat ; il alla servir une année en Syrie, avec le grade de tribun militaire. Mais, s'il suivit un instant cette carrière, c'était plutôt par bienséance que par vocation. Il n'était pas fait pour devenir, comme son oncle, chef d'armée ou chef de flotte. Les emplois civils convenaient mieux à son tempérament. Il profita du moins de son voyage en Orient pour se perfectionner dans les lettres grecques. Il ne manquait pas d'ambition, et cette ambition eut de quoi se satisfaire. Nerva et Trajan le comblèrent d'honneurs. Il fut tribun du peuple, préteur, préfet du trésor de Saturne, préfet du trésor militaire, consul, augure, enfin gouverneur de Bithynie. Il mourut en l'an 115, à cinquante-deux ou cinquante-trois ans. Il avait eu des amitiés illustres : Trajan le chérissait ; Tacite le traitait comme un frère.

Caractère de Pline le Jeune.

Mon collègue et ami, M. J. Demogeot, a écrit une *Étude sur Pline le Jeune*. C'est un morceau de critique excellent, où les détails abondent, et non moins agréable à lire que consciencieux et solide. Je ferai plus d'un emprunt à ces pages spirituelles et savantes. Voici le portrait de Pline, tracé par M. Demogeot d'après Pline même, et où sont artistement rassemblés tous les traits épars çà et là dans la correspondance :

« Avant tout et avec tout, Pline fut homme de lettres : c'est là son caractère distinctif, et l'explication de ses vertus comme de ses défauts. Il étudie sous la pluie de cendres du Vésuve ; il étudie sous sa tente de soldat. Ses travaux et ses loisirs, ses veilles, son sommeil même, tout en lui appartient aux lettres. Il se plaint des devoirs de la vie sociale, qui l'arrachent à ses études chéries ; il voudrait s'ensevelir dans une solitude profonde. Pleure-t-il la mort d'un ami ? il songe qu'il n'aura plus de guide dans ses travaux ; donne-t-il des regrets à la mémoire d'un poëte ? il avoue franchement qu'il gémit sur la perte de son panégyriste. S'il demande des consolations, il les veut neuves et non vulgaires : son désespoir est délicat ; c'est un pleureur de bon goût. Du reste, sociable, affectueux, toujours prêt à rendre service, il est chéri de toute la gent littéraire : c'est tout un d'aimer les lettres et d'aimer Pline. Tout ce qu'il possède, tout ce qui l'entoure reçoit l'empreinte de sa passion exclusive. La campagne n'est belle à ses yeux que par les loisirs studieux qu'elle protége : la nature est un cadre fleuri qui accompagne agréablement ses travaux. S'il va à la chasse, à côté de son épieu il a toujours ses tablettes ; s'il ne récolte point de fruits dans ses terres, il se console en y recueillant quelques pages spirituelles. Enfin, quand il s'agit de donner des noms à deux magnifiques villas situées au bord du lac de Côme, tout plein de ses souvenirs littéraires il remarque que l'une est bâtie sur un roc élevé, *qui lui sert de cothurne*, l'autre sur un humble sol, *qui s'abaisse comme un brodequin :* il appelle donc la première *la Tragédie*, et la seconde *la Comédie*. »

Pline le Jeune orateur.

J'ai dit que Pline le Jeune avait été, en son temps, le roi

de la déclamation. Il aimait à paraître dans ces auditoires où l'on faisait des discours uniquement pour être applaudi, et où l'on donnait au public la primeur des œuvres que devait quelquefois longtemps attendre le libraire. Il y parlait et il y récitait; il y apportait son éloquence ; il y faisait valoir sa prose ou ses vers, quelquefois même sa prose et ses vers ; et les auditeurs ne lui refusaient guère ce qu'il venait chercher auprès d'eux. Ses vers étaient très-goûtés. C'étaient de petites pièces plus ou moins agréables, et la plupart sur le ton badin. Pline lui-même prenait ces jeux spirituels pour de la poésie : il n'y a donc rien d'étonnant à ce que ses amis et ses auditeurs vissent en lui un grand poëte. Quelques-uns n'hésitaient pas à le mettre au-dessus de Properce et de Tibulle. C'est dire assez quel était leur enthousiasme. Je voudrais croire que Pline poëte méritait cet engouement. Il ne reste presque rien de ses vers ; et pourtant il est impossible de se les figurer autre chose que médiocres. Pline, avec son esprit et son caractère, n'était et ne pouvait être qu'un versificateur. Le *Panégyrique de Trajan* nous donne une idée des discours qu'il faisait applaudir dans les auditoires, de la prose qu'on y aimait et que l'orateur, le déclamateur ou le récitateur faisait valoir de son débit et de son geste. Ce discours n'était, à l'origine, qu'un remercîment prononcé dans le sénat par l'auteur, lorsque Trajan le désigna consul. Il était d'abord très-court ; mais Pline remania et développa sa harangue, et en fit le livre que nous avons. Ce livre fut récité avant d'être publié. Il remplit trois séances successives. Dieu sait si les auditeurs applaudirent à rompre les bancs ! Trajan était admiré et chéri ; et jamais Pline n'avait fait plus de frais pour charmer, pour transporter son public. Le sujet prêtait ; Pline l'avait traité avec amour ; il l'avait poli et repoli jusque dans ses moindres détails ; c'était son œuvre de prédilection qu'il récitait : comment fût-on resté froid ? comment n'eût-on pas salué, dans le récitateur, non pas seulement le plus grand des orateurs contemporains, mais un des plus grands orateurs de tous les temps, mais l'héritier, mais le rival de Cicéron même ?

« Jamais accusateur, dit M. Demogeot, ne mit tant d'habileté à inventer des crimes que Pline à trouver des vertus. Toutes les paroles, tous les pas, tous les mouvements du prince sont présentés avec une adresse infinie sous leur côté le plus flatteur. Pline n'a qu'à toucher une action pour en faire une merveille. Il loue Trajan de vendre les biens du fisc, il le louerait sans doute de les conserver; il le loue ensuite de permettre qu'on les achète; il l'admire de défendre qu'on bâtisse des monuments nouveaux, il l'exalte de faire réparer les anciens; il lui sait un gré infini de ne pas ébranler les maisons de la ville par le transport des pierres destinées à ses constructions; il le remercie de ne pas se faire adorer; il le félicite de marcher au lieu d'aller en voiture. Trajan refuse un second consulat : c'est parfait; Trajan l'accepte : c'est sublime. Etant donné un acte quelconque de Trajan, Pline se charge de vous le faire admirer. C'est le cas d'emprunter, en la modifiant, la phrase de son ami Tacite : « Les honneurs refusés ou reçus deviennent un « mérite. » *Omissi gestique honores pro virtute*

« Le style du *Panégyrique* offre le même caractère que la pensée. C'est une prodigalité fatigante, un luxe de détails brillants, qui éblouissent sans éclairer. Rien ne se masse, rien ne se subordonne ; tout est au premier plan et brave la perspective. La louange y semble jetée dans un moule à épigrammes : les phrases sont concises, vives, essoufflées, s'arrêtant court à chaque instant pour recommencer encore. Elles sautillent au lieu de voler ; elles ont l'allure capricieuse du papillon, et non l'essor gracieux de l'oiseau. Pline affectionne surtout l'antithèse et le paradoxe : c'est Fléchier fondu avec Fontenelle. Il excelle à saisir toutes les combinaisons possibles entre deux ou trois idées ; il développe une pensée, comme l'école descriptive de Delille analysait une description. Il la fait passer vingt fois sous nos yeux, la tournant, la renversant, l'examinant sous des aspects divers. C'est de l'éloquence au microscope ...

« Les inconvénients d'un pareil style sont faciles à pressentir. Vous songez plus à l'écrivain qu'à son raisonnement; l'essentiel du sujet s'efface sous ces ingénieux accessoires. Le discours ressemble alors à cet habit du duc de Saint-

Simon, dont l'étoffe était toute couverte de perles : le tissu était de soie, mais on ne le voyait pas. »

Quintilien avait été le maître de Pline, et était resté son ami. Pline se croyait, comme Quintilien, un restaurateur des bonnes traditions littéraires. Plus que Quintilien encore, il était infecté des vices de son temps. Il y a plus loin du *Panégyrique de Trajan* au discours *pour Marcellus*, que de l'*Institution oratoire* aux dialogues *de l'Orateur*. Ajoutez que la langue de Pline le Jeune ne vaut pas celle de Quintilien. On y rencontre souvent des mots détournés des acceptions classiques, et même quelques traces de ce néologisme dont ne se défendait pas assez Pline l'Ancien, mais qui est moins pardonnable dans les écrits du neveu que dans ceux de l'oncle. Pourtant ce serait faire tort à Pline le Jeune que de lui refuser certaines qualités oratoires. Le *Panégyrique* est un ouvrage faux, mais non pas froid. Il n'y a qu'une chaleur douce, mais cette chaleur est continue. M. Demogeot remarque avec raison que, sous la forme un peu factice dont Pline revêtait ses pensées, il y avait un sentiment vrai ; qu'il aimait Trajan, qu'il admirait le prince : « Il n'est pas sans exemple, dit encore le critique, qu'une affection sincère s'exprime dans un langage un peu maniéré, dont l'habitude et l'éducation ont fait pour un auteur sa langue naturelle. »

Le *Panégyrique de Trajan*, malgré ses défauts, ou plutôt à cause de ses défauts mêmes, fut reçu des contemporains comme un chef-d'œuvre. Dans les siècles qui suivirent, l'admiration ne fit que s'accroître. Les orateurs, ou ceux qui se prenaient pour tels, cherchaient dans l'écrit de Pline, bien plus encore que dans les discours de Démosthène ou de Cicéron, les secrets de l'éloquence et du style oratoire. Je laisse à penser ce que pouvaient être des ouvrages composés d'après un pareil modèle. Il nous reste une collection de douze panégyriques, dont le *Panégyrique de Trajan* a été le prototype. Ces discours, ou, si l'on veut, ces ombres de discours, sont du troisième ou du quatrième siècle. C'est du Pline, moins l'esprit, moins le style, moins la langue, moins le talent, c'est-à-dire quelque chose un peu au-dessous de rien.

Pline le Jeune avait commencé à plaider devant les tribunaux dès l'âge de dix-neuf ans. Ses succès d'avocat n'avaient pas été moindres que ses succès de déclamateur ou de récitateur. Il fut chargé, selon son propre témoignage, de causes très-considérables, et il avait l'habitude de rédiger par écrit ses discours judiciaires. Il avoue lui-même qu'après un long exercice du métier d'avocat, il ne sait pas encore très-bien à quoi s'en tenir sur les qualités essentielles à l'orateur, et, selon son expression, qu'il les entrevoit encore dans un brouillard. L'ami à qui il écrivait ceci aurait pu lui dire : « Lis l'*Orateur*. » N'importe ; Pline n'en comptait pas moins sur ses *Plaidoyers* pour maintenir son nom parmi ceux des plus grands orateurs judiciaires : « Il est probable, dit M. Demogeot, que Pline a perdu en effet, avec ces discours, la plus solide partie de ses titres. L'émotion que ses plaidoyers produisaient dans les juges, le succès des affaires dont il fut chargé, la nécessité de parler pour convaincre et non pour plaire, l'atmosphère du barreau et des intérêts sérieux, si saine pour l'éloquence, sont pour nous autant de garanties du mérite réel de ces œuvres. Soit qu'il vengeât avec courage la mémoire d'Helvidius, et entraînât le sénat, malgré ses hésitations, dans un avis audacieusement sévère ; soit qu'il accusât ou défendît, dans cette assemblée, des magistrats plus ou moins concussionnaires ; soit qu'il plaidât au tribunal des centumvirs, qu'il avait coutume d'appeler son arène, il s'éleva sans doute plus d'une fois à toute la puissance de l'orateur. Mais alors même l'artiste, l'homme de style dut conserver une grande part, au moins dans la rédaction subséquente de ces discours. Quand le sénateur ou l'avocat avait rempli sa tâche, l'écrivain commençait la sienne ; et nous voyons, dans sa correspondance, que cette seconde œuvre ressemblait peu à la première. Ses discours écrits étaient plus développés que ses improvisations. Aussi les travaillait-il à loisir : « Voici la « préface, » écrit-il à un de ses amis, en lui racontant les circonstances d'une plaidoirie ; « quant au discours lui-« même, vous attendrez, s'il vous plaît, et vous attendrez « ongtemps. Un pareil sujet ne veut pas être traité à la

« hâte. » L'homme de lettres, qui commençait à germer dans Cicéron, atteignit sa pleine floraison dans Pline le Jeune. Après avoir parlé pour le tribunal, il écrit pour la lecture publique ; il écrit pour la postérité surtout : il refond ses discours comme sa correspondance, il y consacre sa vie ; c'est pour eux qu'il refuse de se faire historien. Toutes ces peines ont été inutiles, peut-être même nuisibles à sa gloire. Ces harangues si travaillées ne sont pas parvenues à leur adresse : la postérité a préféré les sublimes rudesses de Démosthène et les négligences calculées de Cicéron. »

Un rival de Pline le Jeune.

M. Nisard, dans son tableau des lectures publiques, trace les portraits de quelques-uns des contemporains de Pline le Jeune, et notamment celui de l'orateur Régulus, dessiné d'après Pline même. Régulus était un avocat très-habile et très-dangereux. Pline eut souvent affaire à ses talents et à ses astuces : aussi parle-t-il souvent de lui. Je citerai les principaux traits de l'esquisse de M. Nisard, et pour faire connaître Régulus, et pour montrer quelques-unes des choses que la critique, aidée de l'imagination, peut tirer des *Lettres* de Pline le Jeune :

« Voici Régulus l'avocat, celui qui a l'œil louche et humble, et qui salue si bas. Homme de talent et surtout d'intrigue, riche par toutes sortes de moyens, Régulus est haï, mais craint, parce qu'il a le double crédit d'un homme méchant et d'un homme riche. Régulus se mêle de vers, et on le blesse fort à ne louer que son talent d'avocat. Quand il a bien plaidé, on peut lui dire qu'il fait admirablement les vers ; mais, quand il a lu des vers, il y a du danger à lui dire qu'il plaide bien. C'est un charlatan, qui a pour dupes ceux même qui ne veulent pas l'être. Les magistrats lui donnent tout haut gain de cause, et, tout bas, critiquent son éloquence, qui est lourde et de mauvais goût ; les poëtes lui donnent, dans l'auditoire, la palme de la poésie, et, hors de l'auditoire, estiment ses vers à rien. C'est ainsi que sa réputation est l'œuvre de ceux même qui le jugent le plus sérieusement : triomphe inique, mais qu'obtiendront toujours ces trois choses réunies, l'intrigue, la méchanceté et le talent. »

Après avoir peint les tortueuses voies de l'ambition de Régulus, et les infâmes spéculations par lesquelles Régulus savait augmenter sa fortune, M. Nisard ajoute : « Régulus est superstitieux, comme tous les gens dont l'audace est de tête et non de cœur. Avant de plaider, il se couvre d'un enduit l'œil droit, si son client est défendeur ; l'œil gauche, s'il est demandeur. Il consulte les auspices ; il met un bandeau blanc sur un de ses sourcils ; il n'a pas foi en son droit, mais en sa divination : les lois sont des dés avec lesquels il joue ; la chance décide du gain. »

Régulus était un des coryphées du barreau de ce temps-là ; mais il faut dire que Pline y trouvait aussi, à côté de Régulus, de plus nobles rivaux, surtout de plus estimables modèles. Tacite plaidait ; et Pline nous apprend, que Tacite et lui, ils ont soutenu ensemble la cause des Africains contre le proconsul Marius Priscus.

Lettres de Pline le Jeune.

Les *Lettres* sont un monument bien autrement précieux pour nous que le *Panégyrique de Trajan :* « Elles nous présentent, dit M. Demogeot, l'histoire intérieure de Rome au temps des empereurs, cette histoire que les historiens ne racontent pas, celle des mœurs, des usages de la vie privée, de la manière de voir dans les sujets les plus familiers comme dans les plus nobles. Il manque ici à notre instruction ce qui manquait tout à l'heure à notre plaisir, un laisser-aller plus grand de la part de l'écrivain. Ce livre n'est qu'un choix de lettres, et un choix fait par l'auteur. Le critique modifie à loisir les épanchements de l'ami ; le Pline réel refait pour le lecteur un Pline de fantaisie. Il ne respecte pas même l'ordre des temps : il retranche, il déplace à son gré ; en un mot, il nous donne, si l'on veut, des modèles du genre épistolaire, mais non pas une correspondance. En second lieu, il n'y faut pas chercher le tableau si intéressant, si animé, de la vie publique d'un peuple. Celui qui prend en main les lettres de Pline en quittant celles de Cicéron éprouve la même impression que s'il sortait d'une place publique où s'agitent les convulsions de la liberté mourante, pour rentrer au foyer tranquille d'un simple particulier. Sous Domitien, Pline écrit peu de lettres, et aucune sur les affaires de l'État. Sous les bons princes mêmes, sous Nerva, sous Trajan, ces grands intérêts sont interdits à l'homme privé. « Tout cela dépend d'un seul chef, qui, pour le bien « de tous, prend sur lui les travaux dont il décharge les « autres (*Lett. III*, 20). » Ne demandez donc pas à Pline de ces lettres qui sont de l'histoire politique, de ces lettres telles qu'en écrivait Cicéron : il vous répondrait tout simplement *qu'il manque de matière*, et qu'il n'a pas les mêmes avantages que l'orateur illustre dont vous lui proposez l'exemple....

« Quoique peu fécondes en documents historiques, les lettres de Pline sont, avec son *Panégyrique*, les témoignages les plus détaillés qui nous restent sur le règne de Trajan. Privés de ce que Tacite et Suétone avaient ou écrit ou projeté d'écrire sur ce prince, n'ayant même ni les biographies qu'avaient composées Marius Maximus, Fabius Marcellus, Aurélius Vérus et Statius Valens, ni le poëme grec où Caninius Rufus avait chanté la guerre de cet empereur contre les Daces, nous serions réduits, sans Pline le Jeune, aux courts fragments de Dion Cassius et aux maigres abrégés d'Aurélius Victor et d'Eutrope. Grâce à notre auteur, nous voyons s'animer tout à coup cette aride chronique : le souffle d'un contemporain rend la vie à ces ossements desséchés. Les deux premières années de Trajan, surtout, nous sont racontées avec un développement plus qu'historique. Pour le reste, ou du moins pour la plus grande partie du même règne, les lettres complètent le discours et ne le démentent jamais.

« Le dixième livre, surtout cette correspondance suivie du gouverneur de Bithynie avec le maître de Rome, offre le plus vif intérêt aux recherches de l'historien. Pline comptait peu sur le plaisir que ce livre nous cause : il ne le publia pas lui-même dans sa collection. Ce fut après sa mort qu'il parut, comme un recueil de pièces, et non comme une œuvre

d'art. Ces lettres d'affaires causaient sans doute à Pline la même impatience que les mémoires de ses fermiers et les plaintes de ses paysans, qu'il lisait en courant et malgré lui, « habitué qu'il était à d'autres papiers, à d'autres *lettres* (V, 15). » Il n'en est pas moins vrai que ce dixième livre, si simple, si dépourvu d'ornements artificiels, est pour l'homme sérieux le plus instructif de tous : « C'est le chef-
« d'œuvre de Pline, dit avec quelque raison le chartreux
« d'Argonne (Vigneul Marville). Ses autres lettres ont de
« grandes beautés pour les gens qui aiment les belles-lettres;
« mais celles-ci, qui regardent le ministère, sont incompa-
« rables, principalement quand elles sont accompagnées des
« réponses de Trajan, qui leur apportent un grand lustre.
« Jamais rien ne m'a fait mieux concevoir ce que les Ro-
« mains appelaient *imperatoria brevitas*, que ces réponses si
« brèves et si sages. Si les purs esprits se mêlaient d'écrire,
« ils n'écriraient point autrement : c'est le plus haut point
« de la perfection. »

CHAPITRE XL.

L'HISTOIRE DEPUIS TITE LIVE JUSQU'A TACITE.

Florus. — Velléius Paterculus. — Valère Maxime. — Quinte Curce. — Justin. — Suétone. — Julius Obséquens. — Historiens perdus.

Florus.

Entre Tite Live et Tacite, il y a plusieurs historiens dont nous devons tenir compte. Le premier en date, selon certains critiques, c'est Florus. Il n'est pas bien sûr que Florus appartienne, comme ils le veulent, ou à la fin du siècle d'Auguste ou au commencement de la période suivante. D'autres pensent, et avec plus de raison, qu'il faut le reporter un peu plus bas. On le nomme communément Lucius Annéus Florus; et ce nom a fait soupçonner qu'il était non pas Julius Florus, l'ami d'Horace et de Tibère, mais un membre de la famille Annéa, c'est-à-dire un parent des Senèque, peut-être le neveu du fameux philosophe, et, comme lui, un homme originaire d'Espagne. Un passage du préambule de Florus a donné lieu de croire que cet historien vivait plus tard encore, sous Trajan, ou même sous Adrien. Enfin il ne serait pas absurde de dire que Florus l'historien est probablement le même que ce Florus qui a rédigé les sommaires de Tite Live, et qui vivait probablement à la fin du deuxième siècle, ou dans le cours du troisième. Quoi qu'il en soit, nous possédons, sous le nom de Florus, un *Abrégé de l'Histoire romaine*, en quatre livres, qui contient un aperçu des faits principaux de la vie du peuple romain depuis Romulus jusqu'à Auguste, et même jusqu'au delà de la bataille d'Actium. Ce petit ouvrage est quelquefois vanté outre mesure. Mais c'est plutôt une étude de style à propos de l'histoire qu'une histoire véritable. Florus ignore beaucoup trop la chronologie et la géographie : un ancien dirait que les deux yeux lui manquent. En revanche, il écrit avec pompe et avec élégance ; il a souvent des mots heureux ; on ne saurait lui refuser un remarquable talent littéraire. Si l'on prend son ouvrage comme un panégyrique de Rome, il n'est pas douteux qu'on ne doive placer l'auteur au premier rang des rhéteurs et des déclamateurs romains Mais c'est là un triste éloge, si l'on veut voir dans Florus un historien, et, dans son abrégé, quelque chose qui rappelle le ton et la manière de Salluste ou de Tite Live. Félicitons-le pourtant d'avoir su écrire, bien qu'il n'écrive pas toujours avec un goût parfait. Les esquisses qu'il trace sont quelquefois des réductions fidèles des grands tableaux peints par les maîtres. Ce n'est pas rien, par exemple, d'avoir raconté en deux pages la conjuration de Catilina, sans oublier aucun fait vraiment essentiel. La Harpe a raison de le dire, et de louer les qualités habituelles du style de Florus, la rapidité et la noblesse.

Velléius Paterculus.

Velléius Paterculus est un abréviateur aussi, mais très-supérieur à Florus. A peine trouve-t-on çà et là, dans son

Histoire romaine, quelques traits de déclamation, quelques phrases ambitieuses, quelques termes recherchés, quelques tours un peu obscurs. Le style de Velléius n'est pas indigne du style des bons modèles, même de celui de Salluste. Il est serré, nerveux, élégant néanmoins, jamais traînant ni vulgaire. Velléius a eu le talent de renfermer, en deux livres d'une médiocre étendue, non-seulement l'histoire de Rome depuis sa fondation jusqu'à la mort de Livie, mère de Tibère, mais même un précis de l'histoire universelle, dans ses rapports avec celle du peuple romain, à partir de la prise de cette ville de Troie dont les Romains se prétendaient originaires. Ajoutez que le récit est clair, facile à saisir, agréablement coupé par des réflexions morales. Velléius a fait preuve d'une grande sagacité dans l'art de rechercher les causes des événements, d'y rattacher leurs conséquences, de découvrir la liaison des choses les plus diverses, de les envisager sous leur véritable point de vue. C'est dans son ouvrage qu'on aperçoit le plus nettement la suite des faits, depuis le moment où le secours de Tite Live nous manque, jusqu'aux temps de César et d'Auguste. Les hommes, leurs passions, leurs défauts et leurs vertus sont impartialement et vivement appréciés. Il n'y a pas beaucoup d'exagération à dire, comme faisait le président Hénault, que Velléius est le modèle des abréviateurs. La Harpe avoue qu'il y a, dans son abrégé, beaucoup plus d'idées et d'esprit que dans celui de Florus. Il admire surtout ses portraits tracés en cinq ou six lignes, avec une force et une fierté de pinceau égales, supérieures même peut-être, selon le critique, à ce qu'on trouve d'analogue chez les anciens. Les portraits cités par La Harpe sont dignes, en effet, de figurer à côté des meilleurs. Salluste n'y eût ajouté que peu de chose. Voici celui de Mithridate : « Mithridate, qu'il n'est pas permis de passer sous silence, mais dont il est difficile de parler dignement ; infatigable dans la guerre, terrible par sa politique autant que par son courage ; toujours grand par le génie, quelquefois par la fortune ; soldat à la fois et capitaine, et, pour les Romains, un autre Annibal. » Voici le portrait de Caton : « Caton, l'image de la vertu ; qui fût en tout plus près de la divinité que de l'homme ; qui jamais ne fit le bien pour paraître le faire, mais parce qu'il n'était pas en lui de faire autrement ; qui ne croyait raisonnable que ce qui était juste ; qui n'eut aucun des vices de l'humanité, et qui fut toujours supérieur à la Fortune. »

On reproche quelquefois à Velléius son adulation pour Auguste, Livie, Tibère, Séjan même. Si l'on ôte de ses flatteries ce qui était le ton du jour, et certaines exagérations qu'on ne prenait pas plus au sérieux que nous ne faisons pour les formules de nos lettres, il ne restera guère que la vérité. Velléius est mort avant les jours mauvais de Tibère. Il n'est donc pas étonnant qu'il n'ait vu dans le prince que ce qu'y voyaient alors presque tous les contemporains, un politique profond et habile, le continuateur fidèle des traditions de gouvernement qu'Auguste lui avait léguées avec l'empire. Il faut tenir compte aussi de la reconnaissance de l'écrivain pour ses bienfaiteurs. C'est à Tibère que Velléius devait sa fortune. Dès l'âge de vingt et un ans, il était préfet de la cavalerie et il suivait Tibère dans ses campagnes de Germanie, de Pannonie, de Dalmatie. A la mort d'Auguste, il était revêtu de la préture. Sa faveur dura jusqu'à l'époque de la ruine de Séjan. Il fut impliqué dans la conspiration dont Séjan était accusé, et Tibère fut sans pitié pour celui qui lui avait prodigué tant d'éloges.

Nous ne possédons pas en entier l'ouvrage de Velléius Paterculus. Le commencement n'existe plus, et il y a une lacune après le huitième chapitre du premier livre. Une particularité à remarquer, c'est que l'auteur, dans le cours de ses récits, adresse fréquemment la parole au consul Marcus Vinicius, son parent. C'est pour ce Vinicius sans doute que Velléius avait composé son abrégé

Valère Maxime.

L'anecdotier Valérius Maximus est bien loin d'avoir le mérite sérieux de Velléius, ni même les défauts brillants de Florus. Son livre, intitulé *Faits et Dits mémorables*, est une compilation, où il n'a pas toujours fait preuve de goût et de critique. Le choix et l'arrangement des morceaux laissent beaucoup à désirer. L'auteur vise un peu trop à exciter l'étonnement dans l'âme du lecteur; il aime mieux raconter des choses merveilleuses et extraordinaires que des choses purement vraies. Son style est tendu et déclamatoire. Considéré comme moraliste, Valère Maxime ne manque pas d'une certaine valeur : le coup d'œil qu'il a jeté sur la nature humaine et sur l'ordre du monde est juste, et même assez profond. Le but qu'il s'est proposé, en publiant ce recueil d'exemples, était d'inspirer l'amour de la vertu et l'horreur du vice : on ne peut pas dire qu'il l'ait atteint complétement ; mais il y touche parfois, et avec quelque bonheur. Au reste, de pareils extraits n'ont pas dû coûter de bien grands efforts. Il faut les consulter ou les lire sans y chercher autre chose que ce qu'on cherche ordinairement dans les ana. L'estimable écrivain qui a rédigé les neuf livres des *Faits et Dits mémorables* est à peu près inconnu de sa personne. On croit qu'il vivait sous Tibère, comme Velléius. Il avait aussi servi dans les armées romaines, et il avait fait quelques campagnes en Asie. C'est à son retour à Rome, probablement dans les dernières années du règne de Tibère, qu'il se mit à coordonner les extraits de ses lectures, à les orner de ses réflexions, à en former une sorte d'ouvrage.

Quinte Curce.

Quintus Curtius Rufus n'est mentionné dans aucun auteur ancien. Il n'y a qu'un seul passage, dans son livre, qui puisse fournir quelques données sur l'époque de sa vie. Il est probable, d'après l'interprétation la plus rigoureuse de ce passage, d'ailleurs obscur, qu'on doit placer l'auteur parmi les contemporains de Vespasien et de Titus. Je dois dire pourtant que quelques-uns concluent, de ces paroles mêmes, qu'il vivait sous Tibère et sous Claude. Ce qui est certain, c'est qu'on ne peut pas le faire descendre, comme d'autres le voudraient, vers les temps de Gordien ou d'Alexandre Sévère, ou même de Constantin, ou même de Théodose. Son style seul, sans être la perfection et la pureté suprêmes, suffirait pour démontrer qu'il se rattache d'assez près à la grande époque classique.

Quinte Curce avait écrit en dix livres son *Histoire des Exploits d'Alexandre le Grand*. Les deux premiers livres nous manquent; les autres ne sont pas sans avoir subi des remaniements et des interpolations. Comme ouvrage historique, cette composition laisse infiniment à désirer. Quinte Curce ignore la tactique militaire; il se trompe souvent sur la géographie; il dédaigne trop l'exactitude chronologique; il a le goût du merveilleux; il ne brille enfin ni par la science ni par le discernement. C'est un rhéteur, qui n'est vraiment à son aise que dans les choses du domaine de la rhétorique, et qui se plaît surtout aux harangues vides et pompeuses. Malgré tous ces défauts, Quinte Curce est un écrivain qu'on lit avec un vif intérêt. Il a bien saisi le portrait de son héros. Son Alexandre est vivant; et la réalité dramatique compense, jusqu'à un certain point, les imperfections de la réalité historique. Les réflexions de Quinte Curce ne sont souvent que des lieux communs; mais quelquefois aussi elles ne manquent ni de force ni d'élévation. Ses harangues laissent trop percer l'auteur: quelques-unes pourtant sont très-remarquables, particulièrement celle des Scythes à Alexandre. Son style est trop fleuri, et il ne sait pas en proportionner les ornements à l'importance des choses : quels que soient les événements, grands ou petits, c'est du même ton qu'il les raconte. En un mot, l'*Histoire des Exploits d'Alexandre* n'est ni un bon ni un mauvais ouvrage, dans la stricte acception des termes : on pourrait le définir, un roman historique agréable.

Justin.

Justin, le grand coupable qui a tué son maître, l'abréviateur qui a usurpé toute la gloire de Trogue Pompée, vivait, si l'on en juge d'après la dédicace de son livre à l'empereur Marc-Aurèle, dans le siècle des Antonins. Mais quelques-uns révoquent en doute l'authenticité de cette dédicace, et placent Justin un peu plus haut; d'autres, au contraire, le font descendre plus bas Justin est nommé tantôt Marcus Junianus Justinus, tantôt Justinus Frontinus. Sa vie est parfaitement inconnue.

Voici le jugement que La Harpe porte sur Justin : « Justin n'est pas un peintre de mœurs, mais c'est un fort bon narrateur Son style, en général, est sage, clair et naturel, sans affectation, sans enflure, et semé de morceaux fort éloquents. Il n'y faut pas chercher beaucoup de méthode ni de chronologie. C'est un tableau rapide des plus grands événements arrivés chez les nations conquérantes, ou qui ont fait quelque bruit dans le monde. Plusieurs traits de ce tableau sont d'une grande beauté, et peuvent donner une idée de cette manière antique, de ce ton de grandeur si naturel aux historiens grecs et romains, et de l'intérêt de style qui anime leurs productions. » La Harpe cite ensuite deux passages qui sont, en effet, fort remarquables. Dans le premier, l'historien peint le retour d'Alcibiade. C'est une page vivement coloiée, et qui ne pâlit pas devant celle où Xénophon, dans les *Helléniques*, a retracé le triomphe de l'élégant favori du peuple athénien. L'autre passage est un magnifique portrait de Philippe, roi de Macédoine, et un parallèle juste et frappant de ce prince avec son fils Alexandre. Il n'est guère douteux que ces morceaux développés, et tous les autres du même genre qu'on trouve çà et là dans l'ouvrage, ne soient des extraits à peu près textuels de l'original, et qu'il n'y faille admirer la main de Trogue Pompée, mille fois plus encore que celle du mutilateur. Ce n'est pas trop s'avancer que de reporter tout entière à Trogue Pompée la responsabilité de toutes les qualités qui recommandent les *Histoires philippiques*, et celle aussi de la plupart des défauts qui les déparent, et que nous avons signalés ailleurs. Nous l'avions déjà remarqué, en parlant de Trogue Pompée ; et nous n'avons aucune raison de faire ici à Justin un honneur qui ne lui revient pas, et de nous associer à l'injustice de la postérité, qui ne s'est pas souvenue de l'auteur original, et qui a fait un écrivain de l'homme qui ne fut proprement qu'un manœuvre littéraire.

Suétone.

Avec Suétone, nous touchons à l'époque même où écrivit Tacite. Suétone fut le contemporain de l'auteur des *Annales*;

il fut même l'ami de Pline le Jeune, qui était l'ami du grand historien de l'Empire. Ce qu'on sait de la vie de Suétone se réduit à fort peu de chose. Il se nommait Caïus Suétonius Tranquillus. Il exerça pendant quelque temps, à Rome, la profession de rhéteur. Pline le Jeune le recommanda à Trajan, fils adoptif et successeur désigné de Nerva. Il fut employé, sous Adrien, avec le titre de maître des offices, autrement dit de secrétaire intime. Mais il tomba bientôt en disgrâce, se retira complètement des affaires, et passa le reste de sa vie dans un loisir studieux. On ignore la date de sa naissance ainsi que celle de sa mort. Il avait composé un grand nombre d'ouvrages, sur des sujets très-divers, histoire, antiquités, grammaire, etc. Il nous reste de lui les *Vies des douze Césars*, c'est-à-dire des douze premiers empereurs de Rome; un petit livre intitulé *des illustres Grammairiens*; un autre petit livre, intitulé *des célèbres Rhéteurs*; enfin d'autres biographies, intitulées *des Poëtes*.

Quelques-unes des notices sur les poëtes latins sont regardées généralement comme apocryphes, et toutes semblent avoir été altérées par des interpolateurs. Elles sont fort sèches, et n'offrent guère d'autre intérêt que celui d'une collection de matériaux pour l'histoire littéraire. Les notices sur les grammairiens et les rhéteurs portent tous les caractères de l'authenticité; mais ce n'est pas par le sujet qu'elles peuvent beaucoup se recommander aujourd'hui à nos yeux. On y trouve pourtant une foule de détails qu'on chercherait vainement ailleurs, et qui ne sont pas moins précieux que ceux qui remplissent les notices sur les poëtes. On les lit, non point parce que Suétone y raconte les travaux des Orbilius ou des Otacilius Pilitus, mais parce que, à l'occasion de ces noms passablement obscurs, il lui est arrivé souvent de toucher ou à d'autres personnages plus fameux, ou à des faits importants de l'histoire de la langue et de la littérature. On soupçonne que les trois livres dont nous venons de parler ne sont que des parties d'un ouvrage étendu, qui comptait peut-être plusieurs autres livres encore, et qui aurait eu pour titre *des Hommes illustres dans les Lettres*. Mais ce n'est là qu'une conjecture, qu'aucune preuve décisive n'a jusqu'à présent convertie en vérité démontrée.

L'ouvrage qui a fait la réputation de Suétone, ce sont les *Vie des douze Césars*. La Harpe, qui avait traduit Suétone, le juge néanmoins avec quelque sévérité; et cette sévérité est loin de n'être pas méritée : « Suétone, dit-il, est exact jusqu'au scrupule, et rigoureusement méthodique : il n'omet rien de ce qui concerne l'homme dont il écrit la vie; il rapporte tout, mais il ne peint rien. C'est proprement un anecdotier, si l'on peut se servir de ce terme, mais fort curieux à lire et à consulter. On rit de cette attention dont il se pique dans les plus petites choses; mais souvent on n'est pas fâché de les trouver. D'ailleurs, il cite des ouï-dire, et ne les garantit pas. S'il abonde en détails, il est fort sobre de réflexions. Il raconte sans s'arrêter, sans s'émouvoir : sa fonction unique est celle de narrateur. Il résulte de cette indifférence un préjugé bien fondé en faveur de son impartialité. Il n'aime ni ne hait personnellement aucun des hommes dont il parle : il laisse au lecteur à les juger. » Nous ajouterons peu de chose à ce qui précède. Les biographies de Suétone ne sont pas proprement de l'histoire; ou, si l'on veut, c'est de l'histoire d'antichambre. Ce sont des récits débraillés, si j'ose ainsi dire, des récits faits sans art, sans ordre, sans méthode aucune. et où le sans-gêne n'est jamais cet heureux négligé qui fait le charme de la narration de Plutarque. Il faut y regarder, avant de puiser dans cet amas d'objets de toute sorte et de toute valeur. Suétone est une autorité souvent suspecte; non pas qu'il n'aime la vérité et qu'il ne la cherche curieusement, mais quelquefois il entend mal, comme on entend en écoutant aux portes. Avec de la critique, on sépare aisément le vrai du faux, et l'or pur du fatras où il se trouve mêlé. Suétone, entre des mains habiles, est une mine historique plus précieuse et plus féconde peut-être que Tacite avec toutes ses richesses et toutes ses magnificences. A coup sûr, il serait presque impossible, sans ce bavard trop souvent obscène, d'écrire une histoire de l'Empire qui, dans nos idées, méritât véritablement le nom d'histoire.

Julius Obséquens.

Nous mentionnons ici pour mémoire Julius Obséquens, auteur d'un livre intitulé *des Prodiges*. C'était une série d'extraits d'historiens, particulièrement de Tite Live. Le titre indique assez le but que s'était proposé l'écrivain. Il reste un fragment de cette compilation soi-disant historique : c'est le récit des prodiges consignés dans l'histoire depuis l'an 249 avant J. C. jusqu'à Auguste. La perte du reste de l'ouvrage n'est pas une très grande perte, même pour l'histoire. Quant à la littérature, il est probable qu'elle n'y eût pas beaucoup trouvé ni à louer, ni peut-être à blâmer. Julius Obséquens n'est partout qu'un faiseur d'extraits. Il ne se permet ni réflexions personnelles, ni jugements sur les faits qu'il raconte. Il écrit assez purement, sans affectation et sans emphase; mais c'est sans nul doute aux auteurs qu'il extrait qu'il doit de n'être pas trop indigne des bons siècles de la langue.

Historiens perdus.

Beaucoup d'historiens, plus ou moins célèbres durant cette période, sont à peine connus de nom aujourd'hui. Je ne parle pas de Tibère ni de l'empereur Claude, qui avaient laissé des *Mémoires*, et même, ce dernier, une *Histoire de Rome* en vingt et un livres. Ceux-là sont trop connus. Mais il nous serait difficile de dire par quelles qualités littéraires se distinguaient ou Brutidius Niger, qui écrivit sur la mort de Cicéron, ou Caïus Balbillus, qui écrivit sur l'Égypte. Nous savons pourtant que Thraséa Pétus, fameux par sa vie et par sa mort, avait dignement raconté la vie et la mort de Caton d'Utique; qu'Arulénus Rusticus et Hérennius Sénécion, sous Domitien, encoururent la mort, pour avoir célébré, l'un Thraséas, l'autre Helvidius, et que leurs livres eux-mêmes furent brûlés par la main du bourreau, dans le comice et le Forum. Les autres historiens que nous pourrions citer sont plus inconnus encore que Balbillus et que Brutidius.

CHAPITRE XLI.

TACITE.

Tacite selon ses panégyristes. — Réserves nécessaires. — Défauts du style de Tacite. — Vie de Tacite. — Ouvrages perdus de Tacite. — Agricola. — Mœurs des Germains. — Histoires; Annales.

Tacite selon ses panégyristes.

Écoutons d'abord La Harpe : « On ne peut pas dire de Tacite, comme de Salluste, que ce n'est qu'un parleur de vertu : il la fait respecter à ses lecteurs, parce que lui-même paraît la sentir. Sa diction est forte comme son âme; singulièrement pittoresque, sans être jamais trop figurée; précise, sans être obscure; nerveuse, sans être tendue. Il parle à la fois à l'âme, à l'imagination, à l'esprit. On pourrait juger des lecteurs de Tacite par le mérite qu'ils lui trouvent, parce que sa pensée est d'une telle étendue, que chacun y pénètre plus ou moins, selon le degré de ses forces. Il creuse à une profondeur immense, et creuse sans effort. Il a l'air bien moins travaillé que Salluste, quoiqu'il soit sans comparaison plus plein et plus fini. Le secret de son style, qu'on n'égalera peut-être jamais, tient non-seulement à son génie, mais aux circonstances où il s'est trouvé. »

Après avoir dit comment Tacite avait vécu, et sous quel tyran il avait été réduit à gémir en silence des maux de sa patrie, le critique ajoute : « Dans cette douloureuse oppression, Tacite, obligé de se replier sur lui-même, jeta sur le papier tout cet amas de plaintes et ce poids d'indignation dont il ne pouvait autrement se soulager : voilà ce qui rend son style si intéressant et si animé. Il n'invective point en déclamateur : un homme profondément affecté ne peut pas l'être; mais il peint avec des couleurs si vraies tout ce que la bassesse et l'esclavage ont de plus dégoûtant, tout ce que le despotisme et la cruauté ont de plus horrible : les espérances et les succès du crime; la pâleur de l'innocence et l'abattement de la vertu ; il peint tellement tout ce qu'il a vu et souffert, que l'on voit et que l'on souffre avec lui. Chaque ligne porte un sentiment dans l'âme : il demande pardon au lecteur des horreurs dont il l'entretient ; et ces horreurs mêmes attachent au point qu'on serait fâché qu'il ne les eût pas tracées. Les tyrans nous semblent punis quand il les peint. Il représente la postérité et la vengeance ; et je ne connais point de lecture plus terrible pour la conscience des méchants. »

Un peu plus loin, La Harpe repousse les attaques dont le style de Tacite a été l'objet, et il s'approprie, en le transcrivant, ce jugement de Juste Lipse : « Chaque page, chaque ligne de Tacite est un trait de sagesse, un conseil, un axiome. Mais il est si rapide et si concis, qu'il faut bien de la sagacité pour le suivre et pour l'entendre. Tous les chiens ne sentent pas le gibier, tous les lecteurs ne sentent pas Tacite. »

Marie-Joseph Chénier entonne un véritable dithyrambe en l'honneur de celui qu'il proclame le premier de tous les historiens : « Soit, dit-il, que, d'une plume austère, Tacite décrive les mœurs des Germains ; soit qu'avec une pieuse éloquence, il transmette à la postérité la vie de son beau-père Agricola ; soit qu'ouvrant l'âme de Tibère, il y compte les déchirements du crime et les coups du fouet du remords ; soit qu'il peigne le sénat, les chevaliers, tous les Romains se précipitant vers la servitude, esclaves même des délateurs, et accusant pour n'être point accusés ; l'artificieux Séjan redouté d'un maître qu'il craint ; les affranchis tout-puissants par leur bassesse ; Pallas gouvernant l'imbécile Claude, Narcisse l'exécrable Néron ; les avides ministres de Galba se hâtant, sous un vieillard, de saisir une proie qui va bientôt leur échapper ; les Romains combattant jusque dans Rome, afin qu'entre Othon et Vitellius, la victoire nomme le plus coupable en se déclarant pour lui ; soit qu'il représente Germanicus vengeant la perte des légions d'Auguste, ou puni par le poison de ses triomphes et de l'amour du peuple ; l'historien Crémutius Cordus forcé de mourir pour avoir loué Brutus et Cassius, et, suivant un très-juste usage, sa proscription doublant sa renommée; Britannicus, Octavie, Agrippine, victimes d'un tyran trois fois parricide; Sénèque se faisant ouvrir les veines conjointement avec son épouse; les débats héroïques de Servilius et de son père Soranus; Thraséas, aux prises avec la mort, offrant une libation de son sang à Jupiter Libérateur, et prescrivant la vie comme un devoir à la mère de ses enfants : il est tour à tour ou à la fois énergique, sublime, variant ses récits autant que le permet la monotonie du despotisme, et toujours également admirable; imitant Thucydide et Salluste, mais surpassant ses modèles, comme il surpasse tous ses autres devanciers, et ne laissant à ses successeurs aucun espoir de l'atteindre. Étudiez l'ensemble de ses ouvrages, c'est le produit d'une vie entière d'études prolongées, de méditations profondes. Examinez les détails, tout y ressent l'inspiration, tous les mots sont des traits de génie et les élans d'une grande âme. Incorruptible dispensateur et de la gloire et de la honte, il représente cette conscience du genre humain que, selon ses énergiques expressions, les tyrans croyaient étouffer au milieu des flammes, en faisant brûler publiquement les œuvres du talent resté libre et les éloges de leurs victimes, dans ces mêmes places où le peuple romain s'assemblait sous la république. Son livre est un tribunal où sont jugés en dernier ressort les opprimés et les oppresseurs : c'est à l'immortalité qu'il les consacre ou les dévoue; et, dans cet historien des peuples, par conséquent des princes qui savent régner, chaque ligne est le châtiment des crimes ou la récompense des vertus. »

Thomas, avant Chénier, avant La Harpe, avait dit à peu près les mêmes choses. Nous citerons le passage où il parle de l'éloquence de Tacite et de son style : « En général, ce n'est pas une éloquence de mots et d'harmonie; c'est une éloquence d'idées qui se succèdent et se heurtent. Il semble partout que la pensée se resserre pour occuper moins d'espace. On ne la prévient jamais, on ne fait que la suivre. Souvent elle ne se déploie pas tout entière, et elle ne se montre, pour ainsi dire, qu'en se cachant. Qu'on imagine une langue rapide comme les mouvements de l'âme; une langue qui, pour rendre un sentiment, ne se décomposerait jamais en plusieurs mots ; une langue dont chaque son exprimerait une collection d'idées : telle est presque la perfection de la langue romaine dans Tacite. Point de signe superflu, point de cortége inutile. Les pensées se pressent et entrent en foule dans l'imagination ; mais elles la remplissent sans la fatiguer jamais. A l'égard du style, il est hardi, précipité, souvent brusque, toujours plein de vigueur : il peint d'un trait. La liaison est plus entre les idées qu'entre les mots. Les muscles et les nerfs y dominent plus que la grâce. C'est le Michel-Ange des écrivains. » Thomas résume son opinion générale en ces termes : « Dix pages de Tacite apprennent plus à connaître les hommes que les trois quarts des histoires modernes ensemble. C'est le livre des vieillards, des philosophes, des citoyens, des courtisans, des princes. Il console des hommes celui qui en est loin ; il éclaire celui qui est forcé de vivre avec eux. Il est trop vrai qu'il n'apprend pas à les estimer ; mais on serait trop heureux que leur commerce à cet égard ne fût pas plus dangereux que Tacite même. »

Réserves nécessaires.

Notre devoir est de signaler ici quelques ombres, qui manquent aux tableaux tracés par les trois célèbres critiques. Il est incontestable que Tacite aimait la vérité, et qu'il la recherchait avec soin et scrupule. Mais on ne peut guère nier non plus qu'il ne subordonnât l'exactitude elle-même à la beauté du récit ou à l'élégance oratoire. Le discours de Claude, dont on a retrouvé le texte à Lyon, n'est pas le même que celui qu'on lit dans les *Annales*. Tacite a beaucoup tiré de son propre fonds, alors qu'on pourrait croire qu'il ne fait que citer. Ici, l'infidélité est dans la forme et dans les détails ; ailleurs, elle est dans les faits mêmes. Voyez ce qu'il dit des Juifs et des chrétiens : il partage à leur égard tous les préjugés populaires, et il ne songe pas à s'informer si ces préjugés sont bien ou mal fondés. Son devoir d'historien l'obligeait à s'enquérir un peu mieux, et à ne pas porter des accusations à la légère. Ajoutez que, dans l'univers, il ne voit guère que Rome ; dans Rome même, que le sénat et le palais ;

et, au sénat et dans le palais, il ne s'occupe, peu s'en faut, que des tragédies qui s'y passent. On ne saurait le suspecter, quand il raconte ce qu'il a vu, ce qu'il a touché; mais il est loin de tout voir, et bien des choses ont échappé à sa main. Quand il juge les faits ou les hommes, il se laisse souvent entraîner à ses passions d'aristocrate ou d'écrivain. Il a, comme ses contemporains, et par-dessus tout, le culte de la forme. C'est le génie le plus dramatique de Rome; c'est, comme l'appelait Racine, le plus grand peintre du monde. Est-ce un profond politique? est-ce le premier des historiens, ou même un très-grand historien? Je dirai, sauf le respect que je dois à tant d'hommes distingués qui l'affirment, que j'en doute, et même que je fais plus qu'en douter. Je ne conteste aucune des qualités de l'écrivain; mais ces qualités ne sont, si je ne me trompe, que celles d'un poëte, ou même d'un rhéteur de génie. Il y a même quelquefois une sorte de contradiction, dans ses récits, entre le narrateur et le moraliste. Mettez d'un côté les faits qu'il raconte, de l'autre les jugements qu'il porte, et vous aurez, sinon deux écrivains différents, au moins deux ouvrages assez peu conformes. Ainsi, dans le récit de la mort de Germanicus, il n'affirme pas l'empoisonnement : d'après les détails, ce serait chose difficile, presque impossible. Plus loin, il éprouve le besoin d'y croire; plus loin encore, il y croit. Partout et toujours, il croit le mal : c'est sa règle. Voilà pourquoi les politiques de l'école de Machiavel lui ont fait une si belle réputation de profond penseur et de grand homme d'État. Nous ne dirons pourtant pas, avec Voltaire, que Tacite est un fanatique pétillant d'esprit : « Tacite, dit M. Nisard, ne calomnie pas, il est prévenu. Il l'est comme La Rochefoucauld, qui non-seulement n'atténue pas le mal, mais qui nous met en défiance contre certaines sortes de bien. Il semble qu'il ait connu cet esprit préventif de la philosophie chrétienne, laquelle nous donne d'utiles inquiétudes, même sur nos qualités. Peut-être en est-il résulté quelques injustices relatives, dans l'appréciation qu'il fait de certains caractères. Ils étaient méchants, il les fait pires. Beaucoup de ses jugements sont des dilemmes dont les deux termes sont également accablants pour le coupable : lequel qu'on choisisse, il est condamné. Tacite est prévenu, comme le magistrat chargé, dans nos tribunaux, de défendre la société, pourvu qu'on le suppose éclairé et honnête, ne mettant pas un point d'honneur meurtrier à trouver des coupables, et ne faisant pas son chemin par des condamnations. Il n'imagine pas de crimes ; mais peut-être exagère-t-il la perversité qui les fait commettre, ou la liberté qu'on a d'y résister. Ce sera de la vérité impitoyable, mais ce ne sera pas de la calomnie. »

Défauts du style de Tacite.

Le même critique que nous venons de citer explique comme il suit comment Tacite est tombé dans le plus grave des défauts qu'on est en droit de reprocher à son style : « Au temps de Domitien, Tacite nous l'a dit, on n'était pas libre de dire sa pensée, *dicere quæ sentias*, ni de penser ce qu'on voulait, *sentire quæ velis :* double oppression qui pesait sur les âmes, et qui faisait craindre à l'homme de se parler à lui-même. Cette habitude de cacher sa pensée, de n'avoir que soi pour confident, disposait à la prévention et à la défiance. Elle avait été la règle de conduite de Tacite sous Domitien ; elle devint son tour d'esprit quand il écrivit l'histoire. Vous avez là la principale cause de l'un de ses deux défauts, l'obscurité. On y reconnaît un homme qui a craint de voir trop clairement ses pensées. Il semble se parler encore à lui-même quand il écrit, et il s'avertit de ce qu'il veut dire, plus qu'il ne le démontre. » Il y a peut-être quelque indulgence dans ces explications ; mais M. Nisard est plus sévère quand il signale l'autre défaut qui dépare les écrits de Tacite, cette affectation qui est la maladie ordinaire des époques de décadence : « La principale cause, dit-il, paraît être une loi de l'esprit humain. C'est, après les siècles où l'on a écrit avec simplicité, une certaine ambition de sentir plus vivement, et de recevoir des impressions plus fortes, soit du monde extérieur, soit des choses de l'esprit. L'imagination domine alors : je la reconnais dans la fausse profondeur de la raison, dans l'exagération de la sensibilité. Au temps de Tacite, il s'y ajoutait ce premier emportement de la liberté après l'oppression la plus dégradante. L'âme songeait à jouir d'elle-même avant de jouir du vrai. Toutes les facultés, si longtemps captives, voulaient réparer le temps perdu. C'est le prisonnier qui, libre enfin, fait un excès de marche ; c'est l'affamé qui, au premier repas, s'étouffe. On voulait sentir plus qu'on ne pouvait, exprimer plus qu'on ne sentait. Tacite, Quintilien, Pline le Jeune, ces belles âmes émancipées par Trajan, sont tous malades de cette affectation ; mais Pline le Jeune est le plus dupe, il en a la vanité.

« L'usage des lectures publiques, nuisible dans tous les temps, et qui précipite les lettres aux époques de décadence, est la seconde cause de cette affectation dans Tacite. On n'avait lu d'abord en public que des pièces d'éloquence et des poésies : on finit par lire des ouvrages d'histoire. Il ne manquait pas de gens sensés pour blâmer cet abus, l'histoire n'étant point faite, disaient-ils, pour la montre, mais pour la vérité. On n'en lisait pas moins, non-seulement des morceaux d'histoire, mais des ouvrages entiers, en plusieurs séances. Il serait facile de noter, sans raffinement, dans les livres de Tacite, ce qui a été fait pour l'auditoire. Une certaine rivalité avec la peinture, dans les récits ; dans les portraits, des contrastes plus ingénieux que vrais ; dans les sentences, tout ce qui donne au lecteur, au lieu d'une notion exacte, le plaisir de se croire profond ; l'inattendu de certains tours ; de l'esprit enfin, non dans des pensées rares qui n'en sont pas moins justes, mais dans des pensées communes qui veulent paraître rares : voilà la part faite à l'auditoire. »

On voit si nous avions tort de faire des réserves, à propos des panégyriques de La Harpe et autres. Mais, en ramenant Tacite à ses proportions véritables, il reste encore une grande et majestueuse figure. Quelques-uns nous reprocheront peut-être un excès de sévérité, et pour les opinions que nous avons personnellement exprimées, et pour celles que nous venons d'emprunter et de faire nôtres par l'adoption ; mais nous nous félicitons d'avoir pu rencontrer des pages où l'on explique si bien pourquoi, dans un plan d'éducation raisonné, les maîtres ne font lire aux jeunes gens Tacite qu'après ses devanciers, et quand on les a éprouvés, dit notre excellent critique, par la simplicité de César, la forte et pittoresque exactitude de Salluste, et qu'on les a trempés, pour ainsi dire, dans le flot limpide de Tite Live.

Vie de Tacite.

Nous allons rapporter maintenant le peu qu'on sait sur la personne même de Tacite. Il était né d'une famille plébéienne, à Intéramne, aujourd'hui Terni, dans l'Ombrie, entre les années 55 et 60 de notre ère. En l'an 78, il épousa la fille d'Agricola. Vers le même temps, il entra dans la carrière des honneurs. Il n'est pas bien prouvé que Tacite ait été soldat, comme quelques-uns le veulent, et comme on pourrait le conjecturer par la science stratégique qu'il déploie dans le récit des batailles. En l'an 88, il était préteur et membre du collége des quindécemvirs. Il présida, à cette époque, les jeux séculaires ordonnés par Domitien. On suppose qu'il passa les années suivantes dans quelque province éloignée, avec le titre de propréteur. Ce qui est certain, c'est qu'il fut absent de Rome pendant assez longtemps, et qu'il ne revint en Italie que vers la fin du règne de Domitien. Il fut nommé consul à l'avénement de Nerva, et il prononça l'éloge funèbre de Verginius Rufus, auquel il venait d'être subrogé. C'est en 99 qu'il soutint, avec Pline le Jeune son ami, l'accusation portée par la province d'Afrique contre le proconsul Marius Priscus. Marius ne fut condamné qu'à une peine légère; mais ses deux accusateurs reçurent du tribunal l'honorable attestation qu'ils avaient dignement rempli leur devoir; et les applaudissements de tous les gens de bien les consolèrent de n'avoir pas plus complétement réussi. On ignore absolument les faits de la vie de Tacite postérieurs à ce procès. La date même de sa mort est inconnue.

Tacite avait plus de quarante ans quand il écrivit son premier ouvrage : « Comme Juvénal, dit M. Nisard, qui attendit, pour livrer au mépris de la postérité les personnages de ses satires, qu'ils fussent couchés dans leurs tombeaux le long de la voie Latine, Tacite, sous Domitien, s'était enveloppé de silence, et avait attendu que le poignard des gladiateurs en eût fini avec ce tyran. » Je vais transcrire encore quelques lignes où le même critique résume avec impartialité les traits du caractère de Tacite, tels qu'on les peut saisir en lisant ses écrits : « Caractère plus ferme que passionné, Tacite sut cheminer entre l'adulation et la protestation ; il trouva, par le travail, par la pureté de son foyer, le secret de s'estimer même en courbant le front, et il eut le genre de vertu le plus efficace alors, celui de n'être complice d'aucun des crimes du despotisme impérial, et d'avoir sa part dans tout le bien qu'il laissa faire. Il retint surtout, des enseignements de la philosophie stoïcienne, la résignation à la mort, non-seulement comme la fin commune, mais comme une chance plus prochaine pour les honnêtes gens. Junius Rusticus avait péri, sous Domitien, pour avoir appelé Thraséas le plus saint des hommes. Si Tacite avait eu à traverser le règne de quelque autre Domitien, et qu'il se fût trouvé un délateur pour dénoncer le sublime passage où il personnifie la vertu dans ce sage héroïque, je ne doute pas qu'immolé comme Rusticus, il ne fût mort comme Thraséas. Mais, par cette fatalité heureuse qui donna à Rome une suite d'empereurs honnêtes gens et doux, les énergiques portraits que Tacite avait tracés des Tibère et des Néron le protégèrent sous leurs successeurs, lesquels comprirent que le procès fait aux mauvais princes est le meilleur éloge des bons. »

Ouvrages perdus de Tacite.

On voudrait savoir si Tacite orateur était digne de ce que fut plus tard Tacite historien. Son panégyrique de Rufus, son discours contre Marius Priscus, étaient des œuvres très-remarquables, si l'auteur avait mis à les rédiger tout le soin qu'il mit à chacun de ses livres. C'est là que nous trouverions peut-être quelque chose qui rappellerait les accents de l'antique éloquence, sinon le ton et la manière des Cicéron et des Crassus. Mais on ignore absolument si Tacite avait écrit ces deux discours, ou si, les ayant écrits, il les avait publiés.

Tacite avait laissé, suivant quelques-uns, des poésies ; mais de quel genre elles étaient, et même si l'auteur y avait déployé un véritable talent, c'est ce qu'ils ont oublié de nous dire. Il ne nous reste pas un seul des vers de Tacite.

Un certain Fulgence Planciadès mentionne, comme étant de Tacite, un ouvrage intitulé *Facéties*. Ce titre paraîtra bien étrange, si l'on songe au caractère profondément grave et sérieux des compositions de l'historien. Mais je dois faire observer que le mot n'a pas tout à fait en latin le même sens qu'en français, et que les Romains entendaient par là la bonne plaisanterie, cet art de railler, cette escrime du sarcasme, dont Cicéron lui-même n'avait pas dédaigné autrefois de déduire les règles. Il est probable pourtant, ou que Fulgence s'est trompé, ou que le Tacite qu'il nomme est autre que le grand Tacite, ou enfin que les *Facéties* en question étaient l'ouvrage de quelque faussaire, qui aura trouvé plaisant de mettre un livre destiné à faire rire, ou à enseigner comment on fait rire, sur le compte d'un homme qui ne riait guère.

Agricola.

Le premier en date, parmi les ouvrages authentiques de Tacite, c'est la *Vie d'Agricola*. On croit que Tacite l'écrivit en l'an 97, ou, au plus tard, en l'an 98 après J. C. Il était impossible au biographe de trouver un sujet plus heureux. Agricola avait été un homme de guerre très-distingué. C'est lui qui avait conquis définitivement l'île des Bretons à l'empire. Dans un siècle de corruption, et sous le règne de tyrans infâmes, il avait été un modèle de désintéressement, de probité, un homme d'une simplicité antique et d'une admirable pureté de mœurs. Tacite, son gendre et son ami, sut raconter cette noble existence avec vérité et fidélité, et sans s'exposer jamais à encourir le reproche de tomber dans le panégyrique. Il se montra, dès ce début, un grand écrivain et un grand esprit, mieux encore, un grand cœur. Dirai-je pourtant ici ce que je pense ? il me semble qu'il faut beaucoup rabattre des éloges hyperboliques que certains critiques font de ce petit livre : « Cette *Vie d'Agricola*, dit La Harpe, est le désespoir des biographes ; c'est le chef-d'œuvre de Tacite, qui n'a fait que des chefs-d'œuvre. Il l'écrivit dans un temps de calme et de bonheur. Le règne de Nerva, qui le fit consul, et ensuite celui de Trajan, le consolaient d'avoir été préteur sous Domitien. Son style a des teintes plus douces, et un charme plus attendrissant : on voit qu'il commence à pardonner. C'est là qu'il donne cette leçon si belle et si utile à tous ceux qui peuvent être condamnés à vivre dans des temps malheureux : « L'exemple « d'Agricola, dit-il, nous apprend qu'on peut être grand « sous un mauvais prince, et que la soumission modeste, « jointe aux talents et à la fermeté, peut donner une autre « gloire que celle où sont parvenus des hommes plus impé- « tueux, qui n'ont cherché qu'une mort illustre et inutile « à la patrie. » Le dernier traducteur de Tacite parle à peu près dans les mêmes termes que La Harpe. La *Vie d'Agricola* est, selon lui, la plus belle biographie qui ait été écrite dans aucune langue : « La péroraison, ajoute M. Louandre, est justement regardée comme l'une des plus touchantes élégies qu'ait inspirées le regret d'une affection brisée par la mort, comme l'une des pages les plus émouvantes de l'éloquence antique. Dans cet admirable morceau, Tacite est spiritualiste comme Platon ; il est chrétien par la sérénité de la douleur, les espérances et les consolations qu'il demande au souvenir des vertus du grand homme qu'il pleure. »

Voici les réserves que j'aurais voulu voir faire par d'autres. Bien qu'elles n'aient rien d'injurieux pour Tacite, il m'en coûte de protester contre le titre de chef-d'œuvre des chefs-d'œuvre, même contre celui de biographie des biographies. L'ouvrage, selon moi, manque de proportion. Il n'a que quarante et quelques paragraphes, c'est-à-dire environ une trentaine de pages : or, dans ces trente pages, il y a trois hors-d'œuvre, qui occupent à eux seuls neuf paragraphes, c'est-à-dire environ six ou sept pages, c'est-à-dire un cinquième à peu près du tout. Ces hors-d'œuvre sont le préambule, le discours de Galgacus, l'épilogue. On peut pardonner le premier ; on peut même l'admirer d'un bout à l'autre. Il est long, eu égard au livre, mais non pas pour ce qu'il dit, ou par rapport au lecteur. C'est un tableau éloquent de l'oppression qui avait longtemps pesé sur le monde, et un hymne d'espérance à cette liberté que Nerva savait respecter sans dommage pour les prérogatives de la toute-puissance. Quant au discours de Galgacus, c'est de la rhétorique pure, ou, si l'on veut, c'est de l'éloquence à la façon de celle des déclamateurs. Tacite, sous le nom de Galgacus, déclame contre l'ambition et les vices des Romains. Il le fait en homme passionné, en écrivain supérieur ; mais c'est toujours de la déclamation. Non-seulement le discours n'est pas vrai, mais il n'est pas vraisemblable. J'ajoute que Tacite s'en mettait probablement peu en peine : « Je doute, dit un critique à propos de la harangue de Galgacus, que Tacite l'ait composée sur des notes communiquées par quelque Breton à Agricola. » Je dis plus encore ; je dis que, s'il avait eu ces notes, il ne s'en serait pas servi : du moins il n'aurait pas laissé de civiliser son barbare, de l'initier à tous les secrets du beau style, de lui prêter ses propres idées. La pièce n'en est pas moins belle, mais, comme le remarque M. Nisard, de la beauté froide d'un ornement de rhétorique, dans le genre d'ouvrage qui doit le plus sévèrement les exclure.

La péroraison, tant vantée par le dernier traducteur, et sur laquelle tant d'admirateurs s'étaient extasiés avant lui, est de la rhétorique bien plus encore. On se souvient des pages éloquentes de Cicéron sur la mort de Crassus. Eh bien ! les réflexions de Tacite sur la mort d'Agricola n'en sont qu'une paraphrase ; et cette péroraison fameuse se réduit presque à un plagiat. On y reconnaît non-seulement les pensées de Cicéron, mais les mouvements de son style, mais ses expressions mêmes. Tacite n'y est guère que pour quelques exagérations, et pour quelques traits que désavouerait un goût sévère. C'est Cicéron qu'il faut saluer, quand on vient de lire ce morceau, ce n'est pas, ou du moins c'est très-peu Tacite. Nous allons le transcrire, et mettre ainsi le lecteur à même de confronter la copie à son original, que nous lui avons montré ailleurs : « Agricola a été enlevé au milieu de la vie, dans la force de l'âge ; mais il a fourni, pour sa gloire, une très-longue carrière. Il a joui, dans toute leur plénitude, des vrais biens que donne la vertu ; et, après les honneurs du consulat et du triomphe, que pouvait y ajouter la Fortune? Ses richesses, sans être excessives, lui suffisaient. Mort avant sa fille et sa femme, on doit même le féliciter de s'être soustrait à l'avenir, sans avoir rien perdu de sa dignité et dans l'éclat de sa renommée, en laissant sains et saufs ses proches et ses amis.... Agricola n'a point vu le sénat assiégé et bloqué par les armes; le meurtre de tant de sénateurs égorgés dans un même massacre; tant de nobles femmes exilées ou fugitives.... Néron du moins détournait les yeux : il ordonnait les crimes, et ne les regardait pas. Le plus grand de nos maux, sous Domitien, c'était de voir et d'être vu, lorsque nos soupirs étaient enregistrés, lorsque son visage cruel, et cette rougeur dont il s'armait contre la honte, suffisaient à faire pâlir et à désigner tant de victimes. Pour toi, tu es heureux, Agricola, non-seulement d'avoir vécu avec tant de gloire, mais aussi d'être mort à propos; et, comme le rapportent ceux qui ont assisté à tes derniers entretiens, tu as subi ta destinée avec courage et sans regret : il semblait que tu voulusses accorder, autant qu'il était en toi, l'innocence au prince. Mais moi, mais ta fille, ce n'est point assez pour nous de l'amertume de ta perte; il faut encore qu'à notre tristesse s'ajoute la douleur de n'avoir pu assister à ta maladie, soutenir ta vie défaillante, nous rassasier de ta vue.... » Notez qu'un peu avant la péroraison, on trouve une phrase entière empruntée presque textuellement au passage de Cicéron dont la péroraison n'est que la paraphrase : « Déplorable pour nous, triste pour ses amis, sa perte ne sera point indifférente aux étrangers et aux inconnus eux-mêmes. »

Mœurs des Germains.

Le livre intitulé *Mœurs des Germains*, ou, comme on dit plus communément, la *Germanie*, fut écrit à peu près en même temps que la *Vie d'Agricola*, et publié en l'an 98 de notre ère. La *Germanie* est tout à la fois, comme le remarque un critique, un traité de géographie, une étude politique sur les peuples les plus redoutables pour Rome, une étude des mœurs barbares, et, par le simple effet du contraste, une satire des mœurs romaines. Il n'y a pas un ouvrage ancien aussi précieux pour nous peut-être. C'est là que sont les racines mêmes de toute l'histoire des peuples modernes. Il est presque incroyable qu'on ait pu renfermer tant de choses, et des choses si importantes, dans ce petit espace. Ce livre si court sur un vaste sujet, comme dit Montesquieu, est d'un homme qui abrége tout, parce qu'il voit tout : « On peut encore aujourd'hui, après dix-huit siècles, dit M. Louandre, juger de son exactitude, vérifier par les événements la parfaite connaissance qu'il avait du monde barbare. Ainsi lorsque, effrayé de l'énergie sauvage des peuples germaniques, il prie les dieux de Rome d'inspirer à ces nations belliqueuses des haines intestines, comme dernière sauvegarde de la sécurité de l'empire; lorsqu'il prête à Boïocale ces paroles caractéristiques, *Que la terre est aux hommes, comme la terre et aux dieux;* lorsqu'il montre les peuples du Rhin, entraînés vers la Gaule par la même pente, et, pour ainsi dire, par le même instinct que les eaux du fleuve, les invasions sont là pour témoigner qu'il savait prévoir. Tacite cependant, si élevé que fût son génie, ne pouvait se soustraire aux préjugés de son époque; et sa science devait être incomplète comme celle de son temps. De là ces nombreuses erreurs en géographie, et ces erreurs plus regrettables encore sur la religion des Germains; car, dans la mythologie des peuples teutoniques, il ne voit que les dieux de Rome et de la Grèce. » On ignore si Tacite avait visité personnellement la Germanie, ou s'il avait écrit sur les Germains d'après des documents fournis par d'autres. Peut-être son ouvrage doit-il son caractère de vérité aux récits de quelques soldats romains, ou à ceux d'otages et de captifs barbares; peut-être Tacite s'est-il borné à extraire, à concentrer, à s'approprier par le style et l'éloquence, toutes les particularités utiles et curieuses que Pline l'Ancien avait disséminées à travers ses vingt livres des *Guerres de Germanie.*

Histoires; Annales.

Sous le règne de Trajan, Tacite écrivit d'abord l'ouvrage ntitulé *Histoires*, ensuite l'ouvrage intitulé *Annales.* Les

Histoires étaient l'exposé des événements contemporains de l'auteur, depuis l'avénement de Galba jusqu'à la mort de Domitien, c'est-à-dire pendant un espace de vingt huit ans. Les *Annales* reprenaient les événements à la mort d'Auguste, et les conduisaient jusqu'à la mort de Néron. Tacite s'était proposé de compléter les deux ouvrages, en ajoutant plus tard, au commencement de celui-ci l'histoire du règne d'Auguste, à la fin de l'autre celle des règnes de Nerva et de Trajan. C'était l'occupation qu'il réservait à sa vieillesse. On ne sait pas si la mort lui laissa le temps d'exécuter son projet. En tout cas, eût-il rédigé ses règnes d'Auguste, de Nerva et de Trajan, nous n'en serions guère plus avancés, puisque ces livres auraient péri jusqu'au dernier mot. Nous ne possédons pas même intégralement les *Annales* et les *Histoires*. Il ne reste, des *Histoires*, que les quatre premiers livres et le commencement du cinquième : or, l'ouvrage en avait vingt à l'origine. Les *Annales* sont moins mutilées. Nous avons les six premiers livres, le cinquième à la vérité incomplet. Les livres suivants manquent ; mais, à partir du onzième, l'ouvrage se continue, sans interruption notable, jusqu'au trente-cinquième paragraphe du livre XVI. La fin du seizième livre n'existe plus. C'est avec ce livre que finissaient et les *Annales* et le règne de Néron.

Nous n'avons plus à revenir sur les mérites ou sur les défauts des deux grandes compositions de Tacite. Nous remarquerons seulement qu'il n'est pas facile de dire pourquoi l'auteur a donné deux titres différents à deux ouvrages si parfaitement analogues. Aulu-Gelle en allègue des raisons qui ne sont ni bien convaincantes ni bien claires. L'opinion la plus probable et la plus généralement admise, est celle qui établit la distinction d'après la manière dont les faits sont racontés. Les faits sont plus développés dans les *Histoires*, plus serrés dans les *Annales*.

Quant au *Dialogue des Orateurs*, nous en avons parlé assez longuement dans un autre chapitre, pour n'avoir rien à en dire dans celui-ci.

CHAPITRE XLII.

ÉCRIVAINS DU DEUXIÈME SIÈCLE.

Misères littéraires du deuxième siècle. — Fronton et Marc-Aurèle. — Aulu-Gelle. — Apulée.

Misères littéraires du deuxième siècle.

Quand Rome eut conquis l'univers, il en fut d'elle, dit la poëtesse Sulpicia, comme de l'athlète des jeux d'Olympie, qui, resté seul vainqueur dans le stade, languit et s'énerve, consumant son courage dans un immobile repos. Ce repos, selon la remarque de Sulpicia, fut employé du moins aux pacifiques travaux de la pensée. Mais le génie littéraire de Rome eut à son tour une défaillance, et une défaillance plus profonde encore que celle où s'était jadis affaissé son génie politique. Après Juvénal, la poésie disparaît; après Pline le Jeune, l'éloquence; après Tacite, l'histoire. Le deuxième siècle, du moins à partir du règne d'Adrien, est la stérilité même. On cite pourtant un nom de poëte, ou plutôt de versificateur, Flavius Avianus. Mais quel poëte que cet Avianus, si c'est lui qui a rédigé les quarante-deux apologues en vers élégiaques que d'ordinaire on lui attribue! un poëte de la force de Dionysius Caton! un écrivain presque sans esprit, et quasi-barbare! Ces vers sont si mauvais, que plusieurs critiques ont refusé d'y voir une production du deuxième siècle, et qu'ils les rapportent non point à Avianus, mais à Aviénus, écrivain du quatrième siècle. Quant au véritable Avianus, si on le dépouille des apologues, nous ne savons plus ni ce qu'il a fait, ni quelle était la nature de son talent, ni même s'il avait l'ombre du talent. Je ne parle pas de quelques épigrammes, dont les auteurs sont inconnus, ni même des jolis petits vers de l'empereur Adrien à son âme : ces bluettes prouvent seulement que les études de versification n'étaient pas négligées. Adrien, malgré son esprit, n'est pas plus un poëte qu'Avianus. On cite un nom d'orateur ; mais cet orateur était Fronton. Nous dirons tout à l'heure jusqu'à quel point Fronton a mérité ce beau titre. Quant à l'histoire, on ne cite ni un livre ni un nom. Qu'on juge de ce que nous allons rencontrer à travers ces landes ! Notre chapitre sur les écrivains du deuxième siècle se réduirait presque à rien, si nous n'avions pas à parler du rhéteur Aulu-Gelle et du romancier Apulée.

Fronton et Marc-Aurèle.

Marcus Cornélius Fronto a eu du malheur. Avant les découvertes d'Angelo Mai sur les manuscrits palimpsestes, il ne restait que quelques mots de ses écrits, et il était permis de voir en lui un homme de grand talent, sinon, comme quelques-uns le nommaient, un orateur de premier ordre. Les anciens s'étaient complu à lui décerner à l'envi les plus magnifiques éloges. Aulu-Gelle, qui l'avait connu personnellement, célèbre la pureté de son goût, la grâce de son langage, les charmes de sa conversation, nourrie de toutes les bonnes doctrines. Marc-Aurèle, disciple reconnaissant, consacre, dans ses *Pensées*, quelques lignes bien honorables à celui qui avait été un de ses maîtres : « J'ai senti, grâce à Fronton, tout ce qu'il y a, dans un tyran, d'envie, de duplicité, d'hypocrisie, et combien il y a peu de sentiments affectueux chez ces hommes que nous appelons patriciens. » Marc-Aurèle avait nommé Fronton consul, et lui avait fait élever une statue dans le sénat. Euménius, le panégyriste de l'empereur Constance, met Fronton sur la même ligne que Cicéron : « Fronton, dit-il, cette autre mais non seconde lumière de l'éloquence romaine. » Il est vrai que Macrobe accuse Fronton de sécheresse, et qu'il remarque que cette sécheresse n'a rien de commun avec la concision de Salluste. Mais un écrivain peut être sec dans son style et avoir encore des qualités fort recommandables : rien n'empêche de donner à tels et tels, qui sont la sécheresse même, le titre de penseurs et de bons esprits.

La publication des *Lettres de Marc-Aurèle et de Fronton* a fait évanouir tous les prestiges, et on sait maintenant à quoi s'en tenir sur la valeur littéraire du prétendu orateur. Fronton est de l'école de Gorgias. Il déclame et fait déclamer son disciple sur les sujets les plus ridicules : ici, c'est un éloge du sommeil, en réponse à une diatribe contre le sommeil ; là, c'est l'éloge de la fumée. Ailleurs, vous trouvez des narrations où Fronton est parvenu à rendre ennuyeuses même des aventures contées jadis par Hérodote : nulle chaleur, nul intérêt, nulle grâce. Ailleurs, ce sont des compliments sans esprit. Fronton ne passe guère que de la puérilité au ridicule. Ajoutez que, si ses phrases sont construites avec une sorte d'art prétentieux, sa diction est loin d'être irréprochable : les tours vicieux, les termes impropres, les acceptions forcées y abondent. Rien de nauséabond comme la lecture de ces élucubrations de rhéteur. On serait presque tenté de plaindre l'homme illustre qui les a exhumées, d'avoir perdu un temps précieux à tirer du néant ce qui n'est après tout que cendre et poussière. Mais on rend grâce à Mai, parce que Fronton a eu quelquefois la bonne idée de transcrire des extraits de ses lectures. D'admirables choses, jusqu'alors inconnues, ont reparu à la lumière. La seule paralipse de Caton est une perle qui a payé au centuple les ennuis de ceux qui ont eu le courage de fouiller à travers l'insipide fatras de Fronton.

Les lettres de l'écolier ne valent pas mieux que celles du professeur, à part une certaine naïveté de sentiment et les effusions d'une reconnaissance sincère. C'est la même nullité d'idées, la même indigence d'esprit, le même style maniéré, la même diction incorrecte. Marc-Aurèle avait du moins l'excuse de sa jeunesse. Viennent les leçons du temps, et Marc-Aurèle sera un autre homme. Mais Fronton était dans sa maturité, quand il s'occupait sérieusement à ces niaiseries. Ce n'est pas Fronton qui eût écrit, ni jeune ni vieux, ni en latin ni en grec, une page, une seule page, digne du moindre paragraphe du livre des *Pensées*. Cet ouvrage sublime doit peu de chose à Fronton. Quand Marc-Aurèle l'écrivait, ce n'était pas sous l'impression de l'enseignement des rhéteurs. Il était à de plus sérieux maîtres ; et depuis longtemps son âme avait abjuré le culte des faux dieux de l'éloquence. C'est le philosophe qui parle dans les *Pensées*; c'est l'homme formé par l'expérience de la vie, par un long usage de la souveraine autorité. De là cette grandeur et cette majesté presque incomparables; de là les fières et mâles beautés de ce style, malgré toutes ses obscurités et toutes ses imperfections.

Pour revenir à Fronton et à sa renommée, il est probable que les grandes œuvres de l'orateur ne nous donneraient pas de son talent une opinion beaucoup plus favorable. Les phrases qui subsistent de ses discours ressemblent trop à celles de ses lettres, pour qu'il nous soit permis de supposer un autre Fronton que le Fronton révélé par Mai. Au reste, le mauvais goût du siècle n'explique pas seul les illusions dont Fronton fut l'objet. Fronton savait parler : les succès publics du professeur ont fait une part notable des succès de l'écrivain. Ceux que sa parole avait charmés ou instruits ont dû être portés, en le lisant, à crier merveille. D'autres ont crié merveille après eux, même sans lire; et voilà comment Fronton est passé grand prosateur. Fronton n'est pas le seul qui ait eu cette fortune. Je ne prétends pas qu'il y en ait aujourd'hui.

Aulu-Gelle.

Aulus Gellius, improprement nommé par quelques-uns Agellius, fut un disciple et un ami de Fronton; mais il n'eut pas les hautes visées de son maître. Il n'aspira point au titre d'orateur; il ne fut qu'un rhéteur et un grammairien, ou plutôt il ne fut qu'un esprit curieux et un érudit, car il ne tint jamais école, et ne disserta jamais que dans des livres ou dans des réunions d'amis. Cette modestie lui a porté bonheur. Au lieu de discours d'une beauté suspecte, il nous a laissé un ouvrage très-précieux, très-utile; je ne dis pas un bon ouvrage, mais la meilleure compilation sans contredit qu'ait rédigée aucun critique grec ou romain. J'ai eu souvent l'occasion de profiter des recherches d'Aulu-Gelle, et de citer les *Nuits attiques*. C'est à Aulu-Gelle que nous avons dû de pouvoir nous faire une idée de la valeur littéraire de Cécilius; c'est à lui que nous devons de connaître autrement que par leurs noms une foule d'auteurs aujourd'hui perdus, et de mieux connaître tels et tels, comme Caton et Caïus Gracchus, qui, même sans Aulu-Gelle, seraient pour nous beaucoup plus que des noms. Je vais transcrire une partie de la préface du recueil, pour montrer et le but que s'est proposé l'auteur, et le plan qu'il a suivi, ou plutôt sa volonté de ne suivre aucun plan, et la nature des sujets qu'il a traités dans ce qu'il nomme ses commentaires, et la raison du titre qu'il a mis en tête :

« On peut trouver des ouvrages plus agréables que celui-ci : ce que j'ai voulu, ç'a été de préparer aussi à mes enfants des récréations littéraires, pour les instants où, libres de tout autre soin, ils voudraient délasser agréablement leur esprit. J'ai suivi l'ordre fortuit dans lequel se présentaient mes extraits. J'avais l'habitude, toutes les fois que je tenais en main quelque livre grec ou latin, ou que j'entendais rapporter quelque chose de remarquable, de recueillir aussitôt ce qui avait frappé mon attention, et de prendre ainsi, sans ordre et sans suite, des notes de toute espèce.... Il y a donc, dans mon ouvrage, la même incohérence de matières que dans ces notes d'autrefois, rapidement consignées durant mes recherches et mes lectures sur tant de sujets. C'est dans une campagne de l'Attique, et pour remplir les longues nuits d'hiver, que je me suis amusé à écrire ce recueil. Voilà pourquoi je l'ai intitulé *Nuits attiques*. Je n'ai point imité le raffinement que mettent d'ordinaire, dans le choix de leurs titres, les auteurs grecs ou latins qui ont rédigé des écrits analogues.... Mon ouvrage diffère aussi de la plupart des leurs par le dessein et par l'intention. En effet, presque tous ces auteurs, les Grecs surtout, ont eu le tort de puiser sans discernement et sans goût dans leurs lectures nombreuses et variées, et de recueillir dès le premier coup d'œil, et comme gens qui ne visent qu'à la quantité, tous les détails qu'ils rencontraient.... Pour moi, j'ai toujours eu présente la maxime d'Héraclite d'Éphèse, ce sage si renommé : « Ce n'est pas, « dit-il, la quantité des connaissances qui enrichit l'esprit. » Si je me suis occupé assidûment, quelquefois jusqu'à la fatigue, à lire ou à parcourir un grand nombre de volumes, durant tous les instants que je pouvais dérober aux affaires, je n'ai recueilli qu'un petit nombre d'extraits; je n'ai pris que ce qui m'a paru propre, d'un côté à inspirer le goût des connaissances honnêtes aux esprits maîtres de leur temps et en état de disposer d'eux-mêmes, et à les conduire, par un chemin facile, à l'étude des arts libéraux ; de l'autre côté, à préserver d'une ignorance grossière et honteuse sur l'histoire et sur les lettres, ceux que d'autres travaux tiennent occupés. »

Les *Nuits attiques* avaient vingt livres. Nous avons tous ces livres, à l'exception du huitième, dont il ne reste que les têtes de chapitres. Il n'y a guère de page dans le recueil, où l'on ne trouve des choses plus ou moins intéressantes. Aulu-Gelle, on s'en souvient, ne se fait pas faute de parler pour son propre compte ; et ce qu'il dit n'est pas ce qu'il y a de plus mauvais dans l'ouvrage. Sa critique, en général, est saine et judicieuse; il donne quelquefois à ses idées un tour vif et piquant; il a des mots heureux, d'une agréable et spirituelle finesse. Mais quel style que le style d'Aulu-Gelle, et surtout quelle langue! Nous gémissions tout à l'heure sur ce qui manquait à Quintilien, aux Pline, à Tacite même, en comparaison de leurs immortels devanciers, les Cicéron, les César, les Salluste, les Tite Live : or, nous voici à mille lieues, non pas seulement de l'*Orateur* ou des *Décades*, mais du *Panégyrique de Trajan* et de l'*Institution oratoire!* Aulu-Gelle est maniéré, prétentieux et obscur; il est plein, comme Fronton, plus encore que Fronton, de locutions étranges, de tours forcés et vicieux; il a surtout la manie de l'archaïsme, et il pratique cette rhétorique à l'envers dont j'ai parlé ailleurs à propos des imitateurs du vieux Caton. Mais ces défauts, je le répète, n'empêchent pas que les *Nuits attiques* soient un livre des plus utiles et des plus intéressants.

On ignore la date de la naissance d'Aulu-Gelle ainsi que la date de sa mort. Il était d'une famille riche et distinguée, et probablement de Rome même. Après avoir fait, à Rome, ses études de grammaire et de littérature, il alla se perfectionner à Athènes. Il passa en Grèce de longues années, dans le commerce des savants et des gens de lettres, et particulièrement du fameux rhéteur Hérode Atticus. A son retour en Italie, il mit la main aux affaires. Il se donne, en certains passages de son livre, pour un magistrat fort occupé. Cependant il ne manquait pas d'un certain loisir, puisqu'il trouvait le temps de courir les bibliothèques et les musées, de visiter les étalages des libraires, de converser longuement, dans les lieux publics, avec les grammairiens et les rhéteurs. Sa vie, de son propre aveu, fut avant tout une vie d'érudit et d'amateur ; et ce n'est pas à nous de lui en faire un crime, puisque c'est à sa passion pour les livres et les curiosités littéraires que nous sommes redevables des *Nuits attiques.*

Apulée.

La barbarie, que nous venons de voir poindre dans le style et dans la diction de Fronton et d Aulu-Gelle, s'étale complaisamment chez Apulée, et prend, pour ainsi dire, possession de la langue romaine. Il est vrai que Lucius Apuléius n'était pas un Romain de Rome, ni même d'Italie ; c'était un Africain. Il était né en l'an 114, à Madaures, petite ville située entre la Numidie et la Gétulie. Il passa sa jeunesse à voyager pour s'instruire, et il fit de longs séjours à Athènes et à Rome A trente-quatre ans, il vint s'établir à Carthage, et s'y fit bientôt, par ce qu'il nomme son éloquence, une prodigieuse réputation. On lui éleva des statues. Une riche veuve l'accepta pour époux. Le vulgaire, émerveillé de ses talents et de sa science, le prit pour un être d'une nature supérieure, ou tout au moins pour un magicien et un thaumaturge. Il eut beaucoup d'ennemis, mais il triompha de toutes les haines. Il prolongea sa vie jusqu'à un assez grand âge, déclamant, enseignant, écrivant, et entouré des admirations les plus passionnées. C'est en 184, à soixante et dix ans, qu'il mourut, sous le règne de Commode.

Quand Apulée eut épousé Pudentilla, Pontianus, fils de sa femme, le traduisit en justice, devant le proconsul Claudius Maximus. Il l'accusait d'avoir employé la magie pour se faire aimer de la riche veuve. Apulée a écrit le discours qu'il avait prononcé en réponse aux attaques de Pontianus, et qui l'avait fait absoudre par le tribunal. Ce discours est intitulé *Apologie*. Apulée, racontant sa vie et ses aventures, est assez homme pour que nous l'écoutions avec plaisir, malgré sa vanité fabuleuse, malgré son style africain, malgré sa langue composée de toutes les langues, ou, si l'on veut, de tous les patois dont il s'était imprégné durant ses voyages. Il y a même çà et là de véritables traits d'éloquence. Il avait été inspiré, suivant l'expression d'un critique, par le sentiment du danger que couraient son honneur et sa vie.

Apulée orateur a cherché à se survivre, non pas seulement dans l'*Apologie*, mais dans un recueil où il a ramassé toutes les fleurs de ses autres discours, et que, pour cette raison, il a intitulé *Florides*. Ce sont vingt-quatre morceaux fort courts, sur des sujets divers, mais où il n'y a guère que quelques faits curieux pour l'archéologie ou l'histoire. Quant à l'espèce de talent dont les *Florides* révèlent les symptômes, il consiste surtout à trouver le moyen d'exprimer les idées les plus simples sous les formes les plus compliquées, les plus contournées et les moins naturelles, quelquefois aussi les plus ampoulées, et toujours en latin d'Afrique, ou plutôt en latin cosmopolite.

Les ouvrages philosophiques d'Apulée sont d'une nullité encore plus profonde que les débris de ses monuments oratoires. Le seul qui ait quelque originalité, et quelle originalité ! est le livre intitulé *du Dieu de Socrate*. Apulée croit que Socrate avait réellement un génie ; et ce qu'il cherche, dans son livre, c'est à déterminer à quelle classe de démons ce génie appartenait. Les trois livres intitulés *de la Doctrine de Platon* ne sont que des extraits de la *République* et des *Lois*, complétés et commentés par d'autres extraits qu'ont fournis Aristote et les stoïciens. Le petit livre intitulé *du Monde* est une simple paraphrase du traité d'Aristote qui porte le même titre.

L'ouvrage qui fera vivre le nom d'Apulée, c'est le roman en onze livres où il a développé le sujet si vivement esquissé par Lucien, les tribulations d'un âne qui a été un homme, et qui finit par reprendre sa dignité de bipède. Les *Métamorphoses*, autrement dit l'*Ane d'or*, sont un tableau complet de la vie et de la société au deuxième siècle; non pas, certes, un tableau fait de main de maître, mais peint pourtant avec une certaine fougue méridionale et je ne sais quelle agréable et spirituelle jovialité. Il y a de très-plaisantes figures parmi celles qu'Apulée fait passer sous nos yeux. Il y a de très-bons contes parmi ceux qu'il déduit, nonobstant l'exécrable procédé de style qui lui sert à gâter sans cesse les meilleures idées et les meilleurs mots. Je ne parle pas des contes où l'esprit est mêlé d'ordures, mais de ceux que tout le monde peut lire, et dont se sont souvenus Cervantès et d'autres modernes. Il y a, dans les *Métamorphoses*, mieux encore que de bons contes : il y a le mythe de Psyché, qui est une des plus belles merveilles de l'imagination antique. Je ne prétends pas qu'Apulée ait inventé ce mythe; mais il l'a conté avec facilité et avec agrément, et même avec une sorte de simplicité relative. Les trois livres à travers lesquels il déroule les aventures de l'amante de Cupidon sont incontestablement les meilleurs de son ouvrage, et pour la matière et pour le style même. La Fontaine n'a eu qu'à mettre un peu de sa poésie et de sa bonhomie naïve à la place de l'esprit d'Apulée, pour faire un chef-d'œuvre du récit de l'écrivain de Madaures. On a beau être Africain; quand on a eu des bonnes fortunes comme celle d'Apulée avec sa Psyché, on ne peut plus périr, car on laisse une œuvre et un nom.

Veut-on savoir quelle sorte d'érivains nous pourrions encore citer, si nous tenions à énumérer tous ceux qui, durant le deuxième siècle, ont écrit en latin? ce serait, par exemple, le jurisconsulte Gaïus : encore n'est-il pas bien sûr que Gaïus soit de ce siècle; ce serait Frontin le tacticien, l'auteur des *Stratagèmes;* ce serait Acron et Porphyrion, les commentateurs d'Horace; que sais-je? quelques autres grammairiens, ou même quelques rhéteurs, mais parfaitement inconnus.

CHAPITRE XLIII.

ÉCRIVAINS DU TROISIÈME SIÈCLE.

État de la littérature latine au troisième siècle. — Vie de Némésien. — Poëmes didactiques de Némésien.— *Églogues* de Némésien. — Calpurnius. — Autres poètes contemporains. — Prosateurs.

État de la littérature latine au troisième siècle.

L'histoire des lettres latines au troisième siècle ne nous arrêtera pas bien longtemps. L'éloquence est tout entière dans les insipides panégyriques dont j'ai parlé ailleurs. Ces panégyriques doivent leur naissance à l'usage qui régnait alors, particulièrement dans plusieurs villes des Gaules, de faire exprimer à l'empereur, par la bouche de quelque rhéteur délégué, ou des vœux pour son bonheur, ou des actions de grâces pour ses bienfaits. Le troisième siècle a eu des historiens; mais tous leurs ouvrages ont péri, et le moins inconnu de ces écrivains n'a pas même la notoriété d'un Julius Obsequens. Septime Sévère est illustre; mais ce n'est pas pour avoir laissé ces *Mémoires* dont parle Capitolin, où il faisait tant d'efforts afin de pallier l'extrême rigueur de quelques-uns de ses actes. Nous nous dispenserons donc de rappeler au lecteur qu'il y a eu des historiens, ou du moins des écrivains que les anciens désignent comme tels, qui se nommaient Lollius Urbicus, ou Marius Maximus, ou Fabius Cécilianus, ou encore Fulvius Asprianus, ou de tout autre nom aussi peu utile à retenir. Ce n'est que vers la fin du troisième siècle qu'on voit reparaître quelque chose qui ressemble à peu près à de l'histoire; mais nous remettons au chapitre suivant tout ce qui concerne les écrivains de l'*Histoire auguste,* par conséquent les historiens de la fin du troisième siècle. Parmi les prosateurs d'un autre genre, nous ne trouvons pas des Apulée ni des Aulu-Gelle. Il y a eu de grands jurisconsultes; mais ce n'est pas à nous de parler de Papinien ou d'Ulpien. Nous aurons du moins des poëtes, non pas sans doute de bien grands poëtes, mais des hommes de quelque talent, et dont les œuvres ne sont pas indignes d'un regard. Némésien et Calpurnius, par exemple, nous ont laissé des vers qui se lisent, encore aujourd'hui, avec un certain plaisir.

Vie de Némésien.

Marcus Aurélius Olympius Némésianus était de Carthage. Il florissait à Rome sous les règnes de Carus et de Carin et Numérien. Numérien, qui se mêlait de poésie, ne fut point jaloux de ses succès. C'est à cet empereur que Némésien dut sa fortune, quoiqu'il eût eu l'audace de lutter dans un concours contre ce formidable rival, et l'honneur dangereux de remporter le prix. Numérien se résigna à sa défaite : il ne se souvint pas qu'il se nommait lion, et qu'un empereur devait toujours vaincre. Ce fut même cette circonstance, assuret-on, qui lui fit prendre en affection Némésien. Le poëte carthaginois fit un noble usage d'une opulence facilement acquise. Calpurnius notamment, son ami et son émule, connut, grâce à ses libéralités, cette aisance après laquelle il soupirait en vain, et que les puissants du jour ne songeaient pas à lui donner. Cette conduite fait honneur à Némésien. Répandre son bien est peu de chose; mais c'est chose méritoire entre toutes, quand le bienfait suppose dans le bienfaiteur une de ces amitiés rares, à l'épreuve de l'amour-propre et de la jalousie. Voilà à peu près tout ce qu'on sait de la vie de Némésien. On ignore la date de sa mort, comme on ignore celle de sa naissance.

Poëmes didactiques de Némésien.

Némésien avait laissé trois poëmes didactiques, le premier sur la chasse, le second sur la pêche, le troisième sur la navigation. *Cynégétiques*, *Halieutiques*, *Nautiques*. Il reste un morceau assez considérable des *Cynégétiques*, et seulement quelques vers des deux autres ouvrages. Autant qu'on en peut juger d'après ces faibles débris, l'auteur des *Cynégétiques* et des *Halieutiques* n'était guère qu'un imitateur d'Oppien. Il est probable que ses *Nautiques* n'étaient pas non plus une œuvre très-originale ; mais nous n'en connaissons pas le prototype. Némésien, comparé au poëte de Cilicie, pèche par des défauts qu'on ne peut reprocher à son modèle. Il est souvent prosaïque et vulgaire ; la verve lui manque ; son abondance est toute dans les mots, et ses images ne sont jamais ni bien saisissantes ni bien caractéristiques. Il écrit avec plus de goût qu'Oppien : c'est là sa gloire, ou, si l'on veut, le point par où il rachète un peu ses imperfections. On aperçoit partout chez lui un effort continu pour s'approprier les formes poétiques et la diction de Virgile ; et cet effort n'est pas toujours malheureux. Les trois cents et quelques vers des *Cynégétiques* que nous possédons appartenaient au premier livre du poëme. Il s'agit, dans ce morceau, des préparatifs de la chasse, de l'éducation des chiens et des chevaux, des ustensiles nécessaires au chasseur. Je vais en transcrire quelques mots, qui donneront une idée du tour d'esprit de Némésien et de la nature de son talent. Après avoir dit, comme autrefois Virgile, mais plus longuement que Virgile, et avec une érudition déplacée, qu'il ne veut pas traiter des sujets mythologiques, il ajoute : « Je veux, quant à moi, m'égarer dans les forêts, dans de vertes prairies, dans de vastes campagnes ; je veux parcourir d'un pas rapide l'étendue des plaines ; prendre, à l'aide d'un chien obéissant, les hôtes des bois ; percer le lièvre timide, le daim sans courage, le loup audacieux, et mettre en défaut l'adresse du renard. Je veux errer sous les ombrages des fleuves ; chercher l'ichneumon au milieu d'une moisson de roseaux, sur des rivages silencieux ; attacher avec de longs traits le chat menaçant au tronc d'un arbre, et emporter le hérisson au corps épineux, replié sur lui-même. Telle sera l'occupation à laquelle je veux donner mes soins, aujourd'hui que ma faible nacelle, accoutumée à voguer près du rivage, et à fatiguer avec la rame des golfes sans danger, ose, pour la première fois, déployer ses voiles au souffle des vents, abandonner le port, et braver les tempêtes adriatiques. Magnanimes rejetons du divin Carus, bientôt on me verra, avec de plus heureux accords, célébrer vos triomphes, vos lois reconnues de l'aurore au couchant, votre commune puissance asservissant les peuples qui boivent les eaux du Rhin et du Tigre, et qui s'abreuvent à la source lointaine de l'Arar et du Nil[1] »

Églogues de Némésien.

Némésien, en écrivant sur la chasse, imitait tant qu'il pouvait les *Géorgiques*; à plus forte raison devait-il imiter les *Bucoliques*, dès qu'il se mêlait de faire parler les bergers. Aussi n'y manqua-t-il pas. Les quatre églogues qu'on attribue généralement à Némésien, dans le recueil qui porte les noms de Némésien et de Calpurnius, sont presque des copies de Virgile, mais combien pâles et affaiblies! Virgile n'eût guère reconnu son *Daphnis* ou son *Silène*, sous le travestissement dont les a défigurés Némésien. Il y a pourtant, dans le *Bacchus* de Némésien, quelques vers gracieux, et qui font honneur au talent du poëte. Mais il fallait être Fontenelle, c'est-à-dire un bel esprit étranger au sentiment poétique, pour mettre l'églogue où Némésien fait parler le dieu au-dessus de celle où Virgile avait fait parler le vieux satyre. Les *Églogues* de Némésien, comme les restes de ses poëmes didactiques, prouvent un bon versificateur et un écrivain passable. Mêmes qualités, mais aussi mêmes défauts. C'est ailleurs qu'il faut aller chercher l'imagination, l'enthousiasme, le génie.

Calpurnius.

Ne cherchons pas non plus ces dons divins dans les *Églogues* de Calpurnius. L'ami de Némésien n'est guère moins que lui imitateur et défectueux. Il est même plus négligé, et il tombe assez souvent dans l'enflure. Sa manière ressemble fort à celle de Némésien; et quelques-uns n'hésitent pas à le regarder comme l'auteur véritable non-seulement des sept églogues que personne ne lui conteste, mais encore des quatre églogues qu'on imprime sous le nom de Némésien. Quoi qu'il en soit de cette opinion, nous n'avons encore ici qu'une ombre de Virgile. De l'esprit, quelque peu;

[1]. Némésien, *Cynégétiques*, vers 48 et suivants.

du naturel, plus que n'en comportait l'époque; une diction assez pure et quelques vers supportables : ce n'est pas tout à fait rien; et beaucoup de ceux qui ont pris le titre de poëte seraient bien empêchés d'en fournir autant Les poésies de Calpurnius étaient en grande faveur dans les écoles du Moyen Age. On les mettait entre les mains des jeunes gens, comme nous y mettons Horace et Virgile. Je ne prétends pas que Calpurnius fût digne de cet honneur; mais ce n'est pas dans le Moyen Age uniquement qu'on a vu préconiser de plus mauvais modèles encore.

Nous aurons mentionné tout ce qui concerne ce poëte, en disant qu'il était né en Sicile, qu'il se nommait Titus Julius Calpurnius, qu'il ne fut pas ingrat envers Némésien, et qu'il dédia à ce généreux protecteur le recueil de ses ouvrages.

Autres poëtes contemporains.

Commençons par Jupiter, bien que nous ne puissions dire autre chose de Numérien poëte, sinon qu'il faisait des vers, et qu'il aimait ceux qui en faisaient. Notons en passant que cet héritier des Césars aspirait aussi aux palmes de l'éloquence, et que le sénat, plein d'admiration pour ses harangues, lui avait voté une statue dans la bibliothèque Ulpienne, avec cette inscription : *Au plus éloquent orateur de son siècle.*

Aurélien Apollinaire passait, dans ce siècle-là, pour le maître du genre ïambique. Mais qu'était-ce que les ïambes d'Aurélien Apollinaire? Etaient-ce des fables ou des satires, des poëmes didactiques ou des poëmes dramatiques? je l'ignore absolument, et bien d'autres n'en savent pas plus que moi.

J'ai parlé ailleurs de Dionysius Caton et de ses *Distiques*. Dois-je citer un autre poëte didactique, moins poëte encore que Caton, mais qui a eu, comme Caton, une grande réputation au Moyen Age, à savoir ce Quintus Sérénus Sammonicus, qui a fait de la pharmacie en assez méchants vers hexamètres, et qui n'est qu'un maladroit compilateur de Pline et de Dioscoride?

Prosateurs.

Le moins mauvais des auteurs du troisième siècle qui ont écrit en prose est Censorinus. Son ouvrage intitulé *du Jour natal* est d'un style assez pur, bien qu'il n'y manque pas de tours et d'expressions peu classiques. Mais le sujet de ce livre est plus bizarre qu'intéressant. Censorinus traite de l'influence que les génies et les astres exercent sur notre destinée. Le même écrivain avait composé d'autres ouvrages de divers genres, qui n'existent plus.

Censorinus était un grammairien. Un autre grammairien, qui se piquait aussi de philosophie, Nonius Marcellus, avait écrit, comme Censorinus, sur différents sujets. Il nous reste de lui un ouvrage de grammaire, intitulé *de la Propriété du Langage*. Il n'y a, dans le livre de Nonius, ni ordre, ni talent, ni science même. Rien de plus nul et de plus indigeste que la compilation de Nonius. Ses interprétations des mots latins ne sont pas toujours incontestables, et elles ont le malheur de n'être pas présentées avec la netteté et la précision qu'exigerait un pareil sujet. Mais il y a quelque chose qui donne une valeur réelle au travail plus que médiocre du pitoyable herméneute : ce sont les nombreux fragments d'auteurs aujourd'hui perdus que Nonius a consignés parmi ses exemples, et grâce auxquels ces auteurs nous sont un peu moins inconnus.

Festus lui-même n'a pas l'importance littéraire de Nonius, bien que son œuvre, ou, si l'on veut, celle de Verrius Flaccus, qu'il a abrégée, et que Paul Diacre a encore tronquée plus tard, soit fort supérieure en soi à celle de Nonius, et témoigne de plus d'érudition et de bon sens. Le livre de Festus est une sorte de lexique, intitulée *de la Signification des Mots*. Festus paraît postérieur à Nonius. Quelques-uns ne le font même vivre qu'à la fin du cinquième siècle. Mais il n'est pas sûr qu'il ne soit pas du quatrième, ou du troisième, ou même du deuxième. Martial est le plus récent de tous les auteurs qu'il cite. On ne sait rien ni sur la personne ni sur la patrie de ce grammairien.

Des prosateurs tels que Festus, tels que Nonius, tels que Censorinus même, mériteraient le titre non pas de prosateurs, non pas d'écrivains, mais de barbouilleurs de papier.

CHAPITRE LXIV.

L'HISTOIRE AU QUATRIÈME SIÈCLE.

Écrivains de l'*Histoire Auguste*. —Aurélius Victor. — Septimius. — Eutrope. — Sextus Rufus. — Ammien Marcellin. — Ouvrage d'Ammien Marcellin.

Écrivains de l'Histoire Auguste.

On appelle *écrivains de l'Histoire Auguste* les compilateurs qui ont rédigé les vies des empereurs romains, depuis Adrien jusqu'à Carus et à ses fils. La collection de ces vies peut être considérée comme une continuation de l'ouvrage de Suétone. Elle n'est pas absolument complète : il y manque plusieurs biographies, notamment celle de Nerva et celle de Trajan ; mais ces lacunes proviennent sans nul doute de ce que les exemplaires qui nous sont parvenus ont souffert ou des outrages du temps ou de la main des hommes. La collection, à l'origine, était entière : elle avait été formée à Constantinople, on ne sait à quelle époque, de biographies choisies dans un plus grand nombre. Plusieurs de celles qui subsistent sont elles-mêmes mutilées, et il y en a dont on ne connaît pas bien sûrement les auteurs. Tous ces écrits plus ou moins mauvais, et qui témoignent uniformément d'une absence remarquable de goût, de jugement, de critique, de science, surtout de talent, ont pourtant une valeur. Ils nous tiennent lieu d'une foule d'ouvrages aujourd'hui perdus. La critique moderne peut trouver, dans ce fatras, de quoi suppléer à ce qui manque aux documents qui nous restent sur la période qu'embrasse l'*Histoire Auguste*. Un seul de ces biographes semble avoir été contemporain des faits qu'il raconte. Tous les autres se sont bornés à extraire, à copier, surtout à défigurer d'autres historiens : ce sont des compilateurs, et dans la plus détestable acception du terme. Toutefois, quand les sources qu'ils ont consultées étaient pures, on s'en aperçoit jusque dans leurs livres : alors leur style n'est pas tout à fait barbare, ni leurs récits tout à fait insipides. Ce n'est pas qu'ils ne tâchent, en général, ou qu'ils n'aient l'air de tâcher de se rendre illisibles. Pour être juste, il faut dire que presque toujours ils y réussissent à souhait. On se fera une idée de leur ineptie, rien qu'à les voir, en maints passages, après avoir extrait un auteur, passer à un autre auteur et rapporter, d'après celui-ci, les événements qu'ils ont déjà rapportés d'après celui-là, sans s'apercevoir seulement, ou sans paraître s'apercevoir, qu'ils se répètent. C'est ainsi que certains faits sont racontés jusqu'à trois fois, quand une seule devait suffire.

Voici les noms des six auteurs auxquels on attribue l'*Histoire Auguste* :

1° Spartien (Ælius Spartianus), qui vivait sous le règne de Dioclétien, et qui a écrit les *Vies* d'Adrien, d'Élius Vérus, de Didius Julianus, de Septime Sévère, de Caracalla et de Géta.

2° Vulcatius Gallicanus, auteur de celle d'Avidius Cassius, que d'autres revendiquent pour Spartien. Vulcatius vivait à la même époque que le précédent.

3° Trébellius Pollion. C'est à lui qu'on doit les *Vies* des deux Valérien, des deux Gallien, des trente tyrans, etc. Le seul caractère qui distingue cet écrivain, c'est la bassesse avec laquelle il se complaît à aduler les puissants.

4° Flavius Vopiscus. Il était de Syracuse, et il écrivait, comme le précédent, au temps de Constantin. Vopiscus a rédigé les *Vies* d'Aurélien, de Tacite, de Florien, de Probus, de Firmus, de Saturnin, de Proculus, de Bonose, de Carus, de Carin et de Numérien. Vopiscus est bien supérieur à tous les autres ; ou, si l'on veut, il est beaucoup moins défectueux qu'ils ne le sont, dans la manière de disposer ses matériaux et de les mettre en œuvre. Il a presque de l'ordre, et il ne manque pas de sens commun. Ajoutez qu'il avait consulté de bonnes sources, archives publiques, pièces officielles, correspondances diverses, et que la trace de ses recherches se retrouve dans ses narrations Il avait vu la plupart des événements qu'il raconte, ou du moins il avait pu en voir des témoins vivants. C'est presque un historien. C'en serait un s'il avait écrit d'un meilleur style; mais il n'a rien à envier aux autres, ou presque rien, ni pour la faiblesse des expressions, ni pour la négligence, ni pour la barbarie.

5° Élius Lampridius est regardé par quelques-uns comme une seule et même personne avec Élius Spartien. C'est à Lampride qu'on attribue communément les *Vies* de Commode, de Diadumène, d'Héliogabale et d'Alexandre Sévère.

6° Jules Capitolin, contemporain de Vopiscus et de Trébellius Pollion, a écrit celles d'Antonin le Pieux, de Marc-Aurèle, de Lucius Vérus, de Pertinax, etc. Nous devons dire pourtant que plusieurs de ces *Vies*, même dans certains manuscrits de l'*Histoire Auguste*, sont attribuées à Spartien, et non point à Jules Capitolin.

Aurélius Victor.

Aurélius Victor n'est pas un écrivain méprisable. On fait cas des *Vies des Césars* que nous avons encore aujourd'hui sous son nom. Ce sont de très-courtes notices, mais rédigées en général avec soin, d'un style assez simple et assez pur, et dont les documents ont été bien choisis. Cet abrégé de l'histoire des empereurs commence à Auguste et finit à Constance. On attribue à Aurélius Victor plusieurs autres ouvrages: ainsi l'*Origine de la Nation romaine*, dont il reste une partie, mais assez peu considérable, puisqu'elle ne va pas au delà de la fondation même de Rome; ainsi des *Vies des Hommes illustres de Rome*, qui ne sont peut-être qu'un abrégé du grand ouvrage de Cornélius Népos, et qui ne rappellent guère, par les qualités du style, les *Vies des Césars*; enfin un écrit sur les empereurs, différent des *Vies des Césars*, et que la plupart des critiques reconnaissent comme l'œuvre d'un auteur plus récent, qu'ils nomment Victorinus, ou Victor le Jeune. Aurélius Victor était né en Afrique, dans une humble condition. Il vécut longtemps à Rome, où Julien le revêtit de charges importantes. Il parvint même, sous Théodose, à la dignité de préfet de Rome.

Septimius.

Lucius Septimius vaut moins qu'Aurélius Victor. C'est

à peine même si Septimius et son livre méritent une place dans ce chapitre. L'écrivain est dénué de toute espèce de talent, et l'ouvrage n'a presque rien de commun avec l'histoire. Cet ouvrage est intitulé, *de la Guerre de Troie*, ou encore, *Éphéméride de la Guerre de Troie*. C'est, selon toute apparence, une traduction plus ou moins libre de l'ouvrage grec composé par un certain Praxis ou Eupraxide, contemporain de Néron, et connu vulgairement sous le nom de Dictys de Crète. Septimius ne peut servir de rien à personne, sinon aux commentateurs d'Homère ou des anciens poëtes.

Eutrope.

Flavius Eutropius, sans être un aigle, est du moins autre chose qu'un compilateur ou traducteur de fables. Son *Abrégé de l'Histoire romaine*, en dix livres, depuis Romulus jusqu'à Jovien, n'est pas sans quelque utilité comme revue rapide des faits; et on y trouve, pour ce qui concerne les derniers temps, des renseignements assez précieux. Eutrope est généralement exact et digne de foi. Il cherche le vrai; mais sa critique n'est pas toujours assez sévère, et son patriotisme romain lui fait négliger quelquefois ou passer sous silence les choses qui ne font point assez d'honneur au peuple-roi, ou même à ses maîtres. Le style d'Eutrope est simple et clair; seulement le mauvais goût du siècle perce çà et là dans la diction. En somme, l'auteur a fait une œuvre estimable, et qu'on peut lire même après celles de Velléius ou de Florus; mais ce n'est pas à lui non plus que nous pouvons décerner le titre d'historien. Cet homme, qui ne manquait pas de quelque talent, vivait à la même époque qu'Aurélius Victor. Il fut, dit-on, secrétaire de Constantin. Il suivit plus tard l'empereur Julien dans son expédition contre les Perses. En 371, il était proconsul en Asie. C'est par l'ordre de Valens, et pour l'usage même de cet empereur, qu'il écrivit son ouvrage.

Sextus Rufus.

C'est l'empereur Valens encore, dit-on, qui fit rédiger

par Sextus Rufus, écrivain inconnu d'ailleurs, un autre précis du même genre que celui d'Eutrope, mais beaucoup plus court. Quelques-uns contestent l'authenticité de ce petit ouvrage, ainsi que celle d un autre opuscule attribué au même Rufus et intitulé, *des Quartiers de la Ville de Rome*. Au reste, ces deux écrits n'ont d'importance que pour les érudits, et la littérature n'a rien à y voir.

Ammien Marcellin.

Nous avons dû réserver pour la fin de ce chapitre Ammien Marcellin, le seul homme en qui ait revécu quelque chose des grands narrateurs d'autrefois; Ammien, le dernier des historiens de Rome, le dernier presque des Romains, un beau talent et une belle âme.

Ammien Marcellin était Grec de naissance. On croit même qu'il ne fait qu'un avec ce Marcellinus de qui nous avons un excellent commentaire grec sur l'ouvrage de Thucydide. Ammien florissait vers le milieu du quatrième siècle. Dans sa jeunesse, il avait embrassé la carrière militaire, et il avait fait partie des protecteurs domestiques, espèce de garde du corps des empereurs, où l'on n'admettait que des hommes de famille distinguée. Il fit la guerre en Orient et dans les Gaules. Quelques passages de son histoire font présumer qu'il prolongea sa vie jusqu'aux environs de l'an 390. C'est bien à tort que certains critiques ont voulu faire de lui un chrétien. Ce n'est qu'un esprit élevé et impartial, qui sait rendre justice à ceux même dont il ne partage pas les opinions. Il parle du christianisme avec modération; il loue la vertu et la constance des confesseurs de la foi nouvelle; il ne dissimule pas la vanité des tentatives de Julien pour relever le temple de Salomon; il se moque des superstitions populaires, et stigmatise énergiquement l'impiété et les vices des contemporains. Mais ses affections sont manifestement ailleurs qu'au christianisme. C'est la vieille Rome qu'il aime, ce sont ces institutions politiques et religieuses qui avaient fait la grandeur du peuple-roi. Il est Romain et païen par ses souvenirs; Julien est son héros, encore qu'il n'approuve pas *tous* les moyens mis en œuvre par cet étrange réformateur pour la restauration du culte antique.

Ouvrage d'Ammien Marcellin.

L'ouvrage d'Ammien contient l'histoire de l'Empire, depuis le temps des Flaviens jusqu'au règne de Valens. C'est la continuation des récits de Tacite; mais ce n'est ni le génie de Tacite, ni surtout son style. La diction d'Ammien est à demi barbare. Il y a encore d'autres défauts dans cette histoire, et l'auteur n'est pas toujours exact dans ses indications géographiques. Mais toutes ses imperfections sont compensées par de sérieuses et fortes qualités. C'est un guide habile et fidèle, comme le caractérise Gibbon, et qu'on peut suivre hardiment, même à travers les événements contemporains, parce qu'il est libre de passions et de préjugés. Sa manière a quelque analogie avec celle de Polybe. En effet, Ammien cherche ardemment la vérité; il sait pénétrer le secret des affaires humaines, et il n'est point étranger à l'art de la guerre. Comme Polybe aussi, il exprime sa pensée avec une rare énergie; mais il a plus d'imagination que Polybe, et il trace quelquefois de grands et saisissants tableaux; des tableaux, sauf un certain excès de couleur, presque dignes du pinceau de Tacite. Il abonde en mots heureux, en réflexions aussi justes que profondes. Voyez, par exemple, avec quelle verve d'esprit, avec quelle force de raison, il tourne en ridicule les superstitions des Romains de son temps : « Un grand nombre d'entre eux n'oseraient ni prendre le bain, ni dîner, ni paraître en public, avant d'avoir consulté, selon es règles de l'astrologie, la position de Mercure ou l'aspect de la lune. Il est assez plaisant, ajoute-t-il, de découvrir cette crédulité chez un sceptique impie, qui ose nier ou révoquer en doute l'existence d'un Dieu tout-puissant. » On voit que Censorinus connaissait assez bien son public, et qu'il ne perdait pas tout à fait son temps, pour la réputation et le profit, quand il consacrait ses veilles à composer l'étrange livre *du Jour natal*.

Il n'a manqué à Ammien Marcellin que de vivre dans un meilleur siècle, ou du moins de travailler à réparer ce désavantage à force d'art et de goût, et à se rendre plus conforme aux vrais modèles. Mais c'est déjà une belle gloire d'avoir élevé un monument solide et durable, et d'avoir fait sinon un livre accompli, du moins un grand livre.

CHAPITRE XLV.

LES DERNIERS PROSATEURS.

Symmaque.— Symmaque écrivain. — Discours de Symmaque. — *Lettres* de Symmaque. — Macrobe.

Symmaque.

Quintus Aurélius Avianus Symmachus naquit à Rome dans la première moitié du quatrième siècle. On ne saurait, même, à dix ans près, fixer la date de sa naissance. Il était d'une famille riche et considérée ; son père fut chargé d'emplois importants. Le jeune Symmaque reçut une éducation très-soignée, et se trouva de bonne heure en état de courir la carrière des fonctions publiques. En l'an 368, il était intendant de la Lucarie et du Brutium ; en 370 il gouvernait l'Afrique, avec le titre de proconsul. Et ce n'étaient pas là les premières dignités dont il eût été honoré : il avait été déjà questeur, préteur et pontife. En 383, à Rome, il eut l'occasion de signaler son zèle pour la religion païenne. Une horrible famine, causée par une longue sécheresse et par l'imprévoyance des administrateurs, soulevait les clameurs du peuple. Les païens imputaient cette calamité au renversement des anciens autels. Une partie des sénateurs, et Symmaque à leur tête, demandèrent le rétablissement de l'autel de la Victoire, que Gratien avait fait enlever de la salle des séances du sénat. Gratien n'y consentit pas. Ses successeurs ne furent pas moins sourds à la requête. Cette requête subsiste, au moins sous la dernière forme que Symmaque lui a donnée. Elle est adressée, au nom du sénat, par Symmaque, alors préfet de Rome, à Valentinien II, à Théodose et à Arcadius; mais elle ne fut présentée en effet qu'à Valentinien. C'est un plaidoyer complet en faveur du paganisme, et un plaidoyer qui ne manque ni d'adresse ni d'éloquence. Symmaque eut au moins la gloire, comme dit Fléchier, d'avoir assez bien défendu sa mauvaise cause. Il eut une gloire plus enviable encore : le grand saint Ambroise ne dédaigna pas de lui répondre, et de discuter un à un ses arguments. En 389, Symmaque fut exilé par Théodose, pour s'être obstiné à réclamer de nouveau le rétablissement de l'autel de la Victoire. Mais il rentra presque aussitôt en grâce. Il survécut plusieurs années à Théodose; et les fils de Théodose, Arcadius et Honorius, ne furent pas moins bienveillants que leur père pour ce païen entêté, mais plein de probité et de talents. Symmaque resta aux affaires jusqu'à la fin de sa vie; mais il ne dut pas la prolonger bien loin au delà de l'an 400.

L'affection de Symmaque pour la religion de ses pères ne le rendit point persécuteur. Le pape Damase prit sa défense, quand on l'accusa d'avoir sévi contre les chrétiens à l'occasion d'une enquête sur certains dégâts causés par la malveillance aux murailles de Rome. Plusieurs chrétiens, et des plus illustres, étaient les amis de Symmaque. Saint Ambroise et Prudence, qui ont écrit contre lui, ne contestent pas ses vertus, et ils portent aux nues son génie. Symmaque, dans le commerce ordinaire de la vie, était la tolérance même. Sa requête pour le paganisme témoigne aussi, en plus d'un passage, de l'élévation de son âme. On dirait que Thémistius n'a pas été étranger à la rédaction de cet éloquent écrit. Symmaque reproduit presque textuellement le fameux argument de Thémistius sur la liberté des cultes : « Nous contemplons, s'écrie-t-il, les mêmes astres; un même ciel nous environne, et nous adorons tous le même Dieu : qu'importent les chemins divers que nous prenons, en cherchant à le bien connaître? c'est à lui que tous aboutissent. »

Symmaque écrivain.

Symmaque n'est pas un grand écrivain. Il est tout ce qu'il pouvait être dans un pareil siècle, à savoir, un écrivain de beaucoup d'imagination et d'esprit. Ses contemporains le comparaient à Cicéron, et peut-être lui décernaient-ils la palme. Ce n'est ni à Cicéron, certes, qu'il le faut comparer, ni même à Quintilien ou à Pline le Jeune. Mais on n'a pas de peine à comprendre que Prudence, Ausone et tant d'autres, se soient laissé aller à une illusion plus que pardonnable. Symmaque est un soleil, au prix de tous les prosateurs qui avaient paru depuis le siècle des Antonins, ou plutôt depuis le temps des Flaviens. Il a des qualités véritables, et qui ne sont pas d'un ordre vulgaire. Il étreint fortement a pensée, et il sait la rendre en peu de mots. Il a des mouvements vifs et soudains, des images justes et brillantes, des expressions saisissantes et pittoresques. Sa diction est assez pure, et elle se sent infiniment peu de la barbarie régnante. Mais n'est-ce pas beaucoup dire que d'avancer, comme fait Daunou, que le style de Symmaque est quelquefois plus naturel que celui de Pline le Jeune? Ce qui est vrai, c'est que Symmaque ne cherche pas, autant que Pline, à faire partout et toujours montre d'esprit; que sa chaleur n'a jamais rien de factice, que l'accent de la persuasion est sur ses lèvres. Mais il tombe aussi, de temps en temps, dans le maniéré et dans la fausse élégance. Il a de plus des défauts graves dont Pline est exempt Sa concision dégénère en obscurité; il affecte les tours et les termes poétiques; il se répète fréquemment, et il déguise mal la tautologie par la variété des mots et par l'accumulation des synonymes. Ce qui reste de ses écrits est, malgré tout, un monument précieux à plus d'un égard; et Daunou a bien raison de dire que les *Lettres* de Symmaque sont fort susceptibles d'être rendues avec élégance et lues avec intérêt dans notre langue.

Discours de Symmaque.

Les discours de Symmaque ont péri. Nous n'avons ni son éloge de Maxime, ni son éloge de Théodose, ni son discours sur Vettius Agorius, ni aucune de ses harangues, à l'exception de quelques passages médiocrement importants. Ce n'est pas d'après ces débris qu'on peut juger de l'éloquence de Symmaque. La plupart des auteurs qui parlent de cette éloquence se bornent à dire ou qu'elle était merveilleuse, ou qu'elle était très-vantée, ou même que Symmaque avait laissé un grand nombre de bons discours. Macrobe nous dit quelque chose de plus clair et de plus topique que ces vagues banalités. Voici comment parle un des interlocuteurs de son livre : « Il y a quatre sortes d'éloquence : l'abondante, où Cicéron domine ; la brève, où règne Salluste ; la sèche, qu'on attribue à Fronton ; l'éloquence grasse et fleurie, où excella jadis Plinius Secundus, et où excelle aujourd'hui notre ami Symmaque, l'égal de tous les anciens[1]. » Ainsi les discours de Symmaque rappelaient ceux de Pline le Jeune, mais sans doute le *Panégyrique de Trajan*, beaucoup plus encore que les *Plaidoyers*.

Lettres de Symmaque.

Nous avons du moins le recueil des lettres de Symmaque, que son fils recueillit, et qu'il distribua en dix livres. C'est dans les *Lettres* qu'il est permis de se faire une juste idée du caractère de l'homme, des talents de l'écrivain, et même de l'éloquence de celui qui fut le dernier orateur de Rome païenne. Quelques-unes ne sont que d'insignifiants billets ; mais quand ces billets s'adressent à un Constance, à un Théodose, à un Ausone, à un saint Ambroise, ils ont encore leur intérêt et leur importance. Il y en a qui sont des pièces considérables. Ainsi l'adresse ou le rapport, comme on voudra, sur la restauration de l'ancien culte. Ce qui respire partout, dans les *Lettres*, c'est une sorte de parfum d'urbanité et de vertu. On y sent, comme dit Daunou, une âme douce et bienveillante, un esprit exercé à la fois par les études littéraires et par l'habitude des affaires publiques. Il n'est pas difficile d'y trouver des choses d'une réelle beauté, et qui seraient dignes d'être transcrites. Je me bornerai à ce

---

[1]. Macrobe, *Saturnales*, livre V, chapitre I.

passage où Symmaque explique, avec ses préjugés de païen, les causes de la famine, et où ses préjugés mêmes animent sa verve et donnent à sa voix une force plus retentissante. Saint Ambroise n'aura pas de peine à montrer l'absurdité de l'argument; mais il ne s'agit ici que du talent de Symmaque et de son style :

« La loi de nos pères avait honoré les vierges de Vesta et les ministres des dieux, d'un revenu modeste et de justes privilèges. Cette institution subsista dans son intégrité jusqu'à l'époque où des spéculateurs dégénérés firent servir au salaire de vils portefaix les aliments de la chasteté sacrée. Cette mesure fut suivie d'une famine publique, et la moisson souffrante trompa l'espérance de toutes les provinces. Il n'y a pas là de la faute des terres. Nous n'imputons rien aux astres. Ce n'est pas la rouille qui a nui aux blés; ce ne sont pas les mauvaises herbes qui ont étouffé le bon grain. Un sacrilége a fait la sécheresse de l'année. Il fallait bien que ce qu'on refusait à l'entretien du culte pérît pour tous. Oui, s'il existe quelque exemple d'un tel fléau, imputons une famine si grande aux vicissitudes des années. Oui, alors c'est l'influence pernicieuse des airs qui a causé cette stérilité. On conserve sa vie à l'aide des arbres des bois; et la disette du peuple des campagnes a recouru de nouveau aux chênes de Dodone. Les provinces ont-elles eu à souffrir rien de pareil, alors qu'un honneur public nourrissait les ministres du culte? Quand le chêne fut-il secoué pour l'usage des hommes? Quand arracha-t-on les racines des herbes? Quand arriva-t-il que ce qui manquait à une contrée ne trouvât pas son supplément dans la fécondité d'une autre, alors que la récolte était commune au peuple et aux vierges sacrées? En effet, l'entretien des ministres du culte assurait les productions de la terre, et était un remède plutôt qu'une largesse. Peut-on douter que ce que vient de réclamer aujourd'hui la disette universelle n'ait toujours été donné dans l'intérêt de l'universelle abondance[1]. »

---

[1]. Symmaque, *Lettres*, livre X, lettre LIV.

Macrobe.

Aurélius Macrobius Ambrosius Théodosius, contemporain de Symmaque et son ami, fut aussi un homme public; le code Théodosien fait même mention de lui à plusieurs reprises Mais sa vie est à peu près inconnue. On ne sait ni la date de sa naissance, ni celle de sa mort, ni même le pays où il est né. Il suffit presque de jeter les yeux sur ses ouvrages, pour s'apercevoir qu'il n'était pas chrétien. Macrobe était toutefois plutôt un philosophe, qu'un païen à la manière de Symmaque. On peut même le ranger parmi les adeptes de la doctrine néo-platonicienne. Nous avons de lui plusieurs ouvrages. Mais c'est bien moins pour ce qu'il a écrit que pour ce qu'il a sauvé de la destruction, que la postérité lui doit son estime et sa reconnaissance. Comme écrivain, Macrobe n'atteint guère qu'à une honnête médiocrité. Il n'a ni la verve de Symmaque ni la gravité d'Ammien Marcellin. Il manque presque d'esprit, et son goût n'est pas irréprochable. Son style a tous les défauts du temps; et, quoi qu'en disent quelques critiques, Macrobe ne mérite d'être lu que parce qu'il cesse à chaque instant d'être Macrobe, et parce qu'il cite autant qu'il disserte. Nous avons mis plus d'une fois à contribution son savoir. On se souvient, par exemple, du récit de la lutte de Labérius et de Syrus. Les *Saturnales*, d'où nous l'avons tiré, sont un ouvrage presque aussi précieux que le recueil d'Aulu Gelle, bien que Macrobe n'ait fait quelquefois que mettre dans un autre ordre les matériaux amassés par Aulu-Gelle lui-même, ou que traduire des passages de Plutarque. Macrobe a eu d'ailleurs plus d'ambition littéraire que l'auteur des *Nuits attiques*. Il a rédigé sa compilation sous forme de dialogues. Il y en a sept, autrement dit sept livres, répondant aux sept jours des fêtes de Saturne. Macrobe raconte ou suppose une série de conversations savantes, ou, si l'on veut, pédantes, auxquelles prennent part les individus les plus distingués du temps, notamment Symmaque et un frère de Symmaque. Ne cherchez ici ni l'art de Cicéron ni même celui de Varron. Macrobe est un pauvre dialogiste : j'aimerais tout autant qu'il eût fait comme Aulu-Gelle, et qu'il nous eût donné simplement ses notes.

L'idée la plus heureuse que Macrobe ait eue, ç'a été celle de commenter le *Songe de Scipion*. Les deux livres qu'il a écrits sur le chef-d'œuvre de Cicéron ne sont souvent que des choses sans valeur, et à peu près illisibles ; mais, sans le commentaire de Macrobe, nous n'aurions pas le chef-d'œuvre de Cicéron. Je mentionne pour mémoire un fragment assez long d'un autre ouvrage de Macrobe, sur les différences et les concordances des verbes grecs et latins.

CHAPITRE XLVI.

LES DERNIERS POËTES.

Quelques mots sur Ausone. — Claudien et Rutilius. — Vie de Claudien. — Ouvrages de Claudien. — Vie de Rutilius. — *Itinéraire* de Rutilius. — Épilogue.

Quelques mots sur Ausone.

Les derniers poëtes de Rome sont Claudien et Rutilius. On ne nous pardonnerait pas néanmoins d'oublier ici Ausone. Il est vrai qu'Ausone était chrétien, et qu'en cette qualité il n'appartient point à notre sujet. Mais il n'était chrétien que de nom, et ses œuvres ne témoignent pas qu'il se souvînt beaucoup de son baptême. Elles ne sont pas, certes, des monuments de sa foi. Nul païen ne fut plus païen, et dans le pire sens du terme, que ce prétendu fils de l'Eglise. On dirait qu'il n'a pas même été éclairé de cette lumière morale qui illumine tout homme venant en ce monde. Son principal titre à la renommée, c'est l'infâme *Centon nuptial*, ce poëme tout composé de vers et d'expressions de Virgile, et qui, grâce au travail de l'arrangeur, n'est rien que fange et ordure. Voilà le pieux usage que faisait de ses talents un homme qui devait surtout de bons exemples à la jeunesse, un maître de grammaire et d'éloquence! Les poésies originales d'Ausone sont assez chastes; mais on ne les lit guère, et, franchement, elles ne méritent pas d'être lues. Il y a pourtant quelques épigrammes passables. L'interminable poëme descriptif intitulé la *Moselle* pourrait fournir quelques morceaux assez brillants à une anthologie. Du reste, ni inspiration ni naturel; de l'esprit qui n'est que de l'esprit; une versification dure et incorrecte; une diction souvent barbare. Ce professeur de belles-lettres n'a rien de commun avec la littérature classique. Il est complétement de son siècle. Aussi bien son siècle le récompensa largement de ses défauts. Bordeaux, qui était sa patrie, le chargea d'enseigner dans ses écoles fameuses; il devint le précepteur du fils de Valentinien; et Gratien, son élève, lui conféra la dignité de consul pour les Gaules. Il vécut riche et honoré, et il prolongea sa vie jusqu'à un grand âge. Il était né vers l'an 310, et il mourut vers l'an 394.

Claudien et Rutilius.

Arrêtons-nous un instant en face des deux survivants véritables de la postérité de Virgile et d'Horace. Ils sont bien dégénérés de leurs pères : qui en doute? mais on voit encore, à plus d'un trait, qu'ils sont de noble famille. Claudien est plein d'imagination, Rutilius petille d'esprit. Celui-là écrit avec force, et revêt quelquefois sa pensée d'expressions frappantes et d'images heureuses : celui-ci écrit avec élégance, et dessine légèrement des esquisses agréables. L'un a le ton solennel et grave : la voix de l'autre a quelque chose d'argentin, qui pique et réveille. Claudien est l'éloquence : Rutilius l'est aussi quelquefois; il est, de plus, la finesse et la grâce. Je viens de dire le bien; il faut dire le mal aussi, et ce n'est point, hélas! la part la moindre. Rutilius bavarde assez souvent sans trop de raison, et ce qu'il dit n'en valait pas toujours la peine. Bien qu'il s'efforce de suivre les bons modèles, il est de son temps plus qu'il ne veut; et plus d'un tour forcé ou obscur, plus d'un terme impropre ou bizarre, témoignent qu'il n'avait pas vécu à la cour d'Auguste.

L'harmonie de ses vers n'est pas irréprochable, ni leurs coupes bien savantes et bien variées. D'ailleurs, son poëme n'était guère considérable, et ce récit n'a pas dû lui coûter beaucoup de frais d'invention. Quant à Claudien, ce qui lui manque un peu trop, c'est le goût et la mesure. Il n'atteint bien souvent qu'à une fausse grandeur. Son éloquence dégénère à chaque instant en enflure : il aime à se payer de mots, et il n'attend pas toujours les idées. On ne le lit pas sans difficulté ni sans ennui. Le vague des termes et la redondance des épithètes rendent la phrase obscure : rien de net, de délimité, de précis. Il évite les élisions dans ses vers ; mais on dirait qu'il aspire à la monotonie. Il n'a que l'apparence d'une bonne versification ; et rien ne ressemble moins que cette harmonie plate et uniforme à l'expressive et divine harmonie de Virgile. C'est bien là cette cloche bourdonnante à quoi un critique a comparé les vers assourdissants de Claudien. Que d'imperfections, bon Dieu ! et je n'ai pas tout dit peut-être. Mais il y a assez de qualités, et dans Claudien et dans Rutilius, pour nous forcer à saluer en eux les deux derniers classiques. Demi-classiques, si l'on veut ; moins encore, j'y consens ; mais enfin les deux derniers qui aient écrit des œuvres où il y a du talent, et d'où l'inspiration n'est pas toujours absente.

Vie de Claudien.

Claudius Claudianus florissait vers la fin du règne de Théodose, et sous le règne d'Arcadius et Honorius. Quelques-uns le font naître à Florence, d'autres en Espagne. L'opinion la plus vraisemblable, c'est qu'il était d'Alexandrie en Égypte. L'époque de sa naissance et celle de sa mort sont inconnues. Sa vie ne l'est guère moins, sauf les conjectures qu'on peut se permettre à propos des écrits où il parle d'hommes et d'événements contemporains. On sait toutefois qu'il acquit, de son vivant même, une immense renommée. Nul poëte, à Rome, ne fut jamais comblé d'honneurs plus extraordinaires. Les empereurs Arcadius et Honorius lui élevèrent une statue sur le Forum de Trajan ; et c'est le sénat qui avait sollicité le décret d'érection. Sur la

piédestal de la statue, on lisait une inscription en vers
grecs, ou plutôt une apothéose de Claudius Claudianus. Suivant l'auteur de l'inscription, et suivant ceux qui la firent
graver, Claudien portait en lui l'âme de Virgile et la muse
d'Homère.

Ouvrages de Claudien.

Le plus fameux des ouvrages de Claudien est cette invective où il épuisa, contre Rufin mort, toutes les formes de
l'outrage. C'est un poëme en deux livres, écrit, comme tous
les grands poëmes de Claudien, dans le mètre héroïque. Le
scélérat dont Claudien stigmatisait la mémoire n'y est point
calomnié. Mais nous ne pouvons point dire que le poëte n'ait
pas compté beaucoup trop sur la patience de ses lecteurs, en
nous entretenant si longuement d'un pareil misérable. Ceux
qu'avait blessés Rufin vivant ont dû sans doute y trouver
un grand charme de vengeance ; mais nous, qui n'avons
jamais rien eu à démêler avec le favori de Théodose, nous
ne saurions aller jusqu'au bout sans demander grâce. Aussi
bien on ne lit guère de la satire de Claudien que quelques
morceaux çà et là. Il y en a de fort beaux. Dans les vers du
début, Claudien atteint à la haute poésie, et ne dépasse
presque jamais la mesure : « Souvent, dit-il, mon esprit a
flotté incertain entre deux sentiments contraires. Les dieux
s'inquiètent-ils du monde ; ou n'y a-t-il point d'arbitre suprême, et les choses mortelles sont-elles le jouet d'un aveugle
hasard ? En effet, quand je considérais l'accord et l'harmonie de l'univers, les bornes prescrites à la mer, et le cours
des saisons, et le retour successif du jour et de la nuit, je
me disais alors : Oui, la sagesse d'un Dieu affermit la nature, règle la marche des astres, fait éclore les fruits à des
temps divers, remplit d'une lumière empruntée la lune au
changeant visage, et le soleil d'un feu qu'il ne doit qu'à lui ;
elle fixe aux flots un lit immense, et balance la terre sur
l'axe qui la traverse. Mais, lorsque je voyais le crime dans
le bonheur et les plaisirs, et la vertu dans la souffrance,
alors croulait ma croyance ébranlée : j'embrassais à regret
l'autre doctrine, celle qui égare les atomes dans l'immen-

sité du vide, et qui soumet non à une Providence, mais au hasard, les corps sans cesse renaissants; la doctrine selon laquelle ou il n'y a pas de dieux, ou il n'y a que des dieux qui ne s'occupent pas de nous. Le châtiment de Rufin est venu un jour dissiper ce trouble et absoudre les dieux. Que des hommes injustes montent encore au faîte des honneurs, je ne me plains plus : ils ne s'élèvent si haut que pour tomber d'une plus lourde chute. »

La satire contre Eutrope a deux livres aussi, et elle pourrait être réduite sans trop de perte, comme la satire contre Rufin, à quelques tirades plus ou moins brillantes. En attaquant Rufin et Eutrope, Claudien cherchait surtout à plaire à Stilicon. Ce sont des ennemis de Stilicon, comme le remarque V. Le Clerc, qu'il veut couvrir d'opprobre, bien plus peut-être que des ministres vicieux et inhabiles. Stilicon était son héros. Il a écrit l'*Éloge de Stilicon*, poëme héroïque en trois livres, presque aussi étendu, à lui seul, que les deux invectives. C'est à la gloire de Stilicon que sont consacrés aussi les deux poëmes de la *Guerre de Gildon* et de la *Guerre gétique*. Et Claudien ne s'en tint pas à ces panégyriques directs : « Toutes les fois, dit V. Le Clerc, qu'il fait l'éloge d'Honorius, et il y revient très-souvent, il n'oublie jamais d'y joindre celui de Stilicon, qu'il ose préférer même à Théodose. » Il n'y a pas beaucoup à admirer dans toutes les épopées de Claudien en l'honneur du fameux Vandale : quant aux autres panégyriques du poëte, quels qu'en soient les sujets, ils sont parfaitement insipides.

Le chef-d'œuvre de Claudien est l'*Enlèvement de Proserpine*, épopée mythologique dont il nous reste trois livres, le dernier incomplet, mais qui a dû en avoir un plus grand nombre. C'est son chef-d'œuvre, parce que là il ne s'agissait que de versification. Une foule de poëtes, depuis l'auteur de l'*Hymne à Cérès*, avaient chanté les amours de Pluton et les courses errantes de la mère de Proserpine. Claudien n'avait qu'à choisir parmi les inventions du génie grec : il faut dire à sa louange qu'il dispose avec un art ingénieux ces richesses empruntées au trésor poétique des anciens âges.

La *Gigantomâchie*, dont nous n'avons qu'un fragment, devait être aussi une brillante amplification sur les thèmes mythologiques fournis par la Grèce. Je dois dire pourtant que je préfère, à toutes ces fleurs poétiques d'emprunt, quelques-unes des petites pièces, épîtres, idylles ou épigrammes, qui sont à la suite des grands poëmes. Il y en a qui mériteraient d'être citées ici, notamment les distiques élégiaques sur le vieillard de Vérone, agréable et harmonieux écho du Virgile des *Géorgiques*.

Vie de Rutilius.

Claudien n'avait été, ce semble, qu'un homme de lettres; la poésie avait été toute son occupation et t'" \te sa vie. Rutilius fut un homme d'État. La littérature n'était que sa récréation, et c'est l'occasion qui le fit poëte. Il ne comptait guère sans doute sur ses vers pour vivre dans la postérité; mais qui s'inquiète aujourd'hui des grandes charges qu'il a remplies? on ne le connaît que parce qu'il s'est avisé un jour de raconter ses impressions de voyage. Nous ne savons pas si les contemporains eurent pour son talent une admiration bien vive, ni même s'il daigna leur faire part, de son vivant, des piquants récits qu'il n'avait rédigés peut-être qu'à l'usage de quelques amis intimes. Il pouvait se passer des applaudissements populaires, grâce aux faveurs dont le comblait Honorius. Il fut maître des offices et préfet de Rome. Quelques-uns croient même qu'il s'éleva plus haut encore, et qu'il fut revêtu de la dignité consulaire. Il n'était né ni à Rome ni en Italie. Peu importe qu'il soit né à Poitiers, comme le veulent quelques-uns, ou à Toulouse, comme le prétendent quelques autres : il était Gaulois. Il se nommait Rutilius Numatianus, ou plutôt Namatianus : c'est ainsi que l'écrit M. Collombet, son éditeur et son traducteur. Nous connaissons l'époque où il florissait, et même la date fort approximative de son ouvrage; mais on ne sait rien de précis sur la date de sa naissance, et celle de sa mort n'est pas moins incertaine.

Itinéraire de Rutilius.

En l'an 417 ou 420 environ, Rutilius fit le voyage qui a sauvé son nom de l'oubli. Il partit de Rome pour la Gaule, et il prit son chemin par mer. Il raconta les incidents de ce voyage dans un poëme en vers élégiaques, dont nous possédons encore une notable partie. Rutilius faisait le trajet dans une barque, qui touchait à terre chaque soir et repartait chaque matin. Il visitait tous les objets curieux qui lui étaient signalés au passage. Il y a, dans ses descriptions, quelques traits fort heureux. Il rend même, avec un grand charme d'expression, les accidents les plus fugitifs, les plus indécis, les plus insaisissables. Ainsi on voit, dans ses vers, l'ombre des pins flotter à la marge des eaux ; on y voit les hautes cimes monter plus haut dans le ciel par l'effet de la brume du matin. Rutilius abuse quelquefois de son érudition ; il lui arrive aussi d'abuser de son esprit, et de se complaire un peu trop aux jeux de mots et aux antithèses. Ce qui est assez étrange, c'est que ce lettré, cet homme de style, qu'on pourrait croire dénué de passions vives, est presque un fanatique en fait de paganisme. Il souhaite à Stilicon mort tous les tourments des enfers, ceux même qu'endure Néron, parce que Stilicon a fait exécuter les édits des empereurs contre les païens. A propos d'un Juif un peu fripon, avec lequel il a affaire, il s'emporte contre toute la nation juive, qu'il nomme *la racine de la folie*. Cette injure, comme le remarque J. J. Ampère, pourrait bien, dans l'intention de l'auteur, arriver aux chrétiens, en passant par les Juifs. Il ne se borne point à invectiver, il raille aussi : il se moque, par exemple, du jour que les Juifs consacrent au repos en commémoration du repos de Dieu après la création du monde. Quant aux chrétiens on voit assez quels sentiments Rutilius leur portait, quand on lit ses sarcasmes sur les moines qu'il rencontre dans les petites îles de la mer Tyrrhénienne. Il ne peut pas se figurer qu'on puisse être moine ; il reproche à ces solitaires leurs austérités et leur malpropreté ; il raconte, avec l'accent de l'indignation, qu'un homme jeune et riche a été assez insensé pour quitter ses

biens et sa famille, et pour aller vivre dans leurs cavernes :
« Rutilius, dit J. J. Ampère, était trop complétement dominé
par ses préjugés païens, pour comprendre que certains sentiments peuvent porter à quitter la société, et à embrasser
la vie solitaire et contemplative. »

Rutilius est mieux inspiré quand il est non plus un
homme de parti, mais simplement un homme. Le spectacle
des vicissitudes de l'humanité lui arrache des accents d'une
poétique mélancolie. Il s'écrie, en présence des ruines d'un
vieux fort démantelé, et devant une statue qui porte sur son
front des caractères à demi effacés par le temps : « Ne nous
indignons pas que des corps mortels se dissolvent ; nous
voyons, par des exemples, que des villes peuvent mourir. »
Mélancolie toute moderne, dit Ampère ; et le critique
rapproche, des deux vers de Rutilius, deux vers de la *Jérusalem délivrée*, où le même sentiment se retrouve, et dans
les mêmes termes. Mélancolie vieille comme le monde, dirons-nous à notre tour ; et nous rappellerons au lecteur la
lettre de Sulpicius à Cicéron, antérieure de plus de quatre
siècles aux vers de Rutilius.

Ampère insiste, avec beaucoup de raison, sur un des
côtés les plus honorables de Rutilius, son patriotisme gaulois : « Au moment de quitter Rome, cette Rome qui lui est
si chère, il exprime, en vers pleins d'émotion, qu'il obéit
avec bonheur à l'appel de son pays, de sa Gaule natale,
toute dévastée, toute désolée qu'elle est par les barbares. Il
ajoute : « Tes champs sont ravagés par de longues guerres !
« mais plus ils sont tristes, plus ils méritent d'amour. C'est
« un moindre crime de négliger ses concitoyens au jour de
« la sécurité ; mais le malheur public réclame la foi de
« tous. » Le sentiment qui a dicté ces vers est noble ; il y a
un patriotisme délicat, une compassion généreuse, dans ce
souvenir envoyé des portes de la magnifique Rome à la
triste Gaule. Rutilius, trouvant sur sa route un de ses amis,
s'écrie en l'embrassant : « Il me semble jouir déjà d'une
« portion de ma patrie. »

Quand Rutilius parle de Rome, c'est une admiration sans
bornes, c'est presque l'enthousiasme d'un amant passionné :

« Cette Rome, dit Ampère, encore si magnifique par ses monuments ; cette Rome qu'admirait Rutilius ; de laquelle Symmaque, cet autre fidèle du paganisme, disait, vers le même temps, ce que devaient redire tant d'autres après lui, qu'il était difficile de s'en éloigner, lorsqu'on y était venu ; cette Rome allait cependant faire place à la Rome nouvelle que déjà chantait saint Prosper, celle qui tiendrait par la religion le monde que l'ancienne possédait par les armes, et qui, à son tour, devait dire : *C'est moi qui suis la ville éternelle*. Pour Rutilius, il croyait à l'éternité de sa Rome païenne ; et, en la voyant encore si belle, si brillante, il l'aimait ; il la quittait avec larmes, comme une personne adorée ; il lui adressait de tendres adieux : « Nous attachons « de nombreux baisers aux portes qu'il faut quitter ; nos pas « franchissent à regret le seuil sacré. » Après cette émotion des adieux, vient un hymne à la gloire de Rome, pour lui reine encore du monde ; son enthousiasme a devancé le mot de Philippe II : *Le soleil ne se couche pas dans mes Etats*. Puis il la loue avec raison d'un grand fait accompli par elle ; de l'unité du monde, de l'*unification* des peuples, si je puis parler ainsi. »

Rutilius a dit, en effet : « Tu as appelé les peuples vaincus au partage de tes droits, et tu as fait une cité de ce qui était auparavant l'univers. »

Il y a de beaux vers dans le tableau des magnificences de Rome : « Tes temples éblouissent les regards ; on croirait voir les habitations des dieux. Que dirai-je des ruisseaux suspendus sur des voûtes aériennes, à une hauteur où Iris porterait à peine ses eaux pluviales ?... Des fleuves dont tu t'es emparée sont enfermés dans l'intérieur de tes murailles ; tes hauts réservoirs contiennent des lacs entiers. Tes demeures sont aussi traversées par les eaux ; de ton sein jaillissent des sources, en tous lieux murmurantes. » Mais le poëte se laisse entraîner quelquefois à d'étranges exagérations, à des contre-vérités manifestes : « O déesse ! dit-il à cette Rome trop aimée, chaque coin du monde romain te célèbre ; ton joug pacifique repose sur des têtes libres. » C'est au moment où les Francs s'établissaient au sein des

Gaules, que Rutilius vantait le respect dont Rome était partout environnée ; c'est en un temps de guerre et de servitude, qu'il prononce les mots de joug pacifique et de têtes libres. Il ne s'abuse guère moins quand il promet à Rome un empire sans fin, une puissance digne à jamais de sa puissance d'autrefois. C'est la veille du jour où Rome devait périr, qu'il lui prophétise d'impérissables destinées : « Il se cramponnait au paganisme, dit Ampère ; et le paganisme s'enfonçait dans le néant. »

M. Villemain, dans sa notice sur lord Byron, établit une sorte de parallèle entre l'*Itinéraire* de Rutilius et le *Childe-Harold* du poëte anglais. Le célèbre critique remarque qu'il n'y a pas plus d'art dans la composition du *Childe-Harold* que dans celle de l'*Itinéraire :* « C'est également, dit-il, un homme qui, sans ordre et sans but, se rappelle l'impression des lieux, et tour à tour décrit et déclame. » Les deux voyageurs passent à travers les ruines des croyances et des empires, et ils expriment capricieusement et au hasard les sentiments qu'éveille en eux le spectacle des choses. Voilà, en effet, un point de ressemblance. Mais le poëte gaulois est un amant du passé ; il déteste tout ce qui est nouveau, et les révolutions attristent son âme : le poëte anglais, au contraire, contemple avec une satisfaction visible le renversement de l'édifice politique et religieux d'autrefois, et appelle de ses vœux un renouvellement plus complet encore. D'ailleurs il n'y a aucune comparaison possible entre le talent de Rutilius et le génie du plus grand des poëtes de notre âge.

Épilogue.

L'esprit de Rome païenne n'avait jeté, depuis le règne d'Adrien, qu'une lueur terne et triste, comme une lampe près de s'éteindre. Nous l'avons vu se ranimer un instant, vers le milieu du quatrième siècle, et répandre un dernier rayon de gloire sur quelques noms de prosateurs et de poëtes. Cette renaissance fut courte. Après Ammien Marcellin, après Symmaque, après Macrobe, ne cherchez plus d'historiens, ni d'orateurs, ni d'écrivains quelconques en prose ; ou cherchez-en là où sont alors la vie, la foi, les solides espérances, c'est-à-dire parmi les héros de la religion nouvelle. Après Claudien et Rutilius, la poésie est morte. Le christianisme lui-même fut impuissant à en raviver les cendres. Les poëtes chrétiens du cinquième et du sixième siècle ne sont que des beaux esprits ou des barbares, souvent à la fois l'un et l'autre. Parler ainsi, ce n'est faire tort ni à Sidoine, ni à Fortunat, ni à personne. Nous touchons donc, pour ainsi dire, aux bornes du vieux monde. Au delà de ces colonnes d'Hercule, un païen eût écrit : *Fin de la terre habitable*. C'est ici, en effet, que finit la littérature classique. Au delà, il n'y a plus, pour l'œil vulgaire, que chaos et ténèbres. Le monde est aux barbares. Quand tout penche et croule, l'esprit des temps antiques n'a plus qu'à se taire et à s'ensevelir sous les ruines.

FIN.

TABLE ALPHABÉTIQUE DES MATIÈRES.

LES CHIFFRES INDIQUENT LES PAGES.

A

ACADÉMIQUES de Cicéron, 268.
ACHILLÉIDE de Stace, 539.
ACILIUS, historien, 47.
ADELPHES (les), comédie de Térence, 127.
AFRANIUS, poète comique, 139.
AGRICOLA de Tacite, 603.
AGRICULTURE; traité de Caton l'Ancien, 67; de Varron, 298; de Columelle, 543.
AGRIPPA (Ménénius), orateur, 20.
AIGRETTE (l'), poëme de Virgile, 386.
ALEXANDRE; histoire de ses exploits, par Quinte Curce, 588.
AMITIÉ (de l'), dialogue de Cicéron, 269.
AMMIEN MARCELLIN, historien, 628.
AMOURS, élégies d'Ovide, 445.
AMPHITRYON, comédie de Plaute, 96; id. de Cécilius, 115.
ANALOGIE (de l'), traité de grammaire, par César, 310.
ANDRIENNE (l'), comédie de Térence, 123.
ANDROMAQUE, tragédie d'Ennius, 74.
ANE D'OR (l'), d'Apulée, 616.
ANNALES (grandes), anciens livres d'histoire, 22.
ANNALES, épopée historique d'Ennius, 77.
ANNALES, histoire romaine de Piso Frugi, 186; de Fannius, de Cœlius Antipater, etc., 186.
ANNALES, histoire romaine de Tite Live, 335.
ANNALES de Tacite, 607.
ANTI-CATON, ouvrage de César, 307.
ANTIUM (Valérius d'), historien, 183.
ANTOINE, orateur, 207; sa vie, 219; son éloquence, 220.
APER, orateur, 562.
APOCOLOKYNTOSE de Sénèque, 489.
APOLOGIE, discours d'Apulée, 616.
APOLOGUE. Voy. *Horace* et *Phèdre*.
APPIUS L'AVEUGLE, orateur, 21.
APULÉE, orateur et romancier, 615.
ARCHIAS: plaidoyer de Cicéron pour lui, 237.
ARCHITECTURE (de l'), traité de Vitruve, 349.
ARGONAUTIQUES de Valérius Flaccus, 532.

ART D'AIMER d'Ovide, 448.
ART POÉTIQUE d'Horace, 429 et *passim*.
ARVALES, 12: chant des frères Arvales, *id.*
ASINAIRE, comédie de Plaute, 96.
ASTRONOMIQUES, poëme de Manilius, 458.
ATELLANES, espèce de comédies, 26.
ATTICUS; son caractère, 279; lettres de Cicéron à Atticus, 276.
ATTILIUS, poëte comique, 135.
ATTIUS, poëte tragique, 166; ses ouvrages, 168.
ATYS, poëme de Catulle, 372.
AUGUSTE écrivain, 345.
AULU-GELLE, *passim*; *Nuits attiques*, 612; un chapitre de son livre, 111.
AULULAIRE, comédie de Plaute, 96.
AURÉLIEN APOLLINAIRE, poëte, 622.
AURÉLIUS VICTOR, historien, 626.
AUSONE, poëte, 636.

B

BACCHIS (les), comédie de Plaute, 97.
BARBATUS (Scipion); son inscription funéraire, 15.
BÉOTIENNE (la), comédie de Plaute, 86.
BÉTUCIUS BARRUS, orateur, 227.
BOUCLE DE CHEVEUX (la), comédie de Cécilius, imitée de Ménandre, 111.
BRUTAL (le), comédie de Plaute, 101.
BRUTUS, orateur, 281; sa correspondance avec Cicéron, 276, 280.
BRUTUS, tragédie d'Attius, 168.
BRUTUS, dialogue de Cicéron sur l'histoire de l'éloquence, *passim*, et 190, 259.
BUCOLIQUES de Virgile, 386.

C

CABARETIÈRE (la), poëme de Virgile, 383.
CABLE (le), comédie de Plaute, 100.
CALIDIUS, orateur, 292.
CALPURNIUS, poëte bucolique, 621.
CALVUS, orateur, 293.
CANTIQUE dans les pièces de théâtre, 31.
CAPITOLIN, historien, 625.

TABLE ALPHABÉTIQUE DES MATIÈRES.

CAPTIFS (les), comédie de Plaute, 97.
CARBON, orateur, 197.
CARTHAGINOIS le, comédie de Plaute, 99.
CASSIUS; ses lettres à Cicéron, 231.
CATALECTES, petits poëmes attribués à Virgile, 385.
CATILINA de Salluste, 322.
CATILINAIRES de Cicéron, 250.
CATON L'ANCIEN; sa vie, 54; ses discours, 55; ses histoires, 65; son traité sur l'agriculture, 66; ses autres ouvrages, 63; sa haine pour les Grecs, 61; son caractère et ses opinions, *passim*.
CATON D'UTIQUE, orateur, 282.
CATON (Dionysius), poëte didactique, 510.
CATON (Valérius), poëte satirique, 509.
CATON, dialogue de Cicéron sur la vieillesse, 269.
CATON (Éloge de), par Cicéron, 271.
CATON, tragédie de Maternus, 545.
CATULLE; sa vie, 353; ses ouvrages, 356; son talent, 3-7, 365, 369, 373.
CATULUS (Lutatius), historien, 188.
CÉCILIUS, poëte comique, 110; comparé à Ménandre, 111; son talent, 115.
CÉCINA; sa correspondance avec Cicéron, 282.
CENSORINUS, grammairien, 619.
CÉSAR; son génie littéraire, 305, 307, 314; ses discours, 306; sa correspondance, 311; ses *Commentaires*, 312; ses autres ouvrages, 305, 309.
CÉSAR STRABON, orateur et poëte, 226.
CÉTHÉGUS, orateur, 49.
CHANTS, quatrième livre des *Élégies* de Properce, 435.
CICÉRON (Marcus Tullius), *passim*; sa vie et sa mort, 231, 276; orateur judiciaire, 233; orateur politique, 240; ses ouvrages sur l'art oratoire, 257; sur la philosophie, 260; ses ouvrages perdus, 270; ses poésies, 271.
CICÉRON (Quintus Tullius); ses écrits, 283; lettres que lui adresse son frère, 276.
CINCIUS ALIMENTUS, historien, 47.
CISTELLAIRE, comédie de Plaute, 98.
CLAUDIEN; sa vie et ses ouvrages, 633; son talent, 636, 640.
CLÉMENCE (de la), par Sénèque, 481.
COELIUS ANTIPATER, historien, 186.
COELIUS (Marcus), orateur, correspondant de Cicéron, 284.
COLUMELLE, poëte didactique, 543.
COMBATS (des faux), discours de Caton l'Ancien, 56.
COMÉDIE. Voy. *Livius Andronicus, Névius, Plaute, Térence*, etc.
COMMENTAIRES. Voy. *Mémoires*.
COMMENTAIRES DES PONTIFES, 22.
CONSULATION A HELVIA, par Sénèque, 479.

CONSOLATION A MARCIA, par Sénèque, 480.
CONSOLATION A POLYBE, par Sénèque, 480.
CONTROVERSES recueillies par Sénèque le père, 472.
CORNÉLIUS NÉPOS, historien, 330.
CORNÉLIUS SÉVÉRUS, poëte, 277, 379, 460.
CORNIFICIUS, rhéteur, 347.
COTTA, orateur, 2.5.
COURONNE (discours sur la), traduit par Cicéron, 260.
CRASSUS (Lucius), orateur, 207; sa vie, 210; ses plaidoyers, 213; ses discours politiques, 216; son génie, 208, 213, 218.
CRASSUS (P. Licinius), orateur, 51.
CURCULIO, comédie de Plaute, 98.
CURION, orateur, 293.
CYNÉGÉTIQUES, poëme de Gratius Faliscus, 457.
CYNÉGÉTIQUES, poëme de Némésien, 619.

D

DÉCADES, histoire romaine de Tite Live, 335.
DÉCLAMATIONS. Voy. *Sénèque le père, Pétrone, Quintilien*, etc.
DÉCLAMATIONS attribuées à Quintilien, 549.
DÉDICACE DU NAVIRE, poëme de Catulle, 374.
DÉPENSES (de ses), discours de Caton l'Ancien, 57.
DESTIN (du), par Cicéron, 269.
DÉVROIT (le), comédie de Plaute, 86.
DIALOGUE DES ORATEURS, 559 et *passim*.
DIDASCALICA, ouvrage d'Attius, 173.
DIEU DE SOCRATE (du), ouvrage d'Apulée, 616.
DISTIQUES MORAUX de Dionysius Caton, 510.
DIVINATION (de la), par Cicéron, 269.
DOMITIEN poëte, selon Quintilien, 558.
DOSSENUS, poëte comique, 138.
DULORESTES, tragédie de Pacuvius, 162.

E

ÉGLOGUES de Calpurnius, 621.
ÉGLOGUES de Némésien, 621.
ÉGLOGUES de Virgile, 386.
ÉLÉGIE Voy. *Catulle, Properce, Tibulle*, etc.
ÉLIUS SEXTUS, orateur, 51.
ÉLIUS STILON, grammairien; son jugement sur Plaute, 88.
ÉLOGE DE CALPURNIUS PISON, 540.
ÉLOGE DE CLAUDIA, 191.
ÉLOGE DE STILICON, par Claudien, 641.
ÉLOQUENCE LATINE; ses débuts, 18;

TABLE ALPHABÉTIQUE DES MATIÈRES.

éloquence militaire, 19; éloquence politique, 19, 20, 21. Voy. *passim*, et surtout *Caton, les Gracques, Crassus, Antoine, Hortensius, Cicéron*.
ÉNÉIDE de Virgile, 393.
ENLÈVEMENT DE PROSERPINE, poëme de Claudien, 641.
ENNIUS, poëte ; sa vie, 70; ses tragédies, 73 ; ses comédies, 75; ses satires, 76; ses autres ouvrages, 77 ; son talent, 72, 83.
ÉPICHARME, poëme d'Ennius, 82.
ÉPICLÈRE(l'), comédie de Turpilius, 135.
ÉPIDICUS, comédie de Plaute, 98.
ÉPIGRAMME. Voy. *Catulle* et *Martial*.
ÉPITHALAMES de Catulle, 370.
ÉPITRES d'Horace, 425 et *passim*.
ÉPOPÉE. Voy. *Névius, Ennius, Virgile, Lucain*, et .
ÉPOPÉES PRIMITIVES DE ROME, 24 ; qu'elles n'ont jamais pris forme, 25.
ETNA, poëme attribué à Cornelius Sévérus, 460.
EUNUQUE (l'), comédie de Térence, 125.
EUTROPE, historien, 627.
ÉVHÉMÈRE; son ouvrage traduit par Ennius, 82.
EXHORTATIONS, déclamations recueillies par Sénèque le père, 472.
EXODES D'ATELLANES, espèce de pièces de théâtre, 27.

F

FABIUS MAXIMUS, orateur, 47.
FABIUS PICTOR, historien, 45.
FABLES d'Horace, 417 ; de Phèdre, 462.
FACÉTIES, ouvrage attribué à Tacite, 602.
FAITS ET DITS MÉMORABLES, par Valère Maxime, 587.
FANNIUS, historien, 186.
FASTES d'Ovide, 450.
FÉNESTELLA, historien, 344.
FESCENNINS (chants) ; leur caractère, 22; leur versification, 23.
FESTUS, grammairien, 624.
FINIBUS (de), ouvrage philosophique de Cicéron, 268.
FLORIDES, fragments des discours d'Apulée, 616.
FLORUS, historien, 584.
FRONTON, orateur, 610.

G

GALBA, orateur, 192.
GALLUS, poëte élégiaque, 431.
GÉORGIQUES de Virgile, 389.
GERMANICUS, traducteur d'Aratus, 460.
GERMANIE de Tacite, 606.
GIGANTOMACHIE de Claudien, 641.
GRACCHUS le père, orateur, 50.

GRACQUES (les), orateurs, 198; leur éloquence, 200 : discours de Tibérius, 202 ; discours de Caïus, 203.
GRATIUS FALISCUS, poëte didactique, 457.
GUERRE CIVILE, poëme de Pétrone, 501.
GUERRE DE SICILE, poëme de Cornélius Sévérus, 379.

H

HÉAUTONTIMORUMÉNOS, comédie de Térence, 124.
HECTOR, tragédie de Névius, 39.
HÉCUBE, tragédie d'Ennius, 73.
HÉCYRE (l'), comédie de Térence, 126.
HERMIONE, tragédie de Pacuvius, 164.
HÉROÏDES, élégies d'Ovide, 446.
HIRTIUS, correspondant de Cicéron, 285.
HISTOIRE ; ses origines à Rome , 22; caractère des historiens successeurs de Caton, 185 Voy. *Salluste, César, Tite Live, Tacite*, etc.
HISTOIRE AUGUSTE, 624.
HISTOIRE NATURELLE de Pline l'Ancien, 570.
HISTOIRE ROMAINE de Salluste, 324 ; de Tite Live, 335. de Florus, 584; de Velléius Paterculus, 585, etc.
HISTOIRES de Tacite, 607.
HISTRES ou HISTRIONS, baladins étrusques, 27.
HORACE ; sa vie, 407; son caractère, 409; ses ouvrages, 414: son génie, 415, 417, 424, 426, 427 ; cité *passim*.
HORTENSIA, fille d'Hortensius; ses talents oratoires, 230.
HORTENSIUS, orateur, 227 ; caractère de son talent, 229.
HOSTIUS, poëte épique, 379.
HYGIN, grammairien, 348.

I

IBIS, poëme satirique d'Ovide, 447.
ILIADE CYPRIENNE, poëme de Névius, 40.
IMPRÉCATIONS, poëme de Valérius Caton, 509.
INSTITUTION ORATOIRE de Quintilien, *passim*, et 550, 557.
INVENTION (de l'), ouvrage de Cicéron, 258.
ITINÉRAIRE de Rutilius, 642.

J

JOUR NATAL (du), ouvrage de Censorinus, 622.
JUGURTHA de Salluste, 323.
JUSTIN, historien, 589.
JUVÉNAL ; sa vie, 516 ; son génie, 518, 521, 522.

L

LABÉRIUS, poëte comique, 175.
LAMPRIDE, historien, 626.
LANGUE LATINE ; ses caractères généraux, 1 ; comparaison avec la langue grecque, 3 ; ses qualités particulières, 5 ; ses origines, 7 ; ses premiers progrès, 9 ; traité de Varron sur la langue latine, 295.
LÉLIUS, orateur, 193 ; sa prétendue collaboration aux pièces de Térence, 121.
LÉLIUS, dialogue de Cicéron sur l'amitié, 269.
LETTRES de Cicéron, 273 ; de ses correspondants, 279 ; de Sénèque, 482 ; de Pline le Jeune, 582 ; de Fronton et de Marc-Aurèle, 610 ; de Symmaque, 632.
LÉVIUS, poëte souvent confondu avec Livius Andronicus, 33, 35, 378.
LICINIUS, poëte comique, 135.
LIVIUS ANDRONICUS, poëte ; sa vie et ses travaux, 30 ; ses tragédies et ses comédies, 32 ; son *Odyssée*, 34.
LOIS DES DOUZE TABLES, 14.
LOIS (les), dialogues de Cicéron, 267.
LOIS ROYALES, 14.
LUCAIN ; sa vie, 491 ; son poëme, 492 ; son génie, 493, 500.
LUCCÉIUS, orateur et historien, 285.
LUCILIUS, satirique ; sa vie, 144 ; ses ouvrages, 145 ; jugement d'Horace, 147 ; son génie, 150, 154.
LUCRÈCE ; sa vie, 351 ; son poëme, 355 ; son génie, 361, 373.
LUCULLUS, ouvrage philosophique de Cicéron, 268.
LUDIONS, baladins étrusques, 27.
LUSCIUS, poëte comique, 137.

M

MACER, poëte, 358, 456.
MACER (Licinius), orateur, 292.
MACROBE, philosophe, 635.
MANILIA (discours pour la loi), par Cicéron, 245.
MANILIUS, poëte didactique, 458.
MARC-AURÈLE ; ses lettres, 611.
MARCELLUS (discours pour), par Cicéron, 255.
MARCHAND (le), comédie de Plaute, 98.
MARCIUS, devin et poëte, 16.
MARIUS, épopée historique de Cicéron, 271.
MARTIAL ; sa vie, 525 ; ses ouvrages, 525 ; son talent, 527, 530.
MATERNUS, poëte tragique, 545, 562, 567.
MATIUS, mimographe, 181 ; correspondant de Cicéron, 286 ; traducteur d'Homère, 378.
MAXIMIEN, poëte élégiaque, 432.

MÉDÉE, tragédie d'Ennius, 73.
MÉDÉE, tragédie d'Ovide, 452.
MEMMIUS, orateur, 207.
MÉMOIRES ; de Sylla, 188 ; de Cicéron, 274 ; de César, 312.
MÉNANDRE, imité par les comiques latins. *passim*, et 111, 118, 139.
MÉNIPPÉES, ouvrages de Varron, 301. Voy. aussi *Sénèque* et *Pétrone*.
MESSALA (Vipstanus), orateur, 563.
MÉTAMORPHOSES d'Ovide, 451.
MÉTAMORPHOSES, roman d'Apulée, 616.
METELLUS NUMIDICUS, orateur, 207.
METELLUS (Q. Cécilius), orateur, 47.
MILONIENNE (la), plaidoyer de Cicéron, 237.
MIMES, 175 ; leur immoralité, 182. Voy. *Labérius, Syrus, Matius*.
MORETUM (le), poëme de Virgile, 386.
MOSELLE (la), poëme descriptif d'Ausone, 636.
MOSTELLAIRE, comédie de Plaute, 99.
MOUCHERON (le), poëme de Virgile, 388.

N

NATURE DES CHOSES (de la), poëme de Lucrèce, 355.
NATURE DES DIEUX (de la), par Cicéron, 269.
NÉMÉSIEN, poëte didactique et bucolique, 619.
NERVOLAIRE, comédie de Plaute, 86.
NÉVIUS, poëte ; sa vie, 36 ; ses ouvrages, 39 ; caractères de son talent, 41.
NIGIDIUS, correspondant de Cicéron, 287.
NONIUS MARCELLUS, grammairien, 623.
NOVIUS, poëte comique, 138.
NUITS ATTIQUES d'Aulu-Gelle, 612.
NUMÉRIEN, poëte, 622.

O

OBSEQUENS, historien, 593.
ODES d'Horace, 419.
ODYSSÉE, traduite par Livius Andronicus, 34.
ODYSSÉE, traduite par Lévius, 35.
OPPIUS, homme d'État et historien, 288.
ORATEUR (l'), traité de Cicéron, 259 et *passim*.
ORATEUR (de l'), traité de Caton l'Ancien, 64.
ORATEUR (dialogues de l'), par Cicéron, 258 et *passim*.
ORATEURS (dialogue des), 559 et *passim*.
ORIGINES (les), histoire romaine de Caton l'Ancien, 65.
OTHO (Roscius) ; discours de Cicéron au peuple pour lui, 249.
OVIDE ; sa vie, 442 ; ses ouvrages, 445 ; son génie, 446, 447, 452, 453.

TABLE ALPHABÉTIQUE DES MATIÈRES. 651

P

PACUVIUS, poëte tragique, 161; ses ouvrages, 162.
PANÉGYRIQUE DE TRAJAN, par Pline le Jeune, 576.
PANTOMIMES, 183; ils supplantent la poésie dramatique, 184.
PAPIRIUS, compilateur des lois royales, 14
PAPIRIUS de Frégelles, orateur, 51.
PARADOXES, traité de Cicéron, 269.
PARERGA, ouvrage d'Attius, 173.
PARTITIONS ORATOIRES, traité de Cicéron, 260.
PATAVINITÉ reprochée à Tite Live, 346.
PÉDO ALBINOVANUS, poëte épique, 455.
PERSE, poëte satirique, 510; caractères de son talent, 512.
PERSE (le), comédie de Plaute, 99.
PÉTRONE ; sa vie, 505 ; ses ouvrages, 501; son talent, 503, 507.
PHAGÉTIQUES, poëme didactique d'Ennius, 81.
PHARSALE de Lucain, 492.
PHÈDRE; sa vie, 464 ; ses ouvrages, 462, 465; son talent, 466
PHÉNICIENNES (les), tragédie d'Attius, 169.
PHÉNOMÈNES d'Aratus, traduits par Cicéron, 271; par Germanicus, 460.
PHILIPPE, orateur, 224.
PHILIPPIQUES; discours de Cicéron contre Marc Antoine, 255; histoire de Trogue Pompée et de Justin, 343, 589.
PHILOCTÈTE, tragédie d'Attius, 172.
PHILOSOPHIE. Voy. Cicéron, Lucrèce, Sénèque, etc.
PHORMION, comédie de Térence, 124.
PISO FRUGI, historien, 185.
PISON (L); discours de Cicéron contre lui, 253.
PLAIDOYERS. Voy. Caton, Antoine, Crassus, Cicéron, etc.
PLAUTE, poëte comique ; sa vie, 83 ; ses ouvrages, 85, 95; caractères de son talent, 86; son originalité dramatique, 101 ; comparaison de Plaute avec Cécilius, 109 ; avec Térence, 117.
PLINE L'ANCIEN; sa vie, 572 ; ses ouvrages, 570 ; son génie, 570.
PLINE LE JEUNE; sa vie, 574 ; orateur, 576 ; épistolographe, 582.
POLLION, poëte, orateur, historien et critique, 288.
POMPONIUS (Lucius), poëte comique, 138.
POMPONIUS MÉLA, géographe, 490.
POMPONIUS SECUNDUS, poëte tragique, 545.
PONTIFES (commentaires ou livres des), premiers ouvrages d'histoire, 22.
PONTIQUES, élégies d'Ovide, 447.

PORCIE (éloge de), par Cicéron, 270.
PORCINA, orateur, 196.
PRAGMATICA, ouvrage d'Attius, 173.
PRÉTEXTE (tragédie), 166.
PROLOGUE d'un mime de Labérius, 178.
PROLOGUES des comédies de Plaute, 107 ; des comédies de Térence, 137.
PROMÉTHÉE, tragédie d'Attius, 170.
PROPERCE, poët élégiaque, 433.
PROPRIÉTÉ DU LANGAGE (de la), ouvrage de Nonius, 622.
PROVIDENCE (de la), par Sénèque, 480.
PSEUDOLUS, comédie de Plaute, 100.
PSEUDO-VIRGILIENS, 531. Voy. Valérius Flaccus, Silius Italicus, Stace, etc.
PUNIQUES, épopée historique de Névius, 41.
PUNIQUES de Silius Italicus, 534.

Q

QUADRIGARIUS, historien, 188.
QUESTIONS NATURELLES, par Sénèque, 481.
QUINTE CURCE, historien, 588.
QUINTILIEN, passim; sa vie, 548 ; ses ouvrages, 549 ; son Institution oratoire, 550; caractères de son talent, 554 ; sa renommée, 545.
QUINTIUS ; plaidoyer de Cicéron pour lui, 234.

R

RABIRIUS ; plaidoyer de Cicéron pour lui, 249.
RABIRIUS, poëte contemporain de Virgile, 379.
RÉFORME DE LA RÉPUBLIQUE (lettres sur la), attribuées à Salluste, 324.
RÉGULUS, orateur, rival de Pline le Jeune, 581.
REMÈDE D'AMOUR, poëme d'Ovide, 449.
RÉPUBLIQUE de Cicéron, 264.
RHÉTEURS, chassés de Rome, 61, 211.
RHÉTORIQUE A HÉRENNIUS, ouvrage de Cicéron, 258.
ROSCIUS (Sextus): plaidoyer de Cicéron pour lui, 235, 239.
RUFUS, historien, 620.
RULLUS ; discours de Cicéron contre sa loi agraire, 246.
RUTILIUS, historien, 187 ; orateur, 206.
RUTILIUS NAMATIANUS, poëte, 637, 641; son Itinéraire, 642.

S

SALÉIUS BASSUS, poëte, 540.
SALIENS et Chants saliens, 13.
SALLUSTE ; sa vie, 320; ses ouvrages, 323 ; comparé à César, 318 ; à Tacite, 325 ; son génie, 321, 327.
SATIRE; ses origines, 22, 24. Voy.

Ennius, Pacuvius, Lucilius, Horace, Perse, Juvénal,, etc.
SATIRES d'Horace, 421.
SATURE, nom primitif de la satire, 27 et passim.
SATURNALES de Macrobe, 635 et passim.
SATURNIEN (vers), le plus ancien vers latin, 33.
SATYRICON, roman de Pétrone, 503.
SCAURUS, historien, 187 ; orateur, 206.
SCIPION L'AFRICAIN, orateur, 49.
SCIPION BARBATUS; son inscription funeraire, 15
SCIPION (Cornélius), fils de l'Africain, orateur et historien, 51.
SCIPION ÉMILIEN, orateur, 19; sa prétendue collaboration avec Térence, 121.
SCIPION, poëme d'Ennius, 81.
SECUNDUS (Julius), orateur, 562.
SEMPRONIUS ASELLIO, historien, 186.
SEMPRONIUS TUDITANUS, historien, 186.
SÉNÈQUE le père, rhéteur, 470 ; ses ouvrages, 472.
SÉNÈQUE le philosophe; sa vie, 474 ; ses ouvrages, 479; ses tragédies, 484; sa Ménippée, 489; son génie, 475, 482.
SENTENCES de Publius Syrus, 180.
SEPTIMIUS, historien, 626.
SÉRÉNUS SAMMONICUS, poëte didactique, 622.
SIGNIFICATION DES MOTS (de la), ouvrage de Festus, 624.
SILIUS ITALICUS, poëte épique, 534.
SILVES de Stace, 538.
SOLDAT FANFARON (le), comedie de Plaute, 99.
SPARTIEN, historien, 625.
STACE, poëte épique, tragique, etc., 536.
STICHUS, comedie de Plaute, 100.
SUÉTONE, historien, 590; grammairien et critique, 561, 591.
SULPICIA, poétesse, 515.
SULPICIUS (Publius), orateur, 222, 225.
SULPICIUS (Servius), correspondant de Cicéron, 290.
SYLLA historien, 188.
SYMMAQUE, orateur, 630.
SYRUS, poëte comique, 175, 180.

T

TABLES (les Douze), 14.
TACITE; sa vie, 601 ; ses ouvrages, 602 ; son génie, 594.
TÉRENCE ; sa vie, 120 ; ses ouvrages, 122 ; son génie, 117, 118, 129.
TÉRENTIANUS MAURUS, poëte didactique, 543.

THÉATRE LATIN ; ses origines. 25, 30 ; son histoire. Voy. *Livius, Andronicus Nérius, Plaute, Térence*, etc.
THÉBAÏDE de Stace, 537.
THYESTE de Sénèque, 488.
TIBULLE; poëte élégiaque, 437.
TITE LIVE ; sa vie, 333 ; son Histoire de Rome; 335 ; son génie, 338, 341.
TITINIUS, poëte comique, 141.
TITIUS, orateur et poëte, 227.
TOGE BLANCHE (dans la), discours de Cicéron, 246.
TOPIQUES, traité de Cicéron, 260.
TRABÉA, poëte comique, 136.
TRACHINIENNES d'Attius, 169.
TRAGÉDIE ; son histoire. Voy. *Livius Andronicus, Ennius, Attius*, etc.
TREBELLIUS POLLION , historien, 626.
TRÉSOR (le), comédie de Plaute, 100.
TROGUE POMPÉE. historien, 343.
TULLIUS. Voy. *Cicéron*.
TURNUS, poëte satirique, 515.
TURPILIUS, poëte comique, 136.
TUSCULANES de Cicéron, 269.

V

VALÈRE MAXIME moraliste, 587.
VALÉRIUS FLACCUS, poëte épique, 532.
VALGIUS, poëte épique, 379.
VARIUS, poëte épique, 379 ; poëte dramatique, 455.
VARRON, polygraphe, *passim* ; sa vie, 294 ; ses ouvrages, 297 ; son talent, 294, 301.
VARRON DE L'ATAX, poëte, 378.
VELLÉIUS PATERCULUS. historien, 585.
VERRINES, discours d'Hortensius pour Verrès, 229; de Cicéron contre Verrès, 236.
VERRIUS FLACCUS, grammairien, 348
VIEILLESSE (de la), dialogue de Cicéron, 269.
VIES DES CESARS, par Aurélius Victor, 626.
VIES DES DOUZE CÉSARS, par Suétone, 590.
VIES DES EXCELLENTS CAPITAINES, par Cornélius Nepos, 330.
VIRGILE ; sa vie, 381 ; sa philosophie, 384 ; ses ouvrages, 385 ; comparé à Théocrite, 387 ; à Homère, 385 ; son génie, 380, 383, 388, 402.
VITRUVE, écrivain didactique, 346.
VULCATIUS SEDIGITUS, critique, *passim*; son jugement sur Térence, 117.
VOSPICUS, historien, 625.
VOYAGE (le), poëme de César, 306.
VULCATIUS GALLICANUS, historien, 625.

FIN DE LA TABLE ALPHABÉTIQUE DES MATIÈRES.

TABLE DES CHAPITRES.

Préface		...Page	I
Chapitre Ier.		Langue des Romains	1
Chap.	II.	Les cinq premiers siècles	11
Chap.	III.	Commencements de la poésie latine	30
Chap.	IV.	La prose latine avant Caton	44
Chap.	V.	Caton ; Ennius	52
Chap.	VI.	Plaute	84
Chap.	VII.	Cécilius	109
Chap.	VIII.	Térence	117
Chap.	IX.	Poëtes comiques contemporains de Térence	135
Chap.	X.	Satire ; Lucilius	143
Chap.	XI.	Tragédie ; Pacuvius et Attius	156
Chap.	XII.	Mimes et pantomimes	175
Chap.	XIII.	L'histoire depuis Caton jusqu'à César	185
Chap.	XIV.	L'éloquence après Caton ; les Gracques	190
Chap.	XV.	L'éloquence depuis les Gracques jusqu'à Cicéron	206
Chap.	XVI.	Cicéron	231
Chap.	XVII.	Les correspondants de Cicéron	279
Chap.	XVIII.	Varron	294
Chap.	XIX.	César	305
Chap.	XX.	Salluste et Cornélius Népos	318
Chap.	XXI.	Tite Live	333
Chap.	XXII.	Historiens contemporains de Tite Live	343
Chap.	XXIII.	Autres prosateurs du siècle d'Auguste	346
Chap.	XXIV.	Lucrèce et Catulle	351
Chap.	XXV.	L'épopée depuis Ennius jusqu'à Virgile	377
Chap.	XXVI.	Virgile	380
Chap.	XXVII.	Horace	404
Chap.	XXVIII.	Poëtes élégiaques	429
Chap.	XXIX.	Ovide	440
Chap.	XXX.	Autres poëtes du siècle d'Auguste	455
Chap.	XXXI.	Phèdre	462
Chap.	XXXII.	Les Sénèque	470

TABLE DES CHAPITRES.

Chap.	XXXIII.	Lucain	490
Chap.	XXXIV.	Pétrone	501
Chap.	XXXV.	La satire après Horace	509
Chap.	XXXVI.	Martial	524
Chap.	XXXVII.	Pseudo-Virgiliens	531
Chap.	XXXVIII.	Quintilien	545
Chap.	XXXIX.	Les deux Pline	570
Chap.	XL.	L'histoire, depuis Tite Live jusqu'à Tacite	584
Chap.	XLI.	Tacite	594
Chap.	XLII.	Écrivains du deuxième siècle	609
Chap.	XLIII.	Écrivains du troisième siècle	618
Chap.	XLIV.	L'histoire au quatrième siècle	624
Chap.	XLV.	Les derniers prosateurs	630
Chap.	XLVI.	Les derniers poëtes	636
Table alphabétique des matières			647

FIN DE LA TABLE DES CHAPITRES.

Coulommiers. — Typogr. A. MOUSSIN.